地方政府与绩效管理创新研究丛书

信息化时代的大都市政府及其治理能力现代化研究

XINXIHUA SHIDAI DE DADUSHI ZHENGFU JIQI ZHILI NENGLI XIANDAIHUA YANJIU

蔡立辉 著

人民出版社

序

党的十八届三中全会通过的《中共中央关于全面深化改革若干重大问题的决定》明确提出,“全面深化改革的总目标是完善和发展中国特色社会主义制度,推进国家治理体系和治理能力现代化”。大都市政府是国家权力的执行者,是国家治理的主体性力量,大都市政府治理能力现代化是国家治理能力现代化的重要体现和组成部分。随着经济全球化、新型工业化、新型城市化和信息化发展趋势的日益明显,大都市无论是表现为单独的超大城市,还是表现为由多个城市所构成的大都市化区域或大都市圈,都已经成长为我国区域发展中最具有活力和竞争力的经济核心和改革创新示范区,是我国政治建设、经济建设、文化建设、社会建设和生态文明建设的重要承担者,在我国经济发展和社会治理中具有举足轻重的地位。与此同时,区域主义、新区域主义和整体政府理论的兴起,以及大都市发展过程中所面临着环境污染及其治理问题、垃圾与废物处理问题、市政管理及公益设施建设问题、城市改造与拆迁问题、移民与流动人口管理问题、城市应急与公共安全问题、基本公共服务提供问题等多种问题,使大都市政府治理体系和治理能力现代化问题成为适应经济全球化和区域化发展潮流、加快统一市场形成和深化经济体制改革、行政体制改革中的焦点问题,成为提升大都市发展质量的关键问题。因此,面对新的发展趋势、面对大都市众多备受关注的焦点问题,研究信息化时代的大都市政府及其治理能力现代化,就具有非常重大的理论意义和实际应用价值。

大都市政府治理能力是一个涉及大都市政府治理理念、治理体制、政府职能、治理手段和方法的、复杂的、多层次体系的综合概念。大都市政府治理能力现代化蕴含了三层意思：一是指大都市政府治理能够全面适应经济全球化、新型工业化、新型城市化和信息化发展要求；二是指大都市政府治理体系制度化、科学化、规范化、程序化的有机体；三是治理理念先进、各项制度健全、治理体制完善、政府职能优化、治理手段和方法先进。因此，在新型工业化、新型城市化、信息化、市场化、民主化、国际化、多元化等现代性因素及其交织形成的复杂关系背景条件下，实现大都市政府治理能力现代化就是要更新治理理念、深入改革治理体制、丰富和完善治理体系与治理机制、努力改进治理手段和方法，就是要扬弃传统城市政府"统治"与"管理"理念和实现治理思维体系、话语体系和制度体系的综合转型，就是要从政府单一主体管理模式转变为民主、参与式、互动式的多元主体治理模式。大都市政府从管理到治理的变化，相应地，大都市政府履行功能与任务的能力框架也要随之发生重大及持久的变化。目标凝聚能力、资源整合能力、责任控制能力和治理工具运用能力，必将成为信息化时代大都市政府治理能力的新内容和新要求。

《信息化时代的大都市政府及其治理能力现代化研究》以深化行政体制改革、促进形成统一市场、普遍和深度应用信息技术、加快新型城市化进程、构建服务型政府、强化和创新社会治理、促进管理科学化、实现政府治理体系和治理能力现代化目标为背景，以信息技术应用与大都市政府治理能力现代化之间的内在关联性为核心，以问题为导向，以揭示问题、分析论证问题和探索具有可操作性的推进大都市政府治理能力现代化路径为主要研究内容，具体包括：

在广泛调查研究的基础上明确界定了研究问题；选择和确定了科学研究方法，进行了系统的研究设计；对大都市政府治理能力现代化与环境的辩证关系、信息技术与大都市政府治理能力现代化的内在关联性、信息化时代大都市政府治理能力现代化的目标进行了深入的理论研究。本专著以问题为导向，在充分调查的基础上按照超大城市、大都市化区域或大都市圈区域的不同，对信息化时代大都市面临的各种治理问题进行了系统梳理和研究，具体包括：就一个单独的超大城市而言，组成这个城市政府的各部门之间如何打破部门分割、各自为政而促进形成跨部门政务协同和网络化、一体化办公，这个城市政府的不同行政层级之间政务畅通问题，这个城市政府如何与其他社会组织合作进行公共事务治理与公共服务提供问题；就大都市圈而言，大都市圈内各个城市之间的一体化问题和相互协作问题，大都市圈内公共事务治理、公共服务和公共产品提供的城市政府与其他社会组织的合作关系和体制机制问题。

在系统梳理问题的基础上，本专著针对问题从大都市政府治理能力应包含的目标凝聚能力、资源整合能力、责任控制能力和治理工具运用能力出发，在七个方面对推进大都市治理能力现代化进行了深入研究和提出了解决方案：大都市组织结构创新——结构重组与整体政府建设；公共服务创新——公私合作与伙伴关系构建；资源整合机制创新——从分散走向共享；应急管理体制机制创新——从被动应对转为积极防范；治理模式创新——网络化治理；行政业务流程再造；大都市政府治理能力现代化的技术支撑。研究成果从政治学、行政学、市政学、信息科学、计算机科学等多学科交叉渗透的知识体系出发，突出了大都市政府治理能力现代化与信息技术应用的有机结合，打破了以往单一的学科取向和技术驱动导向，使信息技术应用中的大都市政府治理能力现代化的理论研究与实际应用走向多学科化，从单纯的技术驱动模式走向政务为核心、政务与技术有机结合的综合模式。

在总体逻辑结构上，本专著主要采用总分结构——总论和分论的"二分结构"来构建逻辑结构。总论部分第一章、第二章、第三章，内容包括界定信息化时代大都市政府治理能力现代化的研究问题、文献回顾、研究方法与研究设计、阐述理论视角和系统梳理治理体制问题；分论部分包括第四章、第五章、第六章、第七章、第八章、第九章、第十章，在比较深入的层次上从组织结构创新、公共服务创新、资源共享机制创新、应急管理体制机制创新、治理模式创新、行政业务流程再造和技术支撑等7个部分阐述信息化时代推进大都市政府治理能力现代化的具体路径及其解决方案。

本专著在研究方法、知识体系、研究提出的观点和结论等方面，表现了强烈的时代性、科学性、可操作性、实用性和多学科交叉渗透性的特色；在逻辑结构上呈现出逻辑严谨、结构清晰、层次分明的特点。

在本专著写作和出版过程中，于刚强博士、刘晓洋博士、吴旭红博士积极参与到研究之中，做了大量工作，付出了辛勤劳动，在此表示衷心的感谢！广东省经济和信息化委员会邹生副主任（博士、教授级高级工程师）为调查与收集资料提供了方便，为研究提供了有益的指导，在此表示衷心的感谢！学术界各位同仁、人民出版社陈光耀编辑，为本研究和专著出版提出了众多的指导意见和修改建议，在此表示诚挚的感谢！

蔡立辉

2014年3月10日

目　录

第一章　导　论

第一节　研究问题的提出与研究对象的界定

研究问题清晰、研究对象明确,是有针对性地做好研究的前提。因此,一个好的研究,首先就必须清晰地界定研究问题,明确研究对象。

一、研究背景与大都市政府治理能力现代化的内涵

(一)研究背景

信息化、工业化、城市化、国际化“四化融合”、智慧城市建设,是当今信息化时代(Informatization Age)大都市政府治理的重要背景条件。在以信息技术为主的第三次科技革命的推动下,现代世界城市已经开始进入数字化时代。2000 年 6 月联合国亚太地区城市信息化国际论坛《上海宣言》明确指出:当今世界经济全球化和信息化已经成为人类社会发展的总趋势。不可否认,信息技术的出现与普遍应用,就像 18 世纪、19 世纪和 20 世纪的工业革命一样,预示着经济、社会、治理方式和服务提供方式的转型。而且,信息技术的应用,并不像过去以机器代替体力劳动的工业革命那么简单;相反,信息技术革命正在部分地、逐渐地代替人类的沟通和智能。过去需要通过电话和纸制媒体方式进行沟通的活动,在网络信息技术环境下可以跨越时空的距离,自动完成或通过点击鼠标来实现。信息技术环境下的生产、生活和工作,以及大都市公共事务治理、公共服务和公共产品提供、社会沟通方式(包括人与人之间、人与公共部门之间、公共部门之

间)都可以通过电子化的方式进行,信息技术的集成功能使资源整合共享和消除分割成为可能。信息技术改变了传统的城市治理方式,使人工式的城市治理方式改变为信息控制的自动化或半自动化管理。现代大都市广泛利用信息技术将大都市的各种信息资源加以整合,形成新的城市规划、建设和管理的理念与调控手段已经显得越来越重要。①

因此,信息技术的普及与应用给作为现代人类文明主要载体的大都市政府及其治理带来的影响与变化远不同于工业时代取缔农业时代所发生的变化,这场革命性的变化涉及各种社会关系、大都市自身的结构、治理体制、管理过程、治理方式、业务流程、公共服务和产品的提供方式等多方面。

信息化是促进新型工业化、新型城市化和国际化高度融合发展的黏合剂。因为,信息化带动新型工业化,有利于以信息技术为支撑实现现代服务业与先进制造业"双轮驱动";信息化加快新型城市化的发展进程,推进城市化(urbanization)从单核城市(monocentric model)发展向大都市区化(metropolitanization or metropolization)发展,有利于增强区域发展竞争力;信息化加快国际化,有利于提升经济发展国际竞争力。总之,信息化推动了传统工业化转变成为新型工业化、传统城市化转变成为新型城市化,推动了新型工业化、新型城市化和国际化的融合,推动了大都市政府业务处理和公共服务提供的电子化,促使大都市公共事务治理和公共服务提供从分散走向一体化,促使大都市发展方式、治理方式、治理体制和市民生活方式发生转变。信息技术的普遍应用和信息化水平的不断提高,使大都市成为现代经济、产业集聚的中心而受到社会的瞩目,使大都市空间扩散与城市群的内外联系更加迅速和更加密切。正如美国国会技术评估办公室(OTA)的一个报告中指出:"新技术系统正在创造一种空间上更离散的经济,从而导致都市区范围的扩大,郊区化的加速、城市间的联系加密、大城市地区人口的扩散和密度的降低。"②格罗姆(Graham)和马拉文(Marvin)更是将信息技

① 周天勇:《城市发展战略:研究与制定》,高等教育出版社2005年版,第115页。

② Jean Gottman, Robert Harper: *Since Megalopolis: The Urban Writings of Jean Gottman*. The Johns Hopkins University Press, 1990.

术对大都市的作用归纳为四种效应：协作效应、替代效应、衍生效应和增强效应。① 信息技术的普遍应用和信息化水平的不断提高，使分散和集聚在大都市同时存在：信息技术的应用和信息化水平的提升，改变了沟通的方式，使远距离的快速传递和不见面的沟通形式成为可能，这促进了人口和经济的分散；大都市独特的地理位置和优势，又使资源、经济和产业不断向大都市集聚。在信息化时代，分散和集聚两种趋势的同时并存，使大都市政府治理面临挑战。

因此，自20世纪70年代末以来，由于政府职能膨胀、规制过多、基于分工的业务流程和传统官僚制已经越来越不适应现代信息社会发展的要求。西方发达国家为了迎接经济全球化、社会信息化、管理国际化、政治民主化、国际竞争加剧的挑战，为了摆脱财政困境、提高行政效率和公共服务质量，为了适应网络经济发展和管理民主化的要求，掀起了行政改革的浪潮。正如胡德（C. Hood）所说，政府部门改革成为20世纪70年代中期以后公共管理领域中出现的一种显著的国际性趋势。② 这场行政改革被学者们称之为“新公共管理运动”（The Movement of New Public Management）。

西方国家“新公共管理运动”证明，信息技术为实现政府治理体制改革创新采取的一系列重要措施提供了有力的技术支撑。美国在1993年建立的“国家绩效评估委员会”（National Performance Review Committee，NPRC），提出了应用先进的网络信息技术克服美国政府在管理和提供公共服务方面所存在的弊端，构建“以顾客为中心”的电子政务、走向在线服务的政府改革目标。针对沉重的财政负担、政府低效率和公众对政府不信任的社会现实，副总统戈尔领导的全国绩效评估委员会通过对行政过程与效率、行政措施与政府服务品质的充分探讨，提出了《提高服务质量：建设一个花钱更少、服务更好的政府》和《运用信息技术改造政府》的报告，明确提出了借助先进的网络信息技术克服美国政府在治理和提供服务方面存在的弊端、革新政府、改善公众对政府的信任关系；借助信息技

① Steve Graham，Simon Marvin：*Telecommunications and the City*：*Electronic Spaces*，*Urban Places*. Routledge，1996，p.434.

② C.Hood：*A Public Management for all Seasons*. *Public Administration*，1991（69），pp.3-9.

术实现政府信息化,并通过政府工作流程的再造使政府运作更加顺畅、节约政府的行政成本、提升政府生产力和效率等 13 项利用网络信息技术革新政府的建议,强调以顾客为中心,把政府运作与运用网络信息技术全面、有机地结合起来。英国在 20 世纪 90 年代中期也出台了《政府现代化》白皮书和《政府信息服务计划》,提出以政府信息化服务达到政府现代化的目标。

由此,运用信息技术促进政府治理能力现代化、提高行政效率、提升公共服务质量,运用现代信息技术收集、整理、保存、交换共享战略信息资料和建立战略数据库系统,已经成为各个国家行政改革、政府治理能力现代化和提高科学化决策水平的一项重要措施,成为不可逆转和循序渐进发展的全球性趋势,并从发达国家向发展中国家蔓延。这无疑也应是大都市政府治理能力现代化的一项重要措施。2013 年 11 月,中国共产党十八届三中全会《中共中央关于全面深化改革若干重大问题的决定》中进一步明确了我国改革的总目标:"完善和发展中国特色社会主义制度,推进国家治理体系和治理能力现代化。"中国共产党十八届三中全会提出的"推进国家治理体系和治理能力现代化"改革目标,为我们研究和实现大都市政府治理能力现代化奠定了最重要的基础。

(二)大都市的内涵

本成果的研究对象乍一看似乎非常明确,研究的就是"大都市"以及大都市政府治理能力现代化。但是,对于大都市,有着不同的理解、不同的类型。因此,对本成果研究对象的界定就变成首先如何认识、理解大都市这个概念,然后在此基础上界定本研究成果要研究的大都市政府治理能力现代化问题。

大都市是一个相对的概念、发展的概念和综合的概念。在不同类型、不同发展时代、不同发展阶段和同时代在不同发展水平和不同城市化水平条件下,大都市的内涵特征和外延也都是不同的。大都市作为一个区域概念,按照增长极理论,是以一个中心城区为增长极,通过支配效应、乘数效应、极化与扩散效应而对周围区域辐射与影响所形成的城市化区域。核心—边缘理论描述了区域间经济增长和相互传递的关系,提出了核心与外围或者核心与边缘发展模式,这种模式的发展过程是以一个中心城区为增长极向外扩展,从互不关联、孤立发展——再到彼此联系、发展不平衡——最终到由极不平衡发展转变为相互关联的平衡发展的区域系统的发展过程。① 美国商务部和人口调查局认为,大都市就是一个大型的人口中心以及与之有着较高的社会经济整合程度的邻近社区组成的整体。②

为此,我们可以这样来认识和界定大都市的概念:在当代全球化和信息化的背景条件下,一般而言,大都市是指城市化水平高、拥有较多的城市人口和较大的空间面积、集聚了大量优势资源和产业、具有较高国际化程度,借助于现代交通工具与综合运输网的通达性以及高度发达的信息网络进行城市个体间的内在联系的现代化超大城市或城市集群(Urban Agglomerations)区域。大都市一般表现出以下特征:

第一,大都市是城市化发展到一定阶段的结果,大都市的城市化水平比较高。城市化水平即指城市化发展的程度,对它的测定目前国际上比较通用的一种测算方法是采用城市地区的人口占全地区总人口的百分比,城市化水平是反映经济发展水平和工业化程度的重要参数。③ 2008 年,我国城市化水平是 45.7%,东、中、西部城市化水平分别为 54.6%、40.4%和 35.7%,城市化水平最高的是上海,为 88.7%,其次为北京和天津,分别为 84.3%和 75.7%。④

第二,大都市具有高集聚性,是政治、经济、文化和资源的中心,是一定区域的经济增长极、人才和资本聚集、信息汇集和传播的区域,具有明显的圈层结构。大都市具有相当的政治影响力、较强的综合经济实力、人口规模和产业集聚,商业和服务业发达,以便对周边地区的社会和经济起到辐射作用;是现代生产和消费的高集聚区域,是商品流通的集散地和枢纽点,经济发展的"增长极"。

① 牛文元、刘怡君:《中国新型城市化报告 2009》,科学出版社 2009 年版,第 95 页。

② U.S.Department of Commerce, Bureau of the Census: *Statical Abstract of the United States, 1995, 10th Edition*. U.S.Government Printing Office, 1995.

③ 白先春、凌亢等:《中国城市化:水平测算与国际比较》,《城市问题》2004 年第 2 期。

④ 中国城市发展研究会:《中国城市年鉴 2010》,中国城市年鉴社 2010 年版。

第三,大都市具有较高的国际化程度。包括拥有较高的外贸依存度和良好的服务功能,在世界经济、贸易、金融方面具有重要影响,对世界经济有相当竞争力和影响力,对地区经济具有控制或者辐射作用;经济运行和城市治理完全按国际惯例,并有很高的办事效率;服务业等第三产业高度发达,具有很强的综合服务功能。

根据上述特征,本成果研究所指的大都市包括:

(1)一个单独的超大城市,例如纽约、芝加哥、洛杉矶、伦敦、东京、巴黎、新加坡、悉尼、首尔、香港。在我国内地,类似上述大都市特征的超大城市主要有:一是国家中心城市,北京、上海、天津、重庆、广州;二是享受省一级计划决策权和经济管理权的副省级城市。20 世纪 80 年代,中央将一些具有雄厚工商业基础和科技力量、社会总产值在 150 亿元以上、人口在 100 万以上、具有开放搞活重要地位和在中国经济发展中具有特别作用的特大城市定位为副省级城市。我国现有 15 个副省级城市,其中包括 10 个副省级省会城市,即沈阳、长春、哈尔滨、南京、杭州、济南、武汉、广州(广州市 2010 年被确定为国家中心城市)、成都和西安,以及 5 个计划单列市,即大连、宁波、厦门、青岛和深圳。① 在我国,一个单独的超大城市行政区可以划分为中心城区、郊区和市辖县(含市辖县级市)三个地域层次,这三个地域层次的形成都有一定的渊源,并反映了大城市与周围地区之间的关系。②

(2)由空间距离相邻的一个或几个经济比较发达、具有较大辐射带动能力的大城市为核心、连接周边多个城市或地区所形成的、相互间具有较强依存度和一体化协作与传递关系关系的大都市地区(Metropolitan Region)、都市带(Megalopolis)、大城市区(Metropolitan Area)、城市化地带(Urbanized Area)、大都市圈

① 1994 年中共中央、中国国务院同意将重庆、广州、武汉、哈尔滨、沈阳、成都、南京、西安、长春、济南、杭州、大连、青岛、深圳、厦门、宁波共 16 市的行政级别定为副省级(中编[1994]1 号),1997 年重庆升格为省级直辖市,因此,现在的副省级城市有 15 个。

② 安树伟:《大都市区管治研究》,中国经济出版社 2007 年版,第 45 页。

(Metropolitan Coordinating Region)。① 这些空间距离较近、经济联系密切、功能互补、相互间具有较强依存度和一体化协作关系的多个城市及其城市周边地区共同构成了一个“结构有序、功能互补、联系密切、整体优化”的大都市化区域，能够更好地实现城乡互动，促进区域一体化。大都市化区域环绕中心城市，大都市圈区域内的中心城市、大中小城市、城镇、村庄在空间上呈现圈层状结构布局。这种圈层结构以中心城市为核心区，形成大致的同心圆结构，如图1-1所示。

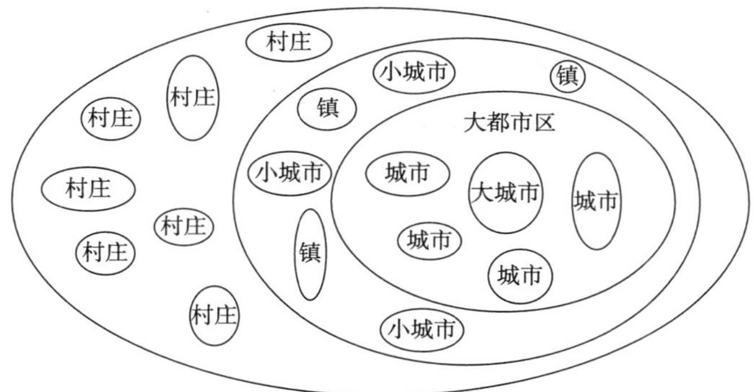

图1-1　大都市圈构成示意图

世界上目前最著名的五大都市圈是纽约都市圈、东京都市圈、伦敦都市圈、巴黎都市圈和北美五大湖都市圈。我国长江三角洲都市圈、珠江三角洲都市圈、京津冀都市圈已成为引领我国城市化和工业化发展的三大都市圈区域。同时，为了适应我国社会转型发展的需要，推动“两型社会”(即指资源节约型和环境友好型社会)试点，形成了武汉城市圈、长株潭城市群两大都市圈。②

从单核城市为主导的城市化发展向大都市圈区域内多个城市之间、城市与郊

---

①　20世纪初叶，为了统计的需要，美国称城市地带为“metropolitan district”。到20世纪50年代改称为“the urbanized area”，“the standard metropolitan area”，“the metropolitan atate economic areas”。1983年后，为了便于管理，美国改称为“metropolitan statistical area”。1990年以后，美国将大都市地区统一使用为“metropolitan areas”。联合国常常将城市地带或城市密集区称为城市群“urban agglomeration”。日本城市地理学者常常使用大都市圈(Metropolitan Coordinating Region)的概念。

②　2007年，国务院同意批准武汉城市圈和长沙、株洲、湘潭(简称长株潭)城市群为全国资源节约型和环境友好型社会建设综合配套改革试验区(发改经体[2007]3428号)。

区之间一体化、大都市区化发展，这是城市化发展的必然规律，也是城市化发展的必经过程。大都市圈是城市化发展到一定阶段，城市功能外延、核心城区与郊区相互关联平衡发展、城乡联动发展、城市化地域范围不断扩张的表现。因此，本成果研究的大都市：一是超大城市，在我国主要是指国家中心城市和副省级城市；二是以一个或几个大城市为核心，连接周边中等城市或地区所形成的、相互间具有较强依存度和一体化协作关系与传递关系的大都市区、大都市带或大都市圈。

（三）大都市政府治理能力现代化的内涵

根据行政生态学理论，当旧有大都市政府治理理念、治理体制、治理能力、治理方式不能适应现代信息社会发展需求的时候，就需要改革和创新，使其与环境保持平衡。信息技术不仅是作为大都市政府治理能力变化发展的外部环境因素，而且还为大都市政府治理体系完善和治理能力现代化提供了现实条件和技术支撑。大都市政府治理能力现代化就是在大都市政府治理的外部环境、内部资源及其结构发生变化的条件下，重新选择确定一种科学合理的、有助于提高大都市政府行政效能和服务质量的行为体系与服务模式的过程，这个过程使大都市内部各要素之间保持平衡、大都市政府治理与外部环境之间保持平衡。

大都市政府治理能力是一个涉及大都市政府治理理念、治理体制、政府职能、治理手段和方法的、复杂的、多层次体系的综合概念。大都市政府治理能力现代化是大都市政府治理能够全面适应经济全球化、新型工业化、新型城市化和信息化发展要求，是政府治理体系制度化、科学化、规范化、程序化的有机体，以及治理理念先进、各项制度健全、治理体制完善、政府职能优化、治理手段和方法先进的总称。这就要求更新治理理念、深入改革治理体制、丰富和完善治理体系、努力提高治理能力。大都市政府治理体制是大都市政府治理能力的重要体现，是大都市政府组织机构设置、行政职权划分与运行，以及为确保行政活动正常进行而建立的组织体系和制度的总称。① 因此，大都市政府治理体制现代化

---

① 李琪、陈奇星：《中国特大城市政府治理体制创新与职能转变》，上海人民出版社2010年版，第27页。

在本质内涵上包括了三个方面：

第一，治理主体现代化，大都市公共事务治理和公共服务提供主体从大都市政府单一主体走向包括其他社会组织在内的多元主体。

第二，主体间关系现代化，包括：一是明确各种不同主体在社会生活、社会事务和社会关系中的地位作用和相互关系，尤其是大都市政府与社会的关系、大都市政府与市场的关系、大都市政府与企业的关系；二是优化重组大都市内部结构，使大都市各部门之间的关系从分割走向协同；三是再造和优化大都市区域内各城市间的关系，使大都市区域各城市之间的关系从壁垒与“零碎化”走向协作与相互依存；四是建立健全大都市政府与其各部门之间、大都市区域与各城市之间的整体关系，使大都市政府与其各部门之间、大都市区域与各城市之间的关系从整体与局部之间的冲突走向协调；五是建立健全大都市政府与其他社会主体之间合作伙伴关系和公共治理机制，使大都市政府与其他社会主体之间的关系从管制走向合作与互动。

第三，运行方式现代化，包括明确不同主体在公共事务治理、公共服务提供过程中的运行方式，实现业务流程优化再造、业务跨部门协同、资源共享，实现信息化建设与应用从分散建设、分散应用走向集中、整合，实现公共事务、公共服务提供从分散走向一体化、网络化和协同化。

本研究成果涉及了大都市政府公共事务治理和公共服务提供过程中治理主体现代化、主体间关系现代化和运行方式现代化等内容，实际上也涉及了大都市政府职能的重新定位、内部组织结构的重组、业务流程再造与优化、跨部门业务协同与资源共享、跨城市地方政府之间的一体化与相互依存、大都市政府与其他社会主体之间的合作与互动等大都市政府治理体制的主要方面。虽然这些内容不是政府治理能力现代化的全部，但却是政府治理能力现代化的主要方面，是与信息技术具有重大关联作用的方面。

因此，大都市政府治理能力现代化，是由于外部环境、内部资源及其结构发生变化所致；治理能力现代化的内容集中在治理主体现代化、主体间关系现代化和运行方式和手段现代化；推进大都市政府治理能力现代化，既是大都市政府改革创新的目标，也是大都市政府根据环境条件的要求制定的一系列富有约束力的规则和形成程序性安排，是为了整合行政与社会资源协同解决公共治理问题、规范行政行为和社会运行、维护行政秩序和社会秩序。

根据大都市政府治理能力现代化所涉及的诸多方面，信息技术对大都市政府治理能力现代化的支撑作用，主要体现在：一是促进大都市政府治理与服务的观念、理念变革，形成与信息技术应用相适应的治理理念；二是对治理公共事务和提供公共服务与公共产品的多元主体间相互关系的整合予以技术支撑，也就是对结构重组、主体间关系的现代化予以支撑；三是对多元主体间在治理公共事务和提供服务内容的整合、治理方式和服务提供路径的整合、资源共享等方面予以支撑，也就是对治理体制机制现代化予以支撑；四是业务流程再造的手段和方法改进予以支撑，也就是为大都市政府治理方式和手段现代化提供技术支撑。如图 1-2 所示，上述四个方面表现为相互联系、相互作用并构成为有机总体的三个层次。①

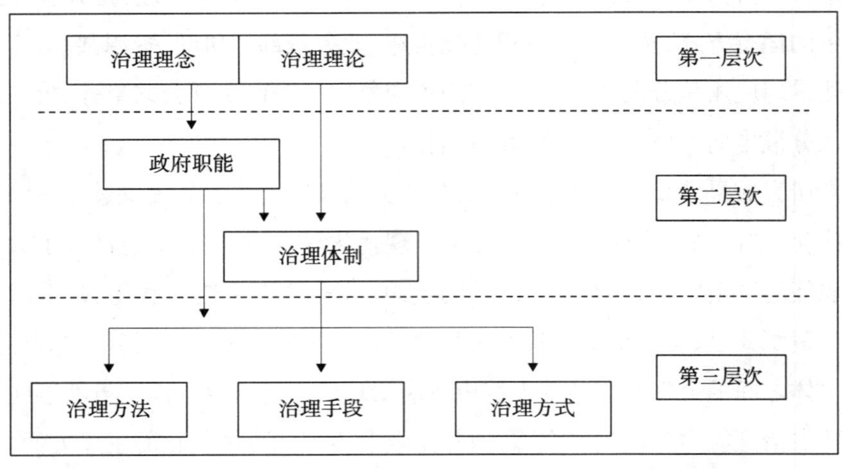

图 1-2　大都市政府治理能力现代化的内容

① 蔡立辉：《应用信息技术促进政府治理创新：内涵、目标与任务》，《中国人民大学学报》2006 年第 4 期。

第一层次:在治理理念与治理理论的层面上,通过应用现代信息技术优化政务发展环境,转变治理观念,实现治理理论创新,提高大都市政府工作的透明度,促进大都市政府治理科学化、精细化、人性化、民主化和一体化。

第二层次:在政府职能、治理体制的层面上,应用信息技术整合大都市政府、大都市化区域的各种资源,简化公共服务程序,实现政府职能的优化和科学配置、组织结构的合理重组和业务流程的优化整合,形成行为规范、运转协调、公正透明、廉洁高效的治理体制。政府职能、治理体制的逻辑关系如图 1-3 所示。

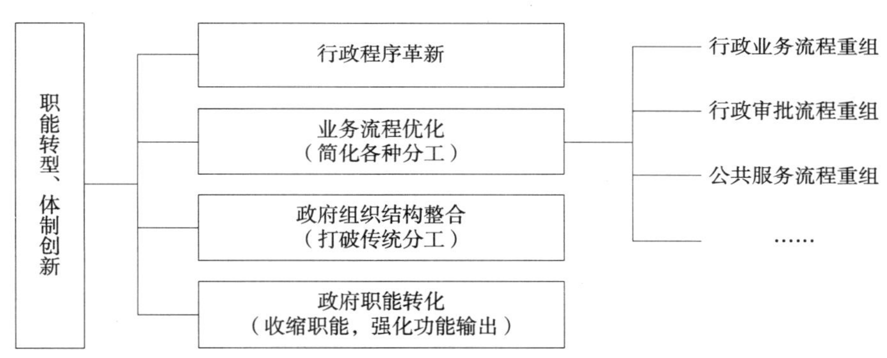

图 1-3　政府职能、治理体制现代化逻辑示意图

第三层次:在具体治理手段和治理方式的层面上,应用信息技术和先进的治理理念,建设标准规范、入口统一、功能完善、高效快捷、安全可靠的大都市政府治理综合信息系统、各类业务应用系统和协同工作平台,提升政府部门的依法行政能力、行政能力、决策能力、应急处理能力和公共服务能力,促进国民经济持续快速健康发展和社会全面进步,建立起政府与社会、企业、公众的良性互动机制,全面提高行政效能和社会公众的满意程度。

因此,应用信息技术整合大都市政府信息资源、简化政府服务程序、优化业务流程、提高行政效能、提高政府服务能力和社会公众的满意程度,是应用信息技术实现政府治理创新目标的重要内容,①也是信息技术实现大都市政府治理

① 蔡立辉:《当代中国电子政务:反思与走向》,《中山大学学报》2005 年第 3 期。

能力现代化改革目标的重要内容。信息技术深度应用所指向的目标就是要建设无缝隙政府(Seamless Government)。无缝隙政府将支离破碎的、彼此分割的大都市政府部门、大都市化区域“零碎化”的各个城市重新整合,以整体的、系统的和一体化的方式进行运作;无缝隙政府以整体的而不是各自为政的方式为公众提供了一步到位的、“一站式”到底的网络化电子服务。①

二、研究问题的提出及其界定

(一)实践困惑与研究问题的提出

信息技术突飞猛进的发展和普遍应用,使大都市功能和产业结构进一步优化,大都市从传统工业制造中心、商务贸易中心发展转变为信息流的中心、信息管理中心和信息服务中心,信息化成为新型城市化发展的催化剂。大都市信息技术的应用和信息化水平的提高,在促进大都市不同部门、不同行政层级之间信息资源交换共享、减少城市资源浪费和功能重叠、加强大都市发展的宏观管理和社会服务,促进大都市的基本功能向数字化、网络化和信息化方向迈进,都具有非常重要的作用。因此,应用信息技术促进提高业务办理的效率、自动化水平和社会服务质量,促进政府治理能力现代化,已经成为一项普遍的共识和政府发展目标。信息技术也就成为大都市政府高效管理、高质量服务的重要辅助手段。②

但是,如果从绩效评估的视角来审视信息技术在大都市政府治理中应用的效果,人们会发现:一方面,强化信息技术是作为大都市政府实现公共治理目标、进行公共事务治理与公共服务提供的重要手段,加大了信息化建设的投入,促进了信息技术的应用从单机到联网、从分散到集成、从办公自动化到政务信息化的发展;实现了从政府各部门根据不同需求的、各自为政的分散式建设与应用——发展到跨部门、跨领域、跨业务系统的集成整合——再发展到以数据中心形式实现的数据交换共享的发展。大都市政府各部门、各行政层级在完善网络平台的

---

① [美]约瑟尔·M.林登:《无缝隙政府:公共部门再造指南》,汪大海等译,中国人民大学出版社2002年版,第18页。

② 郭理桥:《现代城市精细化管理》,中国建筑工业出版社2010年版,第24页。

基础上，利用互联网和信息化基础设施加快实现跨部门之间、跨行政层级之间的联通而作了努力；通过建立数据中心、云计算中心或超算中心等，建立和完善政务内网和政务外网两大基础网络，构建信息安全、系统管理和业务应用三大支撑体系，建立业务管理、办公管理、政务协作、公众服务四类应用平台，正在为实现从分散的、各自为政的方式进行业务管理和提供公共服务模式向集中的、整体和无缝的方式进行公共治理和提供公共服务模式转变而努力。同时，办事效率、公众办事的便捷性和满意度也都在一定程度上提高了。

另一方面，信息技术的应用并没有达到预期的实现大都市政府治理能力现代化的改革目标。主要表现为信息技术并没有促使大都市政府部门自身事务管理、公共事务治理和公共服务提供发生根本性变化，部门之间、都市区域内各城市政府之间缺乏合作与协调日益造成了“碎片化”、“零碎化”的分割现象，以职能为中心设置部门、层级节制的组织结构和业务流程并没有得到重组和优化，分散式、各自为政式的治理方式并没有得到改变，“跨部门协作”（Cross-agency Collaboration）、政务协同的整体政府（Holistic Government）并没有形成，区域内各城市政府之间的一体化机制并没有建立。在应用信息技术来改进公共服务提供方式、方便公众获取服务和提升公共服务质量等方面，虽然单一部门的效率提高了，但整体并没有发生根本性的变化，公众办事仍然还要面对多个部门，还要在多个部门之间来回折腾、跑多个环节，整体效能和服务的便捷性并没有得到提高。正如佩里·希克斯所说：“这种分散式管理存在让其他机构来承担代价、互相冲突、重复、导致浪费并使服务使用者感到沮丧、在对需要作出反应时各自为政、公众无法得到服务，或对得到的服务感到困惑等问题，所有这些问题正是治理中的一些协调、合作、整合或整体性运作试图解决的。”①

同时，随着城市化进程的加快，虽然一个或几个经济发达、具有较强辐射带动能力的中心城市连接周边地区形成了具有较强依存度和一体化协作关系的大都市区、都市带或都市圈，并在经济社会发展中发挥越来越重要的作用。但在都

① 竺乾威：《从新公共管理到整体性治理》，《中国行政管理》2008年第10期。

市圈区域内却严重地表现为各个城市之间的壁垒、城市政府“零碎化”(fragmentation)现象,这与区域一体化的要求相去甚远。正如美国著名城市学者乔恩·C.蒂福德(Jon C.Teaford)所说,在每一个城市化的都市圈区域里都有若干彼此分离的城市政府进行着管理。[①] 大都市化发展所要求的集中化、一体化需求与区域内各城市政府分散化、“零碎化”之间的矛盾日益加剧。都市圈区域面对公共基础设施、跨城市环境污染、城市与郊区之间发展的不平衡与“二元结构”、中低收入家庭住房等社会福利政策、工业发展布局及其产业政策、资源配置与流动等问题,需要统一治理,需要在整个大都市圈区域内进行统一筹划;大都市化发展所要求的集中化、一体化和统一治理,似乎又与区域内各城市政府独立的功能定位、独立发展的地方民主产生冲突。所有这些都需要通过创新治理体制来实现从农村到城市、从单独一个城市发展到大都市圈区域内多个城市之间、城市与郊区之间一体化发展转变。

从上述问题存在的严重程度来分析,西方国家的情况普遍比我国要好得多。但尽管如此,大都市政府治理中的分割问题、碎片化问题、零碎化问题、服务效率低下和公众满意度不高的问题,也是西方国家大都市政府行政改革面临的普遍性问题。因此,运用网络信息技术促进大都市政府治理能力现代化,构建整体政府、实现资源共享、优化行政业务流程,也是当代西方国家行政改革普遍的、现实的需求。新加坡政府明确从 2006 年到 2010 年,将构建整合政府作为政府信息化建设和应用的目标,[②]就是一个有力的证明。

在中国,由于长期存在着地方分割、条块分割、部门分割的“分割文化”积淀,由于缺乏法制的传统,由于缺乏支配信息技术产生作用的正确指导思想和价值定位,导致这种分散管理、分散提供服务的分割体制并没有因为信息技术的应用而使各类业务之间、城市政府各部门之间、城市政府各行政层级之间、大都市化区域内各城市之间、垂直部门与城市政府之间“碎片化”、“零碎化”的管理模

① Jon C. Teaford: *City and Suburb: The Political Fragmenation of Metropolitan America*, 1850—1970. The John Hopkins University Press, 1979, p.1.

② 资料来源:2010 年 5 月 17—20 日,成果组对新加坡 IDA 访问调查的 PPT 介绍材料。

式得到改进；也没有因为信息技术的应用而减少市民来回在部门之间的折腾与办事环节，办事还是要面对那么多部门、还是要跑那么多路、还是要重复提交资料、还是没有减少社会交易费用和办事成本。因此，信息技术在大都市政府治理中的应用绩效比较低下，既没有解决大都市政府自身的管理问题，也没有从根本上解决公共服务的效率、成本和便捷性问题，更没有为大都市进行社会管理和社会建设提供有效的技术支撑。

从信息技术应用的初衷来分析，在现代信息化社会条件下，大都市政府应用信息技术的根本目的就是要消除都市政府内的部门分割、“碎片化”而走向整体，就是要消除大都市圈区域内各都市间的壁垒、“零碎化”而走向一体化，就是要提高大都市政府的整体效能与公共服务质量，形成跨部门、跨城市的一体化、网络化治理体制，形成大都市政府与其他社会主体有效合作与互动的公共事务治理、公共产品与公共服务提供的合作政府机制。一句话，大都市政府应用信息技术根本目的就是要促进大都市政府治理能力现代化。具体来说，运用信息技术实现大都市政府治理能力现代化，就是要：

从市民角度说，就是要有利于他们更加便捷地获取政务信息与服务，降低他们的办事成本和社会交易成本，提高办事效率。从大都市政府角度说，就是要有利于大都市政府通过技术手段促使行政行为规范化、业务处理协同化、政务信息公开化、决策科学化和绩效化；就是要将工业化时期形成的“金字塔”式的组织结构通过网络扁平化，实现大都市政府组织结构的重组与优化；就是要使公共行政与公共服务从简单的手工劳动发展到行政模式创新和服务方式优化的新层次，有利于促进大都市政府公共事务治理流程和公共服务提供流程的优化与再造；就是要全面实现大都市政府社会管理和公共服务职能，有利于维护大都市的社会秩序和促进大都市的社会建设。

但是，为什么信息技术应用的过程、应用结果与应用的目标事与愿违？甚至在有些情况下信息技术的应用为什么还进一步加剧了办事流程的烦琐、部门分割、垂直部门与大都市政府之间的分割、各种不同主体之间的分割？部门分割导致的“碎片化”、地方壁垒导致的“零碎化”现象为什么在我国愈加严重？信息不及时导致大都市政府管理滞后、管理被动后置的局面,资源不能共享导致的整体效能低下和服务不便捷的情况为什么得不到有效根治? 如何促进大都市政府在公共治理、社会服务等方面全面适应信息社会条件下城市化发展的要求和建立起良好的运行机制? 这些困惑成为促使我们研究信息技术与大都市政府治理能力现代化的动力,同时也促使我们要着重研究信息技术在大都市政府治理能力现代化过程中的支撑作用、实现作用。

(二)研究问题界定

以信息技术为支撑的现代大都市政府治理,是一种科学化、精细化的管理。随着大都市政府部门分工越来越细,大都市政府部门林立、庞大,部门之间职能交叉重复,多头指挥,部门分割与各自为政的现象严重,这种"铁路警察各管一段"的分段式、分散式管理极大地妨碍了整体效能的提升;随着大都市区化的发展,不仅城市规模越来越大,而且在同一个大都市圈区域内的各个城市政府的利益与这个区域的整体利益之间、与市场化进程所要求的一体化之间的矛盾冲突日益加剧,同一个区域所涉及的城市基础设施建设、跨城市的环境污染、工业布局与产业政策、区域福利政策、资源共享等问题及其解决日益凸显,也日益具有复杂性。面对单独的超大城市和大都市圈区域治理面临的体制问题,传统方式无疑是无能为力的,只有借助现代信息技术手段、只有选择信息技术应用与大都市政府治理能力现代化有机结合的路径,才能使涉及大都市政府组织结构重组、业务流程优化再造、管理行为规范、资源共享、跨部门政务协同、跨行政层级政务畅通、跨城市政府间一体化和资源共享等政务问题的解决更加有效。

因此,信息技术是信息化时代大都市政府实现科学化、精细化、规范化管理和治理能力现代化的重要条件,是大都市政府治理能力现代化的动力与保证。信息技术为大都市政府与市民之间创造了更加便捷的沟通渠道,大都市政府通过信息技术将公共服务便捷地提供给市民,这实质上是在大都市政府与市民之间完成了某种网络交易。大都市政府在线服务正是这种网络交易的重要内容,它意味着公共服务可借由电子邮件、网站,通过电子资料交换或者其他科技方式而进行,意味着市民从浏览大都市政府及部门的各类信息、表达对公共服务的具体要求、进行各类申请或申报,到支付、纳税等所有交易流程都可以在网络上完成。这使得传统的依靠纸张或面对面接触的公共服务提供方式,转换为依靠计算机技术或电信技术为媒介的方式。网络本质上属于一种无纸化的环境(paperless environment)。网络通信是通过数字讯号的提供进行的,所以,经由网络提供公共服务系属无纸化交易。这种无纸化网络交易是一种资讯过程(information process),市民与大都市政府之间依靠资讯交换完成了电子交易,完成了公共服务的提供。① 美国推行的"走近美国(Access America)"措施,就是因为信息技术将使所有美国公众和市民接近政府公共部门,并且从中受益。而信息技术要实现大都市政府的科学化管理和整体效能与服务质量的全面提高,就必须从根本上解决信息技术有效发挥作用的治理体制问题。因为,信息技术不可能自动产生作用。实践调查的结果表明,导致信息技术应用绩效差、不能充分实现信息技术应用价值的主要原因,就是采用了外延式技术驱动的指导思想来应用信息技术。为此,我们将"信息化时代的大都市政府及其治理能力现代化研究"的研究问题界定为:

(1)研究信息技术应用的使命与目标——促进实现大都市政府治理能力现代化。大都市政府对信息技术的应用不能只停留在技术应用、技术处理层面,而必须应用信息技术促进实现大都市政府部门结构重组和职能的重新优化配置,实现跨部门、跨行政层级、跨城市政府的政务协同、政务畅通和一体化,实现资源整合与共享、业务流程再造和公共服务便捷,全面提升公共治理和社会服务的能力。

从大都市政府治理能力现代化的现状来分析,大都市政府治理能力现代化包括超大城市政府治理能力现代化和大都市化区域治理能力现代化两个部分:

就超大城市政府治理能力现代化而言,涉及:一是城市公共事务治理、公共服务和公共产品提供的主体现代化及其主体间关系的现代化;二是城市政府纵

① 蔡立辉:《应用信息技术促进政府治理创新:内涵、目标与任务》,《中国人民大学学报》2006年第4期。

向(行政层级)组织结构和横向(部门化)组织结构重组,实现纵向上政务畅通、横向上跨业务处室(科室)和跨部门间的政务协同,从根本上改变条块分割、部门分割治理体制,消除整体效能、便捷服务所要求的跨部门协同、部门之间无缝与传统官僚体制下的部门分割、条块分割和"金字塔"式层级分割之间的矛盾;三是公共事务治理和社会服务提供方式现代化,通过业务流程再造、资源整合与共享,提高城市政府整体效能和对社会服务的便捷性;四是城市政府与其他社会主体、非政府组织之间关系创新,实现从管制政府到合作与互动关系、伙伴关系;五是打破城乡二元结构,实现城乡统筹和一体化发展。

就大都市化区域治理能力现代化而言,涉及:一是区域内公共事务治理、公共服务和公共产品提供的主体现代化及其主体间关系的现代化;二是大都市化区域内纵向上区域整体与各城市个体间关系的现代化,创新整体上、纵向上的协调机制;三是大都市化区域内横向上各城市之间关系的现代化,创新横向上跨城市地方政府之间的一体化协作共享机制,消除大都市区化、一体化、集中化发展需求与区域内各城市间"零碎化"、地方自治之间的矛盾;四是大都市化区域内政府公共部门与非政府组织关系创新,实现从管制政府到合作与互动关系、伙伴关系;五是打破城乡二元结构,实现城乡统筹和一体化发展。大都市化区域治理能力现代化,最重要的就是解决纵向上区域整体与组成大都市化区域的各个城市个体间关系、横向上各城市间的关系,形成网络化治理模式。正如黄丽所说,大都市化区域治理能力现代化"就是发现和采用一种机制,建立一种整合的政府或专门的机构和委员会,运用和动员社会及非政府组织的力量,在充分尊重并鼓励公众参与下,进行的一种解决大都市宏观和微观区域问题的政治过程"。①

因此,研究大都市治理体制、解决大都市治理能力现代化问题,主要包括:解决组成一个城市政府的各部门之间如何形成跨部门协同和网络化、一体化办公环境问题;解决一个城市政府的不同行政层级之间政务畅通问题;解决大都市化区域或一个城市内公共事务治理、公共服务和公共产品提供的政府主体与其他

① 黄丽:《国外大都市区治理模式》,东南大学出版社 2003 年版,第 10 页。

社会主体间合作的关系和体制机制问题；解决城市政府在大都市区化时代的发展过程中集中化、一体化、统一治理与地方自治、地方民主与整体效率、市场机制与公共管理之间的关系问题；解决统一市场化进程所要求的一体化与都市圈区域内城市“零碎化”的冲突与协调问题。构成一个城市政府的各个部门从分散走向整体、从分割走向无缝，城市化发展从单一的城市发展走向大都市区化发展，这都是必然趋势。但整体是由个体构成的，一体化也不等于同一。这都需要我们准确地、动态地把握这个发展的过程，把握创新措施的适应性以及创新措施发挥作用的基础条件、支撑条件，既不能因循守旧，也不能以未来的发展趋势代替现实。

（2）研究信息技术促进实现大都市政府治理能力现代化的方法与路径——治理能力现代化与技术应用二者有机融合。在信息社会条件下，将大都市政府治理能力现代化所包含的城市政府部门结构重组、资源整合、业务流程再造，打破部门分割、条块分割、地方分割与构建整体政府和促进区域一体化，都应当与现代信息技术应用有机结合在一起，并使大都市政府结构重组、资源整合、业务流程再造、整体政府构建与区域一体化的形成等内容本身都成为信息技术应用的重要内容。因此，在推进路径上，必须由技术驱动、技术导向转变为注重应用与政务导向。

（3）研究信息技术促进实现大都市政府治理能力现代化的具体内容——解决方案。一是对大都市政府治理体制和组织结构现代化进行研究，提出大都市政府在公共事务治理与公共服务提供的体制与机制、整体政府和区域一体化与网络化等方面深化改革创新的解决方案；二是对大都市政府治理要素和方式现代化进行研究，提出大都市政府在组织结构重组、业务流程再造、资源整合、政务协同和网络化治理等方面深化改革创新的解决方案；三是对大都市公共服务方式现代化进行研究，提出“一站式”、一体化电子化服务创新的解决方案。

通过对上述问题的研究，本成果研究的具体目标是：

第一，梳理信息技术在实现大都市政府治理理念、治理体制、治理方式和治理手段现代化方面的具体应用与功能，形成信息技术推进大都市政府治理能力现代化的系统理论；梳理西方发达国家运用信息技术促进实现大都市政府治理能力现代化的经验与做法，为将技术驱动的应用路径改变为政务先行、政务处理与技术应用有机结合的路径提供理论咨询。

第二，结合我国信息技术在大都市政府治理中应用的情况，全面考察我国信息技术应用来促进大都市政府治理能力现代化的现状，对强化政务导向、政务处理与技术应用有机结合的迫切性、重要性、价值等进行分析，探索应用信息技术实现大都市政府治理能力现代化的科学方法。

第三，从推进大都市政府自身管理、大都市政府对社会公共事务治理、大都市政府社会服务等方面，研究分析信息技术在促进实现大都市政府治理能力现代化方面的电子化治理、业务流程再造、“一站式”电子化服务、资源整合与共享的问题与具体解决方案。

推进治理理念现代化，包括人本主义理念、效率理念和服务理念，这些都是推动世界各国大都市政府在公共管理中普遍应用信息技术促进政府治理能力现代化的重要因素。应用信息技术促进大都市政府治理能力现代化、实现跨部门业务与服务的整合、再造行政业务流程、提高行政效能与服务质量，是西方国家“新公共管理运动”中技术应用与行政改革一体化的集中表现。

本研究试图从理论梳理和实践总结中呼吁理论工作者和实践家们对大都市政府治理能力现代化与信息技术应用之间的相互影响进行重新思考，不仅要重视信息技术之于大都市政府公共治理的影响，而且更要重视工业经济时代形成的行政观念、行政理论、行政官僚体制之于信息技术有效发挥作用的阻碍。信息技术并不会自动地导致大都市政府治理体制深刻的结构变化，信息技术只有在与现代经济社会发展要求相适应的新的治理理念的支配下才能有效发挥作用。因此，在深刻阐述信息技术应用与大都市政府治理能力现代化内在关联性的基础上，系统梳理信息化时代大都市政府治理面临的问题，探究应用信息技术促进大都市政府治理能力现代化的路径与解决方案，就具有十分重要的理论意义和实际应用价值。

第二节　相关研究文献综述

一、相关研究的统计与分析

关于“信息化时代大都市政府治理能力现代化”近十年的研究成果，研究者在清华大学主办的中国学术期刊数据库（CNKI）中，选取“中国学术期刊网络出版总库”、“中国博士学位论文全文数据库”和“中国优秀硕士学位论文全文数据库”等三个数据库，论文的发表时间从 1999 年至 2009 年，以题名为“大都市（中英文扩展）”或者题名为“城市（中英文扩展）”，并且采取题名为“信息化（中英文扩展）”或者题名为“数字化（中英文扩展）”跨库检索的检索方式，精确匹配进行搜索，共得到 1264 条记录。经分类统计筛选，删除会议综述、会议通知等共计 59 条，最后得到共 1205 条记录。因此，自 1999 年以来，我国关于“信息化时代大都市政府治理能力现代化”的研究成果数量总体上呈上升趋势。这表明，近 10 年来我国对信息化背景下大都市政府治理能力现代化问题的学术研究已经活跃起来。特别是从 2003 年以来相关研究成果增势较好，2003 年至 2009 年的研究成果占自 1999 年以来的研究成果的 77.34%。自 1999 年以来，我国关于“信息化时代大都市政府治理能力现代化”的研究成果的情况与数量，如图 1-4 所示。

二、相关研究的方法比较

从规范研究和实证研究两个维度对有关“信息技术与大都市治理能力现代化问题”研究成果所采用的研究方法进行分类，自 1999 年到 2009 年有关研究成果中采用规范研究的研究方法的变化情况如图 1-5 所示。

从图 1-5 我们可以得知，自 1999 年以来，我国学者关于信息技术与大都市治理能力现代化问题的规范研究成果基本在每年 17 篇的上下波动，其中，1999 年为历年最低只有 2 篇，2003 年、2004 年和 2006 年维持在比较高的水平，达到

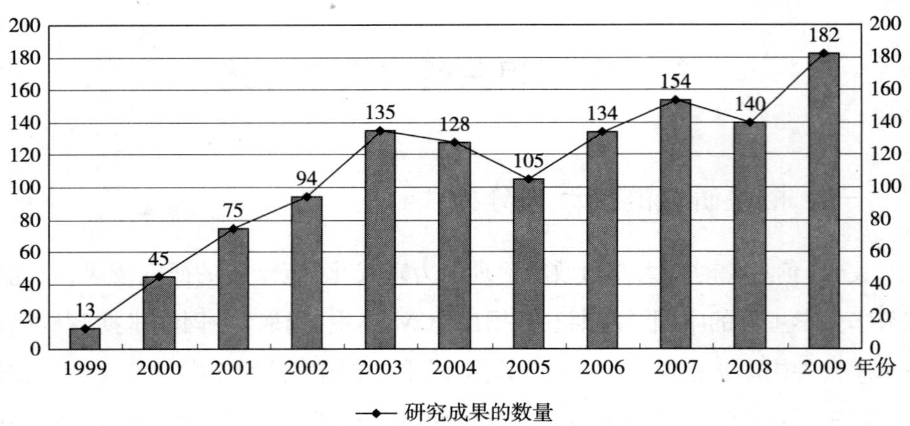

图 1-4　1999—2009 年关于信息化时代大都市政府治理能力现代化的研究成果统计图

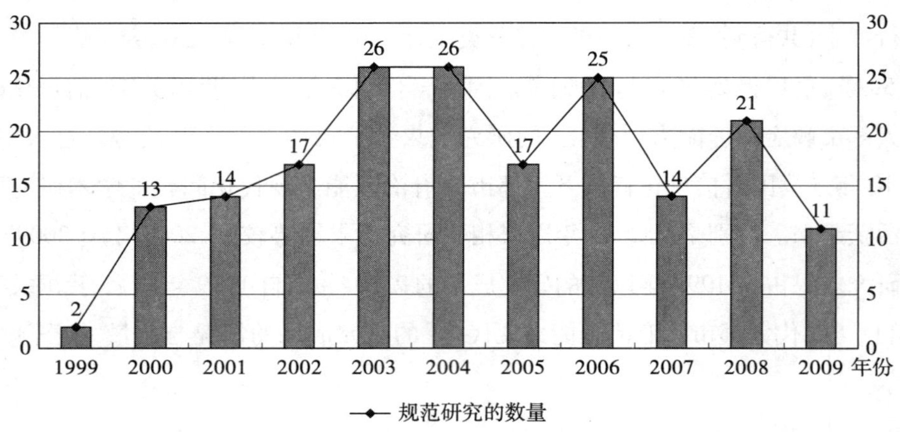

图 1-5　1999—2009 年关于信息技术与大都市治理能力现代化问题所进行的规范研究情况

25 篇以上，这三年规范研究成果的总和占规范研究成果总数的 25%以上。

自 1999 年到 2009 年关于信息技术与大都市治理能力现代化问题研究成果中采用实证研究的研究方法的变化情况，如图 1-6 所示。自 1999 年以来，从整体上看，我国学者关于信息技术与大都市治理能力现代化问题的实证研究成果处于上升趋势。其中，2005 年有下降趋势且比较明显，只有 88 篇，比上年减少了约 14%；而 2009 年达到最高峰的 171 篇，同比增长了 44%。

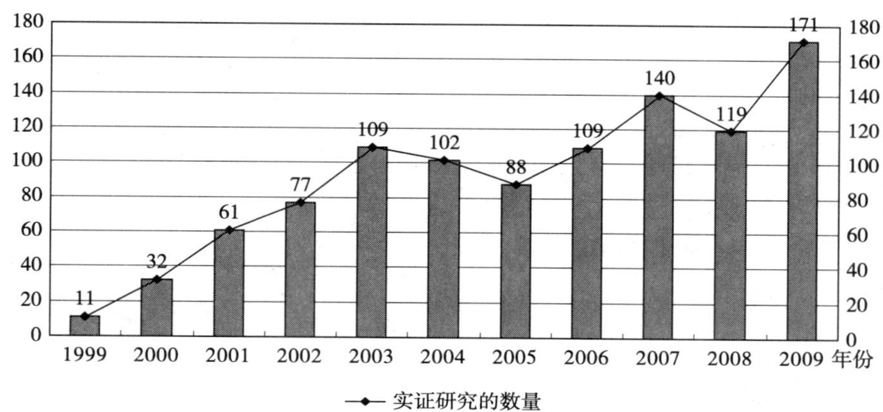

图 1-6 1999—2009 年关于信息技术与大都市治理能力现代化问题所进行的实证研究情况

自 1999 年到 2009 年,关于信息技术与大都市治理能力现代化问题所进行的规范研究和实证研究的对比情况,如图 1-7 所示。

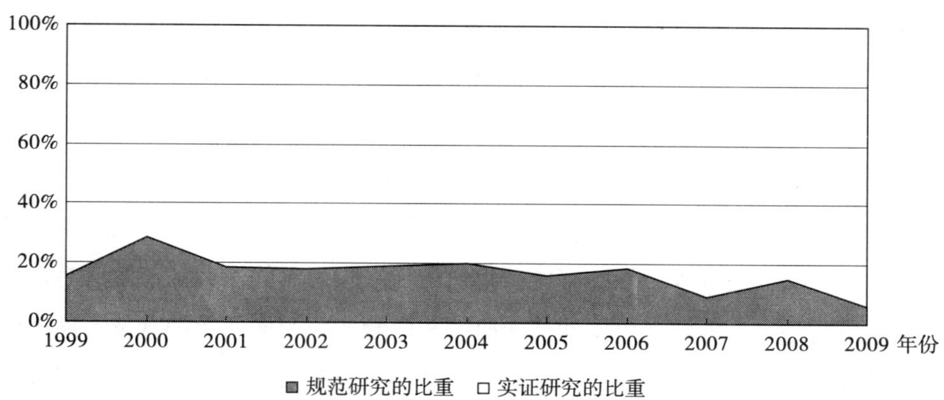

图 1-7 1999—2009 年研究成果中规范研究与实证研究的对比情况

从图 1-7 中可以看出,历年关于信息技术与大都市治理能力现代化问题所进行的研究中,实证研究相比规范研究的成果数量占绝对优势,采用实证研究方法的成果占每年总成果的 80%左右。其中,采用规范研究方法的成果中,2000 年所占比重最大,达到 28.89%,接近 30%;2009 年最小,只有 6%。

已有成果回顾表明，信息技术与大都市政府治理能力现代化问题的研究，规范性研究严重不足，尤其是原创性理论研究、有价值的研究成果更是缺乏；相反，以西方研究成果引进、经验介绍、实践总结的成果居多。这也是导致实践缺乏理论指导以至茫然的根源。因此，加强规范性尤其是原创性理论研究非常迫切。

三、相关研究文献回顾

在工业经济时代，科层制组织是大都市政府为适应工业经济和社会管理的需要而普遍采用组织结构形式。随着计算机、信息和通讯技术的发展和应用的逐步普及化，信息化时代的大都市政府治理和服务应该具有的弹性、整体性和无缝隙，对工业经济时代大都市政府理性的官僚制管理模式提出了挑战。传统的大都市官僚制管理模式是否能适应信息化时代经济和社会双转型，信息技术在促进大都市政府治理创新中的作用等成为学者和城市治理者关注的热门话题。本节将从信息技术应用的使命与目标、信息技术促进实现大都市政府治理能力现代化的方法与路径、信息技术促进实现大都市政府治理能力现代化的具体解决方案等三个方面来回顾我国学者和城市治理者对信息化时代对大都市政府治理挑战的回应。

（一）关于信息技术应用的使命与目标的研究

计算机技术、信息技术和通讯技术的发展和应用正在改变着人类几千年来形成的政府和社会管理组织的官僚制组织的传统管理模式。大都市政府对信息技术的应用存在着外延式应用即技术应用和内涵式应用即运用信息技术促进治理体制变革这两个层面。蔡立辉提出了大都市政府对信息技术的应用不能只停留在技术应用、技术处理层面，而必须应用信息技术促进实现城市治理能力现代化，包括为都市政府结构重组、资源整合、行政流程再造等的实现提供条件和支撑的使命和目标。①

当今经济和社会发展呈现出知识的创造和飞速的积累与更新，科技发展力

① 蔡立辉：《应用信息技术促进政府治理创新》，《中国人民大学学报》2006 年第 4 期。

度的增加，经济层面无形资产的多方位扩张的局限，Castells 和 OECD 将其界定为“知识型社会”，他们认为，知识型社会不同于工业社会，工业革命通过集中化手段产生了新型的社会结构和经济结构，注重的是垂直化的组织和标准化的过程；①而知识型社会侧重于变革和网络化，是以创新为主要活动的社会。② 诚如迈克尔·尼尔森所言：“正像信息技术深刻地改变了美国的商业结构一样，我们可以预见计算机技术和信息交流技术的发展将极大地影响政府的结构和职能。信息技术和网络经济的发展将深刻地改变公众的期望和政府的工作方式。”③徐晓林认为，信息技术与社会互动的事实表明，数字化技术正以其细致而缜密的渗透和磅礴的气势，给城市政府管理科学化和现代化提供强有力的技术支持，而且通过促进经济转型和社会结构的演化，将对城市政府管理模型、权能结构和行政理念产生巨大而深刻的影响，从而掀起城市政府管理史上的第三次革命。④ 理查德·赫克斯（Richard Heeks）认为，信息技术和政府治理创新之间具有两种联系方式：“信息技术的应用能够支持政府行政改革；政府行政改革能够影响信息技术作用的有效发挥”；“现代信息技术与政府行政改革各自有着不可代替的功能作用，且二者的作用不是平等的。技术本身只是工具，技术发挥作用的程度与方向深受制度、体制和管理者的影响；同样的技术，在不同的制度、体制和管理环境条件下，被赋予了不同的功能、意义和价值。”⑤蔡立辉在总结已有研究成果的基础上研究了信息技术和政府治理创新的关联性，深刻阐述了应用信息技术促进政府治理创新的科学内涵、发展目标和原则。他认为，信息技术并不会自动地导致政府公共管理发生深刻的结构变化，应用信息技术促进政府治理创新的科

---

① Bell D.：*Internet and New Technology. Letras Libres*，2000（13），pp.56-61.

② Castells M.：*La Era de la Información. La Sociedad en Red*，2001；OECD：*The Economic Impact of ICT*. 2004.

③ ［美］唐·泰普斯克特等：《数字经济的蓝图——电子商务的勃兴》，陈劲、何丹等译，东北财经大学出版社、McGraw-Hill 出版公司 1999 年版，第 56—136 页。

④ 徐晓林：《数字城市：城市政府管理的革命》，《中国行政管理》2001 年第 1 期。

⑤ Richard Heeks：*Reinventing Government in the Information Age：International Practice in IT-enabled Public Sector Reform*. Routledge，2001，p.259.

学内涵是将现代信息技术融入政府的改革之中并发挥作用，使传统型的政府组织结构、职能行使方式和行政业务流程适应信息技术的要求，提高政府部门的公共治理和公共服务能力。① 应用信息技术促进政府治理创新的科学目标是为适应经济信息化时代经济发展和社会变迁的要求而实现政府职能的科学配置、组织结构的合理重组和行政业务流程的优化整合。为此，他提出了在信息技术应用过程中要坚持的六大原则："创新行政理念、方便公众的原则；依法行政原则；循序渐进原则；突出重点原则；统一标准、统一规划原则；信息共享原则。"②

王浣尘也持类似观点，他认为："电子政务不是用先进的信息技术去适应落后的传统政务模式，而是借助于信息技术对传统政务进行革命性的改造。"③张成福认为，"科技、社会和政治三者的互动，实质是一种社会建构的过程。现代的计算机技术、信息技术和通讯技术无法自发地发展出有价值和有意义的制度安排；政府和公共管理者之于信息技术和电子政务的理解和赋予的意义决定了信息技术应用于政府治理和公共事务的管理的功能和意义"。为了实现政府善治从而达到政府善政，我们该有效利用现代的信息和通讯技术使得政府成为一个"政府治理更加透明，开放的政府；以公民为中心的政府；公民积极参与的政府；有回应力的政府；负责任政府；网络型治理的政府；无缝隙的政府；政府的目的是构建一个公正的社会的政府；有能力和有效能的政府"④。他进一步提出"设计我国电子政务发展的总体思路首要是做好电子政务发展的战略定位，具体做法是：在调查研究的基础上，从实际出发，制定符合我国实际情况的基本战略，即以信息化推动工业化，走好新兴工业化的道路；同时电子政府要以服务群众为宗旨，以公民的需求为中心，切实提高政务绩效。再就是要完善电子政务的治理体制，包括理顺电子政府治理体制，明确各级政府的职责等。"⑤

---

① 蔡立辉：《应用信息技术促进政府治理创新》，《中国人民大学学报》2006年第4期。

② 蔡立辉：《应用信息技术促进政府治理创新》，《中国人民大学学报》2006年第4期。

③ 王浣尘：《信息技术与电子政务》，清华大学出版社2004年版。

④ 张成福：《信息化时代政府治理：理解电子化政府的实质意涵》，《中国行政管理》2003年第1期。

⑤ 张成福、唐钧：《完善我国电子政务建设的总体思路》，《电子政务》2005年第24期。

上述已有研究成果的回顾表明,学术界对信息技术应用的使命和目标直接指向了政府治理能力现代化,这是非常明确的。但信息技术不是万能的,这些成果对于信息技术对政府治理能力现代化在哪些方面可以发挥作用、如何发挥作用等相关论述则过于宏观、抽象而不具体,缺乏可操作性、可实施性。

(二)关于信息技术促进实现大都市政府治理能力现代化的方法与路径的研究

在信息社会条件下,将大都市政府治理能力现代化所包含的都市政府结构重组、资源整合、行政流程再造与现代信息技术应用有机联系在一起,并使都市政府结构重组、资源整合、行政流程再造等内容本身成为信息技术应用的重要内容。

美国在 1993 年的《通过信息技术的再造工程》(*Reengineering Through Information Technology*)报告中就明确提出了借助先进的信息和网络技术克服美国政府在管理和提供服务方面存在的弊端,革新政府,改善公众对政府的信任关系;借助信息技术实现政府信息化、加强政府与顾客间的互动,并通过再造行政流程使政府运作更加顺畅、节约政府管理成本、提升政府生产力和效率等 13 项利用网络信息技术革新政府的建议。① 美国联邦管理和预算办公室(Office of Management and Budget,OMB)着手构建了美国电子政务的联邦企业架构模型(Federal Enterprise Architecture,FEA),详细地描述了政府履行公共服务职能、各公共服务业务及其关键业务流程,用于指导联邦政府部门间的横向整合和各级政府间的纵向集成。② 欧盟也从政府和政府间电子政务总体架构的高度描述了政府主要公共服务,提出了欧盟各成员国通用的网络管理架构原则,勾勒了网络信息化时代政府流程型组织形态的轮廓。③ 美国公共行政学大师的拉塞尔·林

---

① National Performance Review: *Reengineering Through Information Technology. Accompanying Report of the National Performance Review*, September 1993.

② Federal Enterprise Architecture Program Management Office: *The Business Reference Model Version* 2. 0. *Washington*. USA: Office of Management and Budget, 2003.

③ European Commission: *Architecture Guidelines for Trans-European Telemetics Networks for Administration*. Brussels, Belgium: European Commission, 2002.

登借用“企业业务流程再造”的基本原理和精髓革新传统政府科层制组织结构，克服传统组织层级过多、分工过细、以规则为导向所导致的业务流程僵化、忽视公民需求等弊病；以政府职能和业务为基础，围绕政府公共服务的过程和结果来提高政府的效率和改善公共服务质量。① 寇有观、萧鉥等学者认为大都市信息化的功能包括决策服务、管理服务和公众服务三个层次，②如图 1-8 所示。

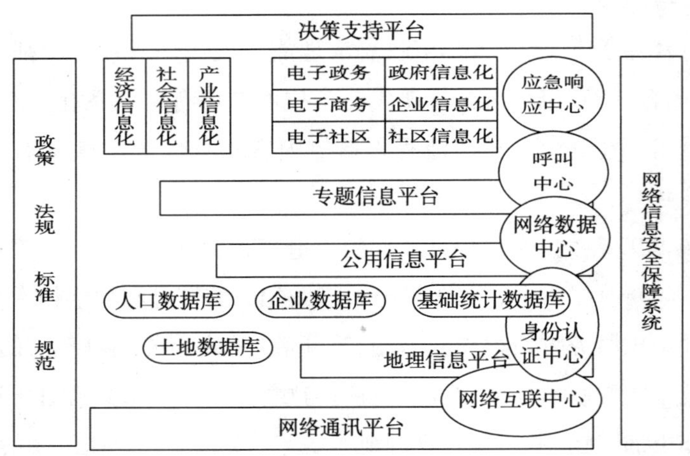

图 1-8　大都市信息化整体框架

大都市信息化的总体框架包括：法律环境、道德规范、基础设施、信息资源、支撑平台和应用系统等；涉及政务、商务、居住、工作、游憩和交通等；涵盖大都市主体信息化、大都市客体数字化、大都市事务处理电子化。其中，大都市主体信息化包括政府信息化、企业信息化和社区信息化等；大都市客体数字化包括地理、地质、货币、农业、食品、音乐、广播、电视、道路、环境等的数字化；大都市事务处理电子化包括电子政务、电子商务、电子社区、智能交通等。马连杰和李卫东

① ［美］拉塞尔·M.林登：《无缝隙政府——公共部门再造指南》，汪大海等译，中国人民大学出版社 2002 年版。

② 寇有观、萧鉥：《城市信息化数据系统的初步研究》，《电子政务》2006 年第 Z1 期；寇有观：《关于“数字城市”的初步研究》，《地球信息科学》2001 年第 1 期；寇有观：《“数字城市”总体框架研究》，《办公自动化》2003 年第 4 期。

也持相似观点，他们认为我国大都市信息化建设的总体思路是以信息资源建设为核心和大力发展和推进电子政务，大都市信息化建设的主要包括城市信息基础设施建设、信息资源建设、政府信息化建设、企业信息化建设和行业信息化建设。①

为解决基于传统行政管理模式下大都市政府政务信息数据资源共享利用率低的问题，孟庆国构建了面向主动服务模式的政务智能系统框架。他认为要建设具有空间分析能力的政务智能系统，将大量的政府管理服务对象以空间数据的形式存储并管理于地理信息系统中，对地理信息系统与政务数据仓库系统进行集成。政府部门将通过系列空间分析技术主动地分析海量的空间对象，为社会提供更具个性化、更高效的服务。② 王浣尘和池忠仁等提出网格化理论和信息距离理论，被认为是当前研究中出现的最大可能对城市电子政务流程产生重要影响的管理创新和理论突破。其中，网格化理论为城市电子政务流程优化提供了一种可能发展模式；信息距离理论则为城市电子政务流程人本化测评指标的直接定量测度提供了理论和算法支持。③

上述已有研究成果回顾表明，学术界对信息技术促进大都市政府治理能力现代化的方法和途径的研究，成果丰硕。但从这些研究成果中可以看出，技术层面的研究多一些，技术应用与政务结合的论述偏少，特别是对信息技术在哪些方面可以促进大都市政府治理能力现代化的研究成果偏少，解决方案还不够清晰。

（三）关于信息技术实现大都市政府治理能力现代化的具体内容的研究

信息技术促进实现大都市政府治理能力现代化的具体内容主要有三方面：

（1）对大都市政府治理体制和组织结构现代化进行研究，提出大都市政府

① 马连杰、李卫东：《城市信息化建设的总体规划和制度保障》，《电子政务》2004 年第 Z3 期。

② 樊博、孟庆国：《面向主动服务模式的政务智能系统框架研究》，《情报杂志》2006 年第 1 期。

③ 池忠仁、王浣尘：《网格化管理和信息距离理论——城市电子政务流程管理》，上海交通大学出版社 2008 年版，第 127—177 页。

结构重组与整体政府建设的解决方案。正如巴雷所言:"信息技术被看作是一种诱因,它引发了社会的永久变动,而合乎变动反过来会修正或维持组织的外形。"①蔡立辉认为应用信息技术促进大都市政府治理创新的具体解决方案是:"首先,合理界定政府部门事权,构筑多层次的信息技术应用体系;其次,改善行政体制的信息机制;再次,优化行政业务流程,创新政府管理与服务模式;最后,建设和完善'一站式'网上行政许可服务系统。"②

徐晓林和李卫东等学者认为,信息技术是当代城市政府业务重组的催化剂和润滑剂,信息技术对业务重组的影响主要体现在三个方面:一是信息技术应用能不断革新大都市政府的组织结构和管理模式,能建立更快捷的、互动的和高效的政府、公民与企业的关系,从而对政府的组织结构和管理模式进行改造。二是信息技术应用为大都市政府决策科学化和民主化提供技术支撑。在信息化时代,信息技术的运用将通过提高信息和数据的收集、存储、处理和传递的数量、质量和效率来使决策者获得更多的有效的信息资料,同时能增强信息的真实性,提高决策者对问题的理解。三是信息技术的发展和应用,能为城市政府公共服务的供给模式创新提供技术手段。电子政务能对政府组织结构、管理模式、决策质量、公共服务质量等产生深远影响,已逐渐成为政府治理创新和公共服务供给的主要模式。③ 徐晓林认为,要构建适应信息化时代与"数字城市"管理需求的管理模式,即网络状水平管理模式,其应按照整体原则构建,是有限刚性和优先柔性相济的、能适应信息化时代要求作出反应的有机体,是一种灵敏快速的决策系统和高效能高质量的政府管理系统。④

顾丽梅深入分析了信息化时代大都市政府多元管理主体,即政府、社会和市场三者之间的职权转换关系,她认为网络技术使信息资源的共享与政府职能

---

① Stephen R.Barley: *Technology as an Occasion for Structuring: Evidence from Observations of CT Scanners and the Social Order of Radiology Departments.Administrative Science Quarterly*, 1986(121).

② 蔡立辉:《应用信息技术促进政府治理创新》,《中国人民大学学报》2006 年第 4 期。

③ 李卫东、徐晓林:《城市政府业务重组的原理与方法》,《中国行政管理》2010 年第 2 期。

④ 徐晓林:《数字城市政府管理》,科学出版社 2006 年版,第 68 页。

的输出成为可能，政府可以将社会性、公益性、自我服务性等事务性工作从政府职能中剥离出去，交给社会直接组织和事业单位承担；政府则集中精力致力于市场培育，向社会和公民提供优质的公共产品和服务，实现公共权力的本质。①

（2）对大都市政府治理要素和方式现代化进行研究，提出大都市政府业务流程再造、资源整合、政务协同和网络化治理的解决方案。蔡立辉认为，我国各级政府在政务信息化建设过程中存在着信息技术应用与行政流程再造“两张皮”分割的问题，他结合我国行政体制与信息技术运用的现状和信息化与业务流程再造前沿理论发展的逻辑研究分析指出，我国要实行基于“服务响应链”的流程再造模式，其具体内容，如图1-9所示②。

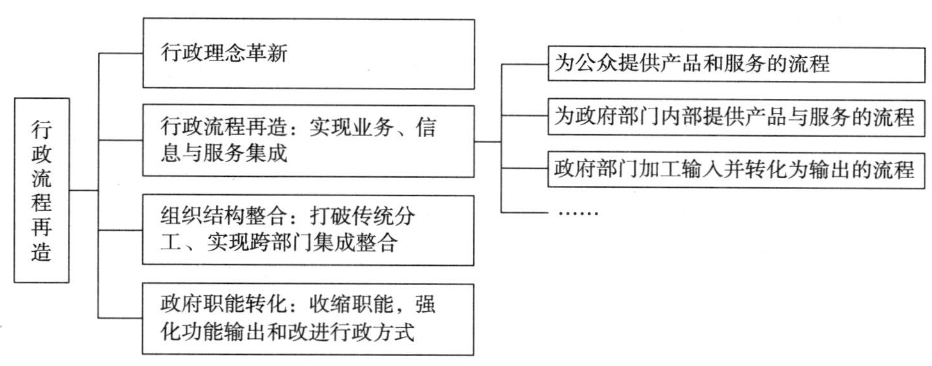

图1-9 我国行政流程再造逻辑示意图

行政流程再造的具体步骤包括：“①明确构建无缝隙政府的行政流程再造目标；②重视政务规范的设计；③明确行政流程再造的具体工作内容及业务建模过程；④按照步骤实施行政流程再造。”③

孟庆国和樊博等基于流程知识管理的视角，提出了以知识仓库为核心的政

① 顾丽梅：《信息社会的政府治理》，天津人民出版社2003年版。

② 蔡立辉：《电子政务：信息化时代的政府再造》，中国社会科学出版社2006年版，第80页。

③ 蔡立辉：《基于电子政务应用的行政流程再造：问题与对策》，《天津行政学院学报》2007年第3期。

务流程优化方法，将政务业务流程系统分为业务流程层、知识管理层和知识工具层，建立起流程优化的知识管理体系，解决电子政务流程的动态优化问题。① 吴江、江源富等人认为，要实现政府业务流与信息流的高度吻合，政府业务流程再造首先要按照流程再造的基本步骤，即“规划远景；启动再造；审视现有流程；重新设计；实施新流程；评估与反馈”等；其次，政务流程再造的工作重点包括：“设计新流程；设计新人事及组织结构；设计新的信息系统，其要具有弹性及经济适用；推出新流程，争取主要领导人的支持”；最后，政务业务流程再造并不是简单的以人为线性序列，而是要以政策法规为基础，按照业务信息流，通过技术革新，将分散的政务业务流程整合为串联、并联并存或组合的整体。②

从世界各国城市治理的经验看，城市治理相对滞后于城市建设和市民需求已经成为其共同问题。基于我国城市治理存在的诸如“城市治理中信息不及时，管理被动后置；政府管理缺位，专业管理部门职责不明，条块分割，多头管理，职能交叉；治理方式粗放，习惯于突击式、运动式管理；缺乏有效的监督和评价机制”③等问题，北京市东城区政府从更新城市治理理念入手，以应用和需求为导向，充分利用计算机、网络、地理信息系统和无线通信等多种数字城市技术，采用万米单元网格管理法和城市部件管理法相结合的方式，利用自主研发的信息采集器，建立监督中心和指挥中心“两个轴心”的治理体制，再造城市治理流程，从而实现了精确、高效、全时段、全方位覆盖的城市治理，这种全新的城市治理模式也称为万米单元网格城市治理新模式。④

(3)对大都市服务提供方式现代化进行研究，提出“一站式”、一体化电子化服务的解决方案。大都市政府门户网站是整合本级政府各组成部门以及辖区各县市区府部门政务信息资源，形成跨政府层级、跨部门的综合性业务应用系统，

① 樊博、孟庆国：《基于知识管理的电子政务流程优化研究》，《情报杂志》2006 年第 4 期。

② 未来十年中国电子政务的发展与对策研究成果组：《流程重塑——重塑政府的业务流程》，《电子政务》2004 年第 2 期。

③ 陈平：《北京东城区城市治理新模式》，《地球信息科学》2006 年第 3 期。

④ 陈平：《数字化城市治理模式探析》，《北京大学学报（哲学社会科学版）》2006 年第 1 期。

为公民和社会组织提供全方位的政府公共服务，使得公众能在合适时间和地点获取个性化的恰当的服务。从西方英美等发达国家政府门户网站建立的经验看，政府门户网站应该是一种“简单、实用、重点突出”的单一政务处理入门网站，是整个大都市政府“一张网”；而我们对政府门户网站的性质、特点、作用还缺乏清楚的了解，导致大都市政府把门户网站的建立当作简单的政府上网。刘庆龙、孙志强等采用人工跟踪采集的方式，设计了“网站内容、网站设计、网站技术、在线服务、交互交流和经济服务”等六个部分构成的政府门户网站测评指标体系，对我国 31 个省(区、市)的 93 个省会城市、地级市、县级政府门户网站进行了测评。他们分析指出，从整体上来看，我国政府门户网站的建设仍然存在诸多问题，具体包括：“政务公开程度不够深入；网站建设缺乏一定的规范性；网站首页页面设计不合理；网站发展情况存在着地区性不平衡现象；通用化与国际化程度不高。”“政府门户网站的建立首先要立足于社会和公众的需要，以公民和企业的需求为导向；其次要建立科学评价体系，把公众对公共服务的程度、服务质量、服务效率的满意度作为电子政务工作的衡量标准；再其次要加强法律法规建设，制定政府门户网站建立的整体战略规划；最后要有效整合资源建立统一电子政务网络平台体系。”①

李广乾认为，我们要对政府门户网站的性质进行深刻分析，其建设既要借鉴和吸收发达国家经验教训，也要综合我国大都市政府电子政务发展所处的阶段，建立符合大都市政府经济和社会发展需要的政府门户网站。具体要做到：“加强横向政务服务系统和金字工程整合；政府门户网站建设与政府机构改革相结合；分层次规划政府门户网站的建设；正确处理政府门户网站与各政府机构的内网与外网的关系。”②关于大都市“一站式”政务服务中存在的政务信息资源共享程度低，利用率低的问题，樊博认为，完善电子政务的立项审批机制和绩效评估机制是避免电子政务建设中信息孤岛和重复建设的关键，推进政务信息共享

① 刘庆龙、孙志强、李广东：《我国政府门户网站建设实证分析》，《电子政务》2006 年第 8 期。
② 李广乾：《建设政府门户网站促进电子政务发展》，《信息化建设》2003 年第 8 期。

建设要做到:“通过信息资源共享参与部门的成本收益分析、利益相关性分析和信息股份的设置来实现跨部门信息资源共享的切实推进。”①

(四)已有研究的共享和不足分析

根据相关研究文献回顾,已有的研究成果在基本共享方面:一是对信息化发展及其应用的研究,主要表现为大量介绍了其他国家先进的经验、做法等所做的信息化知识的介绍、引进和传播等方面的研究工作,对于增强我国对于信息化理论和知识的了解、开拓对信息化及其应用认识的视野,起到了重要的启蒙作用。在信息化发展和应用之初,这种介绍式的研究,是非常必要的。二是从实证研究的角度对国内外政府信息化与行政改革的实践进行了总结分析,特别是运用案例研究方法,总结了许多成功案例和反面不成功的案例。这对于如何运用信息技术促进大都市政府治理能力现代化、如何使信息技术应用与大都市政府治理能力现代化结合,具有较好的启发作用。三是对适应于工业社会效率行政需要的、以官僚制为基础的传统政府管理模式在信息化时代遇到挑战进行了研究。对于传统城市政府管理模式在信息化时代面临的问题和挑战,学者们进行了深入的研究,一致认为:以职能为中心设置部门、层级节制的组织结构和行政业务流程,并没有得到重组和优化;分散式、各自为政式的治理方式并没有得到改变;部门之间缺乏合作与协调日益造成了“碎片化”的体制结构;对大都市圈区域内地方分割、“诸侯经济”等现象从经济发展角度进行了研究。这些研究对加深人们对现有治理体制弊端的认识、启发人们对造成现有体制原因的理解,以及对现有治理体制进行创新的必要性,都具有非常重要的作用。

但是,已有的研究成果也表现出局限性,这种不足主要表现为:

第一,就该如何破解信息化时代大都市政府“分割式”治理模式这个难题的研究成果不见多,特别是对城市政府在大都市区化时代的发展过程中集中化、一体化、统一治理与地方自治、地方民主与整体效率、市场机制与公共治理之间关

① 樊博:《跨部门政府信息资源共享的推进体制、机制和方法》,《上海交通大学学报(哲学社会科学版)》2008 年第 2 期。

系问题的研究,缺乏综合的系统研究。而这正是本书的着力点。

第二,已有研究成果对信息化及其应用进行了介绍与研究、对传统治理模式的缺陷进行了研究,但是,对于传统治理模式如何通过现代信息技术的应用来加以改革和完善、现代信息技术如何在传统治理模式改革中起到支撑作用的研究却是非常缺乏。也就是在学科上,计算机科学、信息科学的研究者们从本学科的角度研究信息化及其应用;政治学、行政管理学的研究者们从本学科的角度研究体制及其体制改革,缺乏多学科交叉、渗透和融合的研究视角,缺乏技术应用于体制机制创新的有机结合。因此,也就不能回答现实中信息技术的应用为什么还进一步加剧了办事流程的烦琐、部门分割、垂直部门与都市政府的分割?不能回答为什么信息技术在城市治理中应用之后还会出现大都市治理滞后、管理被动后置的局面?不能回答如何促进大都市政府在公共治理、社会服务等方面全面适用信息社会条件下城市化的发展要求?不能回答在大都市政府治理能力现代化的过程中信息技术如何发挥支撑作用、实现作用?

第三,信息技术应用对大都市政府治理能力现代化,究竟在哪些方面起支撑作用、信息技术的这种支撑作用究竟如何体现,已有的研究成果不是非常清晰,有关研究,包括信息技术应用的使命与目标的研究、信息技术促进实现大都市政府治理能力现代化的方法与路径的研究、信息技术促进实现大都市政府治理能力现代化在组织结构重组和流程优化等具体内容的研究、信息技术促进都市圈的各个城市政府之间加强协作和实现一体化与资源共享的研究等方面,都还非常薄弱,有待进一步深化。

因此,本成果是在吸收已有研究成果的基础上进行的创新研究,主要体现在:

首先,在研究视角层面上,强化了打破已有研究存在的学科之间的分割,强化多学科特别是计算机科学、信息科学、政治学、法学、行政管理学、城市治理学等学科的交叉、渗透和融合。

其次,在信息技术的应用研究层面上,打破了已有研究存在的信息技术应用与大都市镇政府治理“两张皮”的状况,强化了大都市政府对信息技术的应用不能只停留在技术应用、技术处理的层面，而必须应用信息技术促进实现城市治理能力现代化，包括为都市政府部门结构重组和职能的重新优化配置、资源整合、行政流程再造等的实现提供条件和支撑；为大都市圈区域内各个城市政府之间在城市基础设施、资源共享、城市危机管理等方面实现一体化提供条件和支撑，真正实现大都市政府治理能力现代化与技术应用二者有机融合。

再次，在大都市政府治理能力现代化研究层面上，强化了信息化时代构成城市政府的各个部门从分散到整体、从分割到无缝的治理能力现代化研究，强化了消除大都市圈区域内城市政府零碎化和形成一体化协作机制的研究，强化了信息技术为这种创新和新机制的建立如何提供支撑作用，提出了大都市政府结构重组、整体政府建设和一体化协作机制建立的解决方案；强化了大都市化时代城市化发展从单一的城市发展到大都市区化发展、一体化发展的城市发展规律研究，强化了大都市政府治理要素和方式创新的研究，提出了大都市在业务流程再造、资源整合、政务协同、网络化治理和一体化发展等方面的解决方案；强化了大都市公共服务提供方式现代化的研究，提出“一站式”、一体化电子化服务的解决方案。

第三节　研究方法与技术路线

一、研究设计

按照社会科学理论形成的方法论逻辑，如图 1-10 所示，形成了本成果的研究程序。

本成果研究属于应用研究，主要针对应用现代信息技术这个支撑手段解决目前大都市政府治理能力现代化过程中所面临的体制分割、整体行政效能低下、资源不能共享、管理滞后、服务质量不高、社会服务和公共治理能力不能适应经济社会发展要求等问题。应用研究不同于基础研究，基础研究是首先探讨某些特定问题如何被解决，以增加知识，然后再利用这些知识来帮助实际工作者解决

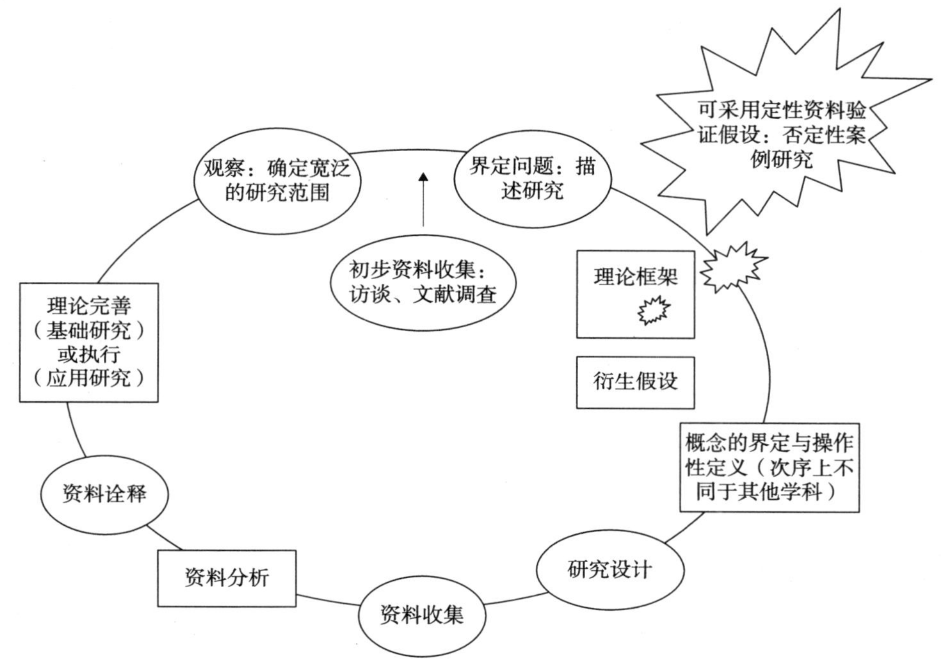

图 1-10　社会科学理论形成的方法论逻辑

各种问题。本成果作为应用研究，强调以问题为导向，运用相关理论解决当前在信息技术支撑下大都市政府治理能力现代化的问题。本成果研究采取的程序主要包括：选择问题、研究设计、收集处理资料、分析论证、研究评估和撰写报告等几个环节。

（一）选择问题

在选择研究问题的依据方面，本成果选择研究问题主要依据：

第一，源于本成果研究的现实需要。大都市是我国城市化水平高、资源高度集中、经济发达、人口和社会问题集中、国际化水平高的超大城市或由多个城市连接而成的经济发达的都市群区域。在这样超大的城市或者经济发达的都市群区域，由于城市政府内部各部门之间、各行政层级之间的分割管理、分散管理，导致整体效能低下、资源浪费严重、服务质量差和社会管理能力弱；由于大都市化区域内各城市政府之间的壁垒,造成诸侯经济、地方分割,严重阻碍了市场化进程,与统一的市场经济本质不相适应。因此,在强化经济社会发展转型、产业结构升级、注重社会管理和公共服务能力建设的社会背景条件下,如何运用现代信息技术作为支撑,促进大都市经济社会转型、产业结构升级、提升大都市社会管理和公共服务能力,促进大都市政府治理能力现代化,这是非常迫切需要解决的现实问题。

第二,源于成果研究团队的研究基础,包括兴趣、专业、洞察力等基础条件。笔者在本科、研究生、博士学习阶段,学习的是政治学理论专业,主攻比较政府与政治、政府行政管理,毕业后又从事行政管理专业的教学与研究工作;同时,在美国学习期间的一个主攻研究方向就是电子政务,有较好的学科基础。成果中的其他成员,有来自高校的学者,也有来自从事信息化建设和城市政府管理的实践者;团队成员的专业包括政治学、行政管理学、公共管理学、法学、城市治理学、计算机科学、信息科学,多学科交叉渗透的特征明显。

第三,源于成果团队成员长时间参与政府信息化建设实践,笔者不仅担任省级地方政府信息化咨询顾问、省电子政务协会副会长,开展政府咨询服务工作,而且还参与了许多政府信息化项目的建设与实施,有对电子政务建设、应用的观察和认识,总结过信息化建设与运用对提升大都市政府效率与服务质量、增强大都市政府整体行政效能、促进资源共享等方面的理论意义与实际应用价值。

第四,有明确的、可衡量的研究标准,包括科学性、重要性、创新性、可行性,而这正是信息技术为实现大都市政府治理能力现代化发挥支撑作用所需要的技术标准规范和政务规范。同时,具有切实可行的明确的研究方法,包括任何确定分析单位、研究重点和时间维度。

本书研究问题选择的步骤主要有:第一,发现和提出问题,主要是从政府信息化建设和应用实践中观察和发现问题,从大都市政府信息化建设和应用的绩效评估中发现问题,从大量政府信息化研究领域成果的收集和整理中发现问题;第二,收集掌握、阅读相关文献;第三,思考并将问题分类,确定研究问题;第四,进一步收集资料、跟踪调查;第五,从空间、时间、内容上界定研究范围,明确研究的具体问题。值得强调的是,本成果作为实证性应用研究,不仅强调了感性、观察的重要,而且也重点强调收集、阅读相关文献资料和理论分析,由此形成了本成果关于信息技术与大都市政府治理能力现代化研究的知识体系,如图 1-11 所示。

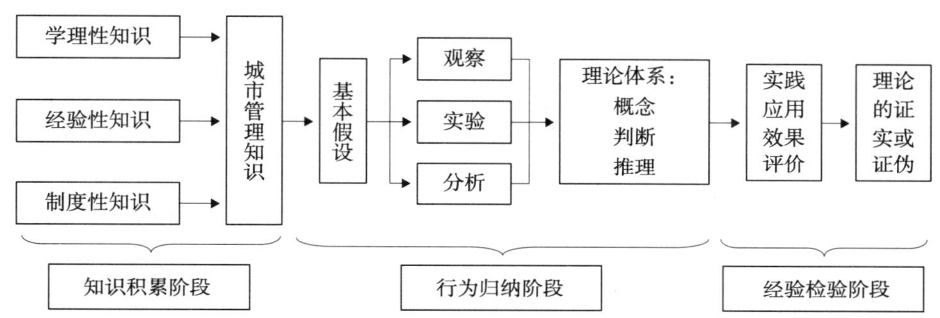

图 1-11　知识理论形成的方法论逻辑

收集、阅读相关文献资料之所以重要,是因为根据人类认知的过程和规律,感性、观察这种体验,是发现问题、获取知识的重要手段。但是,由于不可能事事都亲自体验,有许多尝试要付出沉重的代价,有时甚至要献出生命。因此,学习、查阅前人总结的经验是获取知识的更为重要的手段,也是相对更加需要心智能力的手段。在今天,学习、查阅资料突破了个体“体验”的种种局限。“体验”往往只能局限于自己或自己的阅历。然而,通过学习、查阅资料,特别是通过网络手段,我们可以获得和共享他人的“体验”或者阅历的结果,产生事半功倍的效果。这就是本成果研究将文献研究法作为一种重要研究方法的理由。

(二)设计研究方案

信息技术与大都市政府治理能力现代化研究成果的方案,如图 1-12 所示。

根据图 1-12,本成果的研究方案包括了以下研究环节:第一,首先明确本成果研究的目标、意义和创新点,重点是明确界定研究问题和研究范围;第二,明确研究的具体内容,对研究目标进行细化和分解,形成研究的基本内容框架;第三,围绕研究问题提出核心假设,进行诠释性研究;第四,明确研究的分析单位、分析

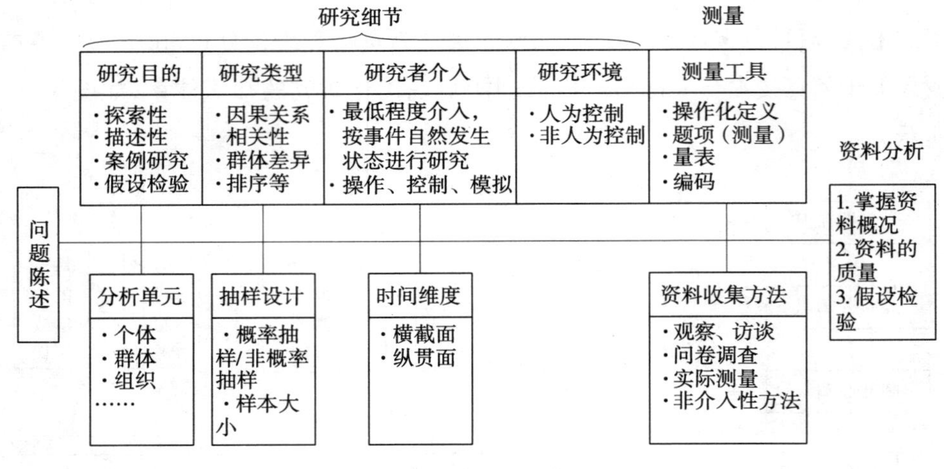

图 1–12　研究设计图

重点、时间维度，进行变量设计、研究指标选择、调查提纲设计等；第五，明确研究资料的收集方法与分析方法；第六，明确研究进度。

（三）收集、处理资料

本书在研究过程中，针对研究问题的特点，主要采取了调查研究方法、实地观察研究方法、非介入性研究方法等方法获得经验资料。成果在研究过程中，对于收集到的资料的处理，采取了洞察、定性分析和统计分析的定量分析方法等资料分析方法。

（1）调查研究，主要采取个案调查、典型调查等形式对访问对象进行深度访谈和座谈会，以受访者回答问题的数据为基础来辨析信息技术在大都市政府治理创新过程中应用的总体状况；

（2）文献研究，主要通过网络、图书馆、档案馆等途径，借助各种文件、各种制度规定、报纸、期刊、书籍等书面的、电子化的与研究问题有关的文本分析来发现和研究问题；

（3）实地研究，也叫参与式研究法，成果研究人员多次深入到大都市政府信息化建设、体制改革的实际工作中，一方面亲自参加大都市政府信息化项目建设并模拟为公众用户和政府用户的身份来体验信息技术应用对公共服务质量提升的情况，从中感受到信息技术应用在创新大都市政府治理、提升大都市政府服务质量、信息技术应用过程中存在的体制性障碍等问题；另一方面，以研究者的身份进行实地观察和无结构化访谈方式来收集资料、发现问题。

（四）数据分析和论证

本成果研究将所收集的各类资料与我国大都市政府通过信息技术实现政府治理能力现代化的历史过程相联系，通过描述性统计，说明变量间关系，论证在不同发展阶段上信息技术被运用来实现大都市政府治理能力现代化有着不同的需求、建设任务和建设重点；在不同的大都市，采取的政务措施不同、应用的力度不同，信息技术发挥作用的大小和方向也就不同。因此，必须根据发展水平和发展阶段采取不同的应用措施，强化以政务为主导，以促进深层次的体制机制变革、组织结构重组、业务流程优化、资源共享和实现跨部门和跨都市政府的协同为目标；通过推论性统计来具体检验不同发展阶段上采取不同应用措施的有效性，从而确保成果对信息技术如何实现大都市政府治理能力现代化的咨询作用。

二、研究方法

本成果作为实证研究，主要采取非实验的方式，其中包括调查研究、文献研究、实地观察研究等。在具体研究方法上，主要采用问卷调查、访谈、观察、抽样、文献研究、统计分析和案例研究等方法来进行研究。

（一）采用定性研究方法：把握非确定因素

定性研究方法、定量研究方法，是社会科学研究的两种重要方法。就西方国家社会科学研究而言，“长期以来，伴随着科学技术的发展而形成的实证研究范式在社会学研究中一直占据着主流地位。实证研究者受到自然科学量化研究范式的影响，认为只有客观的、实证的和定量的研究才符合科学的要求，才具有价值。而社会学要取得进步，量化的测量和分析是必不可少的。”①就我国目前而言，由于存在着认识上的误区，存在着盲目效仿西方国家的“拿来主义”，对我国

① 风笑天：《社会学研究方法》，中国人民大学出版社2005年版，第10页。

以往仅凭逻辑推理、凭主观想象的研究矫枉过正，倡导定量研究，从而导致定量研究基本上处于主导地位。

定量研究是一种“硬”研究方法，有助于提高研究的科学性，有助于强化和提高与人对话的能力。但在社会科学领域采用以定量研究为主的实证研究范式的局限性却是非常明显。因为，社会科学不同于自然科学，其研究对象和内容非常庞杂，除了一般的规律之外，由于历史、观念、环境、文化、体制、区域发展水平等多方面的差异，在研究一般规律的同时，更需要研究特殊性、差异性。这样，量化的方法就表现出巨大的有限性，在这种情况下，定性研究方法逐渐受到人们的重视。定性研究是“在自然情境下通过研究者和研究对象之间的系统互动，并且综合运用多角化技术对社会现象或社会问题进行广泛深入探索的一种研究活动”①。

因此，定性研究方法、定量研究方法，都有其长处与局限性，都必须根据研究对象、研究问题的不同来加以选择，对同一个研究还需要将定性研究和定量研究结合起来使用。我们不应该过度地强调某一种研究方法的优越性而贬低另一种研究方法，而应该根据实际情况选择不同的研究方法或者结合运用两种研究方法进行研究。陈向明认为，“一般来说，定量研究比较适合在宏观层面对事物进行大规模的调查和预测；而定性研究比较适合在微观层面对个别事物进行细致、动态的描述和分析。”②

本成果之所以选取定性研究方法，主要有以下两个方面的理由：

第一，从研究问题的性质而言，本成果的主要目的在于对当代信息技术如何实现大都市政府治理能力现代化进行研究，在这个研究中，一是要对信息技术与大都市政府治理能力现代化进行关联性研究；二是要研究在应用信息技术实现大都市治理能力现代化过程中，技术手段是先进的，但是技术为什么不能有效发挥作用？应用技术手段之后为什么还是传统的行政管理模式、在公共事务的治

① 牛美丽：《公共行政学观照下的定性研究方法》，《中山大学学报（社科版）》2006年第3期。

② 陈向明：《质的研究方法与社会科学研究》，教育科学出版社2000年版。

理方式、公共服务的提供方式、分散或分割治理方式等方面为什么没有发生实质性的变化？对信息技术与大都市政府治理能力现代化过程中的这种现状、问题及其影响因素进行深度描述，并在此基础上研究存在问题的主要原因，进而提出解决问题的分析框架与路径，这并不是要进行大规模的预测，而是对信息技术如何实现大都市政府治理体制创新的问题提出解决方案。

第二，从研究对象的特点来看，信息技术如何实现大都市政府治理体制创新的问题，深深地受到历史、文化、观念、环境、体制、法制环境和发展水平等多种因素的影响。因此，本成果的研究主题离不开对不同国家、地区特别是对我国历史、文化、环节、体制、法制环境和发展水平等多种影响因素的分析，这超出了研究者主观能够控制的限度，是定量研究所无法达到的。

因此，定性研究方法、规范研究方法，都是确定信息技术应用与信息化建设在不同发展阶段上的价值取向、目标、建设任务、建设重点所不可或缺的方法。

（二）案例研究：本成果具体应用的定性研究方法

案例研究或个案研究是指一种对发生在自然场景中的某种现象进行探索、描述或解释，并试图从中推导出新的假说或结论的研究方法。[①] 正如学者应国瑞所说，“在决定采用某种研究方法之前必须考虑三个条件：该研究所要回答的问题的类型是什么；研究者对研究对象及事件的控制程度如何；研究的重心是当前发生的事，或者是过去发生的事。而案例研究最适合于如下情况：研究的问题类型是‘怎么样’和‘为什么’，研究对象是目前正在发生的事件，研究者对于当前正在发生的事件不能控制或极少能控制。”[②]本成果研究过程中采用了案例研究的研究工具，因为本成果研究符合案例研究的三个条件：

第一，从研究问题的性质上看，本成果的具体研究问题是：信息技术实现大都市政府治理能力现代化的现状如何，存在哪些问题？为什么会出现这些问题？怎么样构建一套完善的方案来解决大都市政府内部部门分割、垂直部门与城市

① 参见吴建南：《公共管理研究方法导论》，科学出版社 2006 年版，第 147 页。

② 应国瑞：《案例研究：设计与方法》，重庆大学出版社 2004 年版，第 24 页。

政府分割、资源不共享以及都市圈区域内各个城市政府之间壁垒、分割而走向一体化的问题？显然，这是一个“为什么”和“怎么样”的问题。

第二，从研究问题的产生、发展历史来看，大都市政府治理能力现代化是充分发挥信息技术作用、提升信息技术应用绩效的根本性条件；同时，大都市政府治理能力现代化中涉及的业务流程优化、实现组织结构扁平化、以资源共享为基础实现跨部门之间、跨城市政府之间的网络化政务协同等，这本身就是信息技术发挥支撑作用的重要内容。停留在技术应用的层面，没有涉及深层次的政务问题和治理体制问题，使信息技术发挥作用的深度应用受到极大阻碍，成为信息技术发挥作用的瓶颈问题。因此，信息技术的支撑作用指向解决深层次的政务问题和治理体制问题是影响信息技术能否深度应用和发展的关键问题。同时，现代深层次的业务流程优化、实现组织结构扁平化、以资源共享为基础实现跨部门之间、跨城市政府之间的网络化政务协同等问题的解决又不能没有信息技术，这是技术应用与治理能力现代化一体化和有机结合的问题，是一个备受关注并且必须解决的现实问题。

第三，本成果要研究的问题是影响信息技术深度应用的一个关键问题，或者基础前提性问题，它受诸多因素的影响和制约，成果组研究人员作为学者对于诸多影响因素无法控制。

案例研究是本成果研究的重要方法。本成果采用多案例、嵌入式案例的研究方法。同时，在案例的选取、抽样上，尽量满足案例研究的典型性、代表性要求。

（三）本成果多学科交叉渗透的研究方法

学科交叉（Interdisciplinarity）通常指在研究环节中，来自不同学科背景的研究者共同协作、调适各自的研究途径，以取得对问题更准确切入的一种研究方法。学科交叉研究是科学上产生重大发现的重要途径。科学发展的历史表明，科学上的重大突破、新的增长点至新学科的产生常常都是由不同学科的彼此交叉、相互渗透而产生的，并由此形成了许多新兴学科群。进入 21 世纪，信息技术革命的迅猛发展，推动了相邻学科之间的交叉、融合、渗透、分化和发展，淡化传统的学科界限，并孕育着新的重大突破，将深刻改变经济和社会的面貌。21世纪学科发展的一个重要特征就是大批以信息技术为基础的交叉学科将得到迅速发展。利用信息技术先进的计算能力和方法，是提高科学研究水平、管理水平和服务质量的关键，这一点已经在科技界、产业界和管理界形成共识。新兴交叉学科必将导致创新性成果和创新管理的出现。

当代重大的科学问题往往很难归为单一的学科，多数都是交叉性的，解决这样的问题需要多学科协同、交叉和渗透才能体现科学的总体水平。由此，学科交叉、融合已成为当代科学发展基本特点之一，表现为从单一运动形态的研究走向多运动形态及其相互渗透、相互联系的综合研究。相邻学科之间的横向交叉、渗透和融合成为明显趋势，跨学科、多层次、多视野的综合研究势不可挡。信息技术是渗透性、带动性很强的技术，为其他学科发展提供有力的支撑，极容易与其他学科交叉形成交叉学科。因此，多学科交叉融合是学科自身高度发展的必然结果，是学术创新的具体体现，同时也使得与信息技术有关的研究产生许多新的研究方向、研究领域和创新性的研究成果。

多学科交叉渗透研究方法主要表现为：一是多学科组合（multidisciplinarity）模式，多个学科的学者对同一个问题进行研究，试图在各自领域的框架内对问题进行理解，并不强调各个领域间的合作或是发展出共同的框架概念。这种模式类同于智囊团（think tank）模式，其目标是解决一个迫切的问题，而非拓展学科视野；二是跨学科研究（transdisciplinarity）模式，通过打破学科传统规范的樊篱以取得更有启发性的成果；三是“无学科研究”，研究者有意识地主动摈弃特定学科对研究对象和手段的规范，通常为离经叛道的后现代研究者使用，出于对规范的反思或是为了追求更为广阔的视野。

各学科之间相互交叉、相互渗透形成的综合研究范式为信息技术实现大都市政府治理能力现代化研究提供了新的研究方法。这种新方法强调各学科之间理论与方法的互补、强调运用各学科理论及其研究方法来解释与解决信息技术应用于大都市政府治理能力现代化过程中的问题，从多学科交叉渗透的视野上极大地推动了对信息技术在大都市政府治理能力现代化过程中应用的统一性、整体性、集成性和开放性的研究,并不断开拓新的研究领域,形成新的边缘学科和交叉学科。多学科研究方法以及系统论、信息论、控制论、协同论、耗散结构和突变论等横断科学的概念、理论和方法与电子政务综合性、整体性的认识论和方法论不谋而合。信息技术在政府管理中的应用是一个具有重要国家利益和科学意义的领域,同时又涉及自然科学和社会科学中众多不同的学科领域。信息技术是政府组织结构重组、业务流程优化、公共事务处理和公共服务提供等政务活动与网络信息技术应用的统一体。这两者一体化和有机结合的综合性,不是任何单一学科知识所能科学认识的,必然需要多学科交叉与渗透。

(四)资料收集的方法

常用的资料收集方法主要有六种来源:文献、档案记录、访谈、直接观察、参与式观察、实物证据。[①] 在本成果研究过程中,多种收集资料的方法同时运用。其主要方法有四:

(1)文献收集。利用网络、图书馆、档案馆等有效途径,成果组成员广泛接触和收集了我国大都市以及都市圈有关信息技术在大都市政府治理中应用的现状、存在问题,探索信息技术实现大都市治理体制、治理方式、公共服务提供方式变革的一手资料和相关研究成果。

(2)实地观察。成果组成员利用参与一系列大都市政府信息化项目调研、电子政务绩效评估、政府信息化项目开发实施的机会,广泛进行了信息技术应用的实地观察,从中感受和收集了大量有关的资料。

(3)调查研究,包括访谈、召开座谈会、小型研讨会等形式。一是对我国不同大都市、信息技术应用处于不同发展阶段,信息技术应用的任务、内容和应用重点的相关资料进行收集和查找;二是选取研究样本,根据信息技术应用和城市政府改革发展水平不平衡的状况,在国家层面上,与我国经济社会发展水平不同的区域相适应,将大都市及都市圈的调查对象分为三类:

第一类:以北京、上海、天津、广州、南京、杭州、济南、宁波、厦门、青岛和深圳

---

① 参见应国瑞:《案例研究:设计与方法》,重庆大学出版社 2004 年版。

等大都市为代表的发达地区，以及长江三角洲、珠江三角洲、京津冀三大都市圈；

第二类：以沈阳、长春、哈尔滨、大连、武汉等大都市为代表的中部地区，以及武汉城市圈和长株潭城市群两个“两型社会”都市群；

第三类：以重庆、西安、成都等大都市为代表的西部地区。

根据经济社会发展的不平衡性、信息技术在大都市政府治理中应用水平的不平衡性，将调查的对象进行划分，选择具有代表性的地方进行调研。因此，本成果研究调查对象范围广泛，调查研究花费时间长、精力大，获取了大量第一手资料，为本成果研究搜集积累了较丰富、扎实的资料。

（4）问卷调查法。实地调查法、访谈法，能够深入地与调查对象就调查问题进行讨论、互动交流，但具有耗费时间长、精力大、成本大、范围不广等局限性。而问卷调查法可以进行大量抽样、大量选取样本，具有访问调查对象的广泛性，但问卷调查无法深入、无法进行互动交流。因此，将实地调查法、访谈法语问卷调查法有机结合起来就能发挥它们各自的优点，用一方的优点去弥补另一方的缺点。

本成果以经济社会发展水平不同的三种类型地区作为调查对象，我们在访谈的基础上形成了两套调查问卷：一套适用于大都市政府及其部门的调查问卷（A 卷）；另一套适用于市民、企业和其他社会组织的调查问卷（B 卷）。两套问卷一共发出 10283 份，共收回问卷 10132 份。其中，A 卷发出（包括：中央直管和省级以下垂直管理部门 980 份、非垂管的职能部门 1862 份、各行政层级的政府办公厅/办公室 963 份）3805 份，收回 3765 份；B 卷发出（包括：企业 1958 份、非政府的其他社会组织 1210 份、25 岁以上的城市居民 3310 份）6478 份，收回 6367 份。三类不同区域的各类调查对象都按照 1 ∶ 1 ∶ 1 的等比例进行抽样。调查对象主要包括以下六类：

（1）中央直管和省级以下垂直管理部门：980 份（份/部门）；

（2）非垂管的职能部门：1862 份（份/部门）；

（3）各行政层级的政府办公厅（办公室）：963 份（份/办公厅或室）；

（4）企业：1958 份（份/企业）；

(5)非政府的其他社会组织:1210 份(份/组织);

(6)25 岁以上的城市居民:3310 份(份/人)。

另外,系统研究方法也是本成果研究过程中采用的一种重要方法。大都市政府行政组织体系本身就是一个复杂的系统。因此,对信息技术实现大都市政府治理能力现代化的研究,系统方法就是重要的研究方法。本成果研究的每个要素、每个部门、每个环节都是相互联系的有机整体,具有相关性。

三、本成果的逻辑框架

本成果在总体逻辑结构上,如图 1-13 所示。

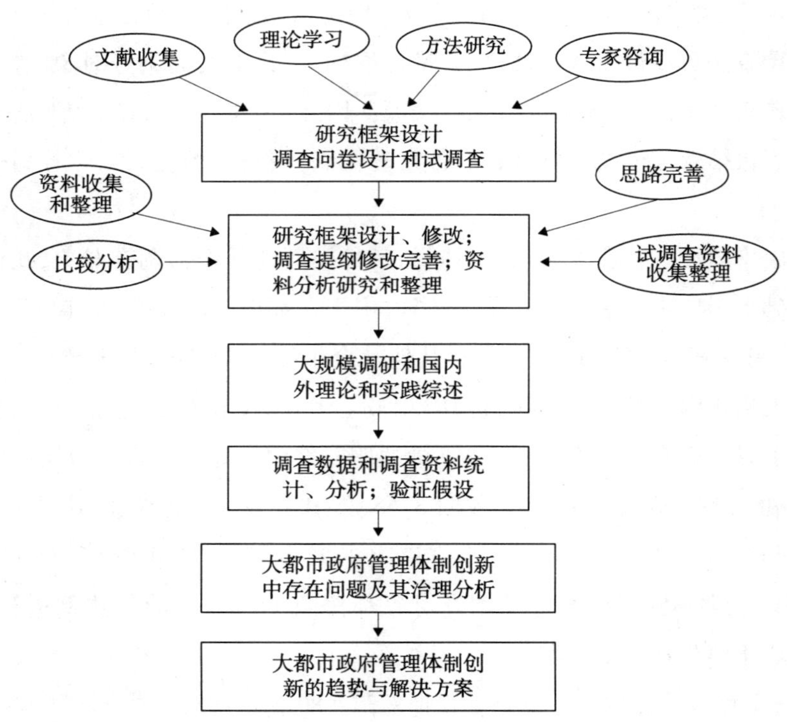

图 1-13　研究设计图

在总体逻辑结构上,研究成果主要采用的是总分结构——总论和分论的"二分结构"来构建逻辑结构。总论部分第一章、第二章、第三章,内容包括界定信息化时代大都市政府治理能力现代化的研究问题、文献回顾、研究方法与研究设计、阐述理论视角和系统梳理治理体制问题；分论部分包括第四章、第五章、第六章、第七章、第八章、第九章、第十章，在比较深入的层次上从组织结构、公共服务方式、资源共享机制、应急管理体制机制、治理模式、行政业务流程再造和技术支撑等 7 个部分阐述信息化时代大都市政府治理能力现代化的具体应用及解决方案，由此形成了逻辑严谨、结构清晰、层次分明的成果框架体系。

第二章　大都市政府治理能力现代化理论分析

信息化时代大都市政府治理能力现代化理论分析，是关于信息技术与大都市政府治理能力现代化内在关联性的系统认识和说明，是关于城市化发展从农村到城市、再从城市到大都市化区域的城市化发展环境以及信息技术环境与大都市政府治理能力现代化辩证关系的系统认识和说明。

第一节　大都市政府治理与环境的辩证关系

按照系统论的观点，大都市政府治理与环境之间是相互影响、相互作用的辩证统一关系。大都市政府治理对环境具有能动作用；环境为大都市政府治理和运行提供了条件，大都市政府治理对环境具有依赖作用；大都市政府治理需要根据内外环境的变化而变化，与环境保持平衡。

一、大都市政府治理与环境相互作用的理论分析

根据现代系统管理理论，政府治理系统是整个社会系统的一个子系统。美国行政生态学家雷格斯（Fredrick Warren Riggs）在《行政生态学》一书中阐明："要了解一个社会的行政行为，就必须跳出行政本身的范畴，而从其社会背景去了解，也即是去了解公共行政与其环境之间的关系。"①因此，要使大都市政府治

① ［美］雷格斯：《行政生态学》，金耀基译，商务印书馆股份有限公司 1985 年版，第 87 页。

理与环境之间保持平衡,大都市政府就必须根据内外环境因素的变化在大都市政府组织结构、治理体制机制、治理方式、业务流程、资源共享体系等方面进行优化调整,必须随着环境条件的变化而变化和创新。

美国权变理论学派的代表者弗里蒙特·卡斯特(Fremont E.Kast)和罗森茨韦克(James E.Rosenzweig)在他们合著的《组织与管理:系统与权变的方法》一书中曾提出影响组织结构的三大要素:环境、技术和社会心理因素。① 从这个分析框架出发,我们认为影响大都市政府治理的因素也可以归纳为环境、技术要求和社会心理系统三个方面。

本研究借鉴上述行政生态学理论和系统权变理论的有关论述,主要研究:

(1)环境对大都市政府治理能力现代化的影响,将环境因素区分为两大部分:

第一,外部环境,是来自于大都市政府治理系统外部,并对大都市政府治理产生直接或间接影响作用的各种因素的总和,如自然——人口环境、技术——经济环境、政治——法律环境、教育——文化环境等。正如美国城市理论家刘易斯·芒福德(L.Mumfoud)所说"真正影响城市规划的是深刻的政治和经济的转变"。② 经济全球化是21世纪影响世界各国尤其是发展中国家的最为重要的一个外部环境因素,信息技术、贸易自由化、跨国公司、市场化等是经济全球化的重要特征。信息技术是经济全球化的重要推动力和支撑,信息技术革命将世界推进到信息化时代,以国际互联网作为载体的操作方式,不仅使效率和质量得到极大提高,而且促进了管理模式和服务模式的变化,加快了城市化进程。全球化日益明显的信息化趋势带来了新一轮的城市化过程,信息化时代将越来越向大都市时代靠近。③

---

① ［美］卡斯特、罗森茨韦克等:《组织与管理:系统与权变的方法》(第四版),傅严等译,中国社会科学出版社2000年版。

② 转引自杨上广:《中国大城市生活空间的演化》,华东理工大学出版社2006年版,第59页。

③ ［西］若尔迪·博尔哈、［美］曼纽尔·卡斯泰尔等:《本土化与全球化:信息化时代的城市治理》,姜杰等译,北京大学出版社2008年版,第24页。

第二,内部环境,是来自于大都市政府治理系统内部,并对大都市政府治理产生直接或间接影响作用的各种因素的总和,如物质环境、制度环境(包括组织制度、领导制度、人事制度、办公制度、监督制度、目标责任制)、关系环境(包括人际关系、权责关系、部门之间的关系、条块关系、都市圈区域内城市之间的关系)。本研究在内部环境方面,主要研究城市化发展所显现的从农村到城市、从单核城市到都市化区的城市化发展对大都市治理的影响;在外部环境方面,主要研究信息化作为一个环境变量对大都市治理的影响。

(2)技术对大都市政府治理能力现代化的影响,主要研究硬的管理方法和现代科学技术对规范大都市政府治理、实现大都市政府治理能力现代化方面所特有的规范作用、支撑作用。本研究不仅强调大都市政府治理涉及的操作程序及标准,需要通过技术来实现,而且强调大都市政府治理与技术应用要有机地统一起来,实现政务处理与技术应用二者的有机结合。

(3)社会心理因素对大都市政府治理能力现代化的影响,科学主义对现代公共管理学的发展有着决定性的影响。现代公共管理学的价值中立、政治学学术化、定量分析以及系统论、信息论和控制论在大都市政府治理中的应用,都是受到了科学主义的影响。行为主义管理学认为,决策的核心主体是人,决策的客体本质上也是人。因此,都市社会"人"的感情、价值观、态度、期待和愿望的影响等构成了人的大都市社会"聚合人"的观念与公共诉求,大都市社会"聚合人"的心理系统成为影响大都市政府治理的重要因素。尤其在环境变化的情况下,这些环境变化本身也会对人的心理、人的行为方式产生积极或消极影响。例如,大都市化区域的城市化发展,要求大都市化区域内各都市的发展服从都市化区域整体利益的一体化发展观念与已有的各自为政、壁垒式、诸侯式发展观念产生冲突;现代信息技术应用与政务变革有机结合,通过技术应用重新优化和再造组织结构关系、利益关系、权力关系,这同样会遭到既得利益者的抵制。因此,环境因素是通过组织中人的因素而发生作用的。

二、大都市治理内部环境变化:从单核城市到都市化区

(一)城市化的发展阶段

城市化是一个人口集聚的过程,是一个渐进的过程。它意味着从集聚性弱的状态向集聚性较强的状态转移。① 新中国成立以来,我国城市化发展经历了一个曲折的历程,从新中国成立初期城市发展的逐步恢复到改革开放后城市的快速发展。关于我国城市化发展阶段,学者们有不同的划分方法。② 总的来看,新中国成立以来,我国城市化进程经历了以下四个阶段,如图 2-1 所示。总的发展趋势是从乡村到城市的传统城市化发展走向从城市到大都市化区域的新型城市化发展。③

第一阶段:恢复发展阶段(1949—1957 年)。1949 年新中国成立后,党的工作重心从农村转向城市,我国城市化进程由此起步。在经过了 1949—1952 年三年国民经济恢复和 1953—1957 年首个国民经济发展的五年计划,我国的经济和社会发展逐步恢复,城市化进程也逐步加快,我国城市化水平由 1949 年的

---

① ［美］布莱恩·贝利:《比较城市化:20 世纪的不同道路》,商务印书馆 2008 年版,第 29 页。

② (1)三阶段论:李京文认为我国城市化过程主要分为三个阶段,即恢复与稳步发展阶段(1949—1957 年)、停滞阶段(1958—1977 年)、快速发展阶段(1978 年至今)(李京文:《中国城市化进程回顾与前瞻》,载《中国城市发展报告》编委会编《中国城市发展报告 2009》,中国城市出版社 2010 年版,第 10—11 页)。(2)四阶段论:其主要代表是高珮义和顾朝林等。高珮义的四阶段论认为我国城市化过程可分为摸索起步阶段(1949—1960 年)、胶着停滞阶段(1961—1978 年)、复苏突围阶段(1979—1989 年)和自为加速阶段(1990—2001 年)等四个阶段(高珮义:《中国城市化比较研究》,南开大学出版社 2009 年版,第 67—76 页);顾朝林的四阶段论认为,我国城市经过了起步阶段(1949—1957 年)、大起大落阶段(1958—1965 年)、停滞阶段(1966—1978 年)、复苏发展阶段(1979 年以来)(顾朝林等:《经济全球化与中国城市发展》,商务印书馆 1999 年版,第 151—155 页)。(3)五阶段论:《中国城市发展报告》编委会认为我国城市化发展阶段可分为城市化初步发展阶段(1949—1957 年)、城市化波动发展阶段(1958—1965 年)、城市化"停滞"阶段(1966—1977 年)、城市化平稳发展阶段(1978—1991 年)、城市化加速阶段(1992 年至今)等五个阶段(《中国城市发展报告》编委会:《中国城市化进程六十年》,载《中国城市发展报告》编委会编《中国城市发展报告 2009》,中国城市出版社 2010 年版,第 209—211 页)。

③ 王旭、罗思东:《美国新城市化时期的地方政府——区域统筹与地方自治的博弈》,厦门大学出版社 2010 年版,第 13—45 页;王旭:《美国城市化发展模式》(上篇),清华大学出版社 2006 年版。

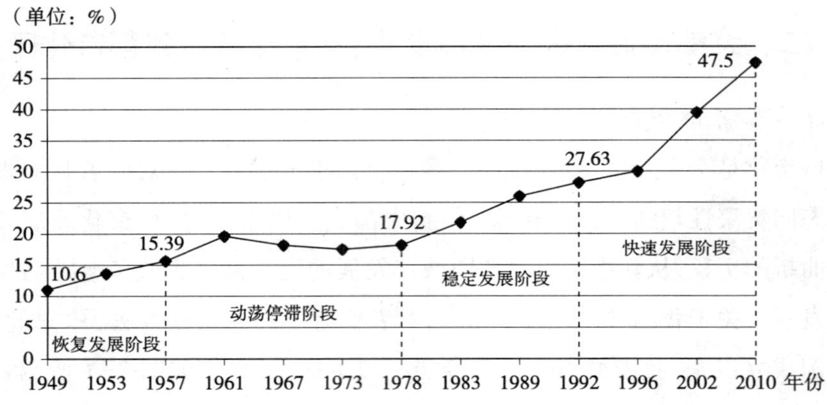

图 2-1 我国城市化的发展阶段

数据来源：根据历年《中国统计年鉴》、《中国城市统计年鉴》(中国统计出版社出版)进行整理。

10. 6%增加到 1957 年的 15. 9%,城市化水平的年平均增长率为 0. 66%。

第二阶段:动荡停滞阶段(1958—1977 年)。这一阶段是城市化发展跌宕起伏和一度停滞的阶段。1958—1960 年的三年"大跃进",使得农村人口爆发性涌入城市,总数达到 2000 万—3000 万人,出现了"过量城市化"的现象。① 1961 年我国城市化率为 19. 29%,达到这个时期最高峰。违背经济规律和我国国情的"大跃进",以及雪上加霜的自然灾害,直接导致中国历史上的三年困难时期,②我国国民经济发展计划也开始调整,城市数量和城市人口开始减少,城市化出现大落趋势,1967 年的城市化率为 17. 74%。从 1966 年开始的"文化大革命"使得我国城市化步入低谷,城市化进程停滞。我国 1978 年的城市化水平为 17. 9%,在 20 年间仅增加了 2 个百分点,年平均增加 0. 12%。③

第三阶段:稳定发展阶段(1978—1991 年)。1978 年的十一届三中全会开启了我国改革开放和发展的新时期。我国在实施对外开放政策的同时,也加快了农村和城市经济与社会体制改革,我国城市化发展也逐步走到正常发展轨道,

① 许学强、周一星、宁越敏:《城市地理学》,高等教育出版社 1997 年版。

② 《中国城市发展报告》编委会:《中国城市化进程六十年》,载《中国城市发展报告》编委会编:《中国城市发展报告 2009》,中国城市出版社 2010 年版,第 210 页。

③ 姚士谋、王成新、解晓南:《21 世纪中国城市化模式探讨》,《科技导报》2004 年第 7 期。

城市化水平也稳步提高。我国城市化水平由 1978 年的 17.9%增加到 1992 年的 27.6%,年均增加 0.69%。

第四阶段:快速发展阶段(1992 年至今)。1992 年邓小平同志视察南方谈话和党的十四大的召开,使我国开启经济和社会发展的新阶段,进入了社会主义市场经济体制新时期。我国城市化在经济和社会飞速发展的同时迎来了前所未有的发展机遇,城市化进入了一个快速发展阶段。1996 年的城市化率为 30.4%;到 2008 年底,我国城市数量为 653 个,城市化率为 45.7%,2010 年我国城市化率为 47.5%。据 2010 年第六次全国人口普查主要数据公报,中国城镇人口比重为 49.68%。

随着城市化发展速度的加快,我国城市化发展呈现三个特征:第一,从乡村到城市的单核城市(monocentric model)发展特征非常明显,使我国都市数量和都市规模得以迅速发展,特大城市的数量不断增长。自 1949 年新中国成立以来,我国城市数量和规模的发展趋势反映了我国城市化进程的特征。表 2-1 反映了我国主要年份各类城市和都市化发展情况,图 2-2 反映了我国特大城市、大城市和城市化发展趋势。

表 2-1 我国主要年份各类城市和城市化发展情况

类型 年份	特大城市	大城市	中等城市	小城市	合计	城市化率
1949	5	7	18	102	132	10.60%
1958	10	18	48	108	184	16.25%
1965	13	18	42	95	168	17.98%
1978	13	27	60	93	193	17.92%
1992	32	31	191	313	567	27.63%
2000	38	55	218	352	663	36.10%
2007	58	82	233	283	656	44.94%

数据来源:(1)1949 年至 1988 年的数据来源于《中国城市四十年》(国家统计局城市社会经济调查总队编《中国城市四十年》,中国统计信息咨询服务中心、国际科技和信息促进中心有限公司 1990 年版);(2)1989 年至 1998 年的数据来源于《新中国城市 50 年》(国家统计局城市社会经济调查总队编《新中国城市 50 年》,新华出版社 1999 年版);(3)1999 年至 2007 年的数据来源于历年《中国统计年鉴》和《中国城市统计年鉴》。

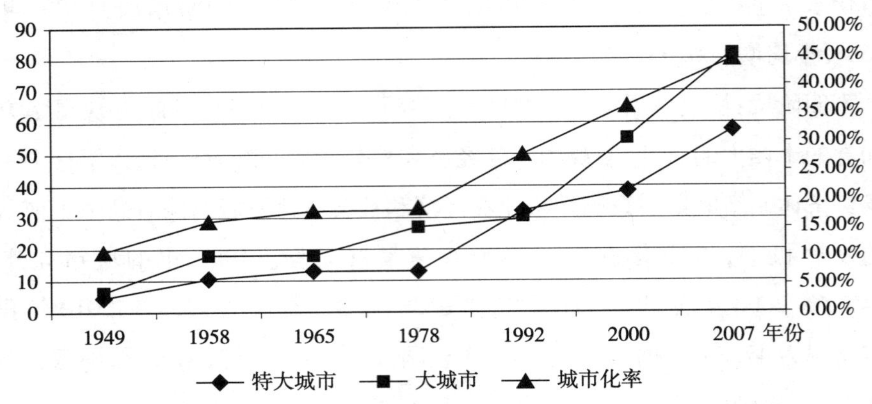

图 2-2　我国特大城市、大城市和城市化发展趋势

以单核城市为主的城市化发展,中心城市处于主导地位。中心城市、大城市逐步集聚了社会的财富、资源、产业和人类文明。随着工业化、城市化的互动发展,城市地域规模不断扩展,城市兼并周边地区的现象日益普遍,城市人口急剧增加。同时,由于发展的不均衡性,城市又逐渐区分为大城市、小城市和中心城市。社会财富、各种资源、产业、高端科技、高端人才、高端服务、基础设施都向大城市、中心城市集聚,城市郊区依赖于城市而存在,城乡之间的差距日益拉大,最终形成和强化了我国普遍存在的"城乡二元结构"。

我国以单核城市为主导地位的城市化发展特征,还可以从单核城市在国家经济发展中所占的地位和分量来得到印证。我国百强城市用仅占全国 2. 65%的土地面积,承载着 17. 57%的人口,产生了占全国 52. 52%的 GDP,同时也消耗了 53. 05%的总能耗。这种以单核城市为主导地位的城市化发展,既加剧了地方都市政府的"零碎化",与市场化进程所要求的一体化发展极不协调;同时,也进一步加剧了"城乡二元结构",城市兼并与扩张、土地征收所引发的社会群体性事件日益加重了化解社会矛盾和社会建设的负担。而且据统计,我国城市人均碳排放量远远高于全国的平均水平,这也说明解决我国能源高消耗问题同样需要从城市入手,"城市低碳化的成功,就是国家低碳化发展的成功。"

第二,从城市到大都市化区域的城市化发展特征在我国开始显现,相邻的城市以及城市郊区逐渐连接形成具有一定依存度和协作关系的大都市化区域。由于这种以单核城市为主的发展模式,一是导致了大都市与郊区(特别是农村)日益明显的“二元结构”,引起了许多复杂的社会问题,到后来大都市与郊区之间的对立与分庭抗礼,极大地制约和阻碍了城市化进程;二是导致了大都市化区域内各城市间的恶性竞争,加剧了都市化区域内城市间的壁垒与“零碎化”,极大地阻碍了统一市场化的进程。因此,随着我国市场经济体制的深入发展、统一市场化进程的加快,城市化发展开始注重大都市区化的发展,强调大都市核心城区与郊区之间统筹协调发展,强调大都市圈区域内各城市之间一体化发展和都市功能的协调互补。这种都市区化的发展特征,正如王旭教授所揭示的:“从单核城市到多中心,从城市到大都市区,从城市体系到大都市区(大都市带、大都市圈),从大都市核心城区与郊区的此消彼长博弈关系到共生共荣的依存关系。一个总的特征就是:城市化地域范围不断扩大,区域一体化色彩浓厚。”①

第三,总的来说,我国城市化水平仍然较低。2010 年我国城镇化率为 47.5%,虽然接近 50%,但城镇户籍人口占全国总人口的比例却不到 35%。这意味着还有将近 15%生活在城镇里的人没有真正城市化,存在着虚假城市化的现象。

城市化演进的历史过程表明,在每一个阶段采取什么样的发展模式是与一个国家的具体国情有关的。在城市化发展过程中,纵观世界各国城市化发展模式,主要表现为两种类型:一是超大城市型(例如日本)和中心城市辐射型(例如韩国)为主的集中式城市化模式;二是以中小城镇主导型(例如德国)为主的分散式城市化模式。结合我国国情,以及全球经济一体化、信息技术和知识经济对城市化发展的潜在影响,我国城市化适合选择以大都市为依托、以都市群为主体形态的大中小城市和小城镇协调发展的集中式城市化发展模式。②

---

① 王旭、罗思东:《美国新城市化时期的地方政府——区域统筹与地方自治的博弈》,厦门大学出版社 2010 年版,第 32—33 页。

② 国家发展和改革委员会编、张平主编:《“十二五”规划战略研究》(上),人民出版社 2010 年版,第 256 页。

(二)我国城市治理的进程

伴随着城市化进程的加快、城市数量和城市规模的发展以及大都市化区域的出现,我国城市治理也经历了一个非常曲折的发展过程,经历了从城市管理到城市治理的发展过程。与城市化发展阶段相联系,我国的城市管理大致也经历了以下四个阶段。

第一阶段:1949 年至 1958 年。这是新中国成立后三年国民经济恢复和 1953—1957 年第一个国民经济发展五年计划的实施时期,在这一时期,我国城市治理着重于战后城市经济恢复和城市重建。城市政府一方面进行大规模的城市建设,另一方面积极推进对老城区的改造。这一时期我国城市治理由于历史原因带有较强烈的军事化色彩,是特殊时期实施的特殊城市治理。①

第二阶段:1958 年至 1978 年。这一时期,我国城市管理和城市发展经历了"大跃进"和"十年文革",我国经济和社会发展受到重创,社会环境极为动荡,国家管理体系接近崩溃,城市治理也处于极端混乱状态。"大跃进"完全违背客观经济规律和我国国情,工业的发展依赖于"人海战术",使农村人口爆发性地涌入城市,出现"过量城市化"的现象,城市政府管理面临着城市人口的过度膨胀。② "文革"期间经济短期波动十分频繁,经济增长速度逐渐下降,由于推行大规模的"上山下乡"运动导致"逆城市化"现象的出现;同时城市各级"革命委员会"成为城市管理主体,革命斗争充斥于城市生活的各个方面,正常的经济、社会、政治生活遭到严重破坏。③

第三阶段:1978 年至 1992 年。十一届三中全会后,我国进入改革开放新时期,我国城市都致力于经济发展,城市管理体制随之发生相应的改变。经济建设成为各城市发展的中心工作,不仅要强力促进自身经济发展,同时要起到牵头带动作用,带动城市周边地区经济的发展和改革。这一时期,城市管理体制主要围绕两方面展开:其一,重新确定城市管理的职能,调整并强化城市的建设职能;其

---

① 陈强、尤建新:《现代城市治理学概论》,上海交通大学出版社 2008 年版,第 32—33 页。

② 许学强、周一星、宁越敏:《城市地理学》,高等教育出版社 1997 年版。

③ 陈强、尤建新:《现代城市治理学概论》,上海交通大学出版社 2008 年版,第 32—33 页。

二,对外授权,对内精简。为了有效地对城市进行管理,城市政府从内外两方面采取了一系列措施。对内调整并精简了城市治理部门,对外将一部分权利授予区级政府。①

第四阶段:1992 年以来。1992 年 10 月召开的党的十四大确定以建立社会主义市场经济为社会主义经济体制的目标模式,江泽民在党的十四大报告中指出:“实践的发展和认识的深化,要求我们明确提出,我国经济体制改革的目标是建立社会主义市场经济体制,以利于进一步解放和发展生产力。”②随着社会主义市场经济体制的确立和发展完善,利益主体和决策主体多元化,大都市政府职能需要重新定位,大都市政府已经不是大都市公共事务唯一的管理主体、也不是大都市公共产品和公共服务唯一的提供者。因此,我国经济体制的确立和大都市政府职能的转变也要求对城市治理体制也进行改革,我国城市治理体制改革的主要方向是实现从传统城市管理走向现代城市治理,具体表现为:城市治理的主体从过去单一的城市政府到城市政府、社会组织和公民等多元化的城市治理主体;城市治理手段由过去单一的行政手段到行政手段、经济手段、法律手段等多种手段结合,并充分利用信息化技术来完善管理手段;城市政府职能也日益合理,从过去城市政府管理职能泛化,其管理范围涵盖整个经济和社会发展,到城市政府主要行使组织和监督功能,实现部分公共产品的市场化和社会化等。

从我国城市治理历史发展阶段及其演进过程中可以看出,随着现代科学技术尤其是信息技术的普遍应用和新的行政理念的变化发展,大都市政府在治理目标、治理主体、治理的对象范围(即职能)、治理方式与手段等方面,都不断地进行着变化以适应经济社会发展的需要;特别是经历了一个从城市管理走向城市治理的发展过程。

① 陈强、尤建新:《现代城市治理学概论》,上海交通大学出版社 2008 年版,第 32—33 页。

② 《毛泽东思想、邓小平理论和“三个代表”重要思想概论》编写组编:《毛泽东思想、邓小平理论和“三个代表”重要思想概论》,中共党史出版社 2006 年版,第 123 页。

三、信息化:大都市政府治理的外部环境因素

信息化是现代科学技术发展的产物,它的广泛应用是大都市政府治理创新的重要环境条件,对大都市政府治理产生了重大影响。

(一)信息化在大都市政府治理中的应用

信息化在大都市政府治理中的应用水平,已经成为大都市政府是否具有竞争力的重要评估指标。刘宏雁考察了西方国家大都市信息化的实践,从全球视野概括了目前大都市信息化的基本特征:(1)大都市政府机构、所有重要媒体、各个产业部门的主要业务和提供社会服务的主要机构均已上网,实现了全民上网和政府服务全部上网;(2)大都市政府推动信息化发展和应用。例如,欧盟各国提出的欧洲信息产业发展战略,包括:第一,发展信息产业,要求通过普及互联网知识、发展电子商务、加快高技术特别是信息技术的开发与应用,创建"电子欧洲";制定电子商务法规,放宽电子商务政策;2001 年以前实现电子通信市场自由化;2005 年前在全社会普及互联网应用;第二,改善投资环境,增强金融市场对知识和人才投资的敏感度,实施"风险资本行动计划",以风险资金扶植高新技术中小企业的发展,创造更多的就业机会;第三,加强科研与教育,建立跨欧洲电子科研通信网,以税收优惠和风险投资鼓励研发工作,取消人才流动的地域限制,加强对人力资源的投入。"数字欧洲计划"把"消除数字鸿沟,构建信息社会"作为优先目标。①

杨京英在考察了西方及我国大都市信息化的基本情况后,提出了大都市信息化水平评估指标体系,如表 2-2 所示。② 这对我们从抽象角度认识大都市信息化的主要内容和特征有重要参考意义。

---

① 刘宏雁:《西方各国明确信息化战略发达地区实践给我们启示》,制造业信息化门户 e-works,http://articles.e-works.net.cn/Category13/Article7001_2.htm。

② 杨京英:《国际大都市信息化水平测算与比较研究》,《统计研究》2003 年第 7 期。

表 2-2 大都市信息化水平测算指标体系

要素	序号	指标名称	指标解释	资料来源
信息资源	1	网络资源数据库总容量	反映各都市网络信息资源状况	各都市统计年鉴或相关资料
	2☆	每千人日报总发行数	反映社会传统信息资源规模	世行《世界发展指标》、各都市统计年鉴或相关资料
	3	每日广播电视播出时间	反映声、视频传统信息资源规模	各都市统计年鉴或相关资料
	4☆	每万人万维网站数	信息资源联网使用规模，按域名统计	世行《世界发展指标》、各都市统计年鉴或相关资料
信息化基础设施	5	每万人城域出口带宽	信息传输的通畅性指标，城域出口带宽指城域网的国内、国外出口总带宽	各都市统计年鉴或相关资料
	6	卫星站点数	反映卫星通信能力	各都市统计年鉴或相关资料
	7☆	每百人电话主线数	反映社会有线通信能力	世行《世界发展指标》、各都市统计年鉴或相关资料
	8☆	每千人拥有移动电话数	反映社会无线通信能力	世行《世界发展指标》、各都市统计年鉴或相关资料
	9	每百平方公里长途光缆长度	用来测度带宽，是通信基础设施规模最常使用的指标	各都市统计年鉴或相关资料
	10☆	每万人上网主机数	反映社会互联网发展状况	国际电联发展报告
信息化人才	11☆	每万人科技人员数	反映社会人口科技素质	联合国教科文组织年鉴
	12☆	每万人在校大学生数	反映社会人口接受高等教育程度	联合国教科文组织年鉴
	13☆	平均受教育年限	人力资源类指标	联合国计划开发署《人文发展报告》
信息化发展环境	14	政策法规完善程度	政策环境类指标	各都市有关资料
	15	人均电信投资	反映国家对信息产业基础设施建设的支持程度	国际电联发展报告
	16	每万人专利拥有量	反映社会科技水平	世行《世界发展指标》
	17☆	R&D 经费占 GNP 的比重	反映国家对科技发展的重视程度	联合国教科文组织年鉴
	18☆	人均 GDP	反映社会经济实力	世行《世界发展指标》

续表

要素	序号	指标名称	指标解释	资料来源
信息技术应用	19☆	每千人有线电视用户数	反映信息传输能力	世行《世界发展指标》
	20☆	每千人拥有个人计算机数	反映社会计算机普及程度	世行《世界发展指标》
	21☆	每千人拥有电视机数	反映社会传统信息设施普及程度	世行《世界发展指标》
	22	人均电子商务交易额	电子商务交易额指通过计算机网络所进行的所有交易活动的总成交额,反映信息技术应用水平	各都市有关资料
	23	市政府门户网站年人均访问次数	政务信息化发展水平	各都市有关资料
	24☆	每万人互联网用户数	反映社会互联网普及程度	世行《世界发展指标》
信息产业发展	25	信息产业从业人数占全社会劳动力人数比重	反映社会就业结构和信息产业发展水平	国际劳工组织年鉴
	26☆	信息产业增加值占 GDP 比重	反映信息产业在国民经济中所占地位	世行《世界发展指标》
	27☆	信息消费系数	反映人们的信息消费能力	各都市有关资料

大都市越来越成为现代人类文明的重要载体,信息技术首先在大都市得到应用,实现信息化。纵观信息化在大都市政府治理中应用的演进过程,我们发现,大都市政府信息化是大都市政府治理从传统官僚组织结构、管理与服务方式向组织结构扁平化、治理与服务电子化、信息与知识融入大都市政府治理行为的发展过程。城市信息化也就是城市数字化、网络化和智能化。与此相适应,大都市信息化的发展过程也有数字城市阶段、无线城市阶段和智慧城市三个阶段。[①]在这个过程中,大都市政府不断运用信息技术处理业务、重组组织结构、优化业务流程、促进资源共享和实现政府无缝与业务协同,信息技术在解决大都市政府

① 杜平、曾澜、承继成:《数字中国发展报告 2009》,电子工业出版社 2010 年版,第 199 页。

自身管理的各种问题、解决社会公共事务治理和公共服务提供的各种问题、解决都市政府及时回应社会需求和公众便捷获取政府服务、实现政府和市民之间的便捷沟通等方面的问题发挥了积极作用。因此，信息技术支撑了大都市政府自身管理、社会公共事务治理和公共服务提供、政府和市民之间的沟通，从而提高了办事效率、服务质量和民主透明度。

信息技术的作用，使大都市经济活动从城市内部延伸到跨城市、跨地区乃至跨国界的广阔空间，直接或间接地融入到全球市场体系中；使大都市政府治理活动从有限的办公楼、办公室无限地延伸出去，不受时间和空间的限制，创造了7×24 小时、一站式的办事与服务模式。在现代信息技术的支撑下，大都市的经济活动、治理活动呈现出网络化特征：大都市的生产和管理向网络形式演变；各种市场要素、治理要素流动的网络化。在信息技术的支撑下，“任何健全的大都市市场经济运行和政府治理都必须依赖于信息的引导；大都市信息化则为‘信息引导’提供了畅通的信息网络、优质的信息服务和各种信息资源支持。”①

我们通过对调查问 A 卷（见附件）发现，在发出的 3805 份、收回的 3765 份问卷统计中，对“您所在的部门、所在的都市政府信息化的应用领域主要表现在（最多可选 3 项）”这个问题回答的统计结果：69%选择了“办公自动化”；18. 7%选择了“网上业务办理、网上审批”；48. 6%选择了“信息公开、信息查询”；9. 3%选择了“运用信息化促进资源共享、优化流程和政务协同”；17. 6%选择了“方便公民、企业和其他社会组织提交申请”。该问题的统计结果反映了问卷所调查的部门、大都市政府信息化建设及其应用的情况：一是大都市政府信息化应用的领域非常广泛；二是统计数据反映了政府信息化应用由低到高的发展规律；三是目前信息化在大都市政府治理中的应用还普遍处于较低层次。如图 2-3 所示。

因此，大都市政府信息化应用呈现出从都市政府自身办公自动化向社会公共事务治理和公共服务提供电子化、再向政府组织电子化（即电子化政府）转变的发展过程和规律。正如 1998 年在联合国发布的“知识社会”文件中对信息化

---

① 吴伟平：《城市信息化战略：理论与实证》，中国经济出版社 2008 年版，第 59 页。

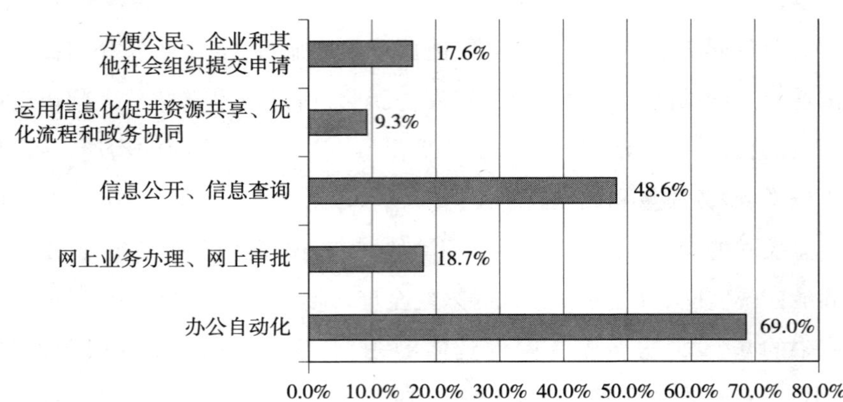

图 2-3 “政府信息化的应用领域”的统计图

的表述:信息化既是一个技术的进程,又是一个社会的进程。信息化是一个包括了信息技术广泛应用、信息产业与现代信息服务业高度发展、信息基础设施日趋完善的丰富内涵的概念。信息技术发展的基础是微电子技术、计算机技术和通信技术;互联网是计算机技术与通信技术高度发展、紧密结合的产物。各种技术之间的相互融合,以及各种技术与管理科学、生命科学、环境科学等学科的交叉融合又促进产生了一批新兴学科群和交叉学科,同时也促进了信息产业和现代信息服务业的高度发展。信息化基础设施建设是信息化建设与应用的重要内容和载体,覆盖全世界的互联网是信息社会的基础设施,是大都市政府运用来进行管理与服务的重要载体。数字城市、数字校园与数字社区的建设,是大都市空间信息化建设的重要任务,也是大都市空间信息基础设施(NSII)的重要组成部分。

(二)信息化对大都市政府治理的深刻影响

2008 年的八国集团冲绳会议在《宣言》中指出:信息技术是影响 21 世纪发展最强劲的推动力量。信息化对大都市政府治理的各个方面产生深刻的影响,大都市日益成为国家信息化建设和应用的前沿阵地。这些影响对大都市政府治理而言往往在此之前并无成熟经验可借鉴,因此,大都市政府需要率先创新。

信息化促进了信息技术在大都市政府治理中的应用和普及。一方面,信息技术为大都市政府运用信息资源的开发和管理来提高绩效和调控能力、节约政府开支、改进都市政府的组织结构和工作方式、优化业务流程提供了有力的支撑；另一方面，信息技术的普及与应用推动并提出了大都市政府密切与市民联系和达到更好地为市民服务的目的。

我们通过对调查问A卷发现，在发出的3805份、收回的3765份问卷统计中，对“如果您所在部门、所在大都市政府治理与公共服务经常运用信息技术手段，您从信息技术运用来处理业务和提供服务过程中感受到的好处是(最多可选3项)”这个问题的统计结果：43%选择了“可以节省重复审批、审核的时间，提高办事效率”；45.7%选择了“按照事先优化、设定的系统流程来处理业务，有利于规范行为和消除主观随意性”；52.3%选择了“有利于提高业务办理的自动化水平和对社会的服务质量”；22.5%选择了“有利于改革部门分割的体制，促进部门之间资源共享”；19.7%选择了“有利于加深对传统办事方式、传统治理体制弊端的认识”；25.3%选择了“方便市民、企业和其他社会组织办事”，如图2-4所示。这个问题的统计结果反映了信息技术在都市政府管理中应用，不仅极大地提高了信息化、自动化水平和效率，而且在改革都市政府管理和服务方式、方便办事、促进行政流程优化和体制变革等方面，都产生了实际作用。

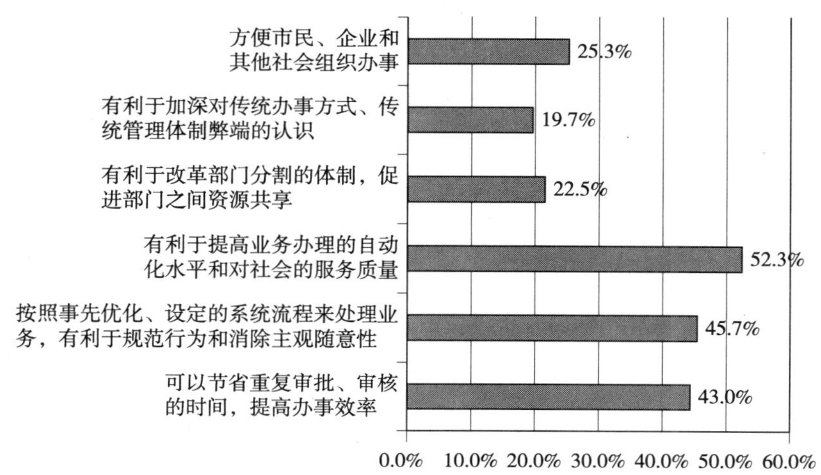

图2-4　“信息技术运用来处理业务和提供服务过程中好处”的统计图

(1)信息化促进了大都市政府治理的社会基础发生变化

信息技术革命绝非仅仅对通讯传播领域带来技术突破,而且影响、造就了人类社会结构、社会意识领域和人与人之间关系的深刻变化。信息化一方面为各种经济、社会、文化事物降低了生存门槛,使得这些大量的事物在信息化的大都市易于成长与发展,进而使得大都市变得日益繁荣;另一方面也使大都市政府治理变得越来越复杂,并使过去大都市政府的传统管理方式变得越来越不能适应信息化时代大都市政府公共治理的发展要求。

第一,信息化促进大都市政府建立健全公众利益表达机制。信息化使公众从过去极端封闭的状态下逐渐摆脱出来,网络、微博等新媒体的出现打破了信息不对称而造成的"无知",对参与权、知情权、表达权、话语权等权利的维护与实现的诉求日益强烈。这一方面,正如李强所认为的:"社会阶层、社会群体利益分化和多元化更为明显了,其基本的趋势是从过去的巨型、整体群体,分化为多元利益群体。而社会利益的碎片化有助于减小社会震动、实现社会稳定。"①罗思东认为:"多元民主理论认为它有利于保障公民的直接政治参与,公共选择理论则将其视为表达公共经济领域中消费者偏好的制度工具。"②但另一方面,也正如中国社会科学院对当今社会发展变化趋势综述研究所指出的那样:"在城市社会中出现了类似'后现代'的个体化、个人主义的生活方式,使得社会意识形态'碎片化',这一社会发展变化趋势展示了一个最基本的事实,就是在过去十多年的时间里,我们社会的分化越来越细化了。"③"碎片化"、"零碎化"社会的基本社会矛盾主要表现:"现阶段的社会分化,表面上看是分配制度问题,其背后却是不同群体为自己争得利益,即有一个权力分配的问题。从根本上讲,不同地位的社会群体缺乏利益表达的合法性机制,特别是那些弱势群体的社会权利被排斥于社会利益分配的权利表达制度之外。因此,建立一套公正、合法的利

① Li Qiang:*New Trends in the Changes in Social Stratification in Today's China.Social Sciences in China*,2005(4).

② 罗思东:《美国地方政府体制的"碎片化"评析》,《经济社会体制比较》2005 年第 4 期。

③ 《社会学研究》编辑部:《2003:中国社会学学术前沿报告》,《社会学研究》2004 年第 4 期。

益表达机制是当务之急。"①

第二,信息化促进大都市政府建立健全利益协调机制。在信息化条件下,人与人之间的交流可以在不见面、只需点击鼠标的情况下实现,缺乏了面对面的感情交流,感情开始逐渐淡化;大都市多样性的不同群体对于许多公共性事务的态度和许多公共性需求各不相同,进一步加剧了社会分化、"碎片化"。正如尹继佐所说:"不同集群的社会聚合体因其在都市分工中起的作用大小不同,因此其经济地位和社会地位也不同,对自己居住的都市也存在不同的期待。西方研究都市问题的专家们经过调查,就世界都市中不同利益群体对都市的期待进行了分梳。一般来说,社会的低收入群体比较关心都市是否存在着改善境遇的机会,都市的物价、子女受教育的机会等;都市中产阶级则比较关心都市的生活质量是否优越、税收是不是较低、对教育事业发展的有利因素是否充分;都市中的非永久居住者,包括因工作关系在都市中作长期或短期停留的商人和专业人士,则更关心都市是否是事业发展的场所、政治生活是否稳定、是否能化少量的钱享受更高质量的生活。总之,不同的人,要求的(公共)事务很不一样。"②如表 2-3 所示。

表 2-3　不同社会群体对都市不同公共性需求的分析

利益群体	与自己相关的都市功能	对都市的主要关注点
贫困阶层	尽管生活艰难,相比较而言都市仍比乡村要好;能够积累一些钱买土地;能够保证子女通过正规教育获得更好的未来	收入机会,能够承受的物价、教育机会、住房和交通
富裕与半富裕阶层	都市是理想的居住地,意味着更好的服务、容易建立同商界和政府的联系、走向外部世界的大门	社会地位、收入、安全、廉价的劳动力,关注生活质量以及商品服务的质——价平衡

① 《社会学研究》编辑部:《2003:中国社会学学术前沿报告》,《社会学研究》2004 年第 4 期。

② 尹继佐:《世界城市与创新城市——西方国家的理论与实践》,上海社会科学院出版社 2003 年版,第 27 页。

续表

利益群体	与自己相关的都市功能	对都市的主要关注点
非公民的商人与专业人士	都市是短时期内获得最高利润的场所，是进入各种公司和机构总部的理想之地，是少花钱但能享受体面生活的地方	政治和社会稳定、安全、都市的服务、就学机会、住房、社交、劳务市场。关注服务的可得性与可靠性、产品质量，不太介意价格高低
访问者与旅游者	都市的气氛、轻松宜人的环境、良好的购物环境以及一切保证使假日和短期舒适愉快的因素	食宿、交通、安全、舒适、购物环境、观光资源、特色商品服务的可得性；关注服务——价格间的平衡

资料来源：转引自尹继佐：《世界城市与创新城市——西方国家的理论与实践》，上海社会科学院出版社2003年版，第38—39页。

当今我国社会分化过程中，相关的法制及社会利益调整机制不健全，使得我国和谐社会建设中面临一些新问题。正如杨炼所归纳的那样："在和谐社会建设过程中的利益冲突表现为以下特征：一是利益主体及需求日益多元化；二是物质利益矛盾居于中心地位，收入差距扩大引发的矛盾突出；三是社会利益表达机制不健全，导致利益群体矛盾激化。由于经济体制改革的逐步推进，原有利益群体的利益表达机制被打破，新的利益集团的利益表达机制在形成之中，社会各利益群体的利益表达的机制上不尽完善。特别是处于社会底层的弱势群体，表达利益的方式欠缺，当体制内的利益表达不顺畅时，很可能会选择体制外的表达方式以示抗议，例如集体上访、群体性事件等。"①

当然，正如任何事物都具有辩证统一的特征一样，这种分化的趋势在发展的同时，也在形成一种聚合的趋势。因此，孙立平认为："在我们目前所处的这个阶段上，仅仅看到这样一种趋势（分化的趋势）还是不够的。因为在这种趋势演进的同时，还有一个表面上看起来与之非常相反的趋势也在发生，这个趋势就是聚合的趋势。也就是说，一方面社会分层结构越来越细化，越分越细的群体犹如碎片一样，但从另一个方面来看，这些细化的碎片又正在开始往一起积聚。"②因

① 杨炼：《和谐社会视阈下的利益冲突及整合》，《南华大学学报（社会科学版）》2010年第4期。

② 孙立平：《关注90年代中期以来中国社会的新变化》，《社会科学论坛》2004年第1期。

此，大都市政府需要正确面对都市社会中分化的趋势，建立健全利益协调机制以促使社会分化向社会聚合转化，需要正确引导网络、引导社会舆论。

第三，信息化促进大都市政府建立健全多方参与的大都市公共治理机制。当今大都市化区域的城市化发展，使政治民主化成为适应市场经济体制下大都市发展多元化、大都市社会群体分化、社会信息化与科技的迅速发展的基本选择；更多地依靠法律而不是依靠权力来调动各部门、各基层和微观单位的积极性与活力，成为大都市控制与管理的发展趋势。“在现代都市中，对公共事务的最佳管理和控制已不再是集中的，而是多元、分散、网络型以及多样性的，这就涉及中央、地方、非政府组织、个人等多层次的权利和利益协调——这种由各级政府、机构、社会组织、个人管理都市共同事务的诸多方式的总和就是大都市治理”。① 因此，适应信息化发展的需要，构建一个既公平、公开，又具竞争力的大都市公共治理机制，对保障大都市化区域的可持续发展具有特别重要的意义。大都市公共治理注重的是多方参与互动、沟通、合作的过程。在这个过程中，大都市政府与市民社会、公共部门与私营机构互动合作。“地方政府是都市治理的主角之一，理解地方政府的组织能力是理解都市治理的关键。大都市治理的内容不仅包括垂直调控的各权力部门的行政约束，也包括水平制衡的各相关部门、企业、组织、社团的建设性协作。它的内容本身就具有系统性和层次性”。②

在当代大都市公共治理的诸多范式中，都强调了这样一些共性：一是大都市公共治理主体的多元性，包括都市的国家机构、都市政府、私营部门和市民社会；二是大都市公共治理的“过程”强调多元主体之间的沟通、互动与合作。因此，大都市公共治理意味着一系列来自政府但又不限于政府的社会公共机构和行为者，除了政府机关外，还需要市民社会的参与和各种利益集团及组织的介入，共同协商以促进政府与社会的互动。由沟通形成共识——由共识产生人们的心理认同和合法性——由心理认同和合法性产生效力和达到善治。因此，大都市公

① 顾朝林：《发展中国家的城市治理研究及其对我国的启发》，《城市规划》2001 年第 9 期；洪明、徐逸伦：《我国小城镇治理研究初探》，《城市规划》2000 年第 10 期。

② 黄光宇、张继刚：《我国城市治理研究与思考》，《城市规划》2000 年第 9 期。

共治理通常能获得市民对政府政策的理解、关心和支持,更容易实现政策的预定目标。

(2)信息化促进大都市政府治理能力现代化的具体表现

信息化促进大都市政府治理能力现代化的影响作用,是通过信息技术革命作用于行政而产生的。"信息技术革命作为一场行政革命,是政府再造的同义语",这从本质上揭示了在信息化环境下,大都市政府及部门对网络信息技术的运用不是为了追求自动化技术水平的提高,而是为了提高为公民、法人和其他组织办事的工作效率和改善行政绩效;也不是只为了解决本部门内部的需求、形成自动化的孤岛,而是要能够加强与其他各部门的协作,形成跨部门的网络化协同工作的办公环境。因此,运用现代信息技术的力量对政府组织结构、运行方式、服务范式和行政业务流程进行优化重组和再造,从现有的、工业时代形成的政府形态和官僚体制结构向使用信息技术等现代科学技术建构的适应以互联网为主要特征的信息化政府组织结构和运行方式转变,从都市化区域内各都市间的壁垒、"零碎化"走向一体化、网络化和协同化,共同构成了大都市政府信息化内涵的核心。而这对于传统的都市政府机构和运行机制来说,都是革命性的变化。

关于信息技术与行政革命或管理革命联系起来的论述,日本学者白井均等认为,政府信息化建设并非仅停留在"政府部门运用IT技术"这个层面上,而是一场确确实实的"行政革命";政府信息化从一开始就是一个与行政改革一体化了的概念。① 赵国俊认为,从根本上说,政府信息化是政府治理方式的革命,也是改变行政流程的一场革命。② 承继成等认为,政府信息化是政府治理方式的革命。③ 陈刚等认为,政府信息化是一场政府管理领域的革命性变革。④ 蔡立辉认为,网络信息技术应用与提高政府管理效能、改善政府社会服务是一个统一

① [日]白井均等:《电子政府》,陈云等译,上海人民出版社2004年版,第10、15页。

② 赵国俊:《电子政务教程》,中国人民大学出版社2004年版,第6页。

③ 承继成等:《数字城市——理论、方法与应用》,科学出版社2003年版,第206页。

④ 陈刚、阎国庆:《数字城市:理论与实践》,浙江大学出版社2004年版,第29页。

的有机整体。[①] 具体来说,信息化对大都市政府治理创新的作用体现在以下几个方面:

第一,信息化在促进大都市政府治理能力现代化方面发挥作用。美国在1993年建立了"国家绩效评估委员会"(National Performance Review Committee,NPRC),提出了应用先进的网络信息技术克服美国政府在管理和提供公共服务方面所存在的弊端,构建"以顾客为中心"的、走向在线服务的政府改革目标。针对沉重的财政负担、政府低效率和公众对政府不信任的社会现实,副总统戈尔领导的全国绩效评估委员会通过对行政过程与效率、行政措施与政府服务品质的充分探讨,提出了《提高服务质量:建设一个花钱更少、服务更好的政府》和《运用信息技术改造政府》的报告,明确提出了借助先进的网络信息技术克服美国政府在管理和提供服务方面存在的弊端、革新政府、改善公众对政府的信任关系;借助信息技术实现政府信息化,并通过政府工作流程的再造使政府运作更加顺畅、节约政府管理的成本、提升政府生产力和效率等13项利用网络信息技术革新政府的建议,提出了建设以顾客为中心的电子政务的全新理念,把政府运作与运用网络信息技术全面、有机地结合起来。英国在20世纪90年代中期也出台了《政府现代化》白皮书和《政府信息服务计划》,提出了以政府信息化服务达到政府现代化的目标。

随着信息技术的广泛应用和政府信息化水平的提高,原有政府治理体制存在的部门分割、条块分割、流程不清晰、程序繁琐、职责交叉重复等弊端越来越被人们认识到并深感厌恶。因此,"信息技术的不断发展,要求政府部门必须改革与之不相适应的方面,采取与之配套的措施。放松管制,给部门、下级以更多的自主权,这是信息技术发展的迫切要求。为此,大规模地解除管制,放松规制,成为公共部门改革的重要内容"。[②]

第二,信息化对大都市政府行政组织的影响。信息化直接推动了大都市政

① 蔡立辉:《电子政务:因特网在政府提供公共服务中的作用》,《政治学研究》2003年第1期。

② 周锋:《信息技术对公共管理的影响》,《群众》2005年第9期。

府行政组织“扁平化”。“扁平化”改变了传统“金字塔”式的官僚制组织结构形式和机构上下对口设置的状况，通过纵向压缩行政层级、实行不同行政层级之间的政务畅通，横向打破职责分割、整合职责、合并职能部门和机构、减少管理部门、裁减人员而形成了一种新的组织结构形式和大部门治理体制，实现了大都市政府组织结构的重组优化。“扁平化”的组织结构形式精练、压缩了纵向管理层级，较好地解决了层级结构“金字塔”管理层次重叠、冗员多、组织机构运转效率低下的弊端；“扁平化”的组织结构形式还打破了职责分割，改变了机构上下对口设置的状况，较好地解决了部门林立、机构分割、分段式管理、各自为政所造成的整体效能低下、市民办事在部门之间来回折腾等弊端，有利于通过统筹整合社会资源与共享、整合部门职责与减少机构，改变了机构单一职责配置而具有综合性，从而有效地实现了操作便捷化和运行高效化。教军章教授较系统地讨论了信息化对政府行政组织变革的主要影响：行政组织功能的多元化；行政组织结构形态的扁平化；行政组织运行程序的开放化；行政组织运作内涵的智能化；行政组织运作方式的民主化；行政组织运作结果的高效化。①

第三，信息化对大都市政府治理方式的影响。信息化对大都市政府治理目标、管理的理性程度、治理方式等产生深刻影响。信息技术对官僚机构产生的一个主要的潜在影响就是构造了信息处理和信息流动的能力，这种构建是通过互联网而实现的，而非通过对角色、组织关系和运行程序进行严格的界定而完成的。② 信息技术是大都市政府治理能力现代化的动力与保证。信息和通信技术的进步在政府与公众之间创造了更加便捷的沟通渠道，政府部门通过网络技术将公共服务提供给公众实质上是在政府部门与公众之间完成了某种网络交易。政府部门在线服务正是这种网络交易的重要内容，它意味着公共服务可借由电子邮件、网站，通过电子资料交换或者其他科技方式而进行，意味着公众从浏览政府部门的各类信息、表达对公共服务的具体要求、进行各类申请或申报，到支

① 教军章：《政府信息化对行政组织变革的6大影响》，《中国行政管理》2003年第3期。

② ［美］简·芳汀：《构建虚拟政府：信息技术与制度创新》，邵国松译，中国人民大学出版社2004年版，第39页。

付、纳税等所有交易流程都可以网络上完成。这使得传统的依靠纸张或面对面接触的公共服务提供方式，转换为依靠计算机技术或电信技术为媒介的方式。网络本质上属于一种无纸化的环境(paperless environment)。网络通信是通过数字讯号的提供进行的，所以，经由网络提供公共服务系属无纸化交易。这种无纸化网络交易是一种资讯过程(information process)，公众与政府部门之间依靠电子交易，完成了公共服务的电子化提供。美国政府信息化规划纲要之所以被命名为“走近美国(Access America)”，就是因为信息化使所有美国公众接近政府部门，并且从中受益。

美国政治学家劳伦斯·迈耶(Lawrence C.Mayer)认为：“由发达的技术程度所产生的复杂性，必然会影响其政治民主的运作形式。”①埃德温·布莱克(Edwin R.Black)认为：“计算机正在改变着我们的政府和选举政治，它不仅改变着政党引导选举的方式，改变着我们关注选举的轮换方式，而且还改变着我们选举出的代表为我们所作的选择，以及公务员们为实现这些选择与我们打交道的方式。”②“网络时代的到来，为多数人的统治创造了各种良好条件”这一命题逐渐成为现实。“网络技术提高了信息的保真率。网上信息的传递可以不受物理距离和等级距离的干扰，直接迅速，准确真实。网络拓展了决策信息源，改变了决策者的有限理性。网络信息具有较强的聚集性，就某一个话题可以引发一场大讨论，由于网络上公众身份的虚拟性，大家畅所欲言，无所顾忌，政府管制在网上形同虚设，决策者可以获取大量以前无法取到的信息，从而避免信息不完全产生的有限理性。这使得所有熟悉决策程序和网络技术的个人都有可能成为成功的决策者”。③

同时，信息技术的普遍应用，使大量政务信息的实时共享和双向交流在技术上成为可能，从而促使了传统政务方式发生根本性的改变。因为，网络所具有的点对点、点对多点、多点对多点、双向、交互式、高速和数字化的信息系统及其所

---

① [美]劳伦斯·迈耶等：《比较政治学——变化世界中的国家和理论》，罗飞等译，华夏出版社2001年版，第35页。

② 转引自刘文富：《网络政治——网络社会与国家治理》，商务印书馆2002年版，第290页。

③ 熊炜：《信息技术对公共行政的影响》，《中国科技信》2005年第11期。

具有的穿越时空障碍汇集来自无限途径的大量信息的能力,使组织结构完善、业务流程优化与网络化政府服务成为可能;使公共行政更加以公众为中心、更加透明、更加富有责任心与效率成为可能。信息技术成为大都市政府治理方式现代化的重要物质基础。①

不仅如此,大都市政府将信息技术广泛应用在政府管理上,通过建立办公自动化系统和各类业务应用系统,不仅提高了行政效率,而且促进了政府行政科学化。"信息技术的发展使决策支持系统(DSS)、电子会议系统(EMS)、远距离控制、分布式工作的统一协调、动态网络计划成为可能。如:银行网上支付、海关总署报关单和外汇联网的外汇核销系统、工商局红盾信息网提供企业数据库、国税总局增值税发票稽核系统和电子报税等。这些管理方法提高了行政效率,降低了行政成本"。②

第四,信息化对大都市政府治理监督的影响。信息化为大都市政府治理的监督提供了强有力的技术支撑。"首先,信息技术对行政执行程序和规则进行了事先设定,执行者必须按照系统规定的程序一步步地进行,这避免了执行过程中的随意性,促进了运行过程的程序化和步骤化。而且计算机对每一次操作都有记录,这就为监督提供了依据。其次,信息技术的运用使监督权在无形中向公众发生了转移,推动了社会的民主化进程"。③ 信息化为大都市建立了联网核查系统和电子监察系统,为大都市政府治理过程和公务人员的行为进行实时的、不间断的监督提供了技术保障,实现了管理行为与监察的同步,极大地提高监察的效率与水平。

第二节　信息技术与大都市政府治理能力现代化关联性分析

信息技术与都市政府治理能力现代化之间有着十分密切的关系。我们除了

① 蔡立辉:《电子政务》,清华大学出版社 2008 年版,第 27 页。

② 陈兴平:《试论信息技术对公共行政的影响》,《江西行政学院学报》2005 年第 1 期。

③ 时磊:《信息技术对公共管理的影响》,《中共乐山市委党校学报》2004 年第 1 期。

从技术角度对这种关联性进行分析和研究之外,更要从现代政务的角度来对它们之间的内在关联性进行分析和研究。应当认识到,大都市政府信息化的推行,对政府治理能力现代化而言不仅涉及底层技术平台与技术支撑,而且涉及更深层次的政务、制度的问题,具有推进大都市政府治理体制和组织结构模式变革、促进公共治理革新的意义。信息技术的使用不只是表现为用来提高效率,还表现为用来进行都市政府再造。通过信息化再造出全新的、知识型的、高效廉洁和对公众负责的电子化政府。因此,信息技术与大都市政府治理能力现代化之间的内在关联性表现为,信息技术为大都市政府治理能力现代化提供了途径和技术支撑,使大都市政府部门从"碎片化"走向整合、资源从分散走向共享、大都市化区域内各城市从"零碎化"走向一体化成为可能;大都市政府治理能力现代化既是信息技术应用的目标,又是信息技术得以发挥作用的条件和基础。

信息技术与大都市政府治理能力现代化之间的关系,正如理查德·赫克斯(Richard Heeks)所说,它们之间具有两种联系方式,信息技术能够支持公共部门的改革;公共部门的改革能够影响信息化的建设与管理,它们之间的相互关系如图 2-5 所示。①

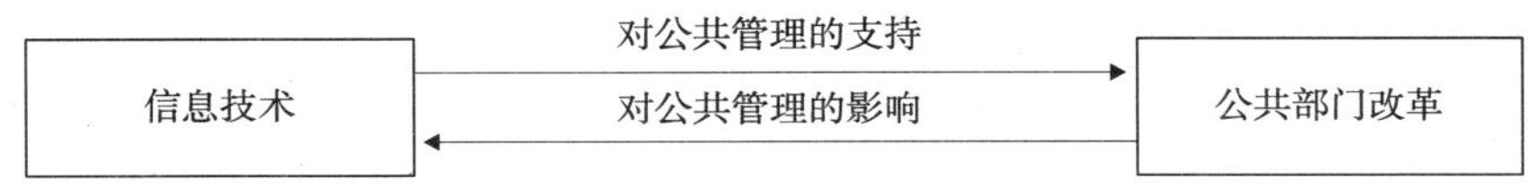

图 2-5 信息技术与公共部门改革之间的联系

西方国家政府信息化建设和应用是在"新公共管理运动"中成长和发展起来的。西方国家都十分重视信息技术应用与政府治理能力现代化的有机结合,注重政务优先和解决政务问题,注重解决和消除与信息化建设和发展不相适应的公共治理体制性障碍。如果没有政府治理能力现代化作为条件和基础,信息化建设及其功能的发挥都是不可想象的。

---

① Richard Heeks: *Reinventing Government in the Information Age: International Practice in IT-enabled Public Sector Reform.* Routledge, 2001.p.259.

一、信息技术为大都市政府治理能力现代化提供了技术支撑

(一)信息技术为大都市政府治理能力现代化提供了条件

我国在《2006—2020年国家信息化发展战略》中指出:“信息化是充分利用信息技术,开发利用信息资源,促进信息交流和知识共享,提高经济增长质量,推动经济社会发展转型的历史过程;信息化是当今世界发展的大趋势,是推动经济社会变革的重要力量。大力推进信息化,是覆盖我国现代化建设全局的战略举措,是贯彻落实科学发展观、全面建设小康社会、构建社会主义和谐社会和建设创新型国家的迫切需要和必然选择。”信息化对提高一个国家、一个区域核心竞争力是至关重要的。

信息技术是当今世界经济社会发展的重要驱动力。随着政府信息化水平的不断提高和信息技术的广泛应用,大都市政府治理与发展进入了“数字化生存”状态,人与人之间、人与政府之间、政府与政府之间的联系呈现出全球化、网络化、数字化、空间化的发展趋势,从而进一步推动了人类社会的文明进步,为大都市政府治理能力现代化提供了契机。

信息技术的发展和应用使大都市政府治理产生了革命性的变化。民主化、信息化在全球化浪潮下迅速扩展,使民主化、信息化的趋势和科学技术发展构成了当今数字时代(Digital Age)大都市政府治理环境变迁的一个日益显著的特征,使根据市民的需求提供公共服务成为大都市政府最重要、最广泛的职能和最根本的任务,政府的角色是公共服务的供给者(role as a public service provider)。这种职能和角色要求政府“消除官样文章、更加对公众的需要负责和扩大参与的机会”。[①] 一方面,信息技术使信息的收集、加工、分析和传播更为便利,缩短了都市政府与市民和企业之间的距离,密切了都市政府公共部门与市民和企业

① The White House, President Clinton and vice president Gore: *major new E-Government initiatives. Washington D.C. 24 June 2000*, *Press Release*. See www.whitehouse.gov/WH/New/html/e-government.html.

之间的信息沟通、信息反馈与回应,加强了都市政府部门与市民和企业之间的相互联系和相互作用;另一方面,信息技术增强了市民在信息和知识方面的拥有量,打破了传统的优势垄断地位,对传统层级节制的官僚体制提出了挑战。

在这种背景条件下,传统"金字塔"式的官僚体制和条块分割的政府传统管理体制受到了普遍的质疑。为了实现公共行政的"顾客需求导向",民主行政作为大都市政府治理能力现代化的基本价值取向开始在实践中得到推行,开始着眼于构建民主行政的运行机制。大都市政府治理体制现代化所涉及的运行机制创新不再拘泥于抽象的制度框架的设计,而是转而注重制度的具体实施措施,一系列有助于提高效率的操作性强的管理措施在实践中得到了应用,包括推行政府对社会服务的承诺制度;在政府公共部门和公共管理中引入竞争和市场机制;改变"金字塔"式的层级结构模式为扁平的网络组织结构,变等级为参与和协作;集中行使行政审批权,一个窗口对外、统一办证、联合办证或集中办证,为市民、法人和其他组织提供"一站式"的电子化便捷服务。这些适合政府信息化统一性、开放性、交互性和共享性特征的信息技术应用过程,为治理能力现代化提供了前所未有的契机和条件。信息技术支撑下的政府治理能力现代化实现了信息资源在更大范围的共享,并使得"顾客需求导向"的价值理念在以市民为中心的业务流程再造中得到了更彻底的贯彻。

因此,信息技术成为大都市政府管里推向现代化的重要物质基础和技术支撑。通过建立公共信息资源库、信息交换平台和促进信息资源交换共享打破了部门分割和实现部门无缝;通过组织结构重组、业务流程优化实现任务分工明确化与责任化、行政运行程序化、信息处理精细化,实现跨部门业务协同;通过公共事务治理主体和公共服务提供主体的整合、公共事务内容和服务内容的分层与整合、服务提供途径的整合,实现大都市政府与非政府组织的合作,构建合作政府;通过网络化治理手段与方法,消除大都市区域内各城市政府间的"零碎化",实现城市政府之间的一体化协作。所有这些创新,都有赖于信息技术的作用与支撑,信息技术为大都市政府治理能力现代化提供了条件。

（二）信息技术为大都市政府治理能力现代化提供了推动力和现实途径

信息技术所具有的点对点、点对多点、多点对多点、双向、交互式、高速和数字化的信息系统，及其所具有的穿越时空障碍汇集来自无限途径的大量信息的能力，极大地改变了以往大都市政府决策对信息的收集和处理条件，极大地提高了大都市政府收集信息和处理信息的能力，使大都市政府治理效能与决策水平提高、网络化政务协同和一体化电子服务成为可能；使大都市政府治理更加以市民为中心、更加透明、更加富有责任心与效率成为可能；计算机网络技术所具有的信息传递功能、交换共享功能使传统多层次的“金字塔”结构成为多余，使层级节制“金字塔”式的组织结构改变成扁平式的、无中心的网络化结构成为可能，使传统的政府行政组织转化为虚拟的电子化组织，使僵化的、管制型的都市政府转化为富有弹性的、随需应变的服务型政府。

信息技术的应用与普及，为大都市政府部门实现了网上办公，跨部门之间的资源共享和网络化业务协同提供了现实条件。信息技术的应用成为延伸人类大脑的工具，对零碎、杂乱、局部和不同渠道来源的信息进行采集、存储、处理、传输和优化，并将它们整体化、系统化和综合化。在这个过程中，信息技术、支撑平台和应用平台成为重要的物质基础，实现信息资源的虚拟整合和柔性配置，使大都市政府部门在集中内部核心业务信息资源的同时，实现迅速整合广泛的外部信息资源；实现电子化的公文流转与交换，使信息的使用价值得到充分的利用。信息技术对再造后的行政业务流程的固化增强了大都市政府行政行为的规范化，克服了随意性，优化了程序，减少了环节。大都市政府部门通过网络能快速回应市民的需求，公正而富有效率地满足市民的需求和利益，进一步增强了大都市政府行政过程的透明度，实现了大都市政府部门与市民之间沟通的电子化，便于市民获取政务信息与服务、便于市民对行政过程的监督。因此，信息技术为大都市政府治理能力现代化提供了推动力和实现途径，信息技术对组织结构重组、业务流程进行优化和对信息资源进行整合的能力，为打破部门分割、条块分割提供了技术实现条件。

信息技术凭借自身的力量，提高了大都市政府的行政效能和公共服务能力，大都市政府——区政府——综合社区服务中心（或者，大都市政府——综合管理委员会——综合社区服务中心）通过网络、微博等新媒体可以得到更广泛、更丰富的信息，从而可以有效地将这些信息和社会经济发展的需求结合起来，寻求有效的解决方案。都市政府利用以网络技术为中心的信息技术获取从各种渠道汇集而来的信息资源，有助于加强纵向各行政层级之间、横向各政府部门之间的联系和沟通，能更加有效地利用信息资源，使原本需要上交高一级政府甚至中央政府方能解决的问题，可以在本层级直接获得解决；同时，也进一步增进了相互间的合作，为形成跨大都市政府的一体化协作、跨政府部门的网络化业务协同提供了有力的条件和技术支撑。

信息技术不仅有利于改进大都市化区域内各城市之间、城市政府各部门之间的信息沟通方式从而形成城市间的一体化和跨部门间的业务协同，也有利于改善大都市政府与市民和企业之间的信息沟通方式。网络、微博等新媒体将政府部门、政府与企业和市民有效地联系起来，使政府与市民和企业交流的方式更为直接，市民可以通过网络了解到政府在做什么、如何做，可以及时表达自己的意见，参与决策过程。从大都市政府的角度看，政府通过网络、微博等新媒体在更广的范围内收集社会各阶层的意见，以更直接的方式获得信息反馈，从而有利于避免经过多层过滤使信息失真的情形。快速信息传递既使得市民的信息反馈速度大大加快，也使得政府对问题的回应速度大大加快。

（三）信息技术应用本身也就是大都市治理创新的重要内容

信息技术的应用过程就是运用信息技术对传统的大都市政府治理模式、业务模式和服务传递方式的改进、完善及其固化，并使其符合电子化、信息化的过程。因此，信息技术应用过程中所表现出的大多数问题都是与治理体制、组织结构和政治等有关的政务问题，而不是技术问题。通过建立公共信息资源库、信息交换平台和促进信息资源交换共享来消除都市化区域内各城市间的“零碎化”和打破部门分割；通过组织结构重组、业务流程优化来实现跨部门业务协同；通过整合各类主体、内容、途径来实现大都市政府与非政府组织的合作；通过网络化治理来实现城市政府之间的一体化协作。所有这些既是信息技术应用的需求与应用目标,也是大都市政府治理能力现代化的重要内容与目标。

信息技术在大都市政府治理能力现代化中的具体应用,在本质上不是传统政务、传统行政方式与信息技术的简单相加,更不是信息技术去模仿传统的政府管理模式,而是在以民为本、市民至上的服务与公共治理理念指导下,凭借网络信息技术对传统政务进行革命性的再造以便更好地为市民服务。因此,我们不能把信息技术在大都市政府治理能力现代化中的具体应用简单地认为就是将政府的一些计算机终端设备与互联网连接,就是建几个政府网站、拉光缆等之类的信息基础设施建设,也不能把现代科学技术的运用只当作提高自动化技术水平或者只用来解决本部门、本机构内部的问题,而是要对大都市政府职能、行政行为和业务流程进行界定、分类、重新制度设计后将其 IT 化,并在大都市政府各部门之间进行整合协调,实现大都市政府部门运行和服务的一体化,并且不断地加以调整与完善。因此,信息技术在大都市政府治理能力现代化中的具体应用过程,是一个持续不断地运用网络信息技术完善大都市政府公共治理模式、业务模式和公共服务传递方式的动态过程。符合电子化要求的政务网络和全新的政务实施平台的建立和完善过程,也就是运用信息技术力量对旧的政府治理体制、组织结构模式、业务流程、服务范式进行改革和再造的过程。

国际上政府信息化建设和发展、西方“新公共管理运动”和我国政府信息化建设的实践过程,都表明政府信息化建设与应用构筑了现代政府履行职能、实施管理、传递服务的新的应用平台。但这个平台绝不只是在工具的层面和技术应用的层面上,它聚合了政府职能转换、体制创新、机制创新、治理手段和方式创新、服务方式方法创新的多重价值。大都市政府信息化建设和应用推动了公共治理和社会服务方式的不断创新,为改善大都市政府治理体制机制和具体运作手段提供了实现条件。

信息技术的应用改善了大都市政府治理模式、业务模式和服务传递方式,打破了传统层级提供信息和书面审核的工作方式以及时空距离的障碍,把曾经只能在物理空间里行使的政府职能,通过数字化的方式延伸出去,将原来需要大量的人力来处理的行政事务,可以在数字化设备和虚拟空间中轻松地甚至自动地进行,使企事业单位、市民个人有可能在足不出户的情况下,就可以获得满意的政府服务。信息技术为实现大都市政府业务流程优化、组织结构重组、信息资源共享和都市化区域实行网络化治理提供了技术支撑。

二、大都市政府治理能力现代化推动了信息技术全面应用

信息技术为大都市政府治理能力现代化提供了技术支撑;大都市政府治理能力现代化反过来又进一步推动了信息技术的全面应用、提升了信息技术应用的绩效和信息化水平。因此,信息技术与大都市政府治理能力现代化是相互联系、相互作用的辩证统一关系,具有一体化的明显特征。

大都市政府治理能力现代化就是在大都市政府治理的外部环境、内部资源及其结构发生变化的条件下,为了实现提高大都市政府行政效能和服务质量的目的而重新选择确定一种科学合理的管理体系与服务模式的过程,包括了三个方面:一是选择与确定大都市公共事务治理和公共服务提供的主体,实现主体的多元化;二是明确不同主体在社会生活、社会事务和社会关系中的地位作用和相互关系,实现从单纯的管制走向合作与互动的公共治理;三是明晰不同主体在公共事务治理、公共服务提供过程中的运行方式,实现方式的多样化与途径的整合、组织结构重组和业务流程再造。

因此,在信息技术应用与大都市政府治理能力现代化的关系上,不只是信息技术支撑和推动了大都市政府治理能力现代化的开展;而且,大都市政府治理能力现代化对信息技术应用程度和范围的拓展、信息化水平的提升也都具有深远的影响,是信息技术有效发挥作用的基础性工作、前提和重要内容。没有大都市政府治理能力现代化,信息技术应用的体制性障碍就不可能消除,信息技术应用的广度、深度和信息化应用水平就不可能得到提高,信息技术在大都市政府中的普遍应用就是空话,信息技术也不可能充分发挥其应有的作用。这充分显示了信息技术与大都市政府治理能力现代化之间的一体化特性。

在实践中,有人把信息技术在政府治理中的应用简单地理解为就是将政府

的一些计算机终端设备与互联网连接、就是建网站、拉光缆等之类的信息基础设施建设，只重信息技术轻信息内容、只重硬件轻软件。其实，信息技术只有跟与其相适应的政府治理模式、业务流程模式和组织结构模式有机结合时才能发挥作用。因此，信息技术在大都市政府治理中的运用不是要让信息技术去适应、去模拟旧的传统政务模式，而是要运用信息技术对传统政务进行革命性的再造。政务再造是信息技术应用中比信息化基础设施建设更加重要的基础和前提。信息技术在大都市政府治理中的运用除了需要成熟的、系统化的信息技术之外，还需要很多相关的环境条件，包括充分的知识准备、开拓进取和以人为本的思想观念，以及政府机构、公务员团队行动一致的意志品质和完善的法制环境等。

营造一个政务公开、透明、公正、高效的工作环境，构建分工明确、运行程序清晰、信息处理精细的标准化业务流程，是信息技术有效应用的基础内容。简而言之，信息技术在大都市政府治理中的应用就是在互联网上实现大都市政府的服务职能、管理职能和保障职能。因此，在信息技术应用过程中完善管理制度，规范管理行为与方法，改进管理手段，提升管理质量，提高管理效率，实现政府治理方法和手段对信息技术发展要求的适应，这都是信息技术应用在政务方面的需求。这些政务需求有助于确保各类资源的资源优化、有效调配和合理使用，包括物质资源潜在效用的合理利用、信息资源内在价值的深入挖掘、人力资源的真实能量的充分发挥，而这些需求只有实行政府治理能力现代化才能加以解决。因此，要真正使信息技术能够在大都市政府治理中运用，必须要政务先行，大都市政府各部门要做好本部门的规划与实施步骤，应用信息技术要与转变政府职能相结合，要加快行政审批制度改革和深化业务流程的优化再造，为信息技术应用创造条件；要善于运用信息技术适时地对大都市政府组织机构、管理制度、运行方式和服务提供方式进行调整与完善，开辟大都市政府部门行政要素优化组合和集成高效利用的途径，推动大都市信息化建设与促进政府职能战略转变结合起来，为实现从传统政务到电子化政务的转变创造条件。

随着信息技术的普遍运用，信息化程度与水平已经成为衡量一个大都市经济社会发展综合实力和文明程度的重要标志。信息技术在大都市政府治理中的广泛应用，使政府许多业务的办理、许多服务的获取，都可以通过网络来进行；门户网站为公众提供了通过计算机终端获得政府公共服务（包括网上查询、网上办事、网上咨询等）和问政问责的渠道，这大大促进了我国上网人数的增长。截至 2009 年 12 月 31 日，我国网民数达到 3.84 亿人，居世界第一。我国 2000—2009 年网民增长情况，如图 2-6 所示。

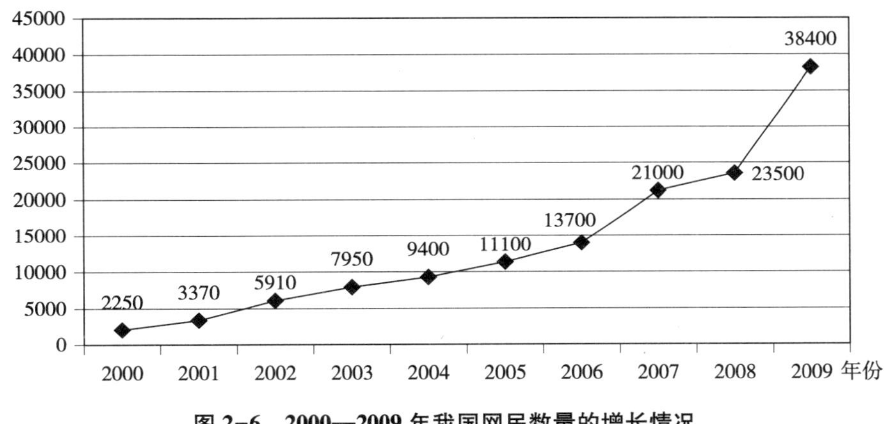

图 2-6　2000—2009 年我国网民数量的增长情况

注释：纵坐标数据为网民数（单位为万人）。数据来源：《中国互联网络发展状况统计报告》中每一年度年底的统计数据。

截至 2009 年 12 月 31 日，我国互联网普及率达 28.9%，超过世界互联网平均普及率。2002—2009 年我国互联网普及率增长情况，如图 2-7 所示。

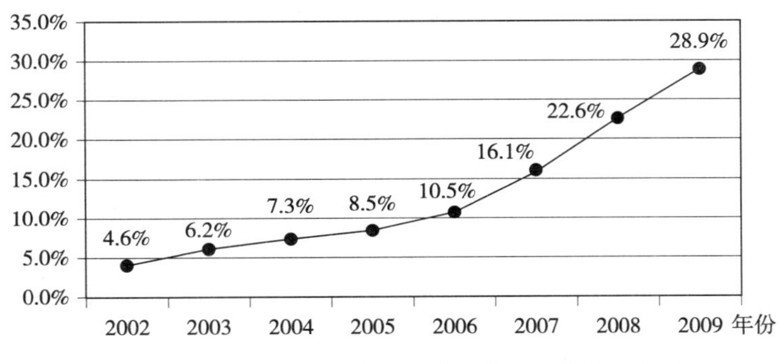

图 2-7　2002—2009 年我国互联网普及率的增长情况

随着“三网融合”以及信息化发展，我国网民中手机网民增长迅速，规模日益增大；微博作为新兴的自媒体平台，受到网民的强烈推崇，用户数呈现出“爆发”式增长。截至2011年6月底，中国网民规模达到4.85亿，其中手机网民规模为3.18亿，手机网民较2010年底增加了1494万人，手机网民在总体网民中的比例达65.5%，成为中国网民的重要组成部分；微博用户数量以高达208.9%的增幅，从2010年底的6311万爆发增长到1.95亿，成为用户增长最快的互联网应用模式，如图2-8所示。

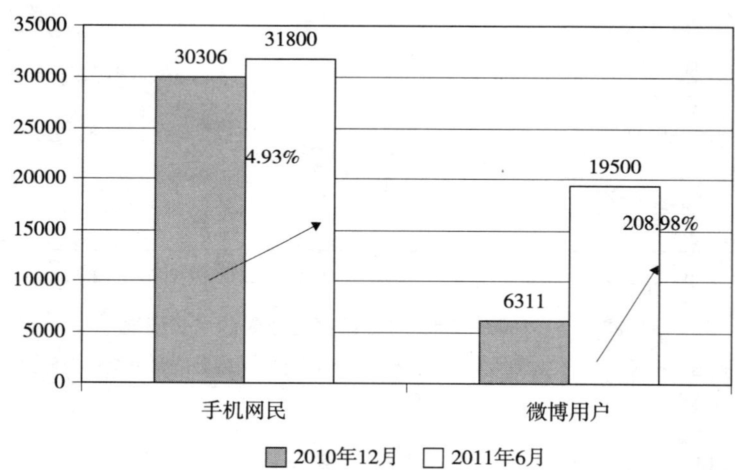

图2-8　我国手机网民和微博用户增长情况

资料来源：中国互联网信息中心（CNNIC，China Internet Network information Center）2011年发布的《第28次中国互联网络发展状况统计报告》。

2008年6月17日，中共广东省委十届三次全会通过了《中共广东省委、广东省人民政府关于争当实践科学发展观排头兵的决定》，明确提出了：加大综合信息基础设施和信息高速公路建设力度，在全国率先推进电信网、有线电视网和互联网“三网融合”，打造珠三角无线宽带城市群。①

截至2011年6月，微博在网民中的使用率从2010年的13.8%提升到

① 参见《中共广东省委、广东省人民政府关于争当实践科学发展观排头兵的决定》。

40. 2%，手机网民使用微博的比例从 2010 年末的 15. 5%上升至 34%，如图 2-9 所示。

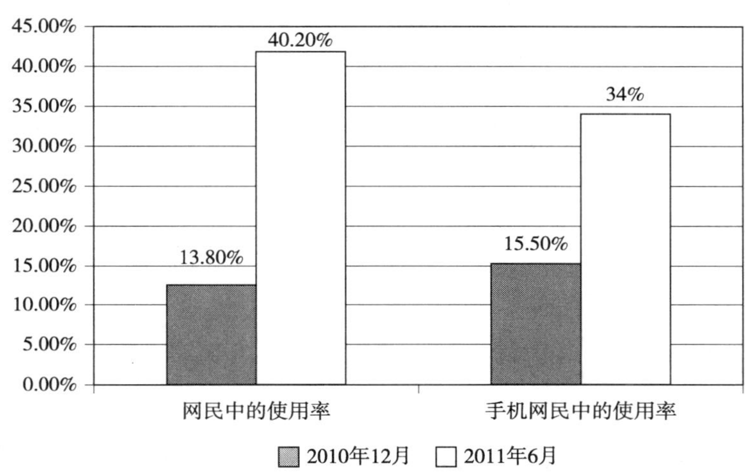

图 2-9　微博中网民使用率和手机网民使用率变化情况

资料来源：中国互联网信息中心（CNNIC，China Internet Network information Center）2011 年发布的《第 28 次中国互联网络发展状况统计报告》。

信息技术在我国大都市政府治理中的运用经历了一个发展过程，形成了我国信息技术运用越来越普遍的局面，提升了大都市信息化水平，如图 2-10 所示。

同时，在信息技术应用、发展的过程中，不同的发展阶段也有不同的应用重点，如图 2-11 所示，呈现出从信息化基础设施建设向业务系统整合与资源共享发展的过程特征。与这个过程特征相适应，信息技术应用的广度、深度不断得到提升，信息化对大都市政府治理的影响也由小增大，从影响业务的自动化处理到深化大都市政府治理体制改革、构建整合政府。

从图 2-11 可以看出，在“九五”期间，我国信息化的工作重点是面向社会进行信息技术应用的思想启蒙，包括对“什么是信息化”、“信息化会产生什么作用”等启蒙教育。在“十五”期间，信息化工作的重点是解决信息技术在政府管理中运用的信息化基础设施建设问题，包括光缆和网络的铺设、办公自动化系统

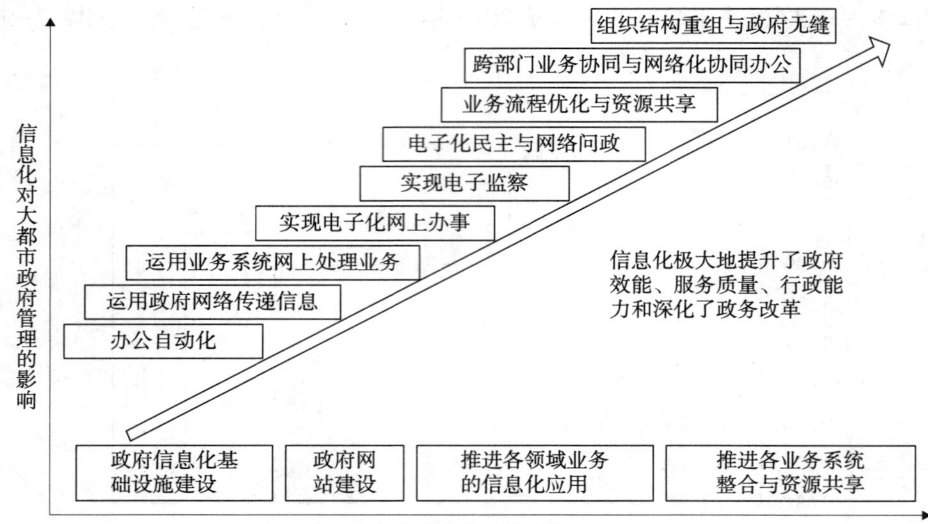

图 2-10　大都市信息化建设与应用的发展进程

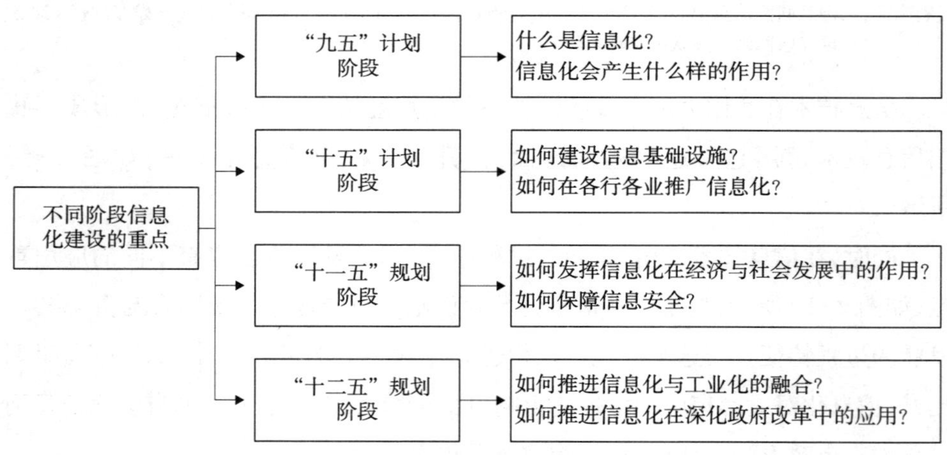

图 2-11　不同阶段我国信息化应用的工作重点

建设、政府网站建设、业务系统建设以及逐步强调业务网上办理的范围等，采取技术驱动、技术导向和分散建设、分散应用的策略。在“十一五”期间，在信息化基础设施建设的基础上强调了信息化应用和提高信息化基础设施的利用率。为此将工作重点转移到解决“如何发挥信息化在经济与社会发展中作用”、“如何保障信息安全”等方面。同时,随着应用的强化、以应用为导向的发展,以往各自为政和分散建设所带来的弊端日益凸显,整合势在必行。在“十二五”期间,一方面要运用信息技术提升、改造传统的产业,实现信息化与工业化、城市化的融合;另一方面,要运用信息技术创新政府治理体制、深化行政改革,实现信息技术应用与深化行政体制改革的融合。因此,信息技术在我国大都市政府治理中的应用发展过程,是一个由浅入深、由技术导向到政务导向、由仅仅将信息技术作为手段加以使用到融入行政体制改革成为治理方式、服务方式的重要组成部分的发展过程,这是一个信息化建设水平与应用水平不断得到提高和深化的过程。

因此,从信息技术在我国大都市政府治理中应用的发展过程可以分析出,信息技术与大都市政府治理能力现代化之间是相互作用、相互影响的辨证统一体。为此,我们也应该克服以下两种错误的倾向:

第一,技术导向的信息化建设取向变成了使信息化应用完全 IT 人员的事,导致技术应用与业务处理的严重脱节。IT 人员在开发过程中把涉及大都市政府治理能力现代化所包含的优化重组组织结构、部门之间从分割走向协同、都市化区域各城市之间从壁垒走向协作和相互依存、大都市政府与其他社会主体之间从管制走向合作与互动等计算机化,把业务流程优化再造、业务跨部门协同、资源共享、一体化办公和“一站式”服务系统等计算机化,用计算机系统去模仿传统的手工政务处理模式,从而固化和强化了原有的政府组织结构、管理模式和运作过程,妨害了大都市政府治理能力现代化,进一步强化了以往条块分割的体制。实践证明,大都市政府治理能力现代化所涉及的组织结构重组、部门间的整合、都市间的一体化、业务流程再造、业务跨部门协同、资源共享、网络化办公和“一站式”服务等,并不是纯粹的技术性工作。从操作层面来说,大都市政府治理能力现代化所涉及的这些方面需要运用信息技术的力量来发挥其作用,但在实际运用过程中必然会遇到一些非技术性的政务问题和体制性障碍,这就需要通过改革创新的方式加以解决,而且要将改革后新的制度设计运用信息技术固化下来。

第二,在运用技术力量进行大都市政府治理能力现代化的时候,缺乏了统一的规划、整体协调和建立科学的规范标准。大都市政府的各部门、都市化区域的各城市政府、各业务应用系统采取分散建设模式由不同的开发商在不同的时间里开发,体制分割、地方分割进一步造成了资源分割、业务分割、协调不足等问题。大都市政府治理能力现代化要实现都市化区域的不同城市之间、城市政府的不同部门之间、各种业务应用系统之间资源的集成整合、互联互通和资源共享,要实现大都市化区域内城市间的一体化、跨部门的网络化协同办和提供"一站式"服务,这并不是一个纯粹技术性的方案。大都市政府治理能力现代化需要实现从大都市政府到综合社区服务中心纵向结构的扁平化,实现从大都市化区域整体到各城市政府两个层次之间的整体化、大都市化区域内城市间的一体化和网络化,实现大都市政府不同行政层级之间、不同部门之间的业务协同化,实现大都市政府与其他社会组织在公共事务治理和公共服务提供的合作化与一体化。在这个实现过程中,还可能会带来一些复杂的政治问题,层级不同的政府、社会经济发展程度不同的大都市政府都会面临着不同的具体问题。这都表明治理能力现代化涉及各种复杂的、深层次的政务问题。因此,大都市政府治理能力现代化不能陷入技术决定论(technological determinism)的泥潭,必须做到政务先行。

为了纠正这两种错误,一方面,要正确认识新技术应用的目的。大都市政府部门运用信息技术不是为了追求自动化技术水平提高,而是为了提高为市民办事的工作效率和提高绩效;大都市政府各部门运用信息技术也不是只为了解决本部门内部的需求、不是要形成自动化的孤岛,而是要能够加强与其他各部门的协作,形成跨部门的网络化协同工作的办公环境和构建整合政府。在这个基础上才能谈得上充分利用信息技术提供的实时性、共享性和公正性,明确和优化政府各项管理职能和流程,达到降低管理成本、提高工作效率、改善服务质量的目标。在信息技术利用过程中,各政务职能部门要明确自身在信息技术应用中的主导作用,深刻认识、研究和挖掘政务职能自身及其在整个创新中的作用和内在规律，确保政务及其创新规范化、精细化、科学化、人性化和具有前瞻性，逐步构建满足大都市政府治理能力现代化建设目标的新的体制机制。

另一方面，运用信息技术来推进大都市政府治理能力现代化是一个复杂的系统工程。因此，要合理运用信息技术科学，逐步形成覆盖业务领域的管理应用一体化的网络体系，统筹规划，避免重复建设、标准混乱、各自为政等问题，要充分考虑信息技术在不同地区、不同职能部门应用水平的差异，分步、稳健地实施，充分利用已有资源，逐步整合政务需求网络体系；要按照"需要驱动政务"的原则来运用信息技术和提高政府信息化水平。

大都市政府治理能力现代化是公共事务治理主体和公共服务提供主体现代化拓展，是各种主体间关系现代化、运行方式现代化的有机整体，是随着环境的变化而不断进行调整和创新并使之与环境保持平衡的动态过程。因此，大都市政府治理能力现代化是大都市公共事务治理、社会服务提供的永恒主题，是一个持续不断地运用信息技术完善政府公共治理模式、业务模式和公共服务传递方式的动态过程。在这过程中，充分体现了信息技术运用与大都市政府治理能力现代化之间的相互联系、相互作用关系。信息技术运用是大都市政府治理能力现代化过程中的一项重要措施；大都市政府治理能力现代化是信息技术有效运用和发挥作用的环境条件、基础和前提。在大都市政府治理能力现代化过程中，需要借助信息技术的力量，将新的政府组织结构模式、政府管理模式、业务模式和服务方式通过计算机技术固化下来，使之发挥更大的潜能。

总之，信息技术在大都市政府治理中的运用不是建立了业务应用系统或政务网络就结束了，而是一个持续不断地运用技术手段改进和完善政府组织结构模式、管理模式、业务流程和服务方式的实践过程。现代大都市政府治理要求规范、科学、降低成本、公正透明的政府组织结构、业务流程、资源共享和整体效能，这些目标都可以通过政府治理能力现代化与信息技术应用有机结合得以实现。现代大都市政府治理能力现代化只有广泛运用科学技术手段才能更好地实现大都市政府治理目标，提高服务质量和管理效能。因此，大都市政府治理能力现代化与信息技术应用需要紧密结合和互相促进。随着大都市政府治理、服务环境的变迁和需求的变化，大都市政府要不断审视自身的创新方向和使命，借助信息技术力量实现整体效能和服务绩效的提升。

第三节　信息化时代大都市政府治理能力现代化的目标

如前文所述，本成果研究的大都市，既包括一个单独的超大城市，也包括由一个或多个城市与相邻的区域连接所形成的大都市区、大都市带或大都市圈。因此，鉴于超大城市、大都市区存在的不同问题及其需求的差异，在信息技术支撑下超大城市政府治理能力现代化的目标和大都市区政府治理能力现代化的目标既有相似性也会有差异性。

一、信息化时代超大城市政府治理能力现代化的目标

总的来说，信息化时代超大城市政府治理能力现代化的目标就是要实现从分散走向共享、从分割走向整体，从只注重管理走向既管理又服务和寓管理于服务之中，从控制走向指导，从行政机构为中心走向市民为中心，从规则导向转变为知识导向，从单中心治理走向多元合作共治。

在我国，无论是城市政府治理体制还是其他地方政府治理体制，都呈现部门分割、条块分割的典型特征。因此，在信息技术支撑下实现城市政府治理能力现代化，就是要实现从分散走向共享、从分割走向整体，最根本的就是要解决：第一，城市政府的各行政层级之间，即市政府——区政府（综合管理委员会）——街道、社区（综合社区服务中心）之间的政务畅通、共享问题，整体目标与分目标的一致性问题；第二，大都市政府各个部门之间的分割问题；第三，垂直部门与大都市政府的条块分割问题；第四，大都市政府在公共事务治理、公共服务提供过程中与其他社会主体的合作互动问题。

（一）创新城市政府纵向各行政层级之间的关系，构建整体政府

要创新城市政府纵向各行政层级之间的关系，实现政务畅通共享、整体目标

与分目标一致是根本。这个创新目标的实现,主要通过:

(1)构建公共数据中心来解决政务畅通共享的问题。这种公共数据中心有两种方式,一种是集中式公共数据中心,市政府下属行政层级的数据全部集中在市政府公共数据中心,下属行政层级不再另外建设自己的公共数据中心;一种是分散式公共数据中心,市政府有市政府的公共数据中心、下属行政层级有下属行政层级的公共数据中心。同时,要实现市政府公共数据中心与下属行政层级公共数据中心之间的联通、交互共享。因此,构建公共数据中心的过程,就是打破原有不同层级政府利益格局、进行利益、政务协同的过程。

(2)压缩行政层级,解决城市政府纵向结构组织的扁平化问题,使城市政府决策层更加接近具体问题、更加接近市民。压缩行政层级有两种方式:一种方式是城市政府——综合管理委员会——街道、社区(综合社区服务中心),在这种方式下,城市政府之下不设立区政府层级,以一定的地方区域为界限,在城市政府之下设立城市综合管理委员会。这个委员会不具有经济建设的职能,主要承担与本地方区域有关的社会管理和社会服务职能;在机构设置上不与城市政府对口设置,每个管理委员会主任可以由副市长担任。第二种方式是城市政府——区政府——综合社区服务中心,在这种方式下,城市政府之下不再设立街道办事处这个行政层级,将街道、社区合并,以一定的地方区域为范围设立大小不同、功能齐全度不同的综合社区服务中心,通过综合社区服务中心使事务办理和服务更加接近居民。

(3)通过整体目标的科学分解来消除分目标与整体目标之间的冲突。首先,明确都市的整体发展目标;其次,将城市整体发展目标科学分解到各市直部门——分解到综合管理委员会——再分解到街道社区(或者分解到区政府——再分解到综合社区服务中心)。通过目标的科学分解,消除整体目标与分目标之间的不一致性与冲突,强调要在关注局部目标、局部效率的同时能够兼顾整体目标和整体效能。

同时,在市政府组织结构变化之后,信息资源在纵向的各行政层级之间、横向的各区政府之间、各综合管理委员会之间、各综合社区服务中心之间的共享交换机制是关键。如果缺乏了健全的信息资源交换共享机制,虽然进行了市政府组织结构的重组,但不能确保会良好地运行。

(二)创新城市政府横向各部门之间的关系,构建协同政府

城市政府的横向关系,主要包括横向各部门之间的关系、垂直部门与城市政府之间的关系。因此,创新城市政府横向各部门之间的关系,主要就是要解决部门分割、条块分割的问题。当前,我国城市政府部门化的治理体制,是基于分工而形成的。分工越来越细,造成了部门林立、机构庞大,部门之间职责交叉重复、多头指挥,部门主义、各自为政、部门之间协调困难,市民办一个事情要跑若干个部门、社会交易成本增大、政府服务提供的不便捷等弊端;导致了公共事务分散式、"铁路警察各管一段"的分段式管理,导致了在局部效率得到提升的同时而并没有体现整体效能。因此,在信息技术支撑下,实现城市政府横向各部门之间、垂直部门与城市政府之间关系创新,主要就是通过发挥信息技术在组织结构重组、业务流程优化、资源共享方面的作用而实现跨部门业务协同,实现网络化、一体化办公和构建协同政府。为此,这个创新目标的实现,主要通过:

(1)推行大部门制改革。第一步要形成决策权、执行权这样具有梯度的权力结构;第二步明晰决策权、执行权的具体内容及其划分,实行决策权与执行权的适度分离;第三步将业务或职责相同、相近的部门进行合并,按照梯度权力结构形成决策机构和在一个决策机构之下的若干执行机构。因此,城市政府大部门制的改革,是以梯度权力结构的形成、决策权与执行权的适度分离、业务或职责相同或相近的部门进行合并和形成决策机构与执行机构为主要内容的,大部门制改革并不只是部门之间的合并。大部门制改革是城市政府组织结构重组的重要内容,是解决部门林立、部门职责交叉重复、整体效能低下等弊端的重要途径。

(2)创新信息技术应用的治理体制。应用信息技术打破部门分割、条块分割,实现从分散走向共享、从分割走向整体,首要的是创新信息技术应用的治理体制,打破分散建设与分散应用、实行集中统一的信息技术应用治理体制是关键。我国城市政府条块分割的治理体制也必然导致我国城市信息化分散建设、

分散应用的条块分割现象。在城市政府信息化建设与应用中，既有城市政府所谓“块”的信息化建设项目与应用；又有按照职能分工所形成的行业、部门的所谓“条”的信息化建设项目与应用。尤其是一些不属于块的垂直管理行业或部门的信息化建设项目与应用，更是与整个城市政府的信息化项目建设与应用分割。

在这种条块分割的治理体制下，信息技术无疑具有“双刃剑”作用：第一，消极作用，城市政府信息化建设采取分散建设、分散应用的方法一定会导致通过信息技术将原有条块分割体制进一步固化的结果。信息技术分散建设、分散应用和用信息技术模拟旧的政府办事方式，一定会导致信息孤岛、自动化孤岛，导致分割体制的加剧。第二，积极作用，信息技术在专门的部门进行政务和技术的统一管理、强调统一的规划和统一的应用标准规范下应用；同时，在技术应用之前，先进行政务的规划与设计，那么，在这种基础上应用信息技术，信息技术应用的统一性就能带来或促进部门之间信息资源的共享，信息资源共享是通过信息流、工作流打破部门分割、条块分割和实现无缝、跨部门业务协同的重要途径。在这种条件下的信息技术应用，就可以破解条块分割，实现多级联动；就可以条块结合，实现机制创新；就可以整合资源、共享协同，实现应用创新。①

消除政府信息化分散建设、信息技术分散应用是走向政务信息资源共享的重要途径。西方发达国家为了消除分散建设、重复建设现象，大多都指定了相关机构或设置专门部门来从总体上统筹全国的政府信息化建设和政务信息资源的开发利用。这些机构或部门大多数是负责信息化建设的领导与协调机构，其他有关的部门或者办公室则是按照各自的职责协助其开展信息化建设工作。例如，美国和加拿大等西方发达国家业已形成政府首席信息官制度，并把它作为其发展政府信息化的基本制度。政府首席信息官制度就是由政府首席信息官及其相应的管理机构来负责专业的政府信息化的总体规划、具体实施和全面管理的工作。政府首席信息官和其相应的管理机构在全国政府信息化建设中职责权利

---

① 郭理桥：《现代城市精细化管理》，中国建筑工业出版社2010年版，第66—67页。

明晰,比如美国的联邦首席信息官委员会和加拿大的首席信息官办公室都是负责指导和协调全局的政务信息资源共享建设的机构,加拿大成立的跨部门专项小组、美国政府各部门的首席信息官则主要是做好配合工作。英国的做法则是首相任命电子大臣(e-Minister),由他全面领导和协调国家信息化工作,并由两名官员(内阁办公室大臣、电子商务和竞争力大臣)协助其分管电子政务和电子商务,负责政府信息化的整体进程与全面发展,全面推进政府信息化建设。

根据韩国、新加坡的经验,在城市政府信息化建设中,第一,由专门部门负责政府信息化项目建设的政务问题。凡城市政府信息化项目建设涉及的政务问题,包括项目中业务需求提出及其分析、政务标准规范、功能模块设计等,除了各部门提出自己的业务需求之外,还必须由专门部门负责审查项目建设是否符合政府信息化建设与应用的整体规划和政务标准规范,甚至在建设过程中由这个专门部门派人到建设现场进行业务指导;并对项目建设经费的额度提出建议;第二,由专门部门负责政府信息化项目建设的技术问题。凡是电子政务项目建设涉及的技术问题,包括技术方案的设计与确定、技术选择、技术标准和规范等,必须要由专门部门负责审查项目建设是否符合政府信息化建设与应用的整体规划和统一的技术标准规范;根据负责政务的部门对项目建设经费额度的建议,提出项目建设经费的合理额度;第三,由财政部门负责政府信息化项目建设经费的统一审核、统一支付。财政部门根据负责项目建设政务的部门、负责项目建设技术的部门对项目审核的有关意见,进行项目建设经费的审核、支付,消除政府信息化建设项目分散预算。同时,对于民间资本投资建设政府信息化项目,也必须符合统一的政府信息化建设整体规划、政务标准和技术标准。通过:一是政务审核;二是技术审核;三是经费审核和统一支付。通过这样三个环节程序,确保政府信息化项目建设的整体性。确保政府信息化项目建设的整体性,是确保信息资源共享的重要途径。

西方国家的这个经验,对我国信息技术应用过程中政府信息化建设项目从项目立项、政务审核、技术审核、建设经费审核等管理环节的完善,都具有非常重要的借鉴意义。目前,我国政府信息化项目建设过程中,缺乏了对这三个环节的有效管理,导致政府信息化建设的整体性无法实现,各自为政、分散建设无法避免,分散应用、资源不能共享也就无法避免。因此,各级政府为政府信息化建设、应用,要明确政务中心、科技部门、信息化主管部门、财政部门等相关部门的职责:科技部门负责政府信息化项目的立项、项目经费审批和项目鉴定、验收;政务中心负责项目建设的政务问题审查与指导、建设经费的建议,参与项目验收和鉴定;信息化主管部门负责项目建设的技术审查和指导、建设经费建议,参与项目验收和鉴定;财政部门负责项目经费的审查和支付。

(三)创新城市政府与其他社会主体之间的关系,构建合作政府

城市公共事务治理的主体、城市公共服务提供的主体,不只是城市政府;而且还包括其他社会主体,如中介组织、非营利组织、自治组织、企业等。因此,必须变城市政府与中介组织、非营利组织、自治组织、企业等社会主体之间单纯的管制关系为合作、互动的关系。中介组织、非营利组织、自治组织、企业,一方面要参与到公共事务治理、公共服务提供之中;另一方面要无例外地接受政府的管理和监督。

我国现行的城市政府治理体制是建立在传统的高度一元化的管理模式基础上,存在着许多弊端:一是城市政府职能转变不到位,城市与郊区农村之间的"二元化"结构不断强化,郊区农村公共财政投入偏少,基本的社会公共服务供给严重滞后而且明显有失公平;二是民间组织一方面发育不良,市民参与渠道不多,另一方面对民间组织缺乏必要的、科学合理的规制,导致民间组织难以在城市社会管理中发挥应有的作用;三是城市政府还不习惯于借助市场机制、社会机制来整合社会资源,与其他社会主体共同举办社会公益事业和公共服务的合作机制不健全;四是城市政府及部门与事业单位、中介组织、非营利组织、自治组织之间"政事不分、管办不分",致使事业单位、中介组织、非营利组织、自治组织行政化倾向严重,严重影响了社会组织体系的健康发展;五是城市政府公共事务治理手段单一,习惯于采取行政手段和强制方式进行管理,重管制轻服务、重审批轻监管,管理成本高、行政效率低;六是城市政府公共服务提供途径单一,要么直接由公共财政和政府成立的公立机构提供,要么完全推向市场;七是城市治理法

规制度不健全,各种法律、法规之间冲突严重。

因此,建立健全城市政府与中介组织、非营利组织、自治组织、企业等社会主体之间在公共事务治理、公共服务提供的合作、互动机制,构建合作政府,也是城市政府治理能力现代化的重要目标。

(1)进行主体与管理事务内容、提供服务内容的整合。明确城市政府负责哪些公共事务的管理、城市政府可以将哪些公共事务的一些环节通过什么方式交由其他社会主体管理,明确中介组织、非营利组织、自治组织、企业等各种不同社会主体所承担公共事务治理的范围与方式。同时,要明确基本公共服务完全由公共财政承担,基本公共服务既可以由政府举办的公立机构负责提供,也可以部分由政府举办的公立机构负责提供、部分交由其他社会主体负责提供;基本公共服务以外的其他服务,城市政府明确服务提供的质量标准、进行服务提供的监督检查,政府举办的公立机构和其他社会主体按照政府明确的质量标准、遵循市场规律通过竞争的方式来提供。

(2)构建综合管理与服务信息平台。主体的多元化、管理事务的多样性、服务内容的多层次性、管理事务方式的多样性和服务提供途径的多样性,如果没有信息技术的支撑、依靠传统手工的方式是不可能取得良好效果的。因此,要通过构建公共事务治理、公共服务提供的综合信息平台才能在信息资源共享的环境下实现城市政府与其他社会主体之间关系的创新,实现合作政府。进行公共事务治理主体与管理事务内容的整合、管理事务内容与治理方式的整合,要进行公共服务提供主体与提供的服务内容的整合、服务内容与服务提供途径的整合。

以城市医疗卫生服务的提供为例,服务内容多层次性、提供主体多元化、提供方式公平竞争主要体现在:第一,在医疗卫生服务的范围与内容方面,根据医疗卫生服务的不同属性,将医疗卫生服务明晰为不同的内容层次,然后按照不同的内容层次明确不同层次上的提供主体与提供方式;第二,在提供主体及其运行机制方面,实行提供主体的多元化,各主体之间是合作、协商、伙伴关系。城市政府起主导作用,在参与提供医疗卫生服务的同时,还必须建立健全医疗卫生服务方面的公共政策、服务规范、服务质量标准和对其他主体进行规制与监督;其他主体既参与医疗卫生服务提供,同时也要接受政府的监督;第三,在提供方式方面,在统一的政策、法制和医疗卫生体制框架下实行公平竞争,竞争与合作共存。这三个方面使医疗卫生服务内容、服务提供主体和服务提供方式有机协调起来,从而形成医疗卫生服务的内容层次及其实现机制,如图2-12所示。①

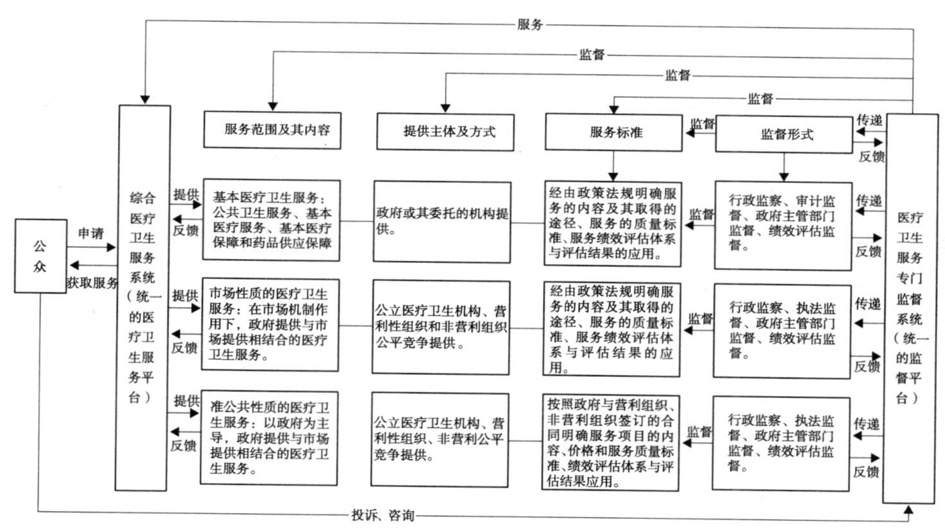

图2-12　医疗卫生服务的内容层次及其实现机制

(四)优化再造业务流程

业务流程再造要解决的问题主要体现在以下三个方面:第一,明确一个事项的办理从开始到结束按照行政程序的规定需要经过多少个环节,将不增值的环节予以删除;第二,要明确在同一个环节上,由谁、负责做什么、做到什么程度,从而实现任务分工的明确化和责任化、业务运行程序化和信息处理精细化;第三,要将一个事项办理所涉及的职责、权限、部门、环节、信息按照法律规定整合在一个完整的流程上,在信息资源交换共享的环境下形成工作流、信息流,从而实现

① 蔡立辉:《分层次、多元化、竞争式提供医疗卫生服务的公共管理改革及分析》,《政治学研究》2009年第6期。

跨部门业务协同。

因此，优化和再造业务流程是城市政府治理能力现代化，构建整体政府、协同政府、合作政府的关键。业务流程优化再造与组织结构重组、信息资源交换共享有机结合才能最终实现不同行政层之间、城市政府与其所属各部门之间整体目标与分目标的统一，建立整体政府，才能实现跨部门之间的政务协同，建立协同政府，才能实现城市政府与其他社会主体之间的合作互动与共享，建立合作政府。超大城市政府通过治理能力现代化所构建的整体政府、协同政府与合作政府，能够随需应变（On Demand Government）地为市民提供一体化的公共服务。随需应变的都市政府消除了总目标与分目标之间的冲突，实现了跨部门的网络化政务协同，以及业务、资源和服务的集成整合，即所谓整合端到端的业务流程，能够柔性地、快速地响应市民的请求、企业的需求、变化的经济环境。关于业务流程再造，第六章将进行详细论述，这里就不再赘述。

二、信息化时代大都市化区域治理能力现代化的目标

随着我国市场经济体制日益深入地发展完善，作为市场经济首先发育成熟起来的城市区来说，市场经济深入发展所需用的统一性、一体化遭受到来自都市化区域各城市政府之间的壁垒和“零碎化”阻碍，从而大大延缓了统一市场的形成和市场化的进程。因此，大都市化区域治理能力现代化的目标与单独的一个超大城市政府治理能力现代化相比较，除了强调实现从只注重管理走向既管理又服务和寓管理于服务之中、从控制走向指导、从行政机构为中心走向市民为中心、从规则导向转变为知识导向、从单中心治理走向多元合作共治等创新之外，更强调消除都市化区域内城市政府间的壁垒与“零碎化”，实现区域一体化发展目标。在大都市化区域，管理结构通常分为两个层级：覆盖整个大都市区整体的都市层，与构成为大都市区组成部分的更小层级的城市或较小的单元体。这些组成为大都市化区域的更小层级的城市或较小的单元体，由于它们是拥有自主权力（包括财政、城市规划、经济与社会政策制定权等）和自身局部利益的地方政府，因此，大都市化区域的多元性和复杂性，常常会导致各组成主体不会采取

一致措施,[1]形成大都市化区域整体利益与局部利益之间、大都市化区域整体发展与局部自主发展权之间的冲突,这就不可避免地形成了大都市化区域整体协调不力和“零碎化”的局面。

因此,在信息技术支撑下实现大都市化区域治理能力现代化,就是要消除大都市化区域内城市的“零碎化”和整体协调不力的局面,实现区域一体化发展。大都市化区域内各城市之间一体化发展的目标是:(1)形成大都市化区域的整体利益和整体发展规划,从而正确处理区域整体利益与区域内各城市利益之间、区域整体发展规划与区域内各都市发展规划之间的关系;(2)形成大都市化区域相关基础设施建设、产业政策制定及产业布局等重大问题的决策机制、重大决策或决定执行的协作机制和网络化区域治理机制;(3)形成大都市化区域内各城市既具有相对独立的功能定位,各城市之间又功能互补、相互依存、相互协作的发展机制;(4)加强功能协调,建立为本大都市化区域提供服务或某个具体功能的机制或机构。

因此,大都市化区域要消除区域内各城市间的壁垒和“零碎化”的现象、实现区域一体化发展目标,关键需要做好以下两个方面:

(1)建立健全和强化都市化区域领导体制、治理体制和协调机制,进一步改善原有缺乏协调力度的联席会议制度,要成立具有管理、协调能力的区域管理委员会,并明确规定凡涉及本区域的有关基础设施建设、产业政策及产业发展布局等重大决策、决定和重大事项,都必须符合区域发展统一规划,由区域管理委员会统一作出决定;委员会作为常设机构,由本区域的各个城市的市长或地方长官组成委员会,各个委员地位平等,委员会主任由委员轮流担任(一年一轮换);委员会下设秘书处和办公室,负责日常事务;区域内各个城市发展在区域管理委员会的指导、协调下发展,每个城市有自己的发展权、重大事项的决定权,但不得与大都市化区域整体发展相冲突。

---

① [西]若尔迪·博尔哈、[美]曼纽尔·卡斯泰尔等:《本土化与全球化:信息化时代的城市治理》,姜杰等译,北京大学出版社 2008 年版,第 159 页。

(2)建立健全大都市化区域发展所需用的资源共享机制。这项工作包括：

第一,大力推进大都市化区域内人口、法人、空间地理、信用等基础信息资源库建设,具体包括:以公安人口信息为基础,逐步融合组织(包括企业、中介组织、非营利组织、事业地位等各类组织)人事、人口和计划生育、人力资源和社会保障、民政、教育、建设、卫生、税务、统计等部门的相关信息,建设以公民身份证号码为唯一标识的本都市化区域自然人公用基础信息资源库,实现大都市化区域个人信息的动态管理;以工商、民政、编制办公室、质监等部门业务数据为基础,以银行、税务、公安、统计等部门业务数据为扩展,建立以组织机构代码为唯一标识的企业公用基础信息资源库,实现企业公用基础信息的标准化管理和应用;依托大都市化区域政务地理信息库,结合自然人和法人基础信息库的建设,叠加人口、自然资源、交通、城市规划、房屋、土地、环保、医疗、教育、文物保护单位等相关信息,形成大都市化区域的政务地理公用基础信息资源库,满足政务部门管理和服务的需要;以工商、税务、质监、公安、法院、海关、行业、电信等部门业务数据为主线,推进大都市化区域企业和个人信用基础信息资源库建设,完善信用档案,为社会提供准确、可靠的信用信息服务。

第二,加强大都市化区域信息资源共享和业务协同,按照统一的标准和规范,建设信息资源共享平台,构建大都市化区域信息资源交换体系,实现大都市化区域内各城市之间、市——综合管理委员会——街道、社区(或者市——区(县、市)——综合社区服务中心)之间的信息交换共享。要在大都市化区域信息资源共享和业务协同的总体框架下,以协同区域事务为抓手,以区域管理委员会领导制度和行业管理职能为机制依托,以信息技术为支撑,制定协同业务信息化标准和规范,建设与大都市化区域内各城市政府之间协作相适应、各城市政府管理相适应的综合管理与服务信息化平台。

正是通过强有力的大都市化区域领导制度和资源共享机制的共同作用,才能打破区域内各城市"零碎化"的现状,才能加速各城市政府的一体化发展,才能真正实现大都市化区域内各个城市政府之间的壁垒的打破和走向一体化,才能形成网络化治理的局面。

第三章　信息化时代大都市政府治理面临的问题与创新

第一节　信息化时代大都市政府治理面临的问题与需求分析

一、有关大都市政府治理模式的研究与分析

（一）大都市治理模式：城市治理学的视角

大都市治理的研究形成了不同的学术观点和理论流派。美国加州大学的城市社会学教授H.孔兹在《城市社会学理论和方法》一书中曾将城市治理学归纳为六大学派：管理方法学派、管理经验学派、行为学派、社会学派、决策学派和数量学派，如图3-1所示。①

国外学术界对于城市治理模式展开了大量研究。美国经济学家里夫琳（Alice Rivlin）在20世纪70年代初发表的《社会行动的系统思考》（*Systematic Thinking for Social Action*）一书中概括了改善城市治理的三种模型：即分权模型、社会控制模型（即授权模型）和市场模型。② 这三种模型成为城市政府应该做什

---

① 叶南客、李芸：《现代城市治理理论的诞生与演进》，《东南大学学报（哲学社会科学版）》2000年第2期，第48页；叶南客、李芸：《现代城市治理理论的诞生与演进》，《南京社会科学》2000年第3期。

② Alice M.Rivlin：*Systematic Thinking for Social Action*. Brookings Institution Press，1971.

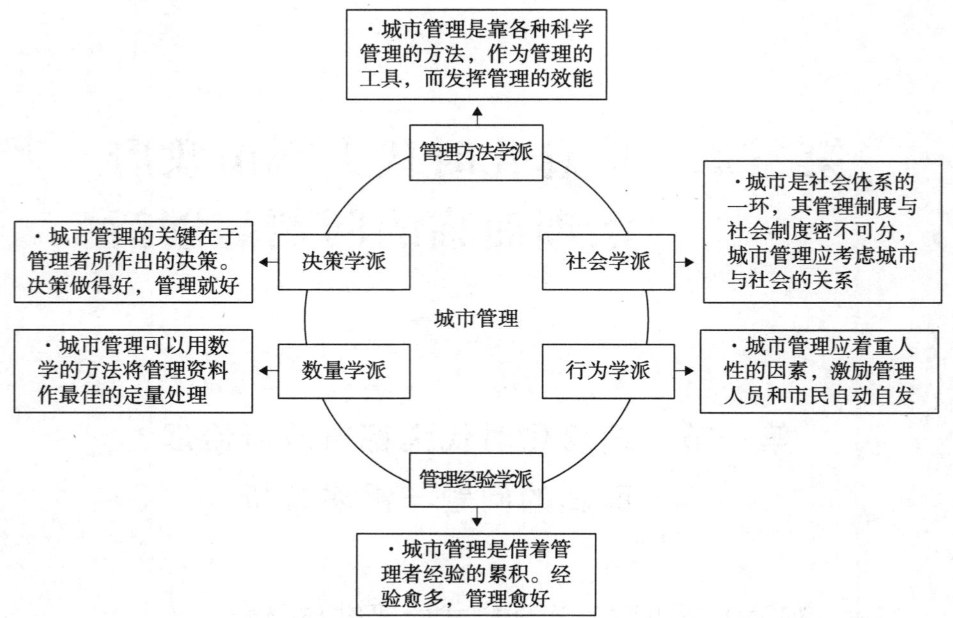

图 3-1　城市治理研究的六大流派及其主要思想

么、如何做的争论话题。正如里夫琳所下的结论，“为确保做得更好，我们必须有区分好坏的方法”。①

英国学者费利耶（E.Ferlie）等人在《行动中的新公共管理》（*The New Management in Action*）一书中归纳了都市公共管理的四种模式：即效率驱动模式（Efficiency Driving）、小型化与分权模式（Downsizing and Decentralization）、追求卓越模式（In Search of Excellent）以及公共服务取向模式（Public Service Orientation）。② 这四种不同于传统的公共行政模式的新公共管理模式包含着重要的差别和明确的特征，代表了建立新公共管理理想类型的几种初步的尝试。③

① 张梦中：《美国公共行政学百年回顾（下）》，《中国行政管理》2000 年第 6 期，第 38 页。

② Ewan Ferlie，Andrew Pettigrew，Lynn Ashburner and Louise Fitzgerald：*The New Management in Action*. Oxford University Press，1996.

③ 陈振明：《走向一种“新公共管理”的实践模式——当代西方政府改革趋势透视》，《厦门大学学报（哲学社会科学版）》2000 年第 2 期，第 80 页。

皮埃尔(Pierre)认为,同一国家背景下的不同城市,以及不同的城市政府部门,都会有不同的治理模式。这些类型繁多的城市治理模式可以从城市政府在经济发展中的角色、分配形式以及城市政府与市民社会的关系来分辨和归纳它们的特征。Pierre 根据参与者(Participants)、目标(Objectives)、手段(Instruments)和结果(Outcomes)将这些种类繁多的城市治理模式归纳为四种类型:管理模式(Managerial)、社团模式(Corporatist)、支持增长模式(Progrowth)和福利模式(Welfare),①如图 3-2 所示。

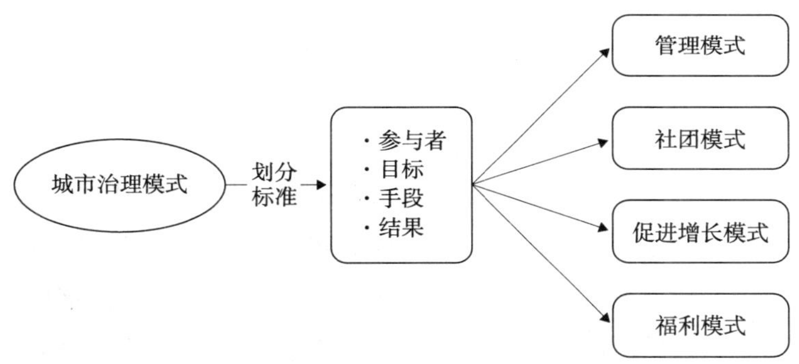

图 3-2 皮埃尔城市治理四种模式

(1)管理模式。该模式强调专业参与而非政治精英的推动,秉承管理主义"让管理者管理(letting the managers manage)"②的口号;主要参与者是组织公共服务生产和分配的管理者,消费者也比较重要。其目标是增强公共服务生产和分配的效率,以"顾客"为导向,关注顾客的需求,真正让消费者挑选产品和生产者。实现目标的手段很多,例如:与营利组织(for-profit organizations)签订合同来提供公共服务;增加公共部门的管理职位及其自主权;建立内部市场和其他相似在公共部门之间或者公私部门之间竞争;重新定义当选官员的角色等等。管理模式的结果尚不清晰,也许它的确有助于提升服务性生产的效益,总体而言,它

① Pierre J.:*Models of urban governance:the institutional dimension of urban politics. Urban Affairs Review*,1999,34(3),pp.372-396.

② Osborne,D.and T.Gaebler:*Reinventing government*.Reading,MA:Addison-Wesley,1992.

是颇有争议的改革策略。①

(2)社团模式。该模式将城市治理主体划分为若干利益集团,每个利益集团内部可以分为高层领导与基础群体,因此,社团模式有两个层面的参与者,高层领导直接参与城市治理,基层利益集团间接参与城市治理。其目标在于分配环节,即确保以集团成员的利益塑造城市的服务和政策。社团参与城市治理以利益为导向,即在确保自身利益的基础上参与城市服务的提供和政策制定。因此,该模式的关键手段是包容,使所有主要的行为人及其利益进入城市的决策过程。社团模式削弱了财政平衡,因为利益集团强调各种公共开支,却几乎没有什么有力的手段去增加公共税收,其结果必然导致城市政府的财政问题,皮埃尔认为这一模式适用于小型的、工业高度发展、民主政治已经成为格局的西欧国家。②

(3)支持增长模式。该模式的主要参与者是城市精英和资深官员,他们在推动地方经济的问题上利益共享。其目标是实现长期和可持续的经济发展,当前城市经济的增长越来越依赖于技术引进与投资增加。因此,在该模式下,城市精英和资深官员等城市治理参与者把城市作为吸引技术与投资的工具,以求经济的可持续发展。该模式运用的手段包括:城市规划(urban planning)、调动使用来自国家和地方政府的资源、发展基础设施(infrastructural development),建设良好的城市形象吸引投资等。该模式以制度化的公共部门与私营机构的伙伴关系为基础,直接分享实施的自主权。③

(4)福利模式。该模式是一种较为特殊、罕见的城市治理模式,在该模式中城市政府官员和国家的官僚机构是唯一的参与者。其短期目标是确保国家基金

① Pierre J.:*Models of urban governance:the institutional dimension of urban politics. Urban Affairs Review*,1999,34(3),p.380.

② Pierre J.:*Models of urban governance:the institutional dimension of urban politics. Urban Affairs Review*,1999,34(3),pp.380-383.

③ Pierre J.:*Models of urban governance:the institutional dimension of urban politics. Urban Affairs Review*,1999,34(3),p.385.

的流动以维持地方的活动，长期目标则不甚明了。① 该模式的实现主要依赖地方与较高层政府的网络关系，可以是政治的或行政的关系，或两者兼而有之。该模式不大可能维持太长时间，因为不平衡发展的逻辑渐受质疑，如果适逢中央财政出现赤字，则会雪上加霜。②

就差异而言，治理模式强调专业参与，其目标是增强公共服务的效率；社团模式重视各类社团的参与，其目标是确保各社团的利益；支持增长模式突出商界精英与地方官员的作用，其目标是推动地方经济的可持续发展；福利模式突出地方政府与更高层次政府的作用，其目标是使地方获得更多的资金来发展自己，如表 3-1 所示。③ 在这四个模式中，管理型管理模式与促进增长型管理模式都强调市场的力量，合作型和福利型管理模式则倾向政府的控制并包容市场的力量。④

表 3-1　皮埃尔城市治理四种模式的比较

	管理模式	社团模式	促进增长模式	福利模式
参与者	管理者、消费者	大众、利益集团	商界精英、高官	官员、官僚主义者
目标	提高公共服务生产和分配效率、满足顾客消费	分配、确保成员利益	推动城市经济增长	再分配、确保国家基金的流入
手段	基于市场的广泛的管理手段	公众参与、谈判协商	推动经济、吸引投资的手段	政府间网络
结果	效率增加	财政失衡	经济发展	不可持续

资料来源：罗震东、张京祥、罗小龙：《试论城市管治模式及其在中国的应用》，《人文地理》2002 年第 6 期；Pierre J.: *Models of urban governance: the institutional dimension of urban politics. Urban Affairs Review*, 1999, 34(3), pp.372-396.

① Pierre J.: *Models of urban governance: the institutional dimension of urban politics. Urban Affairs Review*, 1999, 34(3), p.387.

② 陈振光、胡燕：《西方城市管治：概念与模式》，《城市规划》2000 年第 9 期，第 12 页。

③ 踪家峰、王志锋、郭鸿懋：《论城市治理模式》，《上海社会科学院学术季刊》2002 年第 2 期。

④ 易晓峰、唐发华：《西方城市管治研究的产生、理论和进展》，《南京大学学报（哲学・人文科学・社会科学版）》2001 年第 5 期。

从城市治理学的角度总结概括的城市治理各种模式,有助于进一步拓宽我们科学认识大城市政府治理体制中存在问题及其原因的视野。每种模式都有其存在的环境条件,都有其各自的优劣,这对于科学推进大城市政府治理能力现代化具有重要的启示作用。

(二)从"城市管制"、"城市经营"到"城市治理":公共管理学的视角

城市治理的实践及其演变,可以在公共行政思想演变中发现理论基础。城市治理模式的变化与公共行政学关于政府的定位和职能是紧密相连的,这是公共行政学发展对城市政府管理最直接的影响。城市治理是公共治理的重要组成部分,是反思、质疑高度集中行政体制的有效性而出现的。公共治理理论是伴随着西方福利国家出现的管理危机和市场与等级制的调解机制发生的危机,以及公民社会的不断发育和众多社会组织集团的迅速成长,而出现的一种新型的公共管理理论。治理理论强调通过治理弥补政府和市场在调控、协调与管理社会事务过程中的不足,强调重新调整国家与社会、政府与市场的边界。因此,公共治理理论为城市治理提供了理论指导。从公共行政发展的历史来看,政府职能的定位主要经历了三个阶段,即官僚政府、企业化政府与服务型政府三个阶段。城市政府管理作为公共行政的一部分,其发展也经历了三个阶段,即城市管制模式、城市经营模式和城市治理模式,①如表 3-2 所示。

表 3-2　城市治理模式的类型

类型	范式	基本理念	要素模式	政策手段
城市管制模式	老公共行政	上级政府对下级政府实行严格的管制,城市政府对社会实行严格的管制。	中央对地方的分权根本没有,是中央政府单中心的治理模式。	以计划体制为代表;主要是行政命令和控制手段。

① 王佃利、曹现强:《城市治理学》,首都经济贸易大学出版社 2007 年版,第 61—62 页。

续表

类型	范式	基本理念	要素模式	政策手段
城市经营模式	新公共管理	在市场逐步完善的情况下，城市政府的自主权逐渐增大，政府采用企业化手段管理城市和促进政府发展。	中央对地方适度地分权，市场化发育较好；是中央政府控制的多中心模式。	中央和城市之间有着适度财政和事权的划分，采取计划和市场相结合的控制手段。
城市治理模式	新公共服务	在市场完善的情况下，城市政府定位于服务政府，采取合作共治的方式，实行自主治理，与社会各主体形成合作关系。	政府职能属于小政府，是多中心治理，企业、非营利组织得到充分发展，与政府形成平等伙伴关系。	基于参与、沟通、协商、共赢的原则选择合适的政策手段。

资料来源：王佃利：《城市治理中的利益主体行为机制》，中国人民大学出版社 2009 年版，第 14 页。

1.官僚政府与城市管制模式

现代官僚制形成于 19 世纪末 20 世纪初，马克斯·韦伯（Max Weber）在否定以忠于人（皇帝）为内核的传统官僚制基础上建立了以忠于物（组织与制度）为要旨的现代等级官僚制，①作为公共部门管理模式，官僚制一直是世界各国政府的主要组织形式，在大多数国家公共部门管理中一直牢牢占据着统治地位。它注重规制约束和程序操作的实施过程，具有理性、准确、严格和可靠等特点；在确保一致性、持续性、预见性、稳定性、谨慎性、重复性工作的高效率、平等性、理性、专业性，把政治因素和人为因素对组织决策的影响降至最低、确保官员责任等方面有着其他组织形式难以比拟的优势。②

在以官僚制为基础的传统公共行政模式管理模式下，城市政府作为唯一的管理主体单独承担了城市所有事务的管理，采用科层制的组织形式垄断地为城市提供公共服务，其管理手段主要是通过政府的行政命令来得以实现。随着时

① 诸大建、刘冬华：《从城市经营到城市服务——基于公共管理理论变革的视角》，《城市规划学刊》2005 年第 6 期。

② ［美］菲利普·库珀等：《二十一世纪的公共行政：挑战与改革》，王巧玲、李文钊等译，中国人民大学出版社 2006 年版。

间的推移,官僚制的弊端开始逐渐暴露出来,缺乏灵活性和主动性、忽视人的差异性和多样性、照章办事、墨守成规等。正如奥斯特罗姆所言,“官僚制对不同的需求的反应会日益变得毫无区别;对预定为受益者的人所引起的成本会越来越高;无法根据需求分配供给;无法采取行动阻止一种用途阻碍其他用途,使公益物品受侵蚀;日益变得易于犯错,不可控制,公共行动剧烈地偏离于有关公共目的和目标的言辞;最后导致补救性的行动是恶化而不是缓解问题。”①城市政府部门官僚色彩日益严重,逐渐暴露出管理僵化、机构臃肿、资源浪费和效率低下等弊端。② 传统官僚型模式以行政权力集中化、行政组织等级化、行政职能专门化、行政行为程式化等为特点。其组织形态大部分都是中央纵向控制,组织内部层级森严,各功能部门之间缺乏横向联系与合作,制度规定日趋复杂。

2.企业化政府与城市经营模式

自 20 世纪 80 年代以来,西方发达国家在财政危机、信任危机和管理危机的大背景下,掀起了一场政府改革——被学者们称为“新公共管理运动”。“后官僚制典范”、“新公共管理”、“管理主义”、“以市场为基础的公共行政”、“企业型政府”等成为“新公共管理运动”中最时髦的话语。企业化政府模式要求公共部门转换机制并改变其与政府和社会的关系③。政府再造正是新公共管理的主要代表,其中深深蕴涵着“企业化政府的精神”。管理主义的理论以经济学理论和私营部门管理范式为基础,倡导通过民营化和签约外包等方式淡化和模糊公域边界,从而实现政府施政的“3E”基本价值取向:经济(economy)、效率(efficiency)和效能(effectiveness)。④ 从英国的《“下一步”行动方案》到美国的《戈尔报告》再到新西兰的《国有企业法》等,各国政府都在轰轰烈烈推进行政改

① [美]奥斯特罗姆:《美国公共行政的思想危机》,毛寿龙译,上海三联书店 1999 年版。

② 王佃利、曹现强:《城市治理学》,首都经济贸易大学出版社 2007 年版,第 61—62 页。

③ [美]欧文·休斯:《公共管理导论》,彭和平等译,中国人民大学出版社 2001 年版,第 61—69 页。

④ [美]欧文·休斯:《公共管理导论》,彭和平等译,中国人民大学出版社 2001 年版,第 57—66 页。

革,"管理主义"似乎成了包治百病的灵丹妙药。①

与企业家政府模式相适应的城市治理模式就是城市经营模式。在企业家政府理念下,城市政府要在市场导向的指导下,引进竞争机制,运用创新策略,有效运用资源,实现高绩效的政府职能;在实际管理中要重视成本效益关系、强调顾客导向、强调市场机制等。城市政府不再是城市公共事务治理的唯一主体,凡是可以由市场来解决的,都可以发挥市场机制的作用,充分调动城市中多元主体的积极性。这样,在对城市基础设施管理中,其使用权、经营权采取出让、拍卖、抵押、转让以及授予特许权等方式,让企业参与竞争提供服务。

3.服务型政府与城市治理模式

"韦伯主义"将维护等级官僚制的稳定有序运转视作靶的,而新公共管理由于过于注重企业管理技术和方法使其被指斥最多的是公共责任和民主精神的缺乏。它们都忽视了把公共管理的目标放在公共伦理的脉络中加以考察,错将实现工具当作管理的终极目标。② 公共行政学者在反思和批判新公共管理理论的基础上,深化发展了新公共管理理论,提出了协调公共精神与市场精神的新公共服务理论。新公共服务理论把公民权利和公共行政的精神作为公共管理的首要精神,强调治理理论的民主取向。③

与新公共服务理论相适应的就是主张城市治理的城市治理模式。城市治理模式也充分吸收了治理理论的精髓,在城市治理模式下,城市政府要积极与企业、非营利组织、社会自治组织等多元主体的相互合作与互动来有效管理城市和促进城市发展。它一方面强调政府职能的稀释和政府组织的精干,要求城市政府转变其职能定位和治理方式;另一方面它强调城市利益相关者对城市发展的广泛参与,以合力来促进城市的发展和城市竞争力的提高。④ 在城市治理中,城

---

① 诸大建、刘冬华、许洁:《城市治理:从经营导向向服务导向的变革》,《公共行政评论》2011年第1期。

② [美]欧文·休斯:《公共管理导论》,彭和平等译,中国人民大学出版社2001年版,

③ [美]珍妮特·登哈特、罗伯特·登哈特:《新公共服务:服务,而不是掌舵》,方兴、丁煌译,中国人民大学出版社2010年版。

④ 王佃利、曹现强:《城市治理学》,首都经济贸易大学出版社2007年版,第61—62页。

市公共服务实际上成为一系列复杂的相互作用的博弈过程的后果,公共服务的提供涉及城市治理的多个主体,成为多种主体和多重利益的混合物。这时政府如何定位和发挥其作用,是城市发展能够实现治理目标的关键。

瑞典厄勒布鲁大学教授厄玛尔·埃兰德(Ingemar Elander)分析了城市伙伴制治理模式,他认为对于城市治理而言,"权力主要是一个主导和社会控制的问题"。① 伙伴制城市治理模式的特点是将城市治理的责任、政策管理、决策权力和充分的资源下放给最贴近市民的、最具有代表性的地方政府,并借助国际合作和伙伴关系,将城市治理的权力赋予所有当事人,特别是城市政府、私人部门、工会等非政府组织和社团,使他们能在城市规划和管理上发挥有效作用。② 盖伊·彼得斯(B.Guy Peters)提出了有别于传统治理模式的四种新的模式③:市场式(Market Model)、参与式(Participatory Model)、弹性化(Flexible Model)以及解制型(Deregulating Model)。④

DiGaetano 和 Strom 按照统治关系(governing ralations)(即政府与私人利益集团的交互关系)、统治逻辑(governing logic)(制定政策决策的方式或方法)、关键性决策制定者(the key decision makers)(包括政治家、官僚、各利益集团的代表)和政治目标(political objectives)(包括有形的、无形的、象征性的目标)将城市管治模式分为五种,即顾客模式(Clientelistic)、合作模式(Corporatist)、管理模式(Managerial)、多元模式(Pluralist)、大众模式(Populist)⑤。其中,(1)顾客模式主要是指政治家及其偏好的利益集团之间的个人的和特定的利益交换;(2)合作模式发展了程序化的而不是注重实效的公私统治关系,它预先安排了城市

---

① [瑞典]英厄玛尔·埃兰德:《伙伴制与城市治理》,项龙译,《国际社会科学杂志(中文版)》2003 年第 2 期。

② 孙荣、徐红、邹珊珊等:《城市治理:中国的理解与实践》,复旦大学出版社 2007 年版,第 10—11 页。

③ 陈强、尤建新:《现代城市治理学概论》,上海交通大学出版社 2008 年版,第 24—25 页。

④ [美]盖伊·彼得斯:《政府未来的治理模式》,吴爱民译,中国人民大学出版社 2001 年版。

⑤ DiGaetano, Alan and Elizabeth Strom: *Comparative Urban Governance: An Integrated Approach. Urban Affairs Review*, 2003, 38(3), pp.365-367.

政府与私人部门精英为达成一致目标,往往形成排他性的利益集团;(3)管理模式是在公共部门和私人部门之间建立一种正式的官僚命令式的或者是契约式的关系,统治的基本逻辑是政府制定政策而非通过协商或谈判方式;(4)多元模式中政府主要充当中介人(broker)或者为利益集团竞争提供舞台(arena),以各利益集团之间的高度竞争为特征;(5)大众模式强调公众的参与,政客开始积极寻求草根阶层去解决城市问题。① DiGaetano 和 Strom 认为这五种模式是理想化模式,而事实上每一个城市极少对应某个单一模式,也许一个城市兼有五种模式的特征或者在不同的阶段具有不同的模式,如表 3-3 所示。

表 3-3　城市管治的五种模式

	顾客模式	合作模式	管理模式	多元模式	大众模式
统治关系	特定的;个人的;交换	排他性的沟通	正式的;科层制或合同	有竞争性利益集团件调停	非排他性的沟通
统治逻辑	交互	建立信任	权威决策	冲突管理	公众支持运动
关键决策者	政治家和客户	政治家和精英	政治家和公民	政治界和利益集团	政治家和社区运动领袖
政治目标	实质性的	目的性的	实质性的	目的性的	象征性的

资料来源:DiGaetano, Alan and Elizabeth Strom. *Comparative Urban Governance*: *An Integrated Approach*. *Urban Affairs Review*, 2003, 38(3): 366.

二、我国大都市政府治理模式的演进

从公共行政学发展角度看,政府的定位主要经历了官僚政府、企业化政府与服务型政府三个阶段,大都市政府治理作为公共行政理论的实践者,我国都市管理也经历了三个阶段,即大都市管制模式、大都市经营模式和大都市治理模式。大都市管制模式是科层制主导下的大都市治理模式,其特点是政府垂直方向上

① 踪家峰:《城市与区域治理》,经济科学出版社 2008 年版,第 114 页;DiGaetano, Alan and Elizabeth Strom: *Comparative Urban Governance*: *An Integrated Approach*. *Urban Affairs Review*, 2003, 38(3), pp.365-367.

以命令与控制为手段的都市管理；大都市经营模式是公私合作下的大都市治理模式，强调了大都市政府治理中的市场化分权；大都市治理是多元主体参与下的都市管理模式，涉及政府与政府、政府与企业、政府与社会部门的合作。我国大都市治理已经经历了大都市管制模式和大都市经营模式，现在正向大都市治理模式转型和提升。①

从经济体制转型的角度看，1949 年新中国成立以来，我国城市化发展经过了恢复发展阶段、动荡停滞阶段、稳定发展阶段和快速发展阶段等四个阶段，如图 3-3 所示。其中，我国城市化的恢复发展阶段、动荡停滞阶段、稳定发展阶段是都市化的初级阶段②，这一时期我国在高度经济经济体制下，大都市治理模式呈现出“经济主导”的特点，大都市政府是大都市治理的唯一主体，全面管理都市的所有事务，大都市建设和管理以经济发展为中心；随着大都市经济和社会发展，“经济主导”管理模式出现了大都市政府“管不了”、“管不好”、“管错了”等政府失灵的现象③、大都市政府治理负担过重、管理资源极度紧张、管理效率低下、管理效果不佳等问题。④ 1992 年党的十四大之后，我国经济体制由计划经济体制向市场经济转型，城市化发展也进入了快速城市化发展时期，大都市治理模式也逐渐由“经济主导”转向“社会主导”。大都市治理也出现了一些新的气象，大都市政府积极和社会组织、企业、公民形成互动管理公共事务，从注重经济领域逐渐到更多关注社会、人与自然的协调发展。

（一）计划经济体制下的“经济主导”管理模式

1949 年至 1992 年，我国实行计划经济体制，在这种高度集中体制下，大都市政府是城市管理的唯一主体，全面负责大都市治理的所有事务，企业、事业、社团等组织都是政府机构的延伸，大都市政府计划的执行者，大都市政府的管理职

① 诸大建、刘冬华、许洁：《城市治理：从经营导向向服务导向的变革》，《公共行政评论》2011 年第 1 期。

② 姚士谋、王成新、解晓南：《21 世纪中国城市化模式探讨》，《科技导报》2004 年第 7 期。

③ 诸大建：《管理城市发展：探讨可持续发展的城市治理模式》，同济大学出版社 2004 年版，第 40—41 页。

④ 陈强、尤建新：《现代城市治理学概论》，上海交通大学出版社 2008 年版，第 33—34 页。

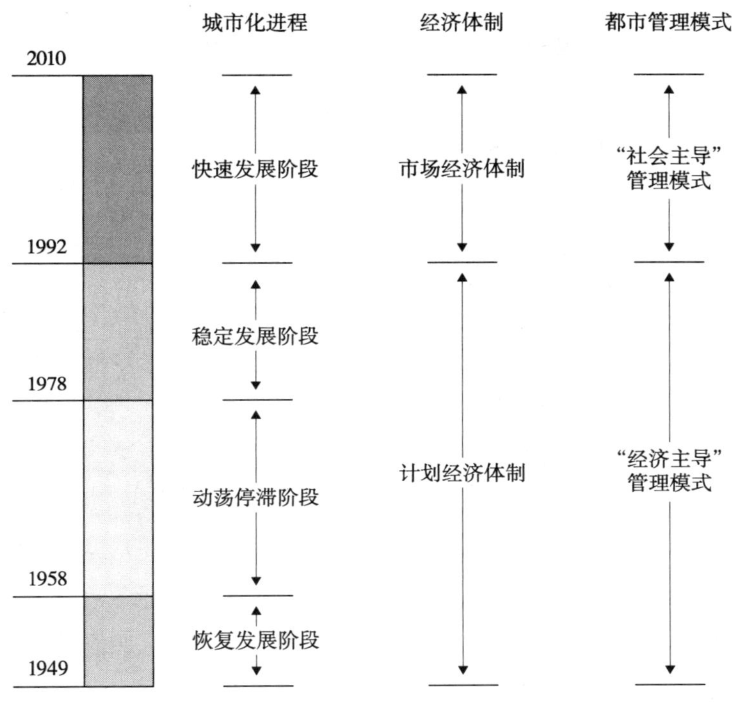

图 3-3　经济体制转型视角下的都市管理模式

能混杂不清，大都市治理的对象比较简单。由于经济和社会发展还比较落后，这一时期城市发展的思维主要局限于城市经济增长和物资性扩张两个方面，①比较偏重于经济建设领域，对社会、人与自然的发展不够重视；城市治理的方法和手段比较单一，主要是使用行政权力来下达行政命令，从而管理城市发展，缺乏其他的辅助方式和手段。

为此，我们可以总结出计划经济体制下城市“经济主导”型管理模式的主要特征：

（1）大都市管理主体一元化。大都市管理的主体只是大都市政府，企业、事

① 诸大建：《论可持续发展的城市治理》，载北京市“2008”环境建设指挥部办公室、北京市社会科学院：《现代城市运行管理》，社会科学文献出版社 2007 年版，第 38—39 页。

业单位、社团组织、民间组织、社会自治组织都是城市政府的附属物和政府计划的执行者；大都市政府使用行政权力下达行政指令，大都市政府与企业、事业单位、社团组织、民间组织、社会自治组织、市民的关系是单一线性方向的"管"与"被管"、"命令"与"服从"的关系。

(2)大都市管理对象简单。大都市发展的思维主要局限于城市经济增长和物资性扩张两个方面，偏重于经济建设领域，对其他领域的管理关注不够。

(3)大都市管理手段比较单一。大都市政府主要依靠各级政府的权威，通常采用行政命令、行政手段等方式直接对管理对象进行管理，忽视了经济的、法律的、管理的手段及其综合运用。

(4)大都市政府行政职能泛化。大都市政府是城市公共事务的唯一管理者、城市公共服务的唯一提供者和生产者，不仅负责公共产品和公共服务的生产和分配，还包揽了几乎全部私人产品的生产。大都市政府的管理职能覆盖了经济和社会的方方面面，成为无所不包、无所不管的"万能政府"。

(5)大都市行政机构庞大。大都市行政机构设置重叠、职能划分不清，导致行政机构之间职能存在多重交叉的情况。同时，各部门自成体系，相互之间缺乏协同机制，多头管理现象普遍存在。①

(6)大都市管理制度不完善偏于人治。大都市政府管理制度建设不健全和不完善，大都市政府缺乏制度约束，行使大都市管理权力时缺乏制度保障和规范，因此，人治现象也较为普遍。

(二)市场经济体制下的"社会主导"治理模式

1992 年党的十四大确定了建立社会主义市场经济体制的改革目标，我国的政治、经济和社会结构发生了历史性的变化，大都市政府的管理职能也随之发生了重大变化，大都市治理逐步由"经济主导"向"社会主导"模式演进。大都市治理模式的这种演进主要有两个方面的原因：一是"社会主导"模式符合市场经济体制和政府职能转变的要求，反映了城市现代化的本质；二是从城市治理理论发

① 陈强、尤建新：《现代城市治理学概论》，上海交通大学出版社 2008 年版，第 34—36 页。

展和国内外大都市治理的实践经验来看，“社会主导”型大都市治理模式已经成为主流。新加坡、日本及西方发达国家的大都市正是从社会管理着手，加强大都市的规划、建设和管理，较好地改善了大都市经济和社会的发展环境，大大地促进了大都市的经济和社会事业的整体发展，充分体现了该模式的优越性。①

在市场经济体制下，随着大都市政府职能的逐步转变，我国大都市政府不再是大都市公共事务治理的唯一主体，企业、事业单位、民间组织、非营利组织逐渐加入到大都市公共事务治理中来；大都市治理对象也由过去只是经济领域逐步拓展到发展到经济、社会、文化、环境等多个领域；大都市政府治理手段不再是单一的行政手段，强调综合运用经济的、法律的和管理的手段，同时还大量应用工商管理技术、市场化方法、社会化手段等当代政府治理工具；大都市治理在整合、协调、监督、检查、疏通和引导等功能方面发挥了积极作用。② 随着大都市政府职能转变的逐步深入，大都市治理的工作重心主要体现在大都市规划、基础设施建设、环境改造与保护、科技文化教育、社会公共事业、社会治安、医疗卫生保健、社会保障等大都市社会公共事务的管理上、公共福利的保障上、公共服务和公共产品的提供上。

市场经济体制下“社会主导”型大都市治理模式表现出以下特征：

（1）大都市公共事务的治理主体呈现多元化。市场经济体制要求发挥市场的作用，利益的多元化、决策主体的多元化，进一步推动了政府职能的转变，从而打破了大都市政府对公共事务治理、公共服务和公共产品提供的垄断。在“社会主导”型模式下，大都市政府、企业、民间组织、非营利组织、社会自治组织、市民等成为大都市公共事务治理、公共服务和公共产品提供的主体，在不同程度上发挥了大都市治理主体的作用。在“社会主导”型模式下，一方面必须强调大都市政府的核心主体作用，包括强化大都市政府对整个大都市公共管理的基本范围、基本性质和基本方向的决定作用，对整个大都市公共管理的体制和运行的决

① 陈强、尤建新：《现代城市治理学概论》，上海交通大学出版社 2008 年版，第 34—36 页。

② 傅崇兰：《中国城市发展问题报告》，中国社会科学出版社 2003 年版，第 35 页。

定作用，对大都市公共管理中的其他管理主体的管理和监督作用；另一方面，也非常强调大都市政府把原先由它承担的一些事务转移给市场、企业、民间组织、非营利组织、社会自治组织甚至市民个人，这些非政府组织和个人承担了越来越多的原先由大都市政府承担的公共事务治理与公共服务提供。因此，“社会主导”型大都市治理模式越来越强调大都市政府与其他各种社会主体之间的合作，不再坚持政府职能的专属性和排他性，从而更加强调了政府与其他社会组织间的相互依赖关系、合作伙伴关系；越来越强调其他社会主体的广泛参与，强调在大都市治理系统内形成一个建立在信任与互利基础上的社会协调网络，加强系统内部的组织性和自主性。

(2)大都市治理对象的广泛性、综合性。与经济主导模式下大都市治理只关注“经济增长”和“物资性扩张”等经济领域相比较，市场经济体制下的“社会主导”型大都市模式，在管理对象上强调了对大都市市政、经济、社会、环境、人口和社会福利等综合的、可持续发展的管理。

(3)大都市治理手段多样性。与计划经济时代仅依靠行政手段、行政命令实施大都市治理相比较，在市场经济体制下，大都市政府除了采用必要的行政手段以外，强调综合运用法律的、经济的、管理的和思想政治教育的多种手段；同时还大量运用工商管理技术、市场化方法、社会化手段等当代政府治理新工具。在信息化时代，互联网、信息技术、移动通讯和微博等也已经成为大都市治理中用以提高管理能力和管理效率不可或缺的新手段。

(4)大都市政府职能得到了进一步优化。在市场经济条件下，西方发达国家大都市政府的主要职能是“增进公众的精神文明程度；协调不同利益群体之间的利益关系；营造良好的外部环境，保证和促进市场的公平交易；引入市场机制，为大都市发展提供良好的公共物品即服务；带动大都市经济的协调发展”①。我国大都市政府采用市场化和社会化手段，推动政府职能转变，实行政府从社会中的部分撤退，将公共事务治理、公共产品和公共服务提供的部分职能转交给了

① 陈强、尤建新：《现代城市治理学概论》，上海交通大学出版社 2008 年版，第 36—37 页。

企业、市场、民间组织、非营利组织甚至市民个人，大都市政府由微观管理、直接管理转变为宏观管理、间接管理，主要行使制度规范的建立健全、市场监管和执法等功能。

（5）强化大都市治理是一种协同管理。在市场经济体制下，“社会主导”型大都市治理模式需要强化大都市政府与市场之间、大都市政府与其他社会主体（非政府组织）之间的协同。同时，还需要大都市政府所属的横向部门间的分工协调、大都市政府纵向不同行政层级之间的分权协调、跨行政层级和跨部门的协作。

（6）强化建立健全大都市治理制度。市场经济是一个法制经济的本质属性，要求市场经济体制下的大都市治理必须有一个良好的法治环境。在市场经济体制下，我国大都市政府治理制度、标准规范日益健全和完善，大都市政府治理在制度约束下规范管理大都市公共事务。

三、信息化时代大都市政府治理面临的问题

正如前文所论述的，虽然各个发展阶段、各个大都市的大都市化发展和大都市建设速度各异，使得大都市治理所面临的问题有所差别，但是大都市人口的增加和措施规模的扩展，不仅要求政府能更好地促进经济稳步发展，同时也要关注大都市交通问题、环境问题、资源问题、都市基础设施建设问题和大都市和农村人口就业问题等。随着都市经济社会的不断发展，传统城市治理模式发现问题被动、信息传递方式落后、管理粗放、效率低下等弊端逐渐显现，大都市治理水平与大都市发展速度的不协调，严重制约了大都市的现代化发展步伐。

20 世纪 80 年代以来，以信息技术为代表的新技术革命和经济全球化进程正不断加快，新公共管理改革运动浪潮席卷全球，企业家政府理论、治理理论以及新公共服务理论成为各国政府积极推进行政改革的理论工具。在这种形势下，我国大都市政府在向市场经济转型大背景下，通过一系列的改革和调整措施来调整大都市政府治理模式；同时，我国城市化进入快速发展时期，随着经济和社会发展，城市之间的经济联系日益紧密，作为我国经济、政治或文化中心的特

大都市吸收周边都市，形成了协同发展和协作管理的大都市圈，如珠三角都市圈、长三角都市圈等。

无论是作为以单个特大都市存在的大都市还是以大都市化区域存在的大都市，在信息化条件下从组织架构到运作形式都发生了深刻的变化，主要表现在以下几个方面：第一，主体发生了变化，大都市政府作为公共事务治理、公共服务和公共产品提供的唯一主体的垄断地位被打破，强化了大都市政府与其他非政府社会组织之间的合作与互动，合作共治的局面开始形成；第二，管理目标发生了变化，大都市开始从过去的经济主导转变为市政、经济、社会、环境并重的综合管理，大都市政府既要发展经济实现现代化，也要确保大都市社会和谐与生态环境友好；第三，主体之间的关系发生了变化，作为特大城市形式的大都市，其都市公共管理格局正在向“统一领导、分级管理、以块为主、条块结合、权责一致”的方向演进，并初步形成“两级政府、三级管理、四级网格”的治理体制，城区的属地管理功能得到一定程度的强化；作为大都市化区域形式的大都市正在逐渐打破壁垒和“零碎化”，强调大都市化区域内各城市之间的合作而走向区域一体化和推行网络化治理；第四，运行机制发生了变化，大都市政府治理运行机制逐渐从过去的后果导向的应急管理模式逐渐过渡到原因导向的长效管理模式；①第五，技术特征发生了变化，大都市政府在信息化背景下，开始着力运用信息技术构建数字城市（Digital City）、无线城市（Ubiquitous City, Wireless City）、智慧城市（Smart City），通过数字化和网络化管理方法和手段的运用来提高管理能力和服务质量。

虽然我国大都市政府在信息化时代努力从过去大都市管制模式、大都市经营模式向大都市治理模式转型，但是我国正在经历由计划经济体制向市场经济体制的转变，市场经济体制发展不完善，生产要素流动性逐步提高，农村人口大规模流向大都市，整个国家正进入城市化加速发展时期。与此同时，转型时期大规模城市发展也伴随着一系列严重的社会、经济和环境问题，如：大都市基础设

① 诸大建：《管理城市发展：探讨可持续发展的城市治理模式》，同济大学出版社 2004 年版。

施超负荷运转、土地过度开发和浪费、环境污染等;大都市财政拮据、社会分配不公、福利政策滞后、大都市社会极化和新贫困化等现象已经产生。[①] 因此,信息化时代大都市政府治理既面临着发展机遇,也面临着发展的复杂性和各种挑战,开展大都市政府管治研究具有重要理论意义和现实的紧迫性。

丹特斯和卢斯(Denters and Rose)认为新世纪大都市的挑战来自于大都市区多种多样次国家政府活动的协调与合作,来自于全球化下新的劳动分工适应全球化带来的社会经济效益,来自新的需求的为有效率和有效地解决社区问题增加的地方能力,来自于新的参与需求的回应和确保地方政府的回应性,于是,大都市治理需要对以下问题进行回应,包括:次国家政府或地方政府之间的变化,地方政府与更高层次政府之间的关系如何转变,地方政府管理与社区伙伴关系发生什么变化,地方民主体制发生什么变化,如表 3-4 所示。[②]

表 3-4　新世纪对大都市带来的挑战与问题(直接带来的和引致的)

趋势	对大都市的挑战	地方治理需要回答的问题
城市化	多种多样次国家活动的协调与合作	次国家政府或地方政府之间的变化
全球化	新的劳动分工适应全球化带来的社会经济效益	地方政府与更高层次政府之间的关系如何转变
新的大量的需求	为有效率和有效地解决社区问题增加的地方能力	地方政府管理与社区伙伴关系发生什么变化
新的参与需求	新的参与需求的回应和确保地方政府的回应性	地方民主体制发生什么变化

大都市治理是城市化发展的永恒主题,大都市治理是学界和政府最关注的热点之一,从大都市治理运行的过程看,大都市政府职能部门尽职尽责,追求“低成本、高效率”,但是从整个大都市运行管理的结果看却存在着明显的“高成

① 顾朝林:《论城市管治研究》,载顾朝林、姚鑫、石楠等:《城市管治:概念 · 理论 · 方法 · 实证》,东南大学出版社 2003 年版,第 3—4 页。

② Denters and Rose: *Comparing Local Governance: trends and developments*. Palgrave Macmillan, 2005, p.8;踪家峰:《城市与区域治理》,经济科学出版社 2008 年版,第 11—12 页。

本、低效率”特征，这就是我国大都市治理悖论。①

我国大都市在面对全球化、快速城市化、信息化和地方发展新的需求的压力下，大都市政府治理存在问题有：①大都市政府治理中后果导向的管理思路导致都市管理相对滞后，信息不及时，管理被动后置；②大都市政府职能缺位、专业管理部门职责不明，条块分割，多头管理，职能交叉；③大都市政府治理方式粗放，习惯于突击式、运动式管理；④大都市治理中缺乏有效的监督和评价机制；⑤大都市部门分割、条块分割现象突出，大都市化区域各都市间的壁垒和“零碎化”现象严重，大都市化区域各都市间的协作化程度不高、协作的范围比较窄。

（一）大都市政府治理的指导思想问题：后果导向的管理指导思想

大都市政府治理有两种指导思想，一种是治本性质的指导思想，即把重点放在针对大都市发展中的问题产生的根源，强调源头预防，可以称之为原因导向的都市管理模式；一种是治标性质的指导思想，即把重点放在大都市问题发生之后进行治理（往往采取突击方式），强调事后治理，可以称之为后果导向的大都市治理模式，如图 3-4 所示。②

在原因导向的大都市治理模式中，大都市治理采用永久性的对策举措，把重点放在针对问题产生根源、强调源头预防，要求大都市政府彻底地弄清楚都市问题发生原因，针对问题的原因采取相应有效的措施，从而达到防止问题再次发生的效果。在后果导向的大都市治理模式中，大都市治理采用突击式、游击式方式处理产生的问题，如果出现问题的原因没有查清楚，就是问题没有得到根除。③

我国大都市政府治理指导思想是后果导向的，在大都市治理中过多关注于后果导向的反应性处理，而不是原因导向的预防性处理，从而导致在大都市的街

---

① 叶裕民：《中国城市治理创新的一种尝试》，《中国软科学》2008 年第 10 期。

② 诸大建：《管理城市发展：探讨可持续发展的城市治理模式》，同济大学出版社 2004 年版，第 62 页。

③ 诸大建：《管理城市发展：探讨可持续发展的城市治理模式》，同济大学出版社 2004 年版，第 62 页。

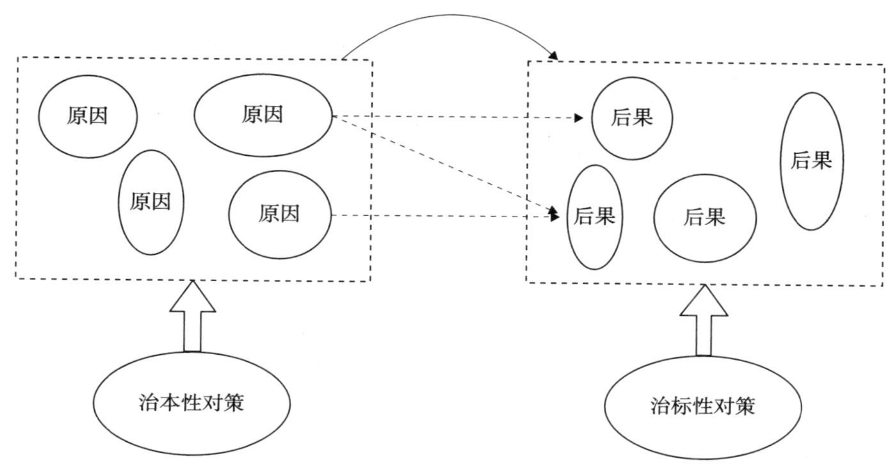

图 3-4　解决大都市问题的两种对策指导思想

头乱设摊、环境污染、建筑违章等问题。大都市治理中的后果导向的管理指导思想往往一直等到问题成了危机,大都市政府才对那些受到影响的人们提供服务,解决问题。同时,大都市政府公务人员后果导向的思维模式使得缺乏问题和信息收集的动力,导致信息不及时,大都市政府的管理滞后与被动。

(二)大都市政府治理体制问题:条块分割

我们通过对调查问卷 A 卷发现,在发出的 3805 份、收回的 3765 份问卷统计中,对"在信息技术应用过程中,您所在的城市或大都市圈区域是否存在自动化孤岛、信息资源共享难的问题(只选一项)"这个的问题的统计结果:91%的调查对象选择了"普遍存在";6. 6%选择了"基本存在";2. 4%选择了"不作选择"。如图 3-5 所示,这说明分割治理方式在都市管理中普遍存在,由此导致了信息化分散建设和分散应用。

对"如果您选择了信息技术应用过程中普遍存在自动化孤岛、信息资源共享难的问题,您认为导致自动化孤岛、信息资源共享难问题的原因是(最多可选 4 项)"这个问题的统计结果:91%的调查对象选择了"条块分割的体制性障碍";43. 2%选择了"缺乏相关的法律制度";48. 1%选择了"缺乏相关的政务规范和技术标准";49. 4%选择了"缺乏信息资源交换共享的机制";21. 6%选择了"信息

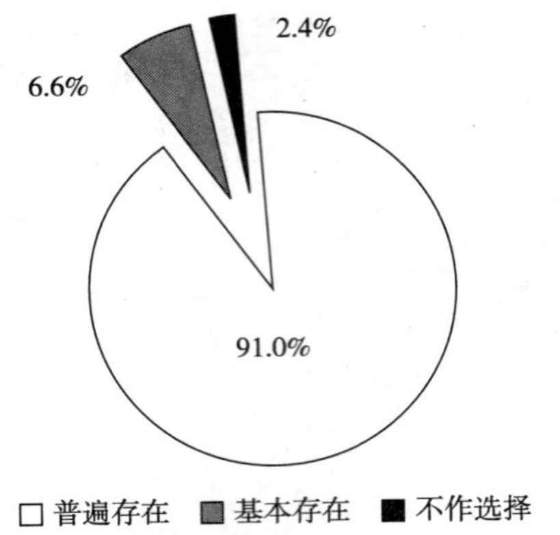

图 3-5 “是否存在自动化孤岛、信息资源共享难的问题”的统计图

化基础设施和技术水平落后”；17%选择了“信息技术应用与改革创新部门分割体制严重脱节”；13%选择了“部门之间、各城市政府之间信息技术应用水平的不平衡”。如图 3-6 所示，这说明普遍存在的条块分割体制性障碍是导致信息化孤岛、信息资源共享困难的最主要原因。

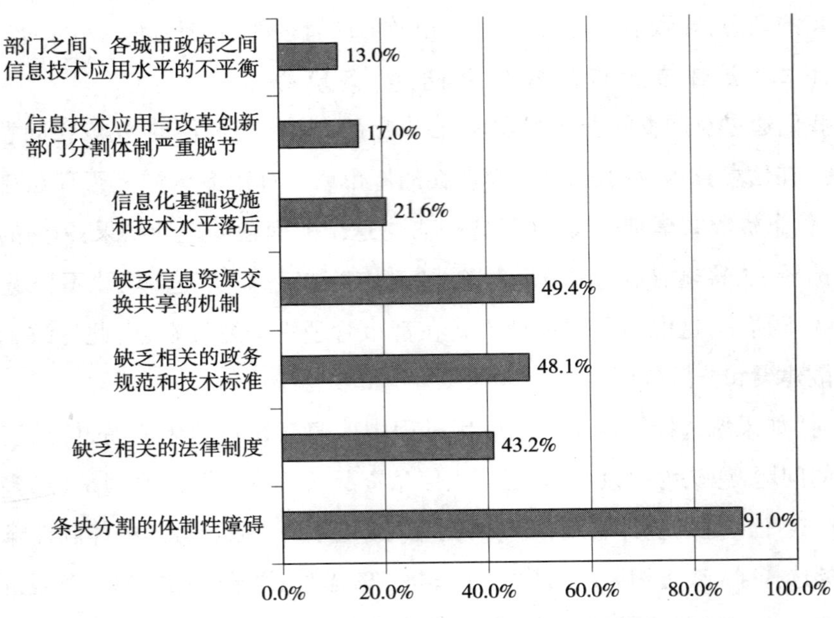

图 3-6 “导致自动化孤岛、信息资源共享难问题的原因”的统计图

对“政府运用信息技术的一个重要目的就是促进大都市政府治理能力现代化，但信息技术应用的结果却反而使原有分割的体制进一步固化了。您认为这其中的根本原因是(只选一项)”这个问题的统计结果：10.3%的调查对象选择了“信息化建设和应用的方式、方法问题”；77.5%选择了“体制障碍，分割体制导致分散建设、分散应用”；12.2%选择了“缺乏统一的规划、技术标准和规范”。如图3-7所示，这说明分割体制在我国大都市政府治理中严重存在，并成为大都市政府治理创新的体制性障碍。

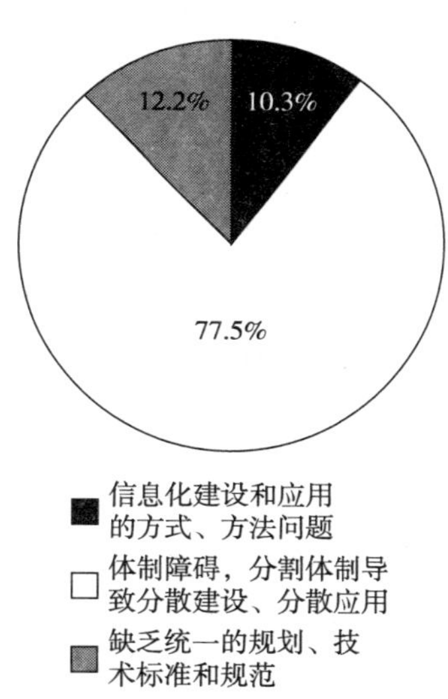

图3-7　“信息技术应用使原有的分割体制进一步固化的原因”的统计图

因此，从受访调查对象对问题回答的统计结果的分析中可以看出，我国大都市政府治理体制中普遍存在部门之间、垂直部门与属地政府之间在公共事务治理、公共服务提供过程中的分散与分割。

(三)大都市政府部门职能设置和组织结构的问题：职能交叉、部门林立

(1)大都市政府、市场和社会界限模糊，政府职能不清，存在“越位”、“错位”和“缺位”的问题；市场的作用未得到充分发挥，非营利组织等社会组织体系

发挥的作用仍十分有限。[①] 所谓“越位”是指大都市政府干了不该干的事情或者管了不该管的事情，主要是指对微观经济运行和企业经营活动实行直接管理或者干预过多；所谓“错位”是指大都市的一级政府部门之间、上下级政府之间的职能交叉，职权不清；所谓“缺位”是指大都市政府不作为，没有履行其应该履行的职责，没有提供属于职责范围内的公共服务和公共产品，甚至出现了公共服务和公共产品提供的真空地带；(2)大都市一级政府部门职责不清、多头管理。以建设领域为例，由于我国大都市治理体制不够清晰，在国家层面设置“建设部”，在省里设“建设厅”，而到了地市区县，建设领域由城管规划、园林、市政、房管等若干个职能部门行使行政管理权，由此造成职责交叉，相互扯皮；(3)都市管理行政层级过多，信息流动不畅。例如，都市管理问题在程序上要经过社区居委会，街道城建科，街道办事处主管副主任、主任，专业部门的基层队长、正副科长、正副局长，市政管委正副科长、主任、主管区长、常务副区长、区长等10多个环节。这种金字塔式的垂直管理体系和信息报送环节，导致信息在传递过程中衰减或失去真实性。[②]

（四）大都市政府治理方式问题：突击式和运动式管理

当前，我国大都市政府采用以部门为主的条块化管理，人为地割裂了都市运行的脉络，在体制上导致了大都市治理的部门化、利益化、粗放化（表面化）、冷漠化和运动式管理等问题，这就是人们通常所说的“城市治理病”。[③] 由于我国大都市政府治理指导思想是后果导向的，大都市治理中过多关注于后果导向的反应性处理，而不是原因导向的预防性处理，大都市公务人员只关注对大都市发生的问题进行处理。例如，在大都市都市公共安全巡视管理中，由于大都市治理缺乏长效机制，加之巡视和处理力量有限，因此遇有重要会议、重要节日，政府就要动员大量的居委会积极分户上街加强巡视，而平日却又无暇顾及，于是就出现

① 陈振明：《公共管理专题15讲》，中国人民大学出版社2004年版，第80页。

② 张本效、夏葵媛、余艳艳等：《城市数字化管理概论》，四川大学出版社2009年版，第23页。

③ 叶裕民：《中国城市治理创新的一种尝试》，《中国软科学》2008年第10期。

了“保节日不保平时、保大街不保小巷、保领导不保群众”的情况。①

（五）大都市政府绩效和监督问题：缺乏评价和监督机制

我国大都市在政府管理绩效评估中，都采用一种较原始的、不科学的评价方法。评价指标不严谨，有些工作过程中的责任主体、工作绩效和规范标准的指标没有体现；评价内容不全面，没有从各个层面对责任主体进行评价；评价形式基本采用内部评价，缺乏群众参与的外部评价和部门之间的评价；评价方法基本采用本部门的纵向比较，缺乏部门之间的横向比较，缺乏动态性和实时性。② 大都市政府的监督主要来自两个方面：第一，大都市政府内部监督，主要是指上级行政机关对下级行政机关、专门行政监督机关对一般行政管理机关以及行政部门对工作人员的监督。在这种内部监督方面，由于上级领导或主管部门害怕承担领导责任，形成了上级领导或主管部门与其所监管下级的利益共同体，监督变成了偏袒。第二，大都市政府外部监督，主要是来自国家权力机关、司法机关、政党、社会舆论和市民的监督。在这种外部监督方面，长期以来形成的行政主导型治理体制，以及信息的不对称性，导致外部监督不到位，缺乏监督的积极性和监督力度，缺乏长效监督机制。

（六）大都市政府协同发展问题：都市化区域一体化程度不高

信息化时代，要求大都市政府治理体制具备与周边地区（都市）多元协调功能。根据基耶、孔图列提出的城市化细分理论，以及佛里德曼等人对大都市发展阶段的研究，当都市体系进入高级大都市阶段，由于集聚的逆经济因素，大都市往往因过度集聚，单极城市结构不再流行，这时大都市往往通过在临近区域的内部分散，发展成多中心的大都市带。在这个阶段，作为一个大都市化区域核心的大都市本身，将与周边的各等级城市（镇）发生十分密切的经济、社会、信息等方面的相互作用。这种经济、社会、信息等等的密切交互过程，往往引起大都市与周边城市（镇）群之间出现许多新的矛盾冲突，而这些矛盾冲突又往往推动大都

---

① 陈平：《网格化城市治理新模式》，北京大学出版社 2006 年版，第 35 页。

② 张本效、夏葵媛、余艳艳等：《城市数字化管理概论》，四川大学出版社 2009 年版，第 23—27 页。

市与周边城市(镇)群之间在上层建筑领域的变革。

多元利益主体背景下,由于政府的宏观治理体制改革仍不到位,它使得我国的大都市区域协作组织很难发挥有效的作用,许多大都市区域协作组织名存实亡,许多大都市区域协作组织对于大都市区域间的问题和矛盾束手无策。大都市区域协作组织在一定程度上促进区域合作,但是从整体上来讲,没有发挥应有的作用,从而也制约了整个都市区域一体化进程。大都市区域协作组织的问题表现在:①

(1)区域经济协作组织建设的规范化与法制化滞后。目前中国相关的区域经济协作组织处于自生自灭状态,其组建和发展缺乏相应的法律规范,其职能也难以界定。一方面,在我国《宪法》及《地方组织法》中对于中央及地方政府的职能有相关的规定,对于区域经济协作组织没有明确规定;另一方面,尽管自 20 世纪 80 年代以来国家出台了一系列规范地方政府行为的相关条例、规定,如《关于开展和保护社会主义竞争的暂行规则》、《关于打破地区间市场封锁进一步搞活商品流通的通知》、《反不正当竞争法》、《关于禁止在市场经济活动中实行地区封锁的规定》,但已有的相关法律在实践上操作性较差,作为国家综合性的宏观经济部门的发改委,在推动区域经济一体化方面也显得软弱无力,对阻碍都市区域经济一体化的相关地方保护惩罚机制并没有建立起来。

(2)重大基础设施的统一规划与建设问题。大都市区域内的重大基础设施对于推动整个大都市区域的经济一体化有着积极的影响,相关大都市区域协作组织曾推动了重大基础设施的规划及建设,但是由于协作组织本身难以解决大都市化区域基础设施建设中的资金来源、利益分配等问题,许多已达成共识的跨地区重要项目难以落实,突出地反映在铁路新线建设和大型机场、港口等基础设施的统一布局方面,重复建设、恶性竞争依然存在。

(3)产业协作未达到预期效果。长期以来我国大都市区域产业经济一体化方面的进展较慢,涉及多边联合的大型投资项目很少,大都市区域内各城市产业结构

---

① 安筱鹏、韩增林:《城市区域协调发展的制度变迁与组织创新》,经济科学出版社 2006 年版,第 203—211 页。

雷同仍很严重，大都市区域内产业间的分工与合作难度较大。柳立子以广州、佛山为例，分析了大都市化区域内的核心城市与周边城市间地方壁垒的主要表现，分析了广佛两地各级政府的行政行为在很大程度上还是按照自身发展的内在逻辑和实际需要来展开的现状。① 我国大都市区域内地方壁垒的突出表现是：

第一，各地方政府各自为政。我国地域辽阔，为了顾及各地的不同实际情况，立法机关在制定法律时不能太细，而往往只能进行原则性规定，同时各级政府在改革开放后又被赋予了相当的经济建设权限。由此造成了不同地市、不同部门基本都根据自身的实际需要制定了不同的政策规章、实施细则，规定了不同的具体实施程序和执行办法。这样，本因经济关系引发也可用经济方式解决的问题往往不按经济规律而常常用行政手段加以解决，各级政府基本是各自埋头搞建设，各自为政搞经济。

第二，经济要素在大都市区域内流动不顺畅。区域经济合作的主体是企业，成熟的市场经济环境是企业放手经营发展的前提，所以企业在区域合作中有效动作的制度保证就是必须有完善的市场机制。例如，广佛都市圈区域内的要素市场仍是条块分割的，产权交易市场、资金市场、劳动力市场往往根据行政区划的级别和范围进行对应设置，其服务的对象和范围从设立之日起基本明确，超出范围服务较为困难，致使人才、物资、资金、技术、信息等在区域内的流动不够顺畅。

第三，市场交易成本高昂。就广佛都市圈而言，广佛两地地域紧连，又同隶属于一个大的行政辖区，市场发育的程度和要素市场的某些运作规则地区差异应该说并不算大，但当企业进行跨地区投资时，其运作方式、规则要与当地实现对接却并不容易。由此，一方面过度地增加了投资者的交易成本和运作成本；另一方面还可能让投资者预期的利益完全丧失，预期的目标根本无法完成，从而加大了投资者发展的风险。上述两方面的因素极大地影响了经济跨地区一体化发展。

四、大都市治理能力现代化的需求分析

从单核城市为主的城市化发展到大都市化区域的城市化发展，这是城市化

① 柳立子：《突破行政壁垒　实现广佛一体化制度创新》，《广州社科快讯》2003 年 11 月。

发展的必然规律,是市场经济发展一体化的本质要求。就我国城市化发展的阶段及城市化发展的水平来看,大都市主要表现为两种形态:一是单独的超大城市,主要是国家中心城市和副省级城市;二是由一个或几个大城市连接周边城市或地区所形成的具有一定依存度和一体化协作关系的大都市区、大都市带或大都市圈。我国大都市的上述两种形态使大都市治理能力现代化所面临的问题呈现出差异,因而就会有不同的需求。

面对发展不同阶段、不同时期大都市治理面临的各种问题,在传统思维下所进行的大都市政府行政体制改革与创新,主要是围绕机构精简与合并、人员裁减来进行的,改革与创新总是陷入"精简——膨胀——再精简——再膨胀"的怪圈,或者"一放就乱——一乱就收——一收就死"的"死乱循环"。因此,在信息化时代,大都市政府治理能力现代化,需要我们更新、拓展大都市政府治理能力现代化的理念与方式,面临新的环境有着新的需求。

(一)大城市治理能力现代化的需求分析

我国从乡村到城市、从小城市到大都市的发展,并不是一蹴而就的,而是经历了一个发展过程。随着我国城市化发展进程的加快,城市兼并与扩张日益凸显,城市地域规模越来越大,人口越来越多,越来越多的资源与工业集中在城市。因此,针对超大城市治理面临的问题,治理能力现代化的需求主要表现为:

第一,只注重经济建设职能的旧观念已经越来越不适应当代城市化发展的需要。实践证明,经济发展与城市质量的提高并不是永恒的正相关关系,当经济发展到一定程度时就需要城市政府进行职能的战略转变,①从只注重经济建设职能向经济建设与社会建设、社会治理、环境生态建设和保护职能并重发展职能转变。因此,就我国国家中心城市和副省级城市这些超大城市而言,人均 GDP

① "大都市政府职能战略转变"是一种具有方向性、根本性、长期性和全局性的职能转变,包括从以经济增长为中心的发展职能向经济增长和社会发展并重的发展职能转变;从以物质资本为中心的发展向以人力资本为中心的发展转变;从以产业干预政策为中心促进经济增长向创造平等、竞争的市场环境促进经济社会全面进步转变;从非规范性的为人民群众服务向制度性的公共服务转变;从单一推进市场化进程向完善市场竞争机制与完善社会安全网并重转变。

已经超过7000多美元，促进城市政府治理能力现代化，在注重经济建设的同时，尤其要注重城市社会建设、社会治理、环境生态保护和大都市生活质量。当前，中国大都市普遍存在的雾霾严重的城市现象尤其需要重视与根治。

第二，传统层级制的官僚体制和部门分割、条块分割的治理体制、城市政府无所不管的“万能政府”职能模式，已经与城市化快速发展的需要不相适应。就现实情况来看，目前我国城市政府只注重了经济建设，社会治理、环境生态保护和公共服务比较薄弱；城市政府机构设置不尽合理，在纵向上行政层级太多、权力过分集中在上级、权责不对等造成压力型体制，在横向上部门职责交叉、权责脱节、部门分割和效率不高的问题比较突出，行政运行和管理制度不够健全；对行政权力的监督制约机制不完善，滥用职权、以权谋私、贪污腐败等现象仍然存在。这与城市化快速发展所需要的反应灵敏、权责一致、分工合理、决策科学、执行顺畅、监督有力的行政体制不相适应，急需要城市政府深化行政体制改革，推进政府治理能力现代化。

我们通过对调查问A卷发现，在发出的3805份、收回的3765份问卷统计中，对“您所在的城市及大都市圈在推进城市一体化建设方面主要采取的措施有(最多可选3项)”这个的问题的统计结果是：37.3%的调查对象选择了“通过政府之间的协议进行协调”；40.1%选择了“通过上级政府或部门协调解决”；45.4%选择了“通过成立联席会议的方式进行协调”；7.2%选择了“通过构建区域协调委员会来协商解决”；6.5%选择了“通过构建统一的协同工作平台或综合管理信息平台来整合资源”。如图3-8所示，这说明解决分割体制问题是我国大都市政府治理创新的一个现实需求。

对“您认为在都市圈区域内推进城市一体化建设需要解决的突出问题是(最多可选4项)”这个问题的统计结果是：43.2%的调查对象选择了“思想观念滞后”；57.8%选择了“地方保护主义阻碍”；13.2%选择了“市场环境不好”；49.7%选择了“规划意识、区域整体意识不强”；52.4%选择了“行政区划阻碍、资源不共享”；20.6%选择了“经济发展不平衡”。如图3-9所示，这说明打破地方分割和行政区划障碍、加强区域协调和区域总体规划，是我国推进大都市圈一

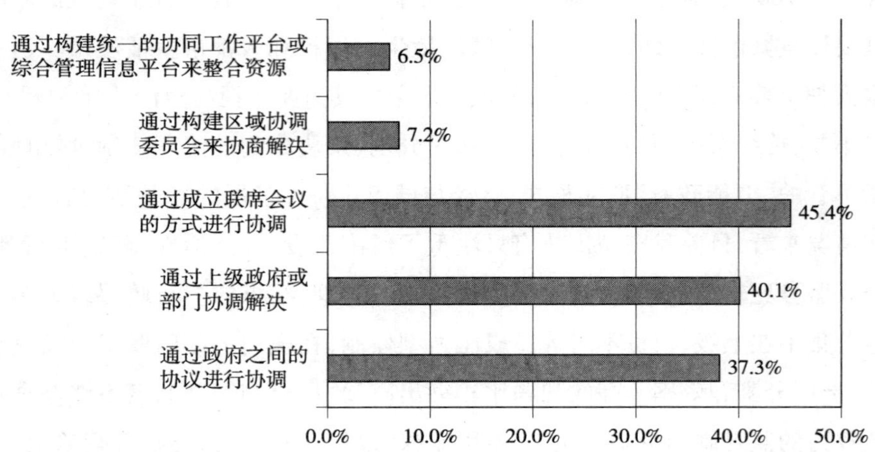

图 3-8 “推进城市一体化建设方面主要采取的措施”的统计图

体化发展、促进大都市政府治理创新的一个重要需求。

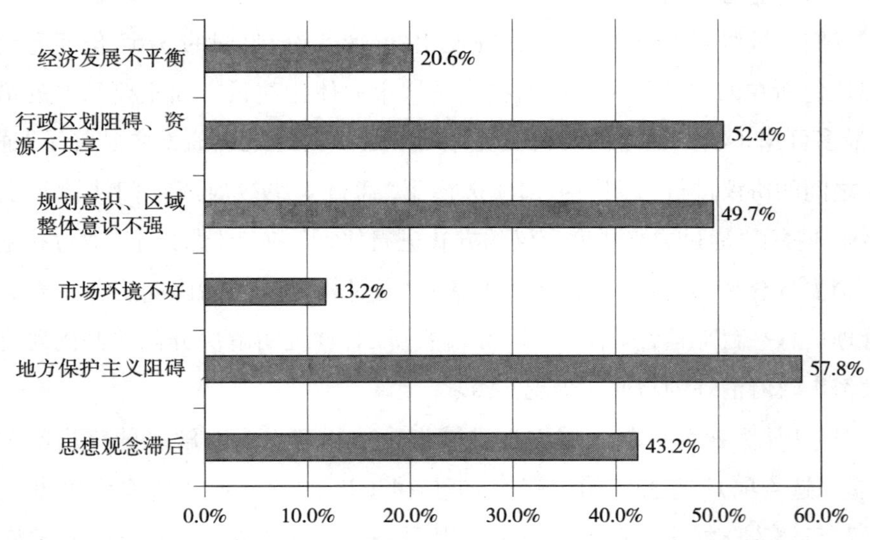

图 3-9 “在都市圈区域内推进城市一体化建设需要解决的突出问题”的统计图

第三,管理技术手段和方法跟不上城市化的发展需要,表现出城市政府将现代科学技术应用到行政管理之中的应用能力不强、管理能力还较弱、管理不到位、管理滞后和管理被动的现象严重，城市应对突发事件的能力还很缺乏。在调查问卷中，对“您认为您所在城市目前的信息化环境与水平能够满足城市治理、城市服务及其创新的需要吗？（只选一项）”这个问题的统计结果是：8.8%的调查对象选择了“完全满足”；17.6%选择了“满足”；49.7%选择了“基本满足”；23.9%选择了“不能满足”。如图 3-10 所示。

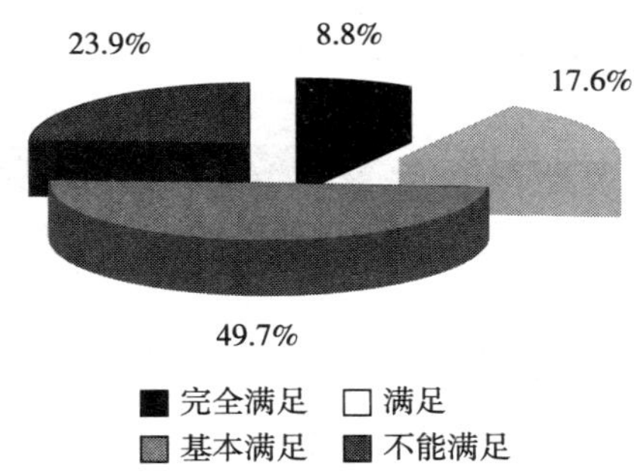

图 3-10　“信息化环境与水平能够满足城市治理、城市服务及其创新的需要”的统计图

对“您所在的部门、所在的城市政府信息化的应用领域主要表现在（最多可选 4 项）”这个问题的统计结果是：87.5%的调查对象选择了“办公自动化”；23.6%选择了“网上业务办理、网上审批”；54.1%选择了“信息公开、信息查询”；14.7%选择了“运用信息化促进资源共享、优化流程和政务协同”；32.4%选择了“方便公民、企业和其他社会组织提交申请”。如图 3-11 所示。

上述两个问题问卷调查的统计结果表明，当前我国城市政府将先进科学技术应用到政府管理之中的能力还比较弱，应用水平还处在比较低的层次。城市治理技术、手段和方法已严重不能适应城市化发展的要求，不适应新的环境条件和经济社会发展的要求。由此也导致了城市行政能力的总体水平不高，特别是应对突发性事件的能力和执行力不强。例如，2010 年在广州发生的“水浸街”事件，2011 年在北京、武汉、长沙等多个城市发生的“水浸街”事件。雨大、连续下雨是导致“水浸街”事件发生的一个原因，但主要原因还是大都市政府治理能力弱化、管理不到位、管理滞后和管理被动。在事件发生前，日常管理缺乏，防患于

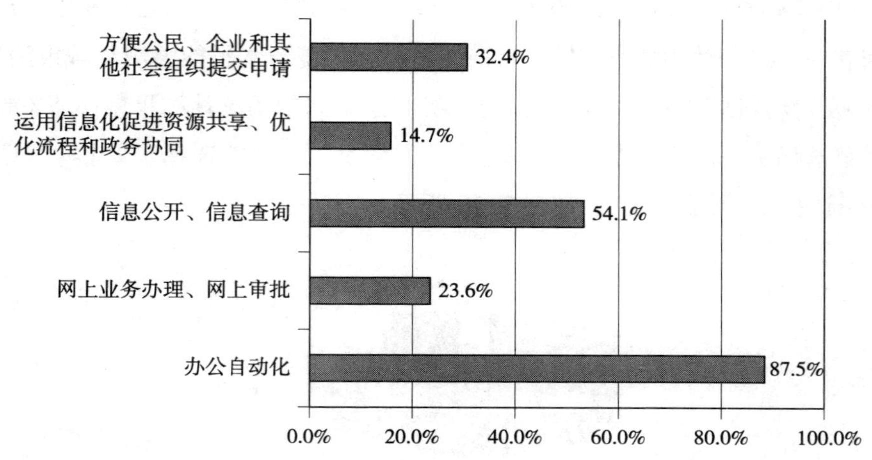

图 3-11 “政府信息化的应用领域”的统计图

未然的能力较差；在事件发生后又缺乏及时、有效的处置措施。

第四，随着城市规模的扩大、产业尤其是工业越来越多地集中在城市、人口急剧膨胀，城市中的交通拥堵问题、环境污染问题、流动人口管理问题、城市社会管理和社会建设问题等日益凸显；市政基础设施、城市公共产品与实际需要之间的矛盾异常突出，并诱发大量的社会群体性事件，成为社会不稳定的因素；打破部门间的分割、加强城市综合治理和确保城市公共产品与公共服务的有效提供已经非常迫切。

第五，随着城市规模的不断向外扩展，一是大量农村土地被征收，造成大量失地农民，这些失地农民在身份上实现了“农转非”以后，重要的是如何享受城市居民待遇、真正实现城市化问题；二是城市不断向外扩展，造成大量“城中村”。“城中村”改造、城市拆迁不断诱发公共权力与公民权利的冲突和社会群体性事件，成为社会关注的焦点；三是实现城市兼并和城市扩张的市管县体制，倾全市之财力（包括郊区、乡村）来建设中心城区，进一步加剧了城市与郊区（乡村）的“二元结构”，造成“虚假城市化”和阻滞了城市化的发展进程。城乡二元结构带来的户籍管理导致了社会保障、教育、医疗保险、就业、住房等福利制度的“城乡分治”，加剧了城市与乡村的分离；城乡二元结构阻碍了资金、市场、技术和劳动力等要素在城乡之间的交流，影响整个国民经济的协调发展；城乡二元结构进一步拉大了城乡差距，损害了社会公平，影响社会稳定。“城乡二元结构体制割裂了城乡之间的发展联系和互动关系，扭曲了城市化进程。这种城乡分割的城市化过程，不仅阻碍了城市化进程的推进，弱化了城镇发展对农村的带动作用，而且激发了城乡发展的二元矛盾。”①

我国大城市政府管理存在的上述现实问题，以及实现城市政府治理能力现代化所要达到的目标要求，大城市政府治理能力现代化的需求可概括为：第一，创新城市化发展理念和城市发展方式，使城市化发展理念、方式符合信息技术革命的要求；第二，通过信息技术的运用和支撑，解决城市政府各行政层级之间、部门之间的分割，实现城市政府行政结构重组、业务流程优化再造、资源共享和跨部门网络化业务协同；第三，通过信息技术运用和支撑，改善城市政府与其他非政府组织之间的合作关系，实现资源整合与构建合作政府，从而提升城市政府的社会管理能力、公共服务与公共产品的供给能力，提升城市对各个组成部分的网络化治理能力；第四，通过信息技术的运用和支撑，打破城乡数字鸿沟，促进城乡发展一体化。②

因此，随着城市规模的不断扩大和城市化水平的不断提高，城市治理要素日趋增多，难度不断增大，面临着城市治理能力现代化、城市社会治安、市政管理、城市公共危机管理、人口管理、城市社会事业建设等诸多严峻挑战，只依靠传统手段已经难以实施科学有效的城市治理。这就为我们提出了信息化条件下城市政府治理能力现代化的需求，发挥信息化手段在城市治理创新中的作用，建立全面覆盖、动态跟踪、联通共享、功能齐全的城市治理综合信息系统，构建城市治理信息化平台，提高新形势下城市治理信息化水平，都成为现实的需求，成为一种

① 盛广耀：《城市化模式及其转变研究》，中国社会科学出版社 2008 年版，第 95 页。

② 城乡发展一体化是指在保持城乡各自特色的同时，从空间布局、市场、产业结构、社会等方面统筹城乡发展。城乡发展一体化包括城乡经济发展一体化和城乡社会发展一体化两大领域。城乡经济发展一体化是指城乡经济增长、城乡产业发展、城乡企业发展和城乡要素配置四个方面。城乡社会发展一体化包括城乡人口发展一体化、城乡科教文化发展一体化、城乡社会保障一体化、城乡资源环境保护一体化等。

普遍的发展趋势。同时,作为深化行政体制改革的重要内容,减少城市政府行政层级和促进实现扁平化、改革市管县体制、探索省直管县的体制,应当提上议事日程来全面推行和实施。

(二)大都市化区域治理能力现代化的需求分析

大都市化区域是以空间距离相邻的一个或几个城市化水平比较高、经济比较发达、具有较强辐射带动能力的大城市为核心、连接周边多个城市或地区所形成的、具有较高依存度和一体化协作关系的大都市化区域,又称为都市带或大都市圈,这些空间距离较近、经济联系密切、功能互补、具有较强依存度和一体化协作关系的多个城市及其城市周边地区共同组成了城市化水平比较高的区域,是一个一体化的有机整体。长江三角洲都市圈、珠江三角洲都市圈、京津冀都市圈是引领我国城市化和工业化发展的三大都市圈;武汉城市圈、长株潭城市群是适应我国社会转型发展的需要、推动资源节约型和环境友好型社会试点的两大都市圈。

大都市圈在我国的兴起和发展,是我国城市化发展的必然,是我国市场经济体制深入发展和市场经济一体化(Economic Integration)的本质要求,是我国社会转型发展的需要。但是,我国目前大都市化区域,只是空间上的形成,还没有实际形成都市化区域各都市政府统一协调的体制机制,大都市化区域所要求的都市圈内各城市之间的一体化协作机制还不健全。相反,因为地方利益、以GDP为导向的政绩考核等原因使都市圈内城市间的“零碎化”现象进一步加剧,与区域经济一体化(Regional Economic Integration)发展的大都市区极不协调,导致了都市圈内各城市之间极大的内耗和恶性竞争。主要表现为:

第一,大都市圈区域内城市之间发展的整体协调范围较窄,协调力度不足。受行政区划和地方利益的影响,大都市圈区域内各城市的发展都立足于本城市的利益,区域作为一个有机整体的观念还没有形成,缺乏整体上的宏观协调。尽管大都市化区域内各城市之间会就某些领域进行合作,但只是临时性的、局部性的和非制度化的。各城市追求自身利益的狭隘性和近期性,导致大都市圈整体发展的非经济性和不可持续性。

就大都市化区域来说,大都市圈区域现代市场体系的形成、市场经济统一性的维护,都必须依赖区域一体化协作机制的建立。因为,这种市场的统一性,表现为市场规则的一致性、市场要素的自由流动性、同一市场价格的均衡性、不同市场价格之间的关联性等。如果没有这种市场的统一性,市场之间就缺乏有机联系,会导致一个个支离破碎的独立市场,形成"诸侯经济"。大都市圈区域内如果各城市"零碎化"、缺乏有机协作,市场经济的内在联系就会被割裂,商品和生产要素的流动会严重受阻,竞争关系会被扭曲。由于行业壁垒和地方保护形成的行政垄断,会导致设置市场壁垒、制定歧视性规定,阻挡外地的商品进入。例如,1998 年、1999 年发生在湖北、上海之间的"汽车大战",就是非常有力的例证。湖北、上海彼此都通过出台凡外地生产的汽车进入本地就要额外多交几万元的上牌照费等规定阻止外地生产的汽车进入本地市场,这严重影响了统一市场的建立和公平竞争。因此,只有在一体化协作的基础上才能维护市场的统一性,才能形成现代市场体系,进而为促进社会总需求与总供给的均衡、国民经济各部门和城市的有机联结以及提高经济效率和区域的综合实力创造必要的条件。在大都市化区域的发展进程中,必须通过建立和形成一体化的协作机制来打破行政垄断,消除地方壁垒、交易壁垒和行业壁垒,废止妨碍公平竞争、设置行政壁垒、排斥外地产品和服务的各种分割市场的地方规定,打破行业垄断和地区封锁,打破地方市场分割。①

第二,大都市圈区域内各城市之间各自为政,发展目标相似,城市间分工不明确,产业结构趋同,造成竞争明显大于合作、摩擦多于协调和重复建设与浪费。大都市圈区域缺乏统一、整体的发展规划和协调不足,都市圈内各城市的功能不明确,产业结构趋同现象严重,产业整体布局不合理。产业趋同必然导致大量的重复建设,引起资源浪费和恶性竞争。基础设施重复建设,各城市相互之间缺乏衔接,空间布局缺乏科学性和统一的规划性。

---

① "地方市场分割"主要是指一国范围内各地方政府为了本地区的利益,通过行政管制手段限制外地商品进入本地或限制本地资源流向外地的行为。与地方市场分割相反的是一种由各地方联结成一个整体的统一市场,或称"一体化市场"。

第三，大都市圈内处于塔尖的巨型城市的综合辐射和影响力不突出。都市圈中心城市的形成和发展是都市圈发展的主要杠杆，尤其是中心城市对周边地区产生强大的辐射和影响能有力促进资金流、信息流、科技流、人才流等在都市圈内城市间的流动，推动城市间的互动。处于我国大都市圈塔尖位置的巨型城市，虽然人口规模和地域空间与发达国家的塔尖巨型城市相当，但经济结构层次、综合实力以及效益指标要低得多，城市治理滞后。大都市圈内巨型大城市以其自身的优越性与中等城市不公平竞争，资源向巨型大城市集聚，巨型城市对大都市区域发展的共享度偏低，中心城市的能量等级不够。

第四，信息化水平不高。1997 年 4 月国务院信息化工作领导小组在全国信息化工作会议上第一次提出了国家信息化概念，明确提出了信息化工作的六大要素：信息资源的开发、信息网络基础设施的建设、信息产业的发展、信息技术的应用、信息人才的培养和信息政策、法规和标准的制定；将信息化工作划分三个层次：核心层（信息资源、信息网络）、支撑层（人才、技术、产业、规划）和应用层（用户需求、政府导向、消费观念、市场供应、价格定位、应用实效）。依据上述信息化工作的内容、要求，我们通过信息化水平综合指数、信息资源开发利用指数、信息基础设施指数、信息技术应用指数、信息人才指数、信息化环境指数、信息产业发展指数、信息安全指数等指标体系来衡量，我国目前三大都市化区域的信息化水平都还普遍较低。如表 3-5 所示。

表 3-5　我国三大都市圈信息化水平指数

	信息化水平综合指数	信息资源开发利用指数	信息基础设施指数	信息技术应用指数	信息人才指数	信息化环境指数	信息产业发展指数	信息安全指数
渤海湾	0. 5713	0. 0950	0. 0806	0. 1775	0. 0467	0. 0488	0. 0624	0. 0545
长三角	0. 5842	0. 0992	0. 0886	0. 1822	0. 0446	0. 0645	0. 0608	0. 0409
珠三角	0. 7954	0. 1232	0. 1176	0. 1984	0. 0571	0. 0932	0. 0859	0. 0709

资料来源：杜平等：《数字中国发展报告》，电子工业出版社 2010 年版，第 220 页。

第一，尝试建立统一的大都市圈区域协调或管理机制。目前，我国三大都市圈就某些领域已建立了相关机制，如长江三角洲的长江沿岸中心城市经济协调会、长江三角洲城市经济协调会、长江流域发展研究院、长江开发沪港促进会等。但这些机制只是就城市产发展存在的微观问题进行协调，与大都市圈总体发展的内在要求还相距甚远。因此，建立更为广泛、有力的区域协调或管理机制是都市圈进一步发展的重要保障。这些机制不仅要就某些领域进行专门协调，同时还要负责都市圈的规划、产业布局、环境治理、生态保护等宏观发展问题。例如，美国迈阿密都市圈的双层制大都市政府，就是在大都市圈区域内建立了凌驾于各个城市政府之上的大都市圈管理委员会和城市政府。

在这方面，长株潭都市圈探索推行了联市制适应机制，主要通过整体的都市圈与构成都市圈的长沙、株洲、湘潭之间运用政治适应机制（双层分权制衡、优化权能）、经济适应机制（实行中央、省、联市、市四级财税制）、行政性适应机制（再造政府）、民生适应机制（联市成员基本公共服务均等化）等 4 个适应机制，形成了长株潭联市制这种复合制都市圈区域治理结构。①

第二，开始注重培育大都市圈区域内的城市功能体系，实现城市间功能互补。都市圈发展的根本就是实现城市间的功能互补、发挥“协同效应”。因此，都市圈内各城市要立足于参照本都市化区域优势、借助他市优势、发挥自身优势，以产业、资源、科技、人才、资金等作为要素，进行战略功能定位，以实现大都市圈区域整体与各城市的协调发展。

第三，开始注重构建大都市圈区域内城镇等级体系。层次性的城镇规模分布是都市圈的基本特征，同时也是实现都市圈资源分配和城市间功能互补的重要条件。而合理的城镇规模体系应呈“金字塔”型。但目前，在我国三大都市圈的城镇规模分布中，城市的集中度偏低，小城市数量过多，中等城市发展不足。同时，三大都市圈要突出中心城市的规模与能级，拉开与次中心城市和中等城市间的差距，以确保中心城市聚集、扩散和创新功能的发挥。

我国大都市区化发展所做的这些创新尝试，在一定程度上起到了作用，但不

---

①　资料来源：成果组 2011 年 6 月对长株潭城市群综合配套改革试验区的调研获取。

明显。因此,促进大都市化区域治理能力现代化的需求主要表现为:

一是建立健全大都市化区域的规划和协调机制,包括建立健全大都市化区域各城市发展规划与区域规划、城市总体规划、经济社会发展规划、土地利用规划、主体功能区规划等相关规划的衔接和协调机制,协调各城市政府行为。

二是促进大都市区域内各种要素一体化和合理流动,打破壁垒,消除"零碎化",强化统一治理。

三是针对现阶段出现的城市粗放式扩张蔓延发展现象,要加强都市圈区域整体城市规划、区域发展规划、管理及相应的立法工作,要为大都市区健康发展提供法律和政策保障;甚至可以仿效美国等其他国家的做法,在大都市圈内建立"都市圈政府——城市政府"这种双层制的大都市政府治理体制,使大都市圈区域内的协调更加有力、有效。

四是大力推进大都市信息化治理体制的改革和完善,打破大都市信息化建设和应用的体制障碍,提高信息化水平。

第二节　信息化时代大都市政府治理创新的内容

美国学者芒福德在其著作《乌托邦系谱》一书中,以"乌托邦"为线索考察柏拉图、托马斯·莫尔直至20世纪的乌托邦文学家,总结归纳出24个乌托邦的系谱;近几百年来,无论是科学家还是文学家关于"理想的城市是什么样子"的描绘和共同的理念是:未来理想的城市就是"把田园的宽裕带给城市,把城市的活力带给田园",目标是以城市和农村协调,融为一体。① 1992年6月14日,联合国环境与发展大会通过的《里约环境与发展宣言》指出:"人类处于普受关注的可持续发展问题的中心。他们应享有以与自然和谐的方式过健康而富有生产成果的生活的权利。"如何在信息化新时代创新大都市政府治理,打破城市治理者

① 叶南客、李芸:《现代城市治理理论的诞生与演进》,《南京社会科学》2000年第3期。

以物为本的思维惯性，实现以城市市民福利程度和幸福水平提高为目标的城市服务管理模式，从而使城市发展转向以人为价值取向、提高居民生活质量的路径上来，如图 3-12 所示。

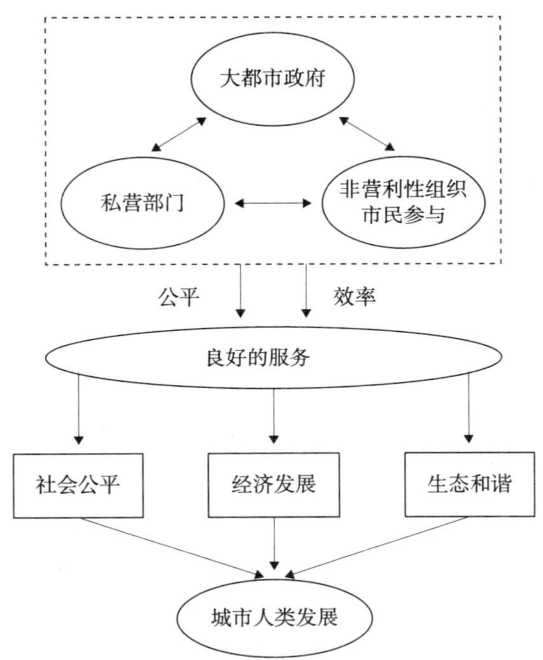

图 3-12　大都市政府城市服务路径图①

本成果研究认为信息化时代大都市政府治理能力现代化，主要体现在以下三个方面：

（1）实现大都市政府治理理论和观念创新。吸收公共治理理论、新公共服务理论和可持续发展理论和观念；形成大都市公共治理理论框架，从只注重管理走向既管理又服务，寓管理于服务之中。

① 在学者诸大建和刘冬华的“城市经营和城市服务的路线比较图”基础上修改而成。参见诸大建、刘冬华：《从城市经营到城市服务——基于公共管理理论变革的视角》，《城市规划学刊》2005 年第 6 期。

（2）实现大都市政府治理体制创新、工作重心和职能转变。从只注重经济建设到注重经济建设和社会建设、社会治理、生态环境保护并重的方向发展；推进社会治理、城市生态环境保护和社会服务建设；推进城市政府组织结构重组、业务流程再造、跨部门协同和资源共享，创新城市政府与社会、市场的关系，实现城市政府与社会的合作与互动。

（3）实现大都市政府治理手段和方法创新。大都市政府治理中要推行与市场经济体制发展相适应的市场化方法；推行公共治理的新工具，即工商管理技术、市场化手段和社会化手段；借助现代先进的网络信息技术，推进数字城市建设。

一、实现大都市政府治理理论和观念创新

我国大都市政府治理体制是大一统的模式，具体选择内容受到诸多限制。在西方，大都市治理体制的选择内容相对比较丰富，其主要的经验模式有①：

（1）松散的非政府组织联合体：西方非政府组织较发达。在大都市地区，许多不同的非政府组织联合起来，对大都市地区的一项或若干项公共事务进行管理。如纽约和新泽西州联合成立的港务局，管理整个大纽约区域内多数交通运输设施，包括港务局、桥梁、通勤线和海港设施。联合港务局的 12 名委员由州长任命，财政上相对独立。又如，纽约区域规划协会以及在供水、排水、垃圾处理等领域形成的若干非政府组织，分别协调、管理大都市区某一方面的发展。总之，纽约大都市区主要以一种松散的非政府组织对跨区域的事务进行管理，而不是建立一个管辖全部事务的大都市政府。

（2）单一功能的政府联合组织：在美国、在欧洲，大都市区（城市群）内各地方政府往往外针对某项跨区域问题，专门成立一种功能单一的政府联合组织。如英国伦敦、美国洛杉矶等大都市，往往采用这种方式，组建针对跨区域环境保

① 文同爱、甘震宇：《长株潭城市群生态一体化的问题及法律对策》，《中南大学学报（社会科学版）》2009 年第 6 期。

护、跨区域水资源管理、跨区域规划等方面的单一性地方政府联合组织，统筹协调管理大都市区域的这些问题。

(3)双层政府模式：这种模式主要在美国的一些大都市区存在。在美国的一些大都市区，一些地方政府往往将自己涉及跨区域的公共性管理权力让渡出来，共同组建一个跨区域的上层政府(联合政府)，而在其他日常事务管理方面，各地方政府还是实行独立管理的方式。如美国迈阿密大都市区管理。

(4)美国佩尔斯(Neal Peirce)等人提出的Citistates"区域城邦"的概念①："这一概念是从3000年前的urban—state(古希腊城邦)及后来的nation—state(国邦)演化而来的，它是对城市区域或大都区的全新的理解和诠释。Citistates在空间上是由中心城市、郊区及腹地组成的经济统一体；在政治上是一个行政区划与城市区域范围基本协调的统一体；在管理上是一个高度自制的权力载体。Citistates是一种经济与政治及管理一体化新模式，它是城市区域内的经济发展与管理相互协调的新阶段，是城市区域未来发展趋势。Citistates作为一种跨区域的组织治理方式，在经济及社会的发展使国家权力逐渐削弱和旁落的同时，它使城市的经济权力和自理、自治权力逐渐增长。Citistates作为一个城市区域经济与政治的高度自治的统一体在整个国家的经济及社会发展中的地位将更加重要，其在管理范围上要求实现行政区与经济区的高度统一，在管理权限上实现自身的高度自制"。

大都市政府治理模式变革的关键在于创新大都市政府治理的理论和管理观念，大都市政府治理理论和观念创新要充分吸收公共行政学发展新的理论成果，即治理理论和新公共服务理论；同时也吸收关于城市治理和城市发展的可持续发展理论；从而形成以提高市民福利水平和幸福指数为目的的大都市服务管理和大都市城市治理理论框架；从过去只注重管理走向既管理又服务，寓管理于服务之中，包括从控制走向指导，从机构为中心走向公众为中心，从规则导向转变

① 安筱鹏等：《城市区域协调发展的制度变迁与组织创新》，经济科学出版社2006年版，第209页。

为知识导向;从单中心治理走向多元合作共治。

(一)新公共服务和治理理论:大都市治理

20世纪80年代以来,新公共管理改革的浪潮席卷全球,美国纽约、英国伦敦和日本东京等国际化大都市政府适时对其职能、作用、角色、机构和人员等进行了改革,其主要措施有:①改革僵化的官僚制行政体制,构建适应信息化时代要求的弹性化和扁平化的城市政府组织形式和运行机制;②在公共服务供给上,强调顾客导向,同时积极培育和发展社会组织,实现公共服务的市场化、社会化;③改革城市政府绩效评估机制,建立和完善城市政府绩效评估体系。在新公共管理运动思维下,国际化大都市政府治理体制发展趋势主要有:①政治关系明晰、法制健全、外部监督强而有力;②市场化程度高、社会组织发达、政府职能的公共性突出;③政府层级简洁且公共服务重心下移、实行属地化管理;④机构精简、政府管理的综合性强;⑤政府管理分中有合、一体化水平较高;⑥区域合作机制灵活、形式多样。①

珍妮特·登哈特、罗伯特·登哈特从对市场模型的不恰当借用、对顾客而不是公民的过分强调和对企业家精神的盲目鼓励等方面对新公共管理的局限性进行批判,明确地指出建立在个人利益最大化和否认公共精神存在的假设基础上的新公共管理所隐藏的是对公共利益的戕害和对公民权利的否定。他们以民主公民权、社区理论、组织人本主义和后现代主义等为思想渊源,提出了"新公共服务"的7条原则。② 新公共服务服务理论并不是全面摈弃新公共管理理论,而是对新公共管理的批判和发展,新公共服务理论用以调和公共精神与市场精神,从而更好为公民提高高效和公平的公共服务。因此,在大都市政府治理中,我们既要吸收企业家政府理论的精髓,也要注重公共精神和社会公平。

治理理论是当代国际社会科学领域出现的前沿理论之一,是经济市场化和

---

① 曾峻:《国际化大都市政府治理体制的基本特征与发展趋势》,《世界经济与政治》2004年第11期。

② [美]珍妮特·登哈特、罗伯特·登哈特:《新公共服务:服务,而不是掌舵》,方兴、丁煌译,中国人民大学出版社2010年版,第25—27页。

全球化、政治民主化、世界多极化的世界性潮流和发展趋势的产物，是新古典自由主义兴起的结果，它反映了 20 世纪 70 年代以来西方发达国家政治治理和公共管理的新趋势，成为当代西方国家行政改革的重要理论指导。① 西方发达国家以治理理论为指导，重新调整国家与社会、政府与市场的边界，关注国家的竞争力、政府的合法性和公共部门对公众的回应力，掀起了行政改革的浪潮。“正在从统治走向治理，从善政走向善治，从政府的统治走向没有政府的治理，从民族国家的政府统治走向全球治理。”②

治理理论的主要创始人詹姆斯·罗西瑙（James N.Rosenau）在其代表作《没有政府统治的治理》和《21 世纪的治理》等著作和文章中明确指出：治理与政府统治不是同义语，它们之间有重大区别。他将治理解释为一系列活动领域里的管理机制，它们虽未得到正式授权，却能有效发挥作用。与统治不同，治理指的是一种由共同的目标支持的活动，这些管理活动的主体未必是政府，也无须依靠国家的强制力量来实现。换句话说，与政府统治相比，治理的内涵更加丰富。它既包括政府机制，同时也包括非正式的、非政府的机制。③ 全球治理委员会于 1995 年发表《我们的全球伙伴关系》报告：治理是各种公共的或私人的个人和机构管理其共同事务的诸多方式的总和。它是使相互冲突的或不同的利益得以调和并且采取联合行动的持续的过程。这即包括有权迫使人们服从的正式制度和规则，也包括各种人们同意或以为符合其利益的非正式的制度安排。④

目前对城市治理的理解可以概括为三类：其一，认为城市治理等于好政府，城市治理被认为是管理第三世界城市的关键，最常见于国际援助组织的文件，如世界银行的报告等；其二，认为城市治理是向市民社会主体和机构赋予权力的过程；其三，采纳了更宽的视角将城市治理的含义拓宽到覆盖政府与市民社会的关

① 王乐夫、蔡立辉：《公共管理学》，中国人民大学出版社 2008 年版。

② 俞可平：《全球化：全球治理》，社会科学文献出版社 2003 年版，第 2 页。

③ ［美］罗西瑙：《没有政府的治理》，剑桥大学出版社 1995 年版，第 5 页；《21 世纪的治理》，《全球治理》杂志 1995 年创刊号。

④ 参见全球治理委员会：《我们的全球伙伴关系》，牛津大学出版社 1995 年版，第 23 页。

系。① 为了在全球范围内推广其“良好的城市治理”理念，联合国人类住区中心(UN-HABITAT)制定了良好的城市治理的六大标准和原则：城市发展的各个方面的可持续性、下放权力和资源、公平参与决策过程、提供公共服务和促进当地经济发展的效率、决策者和所有利益攸关者的透明度和责任制、市民参与和市民作用。②

安树伟基于治理理论认为，现代大都市治理中不能受制于传统的“重建轻管”和“单一式”的管制理念和“后果导向”和“管家式”的管制模式，而应该更新管治理念；大都市治理理念应该趋向市场化、民主化、柔性化、信息化、“人本化”和“能本化”③—是市场化，在大都市公共服务生产中引入市场化机制，建立在市场化基础上的大都市管治必须适应和服从市场化需求。④ 大都市政府要树立以顾客为导向的理念，在市场经济条件下，大都市政府退出公共服务直接生产领域，把大都市区管治推向市场，大都市政府履行其监管和服务职能。二是民主化，大都市管制的公共权力向非政府组织和市民转移，通过制度设计激励市民和非政府组织的参与大都市治理和治理，共同协商管理大都市公共事务。三是柔性化，大都市的柔性化理念以市民需求为导向，从市民切身利益出发，缩短与市民的距离；柔性化理念包括两方面的内容：即服务型的亲和管治与更加强调人的素质、文化品位的提高。四是信息化，依靠现代先进信息技术、采用数字化和网络化的方法与手段，提高大都市政府采集、处理、分析信息的能力，从而能及时发现大都市政府治理的问题，提高大都市政府决策能力。⑤ 五是“人本化”和“能本化”，大都市治理和发展的目的不仅仅是经济增长和物质性扩张，而是将经济发展的成果惠及市民，努力提高市民的福利程度和幸福水平，大都市治理和发展的目的是服务市民，以人为本，能本化。

---

① 陈振光、胡燕：《西方城市管治：概念与模式》，《城市规划》2000 年第 9 期。

② The Global Campaign on Urban Governance, Concept Paper 2nd Edition: March 2002 see: http://www.unhabitat.org/governance.

③ 安树伟：《中国大都市区管治研究》，中国经济出版社 2007 年版，第 194—198 页。

④ 吴旭：《引入城市管治理念 创新城市治理思维》，《城乡建设》2002 年第 2 期。

⑤ 叶南客、李芸：《现代城市治理理论的诞生与演进》，《南京社会科学》2000 年第 3 期。

作为一种新型的公共管理理论，公共治理理论是对作为传统公共管理理论的公共行政理论进行反思和批判，并且对新公共管理理论和新公共服务理论之合理内核进行整合的结果，其核心观点是主张通过合作、协商、伙伴关系、确定共同的目标等途径，实现对公共事务的管理，其主要内容包括：公共治理是由多元的公共管理主体组成的公共行动体系；公共管理的责任边界具有相当的模糊性；多元化的公共管理主体之间存在着权力依赖和互动的伙伴关系；治理语境下的公共管理，是多元化的公共管理主体基于伙伴关系进行合作的一种自主自治的网络管理；治理语境下的政府在社会公共网络管理中扮演着“元治理”角色。关于政府角色和地位的研究是公共治理理论的重要内容之一。① 大都市治理模式与传统的大都市政府在大都市建设和发展过程中自上而下的支配、控制及主导作用不同，其更加强调大都市政府职能的转变和政府组织的精干，强调大都市利益相关者对城市发展的广泛参与，通过合力来促进大都市的发展，并最终形成多元主体治理体系，共同推进大都市的建设和发展。② 大都市治理模式的特征表现为：③

(1)大都市治理主体的多元性。“多中心治理结构为公民提供机会组建许多个治理当局”④。大都市治理中的自主治理的主体既可以是大都市政府部门也可以是私人部门，还可以是两者的合作。这就意味着，大都市政府并不是管理社会事务的唯一的公共权力中心，非营利性组织、企业、社会团体等都是大都政府治理主体，他们共同负责维持秩序、参与政治、经济与社会事务的管理和调节。

(2)大都市治理权利的非垄断性。无论是大都市政府、非营利性组织、企业还是普通市民，在决策上都享有有限的相对自主的决策权。每一个治理主体在

① 王乐夫、蔡立辉：《公共管理学》，中国人民大学出版社 2008 年版。

② 孙荣、徐红、邹珊珊等：《城市治理：中国的理解与实践》，复旦大学出版社 2007 年版，前言第 1 页。

③ 孙荣、徐红、邹珊珊等：《城市治理：中国的理解与实践》，复旦大学出版社 2007 年版，第 19 页。

④ [美]埃莉诺·奥斯特罗姆、拉里·施罗德、苏珊·温等：《制度激励和可持续发展：基础设施政策透视》，毛寿龙译，上海三联书店 2000 年版，第 204 页。

法律允许的范围内拥有平等的权力，拥有自主作为决策的权利。

(3)大都市治理方式的民主性。治理理论强调决策中心的下移以及治理主体多元性，强调大都市发展的相关利益主体通过不同方式表达其利益偏好，参与大都市治理和发展的相关决策，从而使得大都市政府能作出更加合理的决策。大都市政府、非营利性组织、企业和社会团体在竞争与合作、冲突与协调过程中共同发挥管理大都市事务的重要作用，使得民主力量得以壮大，民主意识得以增强，形成良好的大都市治理的民主氛围。

(二)可持续发展理论：可持续发展大都市政府治理

可持续这个词由来已久，但是直到1987年在巴西世界环境与发展大会上发表的《我们共同的未来》，可持续发展概念才开始被各界接受。《我们共同的未来》报告将可持续发展界定为是一种既满足当代人的需求又不牺牲后代，并满足其需求的发展。大都市可持续发展意味着：其一，大都市居地和商业组织不断地在社会和地区的水平上致力于改善大都市的自然和人文环境；其二，大都市发展技能确保大都市居民可以达到并维持一个可接受的、不下降的福利水平，同时也不危及居住在大都市周围地区人民的机会。① 可持续发展的大都市必须有可居住性、有竞争能力、管理应该得当和有信誉等四个前提；世界上很多大都市都正在朝这个方面迈进，变得有信誉，治理有方，以新的方式创造更多就业机会，并让穷人和弱势群体共同享有大都市发展的成果。②

我国现有的大都市治理模式之所以不能从整体的角度和源头解决大都市政府治理问题和大都市发展的问题，很大程度上受到旧有的大都市发展和管理理念的影响。由于长时间受计划经济体制高度集中与控制的影响，我国大都市的发展仅仅局限在经济发展，把大都市的“发展”仅仅理解为经济增长和物质性扩展，忽略了社会建设和环境协调发展；把大都市“管理”也仅仅理解为单一的以

① 谢剑：《可持续的城市发展——概念及其衡量手段》，载世界银行、建设部、国家行政学院：《可持续的城市发展与管理》，党建读物出版社2001年版，第10页。

② 蒂姆·坎贝尔：《城市化进程的趋势及其经验教训》，载世界银行、建设部、国家行政学院：《可持续的城市发展与管理》，党建读物出版社2001年版，第19页。

科层制基础的大都市政府治理城市所有事务；在这种大都市治理思想指导下，大都市的管理的重点放在城市问题发生之后进行治理的思路，可以称之为后果导向的城市治理模式。① 而在可持续发展理论的指导下，大都市的发展模式对“发展”和“管理”的理解注入新的思维元素，大都市的“发展”不仅需要注重大都市经济的增长，没有经济增长就没有城市化，也就没有大都市的现代化；而且需要注重大都市的经济、社会、环境协调和可持续发展。大都市的“管理”不仅需要大都市政府作为大都市治理的指挥者和协调者；也需要企业、市场组织、私营组织、社会团体共同参与的城市治理过程，大都市的发展是具有整体性和源头性的大都市可持续发展的管理模式；②大都市治理把重点放在针对这些问题的产生根源、强调源头预防的思路，可以称之为原因导向的城市治理模式，如表 3-6 所示。

表 3-6　大都市治理模式中的不同前提理念

	传统大都市治理模式	可持续发展大都市治理模式
对“发展”的理解	强调大都市发展是经济增长和物质性扩张	强调大都市发展是经济、社会、环境的整合和有质量的发展
对“管理”的理解	强调大都市治理就是政府主体的行政性行为	强调大都市治理是政府、企业、社会共同参与的治理

资料来源：诸大建、姜富明：《探讨上海面向 21 世纪的城市治理思路》，《城市治理与科技》2000 年第 1 期，第 11—14 页。

诸大建认为可持续发展对大都市政府治理研究的启示是：可持续发展大都市政府治理要强调多目标整合发展、参与式治理、企业化政府和公共战略管理的四方面的基本理念；要整体性从大都市治理的主体、管理对象、管理过程和管理绩效等四方面考察大都市政府的可持续发展，如图 3-13 所示。③

① 诸大建：《城市治理应从源头上抓起》，《中国经济快讯》2001 年第 14 期。

② 诸大建：《管理城市发展：探讨可持续发展的城市治理模式》，同济大学出版社 2004 年版，第 2—3 页。

③ 诸大建：《管理城市发展：探讨可持续发展的城市治理模式》，同济大学出版社 2004 年版，第 5 页。

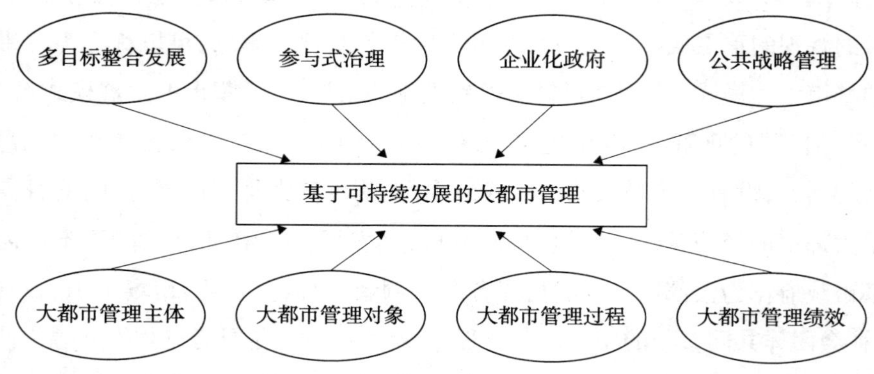

图 3-13　可持续发展对大都市政府治理研究的启示

大都市是一个开放的系统，也是一个相互依存的系统，大都市的发展在一定时间和空间上具有整体性。可持续发展大都市治理模式要求大都市政府在管理中具有以下两方面的整体性：一是把大都市城市治理的对象、主体、过程、目标与绩效整合起来进行研究的整体性；二是在大都市治理主体、对象、手段、过程等各个具体内容中的整体性：在大都市治理的主体中强调政府、企业和社会的整合；在大都市治理对象中强调经济、社会、环境的整合；在大都市治理的手段中强调行政、经济、参与的整合；在大都市治理的全过程当中强调规划、建设与运行的整合，从而形成可持续发展大都市政府治理的整体框架，如图 3-14 所示。①

同时，可持续发展的大都市治理对传统的城市管理不是一种渐进的改进，而是一种再造性的范式变革。新的大都市治理模式的变革意义主要表现在：在大都市治理的主体上要求实现从政府一元管制走向政府、市场、社会等多元主体治理的转变；在大都市治理对象上要求实现从单纯追求经济增长到追求经济增长与社会发展、环境协调发展并重；在大都市发展的过程上从后果导向的反应模式向原因导向的预防模式转变；在大都市发展目标上从以物为本向以人为本的转

① 诸大建：《论可持续发展的城市治理》，载北京市“2008”环境建设指挥部办公室、北京市社会科学院：《现代城市运行管理》，社会科学文献出版社 2007 年版，第 44—45 页。

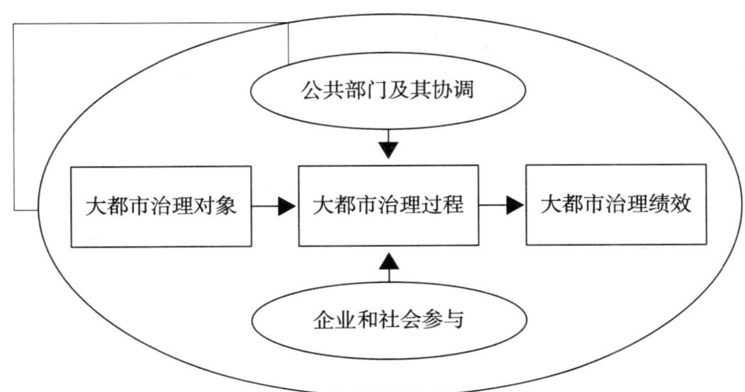

图 3-14　可持续发展大都市政府治理的整体框架

变,如图 3-15 和表 3-7 所示。①

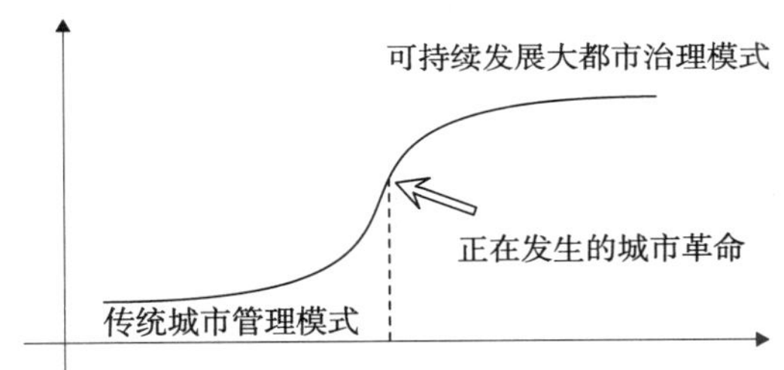

图 3-15　可持续发展大都市治理的变革意义

表 3-7　可持续发展的大都市治理模式与现行的大都市治理模式的比较②

	现行大都市治理模式	可持续发展的大都市治理模式
管理理念	以经济增长观和传统公共行政为思想基础	以可持续发展和新公共管理为思想基础
管理主体	大都市政府一元的统制管理	大都市政府、企业、社会的多元治理

① 诸大建:《管理城市发展:探讨可持续发展的城市治理模式》,同济大学出版社 2004 年版,第 8—9 页。

② 诸大建:《管理城市发展:探讨可持续发展的城市治理模式》,同济大学出版社 2004 年版,第 11 页。

续表

	现行大都市治理模式	可持续发展的大都市治理模式
管理对象	以经济管理为重点和条块分割为特点	经济、社会、环境的综合协调管理
管理过程	反馈式的事后管理	源头导向的全过程管理
管理绩效	关注大都市的经济增长和物质性扩张	关注大都市的质量型发展和人的生活质量

资料来源:诸大建:《管理城市发展:探讨可持续发展的城市治理模式》,同济大学出版社 2004 年版,第 11 页。

可持续发展绩效评估能更好促进大都市的发展,中国科学院城市环境研究所可持续城市研究组在指标设计时遵循可持续城市评价指标体系"其经济、社会、生态、环境等方面都应该得到体现,而且应得到同样的重视;应当充分反映和体现可持续城市的内涵;指标应当具有可测性和可比性"等原则①,开发了可持续大都市评价指标体系,其 2010 年的测评结果如图 3-16 所示。②

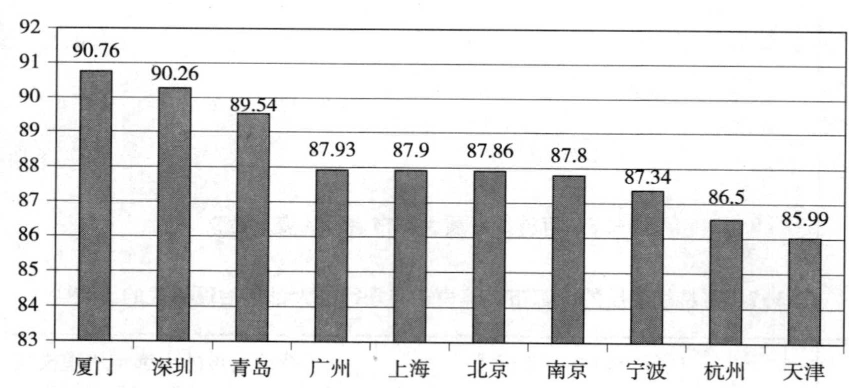

图 3-16 可持续大都市发展指数测算和排序

① 中国科学院可持续发展战略研究组:《2003 中国可持续发展战略报告:中国可持续发展综合国力评价报告》,科学出版社 2003 年版。

② 中国科学院城市环境研究所可持续城市研究组:《2010 中国城市可持续城市发展报告》,科学出版社 2010 年版。

二、实现大都市政府工作重心和职能转变

1949年新中国成立后，我国实行高度集中的计划经济体制；1992年党的十四大后，我国的经济体制虽然开始向社会主义市场经济体制转型，但是我国市场经济发展不完善，旧的高度集中的计划经济体制仍然影响着大都市政府治理思维。正是由于旧的发展和管理理念的制约，大都市政府主要职能是促进经济增长，政府的工作以经济建设为中心，忽视了社会的发展和环境的保护。大都市政府对于“发展”的理解局限于经济增长和物质性扩张，把大都市的社会发展、城市环境保护置于次要的地位，或者是不能把经济、社会、环境整合起来进行发展与管理。①

随着快速的城市化，被传统的大都市治理思维和管理模式所忽视的大都市发展中的社会问题和环境问题逐渐显现，例如：收入分配不公、住房问题、城市人口和流动人口的就业问题、医疗卫生服务中“看病难”和“看病贵”、入城农民工子女上学问题、食品卫生、水污染、酸雨等等，这些社会问题和环境问题成为困扰大都市经济和社会和谐与可持续发展的阻碍因素。大都市中社会问题和环境问题的凸显并不是需要否定城市化和经济发展，我们对城市化和经济发展必须有正确的认识：

第一，对于城市化必须有两个基本的判断：首先我国的现代化必须有一个大规模的城市化进程，舍此是无法实现我国的工业化、现代化的；其次我国的城市化必须走一条不同于传统的城市化之路，既不能靠直接或变相剥削农民利益的“圈地运动”实现城市化的“原始积累”，也不能听凭“城市病”蔓延，以牺牲城市生活质量的方式实现所谓的快速的城市化乃至于导致拉美式的“过度城市化”。②

---

① 诸大建：《论可持续发展的城市治理》，载北京市“2008”环境建设指挥部办公室、北京市社会科学院：《现代城市运行管理》，社会科学文献出版社2007年版，第38—39页。

② 章仁彪：《中国城市化战略与和谐社会构建》，载张鸿雁、李强：《中国城市评论（第1辑）》，南京大学出版社2005年版，第5页。

第二,对于大都市经济发展的判断:首先把大都市看作企业,单纯强调大都市经济上的竞争力并不可取,它只会诱人陷入物质至上和市场万能的沟壑;①其次没有大都市经济的增长,就没有大都市的发展和现代化,但大都市经济发展要转变经济增长方式和发展思路,从过去以忽视社会问题和环境污染来换取经济发展,到依靠高科技实现经济、社会和环境的可持续发展和科学发展。

因此,大都市经济发展与都市质量并不是永恒的正相关关系,经济是基础但不是万能的。在信息化时代的今天,大都市的发展是要强调全面发展、科学发展和可持续发展。这样,在企业家政府、新公共服务理论、治理理论和可持续发展理论等公共行政学和城市治理学新的理论工具的指导下,我们要革新大都市政府的治理理念,转变大都市政府的治理模式,从过去只注重经济建设到注重经济建设和社会建设、社会治理、城市生态环境建设并重的方向发展。大都市政府探索可持续发展的道路,大都市的管理模式转变到城市治理模式上来,从而使得大都市发展的成果不仅仅体现为 GDP 的增加,更多体现为市民福利程度和幸福水平的提高,大都市政府努力打造服务型政府。

大都市政府治理要面向城市人类发展,有三个评价标准:一是大都市要促进经济增长。经济繁荣是大都市发展的先决条件,虽然大都市高的经济增长并不必然导致高的居民福利,但是没有大都市经济发展就没有大都市现代化。二是大都市要促进社会公平。这意味着大都市治理者不仅要考虑经济发展,而且还要关注收入分配不均、看病难看病贵、教育不公平等社会和民生问题,关注不同群体的需求。三是大都市要促进生态和谐。大都市的经济增长应该是低代价的、有益于环境的,摒弃以城市环境污染和不可居住性为成本发展大都市经济发展模式。②

随着社会发展观从以往追求经济增长的单一目标向以人为本、追求人的全面发展这一目标的转变,大都市治理不是单纯为了效率,更不是为了官僚本身,

---

① 诸大建、刘冬华、许洁:《城市治理:从经营导向向服务导向的变革》,《公共行政评论》2011年第1期。

② 世界银行:《增长的质量》,中国财政经济出版社2001年版,第177—189页。

而是为了发展，为了提高居民的福利程度和幸福水平；提高市民生活质量已成为各国服务型政府建设的目标和衡量政府绩效的重要标准。欧洲许多国家在制定城市社会经济发展目标时主要关注三个指标，即生活质量、社会凝聚力和可持续发展，其中生活质量居于核心地位。① 较高的市民生活质量主要有以下一些特征：充足且运行稳定的供水、供电、供气、道路交通、通信等市政基础设施，良好的教育、医疗、社会保障等公共服务，和谐的社会生活环境，友好的生态环境等。市民生活质量可以通过市民生活满意度来体现。市民生活满意度是市民综合多方面体验后逐渐形成主观感受，并基于这些感受对生活质量作出的判断。② 新加坡、日本和西方发达国家的大都市都从社会管理着手，其主要职能就在于增进公众的精神文明程度；协调不同利益群体之间的利益关系；营造良好的外部环境，保证和促进市场的公平交易；引入市场机制，为城市发展提供良好的公共物品即服务；带动城市经济的协调发展。③

在大都市治理模式下，大都市政府从传统城市管制模式下忽视对人的关注，忽视大都市发展中的社会问题转变到关注人的发展和生活质量、强调社会治理、社会服务和城市生态环境建设，也就是从过去只注重大都市经济职能忽视社会管理职能到经济职能、社会治理、环境生态职能并重。大都市政府的社会治理主要包括公共事务治理、流动人口管理、出租屋与社会治安管理、大都市应急管理、大都市市政基础设施管理；大都市生态环境治理主要是确保大都市生态环境的质量、科学进行大都市垃圾和废物的处理等；大都市政府的社会服务主要包括教育服务、公共医疗卫生服务、公共体育服务、文化服务、社区服务、都市交通服务等各项市民服务。

2004 年党的十六届四中全会通过的《中共中央关于加强党的执政能力建设的决定》提出要“加强社会建设和管理，推进社会治理能力现代化”。明确了新

① 王威、陈云：《欧洲生活质量指标体系及其评价》，《江苏社会科学》2002 年第 1 期。

② 陈强、尤建新：《现代城市治理学概论》，上海交通大学出版社 2008 年版，第 10 页。

③ 陈强、尤建新：《现代城市治理学概论》，上海交通大学出版社 2008 年版，第 34—36 页。

的社会管理模式的基本框架。[①] 2006 年党的十六届六中全会进一步明确了政府社会治理体制改革的基本方向和目标。《中共中央关于构建社会主义和谐社会若干重大问题的决定》探讨了社会治理体制改革的指导思想、目标任务、基本原则。[②] 2007 年党的十七大报告提出要"建立健全党委领导、政府负责、社会协同、公众参与的社会管理格局"。社会管理被纳入更完备的体系性框架之中，社会管理创新也就成为政治界和学术界的热门词汇。2009 年底全国政法工作电视电话会议所强调的三项重点工作包括"社会矛盾化解、社会管理创新、公正廉洁执法"，社会管理创新是组成部分之一。2011 年社会管理创新从政策层面实现大跨越；2011 年的全国两会上，"社会管理创新"一词首次以重要篇幅写入政府工作报告。2011 年 7 月份刚刚出台的《中共中央国务院关于加强社会创新管理的意见》使得"社会管理创新"成为中国政治事务中炙手可热的新名词。

按照我国对"社会管理"的认识，在十八届三中全会以前，一般都讲社会管理，并且把社会管理的含义区分为狭义和广义两种。认为广义的社会管理是指整个社会的管理，即指包括政治子系统、经济子系统、思想子系统和社会生活子系统在内的整个社会大系统的管理；狭义的社会管理主要是指与政治、经济、文化和思想各子系统并列的社会子系统或者社会生活子系统的管理。[③] 何增科在系统回顾学者观点基础上总结指出社会管理是政府和民间组织运用多种资源和手段，对社会生活、社会事务、社会组织进行规范、协调、服务的过程，其目的是为了满足社会成员生存和发展的基本需要，解决社会问题，提高社会生活质量。[④]

2013 年十八届三中全会以后，提出了用社会治理代替社会管理的新思想，并且从主体、对象、方式等多个方面阐述了社会治理与社会管理的区别。在当前，我国大都市社会治理的重点在于解决好大都市政府与其他社会主体、市场的

---

① 《中共中央关于加强党的执政能力建设的决定》，人民出版社 2004 年版，第 25 页。

② 《中国共产党第十六届中央委员会第六次会议文件汇编》，人民出版社 2006 年版，第 5 页。

③ 郑杭生：《总论：社会学视野中的社会建设与社会管理》，载郑杭生：《走向更讲治理的社会：社会建设和社会管理（中国社会发展研究报告 2006）》，中国人民大学出版社 2006 年版，第 2 页。

④ 何增科：《社会管理与社会体制》，中国社会出版社 2008 年版，第 4 页。

关系，形成大都市政府社会治理体制机制；另外，就是要解决好流动人口服务管理、特殊人群帮教管理、社会治安重点地区综合治理、网络虚拟社会建设管理、社会组织管理与服务等问题，解决大都市公共危机管理与突发事件应对问题。深圳市借助现代先进信息化技术和手段创新社会管理，在创新社会管理方面坚持以人为本，有效整合社会管理资源，以流动人口管理为核心，以制度化、信息化、网络化建设为支撑，极大增强了社会管理工作实效，有力确保了社会和谐稳定。深圳市打造“1+3+N”信息化系统，其中：“1”是指深圳市政府的电子政务信息交换平台；“3”是指居住证信息系统、就业登记信息系统和出租屋综合管理系统，分别由深圳市公安局、深圳市人力资源和社会保障局以及深圳市流动人口和出租屋综合管理办公室管理；“N”是指拓展信息源和应用系统，包括公安机关重点人员管控、违法犯罪信息、网络矩阵社会信息、出入境信息等系统以及计生、教育、市场监督等部门的信息资源；通过“1”的平台，实现联网共享，系统掌握了办证人居住、就业、社保、计生、教育等 38 项基础信息。①

三、实现大都市政府治理手段和方法创新

实现大都市政府治理手段和管理方法的创新主要是指：在大都市政府治理中要推行与市场经济体制发展相适应的市场化方法；推行当代公共治理的新工具，即工商管理技术；借助现代先进的网络信息技术，推行数字城市建设。

（一）推行与市场经济体制发展相适应的市场化方法

在大都市政府治理中采用市场化工具指的是大都市政府利用市场这一资源有效配置手段，来达到提供城市的公共物品和公共服务的目的的公共管理方法，民营化、用者付费、合同外包、特许经营、凭单制、分散决策、放松管制、产权交易、内部市场，是市场化工具的具体方法。②

（1）民营化。民营化是指将原先由大都市政府控制或拥有的职能交由企业

① 资料来源：项目研究人员从深圳市人民政府办公厅、深圳市信息中心实地调研获得。

② 王乐夫、蔡立辉：《公共管理学》，中国人民大学出版社 2008 年版。

承包或出售给私人,通过市场的作用,依靠市场的力量来提高生产力,大都市的公共服务及垄断行业向私人部门开放。民营化的方式主要有:一是采取向公众出售股份的形式,实现国有企业的撤资;二是通过特许投标、合同承包,鼓励私人部门提供可市场化的公共产品或公共服务。大都市政府采用民营化手段有利于缩小城市政府规模,减轻财政负担;有利于放松大都市政府对企业的管制,企业有了较大的自主权;有利于将竞争机制引入大都市政府治理中来,提高大都市政府公共管理绩效。但是,大都市政府推进民营化要注重选择可以实施民营化的领域,而不能盲目全面推行;同时,还要加强民营化以后经营行为的监督,以维护公共秩序和社会公平,促进实现公共利益。

(2)用者付费。用者付费就是通过把价格机制引入大都市的公共服务之中,对一些公共服务采取收费的方式。用者付费工具的优点有:一是有利于市民显示对大都市公共产品和服务的真实需求,有效配置资源和提高服务质量;二是能够克服免费提供公共服务所导致的对资源的不合理配置和浪费;三是无偿提供公共服务将导致无目的的补贴和资助,对社会公平造成损害;四是可以使价格真正起到信号灯的作用,即市场机制在公共服务领域得以有效应用;五是可以增加大都市政府的公共财政收入,缓和公共财政危机。大都市政府采用使用者付费市场化工具的领域主要是自来水、电力、天然气、垃圾收集、污水处理、娱乐设施、公园、电信服务、港口、机场、道路、桥梁、公共汽车等。

(3)合同外包。合同外包把民事行为中的合同引入公共管理的领域中来,它的作出以合同双方当事人协商一致为前提,变过去单方面的强制行为为一种双方合意的行为。大都市政府与企业、非营利性组织、社会团体等一样都以平等主体的身份进入市场。大都市政府的职责是确定需要什么,然后依照所签订的合同监督绩效。合同外包被视为既能提高服务水平又能缩小政府规模的重要途径,是降低成本、节约开支的有效公共管理工具。合同外包常常使用竞争性招标投标(竞标)的方式。大都市主要在在政府采购、车辆维护、饮食服务、会计、财务管理、建筑设计等领域采用合同外包这一市场化工具。在英国,1988 年的《地方政府法》要求,6 种基本的市政服务必须经过竞争性招标来安排,包括生活垃圾收集、街道清洁、公共建筑清扫、车辆维修、地面维护和饮食服务。

（4）特许经营。大都市政府治理中的特许经营是指由大都市政府授予私人企业经营和管理某项公用事业的权利，通过特许协议明确双方的权利与义务，承担相应的风险，从而达到公共管理目的的一种工具。1994年世界发展报告把特许经营解释为是一种私人团体为提供服务而从公共部门长期租赁资产的安排。私人团体在此期间有责任为特定的新固定投资提供资金；这些新的资产在合同期满时将返还给公共部门。特许经营普遍应用于港口、运河、桥梁、铁路、供水、照明、城市交通等公用设施的建设。

（5）凭单制。凭单制是一种借用私人市场凭单的理念和技术来改造公共服务供给的公共管理方法。大都市政府给予有资格消费某种物品或服务的个体发放的优惠券，有资格接受凭单的个体在特定的公共服务供给组织中“消费”他们手中的凭单，然后大都市政府用现金兑换各组织接受的凭单。凭单制的基本特征是：凭单是围绕特定物品而对特定消费者群体实施的补贴；凭单不同于补助，是直接补贴消费者而非生产者；凭单通常采取代金券的方式而非现金。

（6）分散决策。分散决策就是分权与权力下放的过程，其主要目的是通过政治和执行的分离来赋予执行者更大的自主权，使被授权的下级组织或单位能够更加独立，能够自由地与其他组织进行竞争。分散决策通过财政分权和建立内部代理机构及其他组织来实现。

（7）放松管制。管制是由行政制定并执行的直接干预市场配置机制或间接改变企业和消费者的供需决策的一般规则或特殊行为。大部分管制通过行政法规来进行，并由政府公共部门或特别的机构来管理。大都市政府采用规章、标准、许可、禁止、法律秩序和执行程序等形式来实行管制。从总体上，管制大致可以划分为经济管制和社会管制两大类型。经济管制是管制的传统形式，它控制诸如产品的价格和数量、投资回报、某一产业中公司的进入或退出等一类的事项；社会管制是一种较新的管制类型，它控制诸如健康、安全、职业歧视等社会事项。

（8）产权交易。财产权利指的是人们操纵一项事物的排他性权利，它由使用权、收益权、占有权和处分权等组成。因此,所谓产权的交易与变更,也并不是单纯指的是产权整体的转让。事实上产权的划分越明细,就越能够发挥出产权的整体效益,所以只有实现对产权的明晰与重组,最大限度地发挥产权所有者的积极性,才能实现资源配置的最大化。比如,对于一些公共设施,在财产所有权、收益权不变的前提下,通过使用权的出让,就可以取得巨大的经济效益。长期以来,产权交易作为一种管理渔业、电波波段、环境的方法而在实践中得到应用。加拿大、冰岛、澳大利亚、新西兰最早应用这种方法来进行渔业管理,运用可交易性配额解决了渔业中过度捕捞、政府管治成本高的难题。美国运用这种方法来治理环境,将排污权视为一种产权,通过排污量的市场交易来减少环境污染和加强环境治理。这种可交易性配额是政府公共部门通过产权市场的系统变更达到政策目标的重要例子。

(9)内部市场。内部市场是在大都市公共服务提供中,大都市政府部门人为地划分为生产者和购买者两方以形成“公对公的竞争”,这样在大都市政府内部便产生了“生产者”和“消费者”两个角色,或促使内部组织之间进行竞争,达到提高服务质量的效果。

(二)推行当代公共治理的新工具:工商管理技术

在大都市政府治理中推行当代公共治理的新工具——工商管理技术,把企业的管理理念和方式引入大都市政府部门中来,吸取有效经验达成公共管理目标,战略管理、绩效管理、顾客导向、目标管理、全面质量管理、标杆管理和流程再造技术,都是工商管理技术的具体方法。①

(1)全面质量管理。在 20 世纪 90 年代以后,伴随西欧各国公众对社会公共服务需求的增加和对公共服务的质量要求的提高,在“用企业精神重塑政府”理论的推动下,许多国家开始将企业全面质量管理的理念、方式和方法经过加工改造运用于政府公共管理。② 从欧美各国的实践来看,政府全面质量管理主要

① 王乐夫、蔡立辉:《公共管理学》,中国人民大学出版社 2008 年版。

② 施美萍:《政府全面质量管理——服务型政府的新理念》,《华东经济管理》2006 年第 9 期。

包括四大核心内容：以顾客满意为目的、以质量为中心、取得高层支持是关键、以全员参与为基础。全面质量管理（Total Quality Management，TQM）就是以质量为中心、以全员参与为基础，目的在于通过让顾客满意和本组织所有成员及社会受益而达到长期成功的管理途径。① 全面质量管理的特点是：对象的全面管理、全过程的管理、全员的管理、全面运用各种管理方法和提高全社会的效益。② 大都市政府治理中使用全面质量管理有助于大都市政府改进城市公共管理、提高城市公共服务质量和改善城市政府部门的形象。大都市政府实施全面质量管理包括六个步骤：第一，大都市政府的高层领导带头推动；第二，和上级疏通并征得同意；第三，聘请质量评估中心专家培训指导；第四，培训结束后各部门成立质量改进小组；第五，实践全面质量管理之后进行再学习；第六，试点成功大面积推广。③ 大都市政府部门在推行全面质量管理时，也结合我国城市政府现行体制、部门利益、公务员观念、行政伦理、社会公众意识等诸多方面，同时注意循序渐进、做好思想转换和教育培训工作、重视激励机制的作用、需要制度的、文化的支持。

（2）目标管理。1954 年，管理学大师德鲁克（Peter Drucker）在其代表作《管理实践》（*The Practice of Management*）中首次提出，“目标管理与自我控制”（Management By Objective and self-control）的主张，并建构起目标管理的理论体系。从此，目标管理就作为一种管理模式、管理思想和管理哲学风靡于世界。目标管理（Management By Objectives，MBO），是通过参与式的目标设置、实施和评价等活动来管理组织的一种方法。目标管理是一个由多种要素组合起来的综合体，目标的作用仅仅是一种手段，一种达到有效管理的手段。德鲁克认为，管理的原则是能让个人充分发挥特长，凝聚共同的愿景和一致的努力方向，建立团队合作，调和个人目标和共同福祉的原则，而“目标管理和自我控制是唯一能够做

---

① 隋丽辉、舒喆醒：《21 世纪全面质量管理的新模式》，《管理科学》2003 年第 6 期。

② 余明南、丁正平：《质量管理》，大连理工大学出版社 2005 年版。

③ 张卫国：《在公共组织引入全面质量管理探讨》，《合作经济与科技》2006 年第 2 期。

到这一点的管理原则”。① 在他看来，组织是为了某些使命而存在，而目标确定具体工作，因此组织的使命必须转化为目标和任务，经分解，组织成员便有明确的工作。目标管理作为一种新型的管理模式和管理思想，是一种综合的以工作为中心和以人为中心的系统治理方式。目标管理的中心思想是让具体化展开的组织目标成为组织每个成员、每个层次、部门等行为的方向和激励，同时又使其成为评价组织每个成员、每个层次、部门等工作绩效的标准，从而使其有效运作。正如杰克·贝蒂(Beatty)所说：“从根本上讲，目标管理的一个重要假设是把经理的工作由监控下属变成给下属设定客观的标准和目标，让他们靠自己的积极性去实现目标。这些共同的衡量标准，反过来又使得被管理的经理用目标和自我控制来管理。”②

(3)顾客服务。公共部门管理以顾客满意为导向，最初是从企业管理中借鉴过来的，其基本取向是：以顾客为中心，即从顾客的角度出发开展活动和提供服务；以追求顾客满意为基本精神；以社会和顾客的期待为理想目标。这些基本取向被发达国家引入到政府公共部门的管理中。新公共行政学的代表人物弗雷德里克森认为，在组织形态的设计上，要坚持顾客导向，即将公众——公共行政服务对象的需求作为组织存在和发展的前提。以奥斯本、盖布勒为代表的企业家政府理论强调，引入竞争机制，树立顾客意识，制定顾客驱使政府的制度，使政府自觉地为顾客服务。在大都市政府治理中引入以顾客为导向技术要求大都市政府部门像管理其他资源那样对顾客进行管理，做到顾客至上，公众优先，了解顾客，针对顾客的需求生产和提供公共物品和服务，以顾客价值作为政策的基点，注重与顾客互动、沟通，依据收集到的顾客相关信息改善公共部门的产品和服务，为顾客创造利益和价值。

(4)标杆管理。标杆(benchmarking)是一种业绩标准。标杆管理是一个认识和引进最佳实践，以提高绩效的过程，是一个帮助机构发现其他组织更高绩效

① Peter F.Drucker: *The Practice of management*.Harper Press,1954,pp.128-129.

② Jack Beatty: *The world according to Peter F Drucker*.Simon & Schuster Inc,1998,p.162.

水平的过程，并尽量了解它们是怎么样达到那种水准的，以便使产生那种水准的做法和程序得以运用到自己的组织机构中。威廉·盖伊（William Gay）认为，标杆管理是“消费者给公共部门的报告”。他说，标杆给市民——消费者提供了精确的可靠的信息，通过这些信息，可以建立标准，作出比较，评判绩效。大都市政府部门采用标杆管理不仅可以改变其组织的运行节奏，而且可以促使它及时改进，使它能应对各种根本性的变革，以便继续满足市民的期望和避免福利的净损失。

（5）流程再造。1993 年美国学者迈克尔·哈默（Michael Hammer）和詹姆斯·钱皮（Janes Champy）在《企业再造——经营革命宣言》（*Reengineering the Corporation*）一书中将业务流程再造（Business Process Reengineering，BPR）界定为：业务流程再造就是对企业的业务流程进行根本性（fundamental）的再思考和彻底性（radical）的再设计，从而使企业获得在成本、质量、服务和速度等方面业绩的戏剧性（dramatic）的改善，从而达到削减成本、提高利润、对市场变化作出快速灵活的反应和提高企业市场竞争力的目的。① 企业流程再造是基于网络信息技术等现代科学技术的、为满足用户需要服务系统化的、改进企业业务流程的一种管理哲学。企业流程再造以流程为导向替代原有的以职能为导向的组织结构形式，为企业管理活动提出了一个全新的理念。公共管理改革从企业的变革中吸取经验，将企业流程再造的理论引入公共管理改革的分析之中，并以此为基础逐步形成了公共管理流程再造的方法。大都市政府部门流程再造是要对城市政府治理的理念、原则、组织结构、行为方式等管理模式、组织结构模式、业务模式和服务传递方式进行根本性再思考和彻底再设计，以提高城市政府管理的绩效和服务质量，而不是简单的组织精简和结构重组。为此，形成了“服务链”的流程再造模式。

---

① ［美］迈克尔·哈默、詹姆斯·钱皮：《改造企业——再生策略的蓝本》，杨幼兰译，牛顿出版股份有限公司 1995 年版，第 45—50 页；王玉荣：《流程管理》，机械工业出版社 2002 年版，第 45 页。

（三）借助先进的网络信息技术推行智慧城市建设

信息化已经成为许多地区推进城市化的一种力量，①安树伟认为，大都市信息化是指以现代先进的信息技术为代表的智能化生成工具应用于大都市政府的政治、经济、社会、文化和生活各个方面；在深入挖掘和充分利用大都市自身集聚的信息资源基础上，完善大都市信息服务功能；运用信息技术对大都市政府组织结构和行政流程进行革新以适应信息化时代对组织的扁平化和具有弹性的要求；通过使用先进的信息技术改进大都市政府治理手段，提高大都市政府治理能力和管理水平；信息技术在大都市中广泛的应用，有效提高大都市市民生活品质和福利水平，推动公民参与大都市政治民主化进程。②

大都市管治是多元治理主体出于共同利益的要求，聚合起来解决公共问题的集体行动过程，纵横交错的网络体系是大都市管治的基本形态。③ 依靠现代先进的信息技术，能有效在大都市多元主体之间形成有效沟通网络，也能改变多元主体的治理方式和管理手段，从而提高大都市政府治理能力和服务质量与效率。

孙柏瑛认为信息高速公路、互联网和多媒体等先进信息技术对大都市管治提供了技术支持：其一，有助于信息资源的共享和政务信息的公开；其二，有助于大都市政府管治的高效和自动化；其三，为大都市市民参与大都市治理提供了更多的渠道；其四，促进了更大范围公民管治网络体系的形成；其五，有助于发展大都市政府组织与公民的合作关系。④

李廉水等认为信息技术对大都市的作用主要体现在三个方面：

第一，信息技术对政府公务人员的影响，主要表现在以下五个方面：①信息技术可以突破时间和空间限制，延伸与增强智力和体能；②信息技术使得信息能

---

① 姚士谋、汤茂林：《区域与城市发展论》，中国科学技术大学出版社 2009 年版，第 152—153 页。

② 王昊、杨彬等：《中国城市信息化研究》，贵州人民出版社 2010 年版，第 3 页。

③ 安树伟：《中国大都市区管治研究》，中国经济出版社 2007 年版，第 106 页。

④ 孙柏瑛：《当代地方治理：面向 21 世纪的挑战》，中国人民大学出版社 2004 年版。

更及时有效的采集，有助于提高判断、分析和解决问题的能力；③信息技术能节约了原来靠人脑和文件处理信息所消耗的大量时间和精力，降低了信息传输的时间成本、人力成本；④要求公务人员适应信息化时代要求，更新传统管理观念，树立效率、民主、服务等现代观点；⑤现代信息技术对公务人员的知识结构和能力水平有更好的要求，能践行其通过的学习和培训全面发展来提高水平和能力。

第二，信息技术对大都市政府治理手段的影响。信息技术也助于改进大都市治理方法和方式，通过加快信息传递、简化行政运作程序和环节来提高大都市政府治理效率，降低大都市政府治理成本。

第三，信息技术对大都市政府组织结构的影响。主要体现在以下三个方面：①促使大都市政府缩减以至取消中间管理层，使传统的金字塔形的行政组织扁平化；②增宽管理幅度，信息技术能及时收集信息、有助于管理者及时发现问题及时决策，从而提高其管理能力，从而增宽管理幅度；③改进行政组织绩效从而使行政组织更加精干高效，[①]如表 3-8 所示。

表 3-8　信息化时代大都市政府服务与传统大都市服务的对比

要素	信息化时代	传统时代
服务接触方式	屏幕对人	人对人
服务时间	任何时间	标准工作时间
服务地点	服务到家	定点服务
环境	电子界面	物理环境

资料来源：徐晓林、周立新：《信息技术对政府服务质量的影响研究》，《中国行政管理》2004 年第 6 期。

综合已有研究的各种观点和成果，我们认为大都市政府在信息化时代借助现代先进的网络信息技术推行智慧城市建设，是城市化发展的内在要求，是提升大都市在公共事务治理和公共服务竞争能力的客观要求。智慧城市建设不仅仅只是建设几个大都市政府网站、电子邮件服务网络化与服务器以及网络通讯设

① 李廉水、[美]Roger R.Stough 等：《都市圈发展：理论演化 · 国际经验 · 中国特色》，科学出版社 2006 年版，第 108—110 页。

施，而是包括大都市市政管理的智慧化、大都市公共事务治理与公共服务提供的智慧化、大都市内部沟通以及大都市与市民沟通的智慧化，发达的现代智慧产业。因此，有学者认为："智慧城市是以计算机技术、多媒体技术和大规模存储技术为基础，以宽带为纽带，综合运用遥感 RS、地理信息系统 GIS、全球定位系统 GPS 等 3S 技术以及遥测、虚拟仿真技术等对城市进行多分辨率、多时空、多尺度和多种类的三维描述和分析；也就是利用信息技术手段，建设城市空间的基础信息数据库，对城市所有基础设施、地理信息和社会信息进行动态监测、组织管理和应用服务的多功能、智能化的技术系统。[①] 智慧城市是城市规划、建设、管理与服务数字化工程的终极目标，包括城市智慧政务、智慧商务、智慧管理、智慧服务、智慧产业等方面的城市化信息工程，强调城市治理的技术系统，构建'虚拟城市'。"[②]

因此，概括地说，智慧城市基于物联网、云计算等新一代信息技术以及维基、社交网络、FabLab、LivingLab、综合集成法等工具和方法的应用，营造有利于创新涌现的生态。利用信息和通信技术（ICT）令城市生活更加智能，高效利用资源，导致成本和能源的节约，改进服务交付和生活质量，减少对环境的影响，支持创新和低碳经济。实现智慧技术高度集成、智慧产业高端发展、智慧服务高效便民、以人为本持续创新，完成从数字城市向智慧城市的提升。智慧城市是信息社会条件下运用计算机、网络通讯等信息技术使城市政府事务数字化、网络化，并通过网络管理公共事务和传递公共服务的一种新型的政府组织形式和公共事务治理机制，它以实现政务的信息化为标志。[③] 在强化实现大都市政府从只注重经济建设职能向经济建设与社会建设、社会管理、社会服务职能并重职能战略转变的条件下，公共服务职能使大都市政府部门成为公共服务的供给者，而不再是

---

① 吕小彪、周均清、王秉论：《"数字城市"对城市建设和管理的影响》，《现代城市研究》2004 年第 1 期。

② 徐晓林：《数字城市政府管理》，科学出版社 2006 年版。

③ 蔡立辉：《电子政务：因特网在提供政府公共服务方面的作用》，《政治学研究》2003 年第 1 期。

高高在上的官僚机构和与社会相脱离的“力量”。这样,大都市政府不仅需要把原先由政府包揽提供公共服务的部分职能市场化,由市场主体来提供;而且,即使对于那些必须由大都市政府承担的职能和负责提供的公共服务,大都市政府也必须强调顾客至上,以效率、管理能力、服务质量、公共责任和公众的满意程度为大都市政府绩效评估的重要评估指标,以较低的成本来提供最有效的服务。当代大都市政府治理不再是管治行政(Governance Administration),而是服务行政(Service Administration)。在信息技术支撑下的服务行政强调由人治为主、行政命令为主变革成为以法治为主,综合运用政治的、法律的、经济的和管理的手段,强调行政活动建立与改善公共服务网络结构(structure of public service networks)、建造高绩效体系(high-performance systems)和关注顾客服务(customer service)。①

因此,数字革命(digital revolution)必将导致大都市政府治理对网络信息技术的大量应用。现阶段我国大都市政府推进数字城市建设、创新政府管理要从以下几方面着手:

第一,要完善大都市信息化基础设施建设,包括通讯网络、光纤等宽带网络平台的建设,并实现不同行政层级之间、不同部门之间的网络互联互通;要建立数据中心和数据交换平台,建立和完善政务内网和政务外网两大基础网络,构建信息安全、系统管理和业务应用三大支撑体系,为大都市信息化发展提供基础设施条件。

第二,构建统一的协同工作平台,建立业务管理、办公管理、政务协作、公众服务四类应用平台,深化政府上网工程,强化网上办事;数字城市为公众搭建“一站式”服务平台,革新大都市政府、企业、市民之间的互动方式,为公众获取大都市政府服务、参与和监督大都市政府治理提供有效手段;②数字城市为大都市政府提供包括市政管理、城市危机管理在内的综合管理系统,提高城市综合管

① James L.Perry:*Handbook of Public Administration*(*Second Edition*).Jossey-Bass Inc,1996,p.xxi.

② 徐晓林:《数字城市:城市发展的新趋势》,《求是》2007 年第 22 期。

理和快速反应的能力。

第三,打造服务系统,强化提供便捷的、一体化的电子化服务,包括:基于市民获取审批服务的需求,通过业务流程再造与重组,实现以新企业设立和新建设工程开工为需求主线的联合审批系统;基于大都市公共服务分类,建设以医疗、教育、就业、婚姻、社会保障等为需求主线的市民服务系统,为大都市市民提供个性化服务,提高大都市服务的效率、便捷与质量。

第四章　组织结构创新:结构重组与整体政府建设

随着经济全球化、社会信息化和知识经济时代的到来,随着信息技术的快速发展与普遍应用,城市化进程也日益加快,大都市政府治理出现了一些共同问题:一方面适应于工业社会的官僚制组织结构模式不论从理论上还是实践上都受到挑战,以官僚制为基础的大都市政府治理模式也出现诸多问题;另一方面,随着信息化应用的普遍推广,适应跨部门间的业务协同、跨城市政府间的一体化发展需要,大都市政府治理必然要由分散管理、分散提供公共服务发展到整体与协同,进入到一体化、网络化、"一站式"管理与服务阶段。这就必然要求大都市政府对组织结构进行创新与重组。为应对这一挑战,本章结合 21 世纪国际上公共行政改革的最新理论即整体政府理论,来研究信息化时代表现为一个独立的超大城市形式的大都市政府组织结构的创新与重组问题。

第一节　传统大都市政府组织结构及其困境

一、传统大都市政府管理模式的理论基础

传统的大都市政府管理模式是采用以分工为基础、以各司其职和层级节制为特征的传统官僚制。这种官僚制体制适应了工业化时代经济和社会的发展对政府管理效率的需求。从公共行政学发展的历史角度分析,传统大都市政府管

理的主要是以劳动分工理论和官僚制理论为理论基础，如奥斯特罗姆所说“传统的公共行政理论在形式和方法上完全是和韦伯的官僚制理论是一致的”①。在当今信息化时代，虽然这种建立在分工基础上的传统官僚制受到了严重挑战，但是，在此之前这种传统官僚制仍然是一种普遍实行的、占支配地位的组织形态。

（一）劳动分工理论

1776 年，亚当·斯密（Adam Smith）在其著作《国民财富的性质和原因的研究》中阐述了劳动分工理论，其主要思想是组织和社会将从劳动分工中获取巨大利益。他认为，“在劳动生产率上最大的增进，以及运用劳动时所表现的更大的熟练、技巧和判断力，是分工的结果”。② 斯密认为劳动分工可以提高生产率的原因有三：第一，劳动者的技巧因业专而日进；第二，由一种工作转到另一种工作，通常要损失不少时间，有了分工，就可以免除这种损失；第三，许多简化劳动和节约劳动的机械的发明。③ 劳动分工是专业化协作和劳动生产率有机融合的一种生产性制度安排，在随后国家经济、社会和城市发展和管理中，劳动分工理论成为工作分工的科学管理基本原则和组织结构设计的主要基础理论之一。④ 泰勒、法约尔、福特和韦伯等学者也进一步发展和丰富了分工理论。泰勒的“制度化管理理论”强调专业化分工，强调把业务过程分解为最简单、最基本的工序，这样工作人员只需重复一种工作，熟练程度大大提高，同时对各个业务过程实施严格控制。⑤ 亨利·法约尔在其著作《工业管理与一般管理》中明确界定了管理的职权和范围，将管理职能定义为计划、组织、指挥、协调和控制，把管理从

---

① Ostrom, Vincent: *The Intellectual Crisis in American Public Administration* (*Revised Edition*). University of Alabama Press, 1974, p.9.

② ［英］亚当·斯密：《国民财富的性质和原因的研究》，郭大力、王亚南译，商务印书馆 1981 年版，第 5 页。

③ ［英］亚当·斯密：《国民财富的性质和原因的研究》，郭大力、王亚南译，商务印书馆 1981 年版。

④ ［美］斯蒂芬·P.罗宾斯、玛丽·库尔特：《管理学》，孙健敏译，中国人民大学出版社 2008 年版。

⑤ 蔡立辉、龚鸣：《整体政府：分割模式的一场管理革命》，《学术研究》2010 年第 5 期。

生产中独立出来。[①] 而亨利·福特将分工理论应用到汽车装配作业上,创造了福特式流水线作业,大幅度提高了效率和降低了成本。[②] 在工业社会,“分工出效率”在社会生产和管理领域得到了广泛应用和充分应验,并形成了层级节制的金字塔式组织结构和部门化治理方式。

(二)官僚制理论

随着西方主要资本主义国家向城市化和工业化步伐加快,官僚制逐渐成为经济和社会生活领域普遍采用的组织模式。马克斯·韦伯根据理性/法律权威的思想,确定了现代官僚体制的六项原则:“(1)固定和法定的管辖范围的原则。权威来自于法律和根据法律制定的规定,没有其他形式的权威应被遵循。(2)公职等级制和权力等级化的原则。等级制度意味着,理性/法规的权威和权力是由组织中的个人在等级制中占据的职位而不是由任何个人维持的。特定职能可按照等级制结构授权给较低的层次,这意味着任何官员都可以行使整个组织的权威。(3)现代公职管理建立在保存书面文件(档案)的基础之上。组织的存在是与其职员的私人生活相分离的,它是完全非人格化的,只有保存文书,组织在运用各种规定时才能保持一致。(4)公职管理,至少是所有专门的公职管理。行政是一种专业化的职业,它不是任何人都可以完成的事情,它应当有全面的训练。(5)当公职发展到完善程度时,官方活动要求官员完全发挥工作能力。官僚制的工作是一种全职职业,而不是像以前那样是一种次要的活动。(6)公职管理遵循一般性的规定,它们或多或少是稳定的、全面的,并且是可学习的。一般认为,无论是谁担任某一公职,其都将以同样的方式执行公务。”[③]正如马克思·韦伯所言:官僚行政组织,从正规的技术观点来看,一直是最理想的组织模式。就今天大规模行政管理的需要而言,官僚制行政组织是不可或缺的。在行

---

① [法]亨利·法约尔:《工业管理与一般管理》,周安华、林宗锦等译,中国社会科学出版社1998年版,第5—6页。

② 钟耕深、李飞:《业务流程再造:对劳动分工理论的否定?》,《山东大学学报(哲学社会科学版)》2005年第3期。

③ [美]欧文·休斯:《公共管理导论》,彭和平等译,中国人民大学出版社2001年版,第32—33页。

政领域，选择只能在严谨的官僚制和松散的治理体制之间做出。①

（三）组织结构理论

行政组织结构是指构成行政组织各要素的配合和排列组合方式，它包括行政组织各成员、单位、部门和层级间的分工协作以及联系、沟通方式。在行政组织结构中，横向结构和纵向结构是其最主要的和最常用的两种组织结构形式，它是行政组织系统中的基本框架。行政组织的纵向结构又称为直线结构，是纵向分工形成的行政组织的层级制；其特点是上级直接领导下级，行政指挥和命令按照垂直方向自上而下地传达和贯彻；它具有事权集中、权责明确、指挥统一、便于控制等优点；其缺点是组织内没有专业化的管理分工，各级行政首长管理过多，责重事繁，容易顾此失彼。行政组织的横向结构又称为职能式结构，是横向分工形成的行政组织的职能制，即同级行政机关和每级行政机关内部各组成部门之间的组合方式。从现代行政管理的运行过程来看，一般都要先决策，然后执行，而决策前、执行后都要调查研究，这就需要信息。为使决策适应复杂多变的情况，还需要参谋咨询。从现代管理功能看，每级政府内部都由决策、执行、咨询、信息和监督等部门组成，如果这样来设置机构和配备人员，将是一种比较科学的横向结构。②

单纯的横向型和纵向型结构各有其优缺点，因此，现代各国行政组织一般把二者结合起来，形成网络型的直线职能式结构。其特点是行政领导者的统一指挥同职能专业部门相结合，吸收了二者的优点，摈弃了一些通过组织设计可以避免的缺点，使其互相补充、制约，它是单纯的横向型和纵向型结构的优化组合和发展。但是，在实践中，这种“条”和“块”双重控制结构往往忽视了统一指挥，条块之间存在权力斗争、利益分割等众多隐患，条块结合在实施中蜕化为条块分离。如何协调条块之间的关系并充分发挥两者优势以从组织整体上获取最优效

---

① Weber Max：*The Theory of Social and Economic Organization*. Oxford University Press，1947，p.337.

② 夏书章、王乐夫、陈瑞莲：《行政管理学》，中山大学出版社、高等教育出版社 2008 年版，第78—80 页。

果,是管理理论与实践中的一个极具挑战性的难题。①

二、传统大都市政府组织结构现状

与传统大都市政府管理模式相适应,我国政府组织体系是直线式结构和职能式结构的有机结合体,条块关系是我国政府组织体系的基本特征。其中,“条”即纵向结构,是指组织按照层级制分为中央、省、地、县、镇等不同的层级;而“块”即职能结构,是指每一层级政府依据专业分工按照不同的业务门类设工业、农业、科教、文卫等不同的职能部门系统。正是这种“条块”结合构成了我国政府组织结构基本形式。

(一)大都市政府职能组织结构

大都市政府职权的横向设计是指根据各个部门的专业分工,为各部门明确规定由其独立行使的职权,然后在此基础上明确相互之间的关系。本文将以深圳为例介绍大都市政府治理职能结构。②

2004 年 5 月 21 日,中共深圳市委办公厅、深圳市人民政府办公厅印发了关于《深圳市深化行政体制改革试点方案实施意见》的通知。③《通知》规定深圳市人民政府共设置工作部门 35 个。其中,市政府办公厅和组成部门 21 个(民族宗教事务局不计机构个数),直属特设机构 1 个,直属机构 12 个(地方税务局、知识产权局不计机构个数),如表 4-1 所示。

---

① 池忠仁、王浣尘:《网格化管理和信息距离理论——城市电子政务流程管理》,上海交通大学出版社 2008 年版,第 128 页。

② 选择深圳为个案的理由:首先,深圳的经济和社会取得长足发展,2008 年,深圳的 GDP 达 7806.54 亿元、人均 GDP 达 8.98 万元,分别比 1979 年增长了 3974 倍和 148 倍,GDP 和人均 GDP 在全国大中城市中分别居第四位和第一位;其次,深圳作为全国行政体制改革的先行者,先行试水了大部门制和“决策权、执行权和监督权”三者相互分离和制衡的改革,且收效明显;再者,深圳历来重视信息化建设,其电子政务发展已进入“一站式”服务发展阶段;最后,2004 年深圳被评为全国创新城市,基于深圳经济社会和行政体制改革,以及信息化程度,选择深圳作为研究信息化时代大都市政府治理创新具有理论的探索意义和实践的指导意义。

③ 中共深圳市委办公厅、深圳市人民政府办公厅,深办发[2004]3 号。

表 4-1　深圳市政府机构设置表

	组成部门	直属机构	直属特设机构	派出机构	行政事务机构
市人民政府办公厅	审计局 人口和计划生育局 卫生局 文化局 农林渔业局 水务局 交通局 规划局 建设局 国土资源和房产管理局 劳动和社会保障局 人事局（机构编制委员会办公室） 财政局 司法局 民政局 监察局 公安局 民族宗教事务局 科技和信息局 教育局 贸易工业局 发展和改革局	知识产权局 市人民政府台湾事务办公室 市人民政府外事办公室（市人民政府侨务办公室） 市人民政府法制办公室 市人民政府口岸办公室 旅游局 城市治理局 安全生产监督管理局 食品药品监督管理局 质量技术监督局 工商行政管理局 地方税务局 统计局 环境保护局	市人民政府国有资产监督管理委员会	市人民政府驻上海办事处 市人民政府驻北京办事处 大工业（广东深圳出口加工区）管理委员会 高新技术产业园区 领导小组办公室 保税区管理局	社会保险基金管理中心 无线电管理办公室 公路局 档案局 气象局 民防委员会办公室 行业协会服务署 市人民政府金融发展服务办公室 应急指挥中心 接待办公室 机关事务管理局 体育局

在传统大都市政府职能组织结构设计中，公众与政府互动表现为政府以规章为导向、以规章制度为各部门业务纽带为公众提供服务。因为专业分工大都市政府区分为若干部门，形成了分散化的管理方式。在分散化管理方式下，公众办事要同时面对多个部门，如图 4-1 所示。传统政府的实体性、地域性、集中管理、垂直分层结构等特征，使公众办事需要经过不同部门之间的流转，职责交叉重复而导致行政流程不畅、公众在不同的部门之间来回折腾，跑多个环节。

（二）大都市政府层级结构

根据我国宪法和《中华人民共和国地方各级人民代表大会和地方各级人民

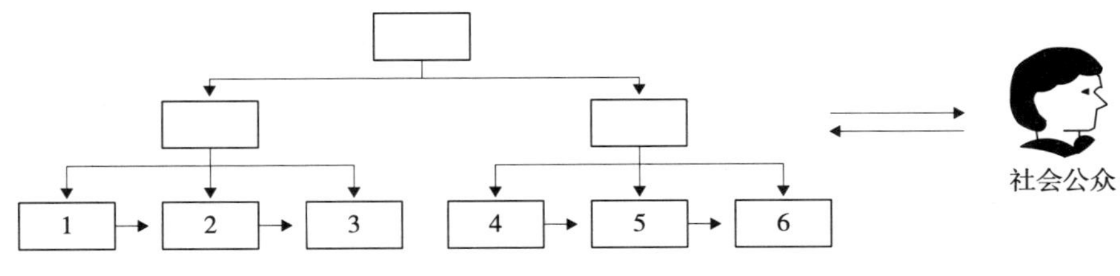

图 4-1　传统大都市政府与公众互动图

政府组织法》①规定和本文对大都市政府的界定,大都市政府在我国行政管理层级结构中特指省级或副省级城市。大都市政府层级结构一般设"城市——区(县、市)——街道——社区居委会";辖区有农村的县、市或区下设镇一级政府,镇一级政府下设农村村民自治委员会。城市政府结构具体表现为各政府部门的层次划分、顺序系列、空间位置、聚集状态、部门间联系及部门内关联等。② 如上文所述,本节以深圳市为例说明我国大都市政府层次结构。③

深圳市是国家副省级计划单列市,深圳经济特区在其辖区内,④共有 6 个行政区和一个光明新区。⑤ 其中,福田区、罗湖区、南山区、盐田区位于经济特区内;除宝安区、龙岗区和光明新区地处经济特区外,全市有 55 个街道办事处,727

① 《中华人民共和国宪法》,2004 年 3 月 14 日第十届全国人民代表大会第二次会议通过的《中华人民共和国宪法修正案》修正,第五节;《中华人民共和国地方各级人民代表大会和地方各级人民政府组织法》,简称《组织法》(2004 年修正)[20041027],第四章。

② 池忠仁、王浣尘:《网格化管理和信息距离理论——城市电子政务流程管理》,上海交通大学出版社 2008 年版,第 129 页。

③ 2004 年深圳市成为无农村的城市。参见深圳市史志办公室:《深圳年鉴 2009》,深圳市佳信达印务有限公司印刷 2009 年版,第 113 页。

④ 国务院于 2010 年 5 月 27 日发布了《国务院关于扩大深圳经济特区范围的批复》(国函[2010]45 号),文件对广东省的《关于延伸深圳经济特区范围的请示》(粤府[2009]114 号)作出批复,文件指出"深圳市扩大经济特区范围,从 2010 年 7 月 1 日起实施"。因此,深圳市关内和关外成为了历史。本文数据援引自《深圳年鉴 2009》,因此采用此说法。

⑤ 因坪山新区为 2009 年 6 月 30 日挂牌成立,《深圳年鉴 2009》尚未记录最新数据。坪山新区的历史沿革:坪山新区辖区原隶属宝安县,分为坪山与坑梓两镇;2004 年,深圳撤销坪山、坑梓两镇,分别设立坪山街道办事处和坑梓街道办事处;2009 年 6 月 30 日,深圳将原深圳市大工业区和原龙岗区坪山街道、坑梓街道,整合为坪山新区,设坪山新区管理委员会,原大工业区管委会同时撤销。

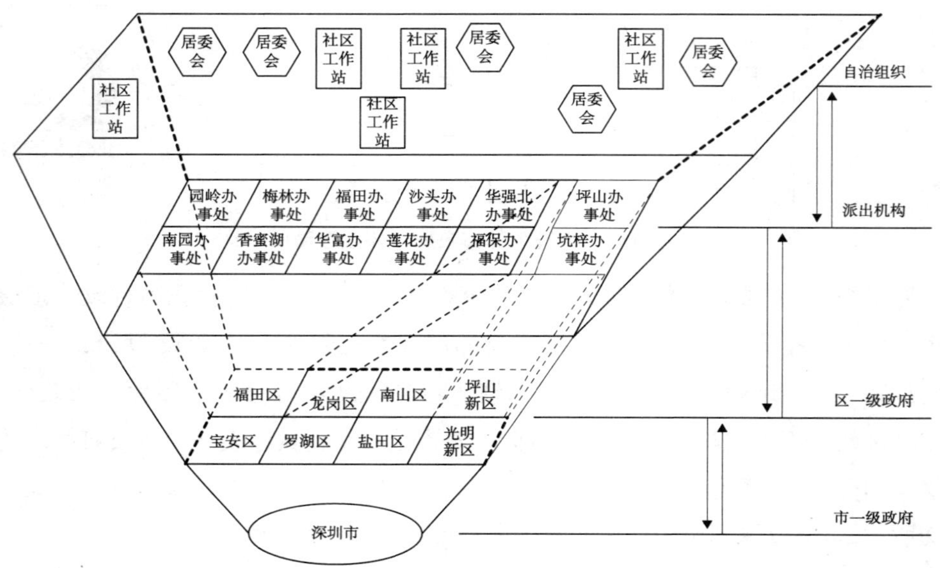

图 4-2　深圳市政府层级结构图

个社区①,深圳市政府管理层次结构如图 4-2 所示。从图中我们可以得知,深圳市政府采用了“两级政府四级管理”的模式②,深圳市为地级市一级政府,其辖区的六个区(福田区、罗湖区、南山区、盐田区、宝安区和龙岗区)为区一级政府;以福田区为例,福田区下辖园岭、南园、福田、沙头、梅林、华富、香蜜湖、莲花、华强北、福保等 10 个街道办事处、94 个社区工作站和 114 个社区居委会。这样形成“市一级政府”、“区一级政府”、“作为派出机构的街道办事处”和“居委会或社区工作站”的“两级政府四级管理”的模式。

① 深圳市史志办公室:《深圳年鉴 2008》,第 54 页。

② 为认真落实《珠江三角洲地区改革发展规划纲要(2008—2020 年)》(国函[2008]129 号)的精神,深圳市出台了《深圳市综合配套改革总体方案》(2009 年 5 月 26 日,深圳市人民政府)和《深圳市综合配套改革三年(2009—2011 年)实施方案》(深发[2009]1 号)。《总体方案》和《近三年实施方案》确立坪山新区为深化深圳行政体制改革和推进精简行政层级改革创新示范点,探索“一级政府三级管理”,创新现代大都市治理模式。

三、传统大都市政府组织结构困境

传统的大都市政府管理是采用官僚化组织模式,它是建立在工业社会基础上的权力集中、法规众多、职能宽广、程序复杂、规模庞大和层次过多的以"统"和"管"为中心的大政府模式。传统大都市政府组织结构困境主要表现在两个方面:从理论层面而言,作为传统大都市政府管理模式的理论基础的"官僚制"理论受到质疑;从实践层面而言,基于官僚制的传统的大都市政府管理模式出现了诸如部门林立、部门分割、条块分割、部门间协调困难、部门间职责交叉重复、效率低下、层级过多等问题,并且与信息化时代所需的弹性化、扁平化、灵活性、资源共享和跨部门业务协同的组织结构要求和业务流程要求相悖。

(一)理论层面:"官僚制"受到质疑

官僚制的理性形式、不透明性、组织僵化以及等级制的特征,使得它不可避免与现代社会要求的民主制发生冲突。① 奥斯特罗姆深入剖析了官僚制的弊端,他认为官僚制"对不同的需求的反应会日益变得毫无区别;对预定为受益者的人所引起的成本会越来越高;无法根据需求分配供给;无法采取行动阻止一种用途阻碍其他用途,使公益物品受侵蚀;日益变得易于犯错,不可控制,公共行动剧烈地偏离于有关公共目的和目标的言辞;最后导致补救性的行动是恶化而不是缓解问题。"②

官僚制组织的缺陷表现在以下几方面:第一,官僚制管理造就了一种刚性的官僚系统,就像一部机器,没有灵活性和主动精神,只有齿轮之间的被动运转;第二,采用标准化的管理和服务,忽视人的差异性和多样性;第三,排除了竞争的必要与可能,组织成员照章办事,墨守成规,以至于得过且过、不负责任;第四,依靠条块分割的专业化单位来解决不断出现的新老问题,导致机构不断膨胀,职能交

---

① [美]欧文·休斯:《公共管理导论》,彭和平等译,中国人民大学出版社 2001 年版,第 47 页。

② [美]文森特·奥斯特罗姆:《美国公共行政的思想危机》,毛寿龙译,上海三联书店 1999 年版。

叉重叠。①

自18世纪以来，官僚制作为一种占支配地位的组织形态，以其形式合理化和技术化的设计在西方社会取得了极大的成功。但进入20世纪七八十年代以来，由于技术的变迁，尤其是信息技术的发展和规范深入的应用使组织的形态、形式、性质和规则等不得不发生改变，而官僚制作为相对适应在稳定的框架内的运作，很难适应环境的急剧变化，并且社会问题的日益复杂，使得以职责、职权和责任界定分明为特征的官僚组织显得无所适从。② 官僚制组织模式也面临着以下困境：③

第一，从组织环境来看，组织的"内环境"与"外环境"均发生了急剧的、复杂的和不可预料的变化：一是官僚制所弘扬的"官僚制精神"，即非人格化、理性化与制度化，妨碍个人的成长和个性成熟，技术的普遍运用对个性的压制产生的非人格化与当代人们所渴求的个性的自由解放及对民主的追求产生了尖锐的矛盾；二是信息技术的高速发展使得经济和社会的节奏加快，陈旧的层级管理和控制系统、照章办事循规蹈矩的传统方式已无法适应越来越普遍的社会动态因素对政府的职能要求。

第二，从组织结构上看，在严格的非人格化的金字塔结构中，官员的职位是由上级权力当局任命的，并在公共机关的等级制度系统中实行终身制，而公职人员从政首先是一种谋生手段，有着自身的利益要求，普遍具有经济学预设的"理性经济人"的特征，其在大规模的官僚制中会追求自身收益的增加或获得提升的职业机会。也就是说，公职人员为了自身的或既得利益集团的利益会故意隐瞒详细的信息，导致行动偏离组织期望的目标。

第三，从组织方式上看，行政控制是传统官僚制行政的关键。它涉及财务系

① 王乐夫、蔡立辉：《公共管理学》，中国人民大学出版社2008年版。

② [美]菲利普·库珀等：《二十一世纪的公共行政：挑战与改革》，王巧铃、李文钊译，中国人民大学出版社2006年版。

③ 朱国云：《韦伯官僚组织结构理论的新演变（上）》，《国外社会科学》1995年第10期；朱国云：《韦伯官僚组织结构理论的新演变（下）》，《国外社会科学》1995年第11期。

统、预算冻结、组织重组、汇报制度并以各种方法扼制公务员的自由处理权。如此严格、机械的控制观念受到传统官僚制的推崇，其最根本的原因在于为了维护金字塔结构的行政体系，只有加强控制，才能保证处于顶端的行政官僚的权威。官僚制对个体行为的控制，一方面扼制了组织成员的创新思想，成员的竞争不以个体的创新与成就为标准，而以其职权的重要程度和服从表现为标准，使组织内部竞争不公平；另一方面，组织的刻板性导致组织服务功能的减弱，增加用户即顾客、公众的困难。

（二）实践层面：传统大都市政府管理模式的缺陷

目前我国大都市政府管理模式是适合于工业社会管理效率要求的传统的金字塔式的政府管理模式，这种管理模式是以官僚制为支撑点，其构成模型是下层众多的管理机构和人员隶属于上层少量的领导机构和人员的组织管理结构，管理信息由底层向上层传输，管理权力则由上向下贯彻，在管理机构和人数上是下层大上层小，形成金字塔；管理权力是上层大下层小，形成倒金字塔。① 这种管理模式主要依赖于部门管理、突击管理和运动式管理，容易出现各自为政、条块分割、多头管理、职能交叉、办事没有严格的程序，行政流程不合理，透明度低、暗箱操作等问题。② 所有这些问题都会成为推动政府信息化的重要障碍。从我国大都市组织结构来看，其问题主要集中在两个方面：

（1）从政府结构横向设计看，政府部门间、不同行政层级间的职责界定不清晰、机构设置不合理，也由此衍生出部门林立、各自为政、流程破碎、组织僵化和政务信息资源共享程度低等问题。主要表现为：第一，职责界定不清晰，不仅对市场经济条件下的政府角色定位认识不清，管了不该管的事情，该管的事情又没有管好，政府缺位、错位和不到位的问题仍然突出；而且，由于分工太细，使部门间、不同行政层级间的职责界定也不清晰，没有明确的区分，交叉重复；第二，机构设置不够科学。明晰政府职能是科学设置政府机构的前提，由于政府职能界

---

① 徐晓林：《数字城市：城市政府管理的革命》，《中国行政管理》2001 年第 1 期，第 19 页。

② 陈平：《网格化城市治理新模式》，北京大学出版社 2006 年版。

定不清，出现了职能交叉、机构重叠、业务重复、分散式和分散式管理等情况；第三，部门林立、职责交叉重复、多头指挥和无所适从。按照分工的原则，政府管理按照职能划分为诸多职能部门，由于行政事项的复杂性，同一个行政事项可能涉及多个部门，由多个部门按职能分工分别管理，“九龙治水”就是部门林立、职责交叉重复的真实写照；第四，流程破碎、组织僵化和政务信息资源共享程度低。由于职能界定不清和重复交叉，导致有些业务流程被若干部门和环节所分割，即使是一项简单的工作也要被拆分成一系列繁琐的活动。将一个完整、连贯的业务流程分割成许多支离破碎的片段，造成了相互隔离的部门壁垒，增加了各个业务部门之间的交流和协调工作，使得行政过程运作时间长、协调成本高。据中国城市政府业务环境的调查结果，某城市政府各职能部门关联度总和为 843，业务项总数为 1001 项，平均每项业务的关联度为 0.843。这表明我国城市政府普遍存在多头管理和重复管理现象，职能交叉重叠问题相当严重。①

（2）从政府结构纵向设计看，大都市政府管理存在的问题，主要表现为：

第一，政府层级过多，政府运转效率低等。我国现有的大都市管理模式，即“市——区（县、县级市）——街道办事处——社区居委会或社区工作站”的两级政府四级管理的架构，行政层级过多、行政管理链条过长，行政资源主要集中在市区两级，而作为直接面向公众为公众提供服务的街道办事处和居委会（或社区工作站）却拥有最少的行政资源和行政权力，由此导致权责不一致、行政效率低下、执行力弱、行政成本高昂，形成了压力型治理体制。

第二，各层级机构设置不够畅顺。各层级政府的职能要依据大都市政府职能的整体性特征，随着所处层级政府的不同而区分不同的职能重点和内容，②大都市治理体系应形成“决策——协调——执行”三级体系。按照“两级政府四级管理”的架构，大都市城市政府作为大都市管理体系中的最高层，应主要负责决策；区级政府作为体制中的中间层，应主要负责协调，起到上传下达作用；作为直

① 李卫东、徐晓林：《城市政府业务重组的原理与方法》，《中国行政管理》2010 年第 2 期。

② 蔡立辉：《明晰职能：理顺权力纵横关系的关键》，《学术研究》2008 年第 2 期。

接服务公民的街道办事处和居委会(或社区工作站)是体系最底层,主要服务管理和执行。但是,我国现阶段大都市政府管理中往往只强调了上级对下级的指挥与命令、下级对上级的服从,"办理上级人民政府交办的其他事项"的职责最终代替了其他一切职责,忽视了下级政府所具有的相对独立性,忽视了各级政府职能所具有的不同内容和功能重点。

第三,事权划分不够合理。大都市城市、区级政府和街道办事处事权划分模糊,上面千根线,下面一条针,权力与责任相脱节,部门有权无责,基层有责无权,基层干部陷入繁杂的事务当中,疲于应付,不堪重负。

总之,以碎片化①为显著特点的分割管理模式,具体表现在行政业务之间、政府各部门之间、各地方政府之间、垂直部门与地方政府之间、各行政层级之间的分散与分割。这种分割管理模式形成于工业革命时期,以分工和专业化为理论指导,其目的是为了满足工业革命以后社会经济发展对政府管理效率的需求。应该说,适度的分工和专业化有助于效率提高。但随着分工越来越细,产生了部门林立、部门间职责交叉重复、部门间协调成本和社会交易费用加大等弊端,反而降低了效率和增大了成本。特别是随着网络化、信息化的快速发展和普遍应用,随着工厂经济日益被网络经济所代替,信息技术革命推动组织变革和公共治理方式转型的趋势越加明显,分割管理模式的弊端也更加突出。实践家和学者通过对传统官僚制和西方新公共管理运动的深刻反思,构建整体政府日益成为一个共识和一个当代行政改革的新理念。②

---

① "碎片化",原意是完整的东西破成诸多零块。它在传播学中使用时,是用来描述传播语境的一个形象性说法。Lieberthal、Lampton 等西方学者用"碎片化"来描述中国政府的各部门根据本部门的利益进行政策制定或者影响政策制定的过程,以及中央政府各部门之间、中央和地方政府之间、各级地方政府之间通过争论、妥协、讨价还价来制定公共政策的过程。到现在,"碎片化"一词广泛运用于技术领域、社会领域和政治领域。在政府管理领域,"碎片化"指向的是部门内部各类业务之间、系统或行业内部各组成部分之间、政府各部门之间、各地方政府之间以及各行政层级之间的分割状况。"碎片化"在我国明显地表现为部门分割、条块分割和地方分割。参见 http://media.people.con.cn/GB/22114/64606/75212/5244163.html:喻国明"解读新媒体的几个关键词";Lieberthal, Kenneth G., David M.Lampton: *Bureaucracy, Politics and Decision: Making in Post-Mao China*. University of California Press, 1992.

② 蔡立辉、龚鸣:《整体政府:分割模式的一场管理革命》,《学术研究》2010 年第 5 期。

（三）分割管理模式的形成及其弊端分析

从历史的观点来分析，分割管理模式源于18世纪中后期亚当·斯密（Smith）的“劳动分工原理”和19世纪弗雷德里克·泰勒（F.W.Taylor）的“制度化管理理论”。亚当·斯密在《国富论》中提出，在劳动生产率上最大的增进，以及运用劳动时所表现的更大的熟练、技巧和判断力，都是分工的结果。[①] 泰勒的“制度化管理理论”强调专业化分工，强调把业务过程分解为最简单、最基本的工序。这样工作人员只需重复一种工作，熟练程度大大提高，同时对各个业务过程实施严格控制。的确，在工业革命后形成的工厂经济时代，“分工出效率”在社会生产和管理领域得到了广泛应用和充分应验，并形成了层级节制的金字塔式组织结构和部门化治理方式。

20世纪初期，以专业分工、等级制和非人格化为特征的“官僚制”政府组织形式的确立为这种分割管理模式的形成奠定了基础，并日益发展成为支配公共行政的普遍组织形式，政府组织中的专业化和分工化倾向进一步得到了发展。[②]这种专业化分工的管理模式强调以职能为中心设置政府部门。以职能为中心设置部门的方法使一个部门、一个岗位只需重复一种工作而有助于效率的提高。因此，早期行政学者积极推崇基于专业分工、等级制管理的官僚制组织形式，例如怀特、威洛比、古利克等人积极探索专业化分工、管理层次与幅度、统一指挥等公共行政的一般原则和原理。韦伯（Max Weber）也坚信，“推进官僚制度的决定性理由一直是超过其他组织形式的纯技术优越性……精确、速度、细节分明……减少摩擦、降低人和物的成本，在严格的官僚制治理中这一切都提高到最佳点”，[③]这种以职能为中心设置部门和层级节制的组织结构，具有效率高、便于控制和指挥等优点，但也使一个行政业务流程分割为若干环节、横跨多个部门，人

---

① ［英］亚当·斯密：《国民财富的性质和原因的研究》，郭大力、王亚南译，商务印书馆1981年版。

② ［美］约瑟尔·M.林登：《无缝隙政府：公共部门再造指南》，汪大海等译，中国人民大学出版社2002年版，第24页。

③ ［美］文森特·奥斯特罗姆：《美国公共行政的思想危机》，毛寿龙译，上海三联书店1999年版，第37页。

为地把行政流程割裂开来,使一个完整的流程消失在具有不同职能的部门和人员之中,容易造成多头指挥。

20 世纪 70 年代末,针对传统官僚制机构臃肿、效率低下、反应迟钝等弊端,西方各国普遍推行了以“政府再造”(Reengineering Government)为内容的新公共管理运动。新公共管理运动的一个基本思路就是大量借鉴工商企业的管理方法(私有化、分权化、市场检验、强制性竞争等)对政府组织进行改造,从而达到提高行政效率、改善公共服务质量的目的。无论是奥斯本、盖布勒倡导的“企业家政府”(Entrepreneur Government)组织模式,还是彼得斯提出的未来政府治理模式,其突破性变革在于大量建立执行机构或半自治性的分散机构,让它们负责公共项目的执行和公共服务的提供。从而使政府组织结构从官僚制组织模式向分散化、独立化、分权化和灵活性的组织模式转变。但这种新公共管理运动在革除官僚制效率低下、反应迟钝等弊端的同时,又进一步强化了“机构裂化”、“管理分割”。

因此,这种基于专业分工、等级制的官僚制组织形式和分割管理模式,虽然一直占据着公共行政的统治地位,但随着现代经济社会和科学技术的发展,这种分割管理模式日益暴露出其固有的弊端,越来越遭到学者和实践家们的批评。马丁·米诺格(Martin Minogue)等人批评了西方国家大量存在的管理分权、“机构化”和“公司化”的问题;①英国“撒切尔时期公共行政改革在引入竞争机制的同时,严重忽视了部门之间的合作与协调,造成了碎片化的制度结构”。② 佩里·希克斯认为,从功能上讲,分割化的治理存在让其他机构来承担代价、互相冲突的项目、重复、导致浪费并使服务使用者感到沮丧、在对需要做出反应时各自为政、公众无法得到服务,或对得到的服务感到困惑等问题,所有这些问题正

---

① [英]马丁·米诺格等:《超越新公共管理(上)》,闻道等译,《北京行政学院学报》2002 年第 5 期。

② SylviaHorton,David Farnham:*Public Adiministration in Britain*.Great Britain Macmillan Press LTD,1999,p.251.

是治理中的一些协调、合作、整合或整体性运作想解决的。①

综合上述的分析,我们认为,分工理论在不断提高效率的同时,也给行政组织的持续发展套上了一道无形的枷锁。以分工为基础的分割管理模式及其诱发的其他问题已经严重阻碍了网络经济和信息化社会的发展,阻碍了统一市场的形成进程。其弊端日益表现为:

第一,分工过细导致了部门林立、职责交叉重复、多头指挥和无所适从。按照分工的原则,政府管理按照职能划分为诸多不同的部门,同一个行政事项多个部门同时管辖,"九龙治水"就是部门林立、职责交叉重复的真实写照。

第二,分工过细导致了流程破碎、组织僵化和资源共享程度差。分工过细意味着一个完整的业务流程被若干部门和环节所分割,即使是一项简单的工作也要被拆分成一系列繁琐的活动。将一个完整、连贯的业务流程分割成许多支离破碎的片段,造成了相互隔离的部门壁垒,增加了各个业务部门之间的交流和协调工作,使得行政过程运作时间长、协调成本高。"我们大部分政府和商业组织建立的原则是劳动分工、专业化、标准化、明确的等级制度、个人责任、可互换的零部件和员工,这些原则产生了以隔离为特征的高度分散的组织:部门之间的隔离,部门与职员的隔离,机构和顾客的隔离,机构和供应商以及卖主的隔离"。②这种相互隔离和自我封闭使行政组织的灵活性大为下降,很难适应快速多变的信息化社会环境,也无法对公众的需求做出快速、及时的回应。分割管理使资源分散在不同的领导、部门、业务人员和环节之中,不可能实现资源的有效整合,资源从一个部门转到另一个部门,必然增加了交换环节和复杂程度。

第三,分工过细导致了本位主义、整体效能低下和无人对整体负责。每个部门都有自身的利益追求和目标,各司其职。在执行任务时,部门往往从本部门的工作和利益出发,精心构思自己的行为,只注重局部环节而缺乏整体协调,忽视了政府的整体使命和目标,甚至使本部门的目标凌驾于政府整体目标之上。过

① 竺乾威:《从新公共管理到整体性治理》,《中国行政管理》2008 年第 10 期。

② [美]约瑟尔 · M.林登:《无缝隙政府:公共部门再造指南》,汪大海等译,中国人民大学出版社 2002 年版,第 24 页。

细的专业分工导致部门把工作重心放在个别作业与环节效率的提升上，而忽视政府的整体使命；部门间的利益分歧往往促使个体的短期利益凌驾于政府发展目标之上，阻碍了政府整体目标的实现，并日益演化为“铁路警察各管一段”的管理盲点、僵化的本位主义和管理的“真空地带”。这种分散主义和利益分歧，或许有助于局部效率和部门绩效的提高，但严重的本位主义日益导致了政府整体绩效的下降和弱化。“职权要分割，每一级的治理都以排他的方式实施其职权。领域要分割，每个领域都由一个部门机构负责。行动者分割，每个人，特别是公共行动者，都有自身的责任领域。对明晰的追求，出发点是好的，即需要区分权力、明确责任，但是当问题相互关联时，当任何问题都不能脱离其他问题而被单独处理时，这种明晰就成了效率的障碍。”①如图 4-3 所示，我国食品安全监管不是国家不重视，也不是没有专门的机构，而是机构间的分割削弱了监管效能。

第四，分工过细和专业化劳动导致了行政人员技能单一、适应性差。分工将一个连贯的业务流程分割成多个支离破碎的片段，不仅增加了各个业务部门之间的交流工作和大大增加了交易费用，而且也导致了行政人员的技能愈加专业化，成为一个片面发展的机器附属。行政人员的管理行为被同化于标准化产品的生产之中，不再带有个人的印记。行政人员如同官僚机器上的一颗螺丝钉，固守着各种规章制度，在各自职责范围长期从事某种单调的工作。这种非人性化的官僚体系必然导致“新的奴役铁笼”。正如马克思所说，劳动逐渐成为外在于劳动者的一种“异化”，从而破坏了工作的趣味性。“狭隘的求同现象；对个人进取心和创造性的限制，难以忍受的一致服从，称职但并不出色的工作表现，以及同样的自鸣得意……这样，工作变成了乏味的例行公事。”②因此，专业化分工限制了人的创造性的发展，没有刺激，导致行政人员缺乏积极性、主动性，责任感

---

① ［法］皮埃尔·卡蓝默：《破碎的民主：试论治理的革命》，高凌瀚译，三联书店 2005 年版，第 11 页。

② ［美］欧文·休斯：《公共管理导论》，彭和平等译，中国人民大学出版社 2001 年版，第 51 页。

差，直接影响了工作质量与服务质量。此外，长期从事某一种或一类工作，使得行政人员的技能过于单一，如同凡勃伦所说的“受过专业训练的无能”一样，很难适应复杂多变的社会要求。

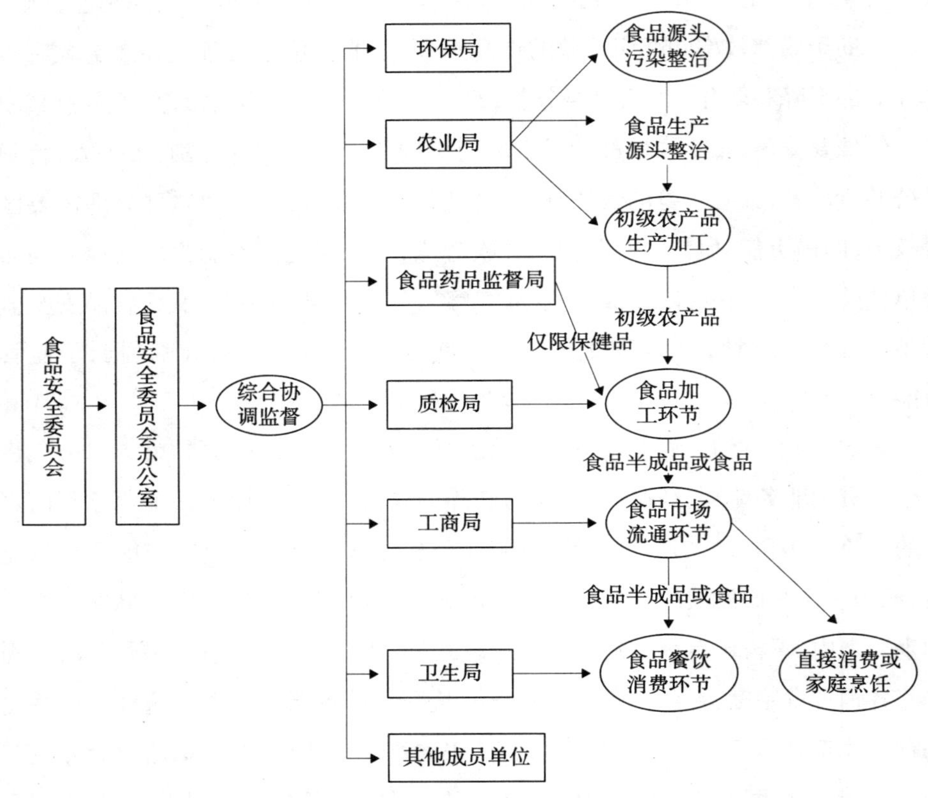

图 4-3　我国食品安全监管机构及其分工图

第五，分工强化管理驱动、局部效率与个体绩效，导致了对社会的服务意识不强、服务效能低下。分割管理模式遵循“管理驱动”的逻辑，以个体自身管理的便利为出发点，并非以服务对象的利益为导向。在碎片化的分割管理模式下，提供什么样的公共服务、提供多少，一般都是由部门自己来决定。企业和公众对政府提供的公共服务常常处于一种被动的状态。庞大的政府机构各有自己的规章、行为方式与办事要求，它们常常以这种或那种方式影响公众和企业的活动。

公众为了实现权利、履行义务而与这些不同部门发生的联系常常要经过若干个部门与繁杂的手续,进行相关资料的重复提交和重复申请。这样,不仅浪费了大量的社会资源、增加了社会交易成本,也大大损害了公共部门的形象,使得政府部门与公众的矛盾日益加深,并为政府部门的腐败行为留下了巨大的空间。例如,某公民因申请户口迁移而导致他要与相当多的政府部门发生联系。每一个部门都要求该公民以不同的形式并在不同期限内提供他的个人信息,这些信息虽然不是同一个信息、填写的格式不同,但内容却非常相似。为此该公民必须周旋于这些部门之中。另外,人们对政府提供的公共服务没有选择的余地,更谈不上享受个性化的服务。在分割管理模式下,政府部门办事烦琐、效率低下和服务的分散化,日益加深了公众对政府部门的不满。

第二节　信息化时代大都市政府组织结构重组

一、信息化时代大都市政府治理的理论基础

从结构性分权、机构裁减和设立单一职能的机构转向整体政府,①是 20 世纪 90 年代中后期西方国家行政改革所采取的新举措,是在信息技术革命推动下,对传统官僚制和新公共管理运动所形成和强化的分割管理模式进行深刻反思而提出来的。整体政府的核心目的是通过对政府内部相互独立的各个部门和各种行政要素的整合、政府与社会的整合以及社会与社会的整合来实现公共管理目标。在现实社会条件下,公共管理目标的实现既不能靠相互隔离的政府及部门,也不能靠成立新的"超级部门";既不能靠单一的政府主体,也不能靠单一的市场或社会主体,唯一可行的就是围绕公共管理目标,在保留部门的前提下实行跨部门协作,实行公私部门之间、政府与非政府组织之间、中央与地方之间的

① ［挪威］Tom Christensen、Per Lgreid:《后新公共管理改革——作为一种新趋的整体政府》,张丽娜、袁何俊译,《中国行政管理》2006 年第 9 期。

协作。

克里斯托夫·波里特在综合评述了相关文献的基础上揭示了整体政府的内涵:“排除相互破坏与腐蚀的政策情境;更好地联合使用稀缺资源;促使某一政策领域中不同利益主体团结协作;为公民提供无缝隙而非分离的服务。”①整合(integration)是整体政府最本质的内涵。

英国学者汤姆·林对西方各国整体政府改革的实践与经验进行理论总结,归纳出一种最佳实践的整体政府组织模式,如图4-4所示。② 他认为,整体政府组织模式包括了“内、外、上、下”四个“联合”子集:一是“内”,指组织内部的合作,通过新的组织文化、价值观念、信息管理、人员培训等途径来实现“联合”,意味着一种新的组织结构形式;二是“外”,指组织之间的合作,通过分享领导权、共同预算、融合性结构、联合团队等途径来实现“联合”,意味着一种跨组织的工作方式;三是“上”,指组织目标的设定自上而下以及对上的责任承担,通过以结果为导向的目标分享、绩效评估、公共服务协议等途径来实现“联合”,意味着一种新的责任和激励机制;四是“下”,指以顾客需要为服务宗旨的公共服务供给过程,通过联合磋商、顾客参与、共享顾客关注点等途径来实现“联合”,意味着一种新的公共服务供给方式。正是新的组织结构形式、新的工作方式、新的责任和激励机制、新的服务供给方式这四者的有机结合,构成了既不同于传统官僚制又不同于纯市场化的一种新型管理模式——整体政府。整合是整体政府最本质的内涵。这种整合既包括行政系统内部各部门之间基于业务流程所形成的政务协同,也包括政府作为整体在公共服务供给层面与非营利组织、企业或社区之间合作所形成的公私合作与伙伴关系。这样,不仅使行政系统的组织结构和各种资源得到了整合,打破了部门界限(Boundaryless Government)而使部门成为了流程上的节点,实现了跨部门的网络化政务协同与无缝(Seamless Government);而且,还使各种主体提供的公共服务及其提供途径得到了整合。整体政府的内涵

① Christoppher Pollit:*Joined-up Government:a Survey.Political Studies Review*,2003(01),p.135.

② Tom Ling:*Delivering Joined-up Government in the UK Dimensions,Issues and Problems.Public Administration*,2002(4),pp.625-642.

为我们探索大都市政府部门之间、行政层级之间的整合、行政业务流程的优化再造、组织结构重组,探索大都市政府与社会、市场、公众之间的合作互动和实现公共治理,提供了理论指导。

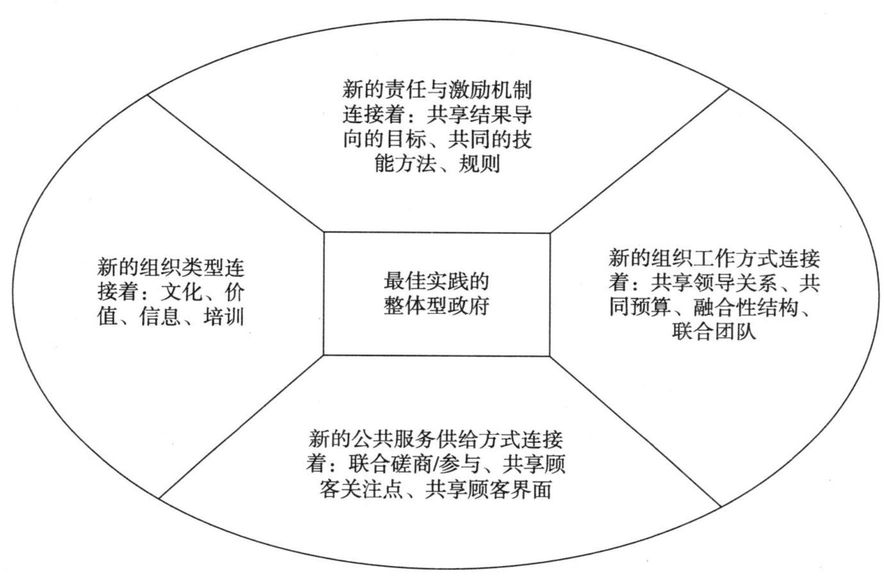

图 4-4　最佳实践的整体型政府

二、信息化时代大都市政府组织结构发展趋势

网络经济和网络信息技术的发展从根本上改变了政府行政组织与外部联系和交往的方式,影响了官僚系统的信息流动、信息存储、协调及其工作;同时,也对政府行政组织自身的组织结构和组织形态提出了挑战。约翰·奈斯比特预言电脑将粉碎金字塔,"我们过去创造等级制、金字塔式的管理制度,现在由电脑来记录,我们可以把机构改组成水平式。"①大都市信息化的结果是头重脚轻、集权机构的消失,取而代之的是自下而上重新建立各种机构。网络信息技术使政

① [美]约翰·奈斯比特:《大趋势——改变我们生活的十个新方向》,梅艳译,新华出版社1984年版,第255—336页。

务信息通过网络传递成为可能,使跨部门的业务与信息整合成为可能,使越来越多的政府信息与服务通过网络提供成为可能,使权限上分离的、地理上分散的政府部门及其业务与服务整合起来并形成跨部门的网络化协同办公和无缝隙政府成为可能。在网络化模式下,利用跨部门的共享数据库就可以在公众和政府互动的领域进行更大范围的信息与服务整合,而不需要考虑是否超越了部门的管辖权限。正是通过各种政府业务应用系统、政府网站和成百上千的网上服务,政府机构越来越趋向网络化,跨部门的网络化协同办公环境和"一站式"电子化服务正在逐步形成。在信息化时代,政府行政改革离不开网络信息技术的影响与推动,网络信息技术构建信息处理和信息流动的能力对传统官僚机构与体制产生了十分重大的影响,并促进了政府间网络的形成。① 正如巴雷所认为的,网络信息技术被看作是一种诱因,它引发了社会的永久变动,而合乎社会要求的变动反过来会修正或维持组织的外形。②

哈罗德·孔茨曾经指出,组织职能的目的是设计和维持一种职务结构,以便使人们能为实现组织的目标而有效工作。行政组织结构反映着政府的目标和计划、职位与职权、所处的环境条件。近代行政组织理论产生以后,先后出现过三种内部组织结构形式。第一种是控股公司型结构,简称 H 型结构;第二种是集中的、按职能划分部门的结构或一元结构,简称 U 型结构;第三种是多分支单位结构,即 M 型结构。③ 这种组织结构是伴随着工业化社会的发展而建立起来的,是与工业时代的经济、技术等环境条件相适应的。当代网络经济和网络信息技术的出现推动了行政组织结构的变化。网络经济的实质是知识经济。知识经济时代的一个最直观和最基本的特征就是知识作为生产要素地位的空前提高,知

---

① 政府间网络就是指政府部门之间相对持续的互动、信息流动和链接。参见 Christine Oliver:*Determinants of Interorganizational Relationships:Integration and Future Directions.Academy of Management Review*,1990,Vol. 15,No. 2,p.241.

② Stephen R. Barley:*Technology as an Occasion for Structuring:Evidence from Observations of CT Scanners and the Social Order of Radiology Departments.Administrative Science Quarterly*,1986,Vol.121,No. 1.

③ Oliver E. Williamson:*Markets and Hierarchies:Analysis and Antitrust Implications*, The Free Press,1975.

识与信息是网络经济条件下最大的资源,而劳动力、土地、资本和自然资源则是传统资源最重要的组成部分。

网络经济和网络信息技术改变了大都市政府治理的环境,创造了一种新的公共事务治理方式、公共服务提供方式和信息传递方式。知识和信息作为网络时代最重要的资源,也改变了公共治理的理念,拓宽了政府公共治理的范围和内容。所有这些都将从根本上影响和改变未来政府组织结构,使政府组织结构趋于扁平、组织规模趋于合理、组织的边界趋于模糊、组织的职务设计趋于团队任务,使越来越多的政府信息和服务能够从网上获取。一句话,所有这一切又会共同影响行政组织的结构、规模和职能设计,以及政府部门与公众之间的关系。在现代信息化社会条件下,大都市政府组织网络化发展趋势主要表现为:

(一)组织形态趋向扁平化

在工业经济时代,政府组织形式主要是采用与之相适应的“金字塔”式的层级结构,即官僚制组织结构。按照官僚制的基本理论,权力集中在等级结构体系的上层,下层服从上层的决策和指挥;组织的信息和指令从一个层级向另一个层级、从一个部门向另一个部门有序地传递。官僚制森严的等级链明确地规定了行政组织中工作人员之间,以及职能之间的关系;规定了工作的先后顺序,以一种职能分割的方式来作出决策。这种组织结构与工业社会强调劳动分工、强调权力与责任、强调集中和秩序是完全一致的。同时,也是与特定的信息传递、信息处理的技术和能力紧密相关的。管理的幅度越小,管理的层级就越多,政府组织的形状就越尖,信息传递和信息处理的能力就越弱。组织的维系和交流完全依赖于这样一种层级制度的安排和由此产生的职位权威。

现代信息网络 Internet/Intranet/Extranet 的发展,大大加速了整合化的信息处理,使信息网络成为管理的战略资源以及管理本身不可分割的重要组成部分。虽然官僚制度是能应付现代企业复杂性的唯一一种组织形式,①但人们还是普

① Max Weber:*Economy and Socity:An Outline of Interpretive Sociology*(2 *volume set.*).edited by Guenther and Claus Wittich.University of California Press,1978.

遍认为,网络信息技术改变了传统官僚体制结构,对网络化组织的关注标志着对传统官僚体制的质疑,加速了等级结构趋于扁平化。信息网络已不单是一般地提高管理效率和降低管理成本,还将通过管理的科学化和民主化全面增强管理功能,不是被动地适应传统的行政业务流程,而是积极促进行政业务流程的合理重组与再造,综合集成各种互有联系的管理职能,使管理工作的面目得以根本改变。同时,网络技术不仅突破了信息传递和信息处理的瓶颈,更重要的是,互联网技术使每一个成员成为信息网络中的节点,每一个节点能够直接与其他的每一个节点交流,而不需要通过一个等级制度安排的渗透。等级优势逐渐被知识优势所替代,职位权威逐渐被知识权威所替代。

传统结构中分割出来的各个部门的边界趋于模糊,纵向为主的信息交流逐渐转换为横向为主的信息交流;跨部门的网络化协同办公和不同部门的并行工作取代了原先的顺序活动;一体化和系统的观点与方法取代了原先分割的和孤立的观点与方法;相互合作与资源共享取代了原先的相互牵制与信息封锁。这为冲破纵向层级节制的组织模式奠定了基础。管理层级减少,管理幅度就增大,"尖型"的组织结构就逐渐趋于"扁型",宽幅度的横向一体化管理模式的扁平式组织结构就应运而生,直至网状的平面组织结构——形状是圆形的,领导者在中心位置,线路向外辐射到不同的外缘端点。行政组织的扁平化是行政组织结构的外部形状特征,隐藏在这一表征后面的实质是从根本上对行政组织人员及其职能之间的关系进行了重新界定。

扁平化的组织结构借助现代网络信息技术、通信技术和电子计算机技术,通过充分授权的方式,来实现行政组织的运作;使原来起上传下达作用的中层组织被削弱或走向消亡,呈现出信息沟通与交流的辐射形状;组织人员围绕任务和工作而组合起来;任务与任务之间、部门与部门之间都不再是固定的、相互排斥的独立体,而是可以资源共享的工作团队。

(二)组织规模趋向两极化

网络经济和网络信息技术促使行政组织规模朝着两极的方向发展。一是促使政府行政组织朝着超大规模的方向发展。网络信息技术为政府组织管理解决了信息传输、信息处理方面的障碍,打破了时空限制,扩展了管理幅度,减少了管理层级,提高了管理效率、信息传递速度和收集信息、处理信息的能力,提高了政府部门信息整合与集成的能力,降低了管理成本,这为政府行政组织规模的进一步扩大创造了条件。在网络化时代,政府行政组织规模超大发展的一个重要表现就是出现了无处不在的虚拟政府或网络化政府。网络信息技术的运用扩大了政府行政组织所涉入的范围和"从摇篮到坟墓"的各类事务的处理与服务提供,使越来越多的公共事务治理与公共服务提供都通过网上进行。二是促使政府行政组织朝着极小规模的方向发展。因为,网络技术、知识经济在很大程度上解决了信息沟通与交流的问题,降低了管理和交易成本,扩大了政府各部门之间交流和协作的带宽,部门间的分工更趋于专业化,部门间的合作更加密切,很多管理和交易都可以交给市场企业主体、社会中介组织去实施,这就使得政府行政组织的职能和规模收缩成为可能。特别是市场化取向政府行政改革的进一步发展,更加促使政府行政组织朝着更小规模的方向发展,推进"小政府,大社会"的发展,实现政府从社会中的部分撤退。

在网络化时代,政府组织超大和超小规模两极化的趋势同时存在,甚至同时存在于一个国家的同一个时间里。超大规模表明的是无处不在的网络政府或虚拟政府的出现以及网上政府服务的存在,强调的是政府管理效能和服务质量的提高;超小规模则表明的是实实在在的政府机构的缩小、行政人员的缩减和政府职能的减少。这两极化的趋势不仅反映了"小政府、大社会"的发展方向,而且,把政府机构的缩小、行政人员的缩减和政府职能的减少与提高政府管理效能、提高政府服务质量有机地、辩证地统一起来,从单纯强调有限政府或无限政府这种外延式的大小规模,到强调有效政府和责任政府。

(三)组织结构趋向柔性化

行政组织模式的演变是从行政组织稳定需求向行政组织弹性与变革需求发展的过程,因此,行政组织模式由组织严密的官僚制逐步发展为临时性的、以任务为导向的团队式、松散的网络式组织。传统的组织与管理策略是以"组织——个人"为分析单元及作为权责分配的依据,但在与网络经济时代相适应的组织革新潮流中，则是团队管理策略扮演着重要的角色。工作团队（Task Teams）成为组织用以改进生产与品质的主要手段。① 因为工作团队经由自我引导、自我优化、自我设计、自我创造和自我组织的方式建构其活动内容以完成工作；经由工作过程中人际间的诚信与沟通，建立成员间坚实的关系，彼此间保持高度的参与感和承诺。

在网络化时代，随着整合化的信息处理能力的加强和行政业务流程的再造，行政组织将越来越多地在政府部门内部和外部使用工作团队。一个事项的处理涉及若干部门，在事务处理流程优化的情况下，把涉及该项事务处理的各个部门整合为完成该事项的流程上工作团队，将完成该项事务处理所涉及的各个职能部门、所需要的各个功能环节和机构的人员以及各种资源整合成为一个完整的业务流程，打破部门界限，形成跨部门的网络化协同办公环境。在这种环境下，没有固定职务、没有命令权威、既不是被控制也不是控制他人，从而完成任务和实现组织目标。

（四）组织结构的虚拟整合

工业经济时代通过集中化、规模化形成的组织形态，是由决策层、管理层和操作层构成，呈现统一指挥与有效控制的“金字塔”式结构，功能完整而且实行专门化分工。马克斯·韦伯把这种官僚制度描绘成一种理想模式，把它看作是控制工业革命释放社会力量的关键的新型机器的第一人。②

但是，网络时代的行政环境具有复杂多变性，运行在这种复杂多变环境中的行政组织要做到全面提高政府部门依法行政能力、管理协调能力、科学决策能力、应急处理能力和公共服务能力，形成行为规范、运转协调、公正透明、廉洁高效的行政运行方式，就需要行政组织结构具有弹性以适应复杂多变的环境，从而达成政府目标。网络组织比传统官僚制度更加灵活、更具适应性、更容易让人们

---

① May, D. R. & Schwoerer, C. E.: *Developing Effective Work Teams: Guidelines for Fostering Work Team Efficacy. Organization Development Journal*, 1994, Vol. 12, No. 3, pp.29-39.

② Beniger: *The Control Revolution: Technological and Economyic Origins of the Information Society*. Harvard University Press, 1986, p.6.

获得知识。① 因此,使行政组织结构具有弹性并满足竞争需要的最好途径就是采取网络组织形式,实现行政组织虚拟化。

“虚拟”指的是整合相互独立的各种组织、各个部门以实行整体目标的能力。当顾客和一个虚拟的政府机构互动时,他们似乎在与一个紧凑的物质的机构互动,可实际上他们是在与多个机构互动,这些机构只通过网络就可以被整合。虚拟就是一种通过数字网络对部门、行政业务、信息与服务进行整合的能力。② 这种虚拟化的政府组织形式是分布式的,它存在于组织间网络以及网络化的计算机系统内,而不是各自独立的官僚机构内,它具有无限的可延伸性和持久性,而且能轻易地适应差异和变化并找到自己的秩序;既富有弹性,又具敏捷性,能够迅速地调配其资源和能力,而不管它们分布在政府部门内部还是分布在组织之间。

虚拟组织的信息流动和信息传播越来越依靠网络而不是官僚渠道或者其他正式渠道,政府信息及服务通过政府门户网站来提供。在网络化条件下,对等联网技术使得每一个节点能够直接与所有其他的节点交流;对等的信息使得无论信息处于何处,人员和应用工具都能够容易地得到;对等的知识联网,使得无论他人的知识位于何处,每个人都能够获得它。知识经济时代的政府竞争能力并不取决于政府自身的规模,而是取决于政府所能调动和利用资源的能力。知识经济要求并引导着政府部门从机械式向有机式并最终向网状虚拟组织形式发展。虚拟组织形式可根据任务的需要来调动和利用大于组织自身所拥有的资源和能力。

(1)虚拟组织的含义与特征。虚拟组织(virtual organization)是以网络信息技术为连接和协调手段的动态联盟。虚拟组织可以把不同地区、不同部门的现有资源迅速组合成一种没有围墙、超越空间约束、依靠网络联系和统一指挥的组

① Joel M.Podolny and Karen L.Paige:*Network From of Organization.American Review of Sociology*, 1998, Vol. 24, pp.57-76.

② 参见[美]简・芳汀:《构建虚拟政府:信息技术与制度创新》,邵国松译,中国人民大学出版社2004年版,第31页。

织形式。虚拟组织没有固定的组织层级和内部命令系统,而是一种开放式的组织结构,是通过网络而进行的虚拟整合。因此,虚拟组织在拥有充分信息的条件下,从众多的组织中把完成某项事务所涉及的各个政府部门整合在一个流程上,形成工作团队,实现对外部资源整合利用,从而以强大的结构成本优势和机动性完成单个实体型组织难以承担的功能。也就是说,虚拟组织中成员间的合作关系是动态的和不固定的,完全突破了以内部严密的组织制度为基础的传统科层式管理。

网络信息技术的发展推动了虚拟组织的发展,网络信息技术和知识经济是当代公共管理改革的重要环境条件。这种环境发展要求在一个流动和动态的环境中发现内聚力和构造组织。网络本身是虚拟组织的载体;同时,作为辅助工具,网络信息技术又推动了各个领域中合作的开展和众多虚拟组织的形成。虚拟行政组织是一种网络化的组织形态,内部各部门之间的人员通过现代信息手段实时进行相关信息的沟通与协调,不必受制于地域或机关权限的阻碍;利用跨政府部门的共享数据库可以在公众和政府部门互动的领域进行更大范围的信息和服务整合。这种虚拟组织把那些没有关联的、权限上分离的、地理上分散的政府部门、行政业务和政府服务整合起来,构建无缝政府,提供一体化的电子服务。

因此,虚拟组织包括了以下几个基本含义:第一,虚拟组织是开放的和自组织的;第二,领导不再是组织等级的上层而是行动的中心;第三,网络的弹性使得人们更容易流动并和所需要的其他人建立联系;第四,职位和角色之间的差别不明显;第五,组织界限趋于模糊;第六,组织成员使用他们的知识和技术联网来对项目和任务平行开展工作。

虚拟组织的特征有:第一,专长化,虚拟组织只保留了自己的核心专长及相应的功能,舍弃了其他非专长的能力及相应功能;第二,标准化,构成虚拟组织的各部分和成员必须建立统一的规范标准,以相互信任的方式行动,标准化是虚拟组织存在的基础;第三,松散化,构成虚拟组织的各个部分是彼此分散的,彼此之间通过网络连接在一起,形成一种虚拟的整合。松散化反映了虚拟组织利用网络进行跨部门虚拟整合的特征。进行跨部门的虚拟整合是业务流程再造的基础；没有跨部门的虚拟整合就没有业务流程的再造，就不可能实行电子化管理。

（2）虚拟组织的结构形态。从结构形态上说，虚拟组织包括以下三种形式：

第一，地域虚拟化。虚拟组织在空间中不是集中的和连续的，它打破了空间距离的障碍将分布在不同地点和分属于不同部门的组织机构虚拟地整合在一起，而实际上各个组成部分是以离散状态分布在不同的地理位置和分属于不同政府部门。这种地域的虚拟化使企业和公众可以不受实际地域的限制而获得政务信息与服务。地域的虚拟化是虚拟组织不可缺少的组成部分，也是企业和公众便捷地获取政务信息与服务的基础。

第二，功能虚拟化。功能虚拟化是虚拟组织的核心。因为，虚拟组织是以完成一个项目或执行一项任务为基础的各种核心能力的统一体。虚拟组织在运作时虽然有完整的功能过程和运作流程，但虚拟组织本身却是不具备这些功能的，虚拟组织的功能都是各组成部分功能的虚拟整合。这表明在虚拟组织中各部门在为完成某个项目、执行某项任务或为公众提供某项服务时，在遵循统一的标准规范的前提下各自发挥自己的功能、联通共享。没有这种功能的虚拟整合，就没有一体化的电子服务。打破各自为政、条块分割的体制，实行资源共享和跨部门之间互动联通是实现功能虚拟化的关键。

第三，结构虚拟化。传统实体型组织的层级结构呈“金字塔”形。虚拟组织是通过网络将分布于不同地点或不同部门的各个部分连接起来，是各个部分在网络上的一种虚拟整合。因此，虚拟组织的结构形态是一种网络组织结构形态，它不是将各个组成部分集中起来组成为一个新的、实体的机构或部门。

各种网络平台的相互作用促进了行政组织的网络化。虚拟组织的结构形态是一种网状结构形态。虚拟组织是网状组织的一种极端形式。网状组织是一种横向一体化的组织，是扁平式组织的进一步深化，它突破了实体组织结构的有形界限，有利于组织内部分工合作，也有利于借用外力和整合外部资源。

虚拟组织是一种网络结构，实际上就是以某一核心部门或者核心功能为中心，通过一定的目标，利用网络信息技术将一些相关的部门与功能整合起来所形成的一个合作性、整体性的部门群体，虚拟指的就是这样一种整合与协同功能。

虚拟组织的运作除了依靠有关单位或部门相互之间的协作与沟通之外，还必须有一个实体的核心部门来负责协调和组织，否则，虚拟组织就是一盘名副其实的散沙。例如并联行政审批系统，涉及前置审批的各个部门虚拟地整合在一个流程上，构成了网上虚拟政府。但是，如果这些前置审批部门缺乏协调和组织，企业和投资者就很难在网上享受政府提供的包括企业注册登记等各项服务。虚拟政府在具体运作的时候，还必须注重解决各个组成部门之间的协作问题，真正实现部门之间的联动和资源共享，形成跨部门的网络化办公环境，构建无缝政府。

虚拟组织的出现符合社会未来发展的趋势，并有效地推动了大都市政府电子政务的发展。它所具有的优点主要表现为：

第一，虚拟组织可以有效地处理多元化服务与专业化分工的矛盾。虚拟组织可以通过网上虚拟整合，把许许多多相互独立的部门虚拟整合在一个网络平台，组成为虚拟组织，从而向社会提供多元化服务。

第二，虚拟组织可以有效地提高行政组织的弹性和可再造性，使行政组织具有快速反应能力。虚拟组织将一个庞大的行政组织体系通过网络虚拟整合为若干业务应用系统，组成虚拟组织的各个部门都是系统中的一个节点。

第三，虚拟组织可以有效地减少运作成本。虚拟组织充分运用网络信息技术的力量，优化了业务流程、减少了办事环节、打破时空的障碍。这样，大大加速了跨部门信息与服务的流动，提高了整合化的信息处理能力，从而大幅度降低了交易成本。

第四，虚拟组织符合未来社会服务朝着个性化、自由化方向发展的趋势和公共管理改革的潮流。随着网络信息技术的发展，网络将遍布世界各个角落，国际互联网、可视电话、可视会议将全面进入每一个政府部门和家庭。社会将朝着个性化、自由化方向发展，移动办公等形式将成为公共管理的基本办公方式，政府部门从集中办公逐步走向网络移动办公和虚拟办公。虚拟组织经由网络把这些分散的个体虚拟地整合成一个个能有效运作的团队，实现了跨部门资源共享与业务协同。

三、信息化时代大都市政府组织结构创新

官僚制结构形式的政府是适应工业技术和工业生产方式的需要而建造起来的，是工业经济时代社会治理结构与社会运行方式的反映和制度化。“正像信息技术深刻地改变了美国的商业结构一样，我们可以预见计算机技术和信息交流技术的发展将极大地影响政府的结构和职能。信息技术将深刻地改变公众的期望和政府的工作方式”。① 大都市政府各层级政府及其组成部门之间的关系必须摒弃那种消极被动的状态，即仅仅致力于建立形式化、官方化的关系，而应转变为一种充满活力的、主动的网络化关系，即拥有稳定又反应敏捷的行政机构、商业导向的管理战略。② 技术毕竟是手段，社会需要和社会进步才是目的。信息技术、计算机技术和网络技术发展不仅推动大都市社会经济面貌的大改变，而且它作为大都市社会范式转变的催化剂，始终与大都市政府再造相联系，成为大都市政府再造的工具和动力。而大都市政府组织结构的优化重组则是信息化技术发挥作用的基础。本节探讨我国大都市政府组织结构重构，然后探求信息化技术整合组织结构的路径。

（一）大都市政府组织结构的横向整合

大都市政府组织结构的横向整合主要是在明晰政府职能的基础上，进行大部门体制改革。所谓大部门体制，或叫“大部制”，就是在政府的部门设置中，将那些职能相近、业务范围趋同的事项相对集中，由一个部门统一管理，最大限度地避免政府职能交叉、政出多门、多头管理，从而提高行政效率，降低行政成本。大都市政府大部门体制改革是对城市治理体制改革在新的历史条件下适应信息化时代要求和市场经济发展的一个新举措；它可以化解政府中存在的机构重叠、职责交叉、政出多门的矛盾以及权限冲突，有助减少和规范行政审批，简化公务

---

① ［美］唐·泰普斯克特等：《数字经济的蓝图——电子商务的勃兴》，陈劲、何丹等译，东北财经大学出版社、McGraw-Hill出版公司1999年版，第56—136页。

② ［西］博尔哈、［美］卡斯泰尔等：《本土化与全球化：信息化时代的城市治理》，姜杰、胡艳蕾等译，北京大学出版社2008年版，第9页。

手续和环节，提高政策执行效能；也是国外市场化程度比较高的国家普遍实行的一种政府管理模式。1970年10月希恩政府在发表的《中央政府的改组》中列举了“大部制”的四大优点：①“大”部因其“大”而能够自己确定战略目标和重点；②统一的大部制有利于部内协调，密切联系的部门合并，减少部门之间的争执，真正履行执行政府的职能；③部内的工作更加专业化；④有利于政府维持一个较明确的战略目标。①

明晰职能是有效理顺权力运行关系、实现职能有机统一的大部门制的关键，政府职能决定着行政机构的设置。而明晰职能就是要根据历史发展阶段的不同、根据所处行政层级的不同来进行职能配置和区分，具体包括：一要依据政府职能的动态性特征，随着社会发展阶段、发展水平和公共管理问题的不同而配置职能；二要依据政府职能的整体性特征，随着所处层级政府的不同而区分不同的职能重点和内容；三要根据行政总体目标的分解来配置和区分各部门职能。②

同时，按照大部制改革实行大都市政府自组织结构的横向整合，还必须明确区分决策权、执行权；实行决策权与执行权的适度分离，形成决策权、执行权这种梯度的权力结构，执行权对决策权负责，决策权、执行权都无一例外地接受监督权的监督。在一个决策机构下面可以设置多个执行机构；改变机构上下对口设置的恶习。只有这样，才能科学推进大部门制改革并发挥其积极作用，也才能有效推动大都市政府横向部门结构的整合与实现跨部门业务协同。

2009年8月1日，深圳市政府出台了《深圳市政府机构改革方案》（以下简称《方案》）③，先行试水以大部制为内容进行新一轮政府机构改革。对比深圳以往7次机构改革，新一轮改革符合了市场经济和信息化时代要求政府组织具有灵活性和弹性的要求，契合行政机构改革的科学思路。

首先，《方案》明确提出要以转变职能为前提，以大部门制整合政府机构。以往的机构改革偏重精简机构和精减人员，陷入“精简——膨胀——再精

① 徐争游等：《中央政府的职能和组织结构》（上册），华夏出版社1994年版，第437—440页。

② 蔡立辉：《明晰职能：理顺权力纵横关系的关键》，《学术研究》2008年第2期。

③ 具体改革内容参见：《深圳市政府机构改革方案》，2009年8月1日。

简——再膨胀”的怪圈,究其原因,在于以往政府机构改革带有明显的“外延式”改革痕迹,政府职能转变、体制和机制创新相对薄弱。而新一轮机构改革坚持“内涵式”的路径模式,以明晰政府职能为关键,打破部门行政的旧框架,归并、调整、整合现有的职能和机构,探索大部门制。

其次,《方案》依据深圳经济和社会发展阶段,科学合理配置政府职能,使得政府职能配置具有动态性。2008 年,深圳的 GDP 达 7806. 54 亿元、人均 GDP 达 8. 98 万元,分别比 1979 年增长了 3974 倍和 148 倍,GDP 和人均 GDP 在全国大中城市中分别居第四位和第一位。经济发展高速发展和人民生活水平的大幅提高,建立一个“小政府大社会”的服务型政府是深圳市经济和社会发展应中之义。《方案》明确提出政府职能实现向创造良好发展环境、提供优质公共服务、维护社会公平正义的根本转变,从城市政府直接服务企业和市民的实际出发,在加强经济调节的同时,更加注重市场监管、社会管理、公共服务。

最后,《方案》依据深圳政府职能定位合理配置和区分各部门职能。新一轮政府机构改革将深圳市政府职能界定为“经济调节、市场监管、社会管理和公共服务”。《方案》围绕这四类职能定位对现有部门的职能进行亚职能解析,根据职能同类原则对部门进行优化组合,深圳市人民政府机构设置如图 4-5 所示。

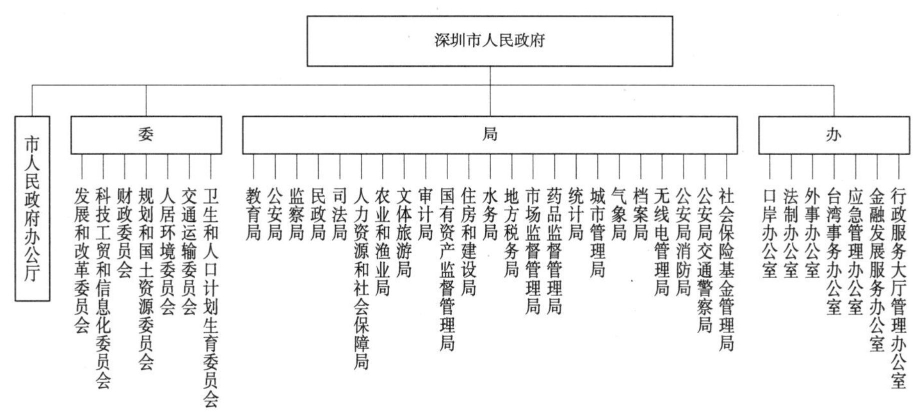

图 4-5　深圳市人民政府机构设置图

为实现“决策权、执行权、监督权”三者既相互制约又相互协调的要求,《方案》将市政府设置31个工作部门,并根据部门职能定位分别命名为“委”、“局”、“办”。其中,“委”是主要承担制定政策、规划、标准等职能并监督执行的大部门;“局”是主要承担执行和监管职能的机构;“办”则是主要协助市长办理专门事项,不具有独立行政管理职能的机构。同时,将一部分主要承担执行和监管职能的“局”,由承担制定政策、规划、标准等职能的“委”归口联系,将一部分“办”交由市政府办公厅归口联系。为更好履行经济调节职能,《方案》将“发展改革局”改为“发展和改革委员会”,并且将工商局物价局的定价职能、统计局的统计分析和信息发布职能整合划入发展和改革委员会,进一步减少微观管理事务和具体审批事项,使其更好统筹全市经济社会全面、协调、可持续发展。

(二)大都市政府组织结构的纵向整合

大都市政府组织结构的纵向整合主要是指减少大都市治理层级,大力推进行政区划的调整和功能区治理体制改革,由过去的“两级政府四级管理”构架向“一级政府三级管理”架构转变;同时,重新调配和确定各个层级政府的职能。

自深圳出台《深圳市综合配套改革总体方案》,深圳现有城市治理模式是“两级政府四级管理”和“一级政府三级管理”两种模式并行。其中,福田区、罗湖区、南山区、盐田区、宝安区和龙岗区实行“两级政府四级管理”,而光明新区和坪山新区为“一级政府三级管理”模式试验区,如图4-6所示。

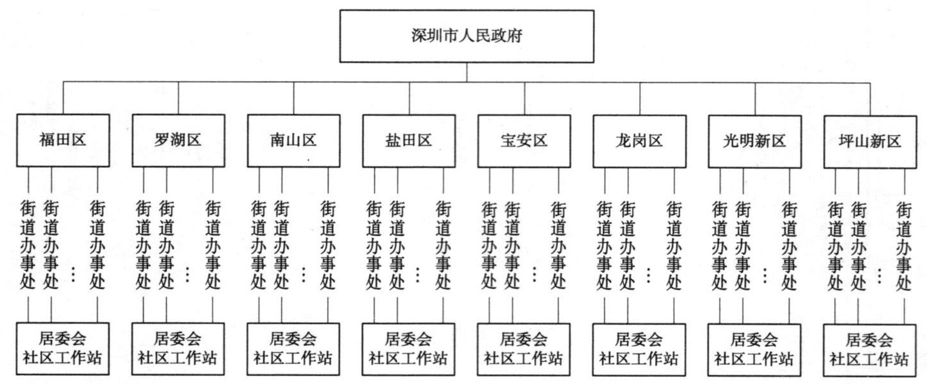

图4-6　深圳城市治理层次结构图

如上文分析,"两级政府四级管理"传统管理模式,由于其管理链条太长,行政资源集中在市区两级,而作为直接服务市民的街道和居委会(或社区工作站)却拥有最少的行政资源,由此导致行政效率极低,执行力极弱,同时行政成本高昂。因此,"一级政府三级管理"作为信息化时代探索大都市纵向组织改革被推上历史舞台。

《中共深圳市委、深圳市人民政府关于深化行政体制改革的意见》明确指出了实行"一级政府三级管理"的改革思路:第一,探索功能区管理模式。根据经济社会发展的需要,积极探索功能区管理模式,在总结光明新区经验的基础上,增加先进制造、交通物流、生态旅游、高端服务等不同类型的功能区。在生态保护功能区建立生态补偿机制,加大财政支付转移力度。功能区、管理机构实行新的模式,作为市政府的派出机构对辖区实施经济社会管理。第二,合理划分市区事权。在总结功能区管理模式的基础上,进一步理顺市区事权,减少行政层级,条件成熟时,借鉴香港、新加坡的经验,在先试点的基础上,改区为管理区,管理区尽量划小,管理区为市政府的派出机构。第三,创新基层治理体制。理顺区、街道、社区工作站、居委会的关系。在先试点的基础上,逐步将街道办事处和社区工作站整合为社区管理服务机构,强化社会管理与公共服务。新设立的社区管理服务机构为管理区派出机构,管理幅度尽量划小,以提高城市精细化管理水平。支持辖区居委会依法实行自治。

概括而言,其主要思路是:撤销区一级政府,重新划分管理区,管理区为市政府的派出机构;整合现有街道、居委会或社区工作站为社会服务署直接向市民提供服务,如图 4-7 所示。例如,《深圳市综合配套改革总体方案》和《深圳市综合配套改革三年(2009—2011 年)实施方案》确立坪山新区为深化深圳行政体制改革和推进精简行政层级改革创新示范点,探索"一级政府三级管理",创新现代大都市治理模式。坪山新区位于深圳市东北部,于 2009 年 6 月 30 日挂牌成立。辖区总面积约 168 平方公里,下辖坪山、坑梓 2 个办事处共 23 个社区,总人口约 60 万,其中户籍人口约 3.6 万。[①] 作为深圳综合配套改革的重要内容,坪山新区

① 深圳市史志办公室:《深圳年鉴 2009》。

采用新的体制模式:新区管委会是深圳市政府派出机构,下设综合办公室、纪检监察局、组织人事局、经济服务局、发展和财政局、社会管理局、公共事业局、城市建设局、城市治理局9个局(办)和机关后勤服务中心、城市治理服务中心、社会管理服务中心3个正处级事业单位,构建一个高效的小政府、大服务的新型机构,为辖区企业和群众提供优质的公共服务。

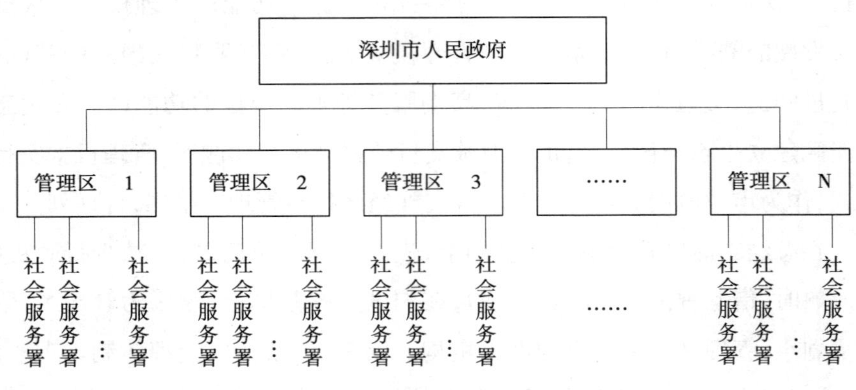

图 4-7 "一级政府三级管理"模式图

"一级政府三级管理"架构中,管理区和社会服务署的数量,决定了政府能否成为优良治理的公共服务型政府,为公民和企业提供优良的公共服务。依据组织结构理论关于管理幅度和管理层次的关系的论述,管理层次的减少意味着管理服务的增大。管理区的设立首先要符合深圳经济和社会发展需要,服务城市交通、居住、商业布局、产业分布等现状,管理区规模应该小于现有区,其数量则应该大于现有8个区。重新整合的社会服务署的规模和数量也应该按照深圳经济和发展发展以及人口分布相符合,满足公民服务的需要,其规模和数量都应该在居委会(或社会工作站)和街道办事处之间。

大都市政府由过去的"两级政府四级管理"构架向"一级政府三级管理"架构转变解决了政府层级过多、行政效率低下、执行力极弱和行政成本过高等问题。而各层级政府职能的确定则是确保大都市政府有效运行的基础,大都市政府三级管理主体的职能如图4-8所示。具体而言,深圳市政府主要负责大都市区整

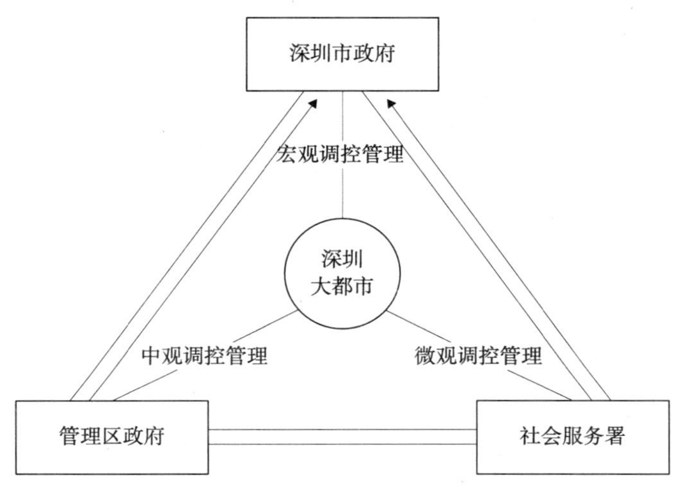

图 4-8 大都市政府三级管理主体的职能

体规划、重大产业政策、区域性环保协调等宏观层面的调控管理;深圳市各管理区政府主要负责各管理区规划制定、跨社会服务署相关规划制定;而深圳市各社会服务署主要是执行政策、提供公共产品和公共服务。三者之间密切配合缺一不可,只有三者各自发挥作用,才能积极有效推进大都市政府良性健康有序的发展。

(三)以构建整体政府为方向推进大都市政府组织结构创新

以构建整体政府为方向推进大都市政府组织结构创新具体体现在以下三个方面:

1.结构创新:从金字塔结构向扁平化网络状结构转变

从组织结构的角度看,大都市政府构建整合政府是一种新型的组织设计或结构重组,它强调打破部门界限,打破分割管理模式中分散化、功能分割、各自为政的管理和服务方式,强调将专业分工、层级节制的金字塔组织结构转变为以流程为中心的由多个工作团队或节点组合而成的扁平化网状结构,由此形成了"联合岬"(joined-up-ness)。[①] 适应网络化、信息化发展要求的大都市政府组织

① 蔡立辉、龚鸣:《整体政府:分割模式的一场管理革命》,《学术研究》2010 年第 5 期。

结构创新与整体政府构建，如图 4-9 所示。

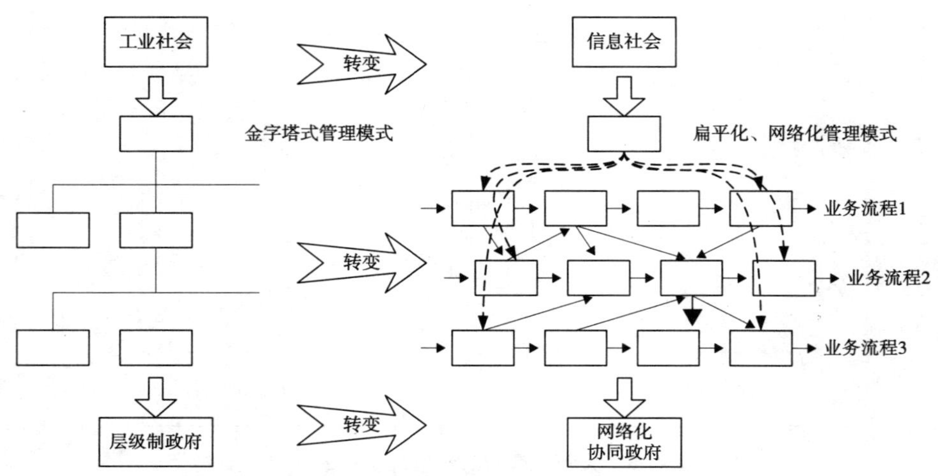

图 4-9　政府形态的转变：从层级制政府到网络化协同政府

组织结构创新重组，实质上是把工业化模型的大政府，即集中管理、分层结构在管理领域中运行的传统大都市政府，通过现代科学技术手段转变为以扁平化和网络化管理模式为特征的新型管理体系，以适应虚拟的、以知识为基础的网络经济和信息社会发展要求。

要实现大都市政府组织结构创新重组，关键是要面向任务目标，构建网状层次组织结构。因为，在分割管理模式下，大都市政府组织结构是条块分割的金字塔式层级结构，如图 4-10 所示。

从塔顶到塔底权力运行呈自上而下走向，A>B>D。在塔的同一层级，理论上权力是相当的，B=C=F；D=E=G。但在这种条块分割的组织模式下，大都市政府部门是以职能为基础设置的，各部门相互隔离、独成一体，跨部门之间的业务协同几乎不可能，资源难以共享。因此，实现大都市政府组织结构创新重组、构建整体政府必须使分割管理模式下的金字塔式组织结构变革为扁平型的网状组织结构。这项工作必须分两步走：第一步，实行任务分解，如图 4-11 所示。

任务的科学分解促进了金字塔层级结构逐步过渡到网状化组织结构、按职

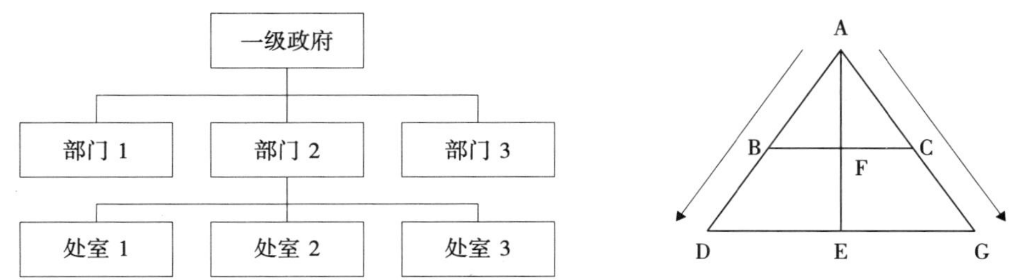

图 4-10　金字塔式层级结构及权力流向示意图

能划分的纵向静态层次结构逐步过渡到按任务划分的横向动态网状结构。纵向反映了面向职能的部门行政管理形式,横向反映了为完成某项任务动态组成的人员组织形式。这种组织形式是以任务为基础进行分类,而不是以解决某一类问题所涉及的职能进行分类。协作群体既可以是一个职能部门,也可以是一个跨部门的任务型组织。它直接面向任务,对客户负责,这符合整体政府关于跨部门之间业务协同的需要。

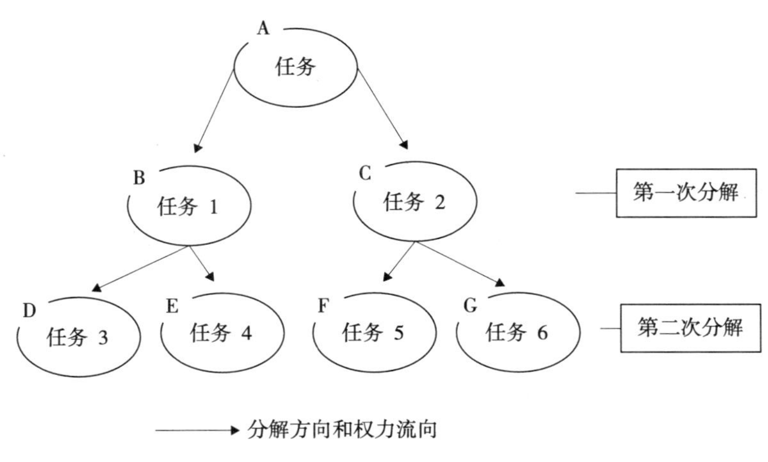

图 4-11　任务分解图

第二步,构建网状层次结构。图 4-11 表明,跨部门业务协同的完成需要层级(垂直)部门和职能(横向)部门之间相互配合才能完成,形成交叉型的任务管理模式。图 4-11 把一项共同任务进行二次分解,把分解出的小项目由不同层级不同的部门协同完成。A 是上层部门,B 和 C 是中层部门,D、E、F 和 G 是基层部门,权力运行从 A 到 B 到 D,从 A 到 B 到 E;从 A 到 C 到 F,从 A 到 C 到 G。但在分割管理模式下,A、B、C、D、E、F、G 这些部门之间的信息流、资源流、业务流是沿着权力的流向而进行的,同级之间基本没有互动。因此,要构建整体政府,还必须在任务科学分解的基础上,构建网状层次结构,如图 4-12 所示。

在整体政府模式中,信息、资源将突破传统职能(条条)和层级(块块)分割的权力壁垒,实现相互流动、交叉流动,并且通过资源整合与共享实现资源配置最优,形成随需应变的业务流程和跨部门协作的工作环境。各部门在具有其相对独立性的同时,又是各个流程上的工作团队或节点,通过信息流、资源流和业务流实现了跨部门之间的业务协同,实现了全程的互联互通,最终形成了网状层级结构的整体政府管理模式。

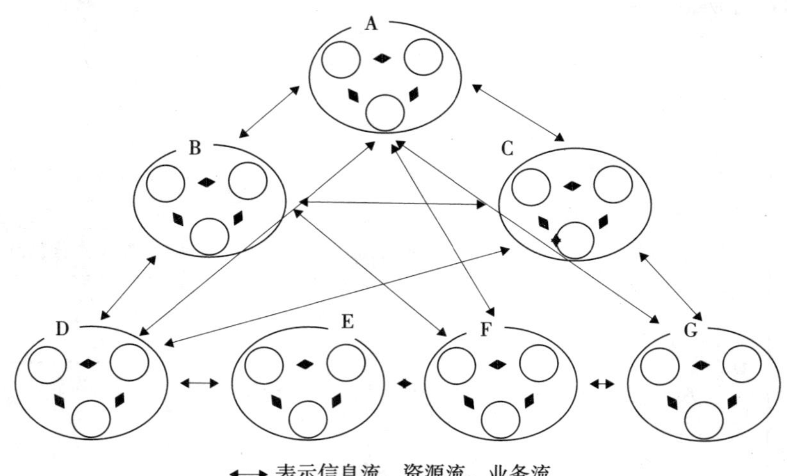

图 4-12　网络层次结构示意图

这样,通过行政组织结构的整合,在整体政府模式下,行政系统内部各行政业务之间、政府各部门之间、各地方政府之间、垂直部门与地方政府之间、各行政层级之间的关系,如图 4-13 所示,它们不再是一种分割、分散的关系,而是一个相互协作的有机整体。在这个整体中,既注重目标之间的冲突,尽力做到目标之间的统一;又注重通过互动和资源共享达到目标与实现方式的统一,在确保目标一致的前提下发展多样化的目标实现方式。

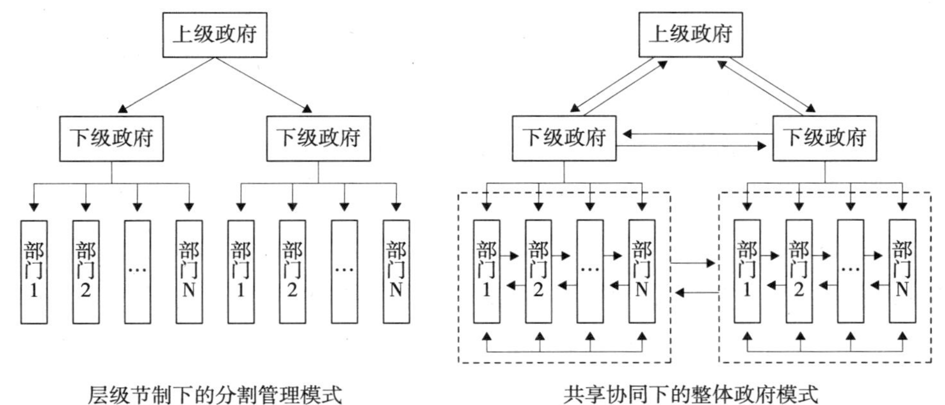

图 4-13　层级节制下和共享协同下的政府管理模式

2.信息资源整合:形成跨部门以共享为特征的信息运行环境

信息资源整合是一个把环境、行政系统内部各个管理层次和各个部门、信息资源和公众结合起来的综合概念;①是政府对不同来源、不同层次、不同结构、不同内容的信息资源进行选择、汲取、激活和有机融合,使之具有较强的柔性、条理性、系统性和价值性,并对原有的信息资源体系进行重构,摒弃无价值的资源,以形成新的核心资源体系的一个复杂的动态过程。② 整合后的资源具有更高的关联度,许多隐藏在信息中的知识逐渐显现或被挖掘出来,更加便于行政人员和公众对资源的充分利用。

因此,信息资源整合并不是简单的对政府的各种信息资源进行收集和归纳,而是以社会和公众的需求为导向,采用科学的管理方法,让社会部门及公众一起

① ［美］小瑞芒德·麦克劳德、乔治·谢尔:《管理信息系统:管理导向的理论与实践》,张成洪等译,电子工业出版社 2003 年版,第 35 页。

② 饶扬德:《企业资源整合过程与能力分析》,《工业技术经济》2006 年第 9 期。

参与政府信息资源管理，实现政府信息资源的全方位共享和开发效率的最优化，从而使整个政府服务过程系统化、规范化、电子化。

信息资源整合是重组大都市政府横向组织结构、构建整合政府的重要基础。在碎片化、零碎化的分割管理模式下，各部门、各地方相互隔离、独成一体，信息资源完全孤岛化。因此，信息资源整合是政府信息资源管理和开发利用工作的重要内容，是社会对信息资源均衡分配的需要，是基于政府职能间整体关联的需要。① 消除信息资源孤岛化是构建整体政府必须要解决的问题。

3.业务整合：实现以跨部门业务协同为特征的流程再造

流程再造是一种系统的、综合的提高大都市政府绩效的重要方法，它是要运用网络信息技术重组组织结构、打破条块分割体制和部门界限，从而实现跨部门资源共享和业务协同。因此，流程再造是组织结构整合、信息资源整合和业务整合的基础。

传统的以职能为中心的观念把业务流程人为的割裂开来，使业务流程消失在具有不同职能的部门和人员之中，导致多头指挥，影响作业效率，使公众无所适从，缺乏整体观念和有效的整合，产生了许多不创造价值的活动。流程再造强调以流程为中心和打破部门界限，强调以整体流程全局最优为目标来设计和优化流程中的各项活动，强调跨部门的集成整合和网络化工作，强调将功能性的层级结构转化为跨功能的工作团队，强调运用网络信息技术打破传统层级传递信息和书面审核的工作方式，使大都市政府行政组织的金字塔结构改变成扁平式、无中心式的网络结构。因此，基于流程再造的业务整合是重组创新大都市政府横向结构、构建整体政府的重要途径。

在信息资源整合、交换共享的条件下，流程再造突出了业务流程的自动化处理这个环节。政府流程的自动化处理就是以网络信息技术为支撑，实现管理过程各个环节事务的计算机自动化处理和跨部门的网络化协同办公。每一项工作或业务处理都具有一个完整的流程，围绕事务的处理将所涉及的各个部门或管

① 冯惠玲：《政府信息资源管理》，中国人民大学出版社 2006 年版，第 160—166 页。

理人员、各个环节、资源配置进行有效整合,形成一个具体的流程。由发起者发起流程,经过若干各部门和环节的处理,最终到达流程终点;大都市政府部门所有的工作流程又是互相连接、交叉或循环进行的,一个工作流程的起点可以是另一个工作流程的终点;淡化了工作流程之间的界限,加强了各流程之间的集成、互动与联系。整合端到端的业务流程,能够柔性地、快速地响应公众的请求和适应不断变化的经济环境。对行政服务的使用者来说,无缝隙政府是感觉不到边界的政府,是对部门、人员、信息、服务与流程进行了有效整合的虚拟政府。①

流程再造实现了组织结构和业务的整合,具体表现为:第一,各部门之间的无缝化,实现了各部门业务流程的一体化。所有政府部门只有一个统一的窗口对外,让公众感觉到各部门是一个整体,公众可以通过对互联网等技术的利用搜索到自己所需要的信息和服务,不再需要去特别注意这些信息与服务是由哪个部门提供的,而只需要关心自己的需求就能方便地获取和无缝地接受各项服务。第二,中央政府与地方政府间的无缝化。中央政府部门和地方政府部门之间的手续办理和业务处理,都在网上进行,公众在获取政府服务时可以完全不必注意中央和地方政府部门之间的界限。第三,政府部门与民间机构之间的无缝化。在市场经济体制下,政府部门不是公共服务的唯一提供者,除此而外,非政府公共机构、民间机构等也都参与了公共服务的提供。② 因此,提高公众获取公共服务的便捷性、提高公共服务质量,实行大都市政府部门、非政府公共机构和民间机构之间的信息与服务对接,推动了社会服务的一体化提供。

因此,正是通过以跨部门业务协同为特征的流程再造,实现了业务整合。大都市政府部门内部业务处理流程再造,改变了各职能管理机构重叠、中间层次多的状况,使每项职能只有一个职能机构管理,做到机构不再重叠、业务不重复;通过跨部门业务流程再造,构建了跨越多个职能部门边界的业务流程,把处理同一

① Richard Heeks: *Reinventing Government in the Information Age: International Practice in IT-enabled Public Sector Reform*. Routledge, 2001, p.259.

② 詹中原:《新公共管理——政府再造的理论与实务》,五南图书出版股份有限公司 2002 年版,第 20—40 页。

个业务所涉及的各个部门整合在一个流程上，使完成该项业务所涉及的各个职能部门、所需要的各个功能环节和机构的人员以及各种资源整合成为一个完整的业务处理流程，打破部门界限，实现跨部门的网络化协同办公；通过社会服务流程再造，实现了大都市政府部门与公众沟通的电子化和网上办事，实现了为公众的无缝化、整体化服务。

4.服务途径整合：实现以一体化为特征的便捷服务

社会服务的质量与水平如何，是大都市政府组织结构创新重组及其运行效果评价的重要指标，因而社会服务及其提供途径的整合也是大都市政府结构创新重组、构建整体政府的重要途径。以一体化为特征的便捷服务，意味着公众通过一个统一的入口就可以提交办事申请和获取政府服务，而不必周旋于多个部门。

在分割管理模式下，部门分割、分灶吃饭的财政体制都会导致政府对公众的服务及其服务提供的方式也都是部门化的、分散的。例如，市民平时对私家小车的供养，按照规定需要缴纳车船税、养路费和城市年票，但这三种收费分属于三个不同的部门来收取。市民为了供养这辆车而必须去三个不同的地方缴费。为此，市民常常为政府缺乏“一条龙”式的收费服务而抱怨政府。又例如，随着人们跨地区流动工作的出现，社会保险跨地区统筹的问题便成为了人们的社会福利能否实现的关键问题。因此，如何改变这种分散化、部门化、地方化的、各自为政的公共服务提供方式，使公众和企业能够在统一窗口实现“一次性”提交和办结，便成了实行大都市政府结构创新重组、构建整体政府的重要内容。

在消除了碎片化、零碎化现象的整合政府模式下，正是通过服务内容的整合和服务提供途径的整合，公众无须同时面对多个部门，只需面向一个代表政府的窗口；公众无须关心所需办事是由哪些部门办、在哪里办，只需关心需要什么服务、提交的资料是否合乎法律规定；能够及时查询和了解到事情办理的进度。这样，大大提高了公众办事的效率和便捷程度，大大降低了公众的办事成本。并由此形成了“一卡式”、“一站式”、“一网式”和“行政超市式”等具有鲜明整合特点的政府服务模式，形成了高效运行的一体化政府服务体系。服务途径的整合，不仅推动了各种服务提供途径的整合,而且还促进了各种服务提供主体的整合、各种服务内容的整合。这样,服务途径整合措施,促进实现了大都市政府在横向组织结构方面的创新重组,具有重大的现实意义。

第五章　公共服务创新:构建公私合作与伙伴关系

第一节　公私合作伙伴关系的概述

一、公私合作伙伴关系产生的背景

公私合作伙伴(Public-private Partnership,PPP)是20世纪80年代以来西方国家政府治理创新中出现的一个概念。在公共政策分析中,特别是经济发展、技术转移和城市治理领域,伙伴关系已经成为越来越流行的词汇。① 公私合作伙伴关系最早由英国政府于1982年提出,是指政府与私营商签订长期协议,授权私营商代替政府建设、运营或管理公共基础设施并向公众提供公共服务。公私合作伙伴关系主要通过公共部门和私人部门的沟通协调、网络联结与通力合作等,以提高公共部门公共服务的效率和缓解公共部门的财政危机。②

20世纪70年代末,西方国家普遍面临着管理危机、信任危机和财务危机。高失业、高通胀和低增长的"滞胀"现象出现;政府扩张、机构臃肿、效益低下,政策失效、政府失灵;财政危机严重等使得传统官僚制理论及其模式受到质疑,这也在客观上引发了西方政府改革的浪潮。20世纪80年代以来,以企业家政府

---

① 洪世键:《大都市区治理——理论演进与运作模式》,东南大学出版社2009年版。

② 王俊元:《契约途径下社会服务公私协力运作策略之研究——台湾地区经验与启发》,《公共行政评论》2011年第5期,第26—53页。

理论为核心的“新公共管理运动”席卷全球,它是针对传统公共行政模式缺陷的新的治理方式,其主要原则表现为:管理而非行政、市场化而非官僚制、竞争而非垄断、结果而非过程等,核心内容主要包括提高效率、市场化、服务导向和对政策效果负责等。① 新公共管理运动的兴起,不同程度地解决了西方国家政府面临的财政压力和公众的不信任危机,提升了政府的创新能力,回应了经济全球化和保持国际竞争力的内在要求,为西方国家在知识经济时代寻找一种更科学、灵活、高效的政府形式提供了宝贵的经验。“新公共管理”强调政府的管理职能应当扩及政府与社会部门的交融及其互动关系,通过民营化、公私合作等手段以转化并增补政府职能,从而使政府由“统治”模式转入“治理”模式。在现实政府管理和公共服务领域中,在世界范围内出现了从权力走向合同的运动,从命令控制型运作转向谈判驱动型运作,从通过权力的治理走向合同式治理,总的趋势是政府日益从使用权威机制走向协商治理,包括与被管制的企业的谈判、与营利或非营利组织的服务合同、与其他政府机构的跨权限安排、与公民的服务协议和政府组织内成员间的绩效协议等。② 公私伙伴关系就是在这种公共服务提供模式和政府治理方式不断创新的大背景下发展起来的。

二、公私合作伙伴关系的内涵

公私合作伙伴关系是 20 世纪 80 年代以来西方国家政府治理创新中的一个新概念,又称为公私伙伴关系、公私合作制、公立私有伙伴关系、公私部门的伙伴关系等,我国台湾地区学者将之翻译为公私协力。关于公私合作伙伴关系的定义,比较具有代表性的观点有:

联合国培训研究院认为:“公私合作伙伴关系涵盖了不同社会系统倡导者之间的所有制度化合作方式,目的是解决当地或区域内的某些复杂问题。公私合作伙伴关系包含两层含义,其一是为满足公共产品需要而建立的公共和私人

① [美]欧文·休斯:《公共管理导论》,彭和平等译,中国人民大学出版社 2001 年版。

② 张万宽:《公私伙伴关系治理》,社会科学文献出版社 2011 年版。

倡导者之间的各种合作关系;其二是为满足公共产品需要,公共部门和私人部门建立伙伴关系进行的大型公共项目的实施。"①联合国发展计划署认为:"公私合作伙伴关系是指政府、营利性企业和非营利性组织基于某个项目而形成的相互合作关系的形式。通过这种合作形式,合作各方可以达到比预期单独行动更有利的结果。合作各方参与某个项目时,政府并不是把项目的责任全部转移给私营部门,而是由参与合作的各方共同承担责任和融资风险。"②美国公私合作伙伴关系国家委员会将公私合作伙伴关系界定为:"公私合作伙伴关系是介于外包和私有化之间并结合了两者特点的一种公共产品提供方式,它充分利用私人资源进行设计、建设、投资、经营和维护公共基础设施,并提供相关服务以满足公共需求。"③加拿大公私合作伙伴关系委员会认为:"公私合作伙伴关系是公共部门和私人部门之间的一种合作经营关系,它建立在双方各自经验的基础上,通过适当的资源分配、风险分担和利益共享机制,最好地满足事先清晰界定的公共需求。"④欧盟委员会认为:"公私合作伙伴关系是指公共部门和私人部门之间的一种合作关系,其目的是为了提供传统上由公共部门提供的公共项目或服务。"⑤香港效率促进组认为,公私合作伙伴关系是一种由双方共同提供公共服务或进行计划项目的安排。在这种安排下,双方通过不同程度的参与和承担,各自发挥专长,收相辅相成之效。⑥

我国台湾学者吴英明认为公私合作伙伴关系是指特定事务的参与者形成一种不属于政府也不属于私营部门,而是属于公私部门结合而成的关系,其参与者

① United Nations Institute for Raining and Research:*PPP-For sustainable development*. 2000.

② 转引自贾康、孙洁:《公私伙伴关系(PPP)的概念、起源、特征与功能》,《财政研究》2009 年第 10 期,第 2—10 页。

③ The National Council For PPP, USA:*For the good of the people:using PPP to meet America's essential needs*. 2002.

④ Allan R J.:*PPP:a review of literature and practice*.Saskatchewan Institute of Public Policy Paper, 1999,4.

⑤ The European Commission:*Guidance for successful PPP*. 2003.

⑥ Hong Kong Efficiency Unit:*PPP Research Report*.Government of the Hong Kong Special Administrative Region,2004.

对该事务的处理具有目标认同、策略一致及分工负责的认知与实践。[①] 李宗勋认为公私合作伙伴关系是指跨部门组织间,为了实现彼此的需求,而进行长期的合作与资源共享。[②] 陈恒钧认为公私合作伙伴关系是指两个或两个以上的行为者(可能是个人、团体、组织以及部门),以互信为基础组成互动网络,彼此能够相互分享资源,并且共担责任。[③] 吕育诚认为公私合作伙伴关系的产生是源于今日社会中处理公共事务既不能完全采行市场的供需机制,亦不能固守传统民主政治的制衡程序,而是各利害关系人都有参与义务并承担相对的责任。[④]

哈丁(Harding)将公私合作伙伴关系定义为一种在公私部门中,许多依赖参与者同意,并足以改善经济及生活品质的行动。[⑤] 民营化大师萨瓦斯(E.S. Savas)在其著作《民营化与公私部门的伙伴关系》中从三个层次阐述了公私合作伙伴关系的内涵:[⑥]第一,从公私合作伙伴关系最宽泛的意义而言,它是指公共和私营部门共同参与生产和提供物品和服务的任何安排,包括合同承包、特许经营、补助等等;第二,公私合作伙伴关系是指一些复杂的、多方参与并被民营化了的基础设施项目;第三,公私合作伙伴关系是指企业、社会贤达和地方政府官员为改善城市状况而进行的一种正式合作;在这种情形下,政府不再限于征税员和传统市政服务提供者的角色,变成了一个不动产开发者,而商业信贷者公司也已经超越了其在市场中的通常角色,介入到学校、就业培训、市区复兴、城市再开发等领域。[⑦]

---

① 吴英明:《公私部门协力推动都市发展——高雄21美国考察报告》,《空间》1995年第56期。

② 李宗勋:《公私协力与委外化的效应与价值:一项进行中的治理改造工程》,《公共行政学报》2004年第12期。

③ 陈恒钧:《协力网络治理之优点与罩门》,《研习论坛》2008年第92期。

④ 吕育诚:《地方政府与自治》,一品图书出版社,2008年版。

⑤ Harding, A.: *Public-private partnerships in urban regenerations*. M. Campbell (ed.) *Local Economic Policy*, Cassell, 1990.

⑥ [美]萨瓦斯:《民营化与公私部门的伙伴关系》,周志忍等译,中国人民大学出版社2002年版,第105页。

⑦ Perry Davis, 6d: *Public-Private Partnerships: Improving Urban Life. Proceedings of the Academy of Political Science*, 1986, Vol.36, No. 2.

达霖·格里姆赛(Darrin Grimsey)和莫文·K.刘易斯(Mervyn K.Lewis)在其《公私合作伙伴关系:基础设施供给和项目融资的全球革命》一书中将公私合作伙伴关系界定为:PPP是私营实体参与或为基础设施供给提供支持,在达成的合同项下,私营实体为公共基础设施提供服务的一种有效的激励相容合约安排(arrangement);PPP的成本效益取决于:设计方案的前期工程和与项目交付及收益来源的下游管理相结合的融资结构。所有这一切均缘于服务补偿机制内在的激励因素,以及PPP模式带来的风险转移。① 他们将公私合作伙伴关系的特点总结为:"第一,公共部门实体将其控制的土地、财产或设施移交给私营部门实体(同时支付或无须支付对价),通常是根据合约的条款而定;第二,私营部门实体新建或扩建设施;第三,公共部门实体规定该设施的运营服务;第四,私营部门实体使用该设施在规定的时间段内提供服务(通常在运营标准和定价方面还有限制);第五,私营部门实体同意在合约结束时将该设施移交给公共部门(付费或不付费)"。②

安塞尔(Ansell)和加什(Gash)认为:"公私合作伙伴关系的产生,是置身在由一个或更多个公共机构与非国家(non-state)或非政府的利害关系人,两者直接性地共同参与集体决策的过程,而这个过程的性质是正式的,以达成共识为导向(consensus-oriented),并且具备审议式机制,其目的是促使公共政策执行或管理公共计划方案或资产的成效更为彰显"。③

本研究将公私合作伙伴关系的内涵界定为:公共部门和私人部门为了提供公共服务,在平等互信的基础上建立的风险分担、互赢互利、长期稳定的合作关系,其主要特征包括以下六点:

第一,参与者:公私合作伙伴关系参与主体包括公共部门和私人部门两者,

---

① [英]达霖·格里姆赛、[澳]莫文·K.刘易斯:《公私合作伙伴关系:基础设施供给和项目融资的全球革命》,济邦咨询公司,中国人民大学出版社2007年版,第5页。

② Pierson, McBride: *Public/Private Sector Infrastructure Arrangements. CPA Communique*, 1996(73), pp.1-4.

③ Ansell, Gash: *Collaborative Governance in Theory and Practice. Journal of Public Administration Research and Theory*, 2008(18).

缺一不可。公共部门是指各层级政府及其部门,代表公共利益;而私人部门不仅包括正式的私营公司、还包括非正式企业和非政府组织,①私营公司和非正式企业是利润动机的合作,非政府组织是基于其自身的服务宗旨的合作。

第二,关系:公共部门和私人部门是一种合作关系,不同于传统行政模式下政府与私人部门之间的指挥与服从、主导与被动关系,而是一种基于正式契约而建立的没有等级和平等的伙伴关系,契约将公私部门双方的权利和义务进行明确规定。

第三,资源:公私部门合作双方必须为合作安排共享相关资源,包括资金、声誉、知识、技能和权力等。公私合作伙伴关系模式试图利用公共部门和私人部门所能提供的最好的技能、知识和资源。

第四,分享与共享:公私部门双方共同承担责任和风险,并分享收益。

第五,合作的连续性:公私部门之间是持续的合作,并通过"游戏规则"的制定来确保合作的稳定性,使得公私部门之间形成良好的相互信任。

第六,实现方式的多样化:公私合作伙伴关系的实现形式包括建设—运营—移交(BOT)、建设—拥有—运营(BOO)、合资(JV)、租赁(Lease)、合同外包、管理式合约、建设—转让—运营(BTO)、建设—拥有—运营—拆除(BOOR)等等。②

三、公私合作伙伴关系的类型

公私合作伙伴关系是指公共部门和私人部门为提供公共服务而建立起来的长期合作的伙伴关系,公私部门签订协议约定提供的公共服务,各展所长、共担风险和分享收益。公私合作伙伴关系可以通过多样化的形式实现,广义的公私合作伙伴关系的具体实现形式可以包括介于完全由政府部门提供和完全由私人部门提供之间的所有公共服务提供方式,包括合同承包、特许经营、政府撤资、服

① Batley, R.: *Public-Private Relationships and Performance in Service Provision. Urban Studies*, 1996, Vol.33, No. 4-5.

② [英]达霖·格里姆赛、[澳]莫文·K.刘易斯:《公私合作伙伴关系:基础设施供给和项目融资的全球革命》,济邦咨询公司译,中国人民大学出版社2007年版,第8—10页。

务外包、设立合资企业和政府对私人开发项目进行补贴等，如图 5-1 所示。① 在公私合作类型连续体中，最左端是完全公营模式，最右端则是完全民营模式。②

政府部门	国有企业	服务外包	运营维护外包	合作组织	租赁建设经营	建设转让经营	建设经营转让	外围建设	购买建设经营	建设拥有经营

完全公营 ←——————————————→ 完全民营

图 5-1　公私合作伙伴关系类型连续体

公私部门在建构合作与伙伴关系的过程中，因其在公共服务提供中的地位、权力与资源共享、层级结构、合作约定方式、风险分担、投入资源和参与程度等方面因素而呈现各种不同的合作伙伴关系形态，表现出不同形态的公私合作伙伴关系类型。

第一，从公私部门在公共服务提供中的主导性来分类。Wolmam 和 Leadbur 曾将公私部门各种互动关系依公共部门管制最严、主导性最强到公共部门放任私人部门自主运作等情形，分成政府所有（public ownership）、法令管制（regulation）、诱因诱导（inducement）、合作伙伴（partnership）、积极倡导（promotion）、民营化（privatization）以及自由放任（laissez-faire）等七种类型。如图 5-2 所示。其中：①政府所有模式是由政府部门负担并执行所有原应由私人部门执行的业务私人部门处于被统治和服从的地位；②法令管制模式是由公共部门采取严格规范与管制的作为，使私人部门的行为与政府设定的公共服务目标相一致；③诱因诱导模式是由公共部门提供私人部门诱因，诱导私人部门配合公共目标的达成

① ［美］萨瓦斯：《民营化与公私部门的伙伴关系》，周志忍等译，中国人民大学出版社 2002 年版，第 253—254 页。

② Steven A.Steckler：*A Guide to Public-Private Partnerships in Infrastructure*：*Bridging the Gap Between Infrastructure Needs and Public Resources*.Price-Waterhouse，1993.

（公私部门间未必具有一致性的目标，私人部门是在追求私人利益的同时配合公共目标的达成）；④合作伙伴模式系指公私部门以伙伴形态合作互利互惠，彼此间同意签订权利与义务的规范，为了共同的公益目标而努力；⑤积极倡导模式是指公共部门积极鼓励私人部门参与提供公共服务；⑥民营化模式是指公共部门将某种公共服务的功能、角色、经营权或所有权，部分或全部转移给私人部门供给；⑦自由放任模式是指公共部门尽量减少干预行为，放任私人部门追求各种服务供给所可能创造的利益活动。① 此处的“伙伴关系”是一种狭义的概念，很多学者将“诱因诱导”、“积极倡导”和“民营化”都纳入公私伙伴关系的广义范畴。②

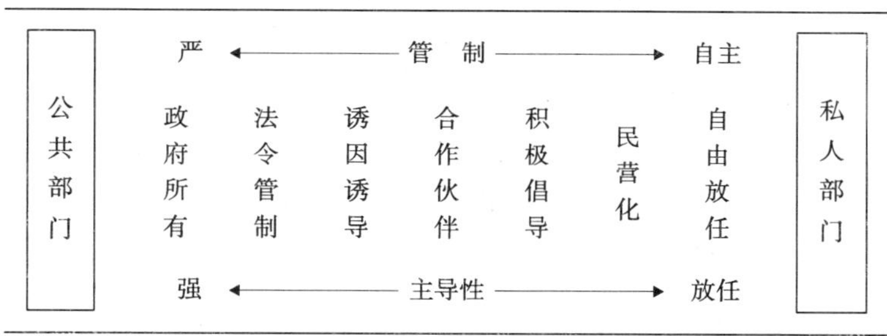

图 5-2　公私部门互动的七种形态

第二，从权力与资源共享的角度分类。Kernaghan 将公私部门间的互动行为分为合作型（Collaborative）、操作型（Operational）、奉献型（Contributory）和咨商型（Consultative）等四种模式，如图 5-3 所示。其中，①合作型是一种真正权力分享型的伙伴关系，公私部门在合作的过程中各自拥有决定的自主权，任何的政策决定往往是在双方共识建立之后形成，彼此间不存在任何的指挥命令关系，而是以积极性的沟通协调、相互承诺、共同管理的方式进行合作。②操作型是公私双方只有工作的分摊，而没有权力的分享；权力仍然掌握在拥有优势资源的一方

---

① Wolman, H., L.Ledebur.: *Concepts of Public-Private Cooperation.Shaping the Local Economy: Current Perspectives on Economic Development*, 1984, pp.25-32.

② 戴晶斌：《现代城市公私伙伴关系概论》，上海交通大学出版社 2008 年版。

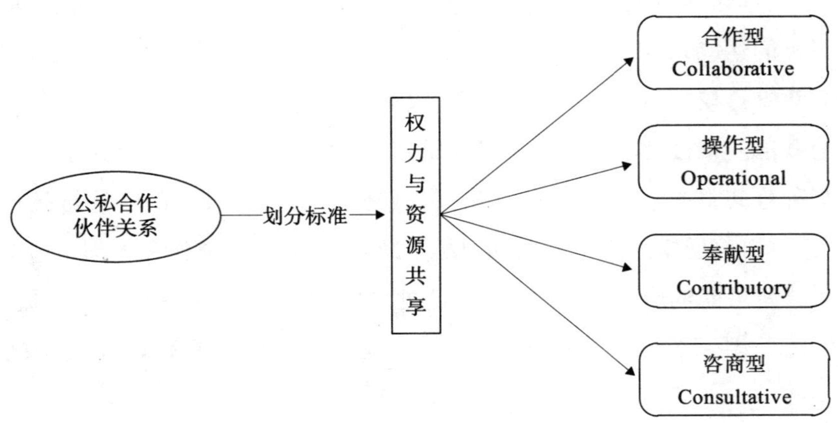

图 5-3　公私合作伙伴关系四种模式

(通常是政府部门)。③奉献型是指在公私部门间,有一方愿意也乐意提供资源,但却不想介入公共服务的决策和运作过程,完全任由另一方自主决定公共服务的活动作为。④咨商型是指公私部门间,拥有权力与资源的一方(通常是政府部门)经常因为公共服务的需要而请求另一方(通常是私人部门)提供专业政策咨询或特定技术知识协助的情形。①

第三,从层级结构的角度分类。吴英明按照层级结构的标准将公私部门之间的互动模式分为垂直分隔、水平互补和水平融合等三种模式。①垂直分隔模式是公共部门处于上层主导和指挥的地位,私人部门则处于下层配合服从的地位;私人部门的活动是在公共部门所架构的层级组织下做有限度的发展,同时也必须高度支持公共部门的政策作为;在这种模式之中,公私部门的互动会倾向于彼此相互对立或互相利用,很难建立基于公共利益需求的伙伴关系。②水平互补模式是指公共部门基于自身行为的有限性共识,需要寻求私人部门互补性的支持;在这种模式中,公私部门之间互相依存配合的程度增加,公共部门虽处于主导性的地位,但已不具有完全的指挥或控制权,私人部门虽较处于配合的角

① Kernaghan, K.: *Partnership and Public Administration: Conceptual and Practical Considerations*. *Canadian Public Administration*, 1993, Vol.36, No. 1, pp.57-76.

色,但也非完全处于服从或无异议的地位;私人部门透过社会责任意识的反省、自励与行动,开始学习与公共部门合作或合伙,以为互补性的协助;公共利益与服务的生产已不再由公共部门完全主导,私人部门也竭力与公共部门共同服务于大众。③水平融合互动模式是指私人部门不再只是依存或偏存于公共部门之下的附合体,也不再只是单纯配合公共部门而行动,而是与公共部门形成一种水平式水乳交融的互动关系。公私部门的互动从传统的"指挥—服从"、"配合—互补"转化成"协议、合作、伙伴"的平等关系;公共利益与公共服务的生产不再由公共部门完全主导,私人部门亦会对不同层级政府的公共事务,发挥不同程度的影响作用;公私部门充分了解彼此"分担责任"与"共创利益"的实质意义。①

第四,依据公私双方合作约定方式来分类。胡方琼根据公私部门之间合作约定方式将公私伙伴关系划分为三种形式:一是以协议方式确定彼此权利和义务。公私双方一般通过签定协议(Agreements)或契约(Contract),以此作为构建伙伴关系的基础,这种方式具有强制性,运用范围相当广泛。二是成立地方性联合开发机构,如成立联合投资公司或城市开发公司等,以促进公私双方形成伙伴关系。三是鼓励非营利组织合伙参与。公共部门通过相关规范约束,并运用免税等政策工具,鼓励和引导非营利组织参与社区建设、城市更新、文化发展等公共事务。②

第五,依据公私双方风险分担状况来分类。加拿大公私合作伙伴关系委员会(The Canadian Council for Public-Private Partnerships)依据公私双方风险分担状况概括出了五种公私合作伙伴关系类型。包括运营—维护(Operation and Maintenance)、建设—融资(Build-Finance)、设计—建设—融资—维护(Design-Build-Finance-Maintain)、设计—建设—融资—维护—运营(Design-Build-

① 吴英明:《公私部门协力关系之研究:兼论都市发展与公私部门联合开发》,复文图书出版社1996年版,第18—22页。

② 转引自戴晶斌:《现代城市公私伙伴关系概论》,上海交通大学出版社2008年版,第18—19页。

Finance-Maintain-Operate)和特许(Concession)等五类,如图 5-4 所示。①

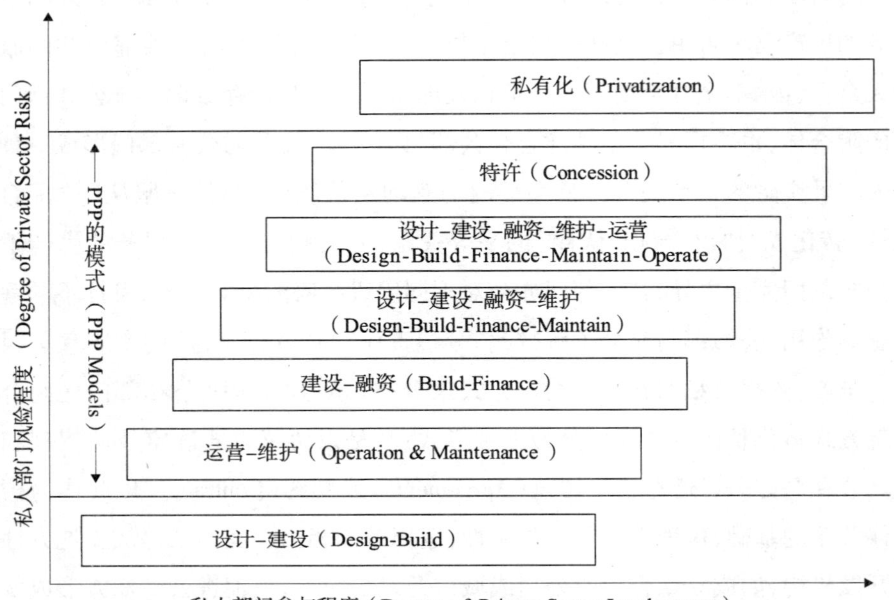

图 5-4 公私合作伙伴关系的范围

第六,其他分类。布凯特(Bocuaert)以公共部门、私人部门和公民(顾客)的三条轴线构建了一个彼此互动影响的三维空间。公共部门、私人部门和公民(顾客)在三维空间结构中两两间相互不同的互动与伙伴关系,从而在三维空间中形成了其他诸多形式的互动关系,如图 5-5 所示。图 5-5 中的Ⅰ、Ⅲ、Ⅴ分别指公共部门、私人部门与公民/顾客,而在这三条轴线各自联结的截面中,建构出不同形式的公私合作伙伴关系类型。② 其中,位置Ⅰ:公共服务全部由公共部门提供,公共部门扮演着指挥、自我控制与评估的角色,并且完全独立于私人部门

① 资料来源:加拿大公私合作伙伴关系委员会(The Canadian Council for Public-Private Partnerships),http://www.pppcouncil.ca/resources/about-ppp/models.html,2012 年 2 月 25 日访问。

② 王俊元:《契约途径下社会服务公私协力运作策略之研究——台湾地区经验与启发》,《公共行政评论》2011 年第 5 期。

和公民(顾客)之外,如消防部门;位置Ⅱ:在公共部门与私人部门之间形成互动关系,如外包承揽的拖车业;位置Ⅲ:完全由私人部门涉入其中,如私人物业保卫;位置Ⅳ:公共部门与公民/顾客之间有互动,如社工组织。位置Ⅴ:完全与公民关联,如社区守望相助系统。位置Ⅵ:结合营利组织与非营利组织的社工,如洗衣联盟;位置Ⅶ:联结公共部门、私人部门与公民/顾客三个面向,如观光事业机构。①

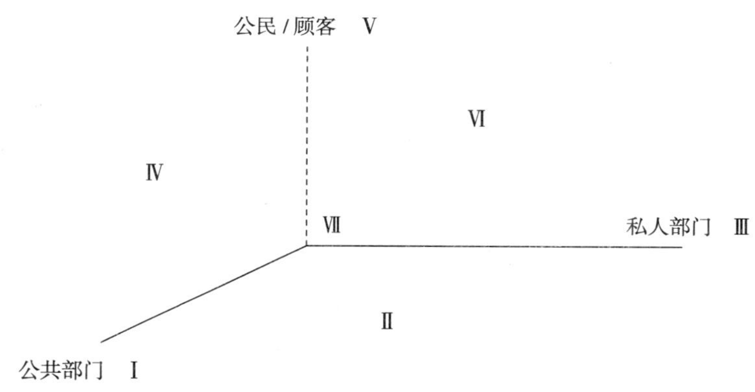

图5-5 公共部门、私人部门和公民/顾客的伙伴关系图

霍奇(Hodge)和格雷夫(Greve)指出在公私部门的混合体制下,至少可发展出五种类型:①公共政策网络(public policy networks);②长期基础建设合约(long-term infrastructure contracts);③因共同生产与风险共承而形成制度性的合作关系(institutional cooperation for joint production and risk sharing);④都市更新与城乡经济发展(urban renewal and downtown economic development);⑤公民社会与社区发展(civil society and community development)。②

达霖·格里姆赛和莫文·K.刘易斯在其著作《公私合作伙伴关系:基础设

① Bocuaert,G:*The Rise of the Public Private Partnership*:*A Model for the Management of Public-Private Cooperation*.In Kooiman,J.Eds.*Modern Governance*:*New Government-Society Interactions*,Sage.,1993.

② G.A.Hodge,C.Greve.:*Public-private partnerships*:*An international performance review*.*Public Administration Review*,2007,vol.67,No. 3,pp.545-558.

施供给和项目融资的全球革命》中论述了公私合作伙伴关系几种最常见的实现形式,包括 BOT/BOO 安排、合资(JV)、租赁、合同外包或管理式合约以及其他多种形式的公私部门合作:"①建设—运营—移交(BOT)。在这类合约中规定,私营部门对项目的融资(筹款)、设计、建设和运营承担主要责任。该项目的控制权和所有权之后会移交给公共部门。②建设—拥有—运营(BOO)。在这类合约安排中,项目的控制权和所有权始终归属于私营部门。对于 BOO 模式下的项目,私营企业实体融资、建设、拥有并实际上永久运营一座基础设施。③租赁(Lease)。在这种模式中,部分风险被转移给私营部门。在法国,绝大多数 PPP 项目均签订了特许经营合同(主要是 BOT 类型的合同)或租赁合同(包括项目的设计和建设,或运营,但不包括项目融资)。④合资(JV)形式指的是私营部门和公共部门共同融资、拥有并运营一座设施。⑤运营或管理合同。在这类合约下,私营部门只是部分参与项目,比如提供一些服务或管理项目的运营。服务或管理合同允许私营部门在特定的时间段内提供与基础设施相关的服务。⑥合作管理。存在于政府和私营实体之间,与众多的股权合作方式及社会住房计划采用的特许经营安排相比显得更为不正式"。①

四、公私合作伙伴关系所带来的效应

公私合作伙伴关系是政府治理创新的一种新工具,已然成为公共行政学炙手可热的词汇,是城市政府治理公共事务、提供公共服务的重要手段之一。公私合作伙伴关系既可以作为治理的组织形式,也可以作为治理的工具。作为一种治理的组织形式的公私合作伙伴关系,公私主体力图通过建立一个组织(或者一个"制度")来确保集体行动的谈判在互惠协议规则下持续和稳定。作为一种治理的工具的公私合作伙伴关系,政府可以通过它在信息流动中的位置、法律权力、资金、雇员及其以上这些在整个社会中的传播来影响社会,公私伙伴关系仅

① [英]达霖·格里姆赛、[澳]莫文·K.刘易斯:《公私合作伙伴关系:基础设施供给和项目融资的全球革命》,济邦咨询公司译,中国人民大学出版社 2007 年版,第 9—10 页。

仅是政府为了实现政策目标而采用的众多可能的工具中的一种。①

美国萨拉蒙(Salamon)认为扩大政府与非营利组织的合作具有潜在的优势已经成为一种广泛的共识,他从受公私合作影响的三大利益主体,即政府(Government)、社会组织(Civil Society Organizations)和公民(Citizens)谈论政府与非营利组织合作的优势。②

第一,政府视角。政府与非营利组织的合作被视为对政府具有很大益处,其中包括:①社会组织规模较小,反应更灵活,可以提高社会服务的质量;②可以获得那些通常为社会组织所拥有的处理问题的专业知识和经验;③通过私人捐赠和志愿的方式,能够动员更多的资源;④能够以收费形式将部分服务成本转移给用户;⑤能够利用社会组织在解决棘手问题时所设计的创新方法;⑥及早识别需要解决的问题;⑦促进"社会资本"与社会和谐;⑧能够以更灵活的方式应对问题,而不必建立庞大的政府官僚机构。

第二,社会组织的视角。政府与非营利组织的合作对社会组织的益处包括:①增加了获取资源的渠道;②由于资源和人力增加,提升了其能力;③履行使命的能力得到增强;④具备了影响政府政策内容的潜在能力,从而改善了处理问题的方式;⑤减少了在成本高昂的募捐活动上花费的宝贵时间和资源;⑥资金来源趋于稳定。

第三,公民的视角。政府与非营利组织的合作除了影响政府和社会组织之外,对公共项目的最终受益者同样有影响,对受益人的潜在益处包括:①有更多的服务提供方可以选择;②服务的提供更加细致、人性化;③服务提供方回应性更强;④与服务提供方建立更多的私人关系;⑤为利益相关的项目增加支持者。

何寿奎认为在公共项目中建立引进公私合作伙伴关系的效益包括:第一,能够适应投资增长与提高投资效率的需要;第二,有利于政府减轻财政压力,弥补

① 洪世键:《大都市区治理——理论演进与运作模式》,东南大学出版社 2009 年版。

② Leon E. Irish, Lester M. Salamon, Karla W. Simon: *Outsourcing Social Services to CSOs: Lessons from Abroad.* 王浦劬、[美]萨拉蒙等:《政府向社会组织购买公共服务研究:中国与全球经验分析》,北京大学出版社 2010 年版,第 207—210 页。

公共资金的不足;第三,有利于提高公共项目服务的有效供给,提升公共服务水平;第四,有利于降低经营成本,实现资金的最佳价值;第五,有利于控制项目风险,可将风险交给最适合识别、抵制和管理该风险的部门来承担;第六,有助于转变政府职能,使得政府把主要精力集中于制定规则、政策引导、依法监管等方面;第七,有利于促进资本市场的发展。①

洪世键认为城市治理领域的伙伴关系带来的好处和效益主要有三种:第一,协同效应。公私之间的协同效应是指两个或更多的合作者为了共同(或宣称是共同的)目标而一起行动时所获得的增值效益,②这种协同效应大于简单的增值,即"2+2>4"。正如黑斯廷斯所言:"结合不同的视角不光是为了实现额外的利益或增值,还为了创造革新的政策和方案。"③第二,转换。转换的观点指的是一个合作者改变另一合作者的世界观、行为和观念的努力。因此,一个公共或非营利机构可以促使私营经济的合作者更加注重社会效应,而一个私营公司可以努力影响公共经济,使其向更加市场化的方向发展。其三,扩大预算。扩大预算的观点指的是集合资源来筹集更多的资金,从而争取更多伙伴的支持。④

第二节　英美国家大都市公共服务提供中的公私合作

英国政府于 1982 年率先提出公私合作伙伴关系的概念,其主要是指政府与私人部门签订协议,政府授权私人部门建设、运营或管理公共基础设施并向公众

---

① 何寿奎:《公共项目公私伙伴关系合作机理与监管政策研究》,西南财经大学出版社 2010 年版,第 9—10 页。

② Mackintosh:*Partnership:Issues of Policy and Negotiation.Local Economy*,1992,vol 7,No. 3,pp. 210-224.

③ Hastings,A.:*Unraveling the Process of"Partnership"in Urban Regeneration Policy.Urban Studies*,1996(2),pp.253-268.

④ 洪世键:《大都市区治理——理论演进与运作模式》,东南大学出版社 2009 年版,第 128—129 页。

提供公共服务。后来逐渐扩展到美国、加拿大、德国、法国、澳大利亚、日本和新西兰等发达国家。

公私合作伙伴关系起初主要应用于基础建设领域,包括污水处理工程、电信业务基础设施、电厂、隧道、公用高速公路、收费公路、学校建筑、机场设施、收费桥梁、政府办公楼、监狱、轻轨系统、铁路、停车站、地铁、博物馆建筑、海港、地下管道、道路改造和维护、卫生机构和垃圾处理等传统公用事业,后来逐渐扩展到医院、学校、监狱、健康和医疗服务、体育设施、福利供给、教育政策的优先制定以及一系列的社区活动和服务,包括学校教育、城市重建和环境政策等的建设和运营,甚至在国防和航天等领域也得到了应用。表 5-1 显示了公私合作伙伴关系在欧洲大陆的发展情况,包括其涉及国家和部门;表 5-2 显示了欧洲公私合作伙伴关系运用的具体案例。

近年来,在联合国、世界银行、欧盟和亚洲开发银行等国际组织的推动下,也把公私合作伙伴关系的理念和经验在全球范围内大力地推广,很多发展中国家如印度、中国、巴西和一些非洲国家也纷纷开始学习和实践公私合作伙伴关系。① 本章将主要介绍英国和美国大都市政府在公共服务提供中的公私合作。

表 5-1　公私合作伙伴关系在欧洲大陆的发展情况

涉及的部门		涉及的国家	
·教育 ·警察 ·防卫 ·港口 ·医院 ·机场 ·铁路 ·有轨电车 ·公路	·废物处理 ·监狱 ·桥梁 ·供水 ·其他	·葡萄牙 ·西班牙 ·德国 ·意大利 ·法国 ·荷兰 ·瑞士 ·波兰 ·芬兰	·挪威 ·希腊 ·俄罗斯 ·斯洛文尼亚 ·罗马尼亚 ·瑞典 ·比利时 ·保加利亚 ·匈牙利

资料来源:余晖、秦虹:《中国城市公用事业绿皮书 NO. 1——公私合作制的中国试验》,上海人民出版社 2005 年版,第 43 页。

① 张万宽:《公私伙伴关系治理》,社会科学文献出版社 2011 年版,第 4—5 页。

表 5-2　欧洲公私合作伙伴关系

国家	PPP 案例
法国	法国长期以来一直具有利用特许体制进行公私合作(特别是在水务行业)的传统。PPP 模式不允许应用于社会基础设施领域。马赛的 Prado-Carrenage 隧道采用了收费融资的方式。2000 年以来,法国在 PPP 模式下发起了三个主要公路项目(Millau 高架桥,A19 和 A28),此外,跨境项目,如 Perpignon-Figueras 高速铁路和里昂—都灵高速连接线,均采用了 PPP 模式优化资源。
德国	德国没有正式的 PPP 项目。过去,在公路项目(如 Warnow 隧道)中倒是有私营部门承包商参与,其中一些项目在特许经营框架下的确曾涉及将风险转移到私营部门的情形。一个 BOT 法案已经获得通过,当然一些特殊的税收问题会使采购过程变得复杂。
英国	1992 年,英国政府提出了 PPP 发展政策,引入 PFI 模式。从那以后,该方法已被系统地应用于英国政府所有重要的投资领域。2000 年,成立了英国合作伙伴关系组织(PUK)来推广 PPP/PFI 理念。该模式也用于地方政府主管的项目。
意大利	1994 年和 1998 年的 Merloni 法案为与私营部门承包商的合作构建了法律框架,随后一个专门的 PPP 工作组 UFP 成立,并在 2001 年进一步强化了其权力。尤其是在特许经营的基础上,一些水务行业和电力行业的项目均有私营部门参与。然而,或许是由于与民法相关的行政复杂性,新的 PPP 项目屡屡受阻。
爱尔兰	1999 年,PPP 公路计划开始试运行,包括三条公路和轻轨系统的建造。M_4 PPP 收费高速公路工程(协议签订于 2003 年 3 月)是于 2004—2007 年间完工的 11 个项目群的一部分。收费桥梁、政府办公楼和监狱已经开始由私营部门设计、建造、融资和运营。国家对正式的 PPP 计划有郑重承诺。清晰的法律体系已经到位,专门的 PPP 机构也已经成立,其中央委员会负责保障 PPP 模式的实施。
葡萄牙	在 SCUT 计划下,三条收费公路已完成了融资,另外一条也已经达成银团贷款。正在进行中的其他大约十多条公路项目中,有六条采取的是影子收费模式。尽管工会的抵制和债券发行上的某些限制阻碍了 PPP 模式的执行,涉及 PPP 的高速公路、铁路、机场、水务、停车场、地铁和博物馆建设项目已在考虑之中。
西班牙	政府计划采用影子收费的方式开展公路项目。三条新造的铁轨线和其他新项目都有私营部门的参与。医疗和废物管理领域也计划采用 PPP 项目。不过,还没有支持这一模式的法律体制,也没有特许经营的相关法律。
荷兰	Ennis-centrum PPP 项目开始于 1999 年,另外一个试运营项目(高速铁路工程)也开工建设。此后进行的项目包括公路、铁路、海港和水务项目,即 Zuiderzeelijn/Randstad 环线地铁(磁悬浮技术)和马斯河-2(鹿特丹海港扩大)项目,以及 Delfland 污水处理项目。

资料来源:[英]达霖·格里姆赛、[澳]莫文·K.刘易斯:《公私合作伙伴关系:基础设施供给和项目融资的全球革命》,济邦咨询公司,中国人民大学出版社 2007 年版,第 3—4 页。

一、英国的公私合作

(一)英国公私合作伙伴关系发展概况

英国最先提出公私合作伙伴关系这一治理工具,并在公共服务改革中积极推广使用。英国公私合作伙伴关系的发展主要经历了三个阶段:①

第一阶段,私有化阶段。撒切尔夫人在1979年上台伊始就发起的私有化运动,1979年只试探性地把一些较小的、且在传统上很少由国家经营的企业出售给私人经营,如国际阿默沙姆公司、铁路附属旅馆公司等;到1987年英国私有化运动进入持续高涨阶段,撒切尔政府大规模出售国有企业,把整个企业的所有权和经营权都交给私人部门,政府计划每年出售国营企业总额达47.5亿英镑。②

第二阶段,立约承包阶段。在立约承包方式下,个体承包商根据与公共部门签订的合同承担责任,按照公私部门之间的合作契约约定提供规定了服务水平和质量的公共服务。20世纪80—90年代,英国通过立法强制要求地方政府把街道清扫、学校卫生与饮食服务、计算机服务、法律服务、垃圾回收、人事服务以及住房管理等公共服务通过竞争性招标的方式,和那些被政府评估机构或政府委托的拥有相关资质机构评估为有能力并且能够优质有效地提供政府所需的公共服务的私人部门签订合同。但是,英国立约承包发展实践表明,公共服务合同承包效果不理想,并且还遭到消费者/公民的极力抵制。因此,英国政府于1997年取消了强制性立约承包。

第三阶段,鼓励私人主动融资(Private Finance Initiative,PFI)阶段。1989年,英国废除了曾经严格限制在公共资产和公共服务领域引入私人资本的规定。1992年,英国政府首次提出了鼓励私人主动融资(PFI)的概念。英国政府鼓励私人主动融资主要是因为私人部门在经济实力、管理技能和专业知识等方面拥有公共部门无法相比的优势。虽然英国政府鼓励私人部门投资公共资产,但核

---

①　鲁庆成:《公私合伙(PPP)模式与我国城市公用事业的发展研究》,华中科技大学博士学位论文,2008年。

②　胡建文:《浅析英国的国营企业私有化运动》,《世界经济研究》1987年第3期。

心服务仍然由公共部门负责提供,只有打破了公共服务垄断生产公共服务的局面。鼓励私人主动融资关注的焦点是服务和资金效益,与具有强烈价格导向的立约承包形成鲜明的对照。①

英国政府公私合作伙伴关系的发展策略虽然在发展中受到一些批评和质疑,包括因缺乏综合协调和充分的优先排序导致过快和过度地投资了大量项目,PFI 的发展受到阻碍②,公共责任的履行,合约监督等等,但是公私合作伙伴关系所展现的活力,包括在一定程度上缓解了英国政府的财政压力、提高了公共服务质量、充分了激发私人部门提供公共服务动力,使之仍然成为英国政府治理创新的工具。英国政府也采取了一系列措施来促进公私合营模式、鼓励私人投资行动发展,这些措施主要有:“第一,成立促进公私合作伙伴关系的政策工作小组。英国政府先成立了财政部特别工作小组,该小组的工作主要关注公私合作伙伴关系的标准化;之后,特别工作小组的工作由伙伴英国(Partnerships UK,PUK)和政府商务管理局继续进行。其中,政府商务局的相关工作包括制定和传播关于采购管理、项目管理、程序管理、风险管理和服务管理最佳实践的行动指南;PUK 专门服务于公共部门的 PPP 项目,与公共部门共担风险、共享项目收益。第二,确定了项目重点和优先顺序,使公共部门和私人部门的资源能够集中用于发展少数比较有把握成功的重点项目上。第三,消除了实施 PPP 的法律障碍。政府在一些领域制定或修订了法律,以实现公私伙伴关系与原有法律框架的兼容。第四,采取灵活手段建立公私合作伙伴关系,除了英国经常采用的设计—建设—融资—运营(DBFO)公私合作伙伴关系模式外,其他形式的伙伴关系模型也得到了发展,如设计—建设—融资—移交(DBFT)、建设—运营—移交(BOT)、建设—运营—拥有(BOO)等”③。从英国公私合作伙伴关系发展的实践

① Pollitt,M.G.:*The Declining Role of the State in Infrastructure Investments in the Uk..Private Initiatives in Infrastructure:Priorities,Incentives and Performance* Aldershot,EdwardElgar,2002.

② Athur Andersen,Enterprise LSE.:*Value for Money Drivers in the Private Finance Initiative*.U.K. Treasury Taskforee,2000.

③ 鲁庆成:《公私合伙(PPP)模式与我国城市公用事业的发展研究》,华中科技大学博士学位论文,2008 年。

来看,多样化的公私合作形式是为了适应不断变化的公私部门的政策环境和实际需要,[①]多样化的形式保证了公私部门基于公共服务提供合作的稳定性,保证了公共服务的有效供给。

英国大力推进公私合作伙伴关系的核心理念是要实现"资金的价值"(value for money),主要体现在以下四个方面:第一,为项目从设计、建设到运营整个生命周期提供一个持续的激励,第二,给公共服务带来新的创造性思维;第三,将服务风险向私人部门转移;第四,市场的竞争压力可以使政府从私人部门那里受益匪浅,改善政府部门官僚制无效率的工作作风,从而推进政府的改革。[②]

(二)地铁服务中的公私合作

伦敦被誉为建在地铁上的城市,伦敦地铁共有11条线路,纵横交错,四通八达,总长408公里,日均客流量约260万人次。地铁服务是伦敦政府承担的重要公共服务之一,伦敦地铁的建设与运营都关系着每一个市民的切身利益。伦敦发展轨道交通比较早,已进入了系统升级和更新换代阶段。伦敦政府现阶段的工作重点是:改进传统的运营方式、降低政府补贴、控制运营服务的安全和质量,同时鼓励私人部门参与到伦敦地铁服务的提供中来。

大伦敦地区的轨道交通是由伦敦市政府直接控制的行政机构大伦敦(交通)管理委员会(GLC)负责管理,而大伦敦(交通)管理委员会则委托国有的伦敦运输公司经营伦敦的城市交通,伦敦运输公司控制着伦敦地铁公司和维多利亚长途汽车公司及这两个公司的所有子公司。伦敦运输公司主要工作是发行伦敦的通用车票,通过广告宣传和信息服务促进公共交通的利用。

由于伦敦地铁已进入系统升级和更新换代阶段,因此,伦敦政府只提供建设新线路和改善既有线路的资金,并且伦敦政府提供的资金额度受政府预算控制。在英国私有化运动阶段,伦敦地铁为应对财政困难,通过减少雇员、增加信息化

---

① Chris Heynlans:*Focusing Partnerships:A Sourcebook for Municipal Capacity Building in Public Private Partnerships*. London,2002.

② 鲁庆成:《公私合伙(PPP)模式与我国城市公用事业的发展研究》,华中科技大学博士学位论文,2008年。

设备监控等措施降低成本，但是这也直接导致地铁线路的老化和服务质量的恶化。伦敦政府和社会公众都开始反思私有化带来的问题，大伦敦市市长利文斯通认为，地铁私有化使得安全问题将更为严重，私人公司将会全力赚取利润，而不会为保证安全增加投资。伦敦地铁工会也反对地铁部分私有化，并以私有化危及乘客安全为由组织地铁工人罢工。

在反思私有化给伦敦地铁服务带来的危害后，伦敦政府开始探索新的地铁服务的提供方式，经过四年多的论证和试行，伦敦地铁公司（LUL）于 2002 年 12 月和 2003 年 4 月签约，分别和 SSL、BCV 和 JNP 公司等三个基础设施公司签订合约，将地铁系统的维护和基础设施供应工作以 30 年特许经营权的方式转给这三个 PPP 公司。在新的改革方案中，伦敦地铁的运营和票务依然由伦敦地铁公司控制，基础设施公司的回报由固定支付和业绩支付（能力、有效性和环境）两部分组成，具体的运作模式如图 5-6 所示。

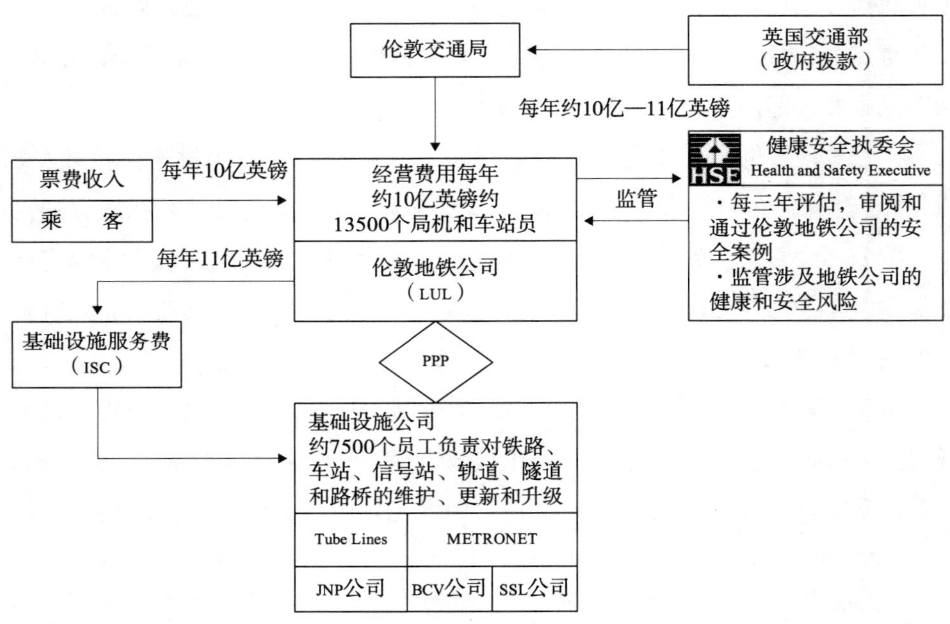

图 5-6　伦敦地铁 PPP 模式示意图

伦敦地铁服务提供中的公私合作伙伴关系模式中最显著的特点是,在公私合作框架中内嵌了一个定期审核的机制,这样使得签约各方在公私合作伙伴关系的框架内每 7.5 年重新约定合约条款,这样保证了地铁服务的有效和安全提供。由于伦敦地铁服务 30 年的特许期比较长,而地铁建设和运营标准和对私人合作公司业绩考核的标准等会随着时间的推移和经济社会环境的变化而发生变化,并且这些因素又无法在签约时完全预见到。因此,在伦敦地铁服务公私合作中,为了公正有效地审核私人部门的绩效,专门设立了一个仲裁人,由他决定在同样条件下运行经济且有效的公司的成本水平(包括财务成本),这样既保证运作模式具有相当的弹性,又使得伦敦地铁公司对服务外包整个项目的相当的控制力。为确保合约重新审核的独立性和权威性,伦敦地铁公私合作伙伴关系模式中设计了专门的仲裁机制。这一机制可以帮助在合作各方之间建立信任的关系,保证合约的有效执行。①

二、美国的公私合作

(一)美国公私合作伙伴关系发展概况

公私合作伙伴关系在美国并不是一个新生事物,在美国历史上,美国政府部门一直都在使用各种形式的公私合作伙伴关系,只是一直尚未对这些方式进行系统的理论研究和实践总结。② 美国大部分的水利、交通及其他的公共服务最初都是由私人部门与联邦、州或地方政府共同建设的,建于 19 世纪 60 年代的横贯美国大陆的铁路就是一个政府与私人铁路公司合作的生动案例。③ 20 世纪 80 年代,由于长期以来美国政府对公共部门的补贴一直居高不下,美国政府陷入了财政危机。为了在不提高税收的前提下继续保持和提高公共服务质量、降低公共服务成本,减轻政府财政负担,美国政府开始"以私补公",通过立法的形

① 周春燕:《城市轨道交通运营外包相关方研究》,同济大学出版社 2010 年版,第 28—29 页。

② 鲁庆成:《公私合伙(PPP)模式与我国城市公用事业的发展研究》,华中科技大学博士学位论文,2008 年。

③ Richard Norment:*PPPs-American Style.FPI Journal*,2002,pp.26-27.

式保护和促进私营部门进入公共服务领域，以优胜劣汰的竞争机制调动全社会的力量参与到公共服务的供给中来，从而实现公私部门协力合作，①表 5-3 显示了美国私人部门通过与政府签订合同生产公共物品的项目和城市数目。

表 5-3　美国私人部门通过与政府签订合同生产公共物品的项目和城市数目

项目	城市数	项目	城市数	项目	城市数
垃圾收集	339	公墓	47	电器设备检验	17
街道照明	309	桥梁维护	25	自来水供应	84
电力	258	征税	24	道路维护	63
工程服务	253	图书馆	21	水处理	67
法律服务	187	下水道处理	17	医院	57
救护车	169	工业发展	24	交通控制	5
垃圾处理　、	143	蚊虫控制	12	水污染控制	5
水电账单收付	104	博物馆	12	少年犯罪管教	4
家畜控制	99	犯罪化验	7	娱乐设施	7
规划	92	公园	5	犯罪化验室	5

资料来源：Savas：*Privatization the public sector：How to Shrink Government*.Chatham，N.J：Chatham Holse Publishers，1982.

美国政府采用公私合作伙伴关系这一新的治理工具来实现公私部门之间协作提供公共服务，除了"以私补公"充分吸收私人资本弥补政府财政资金短缺外，还有一些自身的考虑，包括公私合作的灵活性、高服务质量、增加创新、缺少政府政治领导能力的支持、政府工作员和专业知识的缺乏等等，如图 5-7 所示。图 5-7 分析了在美国州政府一级 PPP 应用增长的原因。②

目前，美国的公私合作伙伴关系几乎延伸到了所有的公共部门，从垃圾处理、水务、医疗、交通运输、福利、监狱、学校到技术研发、输油管道以及城市更新甚至在航空航天和军事等领域都出现了公私合作伙伴关系的形式，美国公私合

① 彭浩：《借鉴发达国家经验推进政府购买公共服务》，《财政研究》2010 年第 7 期。

② Council State Governments：*Private Practices：A Review of Privatization in State Governments*. 1998，pp.6-8.

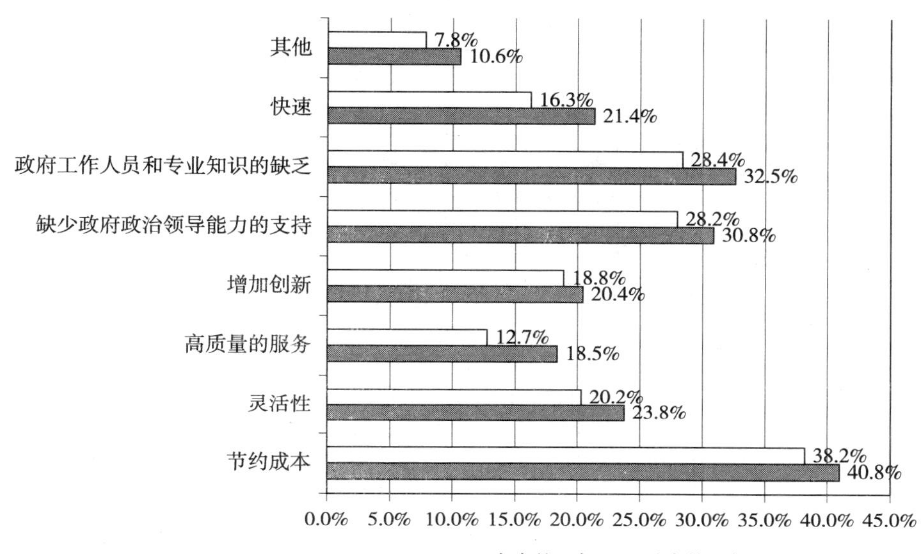

图 5-7　美国州政府 PPP 应用增长图

作伙伴关系实施的领域和具体案例如表 5-4 所示。美国联邦政府已经与私人公司、研究机构和个体顾问签订了大约 2000 万个合同，每年所涉及的经费数额占联邦总开支的 14%，国防部通过合同出租支出的资金约占其总支出的 2/3，能源部和国家航空航天总局则是联邦政府最大的合同签约者。①

表 5-4　美国公私合作伙伴关系实施的领域和具体案例

领域	PPP 案例
交通	在政策层面的合作方面，已经制定出一系列各种交通模式（如城市轨道交通、铁路、高速公路和内河航行的投资和运营条例）。例如：在综合地面运输效率方案（ISTEA）下的联邦高速公路援助项目、城市公共交通援助项目和措施。 项目层面的合作侧重于具体项目或具体情况。例如，在 1988—1999 年，加利福尼亚州和弗吉尼亚州开始针对公用收费公路的设计、融资、发展、建造和运营提出收费融资特许经营，州政府的职能仅限于授权及对收费费率（toll rates）和赢利进行监管。例如弗吉尼亚州采用 BOO 模式特许经营的 Dulles 收费公路延伸段、加利福尼亚州采用 BTO 模式特许经营的州际道路 91 和 125。

① 彭浩：《借鉴发达国家经验推进政府购买公共服务》，《财政研究》2010 年第 7 期。

续表

领域	PPP 案例
技术	技术合作通常分两种形式。第一种是政府出资帮助私营部门进行行业研发。例如:开始于 1982 年并在 1992 年得到进一步拓展的小企业创新研究项目(SBIR);1990 年实施的旨在使新科学发明成果商业化的先进技术计划(ATP);成立于 1987 年的半导体行业联合体 Sematech,不过 1997 年该合作关系转成了第二种类型。在第二种技术合作中,政府和各行业科研工作者建立直接合作关系。例如:20 世纪 90 年代涉及国家实验室和私营企业之间正式协议的合作研发协议(CRA-Das);始于 1993 年旨在研发环境友好型汽车的新一代汽车伙伴关系计划(PNGV);旨在建立制造业企业和政府机构之间合作关系的制造扩展合作计划(MEP)办公室。
福利	现在,各种福利计划都有私营实体的参与。例如,“小卡片”用于食物券津贴、母婴健康服务以及其他政府补助服务的电子给付转账(EBT)。私营承包商负责开发并实施这些电子系统。许多非营利性组织提供儿童福利服务,包括调查研究、寻找寄养家庭和提供医疗服务。许多就业和培训服务都可转包给职业学校和社区大学(如 Jobs Corps)。自从 1996 年《个人责任与就业机会折中法案》(PRWORA)实施以来,国家或地方福利机构可以外包全部的福利计划,包括合格人选的招募和服务供给,这便使得一些公司(如 EDS、IBM)得以进入福利市场。
水务	许多城市已经建立了合作模式以保证污水处理系统的运营和维护。例如:密尔沃基城市排水区域的项目涉及一个为期 10 年的运营和维护(O&M)合约;印第安纳波利斯市污水处理厂和回收系统涉及一个为期 10 年的 O&M 合约;布法罗市水处理系统涉及一个为期 5 年的 O&M 合约及客户计费和收费服务。
监狱	截止到 2001 年 9 月,在全美 32 个州共有 151 座私营监狱设施,可容纳 119023 个犯人或被拘留者。与所在的州政府签订合约后,一些私营监狱逐步发展起来。更为常见的是,某个私营企业在某个特定的州建造此类设施,然后和那个州或另外的州、县或联邦机构签订合约,负责安置或留出地方给依法惩处的犯人,相关机构按日给予津贴。
医疗	在美国医疗保险制度(Medicare)和公共医疗补助制度(Medicaid)中,尽管随着管理式医疗的出现,合作形式已经发生改变,实际上,政府却总是依靠私营企业提供医疗服务。 提供管理式医疗的各组织机构(既有商业健康护理组织,也有提供商资助的健康计划)竞争公共医疗补助业务。政府挑选最好的健康计划来签约。反过来,该健康计划招募、管理医疗服务提供商。受益人可在几个相互竞争的计划中挑选其满意的计划。每个(病人)客户都有个主要的医疗护理提供商提供护理服务,并充当其他健康护理系统的“看护人”。在健康计划合约中明确相关规定,这些规定设定了健康计划参与的相关条款和条件。
城市重建	20 世纪 50 年代,地方政府和商业银行间的城市再发展合作关系建立,并在政策层面运营,为中心市区的再发展作规划。在项目层面上,私营部门开发商和当地政府合资,共同建造政府办公楼、住房和运动设施。20 世纪 80 年代起,开发公司已经与个体房地产开发商在具体的项目上展开合作。例如:Battery Park City 项目、时代广场的再发展项目、波士顿住房合作项目、“明日克利夫兰”计划、Rebuild LA 项目和“Dev Co 新泽西”项目。

资料来源:[英]达霖·格里姆赛、[澳]莫文·K.刘易斯:《公私合作伙伴关系:基础设施供给和项目融资的全球革命》,济邦咨询公司,中国人民大学出版社 2007 年版,第 6—8 页。

(二)科技创新领域的公私合作

美国半导体产业 SEMATECH 中心(Semiconductor Manufacturing Technology,SEMATECH)作为一种技术联合体,是美国半导体工业与政府通力合作的产物。SEMATECH 的出现与美国一直倡导的企业家精神和政府不干预市场相呼应,也反映出公私合作伙伴关系在科技政策应用的新动向。

SEMATECH 是由 14 家大型半导体企业和美国国防部于 1987 年在德克萨斯的奥斯汀组成,1988 年春季开始运作,后有几个较小的公司先后离开联合体,故其正式成员为 11 个公司,而这 11 个成员公司拥有美国半导体制造能力的 75%。其运作经费由政府每年投入 1 亿美元,各成员企业每年共投入 1 亿美元。成员企业的投资标准是其半导体销售收入的 1%,不能低于 100 万美元,也不能高于 1500 万美元,SEMATECH 筹划模式如图 5-8 所示。

SEMATECH 首任总裁是 Intel 公司创始人 R.Noyce。SEMATECH 的管理由成员企业合作进行,由一个中心机构来具体负责,管理人员均来自成员企业。SEMATECH 的工作重点在于加强半导体制造工业与半导体设备工业之间的联系,主要目标是着力于解决美国半导体产业的共同问题,改变美国在半导体制造技术方面落后的局面,重新占有世界半导体市场。SEMATECH 本身是一个不能出售芯片的非营利组织,主要扮演以下三种角色:其一,其关注的重点是营销、研发、整合工作;研究的核心内容是:产品的制造过程、制造设备的改善和评价方法、制造厂的设计和建设,以及问题的发现和控制。其二,负责整合技术研发的相关资源,确保了信息的充分沟通与资讯的充分共享。其三,积极与高校、研究机构和众多半导体设备制造企业开展技术合作。

政府在 SEMATECH 中的职能定位非常明确。作为 SEMATECH 的成员之一,政府已经从"万能政府"的角色中摆脱出来,只是扮演产业发展的支持者角色。政府每年补助 1 亿美元,由 SEMATECH 这样一个专业知识丰富的组织来统筹和规划,同时,政府为其提供办公楼、仓库、水电设备和交通等方面的便利,但却不介入具体营运过程,由 SEMATECH 每年向政府报告资金使用情况,因此该组织专业性强,弹性也较大。SEMATECH 充分利用公私伙伴关系的优势,仅仅

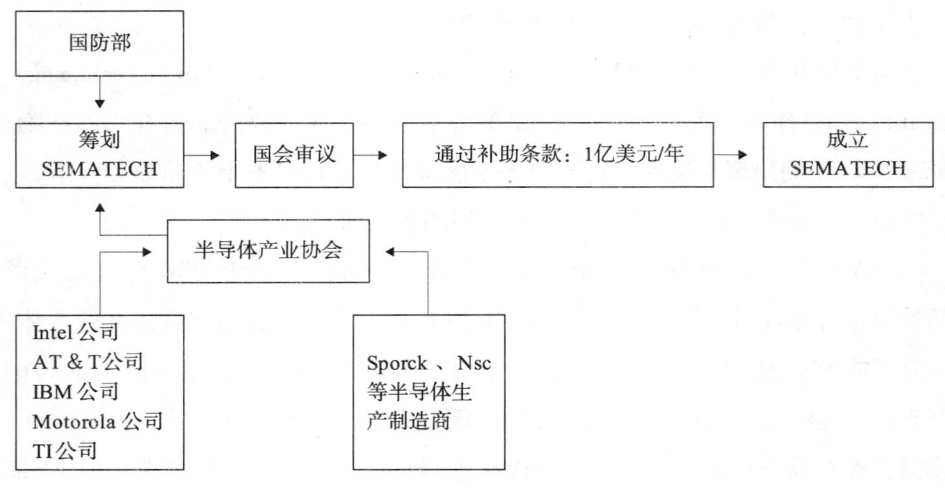

图 5-8　SEMATECH 筹划模式图

通过数年的运作，就解决了困扰美国半导体工业制造过程中的众多难题，大大改变了美国半导体产业的落后现状，使美国企业重新确立了自己在该领域的优势，到 1993 年其在世界市场的占有率超过 50%。由于 SEMATECH 的巨大成功，企业参与者们充分意识到，这种合作研究比成员企业单独投入进行基础性制造过程的研究收益更大，成本更小，故而其成员决定让政府从 1996 年逐步退出，“以便企业能够平衡其所肩负的社会责任和自身经济利益的关系”。随着政府角色的逐渐淡化，SEMATECH 实现了从“他组织”到“自组织”的演变过程。①

第三节　我国大都市公共服务提供中的公私合作及其机制创新

一、我国大都市公私合作提供公共服务的现状

改革开放以来，我国经济和社会发展取得了巨大成就，城市化进程也进一步

① 改编材料来自戴晶斌编：《现代城市公私伙伴关系概论》，上海交通大学出版社 2008 年版，第 123—127 页。

加快,截至 2010 年我国城市化率为已经达到 47.5%。快速的城市化带来的是城市人口集聚增长、淡水和能源供应紧张、交通拥挤、住房紧张、犯罪增加、环境恶化、教育资源与医疗卫生资源紧缺等"城市病",这使得城市的管理面临着巨大挑战。大都市政府传统管理模式不仅在理论上受到质疑,而且在实际管理中还面临财政困难、公共服务需求急剧扩张等问题。这亟须大都市政府创新公共服务的供给模式,改变过去政府垄断提供和生产公共服务的模式,创新使用公私合作伙伴关系这一新的城市治理工具来实现公共服务的有效供给。

我国城市公共服务提供中采取公私合作伙伴关系经过一个"试点—推广—立法规范"曲折探索过程,取得了很大进展:在传统的自然垄断领域(如通信、石油)的放松规制和分拆;一些地方政府打破公共服务垄断提供方式,如天津、南京等地通过特许经营方式在公共交通服务引入私营公司,成立合资公司;一些地区,如青岛、昆明采用招标方式将环卫的生产外包给私营企业。

我国大都市政府采用公私合作伙伴关系提供公共服务大致经过了试点阶段、推广试点阶段、固定投资回报的整顿阶段和全面开放阶段等四个阶段:①

第一阶段,试点阶段(1983—1995 年)。改革开放初期,我国政府为调动私人部门参与城市基础设施建设的积极性,试验公私合作伙伴关系在我国城市建设各个领域实现的可行性,以及摸索我国政府部门与私人部门在城市公共服务提供中的合作方式,中央选择了深圳作为探索公私合作的试验田。在深圳试验的具体项目是深圳沙角 B 电厂的建设和管理项目。1983 年,深圳沙角 B 电厂采用 BOT 的公私合作形式,引进香港财团负责电厂的建设和运行;1995 年,香港财团在运营十年后开始将 B 电厂移交给地方政府,并于 1999 年顺利实现了项目的移交。深圳沙角 B 电厂的 BOT 模式为我国政府认清公私合作实质、合作的风险以及合作方式积累了丰富的经验。

第二阶段,推广试点阶段(1995—1998 年)。20 世纪末,我国政府开始在全

① 鲁庆成:《公私合伙(PPP)模式与我国城市公用事业的发展研究》,华中科技大学博士学位论文,2008 年。

国各地推广公私合作模式，以推动地方经济发展和城市公共服务设施的建设。1995 年，中央政府选择广西来宾 B 电厂、长沙电厂和成都第六水厂作为 BOT 的推广应用。为保证公私合作试点工作有序规范进行，保证公共部门和私人部门在公共服务设施建设中的健康发展与合作，原国家计划委员会、交通部和电力部联合颁布的《关于试办外商投资特许权项目审批管理有关问题的通知》，原对外经济贸易合作部颁发《关于以 BOT 方式吸引外商投资有关问题的通知》。随后，黑龙江、辽宁、河北、天津、广东、江西、浙江等地在水务领域开展了公私合作。

第三阶段，固定投资回报的整顿阶段(1998—2002 年)。从 1983 年开始在城市公共服务提供中引入公私合作模式，经过十多年的发展，通过公私合作伙伴关系的模式提供服务，的确在一定程度上推动了城市的建设和发展、提高了城市公共服务效率和质量。但是，也暴露诸如固定投资回报的问题。我国政府适时认识到这一问题的严重性，于是从 1998 年开始，我国政府开始对 BOT 项目中固定投资回报进行清理和规范，确保公私合作健康有序和规范发展。1998 年 9 月，国务院发布了《关于加强外汇外债管理开展外汇外债检查的通知》(国发[1998]131 号)，该通知明确要求各地政府对 BOT 项目中固定投资回报的承诺进行清查、制止。2001 年 4 月，国务院发布了《关于进一步加强和改进外汇收支管理的通知》(国发[2001]10 号)，再次重申禁止 BOT 项目中固定投资回报和项目融资担保，并要求进行清理，防止国家外汇流失。2002 年 9 月 10 日，为彻底解决 BOT 固定投资回报问题，国务院办公厅颁布了《关于妥善处理现有保证外方投资回报项目有关问题通知》。

第四阶段，全面开放阶段(2002 年以来)。经过 1998—2002 年对我国城市政府在公共服务提供中采用公私合作模式出现的问题进行及时有效的整顿，使我国城市政府与私人部门合作又进入健康轨道，同时，正是这些法律法规和规范文件的出台，为我国政府和私人部门合作提供良好的制度环境和法制氛围。因此，我国城市政府采用公私合作模式提供公共服务又迎来一个良好机遇，公私合作模式全面开放，其主要表现在以下几个方面：第一，所有公用事业都向私人投资者开放，突破了以往公共事业只是对外资开放的格局，我国私人资本也逐渐进入公用事业领域;第二,我国政府加强了投融体制改革,鼓励私人资本参与到国有公用事业的改制中来。并且中央和地方政府都积极颁布了专门规章和政策,来引导、鼓励和规范公私合作。在这一阶段,公私合作在我国城市发展和建设的各个领域涌现,各个地方政府和各个领域都出现了大量的PPP项目。例如,在城市公共交通领域,2002年7月,成都将六条公共汽车线路的特许经营权进行拍卖,这也创国内公共汽车线路有偿转让的首例。在市政公用设施建设领域,2002年8月,深圳将公共交通集团、水务集团、能源集团和燃气集团等国企以国际招标方式转让部分股权,这也打破了市政公用设施的政府垄断的传统,其中股权转让的比例控制在25%到70%。各地城市政府也都积极开展多领域多形式的公私合作,例如,北京、上海、广东、浙江、无锡等各地方政府积极探索公私合作方式,政府向民间组织购买公共服务,购买的领域涉及公共卫生、教育、环境保护、艾滋病防治、扶贫、残疾人服务、养老、社区发展、社区矫正、文化、城市规划和公民政策咨询等诸多方面。我国在公共服务提供中采用公私合作伙伴关系模式的主要案例如表5-5所示。

表5-5 我国公私合作伙伴关系的具体案例

城市	项目	时间	合作方式	领域
深圳	深圳沙角B电厂	1983年	BOT	电力
长沙	长沙电厂	1995年	BOT	电力
成都	成都第六水厂	1995年	BOT	水务
上海	罗山市民休闲中心	1995年	委托社会组织管理	基础设施
深圳	能源集团	2002年	转让部分股权(比例控制在25%—70%)	能源
深圳	水务集团	2002年	转让部分股权(比例控制在25%—70%)	水务
深圳	燃气集团	2002年	转让部分股权(比例控制在25%—70%)	能源
深圳	公共交通集团	2002年	转让部分股权(比例控制在25%—70%)	交通

续表

城市	项目	时间	合作方式	领域
成都	6 条公共汽车线路	2002 年	特许经营权拍卖,有偿转让	交通
天津	天津通用水务公司	2003 年	合资	水务
南京	居家养老服务工程	2003 年	政府向社会组织购买服务	养老
上海	禁毒、社区矫正、社区青少年事务管理	2004 年	政府向社会组织购买服务(这些组织包括:自强社会服务总社、新航社区服务总站、阳光社区青少年事务中心)	禁毒矫正
深圳	地铁四号线	2004 年	BOT	交通
北京	国家体育场	2008 年	BOT(特许经营期为 30 年)	基础设施

从我国大都市政府使用公私合作伙伴关系模式提供公共服务的历史进程来看,公私合作伙伴关系最初的应用更多地集中在道路、高速公路、铁路、桥梁、隧道、机场、通信、电力等“硬经济”领域,随后逐步推广到医院、学校、政府办公楼、住宅、供水、污水处理、城市改造等“硬社会”基础设施。如今,公私合作伙伴关系已经涵盖了包括研究开发、技术转移、职业培训等“软经济”和社区服务、社会福利、环境规划等“软社会”在内的所有基础设施领域,如图 5-9 所示。

二、我国大都市公私合作提供公共服务的成功经验

(一)以公众服务需求为导向,提高政府供给公共服务的针对性

我国大都市政府在公共服务供给中,通过网站、报纸、电视广播等各种渠道,全面收集社会和公民关于公共服务需求的相关信息,切实了解公民公共服务的需求。大都市政府部门在充分了解公共服务的社会需求基础上,按照公众社会需要的强弱对公共服务项目进行排列,在综合考虑大都市政府经济和社会发展水平和公共财政资源的基础上,优先提供那些公众和社会最需要的公共服务。例如大都市政府在购买养老服务前,会先采用问卷调查和访谈方式了解老年人需要的养老服务,把握老年人需求状况。调查结果显示,老年人公共服务需求涉及日常生活各个方面,但主要集中在医疗卫生和家政服务两个方面,这为大都市

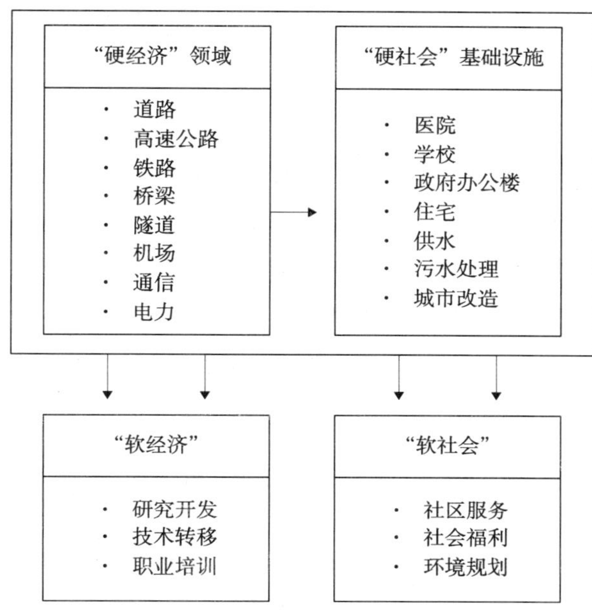

图 5-9　我国大都市公私合作领域的变化图

政府购买养老服务提供了重要的信息,也确定了大都市政府和私人部门之间合作的方向。

(二)以社会组织和企业为联系纽带,构建综合性公共服务供给体系

社会组织和企业是连接大都市政府和公民的纽带,是大都市政府公共服务提供中的合作伙伴。大都市政府采用公私合作伙伴关系提供公共服务时,需要在一个完整的服务体系中进行。比如,在大都市养老服务调查中,通过调查研究发现养老服务体系可以概括为:政府引导与资助、社会组织协调与运作、社会组织与社会实体共同生产与提供、社区居民和社会力量参与和协助的"委托——合作——参与模式"。在这种养老服务体系中,政府购买服务、自费购买服务与志愿捐赠服务有机结合在一起,形成了系统协调的综合性公共服务供给体系。①

① 王浦劬、[美]萨拉蒙等:《政府向社会组织购买公共服务研究:中国与全球经验分析》,北京大学出版社 2010 年版。

（三）积极发挥社会组织和企业作用，促进公共服务社会化和市场化

大都市政府采用公私合作伙伴关系提供公共服务，能极大地激励社会组织和企业的潜力。发挥社会组织的特定作用主要体现在：社会组织能有效连接政府和服务对象，为他们的沟通和互动搭桥牵线；同时社会组织有一定的整合资源能力，从而提高公共服务的供给效果和质量；再者，社会组织中非营利组织能为志愿者提供捐赠服务的渠道，能更好激励公民踊跃地参与到公共服务提供中来。发挥企业的作用主要体现在：充分利用企业的资金、技术、管理和专业知识的优势资源，更好地为公众提供优质的公共服务。

三、我国大都市公私合作提供公共服务中存在的问题

公私合作伙伴关系在某种程度上讲是对一个国家市场经济发展水平、政府执政能力与法治水平的检验。① 我国一直在探索利用公私合作制提供公共服务，经历了试点、推广、立法规范等阶段。公私合作伙伴关系不仅广泛用于电信、能源、供水、街道卫生、公共交通和道路等基础设施领域，而且逐渐延伸到医疗服务、养老服务、社区服务等新领域。我国大都市政府在公共服务提供中使用公私合作伙伴关系的制度设计，在减轻财政负担、保证公共服务的有效供给、激发社会资本活力等方面取得一定的成效，但是问题仍然比较严重。

（一）理念与认知层面上存在的问题

第一，政府角色。政府的重要角色在于向公民提供充分、优质的公共服务，这是政府行为的逻辑起点。② 我国大都市政府在公共服务的提供中，虽然突破了传统政府垄断提供和生产的格局，但是其与私人部门结成的伙伴关系仍然是建立在垂直层级结构基础上的互动关系，政府部门在双方合作中占据主导地位，仍然扮演着传统的官僚层级节制、强调权威、命令—控制式的角色，双方主体之

① 余晖：《管制与自律》，浙江大学出版社 2008 年版，第 193—229 页。

② 王浦劬、［美］萨拉蒙等：《政府向社会组织购买公共服务研究：中国与全球经验分析》，北京大学出版社 2010 年版。

间地位不平等,这和公私合作伙伴关系的本质有悖。公私合作伙伴关系模式要求公私部门之间的关系并不是建立在垂直层级结构的互动模式之中,它们之间也不是一方主导另一方的互动关系行为;公私之间是建立在平等互信的基础下,共同决策,彼此责任分担,互利互惠的合作关系。

第二,政府的责任。政府采用公私合作伙伴关系模式与私人部门协作提供公共服务,并不代表政府责任的转移。而现实情况恰恰是,我国大都市政府在与私人部门合作提供公共服务中往往存在"甩包袱"、"卸担子"的情形,政府存在明显失位。在公私合作伙伴关系中,公私之间合作提供公共服务只是政府供给公共服务具体方式和机制的转变,是政府为了向公民提供更多、更优质的公共服务而将其具体生产过程让渡给私人部门。

第三,公私合作伙伴关系并不等同于私有化。公私合作伙伴关系对于大多数政府官员、国内私人投资者以及消费者来说,都是"新生事物",因此往往将公私合作伙伴关系模式和盛行于西方发达国家的私有化运动相混淆。我国大都市政府在公共服务提供的公私合作中,公私双方短期化倾向严重,缺乏长期合作精神。

城市政府往往将公用企业或城市基础设施一卖了之,忽视了城市政府在公私合作中的监督、协调的责任。而民营资本或外商企业的投资行为也存在严重短期化的倾向,忽视了基础设施和公用事业投资和收益长期化的特点,漠视了消费者(市民)的利益。①

(二)制度设计层面上存在的问题

第一,法律法规的缺失。我国大都市政府采用公私合作方式提供公共服务,目前仍然缺乏全国性的法律和法规,而地方性法规也常常只是行政法规和条例,缺乏普遍有效的刚性约束机制。我国政府向社会组织和私人部门购买公共服务尚未被纳入政府采购范围,缺乏相应的法律制度保障。虽然2003年我国实施了

① 余晖、秦虹:《中国城市公用事业绿皮书NO. 1——公私合作制的中国试验》,上海人民出版社2005年版。

《政府采购法》,明确了政府采购范围,包括货物、工程和服务。但是,对"服务"的理解仅限于政府自身运作的后勤服务,而范围更广泛、更重要的公共服务并没有被列入采购范围。① 虽然我国地方政府对此有所创新,但缺乏普遍有效的刚性约束机制。例如深圳市颁布实施的《深圳市推进向社会组织购买服务工作的实施方案》的附件《试点单位可以向社会组织购买服务的工作事项》对深圳市政府试点部门,包括贸工局、民政局、财政局、人事局、文化局、环保局和知识产权局等可以向社会组织购买的公共服务进行详细规定。②

第二,现有法律法规之间不协调。我国有关公私合作伙伴关系模式的政策、法规之间不协调、不配套、不合理。余晖在《管制与自律》一文中以特许经营为例,详细地阐述了我国公私合作制的相关政策之间的不协调。他认为:"关于特许经营,对特许经营者选择来说,《行政许可法》规定特许必须通过招标和拍卖方式授予;《政府采购法》却规定,政府采购可以采取招标、邀请招标、竞争性谈判、单一来源采购、询价以及国务院政府采购监督管理部门认定的其他采购方式。实际上,基础设施、公用事业项目由于涉及设计规划、技术、融资等异常复杂的情况,在特许经营者的选择上,许多项目根本就不可能采取招标或拍卖方式进行,这样导致行政许可法的规定根本就不具有可操作性"。③

(三)运行机制层面中存在的问题

政府采用公私合作伙伴关系提供公共服务的运行机制包括:政府安排采购公共服务的财政预算、依据法定的程序购买公共服务、与私人部门签订合约以及对私人部门提供公共服务绩效进行考核等。

第一,政府采购公共服务的财政预算不公开。在公共服务提供中采用公私合作比较成功的西方发达国家,其用于购买公共服务的财政预算需要通过立法

① 苏明、贾西津、孙洁等:《中国政府购买公共服务研究》,《财政研究》2010 年第 1 期,第 9—17 页。

② 政府可向社会组织购买的公共服务事项,可参见王浦劬、[美]萨拉蒙等:《政府向社会组织购买公共服务研究:中国与全球经验分析》,北京大学出版社 2010 年版,第 12—15 页。

③ 余晖:《管制与自律》,浙江大学出版社 2008 年版,第 193—229 页。

机关审议,并及时向社会公布,以便公众知悉和监督。私人部门通过竞标方式取得合同,并按照合同提供政府采购的公共服务。而在我国各级政府部门预算编制中,政府采购资金预算虽然已经单列,但并不向社会公开,因而私人部门对政府购买公共服务的需求并不了解,不利于其竞争政府所要购买公共服务的项目;同时也不利于财政资金的有效利用。

第二,政府购买公共服务程序不规范。我国政府打破传统的政府垄断提供和生产公共服务的局面,实现公私合作提供公共服务的改革尚处于摸索阶段。政府的相关法律法规和制度需要进行相应调整,所以,我国政府在公共服务提供中采用公私合作方式缺乏统一有章可循的法律法规。公共部门和私人部门合作提供公共服务首先要求公共部门必须通过招标方式,采用公平竞争的原则来选定私人部门作为合作伙伴。但是,一方面由于我国社会组织发展不完善,社会组织的服务能力比较弱,难以形成竞争的客观条件;另一方面,由于我国政府购买公共服务的监督管理主要是内部监督,且在采用公私合作伙伴关系模式公共服务提供中未确定公开公平竞争招标的法律、制度等依据,①导致我国政府采用公私合作伙伴关系提供公共服务时未能遵循公开招标和公平竞争的基本原则。

第三,公私之间合作缺乏契约。公私部门在提供公共服务中应该是采用合同的形式,通过合同契约明确规定双方的责权利、合作方式和合作内容。但是,不少地方政府在和私人部门通过公私合作提供公共服务时并没有签署合同,公共部门和私人部门在公共服务提供中的合作常常是建立在熟人关系或者感性认知基础之上。还有就是政府购买服务行为的"内部化",一些社会组织成为政府部门的延伸,成为实质上的"内部化"合作。② 这些都有悖于公私合作的契约精神和责任明晰原则。

第四,政府对私人部门提供的公共服务缺乏监督和考核。政府购买私人部门公共服务的绩效评价主要包括购买公共服务的效率评价和效果评价。西方发

---

① 苏明、贾西津、孙洁等:《中国政府购买公共服务研究》,《财政研究》2010 年第 1 期。

② 王浦劬、[美]萨拉蒙等:《政府向社会组织购买公共服务研究:中国与全球经验分析》,北京大学出版社 2010 年版,第 27—28 页。

达国家采用公私合作方式提供公共服务时，私人部门只有通过了公共部门或者公共部门委托的相关资质机构对其提供的公共服务质量的评估，确定了私人部门提供的公共服务符合合约的要求，才能从公共部门获得合约规定的资金。而我国大都市政府在公私合作提供公共服务中，缺乏对私人部门提供的公共服务的动态管理和动态监督，缺乏对其服务质量的评估，这也滋生了私人部门蒙混过关的思想，导致公共服务的质量比较差。

第五，私人部门缺乏足够的谈判能力。公私合作伙伴关系要求购买者与承接者的合作是建立在平等协商基上，共担风险，共享成果。但是，我国社会组织自身的弱点导致其缺乏足够的谈判能力，这些弱点主要有：①社会组织发展不完善，这和我国政府职能不清、政府越位是分不开的；②社会组织缺乏足够的资源，而且其募集资源的能力比较弱；③社会组织的服务能力比较弱；④社会组织还缺乏足够的社会信任。在社会组织能力比较弱的情况下，其在公共服务供给中也就没有足够的能力和地位与政府部门处于平等的谈判和协商地位，政府购买公共服务成为政府单向度合作行为。同时，这在一定程度上也削弱了社会组织生产公共服务的积极性。①

四、改进我国大都市公私合作提供公共服务的对策

（一）切实转变观念、跨越公私合作中的观念误区

首先，明确政府的角色。使用公私合作伙伴关系提供公共服务，实现了公共服务政府“提供”与“生产”相分离，政府不再是传统政府管理模式下的管理者、主导者的角色，而是私人部门的合作者；公私部门是在平等地位的基础上，充分利用公私部门的优势，建立的相互信任、共担风险和分享成果的伙伴关系。政府在公私合作提供公共服务中是决策者、购买者、监督者和合作者的角色。

其次，强化政府的责任。政府采用公私合作伙伴关系模式与私人部门协作

① 王浦劬、［美］萨拉蒙等：《政府向社会组织购买公共服务研究：中国与全球经验分析》，北京大学出版社 2010 年版，第 28—29 页。

提供公共服务,并不代表政府责任的转移,只是政府供给公共服务具体方式和机制的转变。政府采用公私合作的目的是充分利用私人部门资金、技术、专业知识和管理方面的有效,有效扩大政府公共服务的能力。政府在公私合作中的责任主要有:"确定公共服务应达到的水平及可支出的公共资源;制定和监督提供服务的安全、质量和表现标准;执行这些标准并对违反的情况采取行动。"①

再次,转变政府职能。我国政府一方面对微观经济和社会事务的干预过多,管了一些不该管、管不了也管不好的事情;另一方面一些该由政府管的事情,政府却没有完全管住和管好,社会管理和公共服务还比较薄弱,政府履行职能"一条腿长、一条腿短"的问题还没有完全解决,这就要求政府切实转变职能。② 政府只有做到"补位而不缺位,到位而不越位",作为政策工具的公私伙伴关系才能在创新公共物品与服务的供给上发挥其应有作用。

最后,明确区分公私合作伙伴关系与私有化的关系。在公私伙伴关系中,无论在何种形式下,公共部门都发挥着实质性的作用,都要对改善公共服务、促进经济发展承担责任,它所强调的仍然是保护和强化公共利益;而在私有化的政策框架下,除了对市场和私营部门进行必要的管制之外,政府的介入和干预其实是十分有限的。③

(二)加强制度建设,为 PPP 发展创造良好的制度环境

公私伙伴关系是安排者、生产者、消费者三者之间的委托代理关系。建设性的和连贯一致的法制结构如能尽早建立,将极大地有利于公私合作伙伴关系的认同度,促使其发展。2003 年实施的《政府采购法》明确了政府采购范围,包括货物、工程和服务。但是,《政府采购法》规定"服务"仅指政府自身运作的后勤服务,并没有将公共服务项目纳入采购范围。目前政府采购的内容主要是货物

① 转引自余晖、秦虹:《中国城市公用事业绿皮书 NO. 1——公私合作制的中国试验》,上海人民出版社 2005 年版,第 39 页。

② 唐铁汉:《我国政府职能转变的成效、特点和方向》,《国家行政学院学报》2007 年第 2 期。

③ 戴晶斌:《现代城市公私伙伴关系概论》,上海交通大学出版社 2008 年版,第 27 页。

类采购和工程类采购，两项合计占采购总数的90%以上。① 以2004年为例，服务类采购只占政府采购总规模的7%，在政府采购中所占比重最小，公共服务的采购比例更是极低。②

因此，有必要进行《政府采购法》的修订，把政府向私人部门购买公共服务的相关内容补充进这一法律。与此同时，需要对于国家财政和税收规定和法律进行改革和调整，明确和制定社会组织生产和提供公共服务所适用的公共财政规定和税法。③ 我国缺乏针对公私合作伙伴关系的专门法律，特许经营的相关法律现在都是地方性法规，中央政府只存在行政规章，如建设部2004年颁布的《市政公用事业特许经营管理办法》。因此，政府应对现存的不同层级政府的不同部门有关公私合作伙伴关系的规章进行梳理，加快立法，保证公私合作伙伴关系在公共服务领域的有效有序开展。④

（三）强化契约精神、建立公私双方之间的责任关系

公共服务提供中的公私合作伙伴关系要求公私合作双方在契约基础上建立清晰明确的责任关系。契约也就是合同，是以条文形式体现的、具有外在约束力和强制力的显性契约。公私之间的合作契约明确规定了双方之间的责任、合作内容以及公共服务提供的方式、这种契约关系是连接服务购买者、生产者及服务对象的纽带。其中政府的责任是制定服务政策，确定服务内容和标准，确定预算和评估监督私人部门；私人部门的责任是提供契约规定的公共服务。

在公私合作伙伴关系模式中，公共部门和私人部门两者之间不是上下级之间的隶属关系，而是平等的契约合作关系，两者均享有平等的法律地位，两者是在自愿的前提下，基于一定的公共利益或公共服务而建立的合作关系。在这种

---

① 杨拓、陆宁：《公私伙伴关系的定位与调适》，《经济与管理》2011年第12期。

② 郑苏晋：《政府购买公共服务：以公益性非营利组织为重要合作伙伴》，《中国行政管理》2009年第6期。

③ 王浦劬、［美］萨拉蒙等：《政府向社会组织购买公共服务研究：中国与全球经验分析》，北京大学出版社2010年版，第33—34页。

④ 张万宽：《发展公私伙伴关系对中国政府管理的挑战及对策研究》，《中国行政管理》2008年第1期。

合作关系中,公共部门追求以最低成本提供优质高效的公共服务,而私人部门则是追求利润的最大化。公私部门通过签订契约的形式达成公共服务提供的合作,一方面,能有效杜绝过去政府靠熟人关系或感性认知与社会组织、企业达成公共服务合作;另一方面,能保证公私合作的稳定性和长久性。

(四)健全采购流程,使政府采购公共服务规范有序

政府部门采用公私合作伙伴关系提供公共服务,政府采购公共服务的程序是否规范和合法,将直接影响到公私合作的效果,影响公共服务供给的效率和质量。因此,为保证公共服务的有效优质并且维持稳定,建立规范的公共服务购买程序和制度是必要的。一般而言,公私合作伙伴关系的程序如下:第一步,明确需求、制定规划。政府要广开渠道、全面收集社会和公民关于公共服务需求的信息,切实了解社会需求,这样政府开展公私合作的领域就能比较符合公民需求。政府部门在充分了解公共服务需求基础上,综合考虑地方政府经济和社会发展水平以及公共财力,确定公共服务的项目、内容、数量、质量标准以及公私合作形式等。第二步,公开招标、签订合同。首先,政府部门通过多种渠道向社会公众公开政府公共服务需求信息和购买公共服务的资金预算,向社会公开招标,鼓励相关社会组织和企业积极参与,并从中选择最优项目方案。其次,政府部门应秉承公开、公正和平等的原则,严格考核竞标机构的专业资质和综合服务能力。最后,政府部门与中标机构签订购买合同,明确购买金额、服务项目、服务期限、评估标准等等。第三步,项目实施、监督管理。私人部门应该按照契约要求提供公共服务,政府要动态监督私人部门提供的公共服务的数量和质量。第四步,评估服务、后续跟进。政府要按照其与私人部门签订的合同,及时评估私人部门提供的公共服务的质量,若私人部门通过了政府或政府委托的相关资质机构关于私人部门提供的公共服务的质量,政府要按照合同履行相关义务。①

(五)建立多元监督机制,确保公共服务的有效供给

我国目前对公私合作伙伴关系的监督主要是政府部门内部监督,缺乏外部

① 王浦劬、[美]萨拉蒙等:《政府向社会组织购买公共服务研究:中国与全球经验分析》,北京大学出版社 2010 年版,第 36—37 页。

监督；政府部门内部监督是采取行业主管部门监督为主、结合其他部门监督的模式，如交通领域的公私合作伙伴关系项目主要由交通部门监督，涉及环境问题由环保部门协助监管。传统上这些行业主管部门没有监管职能，缺乏承担监管公私合作伙伴关系项目责任的能力；再者涉及多个领域的公私合作伙伴关系项目的监管存在部门之间协调困难。①

因此，为加强政府对公私合作伙伴关系项目的监督能力，保证公共服务的有效供给，需要建立多元监督机制，主要有以下措施：(1)从政府内部监督方面而言：第一，增强政府监督能力，政府部门要对私人部门提供的公共服务数量和质量进行监督。针对政府部门监督能力不足的现状，主要是增加对监督人员培训提高其监管能力，通过部门之间协调形成政府部门监管合力。第二，财政部门要对财政购买资金使用进行监督，对财政资金使用效率进行科学客观评价。(2)从政府外部监督方面而言，要形成独立的第三方机构监督、社会公众和媒体监督、专家监督有机结合的多元主体监督的机制。②

(六)培育社会组织，增进其提供公共服务能力

在公共服务公私合作伙伴关系模式提供中，社会组织是政府重要的合作伙伴，扮演着主力军的角色，具有重要地位和作用。社会组织既是联结政府与公民的桥梁，又是公共服务生产的核心主体。社会组织应成为新型公共服务体系的重要依托。目前我国社会组织的发育尚不成熟，这在很大程度上影响了政府和社会组织就公共服务的提供采用公私合作伙伴关系模式的推广应用。因此，培育和支持社会组织的发展，为社会组织承接公共服务创造良好的平台与宽松的环境，是完善政府购买公共服务过程的关键环节。③ 对于政府而言，要积极支持和培育社会组织的发展，要更为开放地对待社会组织，准确把握政府的监督管理

---

① 张万宽：《发展公私伙伴关系对中国政府管理的挑战及对策研究》，《中国行政管理》2008年第1期。

② 苏明、贾西津、孙洁等：《中国政府购买公共服务研究》，《财政研究》2010年第1期。

③ 王浦劬、[美]萨拉蒙等：《政府向社会组织购买公共服务研究：中国与全球经验分析》，北京大学出版社2010年版，第36—37页。

角色;要扩展社会组织资金来源,鼓励社会力量向社会组织提供资金捐赠;要增加社会组织的责任感,降低合作风险。对社会组织自身而言,要加强组织内部治理结构建设,提升决策的科学性,增强项目运作能力;要保持独立性的同时,重视与政府的合作关系。①

① 郑苏晋:《政府购买公共服务:以公益性非营利组织为重要合作伙伴》,《中国行政管理》2009 年第 6 期。

第六章　信息资源整合机制创新：从分散走向共享

大都市政府治理能力现代化能否真正实现组织结构重组和跨部门业务的协同、行政业务流程的再造与优化、整体行政效能的提高、社会服务的高效便捷，最终取决于大都市政府信息资源整合机制的创新，取决于大都市政府信息资源开发利用能否从分散走向共享。

第一节　大都市政府信息资源交换共享存在的问题与原因

一、大都市政府信息资源难以交换共享的具体表现

根据调查和统计分析，现阶段我国大都市政府信息资源难以交换共享的具体表现，概括起来主要存在于两个方面，一是存在于大都市政府内部管理和社会公共事务治理方面；二是存在于社会服务方面。具体来说：

（一）部门分割与各自为政，未能形成共享机制

建立在分工基础上所形成的部门划分，导致分工越来越细。分工过细，一个业务流程往往涉及若干职能部门和环节的处理，整个过程运作时间长、成本高，还造成多头指挥、无所适从。过度的分工导致组织灵活性下降，越来越不能适应快速多变的信息化社会环境。专业化分工越来越细，工作环节越来越多，一项简

单的工作也要被拆分成一系列烦琐的活动。

辩证地分析,分工将一个连贯的业务流程分割成多个支离破碎的片段,既导致劳动者的技能愈加专业化,成为一个片面发展的机器附属,也增加了各个业务部门之间的交流工作,交易费用因此会大大增加。在分工理论的影响下,科层制成为企业组织的主要形态,这种体制将人分为严格的上下级关系,即使进行一定程度的分权管理,也大大束缚了企业员工的积极性、主动性和创造性。因此,在传统的工业经济时代逐步向新的知识经济时代过渡的过程中,流行 200 多年的分工理论已经成为亟须变革的羁绊。在网络化、信息化社会条件下,必须对这种传统的分割治理体制进行再造,这样,才能适应网络经济时代发展的需要,整体涨幅理论便应运而生。

在部门分割的传统治理体制下,大都市政府各部门只注重本部门的工作,只对自己的工作负责,只对自己的上级负责,无人对整个流程负责,导致部门分割、协调性差和资源不能共享。内部信息纵向横向沟通不够,资源闲置和重复劳动现象严重,信息分散在不同的领导、部门和业务人员的手中。传统的政府业务流程一般分解为由基层采集业务资料、进行汇总、分析决策、制定相应的政策法规、反馈、采取行动措施等几个流程阶段。条块分割的治理体制不能实现整个业务条块的整合和集成,整个业务数据流不得不按地理位置和人力分配被分割在多个部门,从一个部门转到另一个部门,增加了交换环节和复杂程度。随着管理层次的增多,指挥路线的延长,信息沟通的成本急剧上升。

在部门分割的传统治理体制下,只注重局部环节,各个部门按照专业职能划分,每个部门各管一事,各职能部门往往会精心构思自己的行为,使自己的目标凌驾于整个组织的目标之上。结果是各部门只关注本部门的工作和自身的利益,忽视了整个组织的使命。执行任务时,各部门都从本部门的实际利益出发,这就不可避免地存在本位主义和互相推诿的现象。以职能为中心设计政府部门,使各部门将工作重心放在个别作业与环节效率的提升上。当本部门的利益与整个政府组织的利益发生冲突时,该部门的利益与个体的短期利益凌驾于整个政府发展目标之上,阻碍了政府整体目标的实现。这种分散主义和利益分歧,或许能够实现局部效率的提高，但本位主义严重，使整个组织的效能弱化。

因此，应用信息技术促进大都市政府信息资源共享，对于大都市政府部门而言，就是要打破部门之间的资源分割、优化行政流程，最终实现跨部门业务协同和部门间无缝。具体来说，就是要运用网络信息技术优化业务流程、重组组织结构、改进管理行为方式和服务提供方式、实现资源共享与业务协同，使政府部门的许多业务从以纸张为基础变为基于无纸化的电子文件；使政府部门与公众的“接口”从办公室或柜台或窗口扩展到网络上；使过去只能在物理空间里行使的职能，通过电子化的方式延伸出去，将原来需要大量的人力来处理的公共事务，在数字化设备和虚拟空间中轻松、自动地进行，形成整体的、无缝隙的政府，使跨部门之间的业务处理实现集成整合、互动共享和网络化协同办公。

同时，政府各部门之间、各行政层级之间，不只是领导与被领导的行政关系，而且还是服务与被服务的互为用户的关系。因此，实现信息资源交换共享最关键的就是要形成信息资源应用的各类主体（包括大都市所辖的各级政府、政府各部门、社会公众等各类主体）之间的有机统一的关系，明确各类主体在信息资源共享体系建设和应用中的角色、权利义务。

（二）办事不方便，办一件事要跑多个部门

在信息资源分割、不能共享的情况下，企业、市民个人和其他社会组织常常处于一种被动的状态。庞大的政府机构各有自己的规章、行为方式与办事要求，它们常常以这种或那种方式影响公众和企业的活动。企业、市民个人和其他社会组织为了实现权利、履行义务而与政府之间发生的联系常常要经过若干个部门与繁杂的手续，要跑很多路，经过很多部门和环节，花费大量的时间和精力；层级传递信息和书面审核的工作方式使他们层层报批，花费大量的时间和精力，即使如此还不一定能顺利办成。企业、市民个人和其他社会组织为了办理行政申请，必须重复提交行政申请材料、重复申请。例如，某公民因住处变更的事实导致他与相当多的政府部门，如税务、公用事业、教育、卫生保健、车辆登记和投票登记等部门发生联系。每一个部门都要求他以不同的形式并在不同期限内提供他的个人信息，这些信息虽然不是同一个信息、填写的格式不同，但内容却非常

相似。为此该公民必须周旋于这些部门之中。另外,人们对政府提供的公共服务,没有选择的余地,更谈不上个性化的服务。在这种治理体制下,政府部门办事烦琐、效率低下,日益加深了市民对政府部门的不信任感。

因此,运用信息技术促进实现信息资源共享,就是要将政府部门与企业、市民个人和其他社会组织有效地联系起来,打破政府部门之间的界限,使涉及同一个业务流程运作的相关部门组合起来,进行跨部门的网络化协同办公。这样,企业、市民个人和其他社会组织只需要从一个多功能的入口或站点就可以获得政府部门的各种政务信息和服务。企业、市民个人和其他社会组织能够通过网络迅速获取政府部门的机构组成、职能、办事流程、各项政策法规和公共服务项目等政务信息,能够通过网络直接表达自己的意志、提出对公共服务的要求和履行义务;政府部门也能够通过网络来公布信息、直接获得公众对服务种类与服务质量的要求和各种反馈信息、处理公众提出的各种要求、管理公共事务和提供服务;网络还能依据企业、市民个人和其他社会组织的要求提供各种不同的服务选择,提供个性化的电子服务。由此形成了一个高效运行的网络服务体系,实现了大都市政府部门与企业、市民个人和其他社会组织之间交互式的信息传输和"一站式"不受时空限制的在线服务。

例如,在资源分散、不共享的情况下,某市民住处变更的事实将导致该市民与相关部门,包括税务、公用事业、教育、卫生保健、车辆登记和投票登记等部门发生联系。每一个部门都要求他以不同的形式并在不同期限内提供他的个人信息,这些信息虽然不是同一个信息,却非常相似。在资源共享的情形下,在线服务系统能够使该市民登入到一个以因特网为依托的公众信息网,并通过一个多功能的入口,该市民就可以在该网页上的许多搜寻引擎中选择他所要的搜寻引擎。之后,分别输入相关部门的名称,这些搜寻引擎就可以显示出结果,它们分别包含了相关部门网站的网页。通过各网站的服务器,他就可以在几秒钟内把各种必要的信息发往所有与住处变更相关的这些部门。

因此,信息技术促进深化行政改革、促进服务型政府建设,就是要实现从信息孤岛转向信息集成整合,核心是要按照整体政府理论,实现资源整合与共享,最终实现提高公共服务质量的终极价值。① 为了实现提供公共服务质量的终极价值,西方国家提出了运用网络信息技术不是只为了追求自动化技术水平的提高,而是为了提高公众的办事效率和改善绩效;不是只为了解决本部门的业务需求,而是要能够加强与其他部门的协作,实现跨部门业务协同和资源共享等电子政务建设与应用要求。例如,美国提出了要按照公众的方便来组织政务信息的提供,并提出要建立全国性的电子福利支付系统,发展整合性的电子化信息服务以及跨部门的申请、纳税处理系统和电子邮递系统等。英国提出要建立起政府的信息服务中心,提供单一窗口式服务,发展数字签章、认证、数码电视等。法国提出开放政府信息,通过网络为社会提供各种窗口式服务。

二、大都市政府信息资源交换共享存在问题的原因分析

根据访谈、问卷调查及其结果统计,造成现阶段我国大都市政府信息资源难以共享的原因是多方面的,既有法律制度不健全、体制性障碍等方面的深层次的政务原因;也有硬件、基础设施和技术方面的原因;还有观念、理念方面的原因。根据实际调查,我们在学理研究的基础上,将造成现阶段我国大都市政府信息资源难以共享的原因归结为以下几个方面:

(一)相关法律制度建设滞后和不完善

信息化建设比较发达的西方国家,资源共享的法制观念深入人心,如美国、英国、日本、新加坡等经济发达的国家,资源共享开展得非常有效,究其原因,完善的信息资源共享的法律法规制度建设是主要的原因之一。各国政府对信息资源共享非常重视,纷纷颁布各种法规、条例对资源共享进行保护,为资源共享得以顺利开展提供了重要的基础性前提。随着政府信息化建设的飞速发展,我国高度重视促进信息资源共享的制度化建设。2002 年出台《国家信息化领导小组关于我国电子政务建设指导意见》,之后中央政府先后出台了一系列关于政务

① 蔡立辉:《电子政务:因特网在政府提供公共服务中的作用》,《政治学研究》2003 年第 1 期。

信息资源共享的综合性和专门性的规范性文件。在这些规范性文件的指导下,各地方政府也纷纷出台相关制度规定。但是,从实际需求来看,我国相关的法制建设工作仍然滞后于信息资源共享的建设,且显得不太完善。纵观我国信息资源共享领域的法制发展状况,主要存在以下问题:

1.法规层次太低

出台的制度性规定,基本都是规范性和政策性文件,属于高层次立法的基本没有。在我国,至今还没有制定出一部具有全面控制力和统一的资源共享法规,目前主要依靠各系统和地方政府制定的一些政策性文件来调节资源共享活动,甚至是借助行业自律、倡议书、宣言等来维系。① 层次不高,数量偏少,关键领域和关键环节的立法欠缺,导致规范的操作性程度比较低,不能满足政务信息资源共享的实际需要。

2.制度建设缺乏整体、系统规划

已有的规章制度出现"政出多门"的状况,制度建设缺乏整体系统规划。已有的规章制度主要由各个部门和各级地方政府自行制定,国家和省级的制度相对较少。由于缺乏统一的统筹规划,法规的协调性和统一性不够,有些法规之间甚至出现冲突,导致法规制度的权威性缺失。

3.信息资源交换共享目录体系尚不完善,相关标准执行不力

国务院信息化办公室从 2005 年开始编制"政务信息资源目录体系"和"政务信息资源交换体系"的政务信息资源共享系列标准,2006 年《政务信息资源目录与交换体系》征求意见稿发布,并在北京、上海等 4 省(市)的 531 个部门进行试点。2007 年,《信息资源目录体系》与《信息资源交换体系》系列标准通过国家批准,正式颁布实施。一些地方政府,如北京、天津、厦门等大都市政府也先后制定了相关的信息资源标准。截至目前,仅我国已经颁布的国家级的标准就达 800 多个,此外还有各式各样的行业标准。② 但是,为数众多的信息化标准建设

① 查先进:《信息资源配置与共享》,武汉大学出版社 2008 年版,第 243 页。

② 袁春玲:《论电子政务信息资源共享的制约因素》,《图书馆学刊》2009 年第 3 期。

缺乏统一性，导致标准之间的矛盾和冲突。同时，在一些城市中，部分信息主管部门的管理层还不知道有这些标准的出台，配套标准的宣传和执行力度还很不够。① 另外，当前针对信息安全的标准不多，信息安全标准体系尚未建立，尤其缺少有效保障当前在跨域互联、信息共享与交换、业务协同和面向市民服务等领域的信息安全标准，导致在政府信息化建设及信息的采集、管理过程中，不同地区、不同层级的地方政府所采用的标准不一致，这导致政府部门和各业务应用系统之间的信息交流兼容性和整合性差，信息共享实施的难度很大。

4.已有的法规制度缺乏针对性、可操作性和科学性

已有的法规制度的制定缺乏深入的调查分析和充分的论证研究，导致制度性规范比较笼统和模糊，缺乏针对性、可操作性和科学性。同时，由于缺乏受法规和政策保障的利益平衡机制，使得某些机构对资源共享的投资人得不到应有的回报和补偿，所以各个部门对资源共建共享持观望和消极的态度。

因此，相关法律制度建设滞后和不完善，必然导致信息资源交换共享缺乏可遵循的依据，造成现阶段我国信息资源难以交换共享的问题。目前，信息资源共享依据缺乏，主要体现在以下两方面：

(1)缺乏信息资源共享的相关法律法规等制度建设。完善的法律和制度体系是信息资源共享建设的基础和前提。综观西方信息化水平较高的国家，比如美国、英国、日本、新加坡等经济发达国家，其信息资源已实现全面的共享，究其原因，完善的信息资源共享的法律法规制度建设是主要的原因之一。从我国大都市政府信息资源共享机制建设的实践来看，信息资源共享的法律法规体系已成为制约信息资源有效共享的障碍，主要表现在三个方面：第一，现行法律体系涉及信息资源共享的规定较少，相关规范的法律等效等次较低，我国还没有一门专门的法律来调整信息资源共享中的各种利益关系，已经出台的制度性规定，基本都是规范性和政策性文件，对政府的行为约束力不够；第二，已出台的制度性

① 吕欣：《电子政务信息资源共享中信任机制的构建》，载国家信息中心、中国信息协会编：《中国信息年鉴 2009》，人民出版社 2009 年版。

规定存在着“政出多门”,制度间“兼容性”差的情况,由于我国信息资源共享的建设缺乏统一的战略规划,政府各部门往往从本部门的利益出发,而没能充分考虑其他部门信息资源共享的需求,从而导致相关制度之间缺乏兼容性;第三,已出台的制度性规定缺乏操作性。这主要是由于政府各部门在制定信息资源共享制度规范时缺乏必要的调研和征求意见,闭门造车,缺乏实际的操作性。

(2)信息资源交换与共享目录体系尚不完善。建立健全《信息资源目录体系》与《信息资源交换共享目录体系》是信息资源共享的基础和前提,推进信息资源目录体系与交换共享目录体系建设,可以形成“逻辑上集中”的信息资源体系,满足跨部门、跨地区普遍信息共享的需求。国务院信息化办公室从2005年着手编制“信息资源目录体系”和“信息资源交换体系”等系列标准,2006年《信息资源目录与交换体系》征求意见稿发布,并在北京、上海等4省(市)的531个部门进行试点。2007年,《信息资源目录体系》与《信息资源交换体系》系列标准通过国家批准,正式颁布实施。但是,在一些大都市中,部分信息主管部门的管理层还不知道有这些标准的出台。①

(二)体制性障碍严重

现代通信技术和网络技术的迅速发展突破了跨越时间和空间的资源共享的局限,为信息资源共享提供了基础性物质条件,但体制性障碍却成为影响信息资源共享的桎梏。这种体制性的障碍主要表现为:“条块分割”的治理体制和信息资源“部门私有”的归属模式,同时在“条块分割”的治理体制下,又表现出信息资源的“纵强横弱”的配置格局。再加上传统的治理方式和观念对大都市政府部门根深蒂固的影响,在我国政府及其职能部门中间信息资源共享的观念和意识比较薄弱。传统的工作指导思想与工作规程的影响,使不少拥有信息资源的组织和个人跟不上时代的发展,出现滞后状态,这在很大程度上阻碍了信息资源的共享。

---

① 吕欣:《电子政务信息资源共享中信任机制的构建》,载国家信息中心、中国信息协会编:《中国信息年鉴2009》,人民出版社2009年版。

1."条块分割"的治理体制

我国大都市政府现行的条块分割的行政体制具体表现为政府组织结构纵向层级制和横向职能制的矩阵式结构形式。这种传统分行政体制及其运作机制存在着机构设置不合理、部门之间职能交叉和重叠、行政许可事项过多过滥、政府工作缺乏严格的程序、行政流程不合理、透明度低、政府决策科学性差、治理体制条块分割、投资分散、行政行为缺乏监督等问题。这些问题构成了我国电子政务建设的体制性障碍。①

条块分割的行政体制为部门利益和地方利益的滋生提供了肥沃的土壤。各城市政府和部门在进行政府信息化建设时往往从本部门、本城市的利益出发,各自为政,采用各不相同的标准规范;只从解决本机构内部的业务需求出发考虑新技术的应用。这在很大程度上造成各层级政府、各部门、各业务应用系统之间不能互联互通、信息资源不能共享,出现信息"孤岛"和自动化"孤岛",造成新的重复建设与浪费。当前,我国的信息资源共享的治理体制同我国政府行政体制一样,处于条块分割、各自为政、相互之间缺乏横向有机联系的状况。从各行政职能部门来看,其信息资源、技术设备、专业人员各具特色,如果开展协作则互补性很强,但各系统之间相互独立,缺乏协调,以致形成了许多平行建设的资源中心,使得大量资源重复建设,导致资源的严重浪费。组织与协调是整合资源、再造业务流程和共享信息的关键,是解决政府信息化应用的统一性特征与政府层级制组织结构之间冲突的有效途径。实践表明,缺乏一个具有指挥协调能力的实体机构来对各级政府、各政府部门进行整合、调整是我国电子政务建设实践中反映最强烈的问题。

此外,经费预算不统一、投资分散,是我国大都市信息资源共享建设过程中体制障碍的另一表现。目前,各地电子政务建设所需经费,除经济落后地方的政府信息化建设的一部分费用是实行转移支付之外,原则上都是由各个城市财政负责解决。国务院及其所属各部门的政府信息化建设费用由国家财政支付,各

① 蔡立辉:《电子政务:信息化时代的政府再造》,中国社会科学出版社 2006 年版,第 204 页。

地方的建设费用由各地方财政支付，迄今为止，还没有形成统一的政府信息化建设经费预算体制、支付体制和绩效评估机制。完全实行各级政府、各部门自主投资、自主建设，经费预算不统一、投资分散，缺乏成本—效益分析和必要的绩效评估，都进一步加剧了政府信息化建设过程中各自为政、标准不统一、信息资源不能共享、严重缺乏整体规划、重复建设与浪费等问题。

信息资源共享要求高度的整体化，其最终目标是建成覆盖各国、各行业、各部门的全球性的信息资源共享网络，能通过因特网，真正实现世界各地使用计算机的人都可以自由获取和利用网络上的信息资源。但由于治理体制方面的原因，许多资源中心处于封闭状态，不向外界开放，缺乏跨行业、跨系统的信息资源中心，信息资源建设条块分割，缺乏统筹规划、统一管理，宏观调控薄弱，协调性差，严重制约着信息资源共享的发展。信息资源共享网络实体的建立必将受到现行治理体制的制约。①

信息资源的配置主要分为横向和纵向两种布局结构，横向信息资源配置主要是指同级政府职能部门之间的信息资源建设、交换及共享；纵向信息资源配置则是上下级政府之间的或同一业务系统内的上下级之间的政务信息资源的建设、交换和共享。就当前的信息资源配置上来看，在“条块分割”的治理体制下，我国信息资源的配置又呈现出“纵强横弱”的配置格局。即在具体的业务系统内部上下级之间的业务信息建设及信息互联互通比较完善。而在横向的不同政府部门之间的信息资源建设，虽然国家作出了大量的努力，但信息资源的建设和共享程度仍然很低。

一方面与我国政府信息化建设历程有关。从 1994 年国家重点打造的“三金工程”——金桥、金关和金卡工程开始实施以来，直到后来斥巨资全面开建的“十二金”系列工程，都是以中央政府各部门为主的垂直领域的建设。根据赛迪顾问 2003 年 2 月的报告，中国 300 多亿元的电子政务建设资金绝大部分都投在

① 查先进：《信息资源配置与共享》，武汉大学出版社 2008 年版，第 242 页。

纵向垂直领域。[①] 而横向的信息资源建设和互联互通的起步较晚，并且建设的步伐非常缓慢，信息交换和共享因此而困难重重，信息孤岛现象非常严重。另一方面，是由于我国行政组织结构中的二元矩阵结构——纵向的层级结构和横向的职能分工结构所致。纵向的层级结构使得在纵向上的权力制约关系更为有力，如海关、工商、税务、公安等纵向业务系统，在全国范围内形成了一个个条状的独立行政系统，并在系统内部实行垂直管理；而横向上的职能部门之间的制约关系则相对较弱，行政职能部门之间各自独立行使自己的管理职能。这种"纵强横弱"的资源配置的模式无形中成为了阻碍政务信息资源共享的重大桎梏。

2."部门私有"的归属模式

当前，我国大都市政府信息资源的所有权、采集权、开发权、经营权的归属、转移及相关管理还不明确，再加上条块分割的治理体制，导致大都市政府部门将信息资源的产权部门化，人为地设置信息资源共享的障碍，从而形成信息资源"部门私有"的资源归属局面。这种"部门私有"的资源归属模式严重阻碍了信息资源的共享。

一方面，信息作为一种资源，给拥有信息的政府部门带来了直接收益。政府部门将自己所掌握的信息资源作为筹码，进行信息寻租。信息寻租是指信息拥有者凭借自己所掌握的信息，人为限制信息自由流动以谋取利益的行为。[②] 当前我国的政府部门掌握着全社会信息资源的80%（其中约有3000多个数据库）。政府作为信息的采集者、管理者和占有者具有其他社会组织不可比拟的信息优势。这些信息蕴涵着巨大的经济价值。政府部门可以凭借自身对政务信息的垄断地位向社会上的其他组织和个人出售信息，获得丰厚的经济收益。"政府信息部门化，部门信息利益化"现象成为社会上的一种常态。各级政府之间、政府的各个职能部门之间各自占有相关信息，互不连通和交流。信息共享将会导致部门信息资源垄断地位的丧失，部门利益也随之失去。

---

① 黄萃：《中国电子政务信息资源开发的制度障碍分析》，《电子政务》2005年第13期，第47页。

② 周淑云、陈书华：《信息寻租问题浅析》，《情报杂志》2007年第5期。

另一方面,政府部门内部的信息也是一种权力影响力的体现。在公共行政的管理体系中,信息的拥有量和质量影响着一个政府部门在横向同级职能部门中的地位与影响力,信息共享在某种程度上也意味着权力的丧失。鉴于此,政府部门出于维护部门的权力地位以及部门主管为维护自身的政治利益的考虑,没有信息资源共享的动力和积极性。

3.缺乏交换共享的机制

从美国、英国、加拿大等西方发达国家信息资源共享的政策和实践来看,虽然各国基于其经济社会发展的差异使得其在信息资源共享方面存在着一定的差异性,但都充分认识到了信息资源的重要性,将信息资源看作是国家和社会的重要资产,并且建立完善的信息资源共享机制来确保信息资源的开发利用与共享。而我国信息资源共享处于部门自发建设的混乱状态,尚未建立完善的信息资源共享管理机制和工作机制。

信息资源共享的管理机制主要包括:"组织保障机制、政策保障机制、资金保障机制、监督考核机制等。"①我国大都市政府信息资源共享的管理机制不健全,主要表现在:第一,我国大都市政府信息资源共享建设主要是科技与信息化主管部门牵头负责推动,其推行力比较弱,综合协调能力有限,具有综合协调能力、组织指挥能力的综合性部门没有成立;第二,我国大都市政府信息资源共享的政策保障机制缺乏,尚未建立相关的政策和制度来规定专门负责信息资源共享建设、管理部门的职责和规范各部门信息资源共享工程的建设工作;第三,我国大都市政府信息资源共享的资金保障机制不健全,资金来源比较单一,主要靠政府公共财政投入,尚未建立起多渠道的融资模式,社会资本参与不多;第四,我国大都市政府信息资源共享的监督考核机制不完善,负责监督考核部门的责任和义务界定不清晰,监督考核的内容和范围不明确,监督考核流程不完善,考核结果使用不落实。

信息资源共享的业务工作机制主要包括:"政务信息资源采集、建设、组织、

① 郭家义:《政务信息资源共享机制研究》,《电子政务》2007年第5期。

使用、保存等全生命周期的机制建设。”①具体来说，目前我国大都市政府信息资源共享机制缺乏的主要表现是：第一，从信息资源采集环节看，尚未形成一套有效的信息资源采集机制与管理措施，没有明确信息采集实施过程中的内容，包括信息采集的内容、责任单位、共享单位以及规定采集的流程、规范、队伍和资金等；第二，从信息目录体系、交换共享目录体系和公共数据库的建设来看，我国大都市政府尚未形成同级政府的信息资源目录体系、交换共享目录体系，公共数据库的建设缺乏依据或者与业务处理脱节，公共数据库不能有效发挥作用；第三，从信息资源组织和治理体制来看，领导和治理体制不顺畅，信息资源运行所需要的政务与技术标准规范不完善，政务信息资源运行机制不畅通。第四，从政务信息资源开发利用来看，各种不同主体的角色、权利义务、开发治理体制还没有建立起来，信息资源共享过程中需要遵循的安全管理问题、信息资源共享的授权机制和安全保密机制都还没有得到应有重视和完善。

（三）缺乏交换共享的正确推进路径

1.技术驱动的建设模式违背了政务优先的原则

政府信息化建设与应用涵盖政务和技术两大方面的内容。长久以来，在我国大都市政府信息化建设和应用过程中，存在着“重技术轻政务”的观念，这在我国大都市政府信息化建设的发展历程中可以清晰地表现出来，重大基础设施工程的建设，重大项目资金的审批都比较容易，软硬件基础设施建设速度也比较快。在信息资源交换共享建设过程中，同样存在“技术驱动”的现象，资金投入的主要对象是硬件设备的购买，而不是信息资源的采集、开发、更新和维护。

从政府信息化的产品结构来看，我国大都市政府信息化建设过程中的政府采购分为三个方面：硬件产品、软件产品和信息服务。当前，我国大都市政府信息化建设过程中硬件设备的投资依然是市场投资的主体部分，软件和信息服务的投资比例还比较低。其中，采购额中硬件支出比例高达80%以上，②信息资源

---

① 郭家义：《政务信息资源共享机制研究》，《电子政务》2007年第5期。

② 山红梅：《电子政务信息资源共享的制约因素分析与对策研究》，《现代情报》2008年第1期。

共享系统建设是一项系统的、长期的工程,前期的软硬件设备只是一次性投入,这只是前期的基础性工作,最主要的是系统平台建成后的维护将是一个持续的过程。这需要支付较高的数据预处理成本,包括对数据的编码、采集,整理、储存、规范化等数据管理以及相应数据库的维护等管理工作,这些工作是持续性的,当前针对这部分的费用还没有专门的财政拨款予以支持。由于后期的数据采集、更新和维护的资金不足,导致诸多数据库在建设完成之后,不能有效发挥其应有作用。这就导致在信息资源应用的领域出现“有路无车、有车无货”的现象。[①] 巨资购买的网络基础设施和建设的数据库成为摆设,诸多信息资源数据库未能很好的开发利用,成为“死库”,导致国家投资效益的递减。此外,我国大都市政府信息资源交换共享和开发利用建设的项目规划方案基本都是由技术部门所提出来的,他们对业务信息的需求以及社会信息需求不是很明确。没有以需求为导向的信息资源建设是盲目的,不能满足实际工作需要。

2.信息资源开发利用水平太低

自 20 世纪 90 年代以来,信息化成为政府建设的重点,我国政府适应政府信息化发展的需要,加大力度建设“人口基础信息库、法人单位基础信息库、自然资源和空间地理基础信息库、宏观经济数据库”等四大基础数据库和“十二金”工程,但是仍未实现跨层级跨部门的政务业务系统的互联互通,信息资源开发利用率低。究其原因,主要是由于我国大都市政府信息资源共享的建设缺乏正确的推进路径。

(1)在信息资源共享建设中,只强调了建立公共数据库,并没有将这些数据库的共享与业务处理有机整合起来,从而导致数据库的建设与信息资源的开发利用严重脱节,开发利用水平非常低下。例如,在四大基础数据库建设中,由于人口、法人单位等信息基础信息资源分别由公安、工商、税务、质检、卫生等部门多头采集,各单位之间独立采集的数据,数据库未能互连,且又不相互核对,误差

---

① 在网络环境下,信息基础设施由“路、车、货”构成。其中,“路”指信息高速公路,“车”指信息高速公路上各种信息传输工具,“货”指因特网上大量可流通的信息资源(数据包)。

很大,因而就会出现标准不统一和数据矛盾的现象,这造成各部门数据交换和共享时数据之间出现冲突,难以有效匹配的问题。例如,宁波市的公安管理系统和社会保障管理系统采集的人口基础信息也存在着大量数据冲突的现象。① 数据指标的重复采集,必然导致数据之间的冲突。这造成了资源浪费、监管缺位和业务难以协同等问题。

(2)我国大都市政府信息资源共享的建设没有从信息资源交换与共享目录体系建设入手,而是各职能部门基于自身利益需求。在信息资源"政出多门"的治理体制和"部门私有"的资源归属模式下,各职能部门之间的业务信息不能实时交换和共享,导致重复采集政务信息资源的现象严重。如自然人基础信息中的姓名、性别、身份证号、学历、住所等信息;法人单位基础信息,如单位名称、单位地址、发证单位、营业执照注册号、注册资本、发证机关、发证日期等信息;项目审批的基础信息,如项目名称、审批单位、审批日期、审批意见、许可证编号、有效期等信息在不同的行政职能部门之间都存在着重复采集的现象,最少的重复 8 次,最多的重复多达 90 次。

3.信息资源数据库库藏数据量不足

我国大都市政府信息资源开发利用与共享总体而言滞后于政府信息化基础设施建设,更落后于政府和社会对信息资源的需求。信息资源数据库库藏数据量不足主要表现在以下两个方面:

(1)从信息资源数据库库藏数据总量来看,当前既有的信息资源数据库库藏数据远远不能满足现实的需要。主要表现为:信息资源总量不足,信息内容匮乏,静态信息多,动态信息少,信息资源更新速度慢。数据的实时性是信息系统的生命力所在,不能实时更新的静态数据库成为低层次建设和内容贫乏的数据库,也必将成为事实上的"死库"。这种类型的信息资源数据库不能成为政府决策支持系统的有力助手,其应用价值非常低。

---

① 顾德道、高广耀:《宁波市政务信息资源共享管理对策分析》,《信息化建设》2008 年第 6 期。

(2)从信息资源数据库库藏数据有效利用率来看,由于信息资源的利用和开发程度较低,导致其利用率也非常低,因而信息资源的价值不能得到有效体现。主要表现在两个方面:一方面,信息资源共享的建设只强调了“人口基础信息库、法人单位基础信息库、自然资源和空间地理基础信息库、宏观经济数据库”等四类基础数据库的建设,忽视了数据库与业务应用系统和数据库的互联互通和共享建设,导致四类数据库有效使用率低,同时,相关业务应用系统和数据库由于缺乏四类数据库数据的有效支持,其相关功能未能得到最有效利用。另一方面,信息质量不高,对信息深度挖掘不够,信息针对性不强,政府在工作过程中产生的大量信息还没有加工成可供交换和共享的数据库资源。信息资源加工深度是衡量其质量的最主要指标。对于信息的使用者来说,更多需要的不是原始数据,而是经过分析加工过后的数据。信息资源的离散、无序和缺乏关联性,是导致信息质量不高的重要原因,也是造成大都市政府信息资源利用率低的重要原因。

第二节　大都市政府信息资源交换共享的发展趋势

信息资源交换共享,是大都市政府信息资源管理和开发利用的重要内容,是社会对信息资源均衡分配以及政府部门间业务协同的需要,也是社会公众对政府机构进行监督的基本手段。① 近年来,在经历了信息化基础设施建设和应用系统建设热潮之后,政府信息化建设目前面临的一个迫切问题是信息资源整合和共享。只有利用网络信息技术的创新手段,打破信息的部门壁垒,实现不同业务部门之间、不同政府机构之间的信息互联互通、协同应用,才能把政府信息化建设向纵深推进,全面提升政府的社会化服务能力。因此,信息资源交换共享是推进政府信息化建设、提高信息化应用水平的关键。国务院信息化工作办公室、

① 冯惠玲:《政府信息资源管理》,中国人民大学出版社2006年版,第157页。

北京市信息化工作办公室和上海市信息化委员会在各自的《"十一五"信息化发展规划报告》中，均将"信息共享"、"政务协同"确立为政府信息化发展的目标。探索适合中国国情的信息资源共享模式，已经成为我国政府信息化战略中的焦点问题。① 各级政府及部门开始意识到健全信息资源共享机制、推进信息资源共享的重要性，使信息资源共享进入全面发展的快车道。各级政府积极发展信息资源共享的探索和实践，呈现出以下的发展趋势。

一、网络化运行

信息的采集、传递、储存是信息共享的基本前提和条件。在传统政务的活动中，信息的传递和流动是通过听汇报、看简报、召开现场会议、颁发文件以及实地调研等方式来实现的。这种方式时效性较差，也容易造成信息采集的片面性以及信息传播过程中人为的失真，难以快速、便捷、准确、全面地采集和传递信息。在网络化模式下，信息的流动和获取是通过计算机信息网络来进行的。这意味着政府的信息收集渠道全天候地面向社会公众开放，社会的热点、难点和重点问题可以畅通无阻地传递到政务信息部门，利用跨部门的共享数据库可以在公众和政府互动的领域进行更大范围的信息共享和服务整合。互联网技术使每一个成员成为信息网络中的节点，每一个节点都能够直接与其他节点交流而不需要通过一个等级制度安排的渗透，因而加强了政府各部门之间的联系，使管理层次扁平化，有利于提高政府信息管理的工作效率。因此，信息技术为信息资源共享解决了信息传递、信息处理方面的障碍，打破了时空和地域限制，提高了政府部门信息采集、整合与集成的能力，为信息资源的及时、全面、充分共享提供了有力的技术支持。

信息交换共享网络系统是随着信息技术的发展及其在政府管理中的应用而建立起来的。20 世纪 70—80 年代，政府开始利用信息通讯技术进行文件的制

① 樊博、孟庆国：《顶层设计视角下的政府信息资源共享研究》，《现代管理科学》2009 年第 1 期。

作、传送和贮存。20世纪90年代以后,随着国际互联网技术的发展,政府利用现代信息和通讯技术,通过各种信息服务设施(如电话、网络、公用网站等),开始逐步建立自动化的跨越时间、地点、部门的网络信息系统,其内容包括网络公文、电子邮件、网络信息发布、信息资源共享、电视电话会议、网络财税管理等。信息共享网络系统的应用扩大了大都市政府信息资源的来源和共享范围,在网络化条件下,对等联网技术使得知识和信息形成一个充分流动的网络状态,内部各部门之间的人员通过网络系统实时进行相关信息的沟通与协调,越来越多的政务信息资源处理和信息服务都通过网上进行,而不必受制于具体地域或机关权限的阻碍。网络化已逐渐成为信息资源交换共享运行的一种基本形式。

二、标准化建设

信息标准是指在信息活动的实践中,为获得信息的最大社会效益和经济效益,而对有关信息技术、管理和服务等方面的重复性事物和概念所做的统一规定。在计算机和网络成为数据和信息的基本处理工具的条件下,信息资源的广泛共享要求数据格式和处理、传输、储存数据的技术系统的标准化,要求信息语义表示的准确化和通用化。信息的标准化是政务信息资源共享赖以实现的基础,在大都市政府信息资源共享建设中起着重要作用。国际标准化组织主席海因茨先生曾指出:"技术进步和生产发展无不同全球标准化的发展有密切关系,因为后者为前者保证了通用性和互换性。"①通过对信息标准的建设,一方面可以消除因技术标准不同所造成的系统难以兼容,增进政府各部门之间的信息沟通和业务合作,另一方面也可以消除因管理标准不同所造成的各自为政、信息孤岛现象,减少政府信息化过程中的诸多不确定性,提高信息产品和网络的使用价值。

信息资源的标准化建设需要在大都市政府信息资源的分类方法、元数据、编码规则、标识语言、数据格式、交换协议、资源组织、管理结构等方面制定一系列

① 扬占江等:《办公室自动化的关键:资源信息标准化》,《办公自动杂志》2003年第3期。

的标准规范，如德国信息安全局制定的《电子政务手册》对信息的各项技术标准进行统一规范，避免了重复建设、互不兼容，促进了信息资源共享。2002 年 8 月《国家领导小组关于我国电子政务建设指导意见》将"统一标准"作为政府信息化建设的指导原则明确提出。同年，国家标准化管理委员会和国务院信息化工作办公室批准成立电子政务标准总体组。2003 年 1 月 27 日，我国通过了一部切实可行的《电子政务标准化指南》，这是信息标准建设的重要进展。但是，我国信息标准化的工作尚存在许多不足之处，如缺乏对信息标准化的理性认识，信息标准的统一意识不强，缺少对信息标准化的合理规划，忽略了信息管理服务的标准建设，割裂了现代标准与传统标准的关系等。① 这些问题严重制约了政府信息化应用中信息资源交换共享的推行，是未来一段时期我国大都市政府信息化建设和应用亟待解决的重要问题。

三、制度化管理

信息资源共享的实质是以信息资源优化配置为基础的高效利用。而搞好信息资源的优化配置离不开包括在微观、中观、宏观层次上优化了的信息资源管理。制度是管理的基础，要搞好政务信息资源共享，必须重视信息资源管理制度体系建设。它包括：相关的法律、法规、条例、规章、规范、规定、条约、宣言、声明等成文制度以及治理体制、管理机构的职责、运行机制、发展规划等配套制度。我国已经相继出台了《电子政务建设指导意见》、《关于加强信息资源开发利用工作的若干意见》、《国家信息化发展战略（2006—2020 年）》、《国家电子政务总体框架》等一系列文件或规划来推动电子政务和政务信息资源共享的制度化建设。可以说，制度化及其实现是政务信息共享稳步发展的基本保证。

我国大都市政府信息资源管理建立在条块分割的管理格局之上，这种治理体制造成了信息资源共建共享上的"纵强横弱"的格局，有人形象地称之为"信息烟囱"、"信息孤岛"，虽然国家三令五申要统筹规划、共建共享，但是因为各个

① 傅秀兰、周伟：《网络环境下政府信息资源共享的立法保障》，《兰台世界》2007 年第 5 期。

组织部门之间长久的组织壁垒和信息封锁,成效不甚理想。没有有力的组织和制度保障,就无法实现政策的预期目标。为此,从制度化的角度来看,要加快建立和完善信息资源共享的领导和协调制度。在此基础上,建立和健全信息资源采集、更新制度,明确界定各部门的信息采集和更新权责,保证信息的准确性和时效性。制定信息资源分级分类管理办法,建立健全采集、登记、备案、保管、共享、发布、安全、保密等方面的规章制度,推进信息资源的管理工作。除此之外,要完善政府信息公开制度,以公开为原则,以不公开为例外,编制政府信息公开目录,及时、准确地向社会公开行政决策的程序和结果,提高政府的透明度和办事效率。

四、人性化服务

人性化服务泛指信息资源的开发、传播及使用过程的高度集成性、便捷性和更多功能性,是信息资源交换共享主体的人本要求,也是信息资源交换共享形态从低级水平向高级水平演变的重要指标。在传统的政府信息服务模式下,企业和市民获取信息的渠道和方式十分单一、落后,申请办理的业务往往要经过若干个职能部门层层审批,大量的时间和精力花在填写各式各样的表格和排队等待上面,政府只能根据当时掌握的信息被动的对市民提供服务,这在很大程度上限制了服务的多样化及服务质量的提高。在网络化信息技术普遍应用和发展的今天,服务的多样化、个性化和人性化日益成为衡量信息资源共享水平的重要标准。政府可以通过建立面向市民和企业的全方位、开放式的电子信息共享数据库以及建立互联互通、协同办公的“一站式”业务平台,避免传统信息传递和互动方式的繁琐和不便,真正实现一体化、多样化、便捷化的信息服务方式。

此外,人性化服务还应将客户关系管理的理念和技术纳入到政府信息资源的共享模式当中,正确处理好信息供给能力与用户满意程度的关系,在力所能及的范围内为绝大多数用户提供个性化、整体性的服务,使信息资源共享的精神深入人心。通过信息资源交换共享系统,市民和企业的所有相关信息均可以由政府收集、整理并保存在面向市民和企业的共享数据库中,形成“订单式”的信息数据响应链，从而使政府各职能部门在系统的帮助下能够为每一个市民和企业准确、及时地提供个性化服务，使市民和企业获得满足个人需要的服务成为可能。从信息资源构成形式上看，人性化就是从印刷型为主逐步转向数字型为主。从信息资源构成内容上看，人性化就是从稀少、简单、枯燥逐步转向丰富、个性、适用。从信息资源的功能来看，就是从静态的信息发布逐步转向互联互通、动态更新、满足主体多方面的需求为主。

五、产业化经营

2004 年 12 月 12 日，中央《关于加强信息资源开发利用工作的若干意见》中指出："……对具有经济和社会价值、允许加工利用的政府信息资源，应鼓励社会力量进行增值开发利用。有关部门要按照公平、公正、公开的原则，制订政策措施和管理办法，授权申请者使用相关政务信息资源，规范政务信息资源使用行为和社会化增值开发利用工作。"①在我国，受计划经济体制的影响，政府部门掌握着全社会信息资源的 80%，而传统政务体制中的政府权力部门化、部门权利利益化、部门利益个人化和获利途径审批化的弊端，导致大量信息成为各个政府部门寻租的基本资源。为此，应当在政府信息服务中引入市场竞争机制，鼓励第三方信息中介和信息服务机构参与政府信息资源的开发，从而打破政府对信息资源的垄断，使市场化机制真正在政府信息资源开发中发挥应有作用。

信息资源交换共享是一项庞大的社会系统工程。除了依赖有效的行政管理外，还需要信息产业的强大市场推动。信息产业对于信息交换共享活动的积极作用表现在：第一，为适应社会的复杂需求，它将千方百计地开发信息资源，能为信息交换共享活动广开"信源"；第二，它的多样化发展能培育出日益发达的信息市场，有利于建立日益高级的信息传播系统，从而解决交换共享信息的交易和传播问题；第三，国家信息产业政策能调控信息产业的投资、技术、劳动、均衡等治理方

① 中共中央办公厅、国务院办公厅《关于加强信息资源开发利用工作的若干意见》（中办发[2004]34 号），资料来源：http://law.baidu.com/pages/chinalawinfo/11/62/71a0f88d9952bd64372660652c00162b_0.html。

式以及完善信息市场的组织体制、运行机制等方面,将为政务信息资源共享创造良好的经济环境。总之,产业化是信息资源交换共享活动的"助推器"和"加速器"。

第三节　大都市政府信息资源共享机制建设的行动方案

强调政府信息化以应用为导向是今后我国政府信息化工作的重点和发展方向,以政务先行推动深化行政体制改革。20 世纪 90 年代初以来,"人口基础信息库、法人单位基础信息库、自然资源和空间地理基础信息库、宏观经济数据库"等四大基础信息库,"金卡、金关、金税"等"十二金"工程和行政许可在线办理工程等取得了重大进展,效果明显。但从总体上看,我国政府信息化和信息资源共享建设仍处于初始阶段,存在一些问题,主要是:信息资源法律制度建设滞后和不完善、信息资源开发利用滞后,互联互通不畅,共享程度低;标准不统一,安全存在隐患;技术驱动模式主导,违背了政务优先的原则。信息资源交换共享事关政府信息化深度应用的成败,为有效推进大都市政府信息资源交换共享工作,我们提出以下行动方案。

一、大都市政府信息资源共享的指导思想、原则和目标

(一)大都市政府信息资源共享的指导思想

就现阶段而言,我国大都市政府信息资源交换共享的指导思想是:以邓小平理论和"三个代表"重要思想为指导,全面贯彻落实科学发展观,贯彻落实《中共中央办公厅国务院办公厅关于转发〈国家信息化领导小组关于我国电子政务建设指导意见〉的通知》(中办发[2002]17 号)、《中共中央办公厅国务院办公厅转发〈国家信息化领导小组关于推进国家电子政务网络建设的意见〉的通知》(中办发[2006]18 号)、《国家电子政务总体框架》(国信[2006]2 号)、《国民经济和社会发展信息化"十二五"规划》和国家有关部门关于推行政府信息化建设的各项方针政策和部署的精神,根据法律规定和履行职责的需要,明确相关部门和地

区信息共享的内容、方式和责任，不断完善信息共享基础设施，制定统一的标准规范，建立和健全信息共享制度。

坚持政府主导与社会参与相结合，坚持政府信息化深化应用与行政体制改革相结合，坚持促进共享与保障信息安全相结合，统筹兼顾中央与地方需求，围绕部门间业务协同的需要，编制信息资源共享目录体系，逐步实现信息资源按需共享和面向社会的信息服务。依托信息资源目录体系与共享目录体系，继续开展人口、企业、地理空间等基础信息共享工作，探索有效机制，总结经验，推广依托统一的政府信息化网络平台和信息安全基础设施，最终实现跨城市、跨部门、跨行业的信息资源共享。通过信息资源共享机制建设更好地促进深化行政体制改革，推动我国政府信息化的全面、深入发展。

（二）大都市政府信息资源共享的基本原则

根据我国《电子政务建设指导意见》、《关于加强信息资源开发利用工作的若干意见》、《国家信息化发展战略（2006—2020 年）》、《国家电子政务总体框架》等一系列文件或规划的方针、政策，政务信息资源共享必须坚持的原则，概括起来就是“以职能为依据，以需求为导向，统筹规划，统一标准，循序渐进，确保安全”。具体来说：

1.统筹规划，加强领导

大都市政府信息资源的共享具有全局性和战略性，必须要按照国家信息化领导小组的统一部署，制定科学的总体规划，避免各城市政府和各政府职能部门各自为政、重复建设。为此，要建立统一的领导体制，设立从中央到地方的各级政府信息资源管理委员会，由各级党政主要领导同志担任主要负责人，保证领导机构的权威性和执行力。要正确处理中央与地方、部门与部门的关系，明确各自政务信息资源共享的目标和重点，充分发挥各方面的积极性，分类指导，分层推进，分步实施。从而形成信息资源尤其是公共信息资源“统一规划、统一采集、统一加工、共同使用”的共享机制。

2.以职能为依据，根据应用需要明确信息分类

政府作为信息资源的最大生产者，有义务将其拥有的信息资源根据密级和

需要进行适度公开,以实现信息资源共享。但并不是所有的信息资源都能公开,政府必须明确哪些信息是保密的,哪些是可以共享的,在确定信息资源共享范围的过程中必须以行政职能为依据,即在对信息资源进行准确分类的基础上确定共享的性质和范围。与此同时,各政府职能部门应当依照其职能提出共享信息资源的需求,包括信息资源共享和交换的内容、范围、用途和方式等。此外,要按照需求主导、急用先行的原则,调查和分析政府跨部门应用的业务流程,梳理政府部门间信息交换与共享的需求,构建政府部门间信息交换框架。根据国民经济和社会发展需求,以满足业务需求作为出发点和归宿,紧密结合当前决策支持、城市治理、公共服务、经济运行等重点政务工作的急需,加快信息资源建设和共享。

3.职责分明,无偿共享

信息资源共享是一项复杂的系统工程,需要中央与各城市政府、政府职能部门之间以及政府与企业、社会公众之间开展广泛的分工和合作。为此,必须依据法律法规规定和职责分工,按照责、权、利统一原则,明确各地方、各部门政务信息共享的内容、方式、责任、权利和义务,兼顾各方利益,发挥各方面的积极性,加快推动信息资源共享。在资源共享过程中,政府部门应当树立“信息越流通,大家都受益”的观念,强化信息交流意识。建立政府信息内部交换网络系统,通过统一的信息交换平台,实现政府部门间非密信息的无偿共享。即政府有义务将公共信息(除了需要保密的信息之外)最大限度地共享出来,供整个政府机关部门及其全体社会成员使用。政府各职能部门主要业务的基本数据和动态信息必须根据共享原则的要求,及时整理上网,定期更新,实现网上通畅的信息交换和查询,从而保证各政府部门能及时了解其他相关部门的业务活动,获得履行其自身职能所需的信息。①

4.统一标准,规范有序

信息标准化在政府信息资源共享建设中起着重要作用。一则可以增进政府

① 郭琪:《政府信息资源共享的障碍因素分析与对策研究》,《特区经济》2008 年第 3 期。

业务的合作，增进系统之间的兼容性；二则可以扩大网络的外部性，提高信息产品和网络的使用价值。当前，我国大都市政府信息标准化建设发展滞后，普遍存在现代标准与传统标准严重脱节、信息标准化建设重复分散、信息标准化建设意识薄弱等问题。为此，要建立和健全信息资源的采集、加工、存储、交换、发布等标准规范，满足信息共享的技术要求。以国家基础数据库共享为基础的跨部门、跨地区的政府信息化应用工程为切入点，探索政府信息资源共享机制。原则上与政府各部门协同业务相关的信息，应根据应用的需要免费交换与共享，以促进政府部门之间的信息共享，加强部门之间的业务协同。要把政府部门间信息交换制度化，把为其他部门提供有关信息列入部门的职责范围，以推动政府部门之间的信息交换。按照统一的标准规范进行政务信息资源的采集、存储、交换、归档和共享工作。

5.逐步发展、循序渐进

政府信息资源共享是一项庞大、复杂的系统工程，在推进信息资源共享的过程中，要按照国家信息化领导小组的统一部署和规划，既要保证合法用户的充分共享，又要防止数据的非法使用，造成国家资源的流失和泄密。另一方面，各方面对信息资源共享的迫切需求不允许等待工程结束后再得到共享服务。所以，政府信息资源共享的实施要本着"边建设，边见效，滚动发展"的原则开展，政府还应根据数据的保密程度、需求程度综合考虑现实的共享服务能力对信息资源进行合理的分类，开放不同的数据获取权限，积极稳妥地推进政务信息资源的共享和整合。①

6.确保安全，保护隐私

信息安全是电子信息资源共建与共享中最关键、最根本的问题。为此，要切实做好信息资源的保密管理和安全管理工作，采取切实有效的措施，对信息进行分级管理和访问权限控制，防止信息泄漏和人为破坏等。要加强安全技术的研发，并积极采用先进、实用的安全技术、安全产品等，同时要建立健全安全规章制

① 陈能华：《政府信息资源管理研究》，湖南人民出版社 2008 年版，第 259—260 页。

度,加强对人员、组织和流程的管理。按照政务公开和国家安全的要求,科学合理地划分信息保密等级,做好信息的及时解密工作。此外还需要不断进行信息的保密、安全教育,提高全社会对信息的保密、安全意识,构筑具有自主权和自控权的信息安全保障体系。贯彻落实国家关于加强信息安全保障工作的方针政策,提高信息安全保障能力。正确处理政务信息资源共享与保障安全、保守秘密的关系,保护国家安全、企业秘密和公民隐私。

(三)大都市政府信息资源共享的建设目标

根据我国大都市政府信息化建设和应用的水平,我国现阶段信息资源共享机制建设的目标是:

(1)明确大都市各层级政府和职能部门信息共享的内容、方式和责任;强化标准化体系建设,制定统一的政务规范和技术标准,建立健全与信息资源交换共享有关的法律法规和各项管理制度,并确保全面付诸实施。

(2)初步建立标准统一、功能完善、安全可靠的信息资源共享平台、公共数据交换中心。

(3)人口、企业、地理空间等基础性、战略性政务数据库建设取得实质性成效;进一步充实和完善公共数据库中无条件共享类、有条件共享类的业务数据;将公共数据库的建设与业务处理有机结合,进一步提高信息资源的开发利用水平,充分发挥公共数据库的实际效用。

(4)依托统一的政府信息化网络平台和信息安全基础设施,建设《信息资源目录体系》和《信息资源交换共享目录体系》,逐步实现同层次的不同部门之间、上下级政府机构之间的信息交换和信息共享。

(5)通过信息资源共享,促进深化行政体制改革,特别是在打破部门分割、条块分割的改革方面取得实质性的进展;通过政务信息资源共享,进一步规范垂直部门与地方政府的关系,推动构建整合政府和提高政府整体效能。

(6)通过信息资源共享,促进提高中央和大都市政府及部门的管理能力、决策能力、应急处理能力和公共服务能力,提高决策的科学化水平;初步形成信息资源共享的安全保障体系和培训体系,并为推动政府信息化应用的深度、广度和提高政府信息化建设的绩效奠定坚实的基础。

二、大都市政府信息资源共享机制建设的重点工程

为落实政府信息化建设和信息资源共享发展的战略目标，我国大都市下一阶段的信息资源共享工程建设，首先要根据法律规定和履行职责的需要，明确相关部门和地区信息共享的内容、方式和责任，制定标准规范，完善信息共享制度；其次要确保20世纪90年代以来各项电子政务工程的连贯性，充分挖掘既有项目的潜力，加强现有数据库和应用系统的整合；最后要推动需求迫切、效益明显的跨部门、跨地区信息共享工程建设。具体而言，下一阶段大都市政府信息资源共享的重点工程及其建设的时间进度表如表6-1所示。

表6-1　下一阶段大都市政府政务信息资源共享的重点工程及其时间进度表

序号	项目名称	类别	建设规模	建设工期	建设内容
1	人口基础信息库的完善与应用	基础数据库	全国各级政府及其部门	2011年至2020年	进一步完善人口基础信息库；进一步加大数据库共享安全建设；加大数据库的应用力度，与政府各业务应用系统实现对接，实现政府内部互联互通和共享；建设供社会共享或查询接口
2	法人单位基础信息库完善与应用	基础数据库	全国各级政府及其部门	2011年至2020年	进一步完善法人单位基础；进一步加大数据库共享安全建设；加大数据库的应用力度，与政府各业务应用系统实现对接，实现政府内部互联互通和共享；建设供社会共享或查询接口
3	自然资源和空间地理基础信息库完善与应用	基础数据库	全国各级政府及其部门	2011年至2020年	进一步完善自然资源和空间地理基础信息库；进一步加大数据库共享安全建设；加大数据库的应用力度，与政府各业务应用系统实现对接，实现政府内部互联互通和共享；建设供社会共享或查询接口
4	宏观经济数据库完善与应用	基础数据库	全国各级政府及其部门	2011年至2020年	进一步完善宏观经济数据库；进一步加大数据库共享安全建设；加大数据库的应用力度，与政府各业务应用系统实现对接，实现政府内部互联互通和共享；建设供社会共享或查询接口

续表

序号	项目名称	类别	建设规模	建设工期	建设内容
5	信息资源目录体系	标准规范	全国各级政府及其部门	2011 年至2014 年	大力推广国家《政务信息资源目录体系》,同时,地方政府在与国家标准保持原则性一致的前提下,结合本地实际情况制定“省——市——县区——中心镇”省一级《政务信息资源目录体系》
6	信息资源交换体系	标准规范	全国各级政府及其部门	2011 年至2014 年	大力推广国家《政务信息资源交换体系》,同时,地方政府在与国家标准保持原则性一致的前提下,结合本地实际情况制定“省——市——县区——中心镇”省一级《政务信息资源交换体系》
7	“一站式”网上联合审批系统	应用系统	拥有法定行政审批权各部门	2013 年至2018 年	“省——市——县区——中心镇”四级地方政府实现跨层级跨部门的联合审批、统一平台、协同办公
8	医疗卫生服务综合信息平台构建	服务系统	各地方政府	2011 年至2018 年	建成覆盖全国的医疗卫生服务综合信息平台,“省——市——县区——中心镇”四级地方政府实现互联互通、协同办公
9	“十二金”工程完善与应用	应用系统	全国各级政府及其部门	2011 年至2020 年	进一步完善“十二金”工程;加大与四大数据库连通共享的力度;加快与其他业务系统的共享

三、大都市政府信息资源共享机制建设的保障措施

(一)推动大都市政府信息化建设与信息资源共享的措施

加快我国大都市政府信息化建设与信息资源共享的主要措施包括:

1.统一认识,加强领导

推进大都市政府信息化和信息资源共享建设,必须按照国家信息化领导小组的精神,统一部署,稳步推进。大都市政府要加强领导,结合本市实际情况成立政府信息化建设和信息资源共享领导小组,负责研究和协调政府信息化建设中的重大问题。进一步理顺信息资源治理体制,强化对信息资源开发利用与共享工作的组织协调、统筹规划和监督管理。要制定信息资源开发利用与共享专

项规划，并纳入国民经济和社会发展规划。

2.明确分工，各司其职

政府信息化和信息资源共享建设具体项目要严格按照政府信息化项目审批程序审批，做好前期审议、可行性研究、采购招标、监理和验收工作。大都市政务信息化建设与信息资源共享领导小组要做好协调和指导工作，各部门按照分工积极配合与实施。

3.增加财政投入，多渠道筹集资金

保障信息资源共享的建设管理、采集更新、运行维护、长期保存和有效利用，相应经费要纳入预算管理。鼓励企业和市民投资信息资源开发利用领域。多渠道筹集资金，支持政策研究、标准制定、科技研发、试点示范以及重点信息资源开发。同时，要加强资金使用管理，提高效益，降低风险。

4.加快相关法律法规体系建设

积极开展调查研究，确定立法重点，制定相应的立法计划，加快立法进程，及时颁布需求迫切的法律法规，为政务信息资源开发利用与共享工作提供有力的法律保障。

5.加强标准化工作

建立信息资源开发利用与共享标准化工作的统一协调机制，制定信息资源标准、信息服务标准和相关技术标准。突出重点，抓紧制定信息资源分类和基础编码等急需的国家标准，并强化对国家标准的宣传贯彻。

6.营造市民利用信息资源的良好环境

采取有效措施，逐步形成以多种渠道、多种方式和多种终端方便市民获取信息资源的环境。鼓励、扶持在街道社区和乡镇建设实用的信息化服务设施。提高互联网普及率，丰富网上中文信息资源，加强市民使用互联网的技能培训，充分利用广电网、通信网、互联网“三网融合”的渠道来开发利用信息资源。

7.加强信息安全保障工作

贯彻落实国家关于加强信息安全保障工作的方针政策，提高信息安全保障能力。健全信息安全监管机制，倡导网络道德规范，创建文明健康的信息和网络环境。遏止影响国家安全和社会稳定的各种违法、有害信息的制作和传播,依法打击窃取、盗用、破坏、篡改政务信息等行为。

(二)大都市信息资源共享机制建设的政务方案

信息资源共享机制,概括地说就是信息资源利用的各类主体,包括大都市政府及其所属部门、市民、企业和其他社会组织,在开发利用信息资源过程中相互之间的关系,是由管理机制、保障机制和运行机制所组成的有机整体。因此,信息资源共享机制的建立,一要依靠有效的体制,明确各类主体在信息资源开发利用和共享过程中的角色、权利与义务;二要依靠健全的制度,包括法律法规、政务规范和技术标准;三要依靠先进的网络信息技术。只有这样,才能形成以指导、服务的方式去协调各个主体间关系的运行机制,以及为实现信息资源共享的制度规范保障和技术保障机制。

1.促进深化行政体制改革

政府信息化的深度、广度应用,离不开信息资源共享;要实现信息资源共享,离不开行政组织结构的重组、资源整合、业务流程优化,也就是离不开行政体制改革。因此,政府信息化建设、应用与行政体制改革是一体化的有机整体。促进深化行政体制改革既是政府信息化建设与应用的目的,也是政府信息化建设与应用的重要内容、基础与前提,以完善大部门制改革来形成部门之间权力运行的协同机制和推进资源共享。

“大部制”,就是要解决职能的有机统一问题,而不是仅仅把注意力关注在机构的“合并”这个问题上;同时还要形成决策权、执行权、监督权的有效运行机制。社会生活的复杂性要求公共权力在运行过程中必须有所分工,才能有效地实施管理,也就是实行部门治理体制。工业革命之后,基于社会对效率与专业分工的需求,要求政府公共行政提高效率和实现管理专业化,由此形成了基于分工理论的传统官僚行政体制。分部化或部门化(departmentalization)最基本的含义就是分工(division of labor)。18 世纪亚当・斯密(Smith)的“劳动分工原理”和 19 世纪弗雷德里克・泰勒(F.W.Taylor)的“制度化管理理论”创立了分工理论。亚当・斯密在《国富论》中认为,劳动生产率上最大的增进,以及运用劳动时所表现的更大的熟练、技巧和判断力，都是分工的结果。① 泰勒的“制度化管理理论”强调专业化分工，强调把业务过程分解为最简单、最基本的工序。

基于专业化分工设置的行政部门，都是以职能为中心进行设置的。这种以职能为中心进行设计的方式，使一个行政业务流程横跨多个部门，人为地把行政流程割裂开来，使一个完整的流程消失在具有不同职能的部门和人员之中，既严重影响了业务流程的开展又造成多头指挥；行政部门按职能划分设置，形成了等级的层级制组织结构。这种组织结构实行层级节制，具有效率高、便于控制和指挥、避免人财物分散等优点。但是，随着社会的发展，政府承担的职责和功能不断增加、分工越来越细，机构数量也就不断增多，进而出现政府部门管理中交叉、重叠、真空领域不断增加，产生矛盾和问题。因此，大部门体制就是要解决由于分工越来越细所导致的部门林立、部门间职能交叉重叠、部门间协调困难等问题。这就需要在职能有机统一的基础上将政府相关或者相近的职能部门加以整合，加大横向覆盖的范围，将类似的职能尽量集中在一个大的部门中，把原来的部门改编为内设司局或具有一定独立地位的机构。大部结构通过扩大部门职能或者整合相关部门，把本来是部门和部门之间的关系变为部门内部的关系，这就减少了行政协调成本。

西方公共行政学创始人威尔逊针对这种社会现实，对以往政府系统中公共决策制定与公共决策执行两个部分进行分离，形成了“政治（国家意志的表达）—行政（国家意志的执行）”二分的理论。这种“政治—行政”二分，在国家政治体制上表达了政治与行政之间的关系。但在20世纪40年代形成的行政国家体制下，这种“政治—行政”二分的理论被人们所抛弃。

合理的、适度的社会分工有助于行政效能的提高。但是，随着分工越来越细，设立的部门越来越多，导致的结果就是出现了职能交叉重复和多头指挥，部门之间、部门与社会之间的沟通协调成本加大，部门之间分割进一步加剧，资源

---

① 亚当·斯密：《国民财富的性质和原因的研究》，郭大力、王亚南译，商务印书馆1981年版，第5页。

分散与浪费，行政整体效能低下等多方面的问题。因此，如何通过组织结构重组、业务流程再造等改革措施的推行，才能使分工过细的部门能够得到科学设置、职权能够得到有效配置、资源能够得到有效整合。20 世纪 70 年代中期以后，西方发达国家为了提高行政效率、改进政府服务质量、发展政府责任和提高政府绩效，推行了新公共管理运动（即行政改革）。中央（或联邦）政府组织结构改革采取的一项重要措施就是在政府公共管理中实行决策权与执行权分离，设立决策机构与执行机构。在一个决策机构之下设立若干执行机构，决策机构在行政级别上比执行机构高半级；决策机构的副职兼任执行机构的正职；执行机构对决策机构负责；执行机构的工作人员大量采用雇员聘任制。

因此，从我国当前正在开展的决策权、执行权、监督权既相互制约又相互协调的政府内部职权配置形式和相互关系来分析，在领域性质上，这种权力划分及其关系不涉及政治领域，也不涉及政治与行政之间关系的领域；而只是涉及行政领域内部。在行政层级上，这种行政领域内部的权力划分及其关系的设立，主要适应中央政府、直辖市政府、副省级城市，不应在中央与大都市及其所辖政府之间对口进行，要改变过去机构对口设置的状况。

大部门体制的改革与实行，正是解决部门林立、部门分割等问题的有效途径。例如，政府交通管理，将与交通有关的所职责包括海上交通、铁路、公路、航空等各项管理职责都交给一个部门，当前在世界上没有一个国家能够做得到。但是，将涵盖交通管理全部要素的各种交通规则制定权和决策权交给一个部门来负责，这是可以做到的。这就是西方国家参与交通管理的政府部门虽是多家，但没有出现部门之间扯皮的根本原因所在。因此，大部门体制就是通过整合相互联系的各种决策权和重组机构来实现政府所追求的共同目标。大部门体制的实行，既不能靠相互隔离的政府部门，也不能靠设立新的“超级部门”，也不是将各职能相近的部门简单合并，而是围绕政府目标，在科学划分决策权、执行权、监督权的前提下实现决策部门、执行部门、监督部门的跨部门合作与协同。决策部门和执行机构之间的分离使得政府内部缺乏制度化的合作协调机构，不能对政府的整体战略和决策承担起完整的责任。

决策权具体表现为规则制定权、规划制定权、标准制定权、政策制定权等方面。决策权统一，是规则统一、标准统一、规划统一、政策统一所不可缺少的。因此，建立职能有机统一的大部门体制有利于避免部门分割，是提高政府整体效能、充分整合与利用各种政务资源、建设整体型政府所必需的，是从根本上改变"铁路警察各管一段"现象所必需的。而实现决策权、执行权、监督权的适度分离，使它们之间形成既相互制约又相互协调的关系，促进执行部门对决策部门负责，是大部门体制建设的基础与前提。

因此，职能交叉与扯皮、部门分割、资源分散与浪费、整体效能和公共服务质量低下等政府管理问题的解决，都有赖于大部门体制建立和完善，都有赖于决策权、执行权、监督权的适度分离及其相互制约、相互协调关系的形成。一句话，在政府内部实行科学设置机构和有效配置职权，建立健全决策、执行、监督既相互制约又相互协调的权力结构和运行机制，实现决策相对集中、执行专业高效、监督有力到位，是我国当前深化行政体制改革、促进政务信息资源共享的中心任务，具有非常迫切的现实意义。我国大都市政府内部形成既相互制约又相互协调的权力结构和运行机制，其途径包括：

(1)推动大部门体制改革与建设。为此，要科学划分决策权、执行权、监督权，在政府内部科学配置职权。这是重组机构和科学设置决策部门、执行部门和监督的基础。

(2)形成科学的权力结构，明确一个决策部门设置哪些执行部门，明确执行权对决策权负责，决策权、执行权都必须无条件地接受监督权的监督。

(3)建立健全各部门之间、各种职权之间权力运行的协同机制。决策权、执行权、监督权的适度分离、决策部门和执行机构之间的分离，不能使得政府内部缺乏制度化的合作协调机构，而是要形成对政府的整体战略和决策承担起完整责任的机制，构建整合政府。

2.建立健全信息资源共享体制

建立和完善确保信息资源共享的领导和组织体制，包括明确信息资源管理的主体、职能配置及其运行机制，主要解决"谁来管"的问题；以及制定相关的法律法规和政策,主要解决“如何管”的问题,这是实现信息资源共享的有效途径。

借鉴国外的先进经验,探索和建立适合我国国情的信息资源领导和治理体制,建立全国性的综合协调机构,加强统一领导和统筹规划,优化信息资源共享的顶层设计,组织编制信息资源共享建设的专项规划,确保信息资源共享项目的顺利实施。

(1)信息资源管理的机构。信息化治理体制是影响信息化发展的关键因素,通过体制创新理顺政府信息化建设和应用的环境,才能促进政府信息化健康有序发展。健全信息资源管理机构,明确机构职责,是西方发达国家完善信息资源治理体制的重要特点。例如,在美国,信息化建设基本上是由联邦政府统一发起、组织和协调的。美国联邦政府设立了“联邦信息委员会(Federal Information Council)”,联邦预算与管理局局长为联邦信息委员会主席。在加拿大,政务信息资源管理的职能部门主要有财政部秘书处(TBS)、国家档案局(NAC)、国家图书馆(NLC)和统计局(SC)等。TBS是财政部属下的一个中央政府机构,统一领导政府的人力、财力、信息和技术资源管理。在TBS中,设有信息主管(CIO)及其办公机构(CIOB)。

为实现信息资源管理的宏观和微观管理职能,我国大都市政府也建立了相应的组织机构,基本形成了自上而下地建立由政府主要领导牵头和各相关部门负责人共同参与的信息化管理机构,统一领导和协调信息资源管理工作。一是在国务院和地方大都市政府成立了信息化领导小组,国务院总理和地方大都市政府最高行政领导担任组长;二是在中央成立了负责政务信息化建设的专门管理部门——工业与信息化部、国家信息中心;与此相适应,地方大都市政府都成立了经济与信息化委员会、信息中心;三是在各公共部门内部成立了信息资源管理的工作部门或机构,一般是部门内部的信息中心、信息处或情报中心。

但是,严格来说,在信息资源管理机构的设置上,我国大都市目前的机构设置还不能适应信息化建设从技术导向到政务、管理导向的发展需要,缺乏自上而下的管理信息化建设的综合性部门设置。从中央到地方大都市的信息化管理部门,其职能的重点在发展信息产业;大都市政府、各部门内部的信息化管理机构——信息中心，在机构编制性质上都属于事业编制单位，缺乏综合协调能力。尽管近年来，有些大都市政府为了适应信息化发展的需求，将信息中心改为信息化办公室，但只是名称的变化，绝大部分都还是属于事业编制单位；有的虽然是政府部门，但在统筹规划、组织协调、监督控制方面缺乏能力和具体措施。

我国目前的信息资源管理机构的设置还不能适应信息化发展现阶段的综合管理需要，这些机构在协调能力、综合职能定位及其相应的职权赋予方面都有严重的局限性，无法行使组织、指挥、协调和控制的职能。因此，应改善信息资源管理机构设置，将其纳入政府组成部门系列，在性质上确定为综合部门，赋予其组织、指挥、协调和控制的职能。

（2）明确信息资源管理职能。科学合理地配置职能，是完善信息资源治理体制的重要内容，西方发达国家十分重视信息资源管理职能的配置。[①] 明确和强化政府信息资源管理职能，关系到政府职能转变、办公效率提高；关系到信息安全、有效、有序的流通和使用；关系到政务信息化的可持续发展，从而发挥政务信息资源在履行经济调节、市场监督、社会管理、公共服务等公共管理职能方面的积极作用。信息资源管理职能主要包括宏观管理和微观管理两个方面。

第一，信息资源宏观管理职能。信息资源宏观管理主要是从宏观层次上通过国家、大都市政府或系统有关政策、法规、管理条例等来组织、协调国家、地区或系统内部信息资源管理工作，使信息资源按照宏观调控的目标，在不影响国家的信息主权和信息安全的前提下得到最合理的开发和有效利用。信息资源宏观

① 例如，美国联邦信息委员会的主要职责包括：听取联邦和地方政府以及企业关于信息资源管理以及信息技术的建议和意见；向联邦预算与管理局局长提出与联邦信息资源管理有关的政策与实践的建议；决定政务信息基础设施的战略方向和优先领域；协助美国首席信息官制定和执行政府战略信息资源管理的有关计划；协调联邦政府以及跨部门的信息系统工程计划和项目；协调政府部门共用信息基础设施的计划和实施，如通信、政府电子邮件、电子支付、电子商务以及数据共享等等；在各政府部门着手重大信息系统工程项目之前，评估该部门现有的业务流程及行政管理过程，并辨识改进和优化政府业务流的机会和可能性；对各政府部门信息资源管理的实际情况进行监督和指导；就各政府部门信息资源管理的情况和问题向美国首席信息官提出改进意见和开展试点项目的建议；就联邦和地方政府各部门共享信息资源问题进行研究并提出建议；在与信息有关的国际活动中确保美国的利益，包括协调美国参加国际信息组织的活动。

管理职能主要包括统筹规划职能、组织协调职能、业务指导职能和监督控制职能。各项职能相互联系、相互作用,从而达到管理目的。

第二,信息资源微观管理职能。信息资源微观管理职能主要是指大都市政府各部门内部管理机构对本部门信息资源实施具体管理和开发利用工作的职能。信息资源微观管理的主要职能是在信息资源宏观管理的指导下,根据本部门信息资源利用需求,合理开发信息资源管理系统,通过对信息资源的采集、组织、检索、开发、传播和服务等,实现信息资源的有效利用。

(3)配置信息资源管理人员。信息资源管理人员是指在信息资源管理部门从事信息资源管理规划、信息系统研发与管理、信息系统运行与维护、信息资源管理具体业务工作等活动的信息资源管理专业人员,主要包括信息技术专业人才和信息管理专业人才。

信息技术专业人才是在信息资源管理中从事信息系统研发、运行、维护、信息安全等相关信息技术工作的人员,例如信息系统程序设计员、网络技术人员、信息安全技术人员。信息管理专业人才是从事信息资源规划、信息资源组织等管理工作的人员,如各部门内部的信息主管(Chief Information Officer,CIO)。①

(4)加强公务员信息化培训和考核。要发挥各级各类教育培训机构的作用,切实有效地普及公务员的电子政务知识,加强信息资源共享的观念教育和技能培训,制定公务员信息技术知识与技能的培训标准和培训计划,并制定相应的考核标准和制度。

---

① CIO是各部门中的最高信息资源管理者,是基于信息资源的战略管理者,而非一般技术管理者。CIO职位的设立起源于美国,按照美国学者史密斯和梅德利的观点,CIO的职责包括:一是提供技术。信息主管负责为组织中所有层次的管理者提供必要的计算机技术资源。二是与用户有关的职责。包括为用户提供设备、软件和培训等。三是与提供者有关的职责。包括与硬件、软件和服务提供者发展伙伴关系,参与制定产业标准,契约谈判,不同硬件和软件的集成,支持层次的谈判,影响商业的战略等。四是与管理有关的职责。包括推广技术、提供远见、对外代表单位、教育员工和发展信息价值观等。五是与技术有关的职责。包括理解信息技术的发展现状,预测信息技术的发展及其对组织机构可能产生的影响,了解基本的技术因素对未来信息系统的影响等。我们认为,CIO的职责主要有:参与本部门的管理决策、组织制定本部门的政务信息政策和信息基础标准、组织开发和管理信息系统、协调和监督本部门的信息工作、负责组织和领导本部门政务信息资源管理的具体业务工作等。

3.健全与完善信息资源共享的制度与标准

(1)加快推进信息资源共享的法制建设。适时提出比较成熟的立法建议,推动信息资源共享相关配套法律法规的制定和完善,加快研究和制定政府信息公开及网络与信息安全、政府信息化建设项目管理等方面的行政法规和规章,基本形成信息资源共享、运行维护和管理等方面的有效的激励约束机制。

(2)完善信息资源共享的标准化体系。标准规范为信息资源一致性和技术平台的互联互通互操作提供了基本的保证,是实现信息资源共享和规范化运行的有力支撑和可靠保障,如图6-1所示。

逐步制定信息资源共享所需要的各项标准和规范。包括信息技术标准,如信息术语、电子文件格式、网络通信协议、电子公文交换等方面的标准,信息管理标准如信息采集、组织、储存、发布以及交换等标准,信息服务标准如用以指导和管理政府及其工作人员信息服务行为的原则和规范等。加快建立和健全信息资源共享的运行机制和实施机制。

促进信息资源共享,应围绕信息采集、组织、分类、保存、发布与使用等信息生命周期各环节建立规范和标准。信息资源共享标准规范,具体包括:信息资源相关规范、技术平台对外服务接口规范、前置交换环境相关规范、交换中心环境相关规范、技术平台内部各模块接口规范和编码规范。

(3)健全与完善信息资源共享管理制度。信息资源共享涉及信息资源提供方、信息资源管理方、信息资源使用方、技术平台管理运维方、技术平台建设方等其他相关部门及人员,管理对象包括政务信息资源、技术平台。实现信息资源共享,应在部门间建立起通畅的内部信息交换制度,大都市政府各部门应当树立信息资源属于公共资源和"信息越流通,大家都受益"的观念,强化信息交换共享意识,确保政务信息准确、全面、及时。健全与完善信息资源共享管理制度是形成信息资源共享机制、确保信息资源长效共享的重要制度条件。如图6-2所示,信息资源共享管理制度包括信息资源管理维护制度、技术平台管理维护制度和信息资源分级管理制度。同时,还应健全和完善信息资源共享目录管理制度。包括:信息资源采集、组织、储存、交换、发布与服务管理;信息资源分级联合编

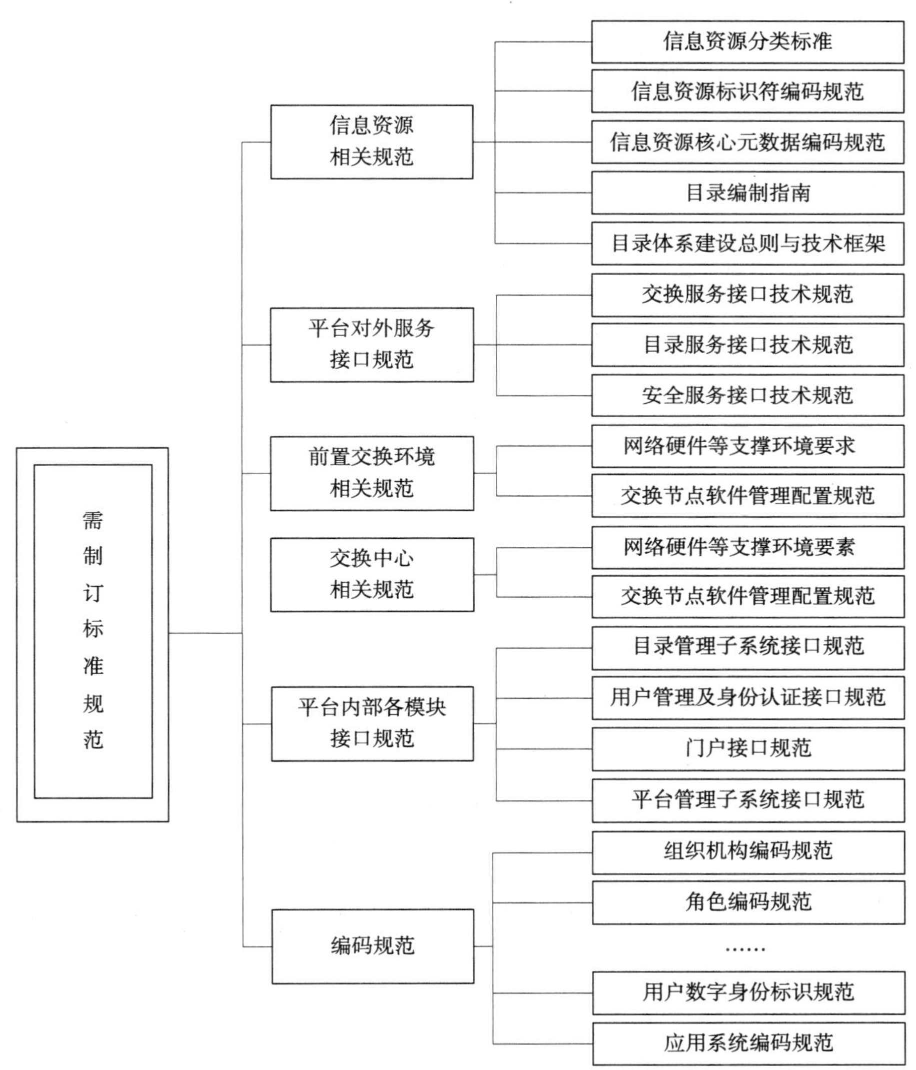

图 6-1　政务信息资源共享标准规范

目、申报、登记;信息资源元数据标准申报登记备案;信息资源唯一标识(编码)申请、分配。

4.实行信息资源的科学分类

这里所说的信息资源分类,是指大都市政府及部门和依法授权行使行政职

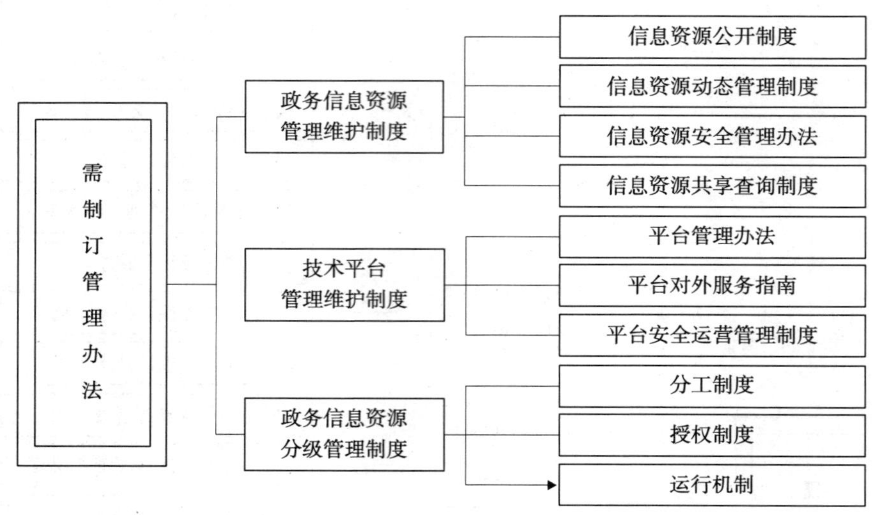

图 6-2　政务信息资源共享管理制度

能的组织对依法履行职责中掌握的政务信息资源，按照需求导向、统筹管理、无偿提供、保障安全的原则，进行分类，按照“公开为原则，不公开为例外”的要求，对不能纳入共享的信息资源依照法律法规来加以确定；对无条件共享、有条件共享的信息资源则按照权限管理和需求导向的原则，统一纳入到公共数据库通过信息资源共享平台进行共享。

因此，这里所说信息资源分类，是与信息资源本身的密级和是否履行职责的需要密切相关。信息资源分级，是指根据信息资源的不同性质来确定信息资源公开与保密的级别。建立在科学分级基础之上的信息资源分类，是通过采用不同的分类方法，以满足信息使用者、信息提供者和信息管理者等不同对象去组织、揭示、识别和使用信息资源的需要。因此，信息资源分类应满足归类正确、归类一致、充分揭示、方便检索、方便共享等要求。

（1）社会公开类信息资源。是指依法应当向社会公开的信息资源。根据公开的程度不同可划分为完全向社会公开的信息和依据申请向特定对象公开的信息。完全向社会公开的信息，没有任何密级；依据申请向特定对象公开的信息，应该根据申请而向特定的对象公开,并且有特定的用途。

与社会公开类信息资源相对应的是国家秘密信息。国家秘密信息不向社会公开,具有最大的密级。涉及国家秘密的信息不得直接或间接在国家互联网络或其他公共信息网络上传播。如果公共部门的国家秘密信息需要进入计算机系统进行处理、传递,则要单独建一个设密的计算机系统,而且设密系统与互联网系统之间实行物理隔离。

(2)大都市政府部门共享类信息资源。是指根据各部门职能行使的需要在大都市政府部门之间进行交换共享的信息资源。部门共享类信息资源是基于职能行使的需要,各部门都具有向其他部门提供本部门拥有的信息资源的责任和从其他部门获得本部门所需要信息资源的权利。从其他部门所获得的信息资源,只能用于本部门履行职能的需要,未经信息提供部门的许可,不得自行向市民发布、不得转给第三方、也不得用于商业目的。

(3)依法专用类信息资源。是指依据法律法规的规定只与本部门职能行使有关、在本部门内部专用而不对外的信息资源。当然,如果其他部门在行使职能过程中确实需要运用到专用类信息资源,那必须通过特别的程序和方式来获取。因此,必须扩大公共数据库的信息资源,缩小专用类信息资源,这样才能确保充分公开、共享。

根据信息资源的分级,大都市政府各部门应编制本部门信息资源目录体系和本部门信息资源需求体系,并对本部门信息资源目录内容及时更新和维护。对社会公开类信息资源应面向社会及时、准确地公开,对部门共享类信息资源应集中到公共数据中心进行交换共享。

因此,通过信息资源科学分级,才能明确哪些信息是可以向社会市民公开的(包括无条件公开、有条件公开)、哪些信息是只可以在大都市政府各部门之间进行共享的(包括无条件共享、有条件共享)、哪些信息是仅仅局限于部门内部自用的,这是信息资源分级的重要内容。信息资源分级是实现信息资源公开和交换共享的基础。凡是可以向市民公开的(包括无条件公开、有条件公开)和可以在部门之间共享的(包括无条件共享、有条件共享),都应该统一纳入到公共数据库，通过公开而走向共享。

在信息资源的分级管理方面，西方国家的经验值得我们借鉴。例如，俄联邦根据开放程度对国家信息资源进行分级：一是可公开的和人人都能获取（询索）的国家信息资源；二是限制获取的文件信息。为了避免一些政府部门以“限制获取”为理由而侵蚀公民的知情权，俄联邦还以列举的方式明确“禁止列入限制获取的信息”。[①] 我国许多大都市政府所制定的信息公开规定，虽然对不予公开的信息也做了列举，但却没有对除外事项以及配套制度加以明确，这些除外事项在实践中往往成为行政机关躲避公开的理由，政府公共部门往往以国家秘密为由拒绝向公众提供信息。

在这方面广东的经验可以借鉴。为推动广东各行政层级、政府各部门信息资源共享，广东省出台了信息资源共享的规范性文件，即《广东省人民政府办公厅印发广东省政务信息资源共享管理试行办法的通知》（粤府办［2008］64 号），将信息资源划分为“无条件共享、有条件共享和不予共享”三种类型；确保无条件共享、有条件共享两类政务信息进入到公共数据库。

5.加快编制信息资源共享目录体系

由于信息资源产生于公共管理活动的各个环节和部门，它的存在和分布是多行业、多部门、多地域的；信息资源由相关机构分权管理、储存地点分散、搜寻不易。因此，为实现信息资源的共享，就需要一种可分可合的工具来管理信息资源。这个工具就是信息资源目录体系和政务信息资源共享目录体系。

按照统一的标准和规范，逐步建立信息资源目录体系，为大都市政府提供信息查询和共享服务；逐步建立跨部门的政务信息资源交换体系，围绕部门内信息的纵向汇聚和传递、部门间在线实时信息的横向交换等需求，为大都市社会管理、公共服务和辅助决策等提供信息交换和共享服务。依托统一的国家电子政务网络，以优先支持的业务为切入点，统筹规划、分级建设覆盖全国的信息资源目录体系与交换体系，支持信息的交换与共享。

---

① 肖盾：《俄罗斯〈联邦信息、信息化和信息保护法〉简介》，《电子知识产权》2002 年第 11 期。

信息资源共享目录体系的编制要以政府职能为基础、以政务需求为导向,形成"三定方案→工作职责→政务事项→政务信息资源"的信息资源需求编制模式。在政府公布的"三定方案"的基础上,对政府职能部门的工作职责进行细化,梳理政务事项,并通过调查和分析政府部门内部和跨部门应用的业务流程,如图 6-3 所示,梳理政府部门间信息交换与共享的需求,构建政府部门间信息交换框架,以满足业务需求作为出发点和归宿。

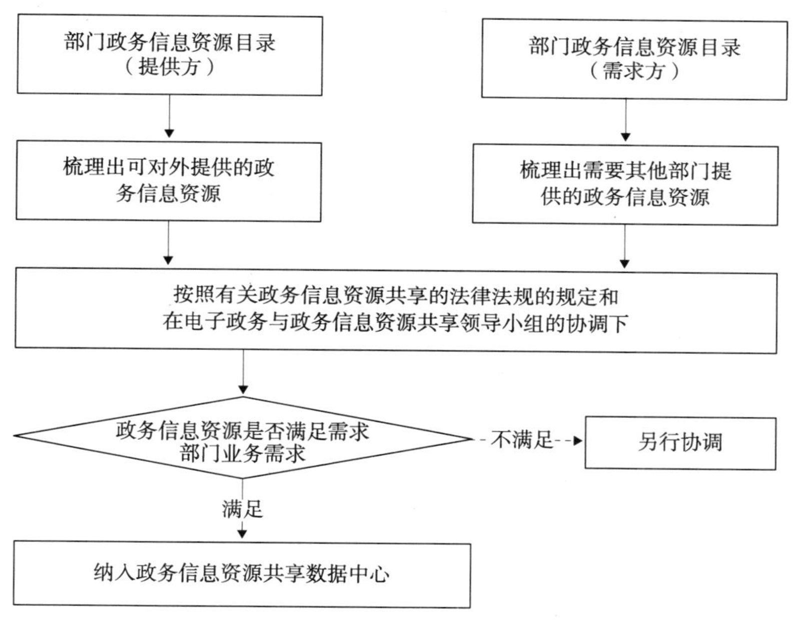

图 6-3　跨部门政务信息资源共享的流程图

信息资源共享目录体系是信息资源目录体系中的一个子系统,是借助目录系统和按照信息的密级程度,将大都市政府部门应向社会公开和应在部门之间进行共享的信息进行汇集所形成的体系。信息资源共享目录体系为各政府部门之间提供与获取信息资源的行为提供了查询、检索和定位的服务工具,对信息资源的共享起标引、检索和导航作用,并在规定的安全机制下,通过交换体系来实现信息资源的提供与获取。具体包括:

第一，科学构建信息资源目录体系框架。如图 6-4 所示。

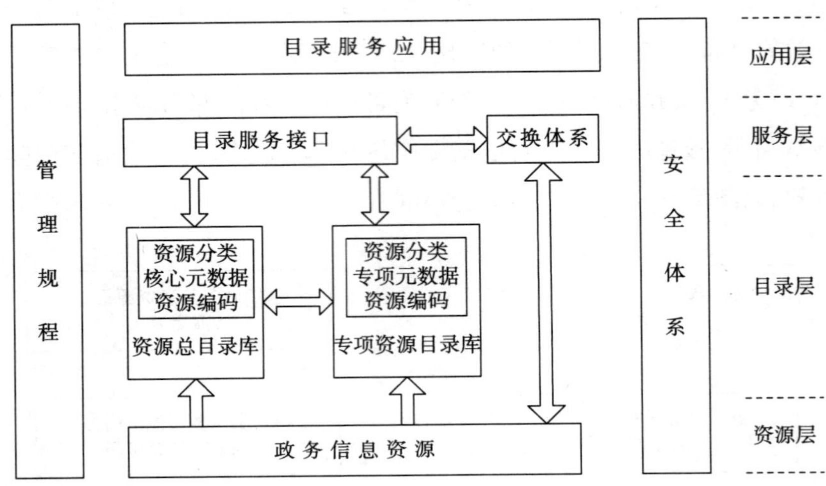

图 6-4　信息资源目录体系框架

根据图 6-4，信息资源目录体系框架包括：①资源层，包括各类共享信息库、共享文件库、门户网站等资源；②目录层，包括专项资源目录库和共享资源总目录库，具体有各部门根据协同应用需要建立的部门间共享目录库、根据对公服务应用需要建立的门户网站服务目录库、根据本领域应用特点建立的专项资源目录库；③服务层，包括目录体系向应用层或其他应用系统提供各类应用服务接口，以方便应用的调用、目录体系与交换体系的互通，目录体系之间的信息交换和访问；④应用层，这是目录服务向用户的展示层，用户使用应用层提供的各类工具进行信息资源的检索、查询、访问，也可进行信息资源的著录和注册，以及对目录库进行管理。信息资源目录体系是向信息使用者提供信息查询、检索和定位的服务平台，并在规定的安全机制下，通过交换体系获得信息资源，向信息使用者提供信息访问服务。

第二，科学构建目录体系服务模型。目录体系主要包括目录体系生产系统、目录体系管理系统和目录体系查询系统 3 个部分。其使用者包括元数据生产者、目录体系管理者和信息查询者三类用户，如图 6-5 所示。

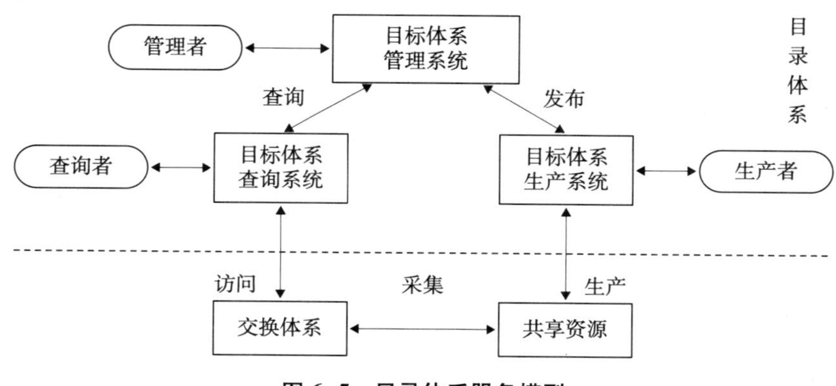

图 6-5　目录体系服务模型

第三,明确政务信息资源交换共享目录的具体内容,包括:政务基础信息共享目录、应用信息共享目录、数据库管理目录与政务信息采集责任公开目录。

(三)信息资源共享机制建设的技术方案

有效的治理体制、健全的制度、先进的技术以及运行和保障机制,是相互联系、相互作用、相互渗透的有机统一体,共同构成了信息资源共享机制。因此,科学的技术方案、技术设计也是信息资源共享机制建设不可或缺的重要内容。

1.加强信息资源共享的基础设施建设

建设覆盖广泛的计算机网络,按照整合、共享、完善、提高的要求,加快推进人口、法人单位、自然资源和空间地理、宏观经济等国家基础信息库的建设,最大限度发挥现有信息资源的共享潜能。从内外网互联、操作系统、数据库、中间件和应用服务器以及应用环节各个方面整体规划和设计信息资源共享的跨部门应用系统。围绕深化应用的需要,建立健全信息安全监测系统,提高对网络攻击、病毒入侵的防范能力和网络失泄密的检查发现能力。完善密钥管理基础设施,充分利用密码、访问控制等技术保护信息安全。为信息资源充分、便捷、安全的共享提供良好的技术支持。

同时,还要加强信息资源共享交换平台和共享库的建设。信息资源共享交换平台是实现信息资源共享共用、形成跨部门网络化协同办公环境和提供及时有效的便民服务的基础和重要技术支撑。加强信息资源共享交换平台建设,应本着“资源整合、集约建设”的原则,统筹建设。

信息资源共享库使分布在不同地域的部门通过政务外网进行资源的共享,提高了信息资源利用的时效性,打破了信息资源的条块分割局面,实现了信息资源的协同建设与管理。信息资源共享库的建设是一项复杂的系统工程,需要科学地整合各类业务应用系统,实现条块结合,形成有效的数据报送和查询功能;需要对信息资源采用标准化的方式进行管理,制定和施行严格的、统一的信息资源管理标准,并监督该标准的执行;需要建立信息资源共享库的管理、维护、更新和使用的长效机制;采取集中与分布式相结合的建设模式进行具体的分级部署和实施,基础性数据库集中建设、各部门共享,基础数据采集由业务主管部门一家采集后提供给各部门共享以保证数据源头单一性及数据的准确性,专业业务性的数据库分布建设,各部门依据履行职能的需要有条件共享。

2.科学构建电子政务总体框架

电子政务总框架如图 6-6 所示,信息资源目录体系与交换体系是电子政务的基础设施建设的重点,信息资源开发利用是电子政务建设的核心。今后的电子政务工程的建设要依托信息资源目录体系与交换体系,为大都市政府提供信息查询和共享服务,实现信息资源的横向共享和纵向汇聚,逐步实现信息资源按照需求共享,为企业和市民提供信息交换和共享服务。

3.编制《信息资源共享目录体系》

《信息资源共享目录体系》主要包括六个部分:

第 1 部分:总体架构;

第 2 部分:技术要求;

第 3 部分:核心元数据;

第 4 部分:信息分类;

第 5 部分:政府信息资源标识编码规则;

第 6 部分:技术管理要求。

(1)总体架构。信息资源共享目录体系主要由信息资源目录服务系统组

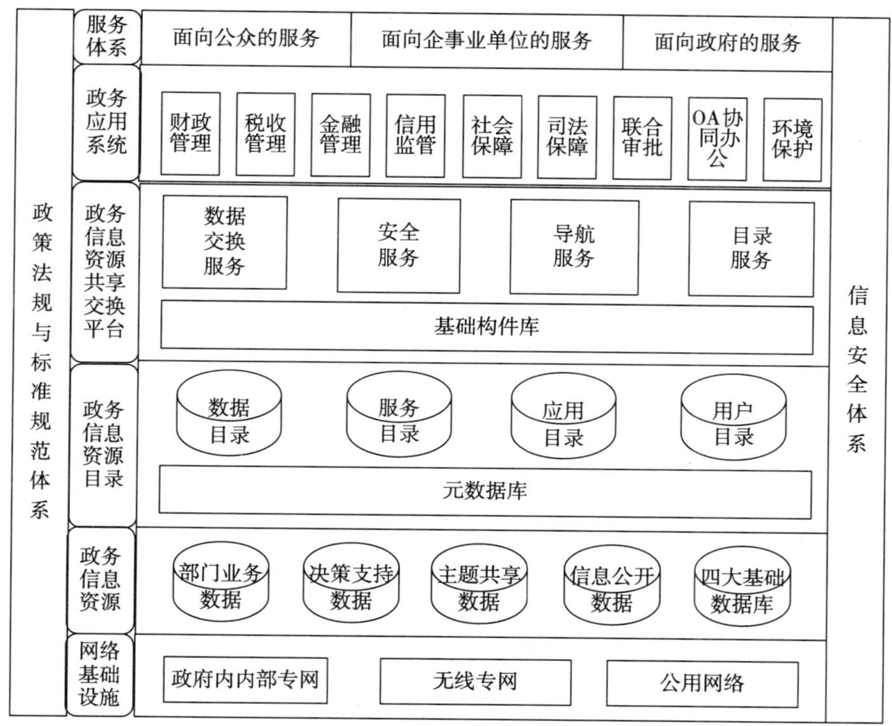

图 6-6　电子政务总体框架

成,同时还具备软硬件、网络的支撑环境以及标准与管理规范建设和安全保障,如图 6-7 所示。

(2)技术要求。信息资源目录体系的技术要求包括两个主要部分:其一,规定公共资源目录接口定义,用于指导公共资源目录服务的实现;其二,规定交换服务目录接口定义,用于指导交换服务目录的建立。

(3)核心元数据。核心元数据是信息资源目录体系建设的主要内容,主要便于用户了解信息资源的基本内容,发现和定位信息资源。核心元数据定义描述信息资源所需的核心元数据项集合、各项据项语义定义和著录规则,它提供了有关信息资源的标识、管理和维护的描述信息。

(4)进行信息的科学分类。进行信息的科学分类需要明确信息资源的分类

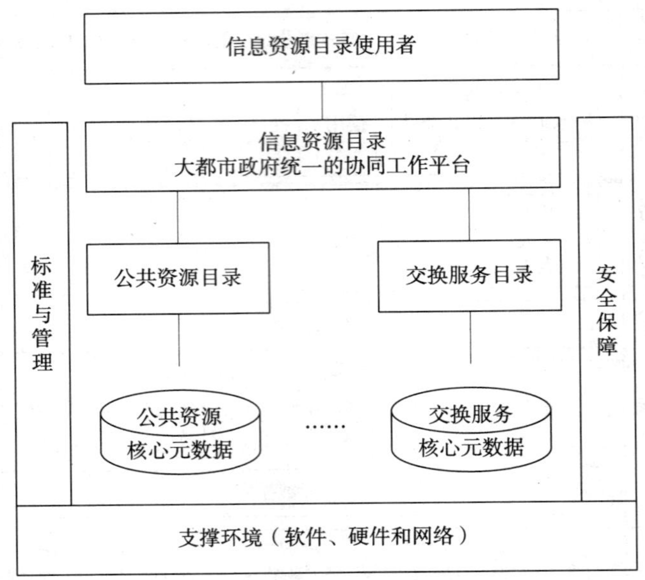

图 6-7　政务信息资源共享目录体系总体架构

原则和方法，用于指导信息资源的分类工作，以便促进大都市政府部门间资源共享和面向社会的公共服务的提供。信息的科学分类是建立信息资源目录的重要的分类依据，适用于信息资源目录体系的规划、建设、管理和使用。

(5)明确政府信息资源标识编码规则。这需要明确信息资源标识符的编码的结构、前段码和后段码的管理与分配原则。信息资源标识符的前段码和后端码之间用“/”隔开，前段码共 5 位，由 10 个阿拉伯数字(0—9)和 26 个大写英文字母(A—Z)组成，后段码长度不固定，可采用 GB 18030 中规定的任意字符。前段码由信息资源前段码管理中心进行统一管理，并分配给目录管理或相关的政府部门；后段码由各目录管理者或政府部门自行确定其编码方案。信息资源标识符的编码方案如图 6-8 所示。

(6)技术管理要求。信息资源目录体系的技术管理要求主要包括管理要求总体架构、管理者的职责、目录体系建立活动的管理要求。而目录体系管理架构主要包括目录体系管理的三个角色和六项活动，如图 6-9 所示。三个角色是提

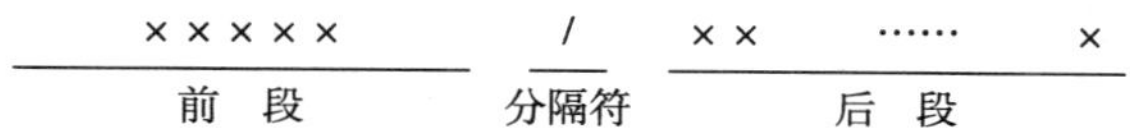

图 6-8　信息资源标识符的编码方案

供者、管理者和使用者,六项活动包括规划、部署、运行、维护、服务和安全。

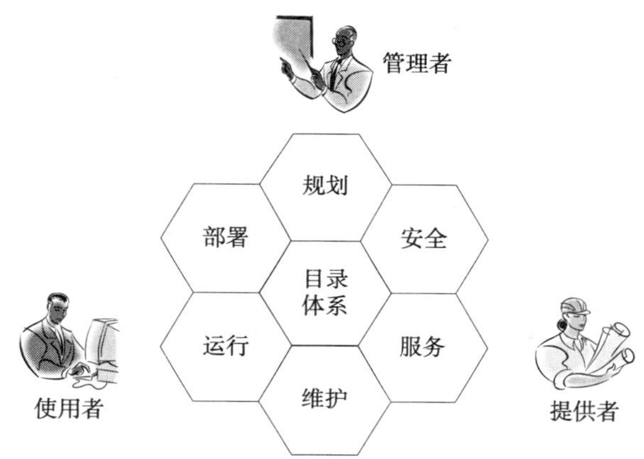

图 6-9　目录体系管理的三个角色和六项活动

4.编制《信息资源交换共享目录体系》

《信息资源交换共享目录体系》是依托政府信息化网络和信息安全基础设置,为跨部门、跨地域信息资源交换共享提供的信息化服务基础设施。主要包括:

第 1 部分:总体框架;

第 2 部分:分布式系统间信息交换技术要求;

第 3 部分:异构数据库接口规范;

第 4 部分:技术管理要求。

(1)总体框架。《信息资源交换共享目录体系》的总体框架由服务模式、交换平台、信息资源、技术标准和管理机制组成,如图 6-10 所示。不同的服务模式的业务应用通过调用交换平台提供的交换共享服务,实现对信息资源的访问和操作,技术标准和管理机制为信息资源的交换共享提供技术和管理的保障。

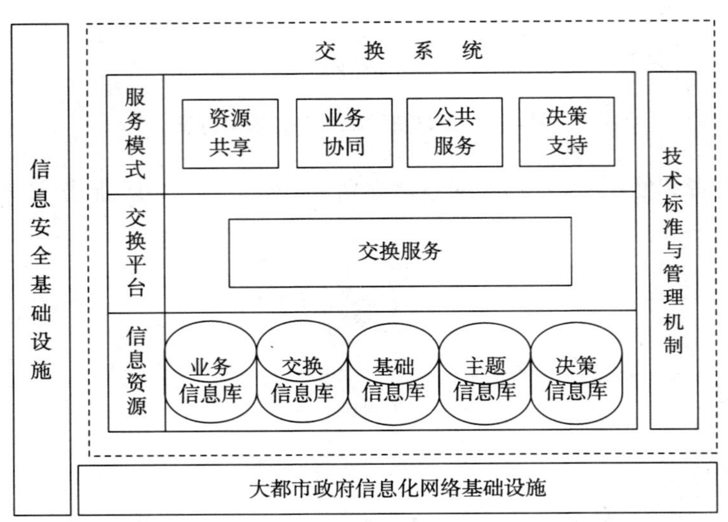

图 6-10　信息资源交换共享目录体系的总体框架

(2)分布式系统间信息交换技术要求。信息资源交换体系的分布式系统间交换机制的交换共享体系在互联互通时的主要技术要求是交换协议,交换共享协议的内容包括:网络传输、消息框架、消息安全、消息可靠性、服务描述和流程协同。

(3)异构数据库接口规范。包括界定信息资源交换体系中异构数据库访问的接口定义规范和大都市政府部门间信息交换指标表示规范,规定基于广域网的遮盖物信息资源数据库访问接口,描述数据库访问接口的基本框架和接口定义。

(4)技术管理要求。信息资源交换体系的管理要求,主要包括管理要求总体架构、管理角色的职责、交换体系建立活动的管理要求。而交换体系管理架构主要包括交换体系管理的三个角色和六项活动,如图 6-11 所示。

总之,突破体制性障碍,整合信息资源、优化行政业务流程,实现跨部门、跨业务系统、跨行业、跨城市政府之间的网络化协同办公和业务协同,把面向企业和使命的各类行政业务逐步通过互联网提供“一站式”电子化服务,已成为当代

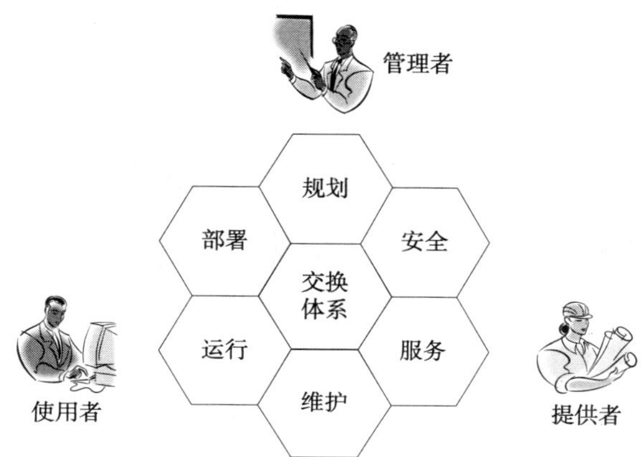

图 6-11　交换体系管理的三个角色和六项活动

政府信息化建设并实现政府治理创新、提高政府整体效能与服务质量、规范行政行为、促进行为公正的重要内容。因此，创新信息资源共享机制，对于进一步拓展政府信息化建设的应用范围、深化信息技术的应用和提高信息技术应用绩效、提升大都市政府治理和服务的能力，对于整合与共享资源以打破条块分割、部门分割的体制和消除大都市化区域各城市政府之间“零碎化”的现象、促进深化大都市政府治理能力现代化，都具有非常重要的理论意义和现实意义，大势所趋。

第七章　应急管理创新:从被动应对转为积极防范

应急管理是大都市政府治理职能的重要组成部分,创新大都市应急管理、提高大都市政府应急管理能力是大都市政府治理能力现代化的重要内容,是我国经济社会发展转型时期全面履行政府职能和创新社会治理的重要体现。大都市政府应急管理创新主要体现在:在工作理念上,从直接救灾转为全面危机管理;在工作方式上,从行政手段转为依法行政;在职能设置上,从权力分散转为集中领导;在核心使命上,从应对战争转为应对突发性公共事件;在工作重心上,从灾害修复转为灾前防范。大都市是政治、经济、文化的中心,开放性和国际化程度高,城市化进程快,人口居住密度高、流动人员多、利益分化显著。因此,大都市应急管理创新不仅具有非常重要的理论意义和现实意义,而且还是在经济发展与体制转型并行、转型与国家治理融合过程中实施的一项重要工作,是将信息技术应用与大都市政府职能转变、行政体制深化改革、政府治理能力现代化有机结合起来的一项巨大的、系统的公共治理工程。

第一节　大都市应急管理的现状

一、大都市突发事件的基本类型

突发事件是指突然发生,造成或者可能造成严重社会危害,需要采取应急处置措施予以应对的自然灾害事件、事故灾难、公共卫生事件和社会安全事件。大都市政府对突发事件的管理就是政府应急管理。根据调查统计和根据引起突发事件的原因的不同,大都市经常性突发事件的基本类型包括以下几类:

(一)自然灾害和生态灾害事件

大都市的自然灾害和生态灾害事件是指由自然因素引起的突发事件,主要包括洪、涝、旱灾害,雪崩、台风、暴雨、寒潮、强对流、雷电等气象灾害和海洋灾害,山体滑坡、泥石流、地震、海啸等地质性灾害,外来动植物蔓延而形成的生物灾害,森林草原火灾,以及由于生态平衡遭到严重破坏或环境污染恶化等引发的生态灾害。因此,由于大都市所处的自然环境不同和经济发展水平的不同,这种自然灾害和生态灾害事件发生的频率、影响的程度也有所不同。

从自然的角度分析,我国是世界上受自然灾害影响最为严重的国家之一,灾害种类多、发生频率高、损失严重。我国受自然灾害影响的人口大体在2亿左右,约占全国人口的1/7,自然灾害在我国有着很强的社会性。随着经济建设的飞速发展和城市化进程的加快,自然灾害和生态灾害造成的损失也逐步增加。我国有70%以上的大都市、半数以上的人口、75%以上的工农业生产值,分布在气象、海洋、洪水、地震等自然灾害严重的沿海及东部地区。例如,成果组调研的广州市、深圳市,地处南海之滨、珠江水系横穿而过,地理环境较为复杂,各种自然灾害事件时有发生,特别是随着飞速发展的城市化、工业化进程,生态灾害时间的滞缓性和危害的潜在性、隐蔽性及其严重性趋势都日益明显。①

(二)事故灾难

大都市的事故灾难主要是指由于人类的疏忽和错误而造成的具有重大影响的事故性灾难,包括各类交通、安全生产重大事故,如空难和海难,火车、汽车和地铁事故,矿井灾难、煤矿瓦斯爆炸和透水等;化学品泄漏、爆炸等;煤气爆炸、锅炉爆炸等;电梯垮塌、游乐设施垮塌等。另外,有些大都市建有核电站,存在着发

---

① 参见2005年《广东省大城市政府应急管理体制研究》成果,“信息技术与大都市政府治理体制创新研究”成果的研究成员,也是“广东省大城市政府应急管理体制研究”的成员。

生核泄漏事故的可能性。火灾和爆炸是大都市最普遍的事故灾难。

（三）社会性灾害

大都市社会性灾害是指由于社会利益分化或人类的故意行为而造成的各种严重社会突发性事件。包括由于社会犯罪行为引起的杀人、抢劫、投毒、贩卖毒品、绑架、盗窃等危害公共安全的重大刑事案件；由于社会利益冲突、利益分化引起的群体性上访、闹事、罢工、拦截交通等各种群体性暴力和混乱的严重社会危机事件、社会骚乱；国际毒品贩卖和国际黑社会势力；伪劣产品导致的食物、药物中毒等食品药品安全事件；社会流行性疾病而引起的公共卫生事件。社会群体性事件、食品药品安全事件、公共卫生事件和恐怖事件，是大都市社会性灾害事件中最主要的灾害。

例如，根据“广东省大城市政府应急管理体制研究”成果显示，社会性灾害成为了广州、深圳和珠三角都市圈日益增长的公共性问题。广州、深圳以及珠三角都市圈毗邻港澳，是两种制度和文化环境的交汇点，容易产生思想观点与社会意识形态的多种冲突；广州、深圳以及珠三角都市圈城市化进程迅速，由此积累了大量的城乡矛盾和社会矛盾冲突；广州、深圳以及珠三角都市圈的市场经济发展到了一个新的阶段，深层次的矛盾也开始突出，土地征收、城市拆迁、劳资纠纷、下岗工人再就业、体制变革造成人员分流引发冲突、社会保障不健全等社会问题不断增多；社会人群由原来的“单位人”、“自然人”转向了“社会人”，人与人之间的依赖程度不断加强，各种矛盾容易集中，滋生了许多不安定因素；再加上深圳、广州以及珠三角都市圈外来人口、流动人口较多，如深圳市户籍人口130多万，加上外来人口和流动人口共1000多万人，广州总人口1600多万，其中外来人口和流动人口有800多万，其潜在的危机不断突显，各种社会治安事件和重大刑事案件不断增多，给政府的社会管理造成了很大的困难。由于存在人口密集、外来人口流动频繁、各种污染源较集中等特点，因此，突发性流行疾病、有毒有害物质泄漏、饮用水源受污染、大范围停水停电、交通通信中断、大宗火灾以及恐怖袭击、恶性骚乱等天灾人祸的突发事件，都造成了社会的不稳定，给城市和市民带来灾难。

就珠三角都市圈而言,社会性灾害主要表现为维权行为、社会泄愤事件、社会骚乱、社会纠纷等社会群体性事件和有组织犯罪等,如图 7-1 所示。

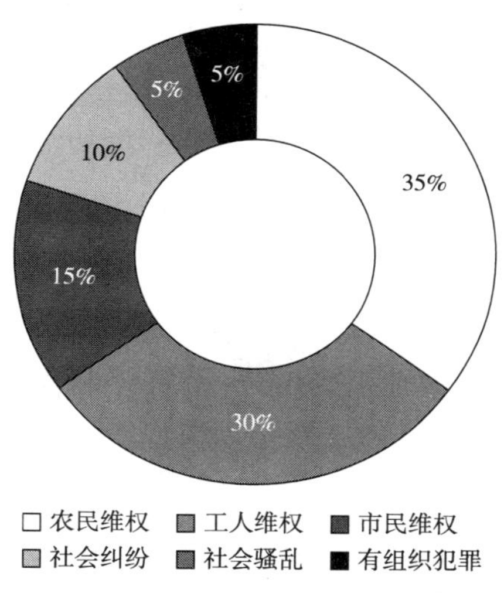

图 7-1　社会性灾害事件的类型及其分布

根据调查显示,珠三角社会群体性事件表现出以下几个特征:第一,自 1994 年后,群体性事件数量呈现出不断增长的趋势;第二,社会群体性事件的规模不断扩大;第三,事件中的暴力倾向更加明显,激烈程度更严重,影响范围日益广泛、破坏性日趋严重;第四,表现方式日趋激烈,对抗性日益增强;第五,多重矛盾交织,处置难度不断加大。

从社会群体性事件的主体来分析,突出表现为珠三角大都市圈区域农民的维权、工人的维权和城市拆迁导致的市民的维权。

农民维权所导致的社会群体性事件数量最多,土地问题、农村税费、村民自治、农民工工资、农村教育等,是农民维权诱发社会群体性事件的主要类型。如图 7-2 所示。

工人维权也同样导致社会群体性事件,其基本类型主要是劳资冲突,如图 7-3 所示。

市民维权主要是由于房屋拆迁、公共设施建设、环境污染等因素引发,并由

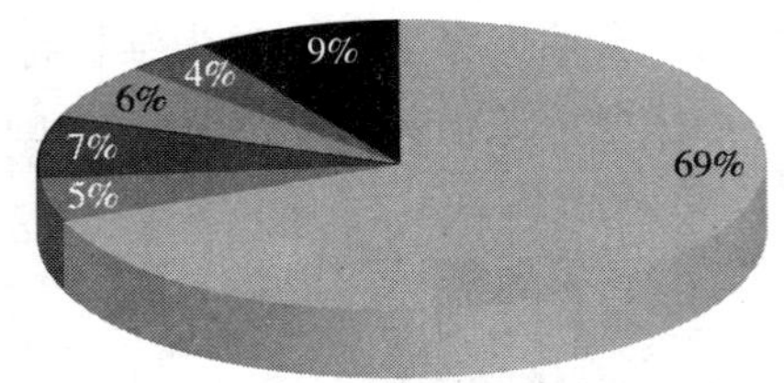

图 7-2　农民维权的基本类型

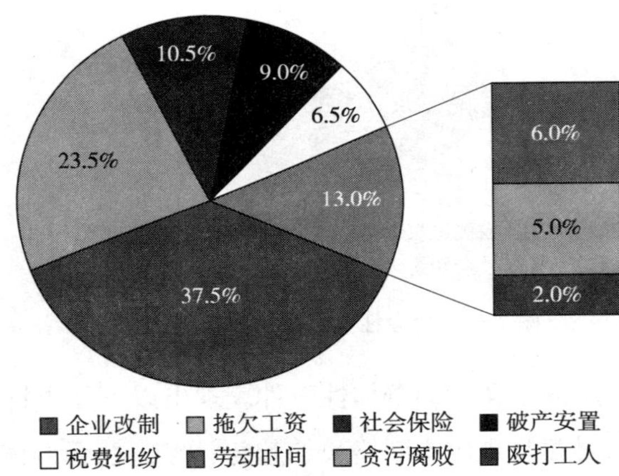

图 7-3　工人维权的基本类型

此诱发大都市社会群体事件。市民维权的基本类型,如图 7-4 所示。

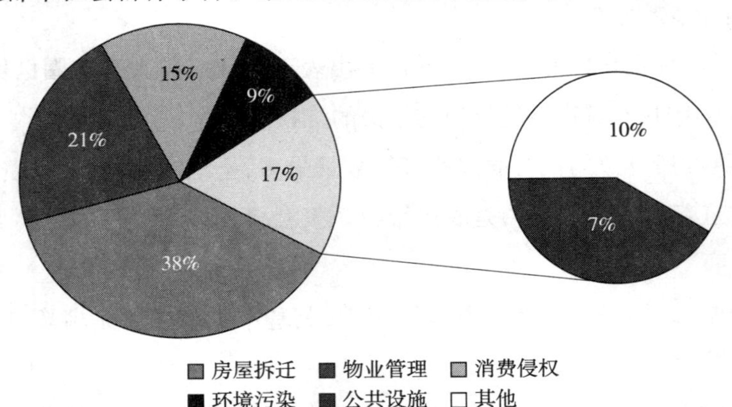

图 7-4　市民维权的基本类型

因此,我们总结分析:珠三角大都市圈区域诱发社会性灾害的社会群体性事件的主体,如图 7-5 所示。

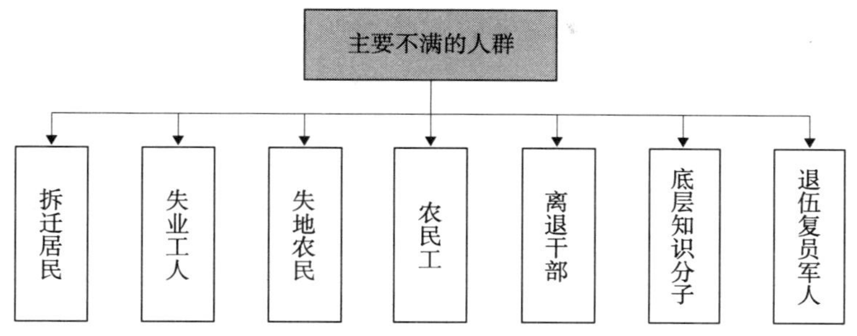

图 7-5 珠三角参与社会群体性事件主体

珠三角大都市圈区域上述主体参与社会群体性事件的原因,一是因为社会不满,如图 7-6 所示;二是因为各种利益冲突,如图 7-7 所示。

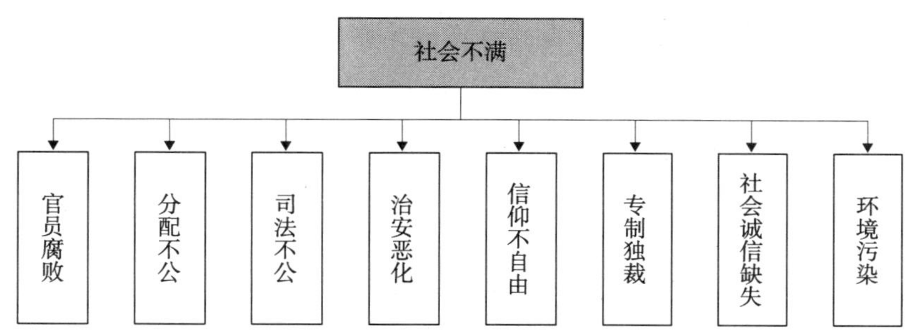

图 7-6 社会不满导致社会群体性事件

总之,今天的中国,正处于社会转型期,经济社会在不断前行中不可避免地积累了一些矛盾,利益主体多元化、利益诉求多样化、利益冲突显性化。以珠三角大都市圈为代表,是我国改革开放的先行地,经济发展快、开放程度高、社会转型快、流动人口多,社会管理压力大,社会矛盾具有早发、多发、触点多、燃点低等特点,出现的问题既具有典型性,又具有警示性。特别是进入 21 世纪以来,珠三角的住房、教育、医疗、养老等民生问题日益突出,城乡差距、地区差距、贫富差距持续扩大,官民关系、劳资关系等社会阶层关系矛盾显化,土地征用、房屋拆迁、

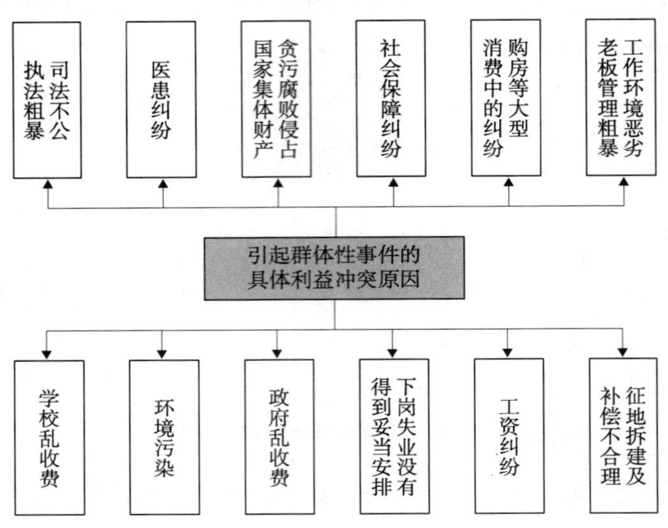

图 7-7 各种利益冲突导致社会群体性事件

企事业单位改制等引发的社会群体性事件增多，贪污腐败等大案要案频发，杀人、绑架、诈骗、抢劫、盗窃等刑事犯罪案件增加，其他的社会问题、社会矛盾、社会冲突和各种群体性事件也是常有发生，如收入分配不公、住房问题、城市人口和流动人口的就业问题、医疗卫生服务中“看病难”和“看病贵”、入城农民工子女上学问题、食品药品安全、水污染、酸雨等等，这些都成为困扰珠三角实现社会转型和建设幸福社会的阻碍因素，凸显了大都市社会建设和社会管理的重要性、紧迫性。

特别是 2013 年以来，大都市中的个人极端行为频频发生，从 2013 年 6 月厦门纵火燃烧汽车、7 月北京首都机场 T3 航站楼 B 出口外残疾男子冀中星引爆自制爆炸装置、10 月发生在天安门前金水桥边的汽车冲撞、11 月发生在太原迎泽大街山西省委附近的爆炸，到 2014 年 3 月发生在云南火车站的砍人事件，都给人民的生命财产和社会秩序造成严重伤害和破坏。

（四）战争和恐怖事件

处在我国东部、东南沿海的国家中心城市、国家计划单列市以及大都市化区域,长期以来就是台海危机和世界政局变化战争状态下的重要目标。一旦发生战争和恐怖事件,这些城市和大都市圈就成为了攻击的主要对象。而且,随着这些区域经济实力不断增强,不仅有国内的许多农村人口集聚到这些城市和都市化区域,而且"三非"(非法入境、非法居留、非法就业)人员也急剧增多,这都是社会不稳定的因素。因此,国防动员包括人防工程、经济动员、交通战备等应急职能和加强移民管理,都应成为大都市政府应急机制的重要组成部分。

虽然总体上来说,我国目前大都市社会环境总体较好,作为国家中心城市、计划单列市和大都市化区域,城市综合实力提高和城市环境改善,正在向建设现代化大都市、国际化大都市的目标迈进。但是,由于我国当前正处于社会转型时期,经济结构调整引起了社会系统全面的、结构性的调整与转化。随着转型时期利益格局的调整和控制模式的变化,社会分化和各种利益冲突加剧,社会趋于复杂化、多元化,社会矛盾与摩擦增加。因此,大都市作为政治、经济和文化中心,人口最集中的地方,也必将成为社会矛盾的焦点,大都市应急管理形势严峻。由于大都市特殊的地位与情况,其发展很不平衡,除了越来越严峻的治安管理之外,事故必灾难和各种人为事件时有发生,市民生产生活也存在着较多的隐患,作为中心城市,潜伏着较多的不稳定因素。

同时,从长远来看,自然环境的严重破坏和恶化,科技发展带来的负面作用,社会失业人群的扩大,城乡之间、地区之间贫富的差距增大,社会压力和冲突的增加;社会危机治理能力的缺乏,社会保障制度的不健全等等方面的影响,这都预示着大都市突发公共事件必然会在一定时期、一定范围内存在。大都市政府在突发事件应急处理上面临着许多新的要求。为了应付越来越多的社会灾害性事件,需要不断增加公安干警队伍的数目。调查结果显示,目前广东省行政编制公检法司配置已相当于政府行政管理的行政编制,其中公安系统警力占大多数,加上辅助警,其实有人数已经大于政府行政管理人数。① 这充分说明了整个社会的张力已经达到了较大的程度,需要强化和创新社会管理、创新大都市应急机

① 资料来源:成果组 2010 年 9 月到广东省编办进行调研获得。

制，才能实现大都市政府对社会的有效管理。由此可见，大都市不可避免地进入到政府城市应急管理的新时期，大都市政府在城市应急处理上面临着许多新的需求与挑战。

二、大都市政府应急管理体制机制建设的成效

（一）普遍建构了相对高效的应急管理体制

大都市应急管理主要表现为以社会服务联动为基础，形成了应急制度与社会服务结合起来的应急管理模式。特别是对于较早进行了政府社会公共服务改革转型的大都市来说，大都市政府比较好地实现了城市应急管理与社会服务有机结合的应急管理机制，形成了大都市政府社会服务的联动体系。例如，广州市成立了社会服务联合行动领导小组（议事协调机构），下设办公室，这个办公室实际上成为政府应急管理机制的一个中心平台。领导小组办公室制定联合行动的制度规范，保证各政府部门在应急事务处理上较好地实现统一与协调。

为进一步全面加强对社会服务联合行动工作的领导，广州市于 2004 年 4 月 29 日发布了《广州市社会服务联运行动工作的管理制度》，该制度把城市服务与社会应急机制建设结合起来，确立了政府紧急应急机制的联席会议制度、联络员制度、日常工作制度（包括值班制度、请示汇报制度、指挥调度制度、监督检查制度、预案与处置工作基本数据报备制度、信息发布制度、工作总结制度）；尤其明确了应急抢险指挥制度，一旦突发对社会经济和群众生命财产安全造成较大威胁的自然灾害、公共卫生、恐怖袭击事件或其他事件时，及时上报市应急中心，由中心报领导小组确定突发事件的级别后，启动相应的应急方案。相关单位接到市应急中心的指令后，必须迅速派出抢险救灾队伍带齐资金装备器材，在规定的时间内赶赴现场实施抢险救灾工作。对于一般性突发事件，由市领导小组授权市应急中心对各成员单位实行指挥调度；一旦发生重大突发事件，市应急中心则对应急抢险救灾工作实行统一号令、统一指挥、统一调度，各成员单位按各自职责实施相应的措施和提供人财物等应急资源。同时，通讯、电力等后勤保障制度相应建立，表彰奖励制度和责任追究制度也已健全。

广州市政府在加强联动工作管理制度的同时,对各成员单位的主要职责也作了严格的规定。[①] 包括:要求各部门建立24小时值班备勤制度,落实社会服务联合行动工作三级责任人制度,要求负有抢险救灾、急救等任务的成员单位建立专门的应急队伍,配齐装备。同时各部门要建立与公安110应急联动中心通报的警情或转接的紧急求助及时受理机制,做好各项工作。

深圳市政府应急机制主要表现为以政府应急指挥中心为核心的统一的应急机制模式。由于目前深圳市突发性公共事件较多,市委、市政府早就将政府应急机制放在政府执政的层面来进行考虑。市政府意识到,政府应急要向统一接警方向发展,要求政府从接警开始,就形成一个统一协调和快速反应的机制。这就需要建立一个统一协调的权威的决策机构。深圳市在成立政府紧急事务处理委员会的同时,成立了市政府应急指挥中心,作为政府的紧急事务应急处理委员会的办事机构,[②]以此为基础建立以指挥中心为主导的政府应急指挥体系。根据其主要职能,市应急指挥中心内设信息综合处、应急指挥处、资源保障处,对全市的紧急事务进行协调与处理。

在治理结构上,实行"属地管理、块块为主、专业配合、条条保障、基层工作

---

① 社会服务联合行动领导小组办公室2004年制定了《广州市社会服务联合行动成员单位主要职责》说明书。

② 其主要职责是:贯彻执行国家和省关于应急事件管理方面的法律、法规、规章和政策;拟订本市相应的法规、规章和政策;编制和修订全市应急事件管理总体规划和项目建设规划,纳入全市总体规划,经批准后组织实施;负责全市应急事件管理总体预案的拟订工作:督促检查相关部门和单位在总预案下制定、修改本部门和单位处置应急事件分预案;指导、协调市有关部门和单位组建应急专业队伍;拟订综合应急演习方案、计划,组织各专业队伍和相关单位进行合成演练和协同演习;组织编制面向公众的应急宣传教育计划和相关宣传资料,开展面向公众的应急宣传教育工作;组织编制全市各类应急资源分布图谱:拟订全市应急专用物资保障方案和应急装备、器材配置方案,经批准后组织实施;负责应急指挥和各类应急事件信息的综合、分析、发布、上报等管理工作,为市领导提供应急决策服务;牵头或协调重特大应急事件的新闻和信息发布工作;组织整合全市各类应急信息技术资源,搭建市应急信息化系统网络平台和应急指挥平台;受市委、市政府和市处置突发事件委员会的委托,负责全市特大和重大应急事件处置的组织、协调和指挥工作;协调相关部门和单位做好应急事件的事后评估和善后处理工作;检查和指导各区、市有关职能部门和各专门机构的应急事件管理工作;建立完善与企业之间的对话沟通制度,为企业处理应急事件提供指导与服务;承担市委、市政府和市处置突发事件委员会交办的其他有关事项。

先行、逐级提升”的原则。即以区县为管理平台，以各应急职能部门为主要的执行机构，各专业性部门和机构相互配合，其他部门从上到下给予保障，从基层的应急处理开始，根据紧急事务的状态逐级提升到各政府层面。深圳市目前正在通过制度化的方式，实现政府紧急事务应急处理机制的形成，将定期分析、实时监控、信息通畅、及时预警、指导协调、现场指挥应对等方面的内容用科技手段和法制化手段确定下来。

从目前运行的情况来看，社会公共服务与大都市应急联动相结合的模式是比较好的一种城市应急管理模式。这种模式具有明显的成效，一是将社会服务与应急事务的管理紧密地结合在一起，体现了服务型政府的特色，也体现了政府以民为本、急民之所急的基本原则；二是应急联动模式实际上是在现有应急管理职能基础上进行职能再造，以低行政成本运作达到较高的应急管理效率。参与大都市应急管理的各个职能部门都积累了较丰富的应急管理经验，也形成了较为完善的单一应急管理机制。有些大都市加强了以公安系统为联动平台的公共危机联动应急机制建设，以较低的成本运作达到了较好的效果。事实证明，就当前的各种城市应急运作情况来说，这种体制已经得到市民的肯定。

同时，也可以考虑成立以大都市政府应急指挥中心作为政府应急议事协调与日常事务管理高层次、专门性机构，来弥补各个部门应急管理单一运作体系不够完善的缺陷，来加强应急管理过程中对各部门的协调。事实证明，大都市政府应急指挥中心在大都市应急管理过程中表现出良好的效果：第一，应急指挥中心体现出高度的整合效果，使得政府领导人可以对各种危机进行统一的领导、指挥与协调；第二，它体现了责任建设的效果。由于有专门的机构负责对大都市应急管理事务的处理，各种责任可以得到落实，从而促使政府责任机制建设更加完善；第三，充分体现了管理的连续性。这个体制包含了日常的事务性管理和紧急状态下的应急管理，体现了防灾、减灾相结合的一体化，使之成为政府的经常性行为，较全面地保障了人民生命财产的安全。

（二）完善了专门性突发事件的应急机制运作体系

大都市政府在城市应急管理中以现代公共治理理论为导向，在理顺体制机制、完善机构、合理配置职能方面,提出了城市应急管理牵头部门、参与配合部门的合作机制,充分发挥多元化主体在参与应急处理方面的作用,还实现了大都市政府治理与市场化运作的结合。

大都市政府首先明确市级政府应急管理的总体预案、专项预案、部门预案,同时,实现了这三类预案之间的联动,并形成了有效的专门性突发事件的应急机制。例如,在特大生产安全事故应急管理方面,广州已出台《广州市特大生产安全事故应急救援预案》,按照预案要求,建立特大事故应急救援指挥中心,重点监管区(县级市)安全生产问题。① 这实际上是为补充联动服务行动中以服务为主的不足、加强特大事故方面的应急管理所采取的重要步骤。作为主要应急事务,广州在三防(防汛、防旱、防风)方面已经建立了较为完善的应急体系,建立了较为全面和完善的工作预案。② 工作预案为广州市抗御洪涝、台风、干旱和山体滑坡等自然灾害提供了强有力的指导。在防震减灾方面,广州市是全国地震重要防御城市,从1989年就成立了广州市防震抗震领导小组和地震局,基本形成了市、区县两级政府防震减灾工作体系,各种地方应急预案也已经形成,如《广州市破坏性地震应急预案》、《广州市震后趋势快速判定工作预案》。在突发性公共卫生事件应急方面,广州已经基本形成了公共卫生事件预防控制体系、公共卫生执法监督体系、公共卫生事件医疗救治体系和公共卫生信息体系四个体系。应急工作按照各类突发事件的应急工作方(预)案组织进行,按照"统一领导、部门分工、分级负责、综合协调、快速高效"的工作原则,市区(县级市)卫生行政部门、医疗机构联动处理突发公共卫生事件。目前已经形成了较为有效的

① 通过指挥中心组织指挥各方面力量处理特大事故,统一指挥对特大事故现场的应急救援,控制事故蔓延和扩大;负责对特大事故应急处理工作进行督察和指导;检查督促有关单位做好抢险救援、信息上报、善后处理以及恢复生活、生产秩序的工作;建立特大事故的信息发布制度,及时、准确、全面地发布信息。根据特大事故应急处理的需要,市指挥中心有权紧急调集人员、储备的物资、交通工具以及相关设施、设备;必要时,对人员进行疏散或者隔离,并可以依法对灾区实行封锁。

② 目前,广州市"三防"已经制订了广州市北江大堤抗洪抢险预案(2002年6月)、广州市防御台风暴雨方案(2000年12月)、广州市防汛防旱防风通信保障预案(2001年6月)、广州市防汛防旱防风工作手册(2002年6月),正在编制或修订广州市山洪灾害防治规划与山洪灾害防御预案、广州市防御台风实施办法、广州市城区防洪预案、广州三防工作基本程序和值班规则等。

工作预案机制。[①] 应急方(预)案明确了应急反应工作原则,规定疫情分级与管理,规定指挥决策机构、专业指导机构和各类卫生机构的职责,规定分级响应的具体职责和任务,明确疫情信息的管理,规定各级政府和有关部门做好保障工作的任务和措施。除了上述部门外,其他各职能部门在其领域方面都相对较好地形成了部门应急机制和应急预案。

注重突发性公共事件的应急管理是大都市应急管理的最重要的内容。目前,大都市应急管理方面形成了专门性突发事件的处理系统,为进一步形成全面的体制打下坚实的基础,处理自然灾害、生产安全、社会治安、疾病卫生等方面的突发事件也是卓有成效,得到市民的认可。

(三)大都市政府部门联动指挥系统应急平台建设初见成效

随着大都市规模不断扩大,市民报警求助意识的增强,市民对建立城市安全保障体系,完善社会紧急救援服务的需求也日益迫切。城市应急所涉及的已不再是单个部门、单个单位,它涉及城市治理的各个职能部门,需要各部门之间通力配合,协同作战,需要能够实现对现有各部门应急系统进行统一指挥调度的应急联动指挥系统。因此,大都市政府需要建立一套城市应急联动指挥系统,帮助政府提高对重大突发事件的快速反应能力和科学决策水平,逐步实现统一报警、统一指挥、快速反应、联合行动、资源共享的现代化城市应急联动管理模式,是现代政府应急的基本需要。通过建立统一的信息平台,实现资源和信息共享,理顺各种行政关系,统一指挥、协同作战,提高快速反应能力与政府综合服务水平。当有突发事件时,应急联动指挥系统还能帮助政府领导迅速准确掌握情况,并拿出最佳的指挥调度方案。

---

① 包括:防治传染性非典型肺炎应急预案、高致病性禽流感防治应急处理预案、抗震救灾医疗救护应急预案、突发公共卫生事件检测预警工作方案、重大传染病和群体性不明原因疾病应急处理工作方案、重大食物中毒应急处理工作方案、重大职业中毒应急处理工作方案、突发公共卫生事件医疗救治方案、突发公共卫生事件卫生监督方案、处置恐怖袭击事件实施方案、特大自然灾害医疗卫生应急预案。

广州市政府应急联动机制是以110应急联系指挥系统为平台的。① 广州政府110应急联动指挥系统是在对英、美等国家城市紧急救助中心进行考察的基础上设计建设的,是广州市的重点工程之一。该系统采用了信息技术、通讯技术、电子技术以及智能技术等现代科学技术,并结合广州地区的治安和城市治理实际构建而成,在国内处于领先地位。它的开通,标志着广州市政府提高对突发事件的快速反应能力,处置社会公共应急事件的水平迈上了一个新台阶,为广州的公共救援体系掀开了新的一页。110指挥中心设在广州市公安局办公大楼内,重要指挥调度区域分为紧急状态指挥区和日常接处警区两大部分。城市紧急状态指挥区可供24个社会联动单位共同调度使用。当城市发生重大或特殊事件需要进入紧急状态指挥调度时,承担城市治理职能的各个联动单位可以进驻大厅进行联合指挥调度。② 遇有重大或特殊事件发生,为省、市各级领导提供决策和指挥的场地,通过紧急状态首长决策系统,实时显示固定监控图像和现场图像,即时了解现场情况,快速获取各方面信息,形成科学决策,直接下达各项指令。统一调度各联动单位的应急救援力量,发挥全市社会联动系统的整体效能,实现统一决策和指挥。

为了打造大都市应急体系,有些大都市结合市政府机构改革,建立了应急联动指挥系统。③ 以市政府为指挥中心,以分布在各个城区政府和部分重要场所为分会场,建设电视会议系统。同时,该系统将海事局的视频监控系统、口岸办的数字监控系统、有线电视系统、电子地图系统、公安局通信指挥系统及电视台现场转播车等资源进行整合,在火车站、机场、码头、口岸和医院等公共场所建视

---

① 广州110应急联动指挥系统接处警系统2003年7月1日先期开通受理群众报警,10月31日全面启动和独立运行。应急联动指挥系统于2003年12月28日正式开通。

② 一旦进入紧急状态,广州市24个社会联动单位可进驻联合指挥。24个社会联动单位:市政府办公厅、公安局、邮政局、电力分公司、电信广州分公司、卫生局、司法局、旅游局、劳动与社会保障局、城管支队、环保局、民政局、广州警备区、三防总指挥部、公用事业局、建委、交委、工商局、财政局、市政园林局、环卫局、牲畜屠宰管理处、技术监督局、交通部广州海上救助打捞局。

③ 2003年4月29日深圳市防治非典工作领导小组第一次会议决定立即建立全市应急指挥系统,实现非典防治与突发事件的统一指挥和处理,要求5月6日务必完成系统建设,系统120小时内全部完成建设。

频监控点。借助有线和无线通信指挥调度系统、视频会议系统和电视转播车，大都市领导在指挥中心通过电视大屏幕，可对发生在全市范围内任何一点上的突发事件“看得见，听得清”，确保“指令下得去，下情上得来”，真正做到“运筹帷幄”。同时，还需要加强公安110系统应急平台建设，推进政府应急资源的整合。

尽管各个大都市应急管理都有不同的模式和特点，但也表现出这样一些共性：一是都形成了较好的政府应急指挥平台，建立了政府应急职能部门联动与合作的机制，对相关紧急事务的处理取得了较好的效果，为整个城市的政府应急机制建设奠定了良好的基础。二是大都市政府领导对于当前社会的各种危机有了较清醒的认识，认识到公共安全事件与紧急事件是社会公共服务的关键，把处理各种社会危机事件作为群众最需要解决的核心问题来进行解决。为此，有的大都市形成了社会联动服务的体制和方式，有的加强了政府应急指挥中心的建设，并把其作为政府的一个重要工作部门，从而把危机处理提到更重要的层面上来。没有高度的危机意识和社会责任感，以及居安思危的执政敏感性，政府应急管理体制的改革就不可能有效推进。可以说，大都市政府领导人把城市应急管理放在执政层面来考虑，高度重视政府应急管理体制的改革与发展。

三、大都市应急管理存在的问题及原因分析

大都市政府在建立健全和强化城市应急管理过程中，取得了成效，发挥了积极作用，但也突显出一些问题。主要表现为：

（一）应急管理体制不完善

根据调查，大都市应急管理体制不完善主要表现为：第一，在一些大都市除了一个社会服务联合行动领导小组外（例如广州市），还没有一个应对应急管理的高层次的决策机构对天灾人祸的危机事件进行预防、监控、预警，一旦发生重大紧急事件出现，其治理体制的弊端就会充分显现，大都市政府则处于被动的局面。主要原因是对应急管理的认识不足；第二，有些大都市虽然是建立了市政府应急指挥中心，但该“中心”在性质上是赋予行政职能的事业单位，在应急管理

的指挥、协调、调度方面,缺乏权威性,力度不足,极大地影响了应急管理的效率。这个"中心"既没有能力进行指挥、调度参与应急管理的政府职能部门,也难以发挥效率,整合资源。这说明,在有些大都市应急管理体制决策层面存在着缺陷;第三,大都市内部各层级政府应急管理体制不健全,各层级政府应急管理的专门机构没有建立,在应急管理的执行层面出现结构性的断层,没有形成上下联动的体系。

(二)大都市应急管理职能整合、机构协调不足

由于存在着体制的缺陷,大都市应急管理的主要职责仍由各职能部门分散管理,出现各自为政,资源分散,多头管理,相互扯皮,各不负责的局面。一旦发生紧急事件、重大事件,大都市市政府就难以协调、难以整合,表现出明显的缺陷:第一,信息资源不能共享,各部门多配合不默契,总体运作效率低下;第二,资源没有进行有效整合,由于统一接警平台没有建立起来,多部门应急处理,意味着有多个应急指挥中心,多个接警号码,市民记不住,报警不方便;第三,大都市政府决策层面难以全面掌握信息,对城市应急问题处理不及时,主要的原因在于政府行政管理机构整合协调不足。

(三)应急立法保障机制严重滞后

作为大都市政府行政的基本组成部分,应急管理职能需要依靠法律制度来保障,为各种应急行为提供法律依据。只有用立法的形式来建立健全大都市安全应急机制,才能保证预警、应变防范、指挥、调度等各项工作顺利实施。目前大都市在突发事件应急立法方面进展较慢。① 第一,没有制定统一的大都市应急管理条例,对各种突发性公共事件进行有效的准备;第二,没有以法规的形式对

---

① 从立法角度看,我国先后制定了对付社会动乱的《戒严法》,对付重大自然灾害的《防震减灾法》、《防洪法》和《消防法》,对付安全事故的《安全生产法》,对付公共卫生的《传染病防治法》等。有些省份也针对这些灾害情况制定了地方性的法规。但是,这些法律、法规本身具有很强的独立性,强调部门性的应急管理,其治理体制相对分散,缺少统一的紧急事务管理机构,也缺乏统一的领导,在客观上就造成了对各个时期内可能产生的各种突发性事件缺乏宏观性的总体考虑,对一些明显可能成为突发性事件的问题缺少事先详细的预警分析,导致政府对突发性事件的处理往往是撞击式的被动反应。

大都市政府各部门应急管理职能进行制度化规范；第三，没有建立本大都市完整的预案体系，有的大都市虽建立了预案体系，但形同虚设，没有把政府应急预案以法规的形式确立下来，其权威性、影响力和可操作性不足，而且大多数的预案都是属于部门性和单项性预案；第四，由于缺乏有效的法律法规，大都市政府各部门无法可依，以致处理不当，不负责任，对社会和市民造成了不良影响，社会也难以形成对大都市政府不当行为的有效监管；第五，大都市应急管理预警信号系统缺乏法律的规范与配套，如当台风、暴雨、高温等高危预警信号发生时，缺乏有效和严格的紧急行为规范；第六，缺乏以法的形式规范媒体对应急管理的责任、如日常防灾、减灾以及市民自救等公益性宣传和社会参与行为等缺乏法律保障和规范。可以说，应急法制保障机制严重滞后，在一定程度上制约了政府应急管理机制的进一步发展。

（四）社会应急处理资源的整合不足

这主要表现为：第一，大都市政府各部门信息资源共享与整合不足。应急管理信息系统还没有建立统一的、法定的技术规范，数据标准、数据交换格式。大都市政府各部门间、大都市化区域的各城市间出现信息壁垒，社会、企业、政府间的信息不共享，不互动，“信息孤岛”影响了应急管理决策的科学性和运作的有效性；第二，应急管理部门的物资资源整合不足。在单一的应急管理体制下，社会应急管理资源分散在各部门各系统，如人防部门建立了独立的指挥通信系统、储备物质系统等。现阶段因各部门条块分割和利益问题难度较大，没有能对各类应急管理资源进行整合利用。在这种情况下，一方面资源不足，影响紧急应对；另一方面重复建设，浪费资源；第三，应急管理的社会资源整合不足。目前大都市应急管理机构并没有对社会各种应急物资进行全面掌握与控制，在应急状态下缺乏对社会可调度的物资储备和人力资源等方面的基本了解，造成政府应急的困难。

（五）政府应急处理能力较弱和联动协调不足

这主要表现为：第一，在应急处理能力方面，当前大都市应急管理部门对单项突发性事件的快速反应能力比较强，而对复合突发性事件的快速反应机制则效率较低。许多大都市一直采用分部门、分灾种的单一灾情的救援体制和应急管理模式，大规模区域性自然灾害迄今仍用“人海战术”，如水灾，投入最多的是部队，本身的应急处理能力较差；第二，在应急处理的联动协调机制方面，存在着较明显的协调障碍。大都市应急管理涉及的范围很广、类型较多，对于重大社会突发性事件、重大自然灾害、重大国际突发事件等，需要跨地区、跨部门地开展紧急行动，要求各城市政府、各有关部门密切配合才能收到实效。但目前大都市政府各部门联动的统一性相对缺乏，效能不高；参与处置各类重大突发性事件的部门较多，但大都各自为政，各管一摊，在各自的职责范围内履行职责。重大突发性事件发生后，各部门如何各司其职又密切配合等，尚未形成有效的具有约束力的规范和机制，没有形成较强的工作合力，影响了应急处理工作的时效。同时，还没有建立不同突发性事件的协调机制，分部门、分灾种的应急管理体系在应对复合型和国际型突发事件时效率低下。因此，应当建立健全处理不同突发性事件的协调机制，提高大都市政府应对多种突发性事件并发处置的能力和效率。

第二节　大都市应急管理体制、职能与创新

大都市应急管理是现代公共管理领域中的一个重要组成部分，是现代大都市政府的一项重要职能。

一、大都市应急管理的内涵

（一）大都市应急管理

在大都市应急管理的研究中，对应急管理含义的理解，有学者认为，“为应对危机情况而采取的预先防范措施、事发时采取的应对行动、事发后采取的各种善后措施及减少损害的行为，就是应急管理。”①也有学者认为，“以政府为主导的应急管理主体，以公共危机为目标，通过预防、预警、预控来防止公共危机发

① 肖鹏军：《公共危机管理导论》，中国人民大学出版社2006年版，第25页。

生，或者通过危机控制、应急管理、危机评估、恢复补偿等措施，来减少危机损失，避免危机扩大和升级，使社会恢复正常秩序的一整套管理体系。”①

因此，我认为，应急管理含义的理解包含了对以下几个问题的理解：一是由谁来实施管理，即管理的主体；二是管什么，即管理的对象；三是怎么管，即管理活动的具体内容与方式。据此分析，大都市应急管理是指大都市政府为避免或减少突发性事件所造成的损害而实施的危机预防、事件识别、紧急反应、应急决策、应急处理、评估、恢复等行为活动的总称，目的是为了提高突发性事件发生的预见能力、突发性事件发生后的救治能力以及事后的恢复能力。

（二）大都市应急管理组织结构

大都市应急管理组织结构是应急管理体系组成机构之间的职责划分及其互关系。一般而言，大都市应急管理活动应包括指挥（command）、控制（control）和沟通（communication），称为“3C”活动。与“3C”活动相适应，应急管理组织结构也包括5个部分：指挥与协调机构、实际操作机构、信息传递机构、物资保障机构和财务管理机构，如图7-8所示。②

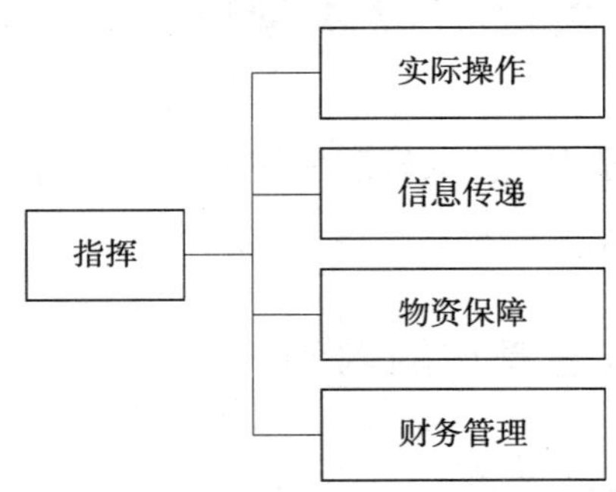

图7-8　大都市应急管理组织结构（ICS）

根据图7-8，大都市应急管理指挥与协调机构居于核心位置，负责统一指挥、统一协调参与应急管理操作机构的行动；应急管理实际操作机构是主体，负

① 黄顺康：《公共危机管理与危机法制研究》，中国检察出版社2006年版，第80页。

② 高小平：《综合化：政府应急管理体制改革的方向》，《行政论坛》2007年第2期。

责应急响应的各项具体作业。各个部分按照职责划分履行各自的职责,并相互配合、相互支持,共同应对公共危机。

应根据实际需要对大都市应急管理组织结构,加以放大、缩小和补充。在实践中,随着公共危机规模的扩大与升级,应急管理将会形成逐级响应组织结构,管理层级也将从现场位置逐步上移,直至上升到国家层面,如图 7-9 所示。①

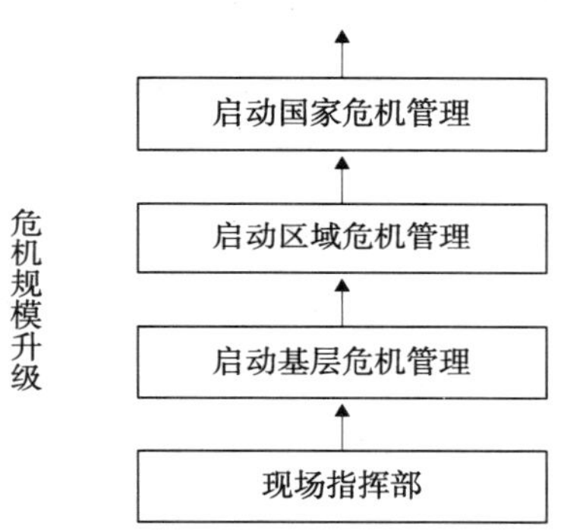

图 7-9 应急管理逐级响应组织结构

二、大都市应急管理体制

按照综合化的要求建立和完善大都市应急管理体制,从体制上保证有效整合应急管理资源,提高全社会应对大都市突发性事件的动员能力,实现大都市政府及部门、各类组织、社区、市民共同参与、相互合作,形成统一指挥、分工协作的大都市应急管理组织结构,是建立高度组织化的应急管理体系和加强应急管理的需要。

大都市应急管理体制建设所要解决的核心问题是:第一,要明确指挥关系,按照统一指挥、分工协作、协调行动的要求,建立一个规格高、有权威的应急管理指挥机构,合理划分各相关机构的职责,明确指挥机构和应急管理各相关机构之间的纵向关系,以及各机构之间的横向关系;第二,要明确应急管理流程,合理设

① 高小平:《建立综合化的政府公共危机治理体制》,《公共管理高层论坛》2006 年第 2 期。

定一整套应急管理响应的程序,形成运转高效、反应快速、规范有序的危机行动管理;第三,要明确管理责任,通过组织整合、资源整合、信息整合、业务整合和行动整合,形成应急管理的统一责任体系。为适应这种需要,大都市应急管理体制应包括:预测预警体制、信息治理体制、决策指挥体制、组织协调体制、行动响应体制、处置救援体制、社会动员体制等。

(一)统一指挥的大都市应急管理体制

建立统一指挥的大都市应急管理体制是适应大都市应急管理的需要。突发性事件导致的危机涉及不同部门、不同行政区域,分散的、部门化的管理模式难以适应应急管理的要求。统一的指挥体制,便于快速高效地决策和调动资源,减少管理环节,减少相互推诿、扯皮现象的发生;便于把个体的力量转化为整体的力量,从而发挥整体效能。强化应急管理的统一指挥、综合协调,是当代世界各国提高应对危机能力的普遍做法和发展趋势。

集中统一的指挥体制,要求以一定的行政区域为单位,凡在此地域范围内发生的突发性事件都应该由当地政府统一管理。具体来说,当地政府的最高行政领导有权处置辖区内所发生的突发公共事件。一个行政区域内有不同的单位和部门、存在着不同的行政隶属关系,有的属于上一级政府管辖,甚至中央政府管辖,有的属于军队管辖。在紧急状态下,无论平时它们与当地政府是什么关系,都要听从当地政府的统一指挥和调度。只有这样,才能保证步调一致,行动统一,从而构筑一道严密的防控网络。

统一指挥体制根据大都市的不同情况分别具有不同的形式:第一,设置领导机构、总体协调机构。西方发达国家在国家层面均设有名称形式各异、但都具有统一指挥和协调职能的专门机构,如美国的联邦国土安全部、俄罗斯的紧急事务部、英国的内阁办公室国内紧急状态秘书处、德国的联邦公民保护局、日本的内阁应急管理总监和内阁应急管理中心等。

国际经验表明,在国家层面之所以需要有一个专门机构来处理应急管理事务,就是为了解决部门分割、条块分割、力量分散等体制性因素所造成的应急管理难以整合资源、协调指挥力度不够等问题。加强领导机构、总体协调机构建设,强化综合协调、统一指挥能力,从而形成从中央到地方上下对口、相互衔接、共同行动、运行协调的应急管理体制。

参考西方发达国家的经验,结合我国的实际情况,建立国务院应急管理委员会这样的专门机构,并赋予统一领导、总体协调的职能,已是非常必要。当然,组织协调机构的名称、级别、形式可以有多种选择,但职能配置、经费、机构及其性质和人员应当明确。

第二,建立分类管理突发性事件的专业机构。按照突发性事件的性质和机理,将突发性事件区分为自然灾害、事故灾害、公共卫生事件、社会安全事件 4 类。对突发性事件进行分类,有助于了解相关性强的公共危机所具备的共同性质,有助于把握应急管理的规律和应对的重点。与此相适应,将多个部门管理的某一类危机整合到一个部门管理,或者以一个部门为主、相关部门配合的体制,对于提高公共危机应对能力具有极为重要的意义。

具体做法是,在国家专门应急管理机构之下,分别设立 4 个类别的应急管理委员会,如公共卫生类应急管理委员会、社会安全类应急管理委员会、自然灾害类应急管理委员会和事故灾难类应急管理委员会。同时,这种分类管理突发性事件的专业机构应该是从中央到省、市级地方都是统一地、上下衔接地、自上而下地进行调整;县(区、县级市)及以下的政府,不必分类设立,而是直接建立“一元化”的应急管理机构——应急管理局,以提高应急管理效率和减少机构。

(二)分级响应和属地管理相结合的体制

建立分级响应和属地管理相结合的体制是适应突发性事件难以预测性和扩散性的特点,为有效解决条块结合的问题而建立的治理体制。一方面,对于跨行政区域、跨行政层级、跨部门的突发性事件的应急管理,需要由更高层次领导机构、协调机构来领导和协调,因而需要建立以应对危机能力为依据的分级响应体制。另一方面,属地治理体制是一项基础性制度,处理任何公共危机都应该遵守,即使是特别重大的危机,由中央派人或组织专门机关进行直接指挥和协调,也要充分尊重所在地政府。

建立分级响应和属地管理相结合的体制,还需要有一个主管部门牵头负责、其他部门予以配合的治理体制，以及跨部门、跨地区重大公共危机的应急管理处置由更高层次领导机构、协调机构来统一指挥和协调的响应体制。

（三）建立健全大都市应急管理联动协同体制

建立健全应急管理联动协同体制，对提高应对公共危机能力具有非常重要的意义，它为建立统一指挥、分工协作、资源共享的应急管理体制提供了体制保障。通过建立健全应急管理联动协同体制，可以加强大都市政府各部门、各地区应急管理体系建设的统筹规划、资源整合和整体协同，使各种资源和力量能够协调和互相支援配合，避免重复建设和资源闲置。

大都市应急管理是一种动态的过程，这种动态管理模式，如图 7-10 所示。

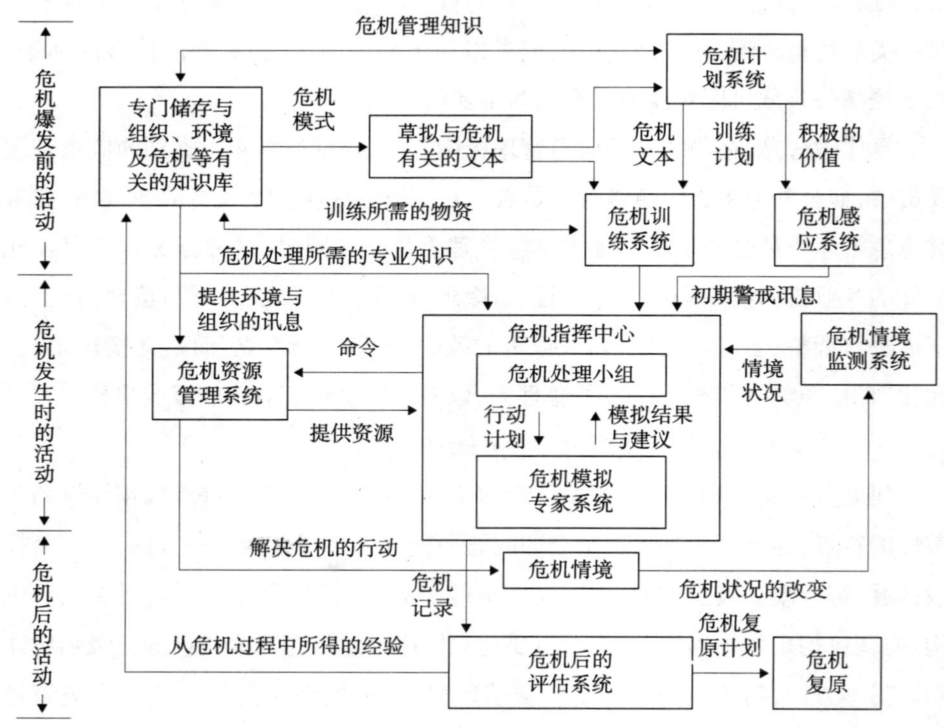

图 7-10　大都市应急管理动态模式

从图 7-10 的分析中可以看出，应急管理的动态管理模式包括了危机预警及准备、识别危机、隔离危机、管理危机以及善后处理等步骤与阶段。努纳梅克(Jay Nunamaker)强调危机发展的三个阶段,即应将危机爆发前、危机发生期间和危机解决后等三个阶段作为探讨指标,然后依此指标来分别规划各阶段所需的管理活动。因此,与建立健全应急管理联动协同体制相适应,还应当建构危机感应系统。决策者在应急管理计划中,将组织所能承受危机侵害的程度传递到危机感应系统,再由该系统依据组织的主要价值来拟订相关的感应程序;当外界环境所传递的危机信息超出组织所能承受的程度时,危机感应系统便会将此警讯透过一定的管道传达到应急管理小组,使得应急管理小组能够采取适当的措施予以回应。

三、大都市政府应急管理职能

大都市政府应急管理职能是指大都市政府施行应急管理的职责与功能,包括职责权限和行为方式。应急管理理论强调对突发性事件所导致的公共危机实施综合化管理,主张给予政府"一揽子授权",往往采取在法律中确立政府管理公共危机的抽象的集中权限和具体的工作权限两种方式。抽象授权只适用于危机状态,而具体授权体现在任何时间和空间。大都市应急管理过程表现为预防、准备、响应和恢复四个阶段,不同的阶段具有不同的应急管理职能,如表 7-1 所示。

表 7-1　应急管理职能

预防	(1)将公共危机管理纳入经济社会发展规划 (2)加强土地、建筑、工程的标准化管理 (3)组织实施减灾建设项目 (4)进行公共安全和风险评估 (5)监测监控风险源,排查隐患 (6)进行减灾防灾教育、宣传、培训
准备	(1)发布预测、预警信息 (2)组织演习培训 (3)编制应对危机的预案 (4)部门之间订立危机管理联动计划 (5)准备危机管理人员、装备、物资等

续表

响应	(1)启动危机管理预案和措施 (2)实施紧急处置和救援 (3)协调危机管理组织和行动 (4)向社会通报危机状况及政府采取的措施 (5)恢复关键性公共设施项目
恢复	(1)启动恢复计划和措施 (2)进行重建、修复 (3)提供补偿、赔偿、社会救助 (4)进行评估、总结和审评

四、构建大都市应急管理系统

职能明确、责权分明、组织健全、运行灵活、统一高效的大都市应急管理系统是实现应急管理目标的重要依托。根据大都市政府在应急管理中发挥的作用、参与应急管理过程的直接与否等因素,将大都市应急管理系统分解为五大系统:指挥决策系统、职能组织系统、信息/参谋咨询组织系统、辅助系统和综合协调系统。如图 7-11 所示。

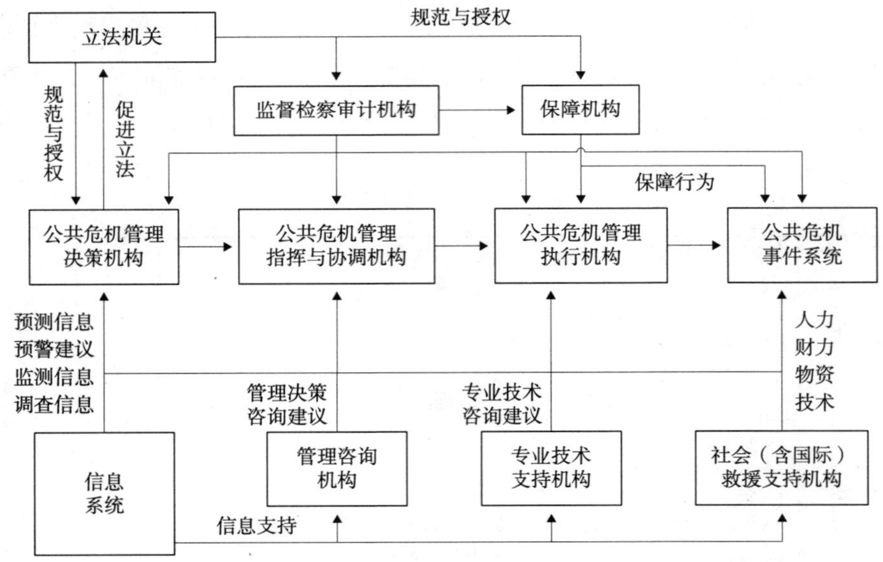

图 7-11 大都市应急管理系统的组成及其环境

(一)决策系统

决策系统在大都市应急管理中居于核心地位,实质上体现了大都市政府的战略决策效能和危机应变能力。正如叶海尔·德洛尔(Yehezkel Dror)《在逆境中的政策制定》一书中所说的那样,“危机应对(危机决策)对许多国家具有极大的现实重要性,对所有国家则具有潜在的至关重要性。危机越是普遍或致命,有效的危机应对就显得关键。危机中作出的决策非常重要,而且大多不可逆转。”①

大都市应急管理决策系统承担的职责是:保证地方安全;制定危机防范、危机状态控制的目标、原则;选择危机的对抗行动、对抗方案等重大职能,②这个系统扮演着应急管理的核心决策者和指挥者角色。大都市应急管理决策系统一般由大都市政府的核心成员组成,包括市长、有关部门、当地驻军和人民武装部队的负责人。

(二)统一的指挥与综合协调系统

大都市应急管理涉及不同的部门、不同的行政区域,是由职责不同的各个部分所组成的结构体系。如何把这些层级关系、功能结构不同的部门、机构有序整合,保证在危机状态下能够高效地协调各个部分的联系和协作,以便尽快控制危机局势,恢复社会秩序,还应该构建指挥与综合协调系统,由常设的、权威的、具有独立地位的、凌驾于各执行部门和机构之上的专门部门来担任。

统一的指挥与综合协调系统在大都市应急管理中处于核心领导地位,有利于保证各执行部门之间的高效协同运作,避免因相互扯皮、推诿而延误战机、影响危机救助的现象出现。

(三)执行系统

大都市应急管理的执行系统主要是指,“主管国家安全事务,直接负责危机防范、危机检测和危机控制的主要职能部门或机构”,“它们依据决策指挥中心

① 转引自北京太平洋估计战略研究所:《应对危机——美国国家安全决策机制》,时事出版社2001年版。

② 胡宁生:《中国政府形象战略管理》,中共中央党校出版社1999年版,第1240页。

的方针、政策，具体主管、执行某一方面的应急管理事务”。[①] 各执行部门承担着大量日常的危机预防和快速反应应对的责任，成为应急管理系统中的骨干和中坚力量，也是应急管理的直接行动力量。

西方发达国家都比较重视应急管理执行系统的建设。一方面，充分重视和发展各具体执行部门的信息、通讯工作，及时排除矛盾纠纷；另一方面，致力于消除科层制的种种弊端，加强各执行部门间的协调、沟通和联系，以便能够快速反应公共危机，分析、预警危机下一步发展的趋势。在我国，由上级垂直领导的相关职能部门对辖区内可能发生的突发性事件进行预警、监控和应对，并将正在或将来可能出现的重大危机局势及时上报中央。

（四）辅助系统

大都市应急管理辅助系统主要是指那些“自身拥有特殊的专业技能、业务范围，特定的资源、设备和能力，主管着特殊的事务，担负着紧急事务应对中的某些特殊任务”[②]的部门，它们相当于应急管理的后勤系统，不直接具有应急管理的职能，而是提供应急管理过程所需的各种服务。

一般而言，承担应急管理辅助系统职能的部门或机构主要包括以下行业和业务主管部门：交通、通讯、公共工程、信息、商业、物资支持、卫生和医疗服务、搜索和救援、财政、经贸、红十字会、银行、保险公司、审计部门等。这些辅助部门主要是在国家或区域紧急状态下，根据公共危机事态发展的需要，在国家应急管理综合协调部门的统一调度下，迅速组织和调集人力、物力和财力，支持危机应对工作。在危机发生后，危机辅助部门发挥的作用是相当大的，如：运送大量的物资装备，保证受灾区域民众的生活；积极参与各种实际救助行动，有效保障受灾区域灾民的生命和财产安全，减少灾害损失；接受国内外的各种援助，用于灾区受灾时的救助和灾后的恢复重建工作；灾后恢复期进行保险理赔，帮助企业和公众尽快恢复正常生产、生活；对应急管理中的各种救援资金、款项的使用进行审

① 胡宁生：《中国政府形象战略管理》，中共中央党校出版社 1999 年版，第 1242 页。

② 胡宁生：《中国政府形象战略管理》，中共中央党校出版社 1999 年版，第 1248—1249 页。

计、监督,保证专款专用,提高物资、资金的使用效率等。

(五)信息、参谋咨询系统

大都市应急管理的时机把握和快速应对,需要应急指挥决策中心具备及时、有效的灾害信息,这就不仅有赖于应急管理职能组织系统和辅助部门的信息来源,而且还必须依赖于大都市政府各部门甚至是民间的信息、参谋咨询系统的工作和服务。只有这样,才能形成危机决策过程中不同角色之间的良性互动关系,特别是发挥应急管理专家的积极作用,形成不同危机中的专家与决策者之间一定程度上的分工和相互协作关系。

大都市应急管理的信息、参谋咨询系统包括以下三种组织结构:行政性的决策信息、咨询机构,半官方的政策研究、咨询机构,民间的政策研究、咨询机构。① 当然,在日常的应急管理预警和监控中,也应当发挥这些指挥决策的"外脑"的积极功能,建设公共危机案例库,培育应急管理专家和"智囊团"。

第三节　大都市应急管理机制建设与创新

大都市应急管理机制是应急管理主体关系机制、应急管理运行机制和应急管理保障机制的总称,是一系列机构和职能运行的路径与程序,是对应急管理进行预警和监测、面对危机进行决策和有效的资源配置、危机发生后进行善后处理预评估的动态管理。应急管理机制主要包括预警机制、②决策机制、资源配置与保障机制、善后处理与评估机制、新闻发布机制。

---

①　胡宁生:《中国政府形象战略管理》,中共中央党校出版社 1999 年版,第 1245—1247 页。

②　对于公共危机发生前的划分,学者们说法不一。薛澜、张强、钟开斌认为在危机发生前,有危机预警、危机识别,详见薛澜、张强、钟凯斌:《危机关系——转型期中国面临的挑战》,清华大学出版社 2003 年版,第 55—56 页。肖鹏军认为在危机发生前,有危机识别、危机预警、危机预防,详见肖鹏军:《公共危机管理导论》,中国人民大学出版社 2006 年版,第 50—80 页。这主要是对预警范畴的界定不同所致。在此,预警机制包含危机识别和危机预防两个部分,所以在公共危机爆发之前,就用了预警机制一个部分。

一、预警机制

大都市公共危机预警是指大都市政府根据有关危机现象过去和现在的数据、情报和资料,运用逻辑推理和科学预测的方法、技术,对某些危机现象出现的约束性条件、未来发展趋势和演变规律等做出估计与推断,并发出确切的警示信号或信息,使公共部门和市民提前了解危机发展的状态,以便及时采取应对策略,防止或消除不利后果的一系列活动。建立和完善应急管理预警机制,就是要使危机预警成为应急管理的一项重要职能。这是建立现代化应急管理体系的前提基础,也是实现大都市应急管理创新从被动型应付危机向主导型防范危机转变,从“事后救火”管理向“事前监测”管理转变,从危机发生后的“救火员”角色向危机发生前“监测员”角色转变的需要。

(一)大都市公共危机预警机制的功能

大都市应急管理预警机制具有的功能主要包括:信息收集与分析、危机预报、危机监测、信息发布与媒体管理、信息沟通。

1.信息收集与分析

大都市应急管理预警机制通过一个多元化、全方位的信息收集网络,将真实的信息以完整的形式收集、汇总起来,并加以分析、处理,去粗取精、去伪存真,并通过快捷、高效的信息网络将公共危机事件的信息和事态发展情况传送到公共危机指挥系统和相关部门,从而保证危机信息的时效性、准确性和全面性,为公共危机应对与处理提供可靠的信息基础。

2.公共危机预报功能

在信息收集与分析的基础上,对得到的信息进行鉴别和分类,全面清晰地预测各种危机情况,捕捉危机征兆,对未来可能发生的危机类型、涉及范围及其危害程度做出估计,并在必要时向决策者建议发出危机警报,启动危机处理程序。

3.危机监测功能

在确认公共危机发生后,对引起危机的各种因素和危机的发展进行严密的监测,及时搜集危机状态的有关信息,特别是要监控掌握能够表示危机严重程度和进展状态的特征性信息,对危机的演化方向和变化趋势作出分析判断,以便使危机处理指挥机构能够及时掌握危机动向,调整对策,使危机处理决策有据可依。

4.信息发布与媒体管理功能

当公共危机发生时,在情况不明朗、信息不完整的情形下,人们极易主观猜测并产生种种传闻。信息发布与媒体管理要求恰当地选择媒体,尽量及时、准确、全面、客观地发布有关信息,即使在危机发生初期不能确切、全面地掌握情况,也应及时、客观地发布有关信息。这样做,有利于保障公民的知情权,有利于树立权威的信源形象和设立权威的信息传播途径,减少流言和谣言传播及其负面影响,避免出现不利的舆论导向。漠视公民的知情权、封锁危机事件信息或不能客观地发布信息,是导致危机扩大、陷入被动的重要原因之一。

5.信息沟通功能

大都市应急管理中,与利益相关者及有关政府部门、社会团体及时、有效地沟通信息,是取得相关人员和机构理解、配合和支持的前提。在对抗性危机事件的处理中,信息沟通包括两个方面:一是建立冲突双方之间的谈判沟通渠道,增进交流沟通,减少误解;二是洞悉对方的动机、实力和决心,有针对性地拟定有效的危机处理方案。

(二)大都市公共危机预警机制的框架体系与创新

完善的大都市公共危机预警机制包括公共危机监测、咨询、组织网络和完善的法规体系,以确保公共危机的科学识别、准确分级和及时发布。

1.公共危机预警的监测系统

建立监测系统的主要目的是及时发现危机征兆,准确把握危机诱因、未来发展趋势和演变规律。公共危机预警流程,如图7-12所示。

大都市公共危机预警流程包括:信息收集、信息分析或转化为指标体系;将加工整理后的信息和指标与危机预警的临界点进行比较,从而对是否发出警报进行决策;发出警报。因此,公共危机预警机制监测系统包括了以下几个子系统。

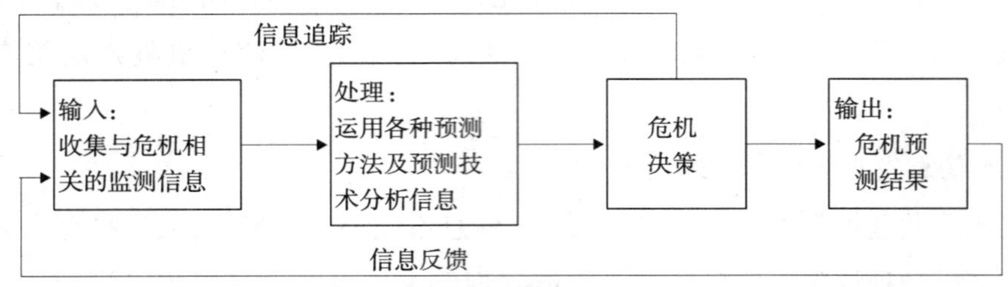

图 7-12　大都市公共危机预警流程

（1）信息收集子系统：主要是对有关危机风险源和危机征兆等信息进行收集，包括：一是预警对象和领域选择，即这种信息收集工作以哪些对象为重点，以什么类型的情况和内容为重点；二是预警目标选择，即初步判断这些对象可能引发哪类危机或契机；三是预警的重点选择，即确定哪一个对象最为重要，哪一种潜在的危机或契机可能构成重大影响等；（2）信息加工子系统：主要是对收集来的信息进行整理和归类、识别和转化，以保证信息的准确性和及时性；（3）决策子系统。该系统的任务是根据信息加工子系统的结果（信号和指标）决定是否发出危机警报和危机警报的级别，并向警报子系统发出指令；（4）警报子系统。该系统的任务是当监测结果显示社会中有冲突或危机的征兆时，立即向危机反应者和潜在受害者发出明确无误的警报，促使他们采取正确的措施。只有当危机反应者和潜在受害者在接到警报信息后，在事件发生之前作出有效的预防和准备，预警才是有效的。

2.公共危机预警的咨询系统

大都市公共危机预警的咨询系统主要承担的功能是定期信息沟通，提供与危机有关的研究报告，提出危机处置的建议和意见等。专家和智囊团可以通过自身专业方面的知识和经验，对危机预测对象的外部环境（包括社会环境和自然环境）以及预测对象的过去、现在的状况及变化发展的过程，进行综合分析和研究，为公共危机决策提供信息，发挥危机预警作用。在各种危机和潜在危机面前，充分发挥咨询系统的作用是保证政府决策民主化、科学化的重要条件。由于政府危机预警所涉及的领域极具复杂性、广泛性和专业性，决定了在很多情况下,医学专家、军事专家、地震专家、气象专家、水利专家、管理专家、电脑专家、公关专家和法律专家的作用是其他人难以替代的。为此,应建立畅通的信息沟通渠道,健全专家咨询机制和途径,使公共危机决策和管理建立在科学的基础之上。

3.大都市公共危机预警的组织网络

大都市公共危机预警的组织网络,主要包括:一是专门的机构和工作人员,长期从事危机预警的分析、研究与及时报告工作;二是规范化、制度化的监测、防范体系;三是畅通准确的信息沟通与处理渠道,尽可能化解矛盾、问题与纠纷。

4.完善的法规体系

建立和健全大都市公共危机预警的法规体系,目的在于保障公共危机预警"有法可依",促进信息收集、处理、分析、报告和公开的规范化、法制化。完善的公共危机预警法规体系包括两方面内容:一是制定出相关的制度与法规,规定预警机构有从相关部门、行业、企业、单位等获取有关信息的权力,相关部门、行业、企业、单位等也有向预警机构提供真实信息的义务;二是公共危机预警的法规制度要体现出激励奖惩作用。

二、决策机制

(一)应急管理决策的特点

应急管理所面临事态的严峻性、时间的紧迫性、信息的不充分性和可用资源的有限性,决定了应急管理决策在本质上是非程序化决策。与正常状态下的决策相比,应急管理决策具有以下特点:

(1)决策是要在有限的信息、资源和时间条件下寻求满意的处理方案。因此,一旦危机被察觉和认定,它就必然被列入公共政策议程,而且会排在最优先的位置,其他一切政策问题都必须为之让路,因为事态的严重性不允许决策者拖延不决。

(2)在常态决策过程中,决策目标的设定、决策方案的拟订、决策方案的评估与抉择等,不只是直接决策者单独的行为,而是需要相关领域的专家、不同的利益群体、传媒和公众的广泛参与,需要较长时间的反复讨论、磋商、论证。但在危机状态下,利益群体和公众的参与将非常有限,媒体也主要是协助政府进行社会动员;同时,在危机决策中,为决策者提供咨询的专家数量虽然不多,但他们的作用更为突出。

(3)在危机状态下,政策的合法化主要是通过已有法律事先授权,即通过事先制定的法律明确规定在危机状态下决策机关及其首脑的决策权限。一旦发生危机,只要所作的决策不违背有关基本法律、不超出这些权限范围,就自动具有合法性,而不需要像常态决策那样,再经过复杂的审议程序。如果一个国家或地区事先没有建立相关的法律制度就必须在危机发生后进行紧急授权。

(二)大都市公共危机决策的主体

大都市公共危机决策主体是指为避免和应对公共危机而履行决策职责、参与决策过程的特定个人和组织机构。构成大都市公共危机决策机制的决策主体包括三个方面或者说三个系统:一是依法拥有做出最终决定权力的中枢决断系统;二是辅助中枢决断系统的参谋咨询系统;三是为促进中枢决断系统和参谋咨询系统有效运转、获取决策所需各种资源的协调系统。

(三)完善大都市公共危机决策制度

规范大都市公共危机决策行为的法律制度涉及以下内容:一是就防范或处理特定的危机而言,谁是决策主体,最终做出决定的是哪个层次的个人和机构、什么范围的人员,是特定决策机关的首脑还是核心群体;二是决策主体的决策权限;三是危机决策的程序;四是最终决策采用的方式,包括决策表决方式等。大都市公共危机决策所涉及的上述问题,都应以法律法规的形式加以明确规定。这些法律法规,明确了危机状态下的决策主体及其权限,规范了危机决策行为,从而可以避免在出现紧急危机的情况下决策主体不明、责任不清、权力滥用、程序混乱等现象,减少公共危机决策失误,尽可能提高公共危机决策的成功几率,也有助于促进大都市应急管理从行政手段转为依法行政。

三、资源配置与保障机制

(一)应急管理资源及其配置问题

应急管理过程所涉及的资源配置问题,既包括狭义资源的人力、财力、物力等有形资源,也包括广义资源的各种社会文化与政治资源。大都市政府应对公共危机的能力,不仅取决于所掌握资源的数量与质量,更在于其配置资源的效率。因此,应急管理中的资源配置与管理的主要问题就是如何使各种资源得到有效配置。

与通过市场机制来配置资源不同,应急管理的资源主要是通过权威机制来配置的。而利用权威机制进行资源配置时,并不存在一个相对具有客观性的信号引导体系。因此,要解决应急管理的资源配置效率问题,关键在于引入一个比较客观的评估机制;建立健全一整套的资源获取与管理的组织、制度体系;建立和完善综合性的资源协调机制,从而把相应的公共预算分配和划拨体系、人事管理、信息管理、组织运行与设施维护计划、应急管理项目评估、成本与管理的审计、对各种物资供应商的支付、现金治理体制等制度性的安排整合起来,统一运行。

(二)大都市应急管理的资源配置与管理机制

应急管理是大都市政府及部门的一项基本职能,为了强化应急管理的能力,就必须建立统一领导、分工协作的组织体制和资源整合机制,从而有效地把国内资源与国际资源、政府公共部门资源与社会资源整合在一起。

建立一个良好的应急管理资源配置与管理机制,包括一系列不同层次上的制度基础建设,这可以从广义与狭义两个方面来理解。从广义上看,应急管理不是某一个或几个公共部门的事情,而是整个大都市政府的一种基本职能,应急管理应该融入大都市政府的每一个层级和每一个部门,即从大都市政府的每一个层级和领域内全面地把应急管理与日常事务管理融为一体,把应急管理看成是日常管理的一部分。这就需要通过广义的政府应急管理体制改革,形成一种及时、高效且具有一定学习能力因而能不断自我革新和自我进步的资源动员与配置机制。从狭义上看,就是要对现有的参与应急管理机构和组织进行优化重组,并适应新的应急管理形势组织新的机构、组建新的队伍,优化应急管理的人力资源结构。在此基础上,建立健全相关的制度,包括适应现代应急管理的财政预算与分配制度、支出制度、监督与审计制度等,形成规范化、法治化和制度化的应急管理的资源动员与分配、使用、监督、审计与评估机制。

1.应急管理资源的整合机制

危机处理成败的关键,一是反应快速、二是资源整合,两者并重。就当代突发性事件的特性来看,突发性事件的类型逐渐从单一型向复合型发展,而复合型危机的处置往往需要多个部门的紧密协作;同时,市民对政府绩效的要求越来越高。这些都要求应急管理的职能设置从权力分散向集中领导转变。因此,现在一些发达国家纷纷设置了专门领导、协调应急管理的机构,对危机处置的各项事情进行统一安排。根据国际经验,资源整合重在组织保障,即确保组织内信息通道畅通、信息能得到及时反馈、各部门及人员责权清晰、有专门的危机反应机构和专门授权,一旦发生任何危机先兆均能得到及时的关注和妥善的处理。

信息资源作为一种重要的战略资源,在当代应急管理中具有越来越重要的作用。结合电子政务建设,建立应急管理的信息系统,形成全国统一的应急管理信息平台和信息共享机制,这对于及时、快速、高效地应对各种公共危机具有重要意义。

我国大都市应急管理目前基本上还是按照分灾种、分部门进行的,其权力的运作流程相对分散。因此,从中央到地方和基层县市,逐级建立常设性综合应急管理机构,这是实现应急管理机制由非常态转向常态、由单项分类管理向系统综合管理转变的重要条件。

2.公共财政预算与支付制度

在应对公共危机中,公共财政支出的根本作用在于化解风险,维护社会稳定。有效的应急管理是建立在充分的资源保障基础之上的。因此,在转变政府职能、推动大都市政府行政体制改革的同时,要合理地调整公共财政支出范围,专款专用,确保应对复杂危机事件的正常运转。一方面,要在健全应急管理机构体系和对相关职能部门进行整合与机构调整的基础上,把应急管理所需要的经费纳入公共财政预算体系之中;另一方面,建立公共危机风险防范基金,基金来源可以多元化,主要是公共财政,其次是社会各界及国际社会的捐助。

3.应急管理的监督与审计

就当代应急管理的国际经验看,解决各种资源浪费、挪用、滥用乃至盗用和贪污各种应急管理资源问题的主要途径包括:内部控制、第三方评估、社会和舆论监督。这三方面是相辅相成的,只有把这三方面的力量结合起来并使之制度化、法治化,才能形成比较有效的监督机制,仅仅片面强调内部控制是不够的。

内部控制的主要任务是如何在应急管理实践中把相应的公共预算分配和划拨体系、人事管理、组织运行与设施维护计划、应急管理项目评估、成本与管理的审计、对各种物资供应商的支付、现金治理体制等制度性的安排整合起来,统一运行。在此基础上,强化科学评估、过程监督与事后审计,而且这种监督与审计结果还必须与事后责任追究相联系。内部控制属于自上而下的控制,只有与外部监督结合才能更好地发挥其作用。

结果(绩效)评估是应急管理的重要方法。在大都市应急管理中引入评估机制,特别是第三方评估,可以减少下级部门虚报、谎报危机或灾害从而骗取救灾款的行为。

媒体监督是社会监督的一个有效手段。在大都市应急管理过程中,对媒体实行管制与发挥媒体的舆论监督作用之间的确存在着矛盾,需要一系列细致的制度安排予以解决。但不能因为应急管理的特殊性而只讲对媒体管制,或只讲媒体的宣传作用而排斥其舆论监督作用。

四、新闻发布机制

大都市公共危机的新闻发布是危机处置和管理工作的重要组成部分。加强公共危机新闻发布工作的规范化、制度化建设,及时准确地发布信息,对于妥善处理危机事件、减少危机损害和维护公共部门的良好形象,具有重要意义。

（一）新闻发布应急响应机制

公共危机发生后，在启动紧急处置机制的同时，要迅速启动新闻发布工作，在负责处置事件的指挥部下面，设立专门的新闻发布机构，确定专人负责新闻发布工作。新闻发布作为处置公共危机的重要组成部分，在研究和决定处置公共危机的方案时，要根据公共危机的不同应急响应级别，成立相应的新闻发布机构，确定新闻发布方案，明确新闻发布内容，组织新闻发布工作，使新闻发布工作更好地为处置公共危机服务。

（二）新闻发布机制

公共危机新闻发布要坚持及时、准确、适度、“于我有利”的原则。公共危机的报道一定要抢时间，争取先声夺人，只有及时地报道，才能有效地引导舆论，避免和减少猜测性和歪曲性报道，争取主动权。

快速及时一定要以准确为前提。要认真细致地核对事实，为确保发布信息的准确，一些尚未弄清全部情况、较为复杂的突发公共事件，可先发简短消息，再作后续报道。

新闻发布要注意适度，讲究策略，认真策划，循序渐进，充分考虑到群众的心理接受能力，注意消除和化解公众的恐慌情绪，维护社会的稳定。

新闻发布的目的是“于我有利”，有利于事件的妥善处置，有利于保护人民的生命和国家财产安全，有利于树立公共部门的形象。要达到上述目的，需要我们有较高的政策水平和新闻发布专业知识，需要去学习和在实践中摸索总结。

新闻发布要得到授权，发布的内容要按程序报批，无新闻发布职能的部门和个人，不得擅自就公共危机事件处置工作接受记者采访或发表谈话，以避免说法不一，造成信息混乱。负责新闻发布工作的部门，应及时把新闻发布的内容和有关答问口径向参与处置公共危机的其他部门通报。

新闻发布可由新闻发言人通过新闻发布会、吹风会、散发新闻稿、接受记者采访或书面回答记者提问等多种方式进行，采访应优先安排中央或当地的权威新闻媒体。要注意针对不同媒体，如电视、广播、报纸、互联网等各自特点，接受采访，发布新闻。

(三)中外记者采访管理机制

新闻工作机构要及时受理中外记者的采访申请,采取符合国际惯例的、科学有效的治理方式,主动向记者提供危机事件的有关信息;如果有必要,还应设立新闻中心,并提供电话、传真、上网以及电视信号传输等服务,为记者的采访提供方便。要使记者有正式的渠道获得权威信息,避免根据猜测和传闻去作报道;要使记者清楚在哪里了解情况、找谁了解,而不必四处打探消息。

要加强对记者采访组织、现场管理工作。出于抢救工作及其他因素考虑,可以划定区域,不让记者进入现场,但应该对记者说明原因;在不影响事故抢险和记者安全的情况下,则可以尽量安排一些记者进入现场,并为其提供便利。对记者的管理要避免简单生硬,要把管理工作与正面信息的提供与采访安排结合起来。

(四)境内外舆情跟踪和通报机制

负责新闻发布工作的机构要密切关注境内外媒体的报道,汇编舆情简报,及时向上级和有关部门通报,并组织有针对性的舆论引导工作,澄清事实,解疑释惑,驳斥谣言。

(五)互联网信息安全管理机制

互联网作为一种新兴和特殊的媒体,具有传播快、影响大、互动性强、管理困难的特点。一方面,要充分发挥和利用互联网的优势,及时传达政策、举措以及各种正面信息,主动引导舆论,要利用互联网信息汇聚的特点,作为了解搜集舆情的重要来源;另一方面,要警惕并及时删除各种歪曲事实、煽动矛盾,影响公共危机处置的有害信息,对境内外一些采取恶意攻击和敌视态度的网站要及时封堵。

(六)公共危机事件分类处理新闻发布机制

对自然灾害、事故灾难、突发公共卫生事件等危及公共安全并对全局有重要影响的突发公共事件,应及时组织新闻发布;对于一些涉及重大政治性、群体性、危害国家安全、损害国家形象的社会安全事件的新闻发布要十分谨慎,要得到统一的授权。

五、控制处置机制

（一）应急管理的控制

应急管理的控制是指应急管理者通过监督、监察等行为，保证危机应对活动按照危机应对计划进行、实现应急管理目标，并不断纠正各种偏差的活动过程。从管理学的角度分析，控制在行动之前，称为前馈控制；行动之中进行，称为同期控制；结束之后进行，称为反馈控制。

应急管理的前馈控制能够避免预期出现的问题，它能够在实际工作开始之前，就防止问题的发生，而不是当出现问题后再补救。应急管理的同期控制是指活动开始以后，对正在进行的管理活动进行检查监督，发现管理活动与计划标准不一致，及时采取纠偏措施，加以控制。当然，在这一过程中，越早发现问题，越早纠偏，就越能及早防止可能出现的重大问题，避免发生重大损失，将问题消灭在萌芽状态。应急管理的反馈控制是指在应急管理过程已经结束以后，按照危机应对计划要求检查各项危机应对的结果，进行总结评价。反馈控制的主要作用，是通过总结过去的经验、教训，为未来危机应对计划的制订和活动的安排提供借鉴，偏差的信息可以用来对未来应急管理活动的控制提供帮助。①

（二）公共危机处理

按时间序列，公共危机处理分为危机开始和危机蔓延两阶段。

1.公共危机的开始阶段

公共危机开始阶段是指从危机的第一个征兆出现到危机开始造成可感知的损失这段时间。这个时期的特点：一是人们很难在这个时期有较高的警惕性；二是如果能认识到这个阶段并采取有效的措施，就能有效明显地减少危机带来的损失。而要达到这个目的，必须做好危机的准备。

（1）迅速成立危机处理小组，是危机处理的首要任务。当危机来临时，公共部门应该迅速根据危机的类型，按照预先制定的应急管理计划，迅速组成危机处

① 肖鹏军：《公共危机导论》，中国人民大学出版社2006年版，第97页。

理小组,以便迅速调查分析危机产生的原因及其影响程度,全面实施危机控制和管理。

危机处理小组是危机处理中的信息枢纽,发挥领导和协调作用。主要任务是针对危机情况作出判断,制定决策并发布执行,并不断监测危机进程,适时调整措施或制定新政策,对整个危机处理起到全面指导和决策的作用。一般来说,危机处理小组要由公共部门高层管理者、相关部门负责人以及外部专家组成,另外,还可以调配训练有素或有某方面专长的相关人员和公关人员、法律顾问等。如果有必要的话,还可以在危机小组下面再进行具体的任务和职责划分,成立公共医疗组、交通运输组、后勤物资组以及专家组等。各小组实行首席长官负责制,执行核心组决策,完成本组的管理目标。

(2)搜集危机信息,着手危机调查。获取准确、有效、全面、真实、及时的信息是危机处理有效进行的保障,深入的危机调查是制定危机处理方案的前提。调查的主要内容应该包括以下几个方面:一是危机的种类、发生时间、详细经过以及危机事件发生的地点和发生的原因,以便掌握危机的基本性质;二是危机已经造成的后果和影响;三是危机的现状,包括危机发展、控制的情况及其原因等;四是危机事件所牵涉的利害关系人,甚至包括危机事件的见证人以及见证人的姓名、单位、电话号码及通信地址,以便保持与事件见证人的联系。

(3)制定危机处理计划的方案。这是迅速控制事态发展的关键和保证。在充分收集信息的基础上制定全面的、科学的危机处理计划,要对组织领导体系、现场处理方案、后勤保障、新闻媒体报道、善后处理等进行详细安排。危机处理计划一般包括:确定危机处理的目标和原则;选择危机处理的策略,制定对受害人的赔偿措施;明确危机沟通的对象、方式、策略;明确危机的回应策略;确保危机处理的人财物等。危机计划是面向未来的,所以制定过程中要注意计划的弹性,以面对诸多难以确定的因素;制订方案还要进行科学的预测,方案会出现什么样的后果,会不会超出大众的心理承受能力,会不会失控,随时掌握实施的方案在社会、政治、经济方面的影响和可行性。

2.公共危机的蔓延阶段

对于大部分危机来说,由于种种原因无法成功地阻止其爆发,或者不可能阻止危机的爆发,最终不得不面对危机的蔓延。为了减少损失,消除危机的消极影响,公共管理者应该在应急管理活动中积累更多的改善危机情境的控制技能和策略。

(1)危机中止策略。当危机发生后,应及时发现危机产生的根源和扩散途径,采取积极有效的手段阻断其发展,中止其危害。例如,危机的根源在于产品的质量出现问题、生产经营过程中造成污染等问题,就应立即实施中止策略,如停止销售、回收产品、关闭有关工厂或分支机构等,主动承担相应的损失。

(2)危机隔离策略。由于危机的发生往往具有"涟漪效应",如果不加以控制,危机影响的范围将不断扩大,隔离的策略主要有两种:一种是危害隔离。危害隔离即对危机采取物理隔离的方法,使危机所造成的财产损失尽可能控制在一定的范围之内,比如,当火灾发生之后,采取果断措施切断火源,以避免火势蔓延。另一种是人员隔离。危机发生后,应进行有效的人员隔离,即在人员资源上让以首席危机官为首的应急管理小组成员专门负责处理危机,让其他人继续从事正常的活动,以防止危机对正常的活动造成巨大的冲击。

(3)危机消除策略。消除策略旨在消除危机所造成的各种负面影响,这种影响包括物质上财富上的损失和精神上的打击,例如,生产场地遭受破坏、产品大量积压等。

(4)危机利用策略。越是在危机时刻,越能反映出一个优秀组织的整体素质、综合实力和博大胸怀。在危机中处理得当、表现得体、诚实负责,往往有可能变坏事为好事。

六、善后处理与评估机制

(一)大都市公共危机善后处理机制

危机事态得到控制,当人们从紧张和失衡状态中恢复后,并不意味着应急管理的过程已经结束,只是应急管理进入一个新的阶段——善后处理阶段。应急管理有两个重要的任务:一是以危机问题的解决为契机,进行危机后的恢复重建和危机责任人员的责任追究、公众惊恐心理的慰藉和生活信心的恢复,巩固应急管理的成果,防止危机的复原和反弹;二是从危机中总结经验教训,堵塞应急管理中的制度、机构和政策漏洞,制订长期的反危机战略,真正从危机事件中受益。

大都市应急管理的善后处理机制主要包括以下几个方面内容:第一,灾后生产、生活基础设施的重建和秩序的恢复;二是按照程序清算损失;三是赔偿损失,要抢救受伤人员,救济群众,对住房、食品、用水、医疗、生产资料等进行妥善安排;四是对公众灾难心理创伤的安抚和慰藉;五是进行事故调查与危机直接责任人员的处理。危机事件的发生和灾害影响的扩散,往往是由于官员玩忽职守、官僚主义、行政腐败、制度漏洞等复杂的原因造成的。事故调查机构应客观地甄别事故发生的原因,界定事故的性质和责任,提出对事故责任者的处理建议,提出事故处理以及防止类似事件再度发生的政策建议。处理的结果要尽快公布于众,既给受害者一个明确的说法,又维护了法律的尊严和责任政府的良好形象。

因此,应急管理应采取各种策略和措施,通过追究直接责任者、社会保险和社会保障资金的援助、心理咨询机构的心理慰藉,抚平受灾和受害公众的心理创伤,使他们尽快恢复生产生活信心。

(二)应急管理的评估机制

大都市应急管理的评估机制是应急管理的一个阶段性总结。将危机防范的意识和应急管理的评价专门化、制度化,使其成为一项常规工作,这有助于避免将来不必要的损失。

应急管理评估是指依据科学与综合的评估指标体系、运用严格的程序和科学方法,对公共危机处理结果进行测量的活动。这个公共危机处理结果包括做了什么——业绩;做得怎么样——质量、水平、效率;社会影响和公众的反应。

应急管理评估应坚持客观性、准确性和时效性原则,评估的内容项目主要包括:应急管理架构的评估、公共危机预警情况的评估、应急管理计划完备性的评估、应急管理沟通的评估、公共危机的媒体管理评估、应急管理措施的评估和应急管理效果的评估。

科学构建评估指标体系，既要考虑应急管理的经济效益和社会效益，也要考虑短期效应和长期效应、直接效应和间接效应；要建立统一性指标与专业性和特殊性指标相结合的、综合的、多层次的绩效评估指标体系，避免出现评估指标对被评估者产生逆向激励效应；要建立和完善评估指标体系和评估基础资料数据库，使应急管理目标能够量化和具体化，从而为评估提供技术支持。

应急管理评估应科学、合理运用评估方法，注重评估过程中定量评估与定性评估有机结合、内部管理评估与社会效应评估结合。

第四节　大都市应急管理能力的提升

大都市应急管理能力是大都市政府治理能力的重要体现，发达国家在城市应急管理方面已经形成了一整套较完整的体系，积累了成功的经验，鉴于我国大都市应急管理的现状与存在问题，我们从政府治理能力现代化的角度提出以下提升我国大都市政府应急管理能力的具体对策思路，实现大都市应急管理与公共治理结构变革的有机结合。

一、明确大都市应急管理的指导思想和目标

大都市应急管理的指导思想是：以“三个代表”重要思想和科学发展观为指导，以资源整合为基础，以大都市政府业务流程优化重组为核心，以信息技术为手段，以全面提高政府部门的依法行政能力、决策能力、应急处理能力和公共服务能力、提高公众的满意程度为目标，创新政府应急管理模式，适应社会主义市场经济体制、现代化建设、信息化和网络化社会对政务工作的要求，实现政府应急管理职能的科学配置、组织结构的优化重组以及行政流程的再造。

大都市应急管理的目标是：建立完善的应急管理体制；采用现代先进的网络信息技术和行政管理理念，建设标准规范、功能完善、高效快捷、安全可靠的应急管理机制；利用网络信息技术，整合政府应急管理信息资源，简化大都市政府应急管理程序，优化应急管理流程，提高大都市政府应急管理效能；充分运用现代

网络信息技术的力量,建立对紧急事件信息的收集和预警机制、启动机制、协调机制、指挥机制,形成“信息畅通、反应快捷、指挥有力、责任明确”的应急响应体系。

二、健全和完善大都市政府应急管理的原则

(一)以人为本、以防为主的原则

市民生命安全是应急处理的首要责任,尊重人的生命权,在处理危机事件时以人为本,把保护和挽救市民生命安全放在首位,把危机的监测、预警、预防等作为政府应急管理的中心环节,以防为主,做好日常的检查与监督,完善整个预防体系,减少各种危机事件的发生。

(二)指挥统一、运转协调的原则

应急管理实行科学决策,统一领导、统一指挥,反应及时、措施果断、通力合作、运转协调,综合运用行政、法律、经济、舆论等调节手段,处理危机事件,保障社会安全,稳定社会秩序。

(三)责权明晰、依法行政的原则

大都市政府及部门在应急管理时,各应急职能机构必须按部门职责承担自身职能,坚持相互合作,分工负责,归口管理,主张谁主管、谁负责,做到权责明晰。同时,应急管理必须是依法行政,由于相关部门在紧急状态拥有较大的权力,缺乏有效监督,所以容易出现权力滥用的情况,依法行政不仅是公民权利的基本保障,也是政府有效运作的基本要求。

(四)资源整合、信息共享原则

大都市应急管理运作必须实现物资资源、人力资源和财力资源等方面的有效整合,通过网络信息资源和业务应用系统建设,加强各部门、各业务系统和业务流程的整合,保障资源储备系统,确保紧急状态时社会的物资资源、人力资源以及其他资源能够马上被调用,实现全方位的整合。尤其是在信息资源方面,必须实现信息共享、透明与互联互通,提高政府部门之间、政府部门与公众之间信息沟通与应急协调的能力,从而使有限的资源发挥最大的效益。

三、建立健全大都市政府应急管理体制机制

大都市应急管理涉及领域、部门多,影响面广,是一项社会系统工程,需要动员全社会的力量、资源,有计划、有组织地进行应对。因此,危机发生时必须有一个高层次的机构对突发事件进行统一指挥与协调。

(一)成立大都市应急管理议事协调机构

由市政府和相关部门的主要领导组成应急管理议事协调机构,该机构是大都市应对危机的中枢指挥系统,其主要职责是:研究制定全市应急管理的战略计划,部署和总结应急管理的阶段性和年度工作,组织实施重要建设项目,对重大紧急事件进行预防、应对统一指挥、调度和协调。

大都市应急管理议事协调机构下设各种突发事件专门的协调机构。如防震减灾领导小组、核事故应急领导小组、人防动员委员会、三防总指挥部、交通战备领导小组、经济动员领导小组、非典防治领导小组等等。各专门的应急协调机构在市政府应急管理议事协调机构的统一规划领导、指挥、协调下开展各类专门灾害应急工作。

(二)组建大都市应急管理的办事机构

大都市应急管理作为大都市政府的一项基本职能,必须有一个载体,承担紧急事务的组织实施和日常管理职责。可考虑组建城市应急管理的专门机构。该机构平战结合,对各种紧急事件进行统一管理,形成管理的合力,提高综合防灾能力。它既是城市应急管理议事协调机构的执行机构,又是市政府的工作部门。其主要职责是:

(1)贯彻执行国家和省关于应急事件管理方面的法律、法规、规章和政策;拟订本市相应的法规、规章和政策。

(2)编制和修订应急事件管理总体规划和项目建设规划,纳入市总体规划,经批准后组织实施。负责应急事件管理总体预案的拟订工作,督促检查相关部门和单位在总预案下制定、修改本部门和单位处置应急事件分预案。

(3)指导、协调有关部门和单位组建应急专业队伍;拟订综合应急演习方

案、计划,组织各专业队伍和相关单位进行合成演练和协同演习。

(4)组织编制各类应急资源分布图谱,拟订应急专用物资保障方案和应急装备、器材配置方案,经批准后组织实施。

(5)负责应急指挥和各类应急事件信息的综合、分析、发布、上报等管理工作,为领导提供应急决策服务;牵头或协调重特大应急事件的新闻和信息发布工作,组织编制面向公众的应急宣传教育计划和相关宣传资料,开展面向公众的应急宣传教育工作;建立完善与企业之间的对话沟通制度,为企业处理应急事件提供指导与服务。

(6)组织整合全市各类应急信息技术资源,搭建应急信息化系统网络平台和应急指挥平台。

(7)协调相关部门和单位做好应急事件的事后评估和善后处理工作;检查和指导各区、有关职能部门和各专门机构的应急事件管理工作。

(8)受党委、政府和应急管理议事协调机构的委托,负责特大和重大应急事件处置的组织、协调和指挥工作以及其他相关事项的工作。

(三)加强大都市政府紧急救援专业化队伍建设

组织具有战斗力的政府紧急救援队伍,以专业化的水平和较高的应对能力来处理各种紧急问题,这是整个政府应急结构中的重心。成立大都市紧急救援应急队伍,既可由政府建立专业救援队伍,也可引入市场机制组建民间的专业救援队伍,更要注意发挥社区、群众的自救互救作用,形成专业救援和群众自救相结合的庞大救护援助体系。这就要整合应急救援专业队伍,或调整现有专业队伍结构,保证各部门能自行管理、训练,综合应急管理部门。目前,统一监控调配的专业队建设模式,主要有两种方法,一是改造现行的消防队伍,使其由专业的消防队伍变成综合性的社会救援队伍;二是形成社会应急救援体系,成立社会民防队,主要由现行的民兵为主体,加上各种社会力量参与,形成一个群众性的社会组织,每年进行一两次的社会紧急救助的训练。政府应当立法保证群众性的训练作为公民的一项基本义务,从而形成社会全体的动员体系。以法律规章制度的形式确立起平时和紧急状态下的社会义务,从而增强现代大城市的公民的紧急事务的应对能力。

四、强化大都市应急管理的体系建设

（一）完善大都市应急管理的法规体系

大都市政府应当根据国家的法律、法规，制定政府应急的条例，既保证政府各部门在非常时期具有相应的权力，也要保证其权力不被滥用。制定大都市政府应急管理统一法规，对紧急状态情况和应急管理的概念、范围、领导体制、各部门的职能包括启动机制和程序、运行机制都要作出明晰的规定。以职权法定的形式，重新界定政府职能部门在应急管理方面的职责和任务，并且向社会公告。另外，还要用法律确立国民应急教育的义务，要求对广大人民群众进行各种应急管理的教育，开展自救互救培训；同时，要以法的形式确立各媒体平时以及紧急状态时的宣传与协作的义务。

（二）建立各职能机构应急联动体系

在大都市内部横向方面，大都市政府除应急管理机构之外，政府的相关工作部门也承担着不同类型的政府应急管理职责。在自然灾害方面，有水利部门、消防部门、地震部门、气象部门等；在人为灾害方面，有交通部门、卫生部门、环保部门、安全生产监督部门、消防部门等；在社会灾害方面，有公安部门、劳动监察部门、信访部门等；在战争与反恐方面，有国防动员的相关部门如人防、经济动员、交通战备等，有反恐的公安部门、安全部门等；灾害的统筹协调部门有民政部门、交通部门、经济动员部门、财政部门、人力资源部门、卫生部门、科技部门、文化宣传部门、外事部门、气象部门、电信部门、电力部门以及相关的企事业单位等。此外，除同级政府相关部门之外，还必须与兄弟省市相关职能部门建立应急管理的协作工作关系。

在大都市内部纵向方面，要建立大都市各行政层级及相关部门的上下、左右联动的工作关系。从根本上来说，参与大都市应急管理的各个部门要形成横向整体配合、纵向联动协调的机制。进一步强化大都市政府机构“三定方案”中部门在应急管理中所承担的职能，从而加强部门的协调机制建设，提高应对能力。

（三）完善大都市政府应急的预案体系

大都市政府的应急必须以防为主，建立完善的紧急事务预案系统是应急机制的最重要部分。完善的预警机制，首先是完善应急计划，提前设想事件可能爆发的方式、规模，并且拟订出多套应急方案，事件一旦发生，可以立即根据实际情况优选方案。大城市政府在应对危机时，应当有总预案，现阶段，由于紧急状态法还没有出台，城市总体预案就需要由城市政府本身来建立。在总预案之下还需要建立专项预案和各部门的部门预案，从而形成配套完善的、整体统一的预案体系，以便在危机到来时能够立刻启动。同时，大都市政府各部门还必须以法定的形式，在预案中界定其在政府应急过程中的职责与任务。为了保证政府部门应急的权威性，政府总预案必须要经过人大审批通过，其各子预案也需要由人大备案。同时，要确立应急职能的部门通过网络或其他方式自动启动预案的机制。在紧急事件发生时，保证各政府部门能根据实际情况及时反应，自主启动预案运作应对。尤其是在建立有效的紧急事务处理网络技术系统之后，要形成有效的预警信号体系如气象信号系统，在各种紧急状态和各种灾害来临的时候，相关社会政府部门就可以自动启动，及时应对，而不是通过开会或行政命令的形式来应对。

（四）形成大都市政府应急报警网络平台和统一指挥体系

改变目前大都市普遍存在的多应急（救助）中心、多报警号码的并存的传统报警体制，①建立“权威、统一”紧急事务报警平台，使得市民的任何报警、求助只需拨打同一个号码。② 这种接警平台并不改变现有的各应急工作机构的运作模式，但可以进行权威性的调度与处理，从而保证应急的有效性与及时性。在应急

---

① 日常受理公众报警求助的应急中心有：治安（匪警）110、消防 119、交管 122、医疗急救 120、三防、森林防火、供电、供水、燃气、民防、安委、海事、劳动、城管、环境保护等约近二十个。

② 目前，广州市公安局拟将目前众多的特服号码整合为一个应急救援性质，将 110、119、122、120、水、电、煤气等担负应急救援任务的特服号统一为一个特服号“110”，其受警范围仅限于紧急突发案（事）件和为群众救急救难；122 早已于 2000 年并入 110 系统，目前正着力推进 119 并入 110 台工作。2014 年年底，广州将实现 110、119、122 三台合一。这意味着，市民遇到交通事故、火灾时都可拨打 110 报警处理。事实上，包括专业性的 120 服务平台也是可以并入 110 报警平台中来的。

处理上采取“集中接警，分类处警，统一监督管理”的指挥模式。[①] 整合政府应急协调平台，专门处理紧急事件的接警与处警指令。做到方便公众报警，反应快速，处置突发事件的能力强，提高效率和改善服务质量。采取“物理分离，逻辑集中，信息共享”的方式，对现有资源进行整合，使现有资源增值，建成综合性的、一体化的、资源共享的中心，从而形成资源共享、统一指挥的应急网络化系统。

五、完善大都市政府应急管理运行机制

（一）建立完善的社会预警与应急启动机制

社会预警启动机制，是对社会运行状况发生信号，显示社会已经或即将进入发生无序现象的临界状态，以期引起社会管理者和社会公众的注意，及时采取对策，使社会运行状况不再继续恶化的一套制度和方法。[②] 它包括了政府与公众的应急启动机制。对社会公众来说，应当形成自觉的应急启动行为，养成根据紧急状态信号系统对各种危机事件进行准备与防范的意识，如黑色暴雨警报信号一经发布，公民就自觉进行防范；对政府来说，各相关政府部门如三防指挥部、教育机构等则相应启动其应急方案，行使各项应急职能。建立预警机制，首要目标就是要不断地把分散的信息集中到一起，并向相关决策部门提供决策的方案，以应对随时发生的突发公共事件，以提高组织在突发事件发生时的快速反应能力，从而减少危机监测成本和提高危机监测效果。

（二）先进技术设施的配备和物资资源保障机制建设

现代科学技术的发展给政府应对危机带来了许多革命性的变化。作为应对危机的部门，装备先进的技术设施是防止灾害发生和减少灾害损失的重要因素。

① “集中接警”，是指设立接警中心，全市采用统一特服号码，统一接收各种紧急事件信息，为公众提供紧急事件报警服务。“分类处警”，是指按警情性质或类别分别由一个或多个处警中心处警。“统一监督管理”，是指应急中心对接警服务及各二级处警中心的警情处理情况进行全程监督和控制并进行考核。

② 丁水木等：《社会稳定的理论与实践》，浙江人民出版社1997年版，第282—283页。

设立城市安全应急专项经费,做好应急物资的储备、管理、调配。加强对市场物资的流通监管,坚决打击扰乱市场的违法行为。同时,要建立物资准备和调度系统,调动和整合整个社会资源,包括权力资源、人力资源、技术资源等等,发挥不同资源的优势,这是政府应急的基本保障。

(三)建构大都市政府应急管理系统信息化运作机制

现代大都市政府的应急机制必须建立在高科技的基础之上,要实现各政府部门有效协调,需要加强政府应急管理的电子政务建设,形成现代大都市政府应急机制平台,具体包括:

第一,建立紧急管理信息收集与整合电子平台。大都市应当建立起多级网络平台,即用计算机网络技术联系起中心枢纽、各职能部门与横向、纵向的应急管理体系,从而形成即时危机反应的网络系统。各种对应的紧急事务,自动传输到各个相应的部门,各种预案里将自动传输的数据进行分析后,应急部门就可以进行紧急事务的应对。各个专门应急系统依托应急联动平台,运用虚拟子网技术,将地方政府各方面的信息进行整合,将相关部门危机处理的相关职能和信息整合起来,为突发性事件的处理提供及时、有效和准确的信息。这就要建立健全信息的收集、管理和发布系统,加强有害信息的监控和管理,掌握有益信息的发布时机。

第二,形成电子化紧急互动运作的平台。大都市政府信息化业务应用系统能够整合现在政府公共服务的各种危机服务处理机构,成为政府紧急状态下的各种处理预案系统的技术系统。通过信息通讯技术,实现社会的联动平台,能够实现“看得见,听得着,找得到,控制得住”的效果。使大都市政府各个应急管理部门能够有序运作,相互配合,协调运转,高效应对。

第三,形成紧急状态下政府应急流程控制平台。通过全程网络监管和流程控制,采取“网管”机制,信息透明,能对接线员、决策者、执行者在紧急事件响应过程中的行为全程监控,确保职责明晰,监管有力。总的来说,应急电子政务网络信息系统的建设应当遵循“统筹规划,资源共享;条块结合,互动共赢;突出重点,各具特色;平战结合,紧急响应;安全可靠,务求高效”的原则。

（四）加强紧急状态下社会参与机制的建设

在各种突发性公共事件面前，一个社会的组织化程度直接影响到社会应对灾难的总体能力。当社会面临着紧急事务时，必须调动全社会的力量来应对，大都市政府应与社会各阶层、各组织机构和全体社会成员展开全方位的合作，事业单位、厂矿、学校、公司、企业以及其他福利组织和公众个体等都必须承担相应的责任。通过各种方式加大人、财、物资源调集的力度，增强社会力量参与的热情，开展各种保护和拯救生命、财产的措施。建立社会力量参与机制，大都市政府要有开放的视野、开放的思路和开放的措施，应当相信和依靠社会力量，拓宽社会参与渠道，形成全社会处理危机事件协调互动的良好氛围，分担政府危机处理工作的社会职能。政府应当整合应急管理研究和培训系统，建立应急管理人员培训和技术储备系统，调动一切有用的社会力量共同参与危机的处理，依托大中专院校或设置独立的应急管理培训机构，建立分层级的应急管理培训网络，培训应急专业管理人员。同时要加强应急管理理论研究工作，提高综合应急管理理论水平。当危机较大时，政府还应当积极推进国际沟通和协作，主动寻求国际援助，实现国际资源和信息共享。总之，全社会形成一个良好的危机处理关注体制，是社会应对危机的基本要素之一。

（五）完善紧急事务管理的绩效评估机制

绩效管理是对大都市政府行政管理、应急管理、公共服务或计划目标实现的情况通过设定绩效目标和评估指标，并对实现结果进行系统评估的过程①。绩效评估是绩效管理的核心，而绩效衡量中各项指标的构建又是绩效评估的关键。对应急管理机构及其人员的绩效衡量应采用“危机处理效果”指标。应急管理效果是应急管理过程中包括经济、效率和公平指标在内的多种因素综合性、实质性的外化。由于公众关心的是在自己发生紧急事件时能否得到及时有效的紧急援助，并不关心公共组织内部运作的状况及绩效水平，因此，社会效果是衡量危机处理绩效的重要标杆。危机处理效果即公众对政府提供的应急服务的满意程

① 张成福、党秀云：《公共管理学》，中国人民大学出版社 2001 年版，第 271 页。

度,包括满意的广度(即满意率)和满意的深度(即满意度)。从市民的角度来看,要求能够及时通畅报警,而且在报警过程中就得到满意的紧急事件服务,并要求能在报警较短时间内见到执行人员,还要求执行人员能够根据紧急事件处置程序,采取有效措施,将事件有效控制,降低损失,最终收到良好的社会效果,这是外部的绩效评价。对于内部来说,政府应急管理部门还应当建立起有效的绩效评估体系,对政府危机部门及其人员进行有效的激励,从而形成内外满意、积极应对的应急管理环境。

总之,大都市应急管理能力提升是一项浩大的综合系统工程,当前无论是在理论研究还是在实践运作方面,都还有待于进一步深化。尤其在我国现实的社会条件下,提升大都市应急管理能力,对于促进大都市政府治理能力现代化,对于促进社会转型、建设和谐社会,对于转变大都市政府职能、构建服务型政府,都具有非常重要的现实意义。

第八章　治理模式创新:网络化治理模式

如前文所述,本书研究的大都市:一是单独的超大城市,在我国主要是指国家中心城市和副省级城市;二是以一个或几个城市为核心,连接周边多个城市所形成的、具有较强依存度和高度一体化协作关系的大都市区、都市带或都市圈区域。这种研究对象的明确和定位,也是符合从农村到城市、从单核城市到大都市化区域的城市化发展规律的。随着全球化、工业化、城市化和信息化的迅速发展,大都市无论是表现为单独的超大城市,还是表现为由多个城市所构成的大都市圈,都已经成长为我国区域发展中最具有活力和竞争力的经济核心和改革创新示范区。与此同时,区域主义、新区域主义和整体政府理论的兴起,使大都市治理问题成为全球化和区域化发展潮流中的焦点问题。大都市在一个国家或地区经济社会发展中具有举足轻重的地位。

网络化是大都市的明显特征。就一个单独的大城市而言,由不同行政层级、不同部门所构成的大都市政府组织结构,以及由城市政府及各部门与其他社会组织所构成的公共事务治理和公共服务提供的多元主体间的关系,犹如是一张大网,大都市网络中所包含的不同城市政府、不同行政层级、不同部门、不同社会组织,都是这个网络上的节点。就多个城市连接所构成的具有高度一体化协作和相互依存关系的大都市圈而言,其网络特征表现为以城市为节点的复杂连接所形成的有机整体。因此,网络化治理是符合大都市特征的有效治理途径。

大都市的网络特征决定了大都市网络化治理所要解决的问题包括:就单独的一个城市而言,网络化治理就是要解决组成这个城市政府的各部门之间如何形成跨部门协同和网络化、一体化办公环境问题,解决这个城市政府的不同行政层级之间政务畅通问题,解决这个城市政府如何与其他社会组织合作进行公共事务治理与公共服务提供问题(这个方面已经在第四章中进行了详细的论述);就都市圈而言,网络化治理就是要解决都市圈内各个城市之间的一体化问题和相互协作问题,解决区域内公共事务治理、公共服务和公共产品提供的城市政府与其他社会组织的合作关系和体制机制问题。

当前世界各国的大都市治理都存在着不同程度的问题。究其原因,造成这些问题的根源可以归结为传统大都市区治理模式失灵。实践证明,政府主导的集权化大都市治理模式过于强化政府的权力本位主义,无法保障公共资源的有效配置和公共服务的有效供给;市场化主导的分权化大都市治理模式容易导致恶性竞争、资源浪费等问题,未能弥补政府集权化治理中的缺陷。在信息化时代,随着信息技术的发展和普遍应用,网络化治理模式是大都市政府治理模式的新趋势。① 网络化治理模式对政府和市场为主导的大都市治理模式提出了质疑和反思,适应了当代大都市发展的新需求,并为大都市政府治理提供了技术支撑。网络化治理不仅为治理中国大都市发展过程中出现的治理体制问题、政府及其职能部门之间关系问题提供了新视角,而且构建网络化治理模式本身也是当代中国大都市发展的重要内容,具有重要的现实意义和理论研究意义。本章从网络化治理的视角出发,研究信息化时代大都市区域的网络化治理,解析当前大都市治理模式,并提出在中国大都市推行网络化治理模式以实现大都市化区域的一体化。

第一节　网络化大都市的出现与发展

一、网络化大都市的兴起

20 世纪末,随着全球化、信息化和网络化的相互影响、相互作用,网络经济

① 顾丽梅博士在对美国城市政府治理改革中的竞争、合作与未来进行了分析的基础上,提出了网络治理模式是信息社会城市治理模式的典范的观点。参见顾丽梅:《治理与自治:城市政府比较研究》,上海三联书店 2006 年版,第 323—324 页。

(或知识经济)这种新的社会经济范式和社会治理范式逐步形成,并深刻影响着城市化发展和区域空间组织结构模式。一方面,随着中心城市的郊区化,城市规模不断扩大;另一方面,随着城市由中心逐步向边缘扩张,与区域联系日益紧密,城市中心地区与郊区以及周边城市形成一体化的区域空间格局,城市发展逐步进入大都市区化发展阶段。此外,受网络经济体系影响,大都市空间格局逐步呈现出在整个区域空间范围内,不同的城市主体基于交通运输、生产要素流动、信息沟通等网络形式形成网络化和一体化的大都市化区域。世界城市化发展及其治理已经开始进入到网络化治理阶段,呈现出不同形式的城市空间形态,①如图8-1所示。大都市网络化治理就是伴随着新区域主义的兴起、大都市空间结构的网络化和大都市治理主体的多元化、网络化的形成以及信息化发展而逐步形成和发展的。

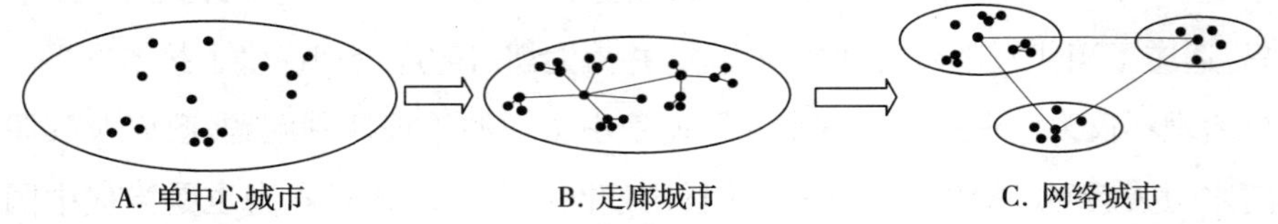

图 8-1 三种不同形式的城市空间形态

(一)新区域主义的兴起

自从20世纪初格迪斯明确提出区域规划概念以来,区域主义已经经历了100多年的发展历程。区域主义主要是指地理上彼此相连的国家或地区之间,通过政府间的合作和组织机制,加强区域内社会和经济发展的互动意识。② 传统区域主义针对城市规模不断扩大过程中出现的政治"碎化"现象提出了大都市政府的治理方式。这种治理模式很快就招致理论和实践的批判而日渐消亡。主张多中心主义的公共选择学派对传统区域主义的批判尤其激烈,成为了区域

① 甄峰、朱传耿、穆安宏:《全球化、信息化背景下的新区域城市现象》,《现代城市研究》2002年第2期。

② 陈瑞莲、孔凯:《中国区域公共管理研究的发展与前瞻》,《学术研究》2009年第5期。

治理的研究主流。20 世纪 90 年代,伴随着技术与组织的急剧演变,信息经济与知识经济的飞速发展,经济全球化的快速推进,在西方主流社会科学界,对区域的研究被重新发现,并被作为众多学科关注的中心议题。这就是"新区域主义"的兴起。它的产生和发展与世界经济发展的网络化环境是相对应的。

从 20 世纪 90 年代在欧美发达国家兴起的新区域主义来看,区域治理应该是通过建立整合的政府或专门的机构,运用和动员社会及非政府组织的力量,在充分尊重并鼓励公众参与下,进行的一种解决区域宏观和微观问题的政治过程。① 此时,国家、地区间的贸易呈现更加完全的多边自由化,而许多经济不发达地区也摒弃传统的反市场做法,日益融入到世界多边贸易体系中去。新区域主义是一个综合、多元的进程,它不再将发展目标狭隘地局限于安全和经济,而是将关注的内容和要求以及实现的目标不断增加,在贸易和经济一体化的基础上实现空间集约、环境可持续发展、社会公正、社会和文化网络交流与平衡等更多可持续发展目标。② 在运作机制上,它强调自上而下和自下而上的结合互动,更多强调非政府组织在区域发展中的重要力量。新区域主义倡导政府与非政府组织以及私营部门之间建立合作、协作、网络和伙伴关系,以有效治理区域性问题。③ 新区域主义的发展改变了传统区域治理结构模式,提倡构建一种多主体参与的"内生性的区域主义"。④

在大都市治理的实践和公共选择学派主张下,主张构建协作关系网络的新区域主义治理模式日益成为当前大都市治理理论研究的新趋势。区域主义治理理论也从传统的区域治理走向多元化、一体化的新区域主义治理,网络化治理也作为一种新的治理模式应运而生。

---

① Norris.D.F.: *Wither Metropolitan Governance.Urban Affairs Review*, 2001, No. 4, pp.532-550.

② 张京祥、殷洁、何建颐:《全球化世纪的城市密集地区发展与规划》,中国建筑工业出版社 2008 年版,第 5 页。

③ 张紧跟:《试论新区域主义视角下的珠江三角洲区域整合》,《公共管治的理论和实践》学术研讨会论文,2007 年。

④ 张振江:《区域主义的新旧辨析》,《暨南学报(哲学社会科学版)》2009 年第 5 期。

(二)信息化为网络化大都市的形成提供了重要的技术支撑

大都市的形成和发展是现代城市化发展的必然结果。随着城市化发展进入到大都市区化的发展阶段,尤其是信息社会的到来,使各种情况发生了根本性的改变。大都市的治理模式必须与之相适应才能顺应时代发展的潮流。目前,中国大都市化区域的管理模式逐步趋向数字化,我国已有38个城市被信息产业部列为城市信息化的建设试点城市,40多个城市启动数字化城市工程,其中,北京、上海、广州、深圳、重庆等大都市提出了数字化城市规划并已经开始投资建设。“十五”期间,我国大都市城市数字化建设投资超过100亿元,“十一五”期间,投资额进一步增加。目前,国内各大型城市纷纷围绕数字化、信息化的城市治理工作,计划建设数字北京、数字上海(上海信息港)、数字广州、数字厦门、智能济南等目标,并积极开展各具特色的实践。信息化技术手段也为大都市治理模式创新提供了重要的技术性基础和保障。

信息技术的运用和推广促进了大都市治理理念的更新。由于信息技术的引入,一些先进的管理理念,如精细管理、敏捷管理、扁平化管理、闭环管理等先进管理理念成为现实。信息技术的运用和推广从行政体制设计、政务流程再造等各个方面促进了大都市治理模式的创新。当前,大都市在管理模式上存在信息获取滞后、管理责任不明确、治理方式粗放落后等诸多现实问题。局部性的管理技术变革不能从根本上解决这些问题。改变传统的治理方式,建立全新的治理模式成为当前大都市治理的必然选择。信息技术的运用和推广为从整体考虑和综合设计提供了物质技术保障,为重新设计组织管理流程、变革体制和机制奠定了重要基础。总之,信息社会的飞速发展和信息技术的不断成熟为大都市治理模式的创新提供了强有力的技术支撑,奠定了重要基础。

(三)大都市城市空间发展模式的转变

随着城市化的快速发展,传统的封闭的空间发展概念和单中心、等级制的城市空间发展模式已远远不能适应当前大都市发展需要。随着城市发展进程中区域公共问题和公共产品和服务供给的相对不足等问题的层出不穷,为适应大都市空间多中心、区域化的发展趋势,新的城市空间发展模式和理念不断出现,并得到了快速发展。大都市城市空间发展模式转变呈现出三个重要发展趋势:从“星状”到“网络化”;从城市蔓延到精明增长、从地方空间到流动空间。

(1)地域空间组织模式从“星状”到“网络化”转变的趋势。星状发展模式主要是在一地域空间范围内围绕不同的“中心地”发展而形成的松散的空间发展模式。随着“中心地”地域空间的不断拓展,星状的空间模式由于现代交通、通信技术等要素的快速沟通而造成区域间界限呈现出不断淡化、模糊。随着经济的快速发展,经济组织日趋网络化带来了地域空间的网络化,多中心、扁平化和网络型的地域空间组织模式应运而生,多中心的城市发展模式和多元的治理主体参与打破了原有的等级体系,使城市地域空间组织层次变得更加扁平,网络化城市空间发展模式的形成和发展打破了严格的等级体系或单纯的线性支配,由各种功能联系密切的有机体和网络联系来维持整个城市体系的稳定与协调发展。①

(2)空间增长方式从城市蔓延到精明增长的趋势。从城市化发展的科学性和可持续性角度来看,传统的依靠城市面积扩张的、外延式“摊大饼”的发展方式难以为继。据统计,美国 1970 至 1990 年的 20 年间,全美最大的 100 个城市的城区面积增幅达 69. 6%,而人口增长仅为 41. 7%,同期人均占用建设用地增速达到 23. 5%。② 城区面积快速蔓延导致土地利用效率低下,无序开发过程中的环境破坏,生活质量下降等问题。时至今日,随着中国城市化的快速发展,城市面积快速外延导致的问题成为城市化进程中的普遍现象。随着经济的高速发展,人口众多与环境资源等相对短缺的矛盾,经济快速增长与生态环境破坏之间的矛盾越来越尖锐,推进“精明”增长的大都市城市空间发展模式也成为大都市发展的必然选择。大都市城市空间的精明增长主要体现为:一是效益的增长,即有效的增长应该是依据经济发展规律、自然生态环境变迁规律以及人民生活水平的提高,城市的发展不仅实现经济的繁荣,还能保护环境和提高公众的生活品

① 胡斌:《长江三角洲区域的城市网络化发展内涵研究》,《中国工业经济》2003 年第 10 期。

② 付海英、朱德举:《我国土地利用总体规划应借鉴美国城市精明增长的理念》,百度文库:http://wenku.baidu.com/view/77191f08581b6bd97f19eaf0.html,2011—08—10。

质;二是选择适宜的增长途径和方式,实现现有城区的再利用——生态环境许可的区域内熟地开发——生态环境许可的其他区域内生地开发的开发路径。精明增长从本质上讲应该是一种高效、集约和紧凑的城市空间发展模式。

(3)城市空间范式从地方空间到流动空间转型的趋势。随现代信息技术和通讯技术在社会经济领域的广泛运用,人类社会进入到了一个被称作"信息化时代"的全新时期。当今世界已经进入到一个快速发展的城市化时期,城市化进程非均匀地集中于一种新的大都市地区进而形成了大都市化区域的新的空间结构形态。与此同时,先进的信息技术、互联网和管理信息系统管理的交通运输体系使空间的集聚与扩散同时成为可能。基于传统经验所感知和具有历史根源的"地方空间"被卡斯特新的空间逻辑定义的"流动空间"所代替。基于信息化时代的网络社会以要素的流动为其主要特征,如人员、资本、信息和技术等生产性要素的流动。在网络化大都市时代,城市发展的主要潜力取决于三个主要方面:第一,能否把所有有形的实体网络与世界各地相互联结;第二,能否通过全球生产网络使人口、知识、资金、货物和服务参与到全球性生产交换之中;第三,能否创新性和适应性地不断发挥网络中固有的协同作用,并起到超前示范导向作用。①

随着新区域主义和信息化的发展,传统的城市空间发展呈现出新的趋势,大都市空间发展模式和理念也出现革新性变化。在空间组织上,传统的、科层制的等级制中心模式向多中心、扁平化和网络化模式转变;在空间范式上,传统的地方空间向基于网络的"流动空间"转变;在空间增长方面,粗放的城市蔓延模式向"精明增长"模式转变。大都市的发展模式进入到了多中心、网络化发展阶段。

二、大都市网络化的内涵和特征

基于城市化发展理论和网络化理论的相关概念,大都市网络化可以概括为

① 李国平、杨军:《网络化大都市——杭州市域空间发展新战略》,中国建筑工业出版社 2009 年版,第 14 页。

在一定空间范围内,以有形和虚拟的组织和管理网络为支撑,具有多中心和多节点的同一个城市内部不同行政层级之间、不同职能部门之间、政府与企业和社会组织之间,以及大都市化区域的不同城市政府之间,形成跨部门、跨组织和跨行政区的一体化功能整合的大都市区网络。各个网络组织节点之间相互依赖、共同发展,平等分享和参与大都市区治理。简单来说,大都市网络化主要是指大都市的空间组织,首先表现为一种跨部门、跨组织、跨行政区的多中心空间体系,这种网络化组织结构呈现出发展的动态性、连接区域内外的多种空间网络等性质。这一概念包括了以下三个方面的特征。

(1)大都市网络化具有跨部门、跨组织和跨行政区的属性。大都市区的这种属性表现为两种形式:一是在一个独立的城市表现为不同行政层级之间、不同职能部门之间、城市政府与企业和其他社会组织之间;二是在大都市化区域表现为在一定的地理空间范围内具有紧密联系的不同城市政府之间的组织结构模式——都市群。因此,大都市网络化主要是指这些不同行政层级之间、不同职能部门之间、不同的社会组织之间、不同地域的城市政府之间、政府与企业和其他社会组织之间形成的基于公共事务治理、公共服务和公共产品提供的空间结构形态,这些不同行政层级、不同职能部门、不同的社会组织、不同地域的城市政府都共同构成这个网络上的节点。

(2)大都市网络化具有多中心和多节点的属性。网络化是大都市发展到特定阶段的产物,这具体表现为在特定的地域范围内,由物质性和非物质性的关联网络为基础,将多个不同性质、地域的组织(政府、企业和社会)建构而成具有整体性和一体化社会经济联系的组织结构形态。这种网络化的大都市结构是由多个中心和网络节点结合而成,这种大都市网络化结构具备更加开放的特征,能够在更大空间范围内与区域网络或全球网络紧密联结,从而构建更大范围内的经济、社会和管理网络。

(3)大都市网络化具有网络化的空间组织结构模式。大都市网络化首先是指大都市区的空间结构和经济联系的网络结构形态。这种网络化结构形态具有多中心的特征。这些不同行政层级、不同职能部门、不同的社会组织、不同地域的城市政府之间不仅具有垂直的科层等级联系，也具有水平的网络联系，这些纵横交错的关联体系形成更加扁平化和高效灵活的组织结构。这些网络节点之间通过合理的职能分工、密切的竞争与合作以及平等的参与和对话共同形成一个功能整合体，从而实现大都市区的整体化和一体化治理。这些网络节点之间能够实现富有弹性的要素、资源和资金的交流，成为各种要素整合进入网络的交换中心。更为重要的是这种网络化的组织结构能够构建协同区域内的政府、企业、公众以及其他社会主体之间的关系，建立区域整体关系网络。如图 8-2、图 8-3 所示。

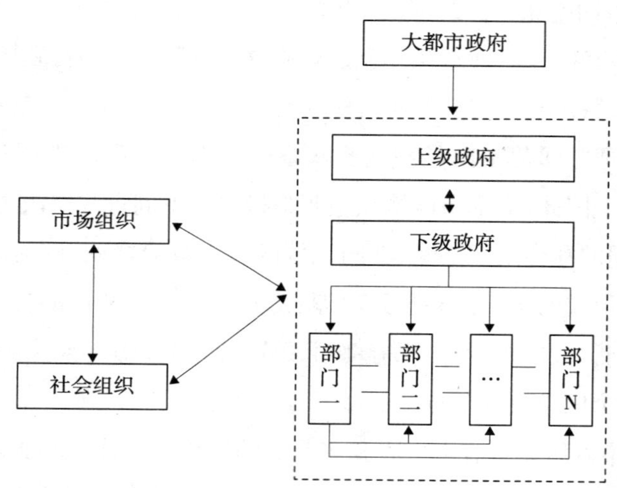

图 8-2　单一城市大都市网络治理治理结构示意图

第二节　大都市网络化治理模式的兴起与形成

一、网络化治理的兴起

网络化治理是一种从 20 世纪 80 年代以来逐步兴起并正在发展中的新兴理论，它的产生和发展是对社会环境变迁的主动回应。伴随着政治、经济和文化全

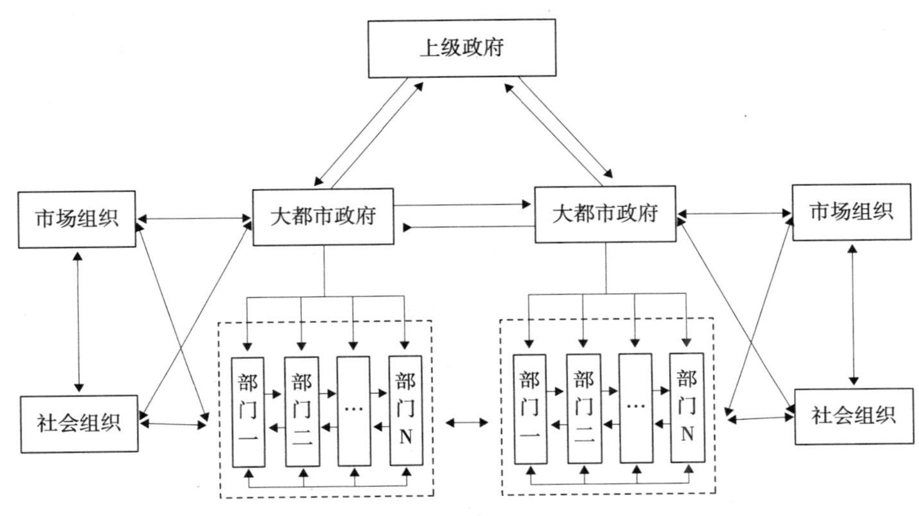

图 8-3　跨行政区大都市网络化治理框架示意图

球化的进程,传统的社会治理模式受到了外部环境强有力的挑战,并使自己陷入严重的被动地步,网络化治理是出于解决这一问题而提出的一种重要理论模式。与此同时,从社会发展及治理实践变革的角度出发,多元化的社会构成要素正在生成、非政府组织在不断兴起并快速发展、多样的社会自组织迅速崛起,网络化治理成为对这一社会现象的深刻反映和主动回应。

(一)治理理论的兴起和发展

治理理论从无到有、从有到优的速度非常之快,正如阿尔坎塔拉所言“直到20世纪80年代末,可以说‘治理’在开发界还是一个不常听到的词。而今天的联合国、多边和双边机构、学术团体以及民间志愿者组织关于开发问题的出版物却很难有不以它作为常用词来使用的”。① 治理理论从20世纪90年代起发展成为社会科学中的一种显学,普遍适用在各种专业领域中。

治理理论的兴起和发展有其深刻的社会背景。一是全球化、一体化浪潮的

① ［法］辛西娅·休伊特·德·阿尔坎塔拉:《“治理”概念的运用与滥用》,载俞可平:《治理与善治》,社会科学文献出版社2000年版,第16页。

推进。20世纪全球化浪潮此起彼伏,经济全球化首当其冲。经济全球化打破了传统的以国家疆域为地理界限的治理模式,由此而产生的跨国性经济组织、社会组织成为新的经济、社会领域中的主体。在经济全球化基础上的政治、社会、文化全球化也日益冲击着原有民族国家的政治结构和社会体系,人类社会一体化成为新的发展趋势。传统主权国家的政治权力结构和运作方式已经远远不能适应全球化、一体化的管理需求。政治权力的运行方式在新的环境下需要做出重大改变。二是公民社会发展的需求。随着市场经济的发展,公民社会日益成为社会权力框架中的一支重要力量。传统社会中政府垄断的公共权力是权力架构中的唯一来源,形成强国家—弱社会的关系模式。随着公民社会的崛起,国家民主化进程日益进步,这对政府的权力形成一种制衡和挑战。权力制衡是民主化的主要表现形式。在民主化权力体系中,国家与社会成为一种权力制衡关系,双方共同参与,良好合作。公民社会在公共治理中成为重要的权力主体,这为治理的产生提供了现实需要和动力。三是现代信息技术的推动。新的信息技术对传统的组织结构、治理体制、权力运作方式、价值观念都带来了巨大的挑战。权力架构逐渐趋向扁平化。统治和管理的价值理念逐渐转向管理和服务的价值追求。四是传统科层制的弊端日益显现。传统的科层制以其规范性和效率追求成为主导。这种组织模式负面影响日益受到重视。"不管是官僚制的繁文缛节和无效率的抱怨,还是官僚形式主义的非人格化扩展所带来的长期社会问题"①都在新的社会背景下成为焦点。治理理论的产生应该说是现实需求的必然回应。作为一种理论工具,它力图构建分权、参与、多中心的公共事务治理模式以促进传统政治和行政体制改革。

随着全球化和区域化的发展,在大都市的公共事务治理过程中,治理理论成为大都市政府主体间回应多中心决策、复杂的利害关系、网络化的管理模式等区域现实的必然选择。

---

① [美]罗伯特·B.登哈特:《公共组织理论》,扶松茂等译,中国人民大学出版社2003年版,第34页。

(二)协作性公共管理的兴起与发展

从20世纪70年代末以来,以英美国家为代表的西方主要发达国家为迎接经济全球化、社会信息化、管理民主化和国际竞争加剧的挑战,摆脱公共财政压力的困境,提高公共行政效率,改善政府与公众之间的信任关系和提高政府的公信力,掀起了一场称为"新公共管理运动"的公共部门改革的浪潮。世界经合组织(OECD)的研究报告指出,经合组织国家的公共部门改革具有一个重要的共同议题,就是"管理主义"(Managerialism)或"新公共管理"(New Public Management,NPM)。在这股改革潮流的推动中,世界各国开始了新一轮的公共管理改革。

协作性公共管理(Collaborative Public Management)成为改革的重要取向,并逐步成为一种新的治理模式。协作性公共管理主要是针对传统的职能分割的组织结构模式所导致的组织间部门林立、职责交叉重复、组织流程破碎、资源共享程度差、整体效能低下等弊端提出来的改革取向。[①] 协作性公共管理强调纵向和横向,特别是横向政府间的决策统一、目标整合、组织整合、文化整合。协作性公共管理并不意味着政府的退却,某种程度上它代表着政府角色的回归。协作性公共管理的核心思想是协作应该是黏合剂,把政府、社会等不同的组织力量整合在一起,发挥他们的整体效能。[②] 协作性公共管理意味着政府的治理模式发生重大改革,它意味着在制定公共政策和提供公共产品和服务的过程中,采用交互的、协作的和一体化的治理方式与技术,促使各种参与公共管理的主体(政府、市场、社会和公民)在公共管理活动中协调一致,有效利用稀缺资源,实现效用的最大化,为社会公众提供整体的、一体化的、无缝隙的公共产品和服务。[③] 它内涵的核心就是主体间的互动协作,这为网络化治理提供了重要的构成要件。

(三)信息化发展和网络社会的崛起

自从计算机技术诞生以来,人类社会在20世纪经历了三个时期的信息技术

① 蔡立辉、龚鸣:《整体政府:分割模式的一场管理革命》,《学术研究》2010年第5期。

② 解亚红:《"协同政府":新公共管理改革的新阶段》,《中国行政管理》2004年第5期。

③ 曾维和:《"整体政府论"——西方政府改革的新趋向》,《国外社会科学》2009年第2期。

发展浪潮,特别是在20世纪90年代发展起来的互联网技术成为人类社会发展历程中的重要里程碑。互联网技术将各自相互独立的电脑处理节点通过各种线路连接而成,从而构成一个相互沟通和协作的电脑信息网络技术系统,网络中的各个节点之间通过线路互相通信,从而将物理空间上处于分散状态的各种信息系统形成一个基于网络的统一的互联共享系统。网络技术创造出了一个特殊的、虚拟的空间——"网络空间"(Cyberspace)。① 基于互联网技术形成的全球性的综合信息网络包含了众多类型各异的参与者——终端用户,如个人、机构团体、政府部门和企业等。

网络技术蕴含着内容丰富、快速传播的特征,已经全面渗透到人类的社会生活,由此,人类正进行着一场迅速而深刻的社会变革,人类社会生活不断趋向计算机化、信息化和网络化,一个崭新的社会组织模式——网络社会在不断形成并快速发展中。网络社会是一个崭新的社会形态,它不是一个独立的实体社会,而是基于互联网技术而形成的一个虚拟社会。这种社会形态除具有新的特性,如信息化、数字化、虚拟化和网络化等,还是一个不受某一集中权力机构管治和条条框框束缚即可运行的社会。②

信息技术和网络技术的快速发展为人类社会生活带来了剧烈的变化,人类社会正在由传统的农业社会和工业社会的社会文明向信息社会的社会文明过渡。信息化社会促进了文化、知识和信息的传播,为社会纵向和横向的沟通和交流提供了充分的技术条件,促进了民主观念、民主意识和民主需求的产生。这也因此打破了传统的管理层垄断信息的局面,以及单一的权力纵向传递方式。因此,传统的科层制固有的或衍生的理性化、在分工基础上建立的部门分割的治理体制受到强有力的挑战,传统的金字塔式的组织管理结构向新的社会组织管理结构形态——网络化的组织管理结构转变。

---

① 刘文富:《网络政治——网络社会与国家治理》,商务印书馆2002年版,第3页。也有学者将之称为"第四空间",参见张之沧"第四世界":《上海交通大学学报》2002年第2期。

② [英]巴雷特:《赛博族状态——因特网的文化、政治和经济》,李新玲译,河北大学出版社1998年版,第7页。

二、传统大都市治理模式的缺陷与效应分析

(一)大都市治理模式的类型

治理范围内的三种主要模式在区域治理的范围内也得到广泛应用。随着区域经济的快速发展,区域主义的研究吸引了学者们的广泛关注。皮埃尔(Pieere)最早对区域治理模式进行研究并作出科学分类,他根据治理进程中参与者、方针、手段和结果的不同,把区域治理模式分为四类:管理模式(Managerial)、社团模式(Corporatist)、支持增长模式(Pro-growth)和福利模式(Welfare)。① 管理模式中的管理主体并非是政治精英,而是指组织生产和公共服务的管理者,它强调按照市场的原则将公共服务的生产者和消费者视为市场参与者。这种模式希望通过市场的专业管理方法增强公共服务的生产和分配效率,让消费者有选择公共产品和公共服务的生产者和供给者的余地。社团模式强调治理范围内代表不同利益集团的治理主体的共同参与。这种模式以利益为导向,通过协调所有相关主体的关系及其利益共同参与公共服务的提供和政策的制定过程。促进增长模式的主要参与主体是私营部门和政府部门的主要代表——商界精英和主要政府官员,他们通过推动经济增长实现双方利益共享,而社会公众很难参与其中。福利模式与前三种治理模式相比显得尤为不同,它强调政府及其官员是治理的唯一参与主体,他们通过财政资金的运用发展地方经济和供给公共服务。这四种区域治理模式的参与主体明显不同,因而导致政府、市场和社会的力量支配程度也完全不同。福利模式中,政府作为唯一的参与主体,在治理中处于完全支配地位;管理模式中市场力量成为主导;社团模式中社会力量相对比较均衡;支持增长模式中公私合作成为主导。

雷·盖勒(Le Gales)根据调控机制的不同将区域治理模式分为三种理想化的规制(Regulation)方式:政府规制、市场规制和合作——互惠规制模式。政府

① Jon Pierre: *Model of Urban Governance: The Institutional Dimension of Urban Politics*. *Urban Affairs Review*, 1999(3), pp.372-396.

规制,或者称为官僚或政治规制,其主要运行方式是支配、控制和制裁的能力,用于处理政府之间的冲突、资源配置、利益集团之间的协调等。这种方式经常适用于一些权力是主导的规模庞大的官僚制组织中,这些权力甚至是一些非正式权力。市场的规制主要是随着资本主义的不断发展,市场成为社会发展进程中的一股重要力量,因此,在组织交换中通过价格调节供需平衡的市场规制方式发挥着越来越重要的作用。合作——互惠的规制模式是在一个群体中各成员之间基于共享的观念、共同的规范和价值以及互相信任基础之上建立的规制模式。① 这三种治理模式中,政府、市场和社会之间的力量呈现出不同的均衡状态。罗德斯(Rhodes)认为治理作为配置和协调资源的方式,除了传统的自上而下的等级科层体制调控以外,还可以通过市场机制和自组织网络得以实现,为此,他把治理模式分为科层模式、市场模式和网络模式。他认为,科层以命令作为根本,市场以交易行为为基础,网络式的治理结构是以网络成员间的信任以及相互沟通协调作为其主要运作机制。因此,网络可以作为科层制与市场制之外的第三种治理结构(Governing structure)。②

对比皮埃尔、盖勒和罗德斯的区域治理模式,三者的分类方式虽有不同,但也有异曲同工之处。这三种分类方式基本都是按照治理主体及其在治理进程中发挥的作用程度差异进行的分类。根据三位学者的研究思路和中国大都市治理发展的实践历程,本文将大都市治理模式分为集权化的科层制模式、分权化的市场模式和组织间的网络模式。从理论上讲,这三种区域治理模式是结合治理的三种模式发展而来,又与区域治理的理论和实践发展趋势相符。

传统区域主义主张建立集权化的科层制模式,政府在区域治理中发挥主导核心作用;公共选择学派主张建立分权化的市场模式,以市场机制解决区域公共问题;新区域主义则主张建立多元主体构成的网络化组织进行区域治理。区域

① Le Gales.Patrick:*Regulations and Governance in European Cities*.*International Journal of Urban and Regional Research*,1998(3),pp.482-506.

② Rhodes.R.A.W.Foreword:*Governance and Networks*.In:Gerry Stoker ed.*The New Management of British Local Governance*,Mac million Press Ltd,1999,p.xvii.

治理模式的分类及其特点,如图 8-4 所示。

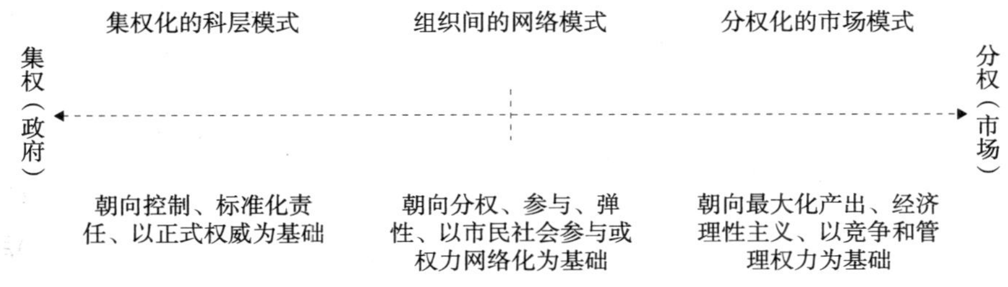

图 8-4　基于调控机制的大都市治理模式①

(二)传统大都市治理模式的效用分析

以政府为主导的集权化大都市治理模式和以市场为主导的分权化大都市治理模式在大都市发展的不同阶段呈现出与自身不同的特点。随着全球化、信息化的发展和大都市规模的日益扩大,这两种传统的大都市治理模式内在的本质特征已不能适应时代大都市发展的实际需要。

1.政府主导的集权化大都市治理模式及效果

以政府为主导的集权化治理模式主要是通过行政区划的方式改变政府间的结构模式,建立统一的具有权威的大都市政府,因此,它具有典型的科层制特征。从组织视角出发,集权化的科层模式是依托组织内部的等级权威通过严格的规章制度对组织成员进行规制。科层制模式以控制、标准化和责任为主要特征。在这一治理模式中,政府通过等级制中的权力体系直接控制政策的制定与执行,所有的构成单位通过纵向垂直层级体系连接起来,具有较强的稳定性,并且“能够用最有效率的方式来控制众人为追求特定的目标而共同进行工作”。② 这种以政府主导的集权化大都市治理模式反映了官僚制的典型特征,以权力垄断者——政府为唯一的治理主体,下级政府和其他主体只是旁观者而非参与者。这种治理模式以“效率为主”的价值追求作为其存在的合法性基础。在政府单

① 洪世键:《大都市区治理:理论演进与运作模式》,东南大学出版社 2009 年版,第 62 页。

② [美]罗伯特·B.登哈特:《公共组织理论》,扶松茂等译,中国人民大学出版社 2003 年版,第 33 页。

一化的治理模式下，上级政府垄断一切公共资源并掌握着资源配置的权力，限制其他主体参与大都市的治理，下级政府仅是被动的执行者而非治理的参与者，这为大都市的发展带来了诸多危害：

第一，强化政府权力本位主义，弱化资源配置效率和服务供给。政府在大都市治理中作为唯一的治理主体，集中体制下的政府在治理过程中垄断了广泛的资源控制权，在资源的配置过程中将按照自己的意愿和判断进行配置，这种配置方式不能反映下级政府、市场和社会公众的需求，导致资源配置的低效和浪费。此外，还容易造成政府在公共产品和服务供给方面的缺位。另外，在政府主导的集权化治理模式框架下，各行动主体表面上都积极地按照大都市政府的统一规划和指挥开展行动，在实际执行过程中却以自身利益为主要考量依据，出现表里不一 现象。表面上积极支持上级的决策，实际中又通过各种策略消极应对上级的决策。这种治理模式限制了各主体间的协作，导致下级行政辖区之间的恶性竞争，影响大都市区的整体的发展。

第二，限制和约束大都市各参与主体的发展。在权力集中的大都市治理模式框架下，政府运用自身的权力单独完成大都市决策、规划和管理等所有工作。作为被领导的各下级政府和部门成为消极被动地执行组织命令和规范的工具，而不是积极主动合作的参与者，这导致处于被领导地位的城市政府在大都市治理过程中的动力不足。另外，处于权力垄断地位的政府在区域治理中起着主导作用，直接生产和提供公共产品和公共服务，这种强势政府在区域范围内包办公共产品和公共服务供给的方式，大大压缩了市场和社会活动的空间，弱化了市场和社会在社会经济发展中的作用。政府的强势地位和作用使得参与治理的下级政府、市场和社会参与治理的机会降低，能力低下。市场和社会的能力不足，将会进一步加剧政府全面掌控公共服务和公共产品的供给，从而形成恶性循环。

第三，导致公共财政支出增加，财政负担过重。政府在大都市的治理过程中作为唯一的治理主体，包办所有领域和公共事务的管理，如在政治、经济和社会领域中的公共服务的供给、基础设施的规划和建设、环境保护和产业经济发展等。政府成为所有公共产品和公共服务的直接提供者，将使政府的规模不断增大,公务人员不断增加,这必将增加公共财政支出,增加公共财政负担。如,原有的道路建设和运营模式都是由公共财政出资,而道路建设资金需求巨大,在财政资源有限的前提下,一方面约束了道路交通基础设施的发展,进而制约大都市区经济的发展;另一方面也增加了财政负担,而用于民生建设的资金匮乏。

2.市场导向的分权化大都市治理模式及效果

以市场为导向的分权化治理模式是基于市场化竞争的多中心治理模式,因此,其具有自由市场经济学上典型的自由竞争特征。在经济学的研究中,自由主义者认为,如果存在一个完全充分竞争的自发调节的市场,就能够使资源得到最有效的配置,并且产生前所未闻的物质财富和个人自由。就实现大都市治理而言,自发形成的并密切联系的经济活动是实现区域一体化的基础。西方的大都市发展是市场经济发展到一定阶段的必然产物,是经济发展的必然结果。市场导向的大都市治理模式认为大都市之间的协作、公共产品和公共服务的供给都应该主要由市场机制来完成。这一模式强调在统一的竞争框架范围内各地方政府之间的竞争,认为各政府主体间的竞争能够带来最大化的产出。它主张以分散的个体政府为主,通过这些个体之间的竞争,更好地满足社会公众的需求。这种治理模式强调各成员在保留自己行政区权力的前提下消除行政区壁垒,形成统一市场和客观的融合。这种治理模式不赞成法律和协定的约束,不需要综合机构的宏观管理,成员之间以松散的形式进行合作。总体来说,这种大都市治理模式反对政府的主导性干预,主张以市场分权为主要的资源配置方式,在自发秩序中实现大都市的治理。相对于集权的科层制模式而言,这一治理模式更加具有弹性和竞争力,各地方管理者也拥有更大的权力自主性和强烈的结果导向性,这为提高区域内资源的使用效率和管理的合理性提供了保障。

第一,市场导向促使竞争主体短期行为严重。自由主义经济认为大都市的发展是经济发展的一个自然和必然结果,这是自由主义经济价值观的产物,也是市场机制优越性的重要体现。大都市的市场导向的分权模式就是对市场机制信仰的结果。在这一模式下,作为理性经济人的各级政府及其职能部门基于增加自身产出和提高效率的压力考量,以效率和产出导向为主要价值取向。各竞争主体主要以 GDP 为导向的“数字经济”为导向，片面追求经济短期效应。造成这种局面的原因是多方面的，其中各级政府及职能部门管理者在“政治锦标赛”①中的竞争是一个比较重要的因素。

第二，市场导向促进恶性竞争，造成资源浪费。市场导向的治理模式鼓励分散的主体之间的竞争，这就造成在大都市范围内各下级政府和职能部门的行动都基于自身的利益和发展出发，造成在公共政策、公共服务、信息资源方面的分散和割裂。此外，市场导向的分权化大都市治理模式中，各城市主体在区域范围中拥有更大的自主行动权，展开激烈的竞争，这种“没有约束”的政府之间和政府职能部门之间的竞争一方面带来的只是一种“效率幻觉”，即仅仅是纯粹的规模增长，而非经济结构的变迁。② 另一方面，无序的竞争导致全面的恶性竞争，下级政府和职能部门开始采取“强政府”的策略，强化对资源的控制和对微观经济过程的干预，如对道路交通等基础设施的建设、产业结构的调整和确立、公共产品的供给、信息资源的私有等经济行为的干涉，造成重复性建设和信息资源的严重割裂等社会资源的巨大浪费。

第三，市场导向加剧区域发展不平衡。自由主义经济学者主张，市场在资源的配置中发挥主导作用，政府需充当规则制定者和监管者的“守夜人”角色，并严格遵循不干涉市场的原则。这在大都市的区域发展中会导致发达地区的资源集聚效应，各种资源会越来越向更为发达的城市和地区集中，而相对落后的城市和地区与发达地方的差距会越来越大，从而造成大都市内部的发展不平衡，进而造成大都市各下级政府之间公共服务严重不均等。

综上所述，当前中国大都市治理进程中存在问题的主要原因是当前大都市治理模式的缺陷。无论是传统的以集权为导向的科层制还是以分权为导向的市场制治理模式都不能适应全球化、信息化和知识化时代大都市发展的需要。大

---

① 有关政治锦标赛的论述，详见周黎安：《转型中的地方政府：官员激励与治理》，格致出版社、上海人民出版社 2008 年版。

② 姚中秋：《没有约束的地方政府竞争》，载姚中秋：《方法论与其制度含义》，浙江大学出版社 2009 年版，第 170 页。

都市治理需要走向新的发展方向——大都市网络化治理模式。

三、网络化治理:大都市治理的必然选择

(一)网络化治理的内涵

"网络化治理"与"网络"一样,首先在经济学中得到应用。众学者对网络化治理的概念有不同的表达方式,如,"网络组织"(Network organization)①、"组织间网络形式"(Networks forms of organization)②、"公司间网络"(Interfirm networks)③、"组织间网络"(Organization networks)④、"柔性专业化"(Flexible Specialization)和"准企业"(Quasi-firms)⑤等。这些概念经常被用来指代具有有机或非正式社会系统特征的组织间协调现象,这与组织间科层制结构和正式契约关系形成鲜明对比。⑥ 网络治理是相对科层治理和市场治理而言的。网络化治理构成了与科层制和市场制不同的经济活动协调方式。对于网络治理的定义,中国的学者也有不同的表述,李维安认为,网络治理是指:正式或非正式的组织和通过经济合约的联结与社会关系的嵌入所构成的以企业间的制度安排为核心的参与者(个人、团体或群体)间的关系安排。他将网络治理定义的范围规定在以企业为核心的参与者之间。⑦

本成果的网络化治理则是扩大到政府与社会的范畴。因此,本章所强调的网络化治理,实则是一种以政府为核心,将公民社会也纳入治理主体范畴,强调

① Miles, R.E., & Snow, C.C.: *Organizations: New concepts for new forms. California Management Review*, 1986(2), pp.62-73.

② Powell, W.W. Neither market nor hierarchy: *Network forms of organization*. In B.Staw & L.L.Cummings(Eds.), Research in organizational behavior. Greenwich, CT: JAI Press, 1990, pp.295-336.

③ Uzzi, B.: *The sources and consequences of embeddedness for the economic performance of organizations: The network effect. American Sociological Review*, 1996(4), pp.674-698.

④ Piore, M.J., & Sabel, C.F.: *The second industrial divide*. Basic Books, 1984.

⑤ Eccles, R.G.: *The quasifirm in the construction industry. Journal of Economic Behavior and Organization*, 1981(2), pp.335-357.

⑥ Candace Jones.: *A General Theory of Network Governance: Exchange Conditions and Social Mechanisms. Academy of Management Review*, 1997(4), pp.911-944.

⑦ 李维安:《网络组织:组织发展新趋势》,经济科学出版社2003年版,第269页。

各类组织间通过合作与协调以实现治理目标的一种多中心的网络化制度安排。网络之间的契约不是社会性的,而是要以法律的形式加以明确。网络关系既存在于组织内,也存在于组织间,因此对网络组织的研究就有三种可能的途径;一是把网络视作内部化的组织模式;二是把网络看作是跨组织的组织模式;三是把网络认同为跨组织和内部化的混合模式。对于第三种途径,其实是包容在前两者之中的。因为对一个具体的组织来讲,组织内部和组织间都可能存在着网络结构,对它的讨论实际上已为前两者所代替。本成果研究所涉及的网络组织研究的途径,就是第三种途径,既包括了政府部门内部的组织模式,又包括了政府部门与其他行为者之间的互动关系。

周志忍教授在《网络化治理:公共部门的新形态》一书序言中提出:"网络化治理"既包含高程度的公私合作,又意味着政府对公私合作网络的管理能力增强。网络化治理之第三方政府高水平的公私合作特征与协同政府充沛的网络能力相结合,然后利用技术将网络连接到一起,并在服务运行方案中给予公民更多的选择权。与之形成对比的是层级制政府(Hierarchical)、协同政府(Joined-up)、第三方政府(Out-sourced)。层级制政府属于传统的政府科层管理形态,行政权力色彩浓厚,主要靠层级制权威进行管理,组织区分缺乏弹性,效率可能较高,但是管理效果不佳。协同政府的网络管理能力较强,因而在跨界管理中具有比较好的管理效果,但是这种合作主要是在政府与政府之间或者政府部门之间,政府与其他部门之间的合作则比较弱。第三方政府意味着政府与私人部门间的公私合作程度较高,但政府对合作网络管理能力较低。而网络政府是第三方政府高水平的公私合作和协同政府网络管理能力的有效结合,因而是实现跨界合作(政府部门间合作、政府与其他部门间合作)的有效组织形式。因此,"网络化治理"是跨界合作的最高境界,①如图 8-5 所示。

根据这一概念可以得知,网络化治理模式的参与者(行动者)更加多元化,

① [美]斯蒂芬·戈德史密斯、威廉·D.埃格斯:《网络化治理:公共部门的新形态》,孙迎春译,北京大学出版社 2008 年版,第 18 页。

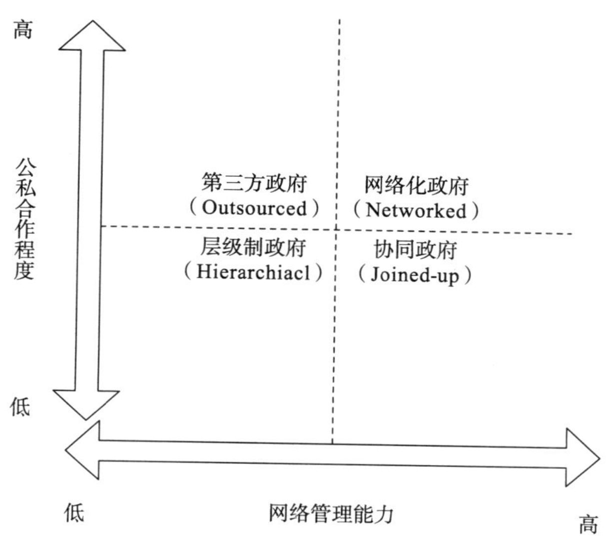

图 8-5　网络化治理模式示意图

应该包括:政府(包括上下级政府、同级政府之间、政府与部门之间以及政府部门之间)、市场(企业)和社会(非政府组织、市民社会)。网络化治理不仅是对传统层级制政府的一种挑战,还是对新公共管理运动以来政府内部整合的协同政府、公民社会发展中的第三方政府和政府与市场关系中的公私合作的一种高度整合。因此,网络化治理是对当前公共管理领域中的政府、市场与社会关系的高度综合和概括,涵盖范围更广、层次更高。

(二)网络化治理的本质特征

网络化治理是治理理论的一个重要组成部分。治理本身就蕴涵着网络的基因。Kettle 认为"治理就是政府与社会力量通过面对面的合作方式组成的网状管理系统"①,瓦尔特强调了治理的本质特征,"作为治理的公共管理,遇到的主要挑战就是处理网络状,即相互依存的环境。公共管理因而是一种网络

① D.Kettle.Power:*Public Government and Private Markets*.Brook-Ings Institution,1993,p.22.

管理。”①

网络治理在公共治理中扮演着非常重要的角色，不仅如此，这种作用在不久的将来还会逐步增强。网络治理不断被看作是处理横向问题的有效方法，并且还可以通过密切政府与公众之间的关系增强民主合法性。② 因此，在职能部门之间形成协作性网络的协作型政府中、在不同层级治理中，政府部门之间的协作关系、网络政策互动关系和公私合作关系网络都迅速增加。网络治理中的网络包括很多类型：正式、自发的和非正式、自觉的；开放包容和封闭排外的；有综合社会目标追求和解决具体问题的；知识共享、议程设定、政策制定的和政策执行的。③ 根据网络的不同类型和表现，可以将其概括为具有独立自主地位但互相依存的行动者在一个正式的、规范的、可认知的和自我约束的框架中通过沟通协商实现公共治理目标的过程。④ 由此，网络化治理提出在彼此互相关联的政府、市场和社会组织等行动者之间存在着制度性的协商互动关系，他们通过聚集各自的资源和协调各自的行动，追求共同理解和更加有益于整体利益的共享目标。

在网络化治理的模式下，政府的重要性不言而喻，人们关注的焦点转向政府治理的途径，究竟采用哪种或者哪几种途径相互协作以达到治理的最终目标。网络化治理更多承认政府的法治、效率和责任，认为传统的政府职能作用远远不能满足网络化背景下公共行政的需求，政府更多的是服务而非划桨。网络化治理的焦点是强调多元公共行动主体通过制度化的信任合作机制，相互沟通协商，调试目标，解决冲突，实现共同的利益。各个行动主体的选择会对其他的参与主

---

① Dr Walter J.M.Kickert，Erik-Hans Klijin，Dr Joop F.M.Koppenjan.：*Managing Complex Networks：Strategies for the Public Secter*.Sage Publications Ltd，1997，p.3.

② European Commission，European Governance：*A White Paper*，COM（2001），2001；European Commission，Networking People for Good Governance in Europe，Brussels，2002；European Commission，General Principles and Minimum Standards for Consultation of Interested Parties，COM（2002），2002.

③ Kickert，W.J.M.，Klijn，E.H.and Koppenjan，J.F.M.：*Managing Complex Networks：Strategies for the Public Sector*. SAGE，1997；Marsh，D.，Rhodes，R.A.W.：*Policy Networks in British Government*.Oxford University Press，1992.

④ Torfing，J.：*Governance Network Theory：Towards a Second Generation.European Political Science*，2005（3），pp.305-315.

体产生根本性的影响。

网络化治理是政府治理模式从传统统治向多元化治理演进过程中的一种新趋势，它通过集体行动者彼此间沟通和协作，分享公共治理和提供公共服务。这种新的治理结构蕴涵着特有的本质特征以区别于科层制和市场制。应该说，信任与合作是网络化治理的关键因素。① 在各个部门的协作中，信任的存在、对协作成功的义务和建立共识的能力是协作性公共管理成功的基本前提。② 信任的存在使网络治理需要跨越多个性质不同的组织界限，在更大范围内协调组织资源和信息沟通，而组织间契约的签订并不能保证组织自觉履行合约和有效消除合作风险。网络治理就是要在网络体系范围内的各参与主体间建立一种基于信任治理机制的自动履约机制。③ 这种在多元主体间建立的信任关系将会降低环境和系统的复杂性，降低组织间的交易成本，减少机会主义行为的发生。信任贯穿于治理全过程，有利于增强网络主体间的向心力，是网络化治理的逻辑基础。

网络化治理的本质和核心特征决定了这一理论模式具有较强的活力和适用性。在网络化的框架内，各网络参与主体由于自身力量的有限性，不能保证自己能够实现公共政策的成果，必须通力合作、共同行动才能实现公共利益。因此，在网络化治理模式中，合作的倾向代替竞争，但这并不意味着取消竞争。政府作为传统的行政权力的垄断者直接提供服务的作用逐渐削弱，其更重要的职能作用是推动公共价值的推广。各主体之间相互依赖，真诚合作，实现共同的奋斗目标。网络管理的任务在于协调观念、行动参与者和制度及其相互间的互动关系。

同时，网络治理作为一种理论模式在实践中遇到治理困境。首先，网络治理需要的成本较高。一方面，由于网络治理中各方主体需要共同协商决定网络目标，单方不能作出及时变化，行动者必须共同行动才能得到合作者的认可，因此

---

① 夏金华：《"网络化治理"——政府回应力建设的新视阈》，《行政与法》2009 年第 6 期，第 17 页。

② Kamensky, John, Burlin, Thomas J, Abramson Mark A: *Networks and Partnerships: Collaborating to Achieve Results No One Can Achieve Alone*. In Collaboration: *Using Networks and Partnerships. Kanham*, Rowman & Littlefield Publishers, 2004, p.12.

③ 郝臣：《信任、契约与网络组织治理机制》，《天津社会科学》2005 年第 5 期。

需要花费更多时间；另一方面，网络面临的环境更为复杂，在达成网络目标过程中开展协调行为的复杂性将导致高额的协调成本。① 其次，网络关系存在不稳定性因素。网络是在高度复杂和动荡的环境中运行，其面对的环境比正常组织要更加脆弱。网络运行的基础是信任，但是网络中的依赖关系并非完全平衡，即使合作主体拥有共同的终极目标，他们之间也很难通力合作，因为，各方对最终目标的理解、需求程度完全不同，成本、责任分担也不同，因此合作和行为的积极性也呈现出“同床异梦”的现象，组织行为学上称之为“有组织的无序”现象。这也是网络不稳定的根本性原因所在。再次，网络也很可能失败。网络是作为市场和科层失灵的可供选择的替代性治理机制，但是网络面临的障碍众多，并且有很多是不可克服的，因此网络治理也经常不能实现其预期目标。②

（三）大都市网络化治理的内涵

根据以上对网络化治理理论的分析，可以发现，当前对网络化治理可以从地域空间和多元主体治理两个层次出发进行理解和运用。本成果主要是从大都市地域空间范围内的多元主体层次出发运用“网络化治理”这一概念。本成果所讨论的网络化治理就是指在大都市化区域发展过程中，一个城市政府的各行政层级和各职能部门、大都市圈内的各城市，以及政府与其他非政府的社会组织在一定空间范围内基于相互之间的协作关系而形成的互动关系网络的治理，同时也包括大都市区治理中公共选择学派所指的包括政府、社会和市场等多元化主体的治理。这一概念中的网络化治理包含了三个方面的内容：第一，网络是由大都市区范围内多个行动主体构成，每个行动者都有自己的目标，且在地位上是平等的；第二，网络之所以存在是因为行动主体之间鉴于整体利益而相互依赖；第三，网络行动者采取互相协作的策略来实现网络的和自己的目标。因此，本章的网络化治理是指，大都市区范围内的多元主体之间基于互相平等、相互依赖和相

① Williamson, O.E.: *Comparative Economic Organization: the Analysis of Discrete Structural Alternatives. Administrative Science Quarterly*, 1991(2), pp.269–296.

② Ring, P.S.and Van de Ven, A.H.: *Developmental processes of cooperative interorganizational relationships. Academy of Management Review*, 1994(1), pp.90–118.

互协作关系而形成的多维度的合作网络组织模式。

根据网络化治理的定义和本成果的研究主题,可以把大都市网络化治理的概念界定为,大都市区域范围内各治理主体围绕整体目标,建立以互动整合、协调信任和适应维护机制为核心的协作关系网络组织结构,推动大都市区域公共产品和公共服务供给的有效治理模式。因此,大都市网络化治理可以从两个方面进行理解:第一,大都市区范围内政府间形成跨部门、跨边界、全方位、多层次的综合网络化组织结构模式,这是大都市网络化治理的形式性要素;第二,在网络化组织结构框架下,大都市区治理主体之间通过互动整合、协调信任和适应维护机制,建立稳定的目标一致、信任互惠、利益共享和稳定的互动协作关系,这是大都市网络化治理的本质性要素。大都市网络化组织结构形式和治理的本质内容之间的有机结合共同构成了完整的大都市网络化治理内涵。因此说,大都市网络化治理既是对传统的大都市范围内以行政部门和行政区划为边界的"部门行政"和"行政区行政"的"星状"发展模式的突破,也是对传统的科层制和市场制治理模式的突破。

(四)大都市网络化治理模式的必然选择

1.网络治理模式的竞争优势

20 世纪 90 年代前后,政策网络理论的研究出现了新的变化,它与治理理论的结合产生了新的治理流派——政策网络治理。① 作为公共治理的一种新框架和新模式,政策网络治理认为科层、市场与网络都可以看成是一种协调模式,网络显示出科层与市场的特征,但网络形成了不同于市场治理和科层治理的新模式,网络本身具有的特性使其成为科层和市场之外的一种新的选择。正如鲍威尔所言,网络时代已经来临,科层制和市场制正在被网络机制所取代。② 网络成

---

① 李卓青:《政策网络治理:理论、模式和策略》,《湘潭大学学报(哲学社会科学版)》2008 年第 2 期。

② Powell.W.W.Neither market nor hierarchy:*Network forms of organization*.In B.Staw & L.L.Cummings(Eds.),*Research in organizational behavior*.Greenwich,CT:JAI Press,1990,pp.295-336.Marshall Van Alstyne.*The State of Network Organization:A Survey in Threen Frameworks*. 来源:http://ccs.mit.edu/papers/CCSWP192/CCSWP192.html,2011—01—21.

为科层与市场之间的一种中间体和综合体。市场、科层和网络成为一种相互修补和增强的关系，也成为治理范围中的三种主要模式，如表 8-1 所示。

表 8-1　科层模式、市场模式与网络模式的综合比较分析

	科层模式	市场模式	网络模式
目的	中央执行者的利益优先	提供交易场所	合作者的利益优先
垂直一体化	高、生产投入所有权高度集中化	低	可变(静态网络中等，动态网络较低)，所有权单元分散化
信用	低	低	中等偏高
冲突解决	详尽的合约、行政命令	市场规范、法庭、法律体系	关系的、周期性的合约，共同协商，互让互惠
边界	固定、刚性、内或外强，典型的静态连接或联合	离散的，完全细微的，远距离、近距离、一次性连接或联合	柔性，可渗透，相对，潜在连接；
联系	不间断；通过渠道(垂直)；一点到多点或多点到一点	短期存在；直接；多点到多点	当需要时；直接；多点到多点
任务基础	功能导向	一致性(一个当事人从开始到结束)	项目导向
激励	低；预先确定过程步骤和产出，主要取决于固定工资	高度强调销售额或市场	较高，业绩导向；利益来自于多重交易
决策轨迹	自上而下，远距离	即时，完全自主	共同参与或协商，接近行动地点
信息收集	静态环境中的较低搜索度；通过专业化机构	通过价格传递信息；价格向量极其重要，需要寻求价格	分布式信息收集；中等搜索度
控制/权威/影响模式	地位或规则为基础；命令/服从关系	通过价格机制形成共识	专业技能或声誉基础，重说服；通过形成连接影响控制
资源配置方式	行政协调	价格机制	信任、承诺、协调
市场交易成本	低	高	中
科层制管理成本	高	低	中

续表

	科层模式	市场模式	网络模式
合作稳定性	强	弱	较强
交易频率	重复性交易	一次性交易	重复性交易
市场形态	内部市场 要素市场	外部市场 产品市场	有组织结构的市场 中间产品市场
资源配置效率	较高	低	高

资料来源:李维安:《网络组织:组织发展新趋势》,经济科学出版社 2003 年版,第 45—46 页。

网络化治理之所以受到众多学者的推崇,是由于这一理论模式与传统的科层制与市场制相比具有一定的竞争优势。有学者认为,网络之所以受到欢迎是由于一方面网络的构建者可以通过网络分散自己的运作成本和较大的资本支出,在网络参与主体间取长补短;另一方面,网络的优势就是运作非常灵活,与一个整合的组织相比,网络可以充分发挥各参与主体自身的创造性解决网络关系中遇到的问题,而一个整合的组织必须依靠自己的力量解决自身遇到的问题。[①]此外网络与市场和科层不同之处还在于网络是参与者之间相互选择的多边关系,在多元主体构建的网络中包含着相互信任和具有长期远景的合作以及得到遵守的行为规范,因此,网络可以保证合作各方的可靠性。长期的合作和互动关系确立了网络主体间的信任关系,这可以有效降低组织间交易费用。建立在无信任基础上的交易,交易的产生、保障和执行成本高昂,而关系网络的建立可以保障组织内部和组织之间的信任机制的确立。当然,信任并不是简单的基于合同契约就可以建立起来的,它是需要经过长期的相互联系、沟通和互动而形成的一种比较稳定的合作结构形态。这种基于信任的网络关系可以有效减少组织间的机会主义行为,降低交易费用,扩展信息搜索的渠道和分担创新的风险。网络治理相比市场制节约交易成本,相比科层制节约行政成本,因此网络化治理代表

① ［美］菲利普·库珀:《合同制治理——公共管理者面临的挑战与机遇》,竺乾威等译,复旦大学出版社 2007 年版,第 127 页。

了未来的发展方向。①

2.大都市网络治理模式的必然选择

根据罗德斯的治理模式分类方法，区域治理模式根据调控机制的不同可以分为集权化的科层模式、分权化的市场模式和基于信任、参与和互相协作的组织间网络治理模式。根据上文的分析，无论是以集权为主导的科层模式还是以分权为主导的市场模式都呈现出自身内在的缺陷，不能满足大都市治理的实践需要。因而，新的治理模式成为中国大都市治理的迫切需要。介于科层和市场模式之间的网络化治理模式成为一种新的选择。

大都市网络化治理模式是在大都市范围内各城市政府基于互相平等、互相依赖、互相沟通、互相信任和相互协作关系而形成的大都市空间范围内跨行政区的合作网络组织模式，并以大都市整体利益为目标，共同开展行动为大都市提供公共产品和公共服务的治理模式。大都市网络化治理模式，首先需要形成具有统一的、整合的网络目标为基础的跨部门和跨界的网络组织框架。

大都市网络化组织结构模式是一个由活性结点（大都市范围内各级政府及其职能部门）之间的立体联结方式与信息沟通方式构成的具有空间网络结构的整体组织系统。每个连接点的活性和能力是整个网络组织结构的必要特征。大都市网络组织在网络组织运行期间，通过信息沟通和共享、利益协调和补偿促使网络目标的实现。这一网络组织结构模式不仅追求有形资源的整合，还更加专注于网络组织整体核心能力的构造和培养，以推动网络组织的整体进程和目标实现。可以说，大都市网络化组织结构模式是一个超越传统以刚性行政区划为边界的超组织模式。它并非是一个独立的法人实体，而是为了特定的目标或项目，大都市各城市政府自愿形成的超越个体（连接点）的组织机构形式。网络组织结构模式中的连接点会随着网络任务的变化、目标的实现程度而增减或调整。此外，大都市网络化组织的边界超越了个体城市政府管辖的行政辖区范围，具有

① Miles.R.E.& Snow.C.C.Organizations：*New Concepts for New Forms.California Management Review*，1986(2)，pp.62-73.

较强的渗透性和模糊性。每个连接点的权力实施也将受大都市网络组织的约束和限制。

大都市网络组织结构模式是开展大都市网络治理的组织需求,但这一框架仅仅是大都市网络化治理的外在组织形式。网络组织内涵的动态性、自组织性、自学习性、自适应性、协作性、创造性和复杂性特征决定了其与科层和市场相比的竞争优势。因此,大都市网络化治理内在的本质特征才是决定其成为大都市治理必然选择的充分条件。

(五)大都市网络化治理的核心机制

根据拉尔森(Larrson)、阿尔斯泰恩(Alstyne)、李维安和喻卫斌①等国内外诸多学者有关网络化治理的研究内容,论文认为大都市网络化组织结构体系必须具备互动整合、协调信任和适应维护三个本质特征才能构成具有实质意义上的网络化治理模式。

1.大都市网络化治理的互动和整合机制

"互动"是网络化治理的内生机理,整合是实现网络目标的重要途径。② 在大都市网络化关系体系中,各网络参与主体都是治理主体的有机组成部分,互动协作机制成为将大都市网络框架下多元治理主体耦合进治理进程和充分发挥行动主体集体力量的前提。互动机制作用的过程是不同的政府及其职能部门通过直接或间接的网络纽带与其他主体沟通、协商达成网络目标的过程。通过互动机制的运用,不同的治理主体间开展知识学习和交流,进行资源交换和共享,促进互相了解,可以在公平的规则下增强信任程度。互动是实现整合的重要途径。整合机制是大都市网络化治理的重要特征。网络化治理的作用过程就是在复

---

① Richard Larsson:*The Handshake Between Invisible and Visible Hands:Toward a Tripolar Institutional Framework.International Studies of Management & Organization*. 1993(1),pp.87-106.Marshall Van Alstyne.*The State of Network Organization:A Survey in Threen Frameworks*.来源:http://ccs.mit.edu/papers/CCSWP192/CCSWP192.html,2011—01—21.李维安:《网络组织:组织发展新趋势》,经济科学出版社2003年版;喻卫斌:《不确定性和网络组织研究》,中国社会科学出版社2007年版。

② 刘伟、杨益哲:《网络治理:网络社会视阈下治理范式跃迁的新愿景》,《晋阳学刊》2008年第4期。

杂、多变和动态性的社会背景下形成有序治理格局。为此,达成网络目标,需要网络成员充分发挥自主作用,实现在资源整合和权力整合基础上的组织整合和目标整合,形成大都市多元治理主体间的协作共治格局。因此,大都市多元化治理主体间动态的、柔性化的网络治理体系必将是一个基于互动和整合机制而形成的治理结构模式。

2.大都市网络化治理的协调与信任机制

互动和整合是形成大都市网络化治理框架下有序治理格局的重要手段;协调是维持互动和整合的重要保障;信任是互动和整合的催化剂。因此,从本质上讲,网络关系并不是一种自发的关系,而是建立在有意识的协调基础之上的。如果没有协调这个基础,网络就很难形成或者会被解体。要保障网络的有效有序运行,外来的强制干预和控制是无益的。为了避免在网络组织自发演进中的由于节点机会主义倾向和网络组织机制漏洞等内外部因素带来的问题,必要的协调机制是不可缺少的。[①] 协调机制是保障网络组织运行环境良好以及部分无益冲突解决的重要基础。大都市网络化治理是在大都市网络成员之间通过互相沟通、协调,充分发挥各行动主体的核心优势,相互之间经过主动优化、选择搭配形成互动协作、优势互补、利益共享的有机网络组织体系,从而实现组织之间的整体协作效能。与科层和市场相比,信任是网络的基本调控机制。如图 8-6 所示。网络是由信任关系所支撑的自组织结构体系,合作伙伴之间的信任是维系网络关系的基础和产生互动的条件,缺乏信任不仅会导致合作关系的失败,而且还可能出现负协同。[②] 信任网络是由网状的人际联系构成的,这种基于人际联系构成的强大纽带是网络化治理的重要保障。

因此,信任成为大都市网络化治理模式的基础和关键性组织原则。信任机制的运行使大都市网络化组织结构模式中的各个连接点之间建立起互相信任关系,这种信任关系同时也成为网络组织中的一项重要战略资源。信任能够促进

① 李维安:《网络组织:组织发展新趋势》,经济科学出版社 2003 年版,第 66 页。

② 孙国强:《网络组织治理机制论》,中国科学技术出版社 2005 年版,第 145 页。

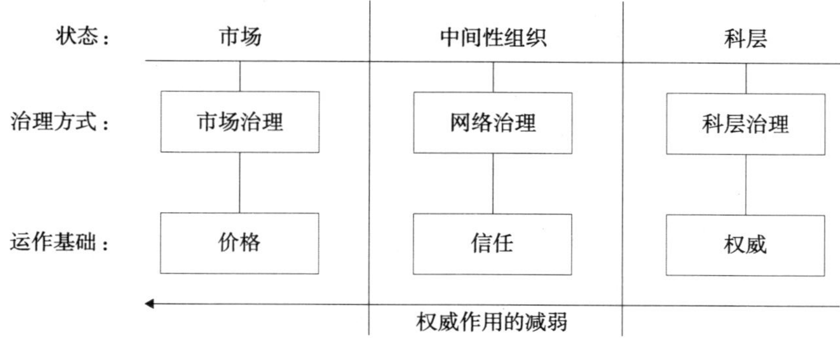

图 8-6　三分法与组织的演化①

行动主体之间的分工协作,有效减少合作成本。随着大都市行动主体间合作时间的增长,网络治理中的信任程度会呈现上升态势,从而形成良性循环。

3.大都市网络化治理的适应和维护机制

适应机制是大都市网络组织为适应治理环境而进行的调适与权变。由于大都市治理面临的外部环境具有较强的变化性、复杂性和不确定性,以及随着大都市范围内公共事务合作项目的不断开展,各网络成员之间的组织边界互相渗透而变得逐渐模糊,所以,大都市的网络治理必将是一个持续互动的渐渐调适过程。大都市网络治理必将随着外部治理环境的变化而具有持续的权变特征。因此,适应性成为大都市网络治理存在的前提。这需要每个网络成员(连接点)之间具备相互协作的能力和动机,突破既有的体制和地域界限,实现信息和资源共享,从而达到网络组织内部各成员优势的互补。在基于互动协作的大都市网络治理进程中,网络成员需要根据网络目标和任务的实现情况,在信息反馈的基础上实时调整协作的范围、内容甚至计划,以便有效地实现网络目标和任务。大都市多元参与主体间关系网络的稳定性则成为实现网络目标和任务的关键性要素。

因此,承担确保大都市网络治理进程中各城市政府之间互动协作关系具备

① 任志安:《网络治理理论汲取新进展:一个演化的观点》,《中大管理研究》2008 年第 3 期。

足够稳定性,以免网络关系陷入混乱的维护机制的运行成为网络治理的一项重要内容。大都市网络治理中的维护机制不仅促进网络成员间信息传播速度的加快,降低信息不对称性,还可以增强大都市网络成员间的信任程度,减少相互协作中的机会主义和道德风险。适应和维护机制也是大都市网络化治理模式本质特征的重要构成要素。

此外,大都市网络化治理模式中,成员间的联系方式发生了重大转变。网络中的联系不像科层组织中的通过垂直渠道、逐级实行一对多或多对一的联系方式,它打破了科层制中自上而下的线型联系,形成根据需要呈自主、协作和发散的多对多网状联系方式。中国大都市要实现有效的治理,必须建立具有这些核心特征的网络化治理模式。这也正是大都市区治理努力实现的重要治理模式选择。

第三节　大都市网络化治理模式的推行

一、大都市网络化治理推行的 SWOT 分析

大都市在发展的进程中已经初步形成了网络化的空间结构状态,并在发展进程中逐步由分散发展转向互动合作的治理模式,这为推进大都市网络化治理模式提供了重要的基础。但大都市网络化治理模式的推进需要成熟的市场经济、完备的法律制度、自由的政治民主等外在条件做充分保障。因此,要推进大都市网络化治理模式,就必须对大都市推行的内在资源和外在环境做出全面分析。文章结合 SWOT 分析理论对这一问题进行综合分析。

SWOT 战略分析又称 SWOT 态势分析,这种方法可以对研究对象及其所处情境进行全面、系统、综合、准确的分析,有助于制定应对策略和发展计划。① 因

① Stephen P.Robbbins.,Mary Coulter:*Management*(Seventh Edition).Tsinghua University Press,2001,p.198.

此,对我国推进网络化治理模式的 SWOT 分析的主要内容包括:中国推进网络化治理的优势(Strengths)、劣势(Weakness)、外部发展环境提供的机会(Opportunities)和威胁(Threats)。

(一)推进大都市网络化治理模式的优势

网络化治理组织结构体系的存在是大都市区网络化模式形成和作用发挥的基础和前提。当前,大都市在推进进程中初步形成政府之间基于互动合作关系的组织结构框架。其具体表现为一些大都市已经初步形成了跨边界和跨部门的政府间合作关系,并在此基础上形成了政府、企业与社会等多元主体参与的网络组织结构。例如,广东省政府在推进珠三角一体化进程中,设立的珠三角规划纲要实施领导小组以及五个一体化规划专项小组,并以其统筹的包括省行政部门、九市政府及职能部门在内组成基于相互合作的综合性组织结构体系。这为大都市推进网络化治理模式提供了基础性前提。

其次,在大都市进程中推进网络化治理模式具有良好的基础和条件:

第一,大都市区改革创新意识较强。我国的大都市区,无论是长三角、还是珠三角和京津冀等三大都市圈中的龙头,如北京、上海、广州、深圳、天津等大都市区,都是我国社会经济发展的改革创新之地。珠三角是我国改革开放和经济发展的先发区域,无论是在经济领域还是公共管理领域都具有较强的创新意识和行动。作为中国改革开放的前沿阵地和先行先试的试验田,珠三角在经济体制和治理体制上不断创新。经济体制上,在中央政府的支持下,率先成立深圳、珠海经济特区,其后广州又成为对外开放城市。在经济特区成立之初就进行了以市场改革为取向的改革,以建立市场经济体制为目标。深圳和顺德率先在全国建立了市场经济体制的基本框架。在经济体制的改革过程中,政治和行政体制改革也在不断创新。无论是行政区划的调整还是干部人事制度改革的创新都走在前列。深圳作为改革开放的试验田,在行政体制改革方面始终走在前列,从 1981 年开始就与经济体制改革同步进行。近些年来在公务员制度、行政审批制度、行政三分、大部制等行政体制方面都进行了大胆创新,特别是 2001 年“行政三分”制的提出更是引起广大学者的高度关注和剧烈争论。[①] 这种改革创新意识为大都市进程中建立新的网络化治理模式提供了重要的基础。

第二,大都市区经济发展水平和市场化程度高。以上海为首的长三角和以广州、深圳为双核心的珠三角率先在全国建立了市场经济体制框架,经过了三十多年的发展,市场化发展程度较高,市场化是一系列社会、经济、法律和政治体制的变革,市场化程度是对判断市场经济发展成熟与否的主要标志。[②] 随着市场经济的飞速发展,市场化程度也不断提高。根据樊纲、王小鲁等学者的研究,以北京、天津、上海和广州为中心的大都市区在 2007 年的市场化指数分别为 9.55,9.76、11.71 和 11.04,远高于全国平均水平的 7.50。[③] 良好的经济发展水平和完善的市场经济体制为推进大都市网络化治理模式提供了重要支撑。

第三,良好的信息化发展基础。信息化是成功实现大都市网络化治理的前提和基础。因此,没有先进的信息化做保障,就无法建立网络化治理模式。中国大都市区的信息化发展良好,基础比较扎实。据中国互联网络信息中心的报告统计,北京、上海、广东、浙江、天津等省市的互联网普及率分别为 69.4%、64.5%、55.3%、53.8%和 52.7%,远远高于全国平均水平 35.7%。[④] 另一方面,根据 2010 年中国政府网站绩效评估结果显示,2010 年省级政府网站绩效排名前 10 名依次为:北京市、广东省、上海市、陕西省、四川省、福建省、湖南省、浙江省、海南省、江苏省;2010 年副省级城市政府网站绩效排名前 10 名依次为:深圳市、青岛市、广州市、成都市、济南市、武汉市、厦门市、西安市、大连市、杭州市;2010 年省会城市政府网站绩效排名前 10 名依次为:广州市、成都市、济南市、武

---

① 傅小随:《"'行政三分'走向三权分立"说是个理论的错误链接》,《特区实践与理论》2008 年第 2 期;文芳:《论行政"决策、执行、监督"三分——深圳"行政三分制"改革的局限性及其对策》,《云南行政学院学报》2005 年第 1 期;吕俊杰:《行政三分的演变逻辑、研究进展和结构模式研究》,《甘肃行政学院学报》2010 年第 3 期。

② 樊纲、张泓骏:《长江三角洲与珠江三角洲经济发展与体制改革的比较研究》,《学术研究》2005 年第 4 期。

③ 樊纲、王小鲁:《中国市场化指数——各省区市场化相对进程 2006 年度报告》,中国经济改革研究基金会国民经济研究所:www.neri.org.cn,2011—01—30。

④ 中国互联网络信息中心:《中国互联网络发展状况统计报告》,2011 年 1 月。

汉市、西安市、杭州市、长沙市、哈尔滨市、合肥市、南昌市。① 由此可见,我国大都市区在信息化发展程度上比较高,良好的信息化基础为推进大都市网络化治理模式提供了重要的信息保障。

(二)推进大都市网络化模式的劣势

大都市虽然拥有诸多推进网络化治理模式的竞争优势,但是潜在的不足将严重阻碍这一理论模式的推进。首先,在大都市治理进程中,多元化的治理主体构成中力量严重不均衡,特别是社会组织力量比较薄弱,影响较小,这与西方国家大都市区规划和治理中非营利性组织的巨大作用形成鲜明对比。社会组织力量的薄弱是我国社会经济发展进程中的一个普遍现象。随着改革开放和市场化进程的不断发展,社会组织在社会经济建设中的作用日趋重要,但社会组织总体实力不强,发展速度比较缓慢成为制约中国社会整体发展的重要因素。从我国社会组织的绝对数量和组织规模来看,我国的社会组织先天发育不良,在国民经济比重上与国际上发达国家相比,严重不足。② 随着大都市的发展,我国的社会组织得到不断的发展,但由于传统的治理体制的束缚和经济资源方面的限制,发展速度还受到多种因素的制约,社会力量的薄弱将导致大都市区治理的网络构成不完善,也将影响大都市区网络化治理模式作用的发挥。此外,我国的大都市区的治理过程中,法律制度不完善。网络化治理和市场经济一样需要完备的法律制度保驾护航。如果缺乏相应的制度规范,违背网络目标的行为将得不到处理,因而,大都市区成员间的网络关系将处于严重不稳定状态。

(三)推进大都市网络化治理模式的机遇

在大都市进程中推进网络化治理模式适应了当今社会的发展潮流。时代发展的趋势为网络化治理提供了良好的发展机遇。首先,新区域主义的兴起和发展为推进大都市网络化治理模式提供了重要的理论指导。20 世纪 90 年代,在美国出现了围绕大都市区问题治理的研究热潮,并在美国城市发展和城市公共

---

① 中国软件中心、人民网:《第九届(2010)中国政府网站绩效评估》,http://politics.people.com.cn/GB/8198/189185/,2011—08—15。

② 龚禄根:《中国社会中介组织发展研究》,中国经济出版社 2006 年版,第 33 页。

事务研究领域产生了强烈反响，成为新区域主义运动兴起的先声，同时也被誉为是区域主义和大都市区治理研究的新开端。[①] 新区域主义强调政策过程和政策网络。认为，传统的结构性区域主义应该让位于以跨边界、跨部门（公共部门、私营部门和“第三部门”）联盟为特征的新区域主义。此外，新区域主义也强化政府与企业、政府与社会之间的合作关系。这都为大都市网络化治理的推行提供了重要的理论指导。

其次，中国政府重视区域发展并提倡大都市区域协调发展的制度和机制创新。随着中国经济的迅猛发展，以区域为主体的发展模式已经代替了传统的以行政区经济为主体的发展模式。大都市成为区域经济的最主要代表。中央政府高度重视不断崛起的以大都市为发展核心的区域建设和发展，并从国家发展的战略高度出发规划大都市区的发展。中央鼓励大都市区在区域治理的制度和机制方面实施创新。这从国家层面为大都市创新性推进网络化治理模式提供了重要政治保障。

（四）推进大都市网络化治理模式的限制

大都市网络化治理模式需要外在条件的支撑才能建立并发挥作用。当前，中国的社会、政治、经济等宏观外部环境在一定程度上制约着这一治理模式的推行。

首先，在经济发展方面，中国整体市场化程度较低，且中国的法制不完善。众所周知，市场经济就是法治经济，没有完善的法律制度保驾护航，就没有成熟的市场经济体制。有学者研究表明，中国的市场化程度在 2001 年达到 64.26%，刚刚超过国际上 60%的市场经济临界标准，2008 年达到 76.4%，与 2001 年相比提高了 12 个百分点。但中国的市场经济体制正处于转轨时期，市场发育仍不完善。[②] 如政府对经济干预过多、国有经济与非国有经济的强势地位、产品市场和

① 王旭、罗思东：《美国新城市化时期的地方政府：区域统筹与地方自治的博弈》，厦门大学出版社 2010 年版，第 246—247 页。

② 曾学文、施发启：《中国市场化指数的测度与评价》，《中国延安干部学院学报》2010 年第 4 期。

要素市场的发育不成熟,还有一个重要的标志就是法律制度不完善。

其次,中国单一制行政体制的约束。中国是一个中央集权的单一制国家,这种行政体制是在保证中央政府对地方政府、上级政府对下级政府的有效控制和统一指挥的前提下进行的。虽然中央政府与地方政府、上级政府与下级政府都有权力划分的法律基础,但这种划分方式与联邦制国家存在根本性的区别。地方政府和下级政府的权力不是基于宪法和法律的规定,而是通过权力在行政体系内的流动和分配而形成的。[①] 显然,这种权力划分是通过行政手段而实现的。因此,中央和地方、上级和下级的权力主要是通过行政调解而得以实现。这种行政体制带来的后果是地方服从中央、下级服从上级。因此,大都市政府的网络推进受这种行政体制的影响较大。

综上所述,我们可以得出,当前在大都市进程中推进网络化治理模式既有有利的发展机遇,也有重大障碍;既有较好的发展基础,也有自身缺陷,如表 8-2 所示。

表 8-2　推进大都市网络化治理模式 SWOT 分析

<table>
<tr><td colspan="2" rowspan="2"></td><td>机遇(O)</td><td>威胁(T)</td></tr>
<tr><td>新区域主义的理论指导
国家高度重视大都市的发展</td><td>中国市场发育不成熟
中国法律制度不完善
中国单一制行政体制</td></tr>
<tr><td rowspan="3">优势(S)</td><td>改革创新意识较强</td><td>SO 策略</td><td>ST 策略</td></tr>
<tr><td>经济发展水平和市场化程度高</td><td rowspan="2">充分发挥大都市优势,吸收先进理论经验、利用国家的政策优势推进网络化治理模式。</td><td rowspan="2">充分发挥大都市优势,减少外在环境带来的潜在威胁,推进网络化治理模式。</td></tr>
<tr><td>良好的信息化发展基础</td></tr>
<tr><td rowspan="3">劣势(W)</td><td>社会组织力量薄弱</td><td>WO 策略</td><td>WT 策略</td></tr>
<tr><td>传统治理体制的束缚</td><td rowspan="2">充分利用国家的政策,实施政治、行政和经济体制改革,创新利益协调和共享等治理机制,推进网络化治理模式。</td><td rowspan="2">推进中国政治、经济和社会改革,建设完善的法律制度环境和统一的市场经济环境,为推行网络治理提供条件。</td></tr>
<tr><td>法治不完善</td></tr>
</table>

① 林尚立:《国内政府间关系》,浙江人民出版社 1998 年版,第 79—81 页。

二、大都市网络化治理推行带来的挑战

大都市网络化治理模式相对于传统治理模式的竞争优势并没有办法掩盖其为大都市治理带来的系列挑战。网络方式带来的“现实危险”使人们越来越意识到网络越复杂,网络的参与主体越可能犯错,网络化的治理模式意味着“管理的新挑战”。在大都市进程中推进网络化治理模式就需要对这些挑战进行详尽的分析,这将为推进大都市网络化治理模式提供全面的指导,并将进一步推动大都市的协调发展。

(一)网络主体间目标差异导致主体之间的冲突

在大都市的网络化治理框架内,存在着多元化的行动主体,由于各行动主体代表的利益、立场和价值观等差异会导致基于目标冲突的利益冲突。作为公共利益的代表者,政府的目标是代表公共利益,促进公共服务的均等化、公共服务质量的提高。而作为中介组织的第三方政府和私营部门的企业,虽然关注与政府关系网络中的共同目标,但是基于自身利益的考量,当整体目标与自身组织目标发生冲突的时候,就会采用策略性技术和手段维护自身的组织利益,而非关系网络间的整体目标。

具体来说,首先,在政府组织内部存在着目标差异。作为网络关系中的主要构成——发挥核心作用的政府是一个多元的集合体,它包括上下级、同级、各行政职能部门等政府机构,不同的政府在合作过程中也有其独特的自身利益追求,各行政职能部门有其各自的价值取向,这种政府内部的多元构成造成内部沟通和协调过程中的内耗,削弱了政府作为一个整体的治理能力。

其次,另一个重要的参与主体——私营部门的行动立场和目标单一而明确,就是在与政府合作的项目承包过程中最大限度地获取投资和生产利润。社会公众及其自组织在大都市区管理过程中不仅是公共产品和服务的消费者,还是公共需要的参与者,其行动的立场和目标就是维护自身利益的最大化。虽然大都市区网络参与主体之间通过协商制定出统一的网络目标,但在网络任务的实施过程中由于目标差异,会出现合作过程中的“有组织的无序”状态,使合作规则

不断被修订和改变。

(二)网络关系的监督及稳定性

网络化的监督与市场制和科层制的监督相比,难度更大,如果处理不当,将会导致多元治理主体间的网络关系不稳定。这主要表现为:

(1)网络关系中,监督的权力链条发生重大变化。原有的上下级的内部监督方式转变为外部监督——政府对政府之间基于行政合作协议而形成的网络关系的监督,由于地方政府间利益的冲突和信息的不对称导致对网络关系的监督难度较大。

(2)在大都市网络模式中,监督的主体是政府及其主要职能部门,监督的对象却涉及不同的网络关系。一方面是对政府之间为推进签订的行政协议的监督,另一方面是对政府在交通工程的外包过程中与市场、社会组织之间签订的契约的监督。行政协议是基于大都市区内部合作双方或多方平等参与主体的自愿为基础而签订的,网络间的关系主要是基于信任机制和协议保障。因此,协议的执行主要基于参与各方的自觉而不是制度。当前,在这种行政协议中对协议执行情况的监督主体、方式、责任等监督机制不明确,造成网络关系中府际关系的不稳定。

(3)政府与中介组织和企业基于契约而形成的组织间网络,使三者共同结合而成为共同利益的享有者,但也是责任的共同承担者。政府在这一关系网络中成为各种关系的组织和监督者。政府会积极承担责任,监督各种关系的有效实施。但是如果任务无法有效的完成,达不到预期目标时,政府也需要承担自身的监督责任和连带责任,因此会和中介组织、企业达成共识,侵害公共利益。

(4)政府对于进程中开展的公私合作项目由于自身的监督能力、成本等方面的考虑出现空缺,从而导致企业或社会组织基于自身利益考量的机会主义的出现,如成本上升、质量低下、偷工减料等公共产品和服务失败的现象。

(三)政府角色和能力的挑战

政府的角色随着时代的要求不断发生变化。在传统的组织架构内,政府是作为公共物品和公共服务的直接生产者和提供者。20 世纪 80 年代以来,随着新公共管理运动的发展，政府的角色开始发生重大的转变，政府逐步变为“掌舵”而非“划桨”，而在新公共服务理论的指引下，政府的定位再次发生变化，政府既非“划桨”也非“掌舵”，而是“服务”。为实现政府以上的职能，政府更多地采用市场化的方式，如发包、承包、特别许可等手段实现公共目的。在大都市区网络化模式中，政府作为一个权力主体并不直接生产公共产品和公共服务，而是通过多种方式与中介组织和私营部门合作从事交通等基础设施的建设和管理。政府不再是传统的上级下命令、下级执行生产任务的组织架构，而是承担管理与各种中介组织和私营部门合同契约关系的重任。

当前，大都市治理主要是以传统的政府为主导的集权化和市场为主导的分权化治理模式为主导。在政府为主导的治理模式中，政府处于主导地位，并主要通过行政命令的方式管理和控制大都市区内部成员完成工作。而大都市网络化治理模式是基于平等关系而开展的合作，那种单一权力治理方式远远不能适应网络的需求。在大都市网络化治理模式中，政府的角色定位从指挥、控制内部成员转变到与合作对象的沟通、协调和监督上来。此外，这种治理模式对政府能力提出了诸多挑战。随着大都市发展速度的不断加快，政府主要通过市场化和社会化的方式完成工程项目的建设以及公共服务的供给，大都市政府及其行政职能部门从“权力的治理”走向“合同式治理”，治理越来越通过协议而非直接的法律和政治行动来完成。因此，在大都市治理的进程中，政府及其管理者需要建立新的制度及管理能力迎接现实的挑战。① 再者，政府及其管理者在大都市区网络框架下还面临着对网络关系的监管、协调和绩效评估等方面的挑战。

政府能力是实现良好治理绩效的重要保障。在网络化模式中，政府在提供公共产品和公共服务中越来越依赖第三方机构，其绩效也更加依赖于管理各种伙伴关系并让合作伙伴承担责任的能力。② 因此，政府不再是单一的职能承担

① ［美］菲利普·库珀：《合同制治理——公共管理者面临的挑战与机遇》，竺乾威等译，复旦大学出版社 2007 年版，第 18—53 页。

② Donald F.: *Managing Indirect Government*. in *the Tools of Government: A Guide to the New Governance*. edited by Lester Salamon. Oxford University Press, 2002, p.492.

者,而转变成为多种角色的承担者。在大都市网络化模式中,协作关系主要是基于行政合作协议或公司承办合同等合同构成,因此,政府管理合同能力的高低将直接决定着网络化治理绩效的好坏。①

(四)分割式协调对整体绩效的冲击

传统组织目标的实现和组织任务的实施是在政府组织内部完成的。基于契约关系的网络治理模式则形成了三对关系:政府内部(上下级之间、各职能部门之间)、政府与非政府组织、政府与企业之间的关系。这种协调呈现出分割的局面。在大都市网络化模式中,网络化治理主要是在大都市区内部的各成员城市政府、市场和社会之间形成的网络关系之间进行协调。每一个参与主体的立场不同,利益诉求也不一致,在这个关系网络中都有自己的支持者和拥护者。

因此,在大都市网络化模式中将会出现基于共同利益诉求的不同的次关系网络,这种局面使政府在管理与每一个网络主体关系之外,还必须管理网络内部各组织之间的关系。这使网络治理中的协调变为分割式的协调,任何一个组织出现问题或者两个组织之间的关系破裂,都会危及到整个大都市区网络组织的整体绩效。当前在以政府为核心构建的大都市区关系网络中,很多参与主体之间缺乏有效的协调,从而使所谓的网络成为一种形式。一些学者甚至认为当前大都市区内部成员城市之间开展的合作,都是形式,这种合作都停留在口号和会议上,没有实质性意义。②

(五)网络化协作中的绩效评估

对公共部门绩效的评估已成为公共管理学研究的一个热点。一直以来,政府的组织规模庞大、结构复杂、工作性质的主观性等原因使如何科学合理地测量政府绩效成为公共管理实践和理论研究中的一个难题。在网络化兴起的背景

① [美]菲利普·库珀:《合同制治理——公共管理者面临的挑战与机遇》,竺乾威等译,复旦大学出版社2007年版,第183页。

② 倪鹏飞:在“深莞惠(坪新清)区域合作战略研讨会”上的讲话录音整理,2011年1月13日。

下,超越传统的组织绩效测量,面向组织间网络绩效的研究成为学术研究的热点话题。① 正如与组织绩效一样,网络化治理绩效也难以测量和理解,并且实施的难度更大。② 当前还没有形成针对组织网络化治理的客观公正的绩效评估体系。大都市区网络化治理的绩效评估是在一个多元化主体构成异常复杂的网络中测量与监控绩效,这成为对大都市区网络绩效评估的一个主要挑战。③ 在大都市网络化治理的进程中,大都市政府越来越多地与其他主体,如市场、社会等组织形成伙伴关系,这一政府的绩效不仅取决于自身的工作效率和质量,很大程度上还要依赖伙伴关系的工作情况。如在区域交通衔接过程中,任何一方的工程延误都将影响整条道路的通行。如果根据绩效追究相关责任将会非常困难。因为导致绩效不佳的原因有很多,如规划、设计、工程技术、拆迁、资金保障等各方面都有可能出现问题,而且很难确定根本原因所在。因此,对大都市网络化治理绩效进行评估异常困难,具体表现在:首先,在大都市区的网络化关系中,政府及其职能部门间在立场、资金和责任方面的差异及混合状态使网络绩效的评估难度增大;其次,由于网络关系随着任务的发展阶段和外部环境的变化而呈现出动态变化的特征;再次,由于网络结构的复杂性,各主体的共享与结果之间的因果关系很难判断;最后,由于各网络主体之间的工作任务信息很难实现实时传递,再加上网络任务完成时间的长期性,都为大都市区网络治理中的绩效评估带来了极大挑战。

三、大都市网络化治理推行的策略建议

(一)构建大都市治理主体间基于互动协作的关系网络

从某种意义上讲,大都市区政府间网络关系模式是对科层制和市场制的综

---

① Mandell M. Keast R: *Collaborative Networks: New Performance Challenges-Introduction. Public Management Review*, 2008(6), pp.687-698.

② Joaquin Herranz Jr. Multilevel: *Performance Indicators for Multisectoral Networks and Management. The American Review of Public Administration*, 2010(4), pp.445-460.

③ [美]斯蒂芬·戈德史密斯、威廉·D.埃格斯:《网络化治理:公共部门的新形态》,孙迎春译,北京大学出版社2008年版,第124页。

合,也就是所谓的第三条道路。① 要推进大都市网络化治理模式首先需要构建大都市范围内跨部门、跨组织和跨行政区的组织间网络。这种跨边界、跨部门的组织间网络是指由于长期的相互联系和相互作用而形成的一种比较稳定的协作组织结构模式,由此大都市范围内不同层级政府、职能部门以及不同组织主体之间(政府、市场和社会)可以通过集体决策、联合行动的方式从网络整体利益目标出发,在区域范围内提供交通等公共产品和服务。这种网络化的组织结构模式是基于网络的本质特征而形成的具有长期愿景、相互依赖、信任互惠和利益共享的治理方式。首先,在网络化组织结构中,形成一种“多对多”(many-to-many)的网络结构关系,它可以清晰地展示网络主体间的密度和相互关联的紧密程度。如图 8-7 所示。

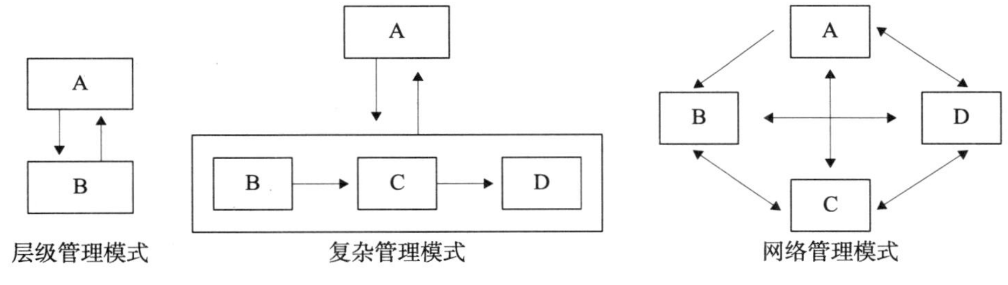

图 8-7　治理模式的转变②

其次,在该网络组织模式中,权力是分散和流动的,多元参与主体在平等协商、互通有无的基础上达成平等行政合作协议,使主体间协作走上制度化和规范化。再次,多元主体间的关系是动态的,根据外部环境的动态需求而变化,通过互动的“反馈”过程而重塑网络关系。构建大都市政府间基于互动协作的关系网络就是要在大都市政府之间建立跨行政区、跨部门的协作网络平台,实现大都市政府协作的平等化、制度化和规范化,为推进大都市网络化治理模式提供组织保障。

① 洪世键:《大都市区治理:理论演进与运作模式》,东南大学出版社 2009 年版,第 65 页。

② 陈钦春:《社区主义在当代治理模式中的定位与展望》,《中国行政评论》2000 年第 1 期。

（二）明确大都市区政府在网络关系中的角色定位

1.大都市区政府在网络化模式中的角色定位

从传统的治理模式转向网络化治理模式，政府的角色和定位将发生重大转变。推进大都市网络化治理模式需要明确网络中政府的角色定位。一方面传统的政府职能行使方式主要是通过权力命令的控制方式而得以实现，职能行使方式都比较单一。而在网络化治理框架范围内，行政权力更多的是横向水平流向而非传统的纵向流向，因此，传统的行政权力控制的方式很难奏效。另一方面，政府面临的环境和任务更为复杂，单一的角色定位远远不能适应时代发展的需要，因此，政府将成为多重角色的综合体。根据大都市区政府主体间的协作互动关系，网络治理模式可以分为四个阶段：协商、承诺、执行和监督。①

在协商阶段，政府成为平等协作关系网络的构建者。政府协作关系网络的形成主要是基于具有可操作性的平等合作行政协议的达成，在这一过程中政府将成为协议的发起人和谈判者。在承诺阶段，大都市区各方城市政府就相互协作关系中的义务和责任达成协议。追求网络协作的多方政府主体需要通过利益共享的制度安排，创建整体网络目标和目标达成的组织、管理架构，这也正是网络化治理的核心内容。政府在这一阶段主要充当行政合作协议的谈判者和签订者角色。执行阶段，是各行动主体通过一系列的运行机制实现网络任务和目标的过程。政府主要是网络任务执行中的联络人和网络的管理者。在网络任务的执行过程中，还必须同时实施监督，政府又成为网络任务实施过程中的监督者、出现矛盾冲突的时候担任调停者。因此说，在网络治理组织模式中，政府成为围绕网络的构建、执行和监督的综合管理者，这对政府的能力也提出了更高的要求。

2.大都市区政府在网络化治理中的能力建设

在大都市网络化治理模式中，“政府扮演的角色由直接提供公共服务转变

---

① 史密斯和瓦迪文在《协作性组织之间关系的发展过程》中根据组织间关系将协作性公共管理分为协商、承诺和执行三个阶段。文章根据网络化治理框架的运行过程将组织间的协作互动关系分为协商、承诺、执行和监督四个阶段。详见 Ring.P.S.，Van de Ven.A.H：*Developmental processes of cooperative interorganizational relationships.Academy of Management Review*，1994（1），pp.90–118.

为公共价值的产生或催生者。”①大都市网络化治理对政府及其管理者的角色和能力提出更高的需求,包括:

第一,政府能力建设。在推进中国大都市网络化治理模式中,面对着中国市场经济发展不完善、公民社会发育不成熟的外部环境,政府应该在大都市区网络推进过程中发挥核心作用,以弥补市场与社会发展的不足。在大都市治理的网络关系中,首先,政府必须开发三个核心能力,分别是构思网络、集成网络和跨网络开发有效的知识共享实践。② 其次,政府要通过完善的法治手段促进和发展市场经济,使市场在网络构建中充分发挥自身作用。再次,政府必须通过各种政策手段积极培育和鼓励第三部门的发展,发挥其在大都市治理过程中的积极作用。

第二,重视大都市区成员城市政府管理者能力建设。在大都市治理中,传统政府管理者的工作仅限于管理一个项目或服务,相对简单。而在大都市区网络化的治理环境中实施管理,要求政府及其管理者拥有更高的能力和才干。除了传统的职能之外,还需要精通许多其他的工作任务,包括激活、安排、稳定、集成和管理一个网络等。此外还必须具有谈判、调节、风险分析、信任建立、合作和项目管理的能力。与传统的工作任务相比,政府管理者还必须具有跨越部门界限和资源限制进行工作的能力,以应对网络化治理中所面临的各种问题。③

(三)推进大都市网络化模式的保障机制

1.制度保障机制

从国外大都市治理经验来看,建立大都市网络化治理模式,就必须要有制度保障,包括:

首先,应当加强法制基础建设。当前,我国大都市区管理主要的制度性规范

---

① 刘宜君:《公共网络的管理与绩效评估之探讨》,《行政暨政策学报》2006 年第 6 期。

② [美]斯蒂芬·戈德史密斯、威廉·D.埃格斯:《网络化治理:公共部门的新形态》,孙迎春译,北京大学出版社 2008 年版,第 158 页。

③ [美]斯蒂芬·戈德史密斯、威廉·D.埃格斯:《网络化治理:公共部门的新形态》,孙迎春译,北京大学出版社 2008 年版,第 135 页。

是中央政府和省级政府颁布的区域性发展规划，而围绕区域规划和发展的法律法规尚不完备。区域规划作为担任突破行政区界限而加强合作的重任在实践中并没有发挥应有的作用。这主要是由于区域性发展规划作为文件性的规定，并不能对区域内各城市政府产生法律强制力。甚至有些规划只是由一些部门的规划布局拼凑而成，既缺乏协调也缺乏整合，是“综而不合”。由于当前的区域规划不是立法过程的产物而无法作为协调区域范围内行政辖区之间冲突的法律依据，上级政府更多的是通过行政权力的方式予以协调，这造成区域规划的有效性非常低，更多地流于形式。截至目前，中国只有 1989 年颁布的《中华人民共和国城市规划法》，还没有有关大都市区域规划和协调发展的法律和法规。因此，加强大都市区发展的法制建设将成为推进大都市网络化治理的重要内容。完善的法律法规将为中国大都市网络化治理提供重要的制度保障，为建立完整、稳定的综合性治理网络关系提供重要制度前提。

其次，应该制定具有可操作性的行政合作协议。当前大都市政府与其辐射范围内的其他行政主体之间通过协调签订了包括综合规划、基础设施、环境保护、产业协同和公共服务等在内的各种类型的区域行政合作协议。但是这些行政合作协议更多的是框架性的协议，而缺乏可操作性和约束力。完整的行政合作协议应该对包括协议缔结主体的权利义务、合作内容、协议效力、协议履行和协议的纠纷解决途径等内容以及协议的批准作出详细的规定。① 特别是对协议内容的规定要详细具体并具有可操作性。此外，这些相关的行政协议中大多都没有约定协议履行中纠纷的解决机制，而在协议执行过程中出现纠纷就无法妥善解决。这就导致协议变成一纸空文，合作成果也将付诸东流。② 因此，借鉴美国大都市区以及跨州的州际协议的仲裁程序，并由法律赋予这种仲裁效力，完善我国行政合作协议为网络化治理提供制度性保障是一个重要内容。

① 何渊：《区域性行政协议研究》，法律出版社 2009 年版。

② 叶必丰、何渊：《行政协议：区域政府间合作机制研究》，法律出版社 2010 年版，第 21 页。

2.机构保障机制

当前，大都市治理进程中，由于上级政府的协调缺乏充分的手段，都市政府之间的协调机制又不完善，进而导致整个大都市区治理出现诸多问题。从制度经济学的角度来看，在没有一个代表整个大都市区域利益的组织之前，跨部门、跨组织的网络协作难以有效开展。作为一种解决多元主体参与的交易成本的制度安排，建立一个跨部门、跨组织的组织机构对大都市区整体利益进行统一规划、协调和引导是实现网络化治理的重要组织保障。这需要在大都市区创新机制的基础上，建立行之有效的治理机构，以促进组织间网络的发展。从已有的大都市区整合实践经验来看，整合机制既要包括刚性的行政型的行政组织机构，还要包括柔性的协调性的非政府组织机构。在政府层面设立专项跨部门的组织机构还无法从根本的制度层面解决大都市区管理过程中出现的问题。因此，在推进大都市网络化模式中，需要围绕整合的网络目标，在政府的主导下组建跨部门、跨组织的网络化协作组织机构，这一机构内部还应该包括完善的组织结构体系，如科学的决策、咨询、执行和监督系统，强化整合机制，并将这一组织制度化和规范化，从而有利于更好地协调大都市区各级政府、职能部门以及市场和社会组织之间的矛盾和冲突，从而解决大都市治理中出现的诸多公共问题。

在机构保障机制方面，首先，必须组织落实、人员落实，设立专门的、常设性机构负责协调，改善以往的联席会议制度，设立大都市化区域协调委员会；其次，明确责任，合理划分大都市化区域协调委员会与大都市圈内各城市政府的权力关系，赋予协调机构相应的职权，实行分工协作；再次，明确协调机构日常的运作（运行）机制和经费来源。

3.信息保障机制

建立以电子政务为主要功能载体的信息资源共享和公共服务机制为推进大都市网络化治理模式提供基础性的信息保障。信息化促使政府治理的组织结构和模式发生了深刻变化。为避免大都市主体之间在合作进程中互相割裂的单边行动，推进大都市网络化治理模式。在大都市各级政府及职能部门之间以电子政务为依托，建立“大都市政府办公信息平台”。在这一平台内部进一步建设共享的信息资源和公共服务系统，具体包括：

第一，建设大都市区地理信息系统（GIS）。通过大都市区内部各城市政府及其行政职能部门、市场主体、科研机构等组织的相互协作，共建和共享地理、人口、经济、资源、环境、交通等空间信息基础设施，开发各种各样的应用GIS系统，服务于大都市区统一的区域规划建设、环境保护、资源利用、大型基础设施建设、防灾减灾、政府决策等。

第二，大都市区信息综合服务系统。大都市区多元化的治理主体共同开发建设综合性或专题性的大都市区信息资源交换平台，建立公共安全、社会保障、文化教育、旅游服务、灾害预防、环境保护、人才培养、物流客运、产业发展等方面统一的区域信息服务体系。

第三，电子商务信息系统。改善与电子商务密切相关的企业信息化、社会信任体系、电子支付、现代物流等必要条件，建立大都市区区域电子商务健康发展的软环境。大都市区统一的信息资源共享和公共服务平台的建立，将为实现信息资源利用效益最大化和公共服务供给均等化提供重要的保障，并为大都市网络化治理模式的建立提供重要条件支撑。

（四）推进大都市网络化模式的运行机制

1.整合机制

网络目标的制定和网络资源的共享是建立大都市网络化治理模式的前提，而这也正是大都市网络化模式推进过程中最大的难题。由于大都市内部各级政府及其职能部门的利益和出发点存在差别，因而网络目标很难确定。在大都市网络化治理中，整合机制主要表现在：

第一，整合大都市网络化治理目标。大都市网络化治理强调大都市区域内各政府及其他参与主体之间的整体性、协同性和一体化，①这与城市地方主义、城市壁垒格格不入。因此，在大都市网络化治理中，应根据中国经济社会发展

① 蔡立辉、龚鸣：《整体政府：分割模式的一场管理革命》，《学术研究》2010年第5期。

的阶段与水平,坚持在政府主导下,各网络参与主体基于互相信任、沟通和协商,充分交流,共同制定出统一的网络任务目标——大都市整体效益的最大化。这一整体目标要充分体现各参与主体的个体目标和利益。设定的一致性目标需要明确的、以结果为导向的绩效目标作为支持。这种统一的整体网络目标要明确规定各参与主体明确完成的任务,从而取代不同主体间的基于竞争利益的无序竞争和机会主义。要强调大都市区域内发展目标的整体性,不允许各分目标与总目标冲突和抗衡;同时,允许各城市政府因地制宜地采取实现目标的手段和方法,强调目标实现手段和方法的多样性,这样有助于增强活力。

第二,整合大都市网络主体间信息网络资源。要实现大都市网络化治理,需要在大都市区域范围内对政治领域、经济领域、社会领域和基础设施领域进行信息网络资源的整合。在政治领域,要形成行政管理合作理念、法律制度、公共政策、公共服务、城市规划和跨行政区的联合投资建设等多方面的资源整合;在经济领域,要做好产品开发、技术研发等企业协作,农业、制造业、旅游业、商业、物流、文化教育等产业资源的整合;在社会领域要促进行业协会、志愿组织等社会性组织的协作和整合。基础设施领域,充分整合公路、水路、航运、轨道交通、机场、能源、通讯等各种交通运输信息,以及相关交通主管行政职能部门采集、处理、通报和管理的各种交通信息,如公共交通服务、道路通行费用、机动车管理和服务、交通违法违规管理服务、交通事故、交通事故处理、交通运输物流等信息资源。另一方面,要充分利用现代化的信息通讯技术,以电子政务为主要功能载体,整合大都市各级政府及职能部门之间的信息资源,实现信息资源的共享,为推进大都市网络化治理模式提供重要资源保障。

2.利益协调和共享机制

相互信任和协作的稳定关系是实现网络化治理的必要前提。而稳定的协作关系是治理主体间在长期的互动过程中逐步形成的,并需要一定的运行机制才能实现。利益协调和共享机制是推进稳定协作关系的重要前提。实现大都市网络化模式,加强大都市多元主体之间的协作,形成稳定的网络关系需要锻造跨组织间的执行技术,形成良好的协调机制和沟通机制。① 在协调机制上更多的是建立有效的利益协调和共享机制。利益协调和共享需要对大都市参与主体在大都市进程中的整体利益得失进行全面分析、通盘考虑,以协调好参与主体间的利益合理分配。这需要通过制度安排、组织机构和政策措施等多方面的手段予以实现。建立有效的利益协调机制首先需要组建制度化的利益协调组织。在中国的制度框架下,利益协调机制的建立离不开上级政府的介入。

在大都市网络化治理进程中,不仅要规范各市政府的行为,还要合理引导其他行动主体的协调发展。因此,明确上级政府在利益协调进程中的职能定位是利益协调和共享机制的重要内容。更为重要的是大都市政府多元参与主体通过平等协商沟通建立合理的利益分配机制,并使之制度化,对各方的利益予以充分保障,这样才能形成稳定、有效的合作网络。再次要做好绩效评估机制等配套机制的改革,使利益协调和共享机制落到实处。

3.监督和评估机制

推进大都市网络化治理模式,提高大都市的进度和质量,需要进一步完善大都市网络监督体系和绩效评估机制,包括:

第一,完善大都市网络监督体系。一是要通过组织架构、制度的设计、先进技术的运用等方式提高大都市政府的监督能力,保持监督关系的稳定性;二是政府在大都市网络关系的监督中要注重结果监督,而不是过程监督;三是要调整大都市网络参与主体的价值观,建立充分的信任关系。可以通过开放的信息交流,各网络成员间共享知识,减少通过价格昂贵的法律制度方式解决各种关系问题的依赖,从而减少监督成本。此外,还可以通过创新的手段予以激励和保障,在实施的过程中一方面可以通过有效的激励机制与结果挂钩的方式,保障参与成员实现绩效的积极性,另一方面还可以通过绩效担保的方式,保障参与成员的责任性,顺利达成网络目标。

---

① Thomson Ann Marie., Perry James L.: *Collaborative Process: Inside the Black Box. Public Administration Review*, 2006(Special Issue), pp.20-32.

第二,网络的崛起向传统的组织绩效评估范式提出了挑战,网络理论的发展也为公共服务系统绩效的衡量提供了方向。① 面对大都市治理的多元化参与主体间的利益冲突,完善大都市网络绩效评估需要做到:一是进一步发展大都市网络绩效评估框架,要从网络整体、组织参与者和社会三个层面进行评估。二是完善大都市网络绩效评估标准。网络目标的实现及效率标准并非评估网络绩效的适当标准,参与主体的事后满意度也应该成为评估标准之一。作为大都市网络化治理的评估标准重在两个方面:网络的互动过程和网络互动的制度安排。三是要充分运用先进信息技术测评绩效。技术的先进性使绩效信息的搜集变得简单、高效。管理者可以通过信息技术和网络技术实现各网络参与主体之间信息的实时交流与共享,为绩效评估提供充分的信息。大都市网络绩效评估需要高度重视大都市网络作为一个整体的绩效。

综上所述,随着工业化、信息化的发展,城市化已经进入到以大都市区为主要载体的时代。大都市区也从分散的"星状"发展模式进入互动协作的"网状"发展阶段。与大都市区快速发展相伴而来的是大都市区诸多问题的产生和蔓延。面对大都市区范围内跨部门、跨组织的管理问题,传统的治理模式出现了"治理失灵"。根据区域治理理论研究和发展的趋势,新的治理模式——网络化治理将成为中国大都市区治理的新选择。

网络化治理作为一种新兴的理论模式与大都市区治理的需求比较吻合,并且有着传统治理模式不可企及的竞争优势。经过对我国大都市区治理的理论和实践研究发现,大都市政府在城市治理模式上需要不断突破传统科层制和市场制的治理模式,逐步走向跨部门、跨组织、基于相互协作关系的网络化治理。因此,网络化治理将成为未来中国大都市区治理的一项必然选择。但是,网络化治理模式究竟在中国大都市区发展进程中发挥多大的效用、取得多大的成效还有待实践发展的进一步检验。

---

① Morrissery JP.:*An interorganinzational network approach to envaluating children's mental health services systems. New Directions for Program Evaluation*,1992(2),pp.85-98.

网络化治理作为一种新兴的理论模式，在中国大都市区治理过程中有其适用的特殊性。要推进大都市区网络化治理模式就必须立足中国大都市区的实际情况。当前，中国与网络化治理模式起源的西方发达国家相比，存在着市场经济发展不完善、公民社会发育不成熟、法律制度不健全等多元治理主体参与的网络化治理模式发展基本条件，但这并不能完全否定网络化治理模式在中国大都市治理中的可行性与适用性。在目前的条件下，一方面，政府在大都市网络化治理的框架中应该发挥核心和主导作用，以弥补市场和社会参与的不足；另一方面，政府要在公共政策方面积极支持和鼓励市场和社会的发展，尽快促使市场和社会发展完善，为中国大都市网络化治理模式提供完备的要件。

中国大都市治理的实践和国外大都市治理的实践都为推进中国大都市网络化治理模式提供了可行性。在当前中国的政治、经济和行政体制未能发生根本性变革的前提下，在中国大都市推进网络化治理模式面临着一系列的挑战。推动中国大都市网络化治理模式首先要推动中国的政治、行政和经济体制改革，为网络化治理模式提供一个良好的宏观的外在发展环境。在当前未能有效推进改革的前提下，应该通过系列保障机制和运行机制的创新，如制度、机构和信息的保障机制和目标和资源整合、利益协调和共享、监督和评估等运行机制的创新构建具有中国特色的大都市网络化治理模式，以最大限度地完善大都市治理网络。

在中国推动大都市网络化治理不仅具有工具理性的意义，把网络治理作为应对大都市治理进程中诸多问题的重要手段，而且还具有重要的价值理性的意义。网络化治理模式内含的政治民主价值会随着大都市网络化治理模式的实施而逐渐体现出来，它必将推动中国的参与式民主的发展，在此基础上进一步推动中国政治民主化进程，奠定中国的政治合法性。因此，中国大都市区构建符合中国国情的网络化治理模式成为一项具有本土化实践意义的研究。

第九章　大都市行政业务流程再造

要实现大都市政府治理跨业务应用系统之间的资源共享、跨部门之间业务协同、大都市化区域跨城市之间一体化发展,实现大都市政府由分散管理、分散提供公共服务走向整体与协同,实现一体化、网络化、"一站式"管理与服务,就必然要求大都市政府在进行组织结构创新重组、构建整体政府、强化推行网络化治理的同时,要进行业务流程的优化与再造。如果没有业务流程再造,即使进行了组织结构重组创新、推动实行网络化治理,但也不可能使重组后的组织结构、网络化组织得到协同化、一体化的运行。本章运用工商管理技术中的流程再造工具来研究信息化时代大都市政府行政业务流程再造的问题。

第一节　大都市政府业务流程再造的缘由分析

进入 20 世纪 90 年代,城市化进程明显加快。城市化对区域经济社会发展起到了巨大的推动作用,城市化过程中也出现了一系列问题。这些问题的出现有大都市建设方面的原因,更重要的还是由大都市治理体制和管理手段等方面的原因造成的。① 由于传统治理体制方面的原因,大都市治理存在许多薄弱环节,主要表现为:信息滞后,管理被动;各专业管理部门职能交叉、多头管理。从

① 池忠仁、王浣尘:《网格化管理和信息距离理论:城市电子政务流程管理》,上海交通大学出版社 2008 年版,第 5 页。

大都市治理手段来分析，随着计算机技术、信息技术、网络和通信技术的快速发展及其在大都市治理中的广泛应用，大都市信息化管理进程明显加快，出现了“数字城市”、“智慧城市”等概念。① 同时，许多大都市已经建立了管理信息系统。但是，多限于大都市机构设置、职能配置、治理体制和运行机制以及信息的存储和管理，这使得大都市的业务和事务管理却不能根据业务的需求来运用现代信息技术并加以解决，业务流程不能运用信息技术作为支撑来加以优化再造，通常还是用传统的粗放式管理手段，显然这远远不能适应现代大都市的发展需要。因此，业务流程再造的实质是深层次政务问题的信息化革命。

传统的行政业务流程是基于专业化分工的管理模式，是以职能为中心进行设置的。这种以职能为中心进行设计的方法，使一个行政业务流程横跨多个部门，人为地把行政流程割裂开来，使一个完整的流程分割在具有不同职能的部门和人员之中，既严重影响了业务流程的开展又造成多头指挥。传统的组织机构大多数也是按职能划分的，形成了等级的层级制组织结构。这种组织结构实行层级节制，具有效率高、便于控制和指挥、避免人财物分散等优点。② 但也有其缺陷：

（1）分工过细，一个业务流程往往涉及若干职能部门和环节的处理，整个过程运作时间长、成本高，还造成多头指挥、无所适从。专业化分工越来越细，工作环节越来越多，一项简单的工作也要被拆分成一系列繁琐的活动。分工将一个连贯的业务流程分割成多个支离破碎的片段，既导致劳动者的技能愈加专业化，成为一个片面发展的机器，也增加了各个业务部门之间的交流工作，交易费用因此大大增加。

（2）传统业务流程形成了科层制的组织结构，导致层次重叠、冗员多、成本高、浪费大、反应慢、机构越来越庞大、效率低下等缺陷。

（3）传统体制下政府职能包罗万象，什么都管。政府工作人员既要完成事

① 徐晓林：《数字城市政府管理》，科学出版社 2006 年版，第 10—13 页。

② 蔡立辉：《应用信息技术促进政府治理创新》，《中国人民大学学报》2006 年第 4 期。

务性工作，又要做出好的决策。

（4）传统的政府业务流程形成了条块分割的政府治理体制，资源共享程度差。传统业务流程只注重各职能部门只对自己的工作负责，只对自己的上级负责，无人对整个流程负责，导致部门分割、协调差和资源不能共享。

（5）只注重局部环节，各个部门按照专业职能划分，每个部门各管一事，各职能部门往往会精心构思自己的行为，使自己的目标凌驾于整个组织的目标之上。结果是各部门只关注本部门的工作和自身的利益，忽视了整个组织的使命。执行任务时，各部门都从本部门的实际利益出发，这就不可避免地存在本位主义和互相推诿的现象。以职能为中心设计政府部门，使各部门将工作重心放在个别作业与环节效率的提升上。当职能部门的利益与整个政府组织的利益发生冲突时，职能部门的利益与个体的短期利益凌驾于整个政府发展目标之上，阻碍了政府整体目标的实现。这种分散主义和利益分歧，或许能够实现局部效率的提高，但本位主义严重，使整个组织的效能弱化。①

（6）在传统政务的管理模式和行政组织结构，企业和公众个人对政府提供的公共服务常常处于一种被动的状态。庞大的政府机构组织各有自己的规章、行为方式与办事要求，它们常常以这种或那种方式影响公众和企业的活动。公众、企业为了实现权利、履行义务而与政府之间发生的联系常常要经过若干个部门与繁杂的手续，要跑很多路；层级传递信息和书面审核的工作方式使他们层层报批，花费大量的时间和精力，有时，即使如此还不一定能顺利办成。

无论是过去的政府还是现在的政府，政府决策者以及公务人员的“经济人”特性，必然极大地影响政府对行政审批制度改革的方向，比如，只是简单地以维持现状的目的对技术加以利用，而绝不会轻易地触动那些更深层面的组织结构和行政运行程序。② 因此，只有对传统的政府管理模式、政府组织结构、行政业务流程和提供公共服务的方式进行优化和再造，才能运用现代信息技术解决行

① 蔡立辉：《明晰职能：理顺权力纵横关系的关键》，《学术研究》2008 年第 2 期。

② ［美］简·芳汀：《构建虚拟政府：信息技术与制度创新》，邵国松译，中国人民大学出版社 2004 年版，第 8 页。

政审批改革的方向;只有实现政府再造与技术运用的有机结合,才能使技术的功能得到充分发挥,技术所固化的应该是优化和再造之后的政府管理业务流程。①

第二节 大都市政府业务流程再造的行动方案

一、大都市政府业务流程再造及其原则

现代政务之于传统政务,是一种创新和再造。网络化、信息化正孕育和敦促现代社会产生一种新的公共管理形态,把层级节制的官僚制转变为扁平式的、无缝隙政府的过程,需要寻求一种新的思维方式和一整套与网络化时代相适应的组织原则,即"再造"。政府业务流程再造是政府再造(reengineering government)即政府治理能力现代化的重要组成部分,如图 9-1 所示。

在信息化时代,政府业务流程再造作为深层次政务问题的信息化革命,是政府再造的同义语。政府业务流程再造以现代信息技术为支撑和实现基础,它的广泛应用为重新构造政府以及政府与公民、法人和其他组织之间的互动关系提供了一个全新的机会、渠道和载体。政府业务流程再造的重点就是要以公众为中心打破现有的科层制的官僚体系,增加政府管理的透明度,提高行政效率,加强政府服务意识,利用竞争机制改变政府运作的现状。大都市组织结构的创新重组、大都市化区域的一体化、网络化治理,都需要通过业务流程再造来实现。因此,只有进行政府业务流程再造才能消除部分分割,才能满足公众无缝隙服务的需要。

为了真正触及和解决深层次的政务问题特别是治理体制及其运行机制的问题,发挥流程再造的作用,就需要明确大都市政府业务流程再造所要解决的问题以及原则。

(一)大都市政府业务流程再造所要解决的问题

概括地说,大都市政府业务流程再造所要解决的问题主要体现在:

① 刘祖云:《超越"虚拟的美丽":虚拟政府引论》,《社会科学研究》2010 年第 4 期。

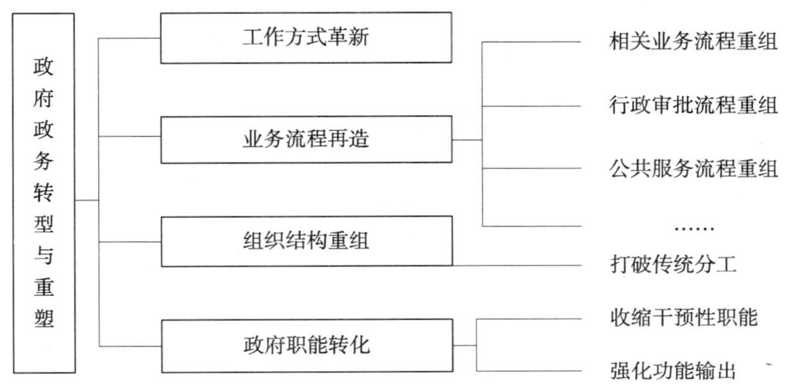

图 9-1　政府再造逻辑示意图

资料来源：蔡立辉：《电子政务：信息化时代的政府再造》，中国社会科学出版社 2006 年版，第 80 页。

（1）要明确一个事项的办理从开始到结束按照行政程序的规定需要经过多少个环节，将不增值的环节予以删除。

（2）要明确在同一个环节上，由谁、负责做什么、做到什么程度，从而实现任务分工的明确化和责任化、业务运行程序化和信息处理精细化。

（3）要将一个事项办理所涉及的职责、权限、部门、环节、信息按照法律规定整合在一个完整的流程上，在信息资源交换共享的环境下形成工作流、信息流，从而实现跨部门业务协同。

因此，明确了业务流程再造所要解决的问题，才能使业务流程再造真正指向大都市政府治理中的机构设置、职能配置、治理体制及其运行机制等深层次的政务问题；才能最终实现不同行政层级之间、大都市政府与其所属各部门之间整体目标与分目标的统一，建立整体政府；才能实现跨业务应用系统之间、跨部门之间、跨大都市政府之间的政务协同，建立协同政府；才能以公众为中心实现大都市政府与其他社会主体之间的合作互动与共享，建立合作政府。业务流程再造是大都市政府治理能力现代化、构建整体政府、协同政府、合作政府的关键。

（二）大都市政府业务流程再造的原则

（1）实行政府决策与执行职能的适当分离。要结合深化政府行政体制改革,在明确政府职能定位、合理划分事权的基础上,通过网络信息技术优化政府组织结构模式,从根本上把政府治理从封闭的行政系统中拓展出来。

(2)对原有的政府业务流程、结构进行清理、重组。清理指清除原有流程中非增值环节;重组是对清理后不增值的流程予以删除,在对政府部门进行虚拟整合的基础上实行政府业务流程的系统整合和重组,使整个流程更加顺畅。

(3)简化中间管理层,扩大授权,追求成果。政府业务流程再造鼓励充分授予管理者权限,充分发挥每个人在业务流程中的作用。

(4)实行再造后的业务流程步骤按自然顺序排列的原则。再造后的业务流程步骤不应是人为的线性序列,而是按业务流程的自然先后次序排列。

(5)建立共享数据库,实现信息资源的共享。通过业务流程再造确定每个流程应该采集的信息,并通过共享数据库实现信息在整个流程中的共享使用。

(6)业务流程应更加具有柔性,更加注重公众的需求。公众的需求是不同的,因此对所有公众都采取单一标准化的流程就不再适宜,就需要使同一流程有多种变化形式。公民的参与不仅可以准确地度量网上产品和服务的质量和效率,还可以让政府清楚地认识到自己的空白和不足,有利于更好地调整战略和策略,让电子政务真正做到“全心全意为人民服务”。①

二、大都市政府业务流程再造的指导思想

大都市政府行政业务流程的再造、优化和应用是涉及一级政府、一个部门发展全局的大事,是大都市政府信息化建设与应用能否取得实质上的推广和应用成效的核心内容。因此,大都市政府治理能力现代化,必须进行行政业务流程的优化再造,必须认真分析国内外信息化发展的态势,理清本部门、本单位对信息化建设的需求和所掌握的现实资源条件,为更好地开展政府业务流程再造打好基础。只有将信息化的整体形势和本单位的现状分析透彻,才能在此基础上明确流程再造的指导思想。

---

① 李成智、周华:《美国电子政务绩效评估对我国的启示》,《电子政务》2006 年第 12 期。

要明确大都市政府业务流程再造的指导思想，一方面，要对流程再造的外部环境有明确认识，包括世界信息化发展趋势，本国经济发展水平、党和政府的政策和路线、相关行业、部门和公众的情况、政府信息化所处阶段、组织财力支持的可能性等；另一方面，要弄清楚流程再造的内部环境，包括各类信息化业务应用系统的结构和功能、技术实现手段、软硬件设施、信息处理能力、管理机制、人员素质、现有系统的性能以及存在的问题等。认清形势与现状，明确流程再造的指导思想和原则，是信息化建设的灵魂和关键。① 只有在正确思想的指导下，明确建设的基本原则，才能保证建设方向的正确性和有效性。

在经济全球化和全球信息化的今天，基于社会生产力的发展规律和我国客观现实，我国党和政府高度重视信息化建设。"十一五"时期，国家对未来政府信息化作出了新的战略部署。颁布了《2006—2020 年国家信息化发展战略》纲要，明确指出我国信息化建设的指导思想是："以邓小平理论和'三个代表'重要思想为指导，贯彻落实科学发展观，坚持以信息化带动工业化、以工业化促进信息化，坚持以改革开放和科技创新为动力，大力推进信息化，充分发挥信息化在促进经济、政治、文化、社会和军事等领域发展的重要作用，不断提高国家信息化水平，走中国特色的信息化道路，促进我国经济社会又快又好发展。""纲要"也为政府信息化建设提出了战略指导方针："统筹规划、资源共享，深化应用、务求实效，面向市场、立足创新，军民结合、安全可靠。要以科学发展观为统领，以改革开放为动力，努力实现网络、应用、技术和产业的良性互动，促进网络融合，实现资源优化配置和信息共享。要以需求为主导，充分发挥市场机制配置资源的基础性作用，探索成本低、实效好的信息化发展模式。要以人为本，惠及全民，创造广大群众用得上、用得起、用得好的信息化发展环境。要把制度创新与技术创新放在同等重要的位置，完善体制机制，推动原始创新，加强集成创新，增强引进消化吸收再创新能力。要推动军民结合，协调发展。要高度重视信息安全，正确

① 蔡立辉：《当代中国电子政务：反思与走向》，《中山大学学报（社会科学版）》2005 年第 3 期，第 9 页。

处理安全与发展之间的关系，以安全保发展，在发展中求安全。”①

大都市政府行政业务流程再造的指导思想主要包括以下几个方面：

（一）以公众为中心，以服务为导向

政府流程再造强调以公众为中心、以服务为导向，彻底改变传统政府以“自我为中心”的行政理念与方式；流程设计以方便公众办事与获取服务为出发点，站在公众的立场上来审视和设计各类行政业务流程，优化组织结构，用便捷、高效的服务来提升大都市政府的竞争力和公信力；每个流程的工作质量由公众做出评价，使再造后的业务流程体现政府是一个具有公共服务精神的、能给予公众更多的选择并聆听其意见的政府。

（二）以流程为中心

大都市政府业务流程再造是以流程为中心，彻底改变传统的以“职能”为中心的做法。传统以职能为中心把业务流程人为地割裂开来，使业务流程消失在承担不同职能的部门和人员之中，导致机构臃肿、多头指挥，影响作业效率，使公众无所适从，缺乏整体观念和有效的整合，产生了许多不创造价值的活动。以流程为中心要求彻底打破部门界限，以整体流程全局最优为目标来设计和优化流程中的各项活动；强调政府各部门之间业务、信息、服务的虚拟整合和网络化协同办公，实现了资源有效共享和政府组织结构的网络化，使破碎的流程得到整合，部门分割将被大大削弱；强调将职能性的层级结构转化为跨功能性的工作团队，充分发挥个人及团队相结合的作用，通过个人主动性、积极性以及创造性的发挥以及与团队成员的高度合作，保证政府业务流程高效、有序、顺畅地工作。

（三）强调应用系统的观点和网络信息技术

大都市政府流程再造应符合现代网络信息技术的要求，应强调应用系统的观点对原有管理流程进行再造。应用系统的观点注重整体流程的最优化，改变传统政府管理“各部门工作卖力而整体无效率”的现象；注重各个子系统、子流

---

① 资料来源：中央门户网站—新华网转发2006年5月8日，中办、国办印发《2006—2020年国家信息化发展战略》部分内容整理而成。

程之间的合作,减少无效的部门和工作,消除重叠的流程。有效运用网络信息技术,可以打破时空界限;可以改变信息收集、传递、处理和利用的方式,将集中式的信息处理转变为分散式管理,加快信息传递的速度,实现信息的充分共享,提高系统的反应能力;可以有机地整合政府内部各职能部门,将政府部门整合为一个协同工作的整体,提高政府决策速度和应变能力,为公众提供便捷、高效的电子化服务。只有充分发挥网络信息技术的潜能,利用信息技术简化、改变政府业务流程,并以此为基础变革组织结构,达到政府组织扁平化,才能大幅度提高政府绩效。因此,政府业务流程再造以网络信息技术为应用手段,以根本性再思考和彻底性再设计政府组织结构形式、管理模式、业务模式和服务传递方式为对象和内容,以为公众创造最大价值和使公众满意为目的。①

(四)对政府管理流程进行根本性再思考和彻底性再设计

大都市政府业务流程再造一定要强调对原有业务流程进行根本性的再思考和彻底性的再设计,强调绩效的大幅度提高,注重节约成本、提高政府管理效能和政府服务质量。“根本性的再思考”就是对原有业务流程进行根本性的反思,找出相关原因,制定更加合理有效的工作流程和方法。“彻底性的再设计”就是要打破陈旧的组织结构和规章,重新设计与建构新的流程,进行彻底性的流程重建。这种政府业务流程再造通过去除不必要的支付和政府部门的虚拟整合,再造了一个“具有企业家精神的政府”(entrepreneurial government)。企业型政府是富有创新精神和生机活力的、以公众需求为导向的、具有高效率和高效能的政府,重视把市场和竞争机制引入政府公共管理中。②

(五)灵活性与扩充性

选用符合国际发展潮流的软件,使系统具有良好的可移植性和可拓展性,保证在将来发展中迅速采用最新出现的技术,降低系统维护成本。

---

① 蔡立辉:《电子政务》,清华大学出版社 2009 年版,第 25 页。

② [美] James T.C.Teng:《流程再造:理论、方法和技术》,梅绍祖译,清华大学大学出版社 2004 年版,第 5—15 页。

三、大都市政府业务流程再造的实施

业务流程再造是指在对现有组织结构及其功能的合理性、科学性进行审视的前提下，对政府业务流程进行梳理，减少或消除不增值的中间环节，消除职能重叠，提高组织效率的方法与活动。① 大都市政府业务流程再造的实施，主要包括：

（一）明确大都市政府业务流程再造的内容

（1）大都市政府业务流程再造主要针对三方面的业务流程：

第一，面向公众的流程，主要是为公众提供产品或服务的流程；

第二，各类行政审批办理流程，政府部门内部通过信息交换和资源共享而进行的行政许可事项的具体办理流程；

第三，管理流程，促使面向公众的流程和办理流程有效配合以符合公众以及相关部门的期望和需要，是政府部门加工输入并转化为输出的流程。

（2）明确大都市业务流程再造的目标，包括：

第一，便于业务本身明确、规范和标准化，便于开发人员理解业务、便于业务人员表达业务以解决业务不清的问题。

第二，通过再造实施流程图，包括业务协作流程、职责执行流程、业务信息关系流程，编制程序文件、作业指导书和业务表，实现任务分工责任化、明确化，业务运行程序化，信息处理精细化。

第三，通过业务流程再造，提供描述业务流程的手段和开发人员、业务人员双方交流的手段。

第四，实现不同业务流程的再造，包括：再造政府部门内部业务流程，要改变各职能管理机构重叠、中间层次多的状况，使每项职能只有一个职能机构管理，做到机构不再重叠、业务不重复；再造跨越多个职能部门边界的业务流程，使完成某一项业务所涉及的各个职能部门、所需要的各个功能环节和机构的人员以

① 蔡立辉：《电子政务：信息化时代的政府再造》，中国社会科学出版社 2006 年版，第 123 页。

及各种资源成为一体化的工作团队，打破部门的界限，实行团队管理，使许多工作可平行处理，大幅度地缩短流程或作业周期；再造政府部门间业务流程，实现对整个业务链的有效管理，缩短周期，减少非生产性成本，简化工作流程；逐步实现同层次和上下级政府机构之间的信息交换和信息共享，为实现各主要业务系统的互联交换和资源共享，以及规范政府管理和服务创造条件。

（3）明确大都市业务流程再造的具体工作内容。具体而言，大都市政府业务流程再造的具体工作内容，如图 9-2 所示，包括以下方面：

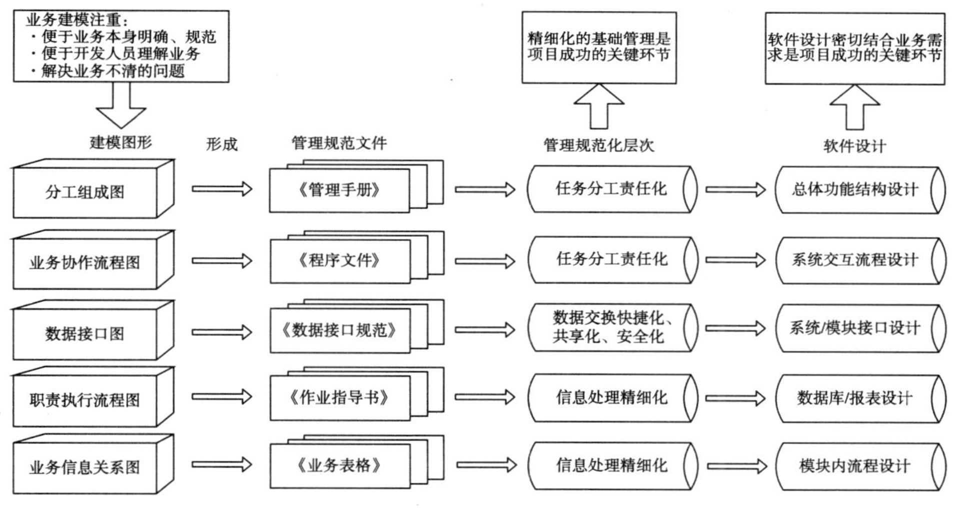

图 9-2　大都市政府业务流程再造的框架

第一，建立分工组成树——编制《管理手册》——实现任务分工责任化、明确化，与此相适应进行总体功能结构的软件设计，如图 9-3 所示。

第二，建立业务协作流程图——编制《程序文件》——实现业务运行程序化，与此相适应进行系统交互流程的软件设计，如图 9-4 所示。

第三，建立职责执行流程图——编制《作业指导书》——实现信息处理精细化，与此相适应进行数据库报表的软件设计如图 9-5 所示。

第四，建立业务信息关系图——编制《业务表格》——实现信息处理精细化，与此相适应进行模块内流程软件设计。

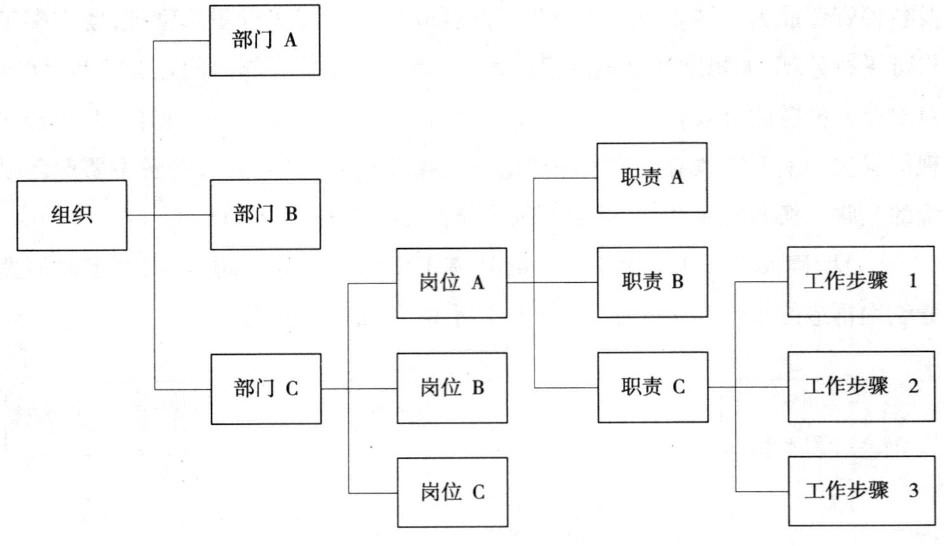

图 9-3　分工组成树体现任务分工责任

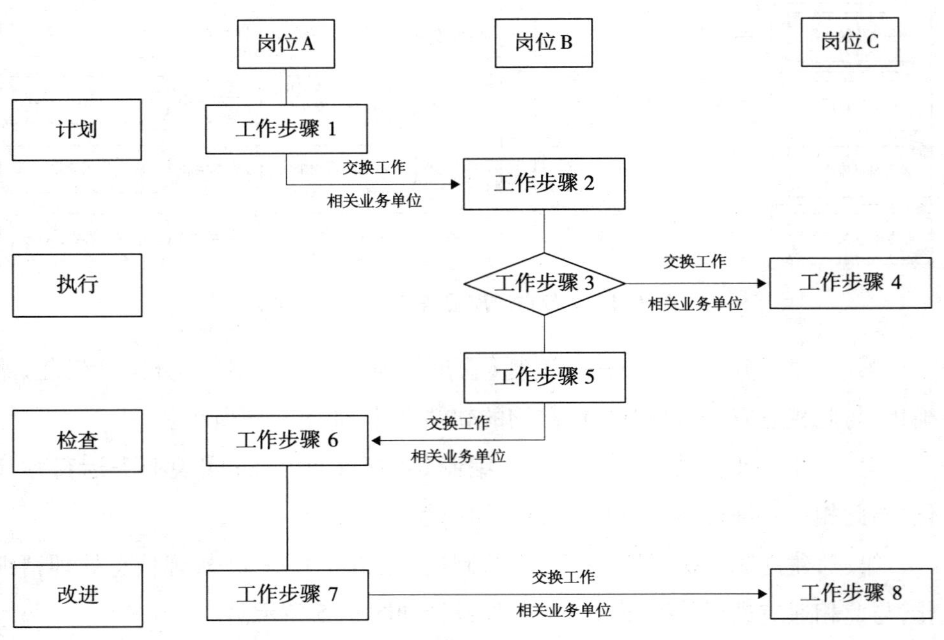

图 9-4　业务协作流程图体现业务运行程序化

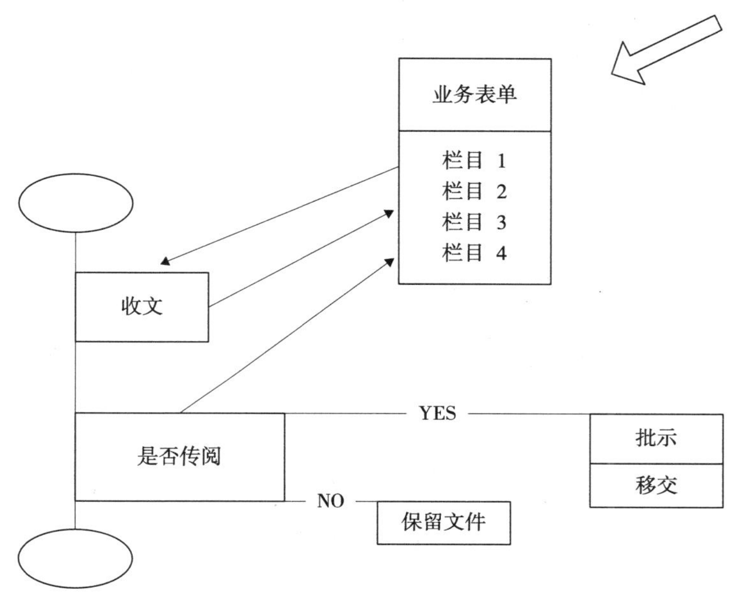

图 9-5　职责执行流程图体现信息处理精细化

（二）政府业务流程再造的过程

大都市政府业务流程再造的过程主要包括以下三个阶段：

第一，业务建模阶段：主要工作包括：调查研究现实业务需求；调查研究现实业务流程；调查研究现实业务信息；研究设计标准化数据元；设计电子文档；研究设计业务模型。

第二，数据规范化阶段——数据元素设计与管理：主要工作包括：分析已有数据元素标准、存在的问题；编制数据元素设计与管理规范；编制数据元素目录。

第三，文档规范化阶段——电子文档设计：主要工作包括：建立和规范文档格式；编制电子文档格式设计指南；建立电子文档模型库。

业务建模是数据标准化的重要途径，业务建模和业务流程分析为数据规范化和文档规范化提供手段与素材；同时，数据规范化和文档规范化的结果也可以用来完善业务建模和业务流程分析的过程。

国家标准 GB/T19487—2004《电子政务业务流程设计方法通用规范》提出的

全程一体化精细建模方法融合了国际上流行的统一建模语言UML(Unified Modeling Language)和集成定义方法IDEF(Integration Definition method)的优点,基于业务模型提取数据元,全面支持数据规范化的过程,同时也解决了实际运用过程中的三个问题:一是缺少直接描述业务模型能力的问题;二是没有明确指出各种建模图之间的关联关系;二是没有给出从业务建模向需求定义、软件设计的过渡方式。

从应用角度来看,业务建模的基本过程有三种:一是以业务分工分析为出发点进行建模的过程,这种建模过程对描述现有业务模型描述效率较高;二是以业务流程分析为出发点进行建模的过程,这种建模过程对描述未来业务模型描述效率较高;三是以业务信息分析为出发点进行建模的过程,建模过程对已有信息化系统为基础的业务模型描述效率较高。每种基本建模过程都是由描述业务分工、描述业务流程、描述业务信息等基本建模活动组成,并在基本建模过程中对主要指标和主要文档作出要求。实际业务建模过程往往是上述三种基本建模过程的有机组合,只应用一种基本建模过程的情况比较少。

就以业务分工分析为出发点的基本建模过程而言,以业务分工分析为出发点的基本建模过程是根据业务建模的实际需要,从一个单位的业务分工描述开始,完成对这个单位业务描述。它主要有两种流程分支,第一个分支是描述业务分工、业务信息和业务流程;第二个分支是描述业务分工、业务流程和业务信息,如图9-6所示。

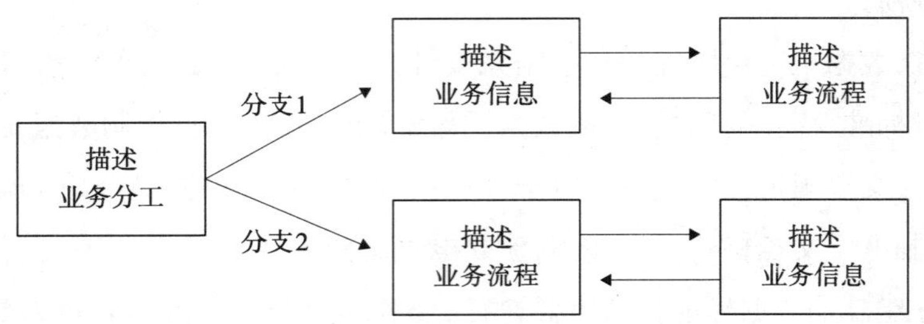

图9-6 以业务分工分析为出发点的基本建模过程

以业务分工分析为出发点进行业务建模时,先从业务分工素材比较齐全的业务部分开始描述,建立清晰的单位业务分工描述,如果业务信息种类及其样式素材如表格等比较齐备，就选择第一个分支，即描述完业务信息后再描述业务流程，否则就选择第二个分支，即通过描述业务流程来发现业务信息，进而描述业务信息。实际上，描述业务信息和业务流程并不是独立进行的，而是一个相互交叉和反复的过程。

就以业务流程分析为出发点的基本建模过程而言，以业务流程分析为出发点的基本建模过程是根据业务建模的实际需要，从业务流程的描述开始，完成业务建模工作。它主要有两种流程分支，第一个分支是描述业务流程、业务信息和业务分工，第二个分支是描述业务流程、业务分工和业务信息。如图 9-7 所示。

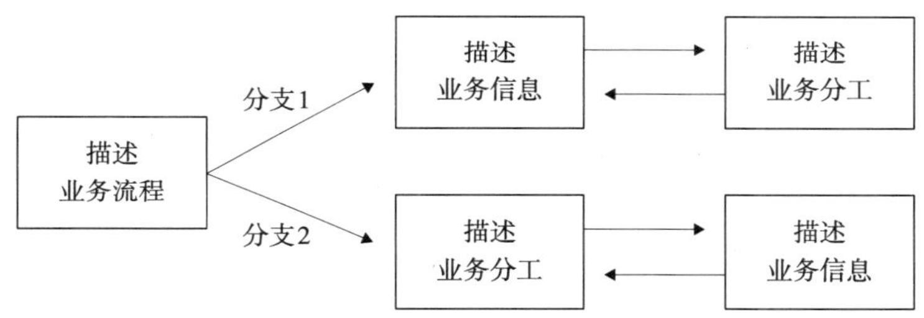

图 9-7　以业务流程分析为出发点的建模过程

以业务流程分析为出发点进行业务建模时，先从占主导地位的业务流程部分开始描述，按业务步骤建立业务流程模型；此后，如果业务信息种类及其样式素材比较齐备，就选择第一个分支，描述业务信息后再描述业务流程，否则就选择第二个分支，描述组织分工后再描述业务信息。描述业务信息和组织分工并不是独立进行，而是一个相互交叉和反复的过程。

就以业务信息分析为出发点的基本建模过程而言，以业务信息分析为出发点的基本建模过程是根据业务建模的实际需要，从业务信息的描述开始，完成业务建模工作。它主要有两种流程分支，第一个分支是描述业务分工、描述业务流程；第二个分支是描述业务流程、描述业务分工。如图 9-8 所示。

以业务信息分析为出发点的建模过程是根据业务建模的实际需要，从业务信息的整理开始，建立清晰的业务信息模型；此后，如果业务分工素材比较齐全明确，就选择第一个分支，描述业务分工后再描述业务流程，否则就选择第二个分支，描述完业务流程后再描述业务分工。描述业务信息模型、描述业务分工模

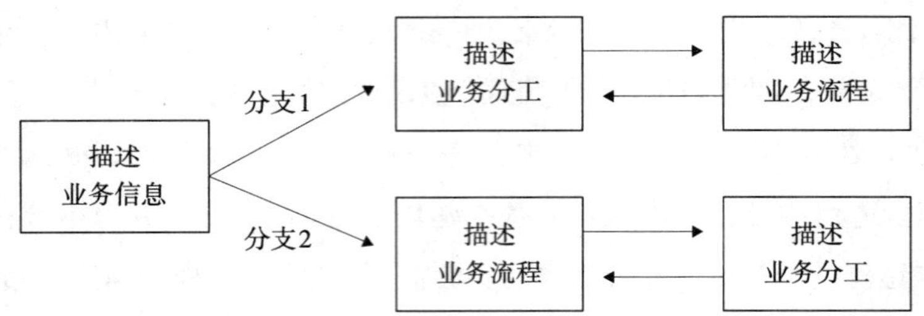

图 9-8　以业务信息分析为出发点的建模过程

型和业务流程模型并不是独立进行，而是一个相互交叉和反复的过程。

就业务建模标准的应用场合而言，GB/T 19487—2004 适用于基于业务模则提取数据元，全面支持数据规范化的过程。GB/T 19487—2004 适用于描述电子政务系统建设中可程序化的业务流程，也适用于其他信息化系统在业务分析、业务设计和需求定义阶段的业务建模与需求建模，这些信息化系统包括军事信息化、企业信息化与城市信息化等各种应用系统。GB/T19487—2004 同时适用于各种管理规范文件的可视化建模。

业务建模的内容主要包括：结合不同政府部门的业务特点、业务需求来制定政务规范，这是行政流程再造的基础，如图 9-9 所示。

在行政流程再造过程中，从整体和系统规划的角度对各部门职能进行合理划分与配置、对各类业务及其流程进行梳理和整合，建立以业务办理事项或服务事项为中心的公共资源数据库和流程库，集成整合所有政府部门的业务应用系统，构建统一的政府部门的管理与服务平台，形成跨部门的网络化协同办公环境，都是政务规范制定的重要内容。① 因为，行政流程再造是基于信息技术和系统观点的、以首尾相接的、完整连贯的整合性业务流程来代替以往被各政府部门割裂的破碎性的流程的再造模式，逐步实现为社会提供无缝式②的电子化政府服务。政务流程再造的过程包括系统战略规划阶段、系统流程规划阶段、系统数

① 蔡立辉：《应用信息技术促进政府治理创新》，《中国人民大学学报》2006 年第 4 期，第 139 页。

② 对行政服务的使用者来说，无缝隙服务是感觉不到边界的政府，是对部门、人员、信息、服务与流程进行了有效整合的虚拟政府。

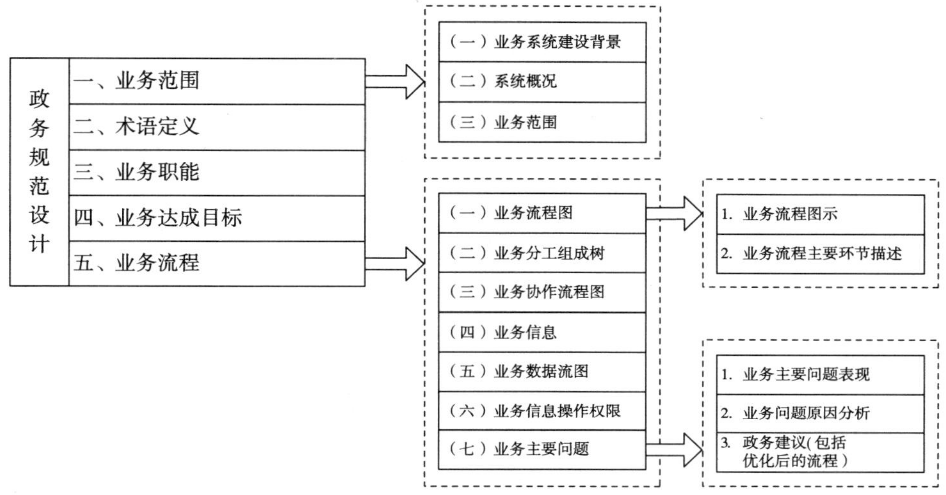

图 9-9　政务规范设计图

据规划阶段、系统功能规划阶段和系统资源分配阶段,如图 9-10 所示。

大都市政府业务流程再造就是在治理能力现代化、技术创新以及成熟信息技术综合应用的基础上,对工作程序进行科学优化和重新设计,建立面向流程的组织、人员和岗位结构,辅以相应的组织文化建设和激励约束机制,以较低的投入极大地提高城市治理效率。就政府流程的再造的步骤而言,具体包括设计、执行与评估这三个阶段。① 现以北京市东城区城市政府业务流程再造的新模式为例②,具体分析大都市政府流程再造的步骤。

(1)审视原有流程。这个阶段包括两方面的工作内容,一是调查了解原有

---

① Roberts, L.: *Process Reengineering: The Key to Achieving Breakthrough Success*. ASQC Quality Press, 1994.

② 选择北京市东城区作为典型是因为:东城区作为首都北京的中心城区中心之一,有着悠久的历史和优越的地理位置。该区《网格化管理新模式》已经申报了 3 项发明专利和一项实用新型专利并获得了专利受理申请号,并组织编制了数字化城市治理模式涉及的三个产品标准和一个技术规范,并批准颁布,于 2005 年 8 月 1 日起在全国实施。该模式还通过了建设部的国家"十五"科技攻关计划示范工程的验收和北京市科委的科技成果鉴定,被列为国家信息化示范项目、北京市信息化重大应用项目,2005 年荣获国家 GIS"优秀工程奖";2006 年 4 月,获得建设部颁发的"中国人居环境范例奖"等。

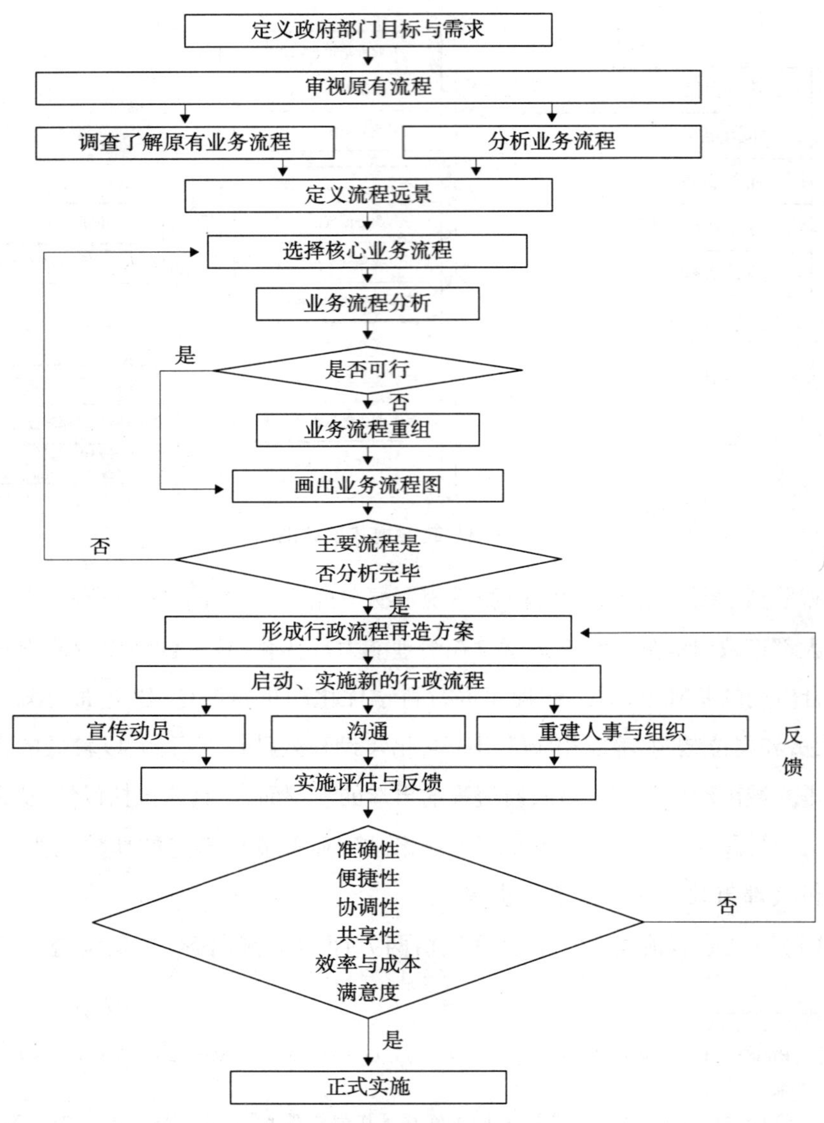

图 9-10 政务流程再造的步骤

资料来源:蔡立辉:《电子政务》,清华大学出版社 2009 年版,第 256 页。

的业务流程;二是对原有业务流程进行分析,分析主要从以下方面着手:确定那些将带来不良结果的行业、瓶颈和不必要的步骤;确定把职能信息系统分为几个系统，再合并成一个大流程系统；确定正式、非正式的机能失调政策、规则等等。

如图 9-11 所示，北京市东城区过去采用的管理流程基本上有两种模式。一种是专业部门自己主动巡检，发现问题现场解决，并登记处理信息；二是专业部门通过媒体曝光、公众信访和领导指示等渠道被动获知有关问题后，到现场核实处理，然后登记处理信息并反馈给媒体、公众及领导。

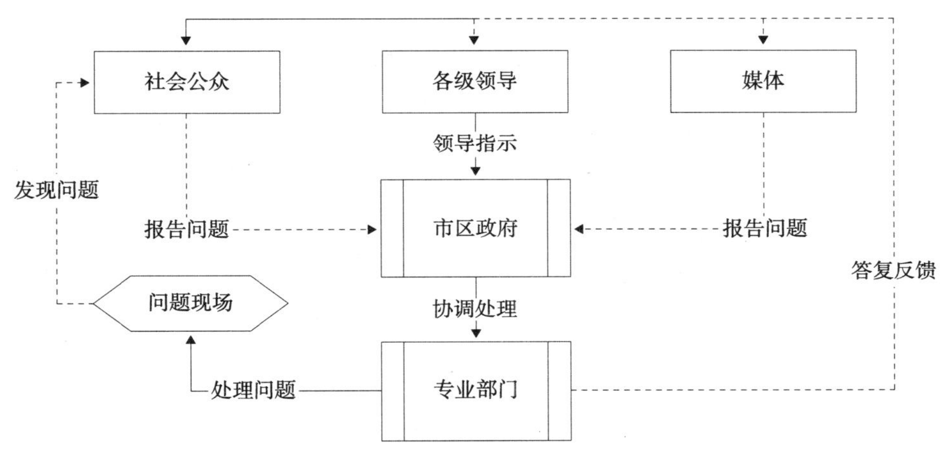

图 9-11　传统城市治理模式流程图①

这些治理体制由于缺乏监督，职能部门自己发现问题自己处理，发现问题越多，处理工作量就大，因此会出现多一事不如少一事的现象。这样的流程不能形成及时、全面、系统的反馈和回流，使城市政府无法系统全面掌握城市治理的整体情况。传统大都市政府治理的问题上报处理程序也要经过近 12 个部门正副领导的签字确认才得以处理，不仅耗时，而且极大地浪费了人、财、物等社会资源。如图 9-12 所示。

(2)进行业务流程再造的策略分析。首先，需要高层领导认识到流程再造的重要性并给予支持。流程再造需要投入资源和经费，若高层领导无此认识，再

① 池忠仁、王浣尘：《网格化管理和信息距离理论：城市电子政务流程管理》，上海交通大学出版社 2008 年版，第 226 页。

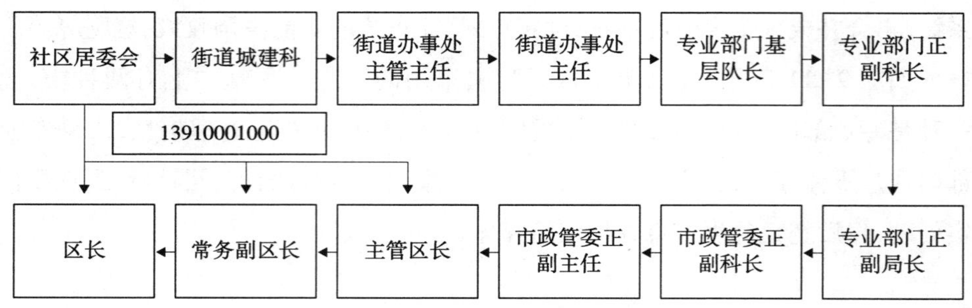

图 9-12　传统城市治理问题上报程序

造无从实施。其次，寻找发现流程再造的机会，确认各项作业流程亟须改进之处，评估本机构信息技术的能力和需要，决定要再造的流程。

(3)业务流程的重新设计。在对传统的政府业务流程进行根本性再思考的基础上，需要对原有业务流程进行彻底性再设计。在这个步骤上，应主要做好如下工作：

第一，在设计新业务流程的整体方案上，应着重考虑下列基本要素。包括：业务流程再造重新设计应如何与最终目标相结合，确保早期制定的最终目标与新流程运作的结果结合起来；要紧紧围绕组织目标和流程目的来分配和设计人的工作；打破层级分割体制；将注意力从间断工序转向一体化，提高工作效率；运用评价信息技术，确定一种合适的信息技术结构，使之能支持再造后的流程等。

第二，重新设计新的人事及组织结构。新流程可能会对原有的组织结构造成冲击，使原本讲求分层负责、部门壁垒分明的传统组织结构被横向整合的新组织形态所取代。新的人事及组织结构的目标是保障新流程顺畅运行。

第三，重新设计新的信息系统及其传递方式。新信息系统的设计要考虑具有弹性及经济适用。例如以局域网取代封闭式主机电脑，除硬件之外，也应该考虑搭配的软件。新信息系统若设计得当，对业务流程的创新有很大帮助。

第四，设计出新业务流程的原型。让机构高层领导了解新流程的特征、作业过程、工作设计、信息系统架构及设备标准，同时让部分政府工作人员使用并收集使用后的意见。这个过程可以反复不断进行，即收集使用者的反馈，细致修改新流程,然后让使用者评估修改后的流程,再依据反馈进行下一次修改。修改过程一直进行到使用者感到满意为止。

尽管北京市东城区信息化建设以及管理流程的发展走在国内前列,甚至在城市建设相关领域开发了一些相对独立的应用系统,但作为国内大都市治理的典范,北京市东城区城市建设管理问题仍然层出不穷:公众服务不到位,企业管理部门众多,条块部门职责交叉,管理手段落后,业务流程不顺,缺乏有效的监督和评价机制,问题日积月累进而影响了百姓生活及北京文明城市形态等。因此,当前城市治理政府流程问题的解决思路是,在治理能力现代化、技术创新以及成熟的信息技术综合应用基础上,科学优化和重新设计原有流程,建立面向流程的组织、人员和岗位结构,才能扭转公众办事不方便,部门职责推诿扯皮,信息流程不顺畅,监督评价无效果、资源利用率不高、办事效率低下等诸多问题。如图 9-13 所示。

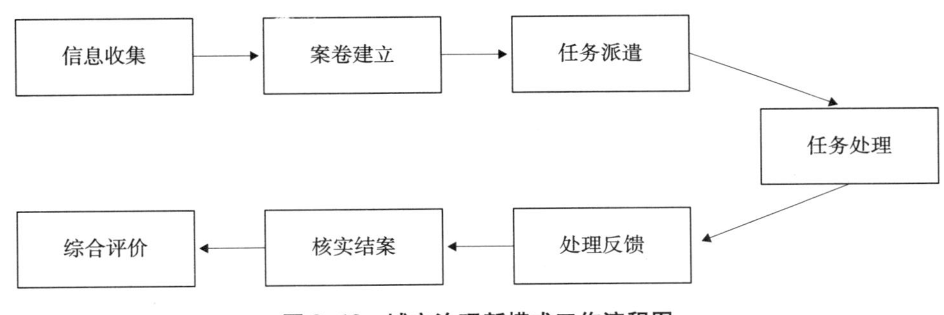

图 9-13 城市治理新模式工作流程图

经过进一步分析,以上七个环节的流程,与三个管理阶段相对应,即发现问题、任务派遣、处理问题,可以称为“三段体”。如图 9-14 所示。

从图 9-14 可以看出,新的城市治理流程克服了原有流程没有监督和回流以及速度缓慢的弊端,通过信息化技术的应用,实现了城市治理信息的实时传递,改变了信息获取的方式,由被动变为主动,使得管理流程科学合理,责任明确,相互制约,通过建立全区处理城市治理问题的整体案卷,使区政府做到对全区城市治理的问题心中有数、统一调度、科学管理。

因此,经过再造和优化后的北京市东城区城市治理流程如图 9-15 所示。

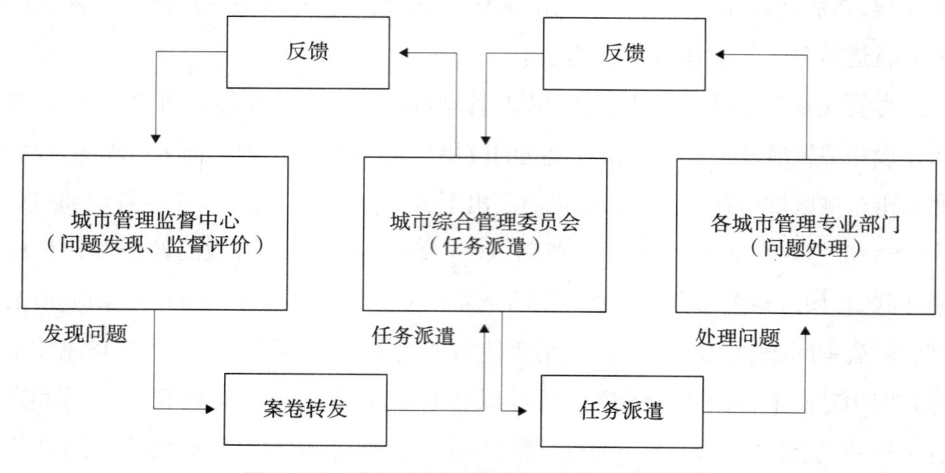

图 9-14　城市治理新模式“三段体”流程图①

（4）启动、实施新的业务流程。在进行政府业务流程再造之前，要先启动再造工程，包括进行宣传动员，让组织成员对即将发生的改变有心理准备，负责改造的单位需要与受影响的相关人员沟通，使其了解并认同改变的必要性。而后组成再造小组，拟定和执行改革计划。再造小组依据管理和服务对象的需求以及高层领导所拟定的目标，制定新流程工作评价标准。

新的业务流程的实施主要包括：第一，开发及建设新信息系统以有效实现新流程的目标；第二，重建人事与组织，重点在于顺利推展新的组织架构。新组织架构强调横向整合，为使工作人员有能力胜任新职务与挑战，机构需要安排训练与教育课程，使工作人员获取知识与技能。需要注意的是，整个过程要尽量减少阻力，振奋工作人员的士气。

北京市东城区根据城市流程再造的新模式的工作流程，进一步细化为业务流程的信息流，如图 9-16 所示。

城市政府业务流程再造新模式的信息流的基本过程可以分为以下几个

---

① 陈平：《数字化城市治理模式探析》，《北京大学学报（哲学社会科学版）》2006 年第 1 期。

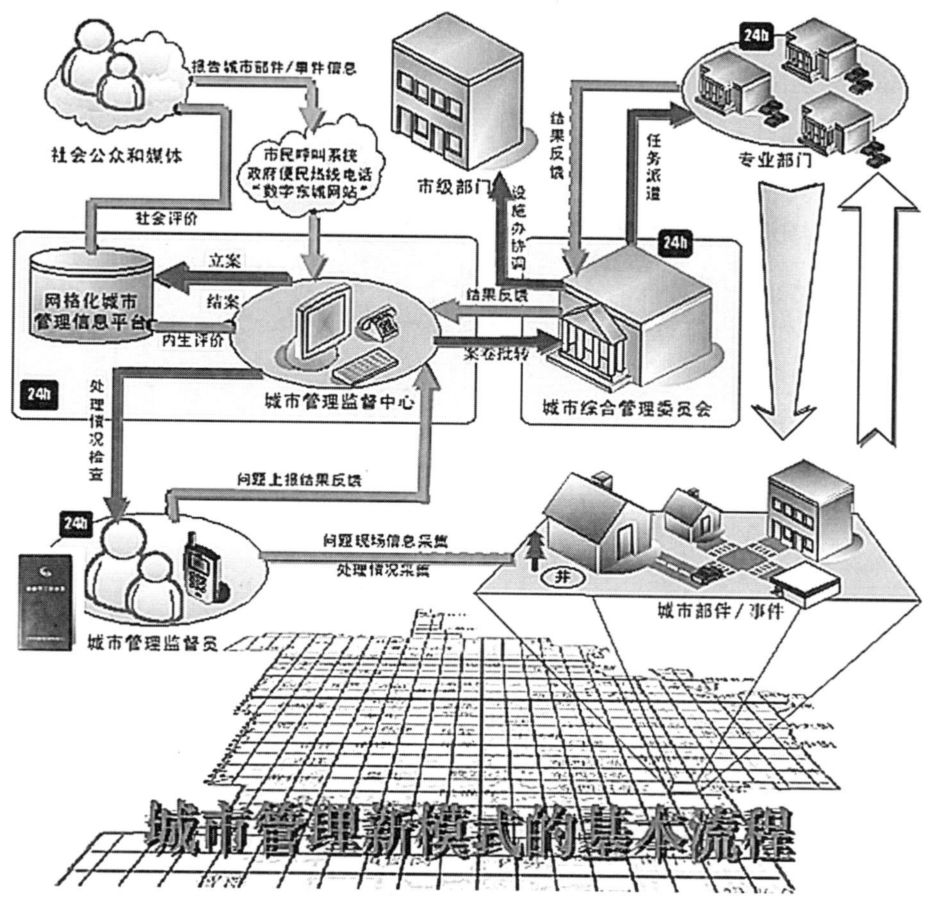

图 9-15　城市治理新模式基本流程图①

阶段:

第一阶段:信息收集阶段。城市治理监督员在规定的若干单元网格内巡视,发现问题后通过无线数据采集器上报位置、图片、表单、录音等信息;监控中心接收社会公众的电话举报,通知监督员核实,属实的问题由监督员上报。如图 9-17 所示。

① 陈平:《数字化城市治理模式探析》,《北京大学学报(哲学社会科学版)》2006 年第 1 期。

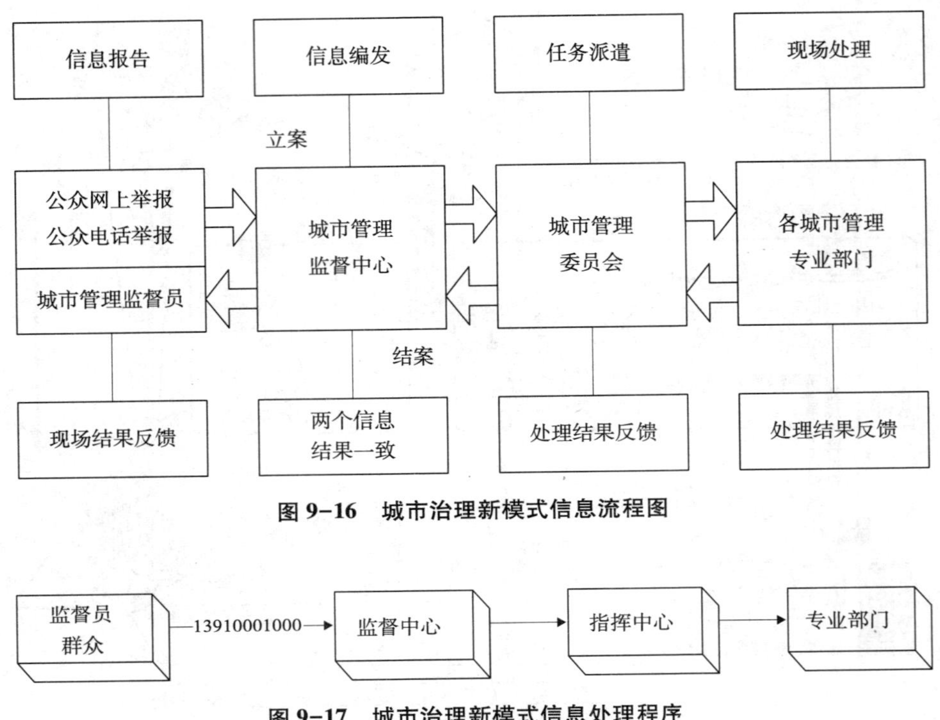

图 9-16　城市治理新模式信息流程图

图 9-17　城市治理新模式信息处理程序

第二阶段:甄别、立案阶段。监控中心接收城市治理监督员上报的问题,立案、审核后,转批到城市治理协调中心。

第三阶段:任务派遣阶段。指挥协调中心接收监控中心批转的案卷,派遣至相关专业部门处理。

第四阶段:任务处理阶段。相关专业部门按照指挥协调中心的指令,处理问题;将处理结果信息反馈到协调中心。

第五阶段:处理反馈阶段。协调中心将专业部门反馈的问题处理结果信息批转到监控中心。

第六阶段:核查结案阶段。监控中心通知相应区域的城市治理监督员到现场对问题的处理情况进行核查,监督员通过无线数据采集器上报处理核查信息;如上报的处理核查信息与监控中心批转的问题处理信息一致,监控平台进行结案处理。

（5）评估反馈。在实施新流程后，评估效率与得失也是十分重要的成果。评估项目包括流程表现、信息系统表现及工作效率。流程表现评价指标包括，提供服务的时间、成本、公众满意度、协调与决策的质量。政府机构应针对反馈持续改进流程。

北京市东城区为保障新的管理模式的顺利运行，城市网格化管理设计并建立了一整套科学完善的监督评价体系，以达到对新模式各个环节、部门、岗位进行科学评价和有效监督目标。评价指标监督体系主要包括外部评价和内部评价两个方面。外部评价主要由公众、社会媒体和上级政府的评价构成。内部评价则由信息系统自动完成。结合内外评价指标，形成了系统的综合评价指标体系，如图 9-18 所示。

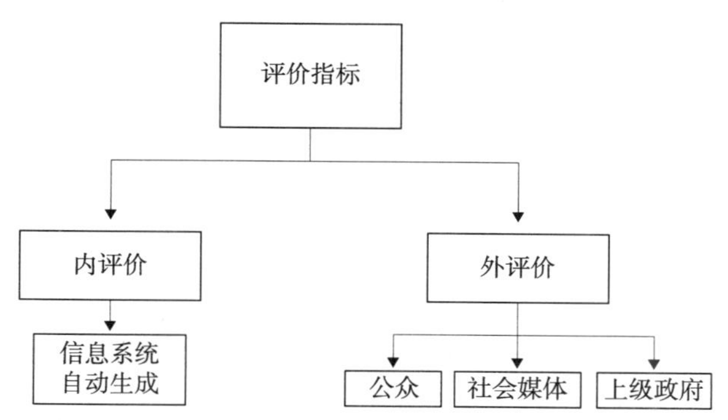

图 9-18　城市治理新模式评价体系

评价的内容主要是对工作过程、责任主体、工作绩效和规范标准进行评价。从区域评价、部门评价和岗位评价三个方面，对评价对象即城市治理监督员、专业管理部门、城市治理监督中心、城市综合管理委员会和四级责任主体进行综合考核评价。对每个对象都初步设计了一级指标和二级指标两个层次，采用加权综合评分法，各指标均以五级计分法测评，再确定各指标在体系中的权重，然后按不同权重进行加总，得出总分，由网格化城市治理信息平台自动生成评价结果，并通过不同的颜色显示在相应的网格图中，然后予以公布，作为考核业绩的重要内容之一,如图 9-19 所示。

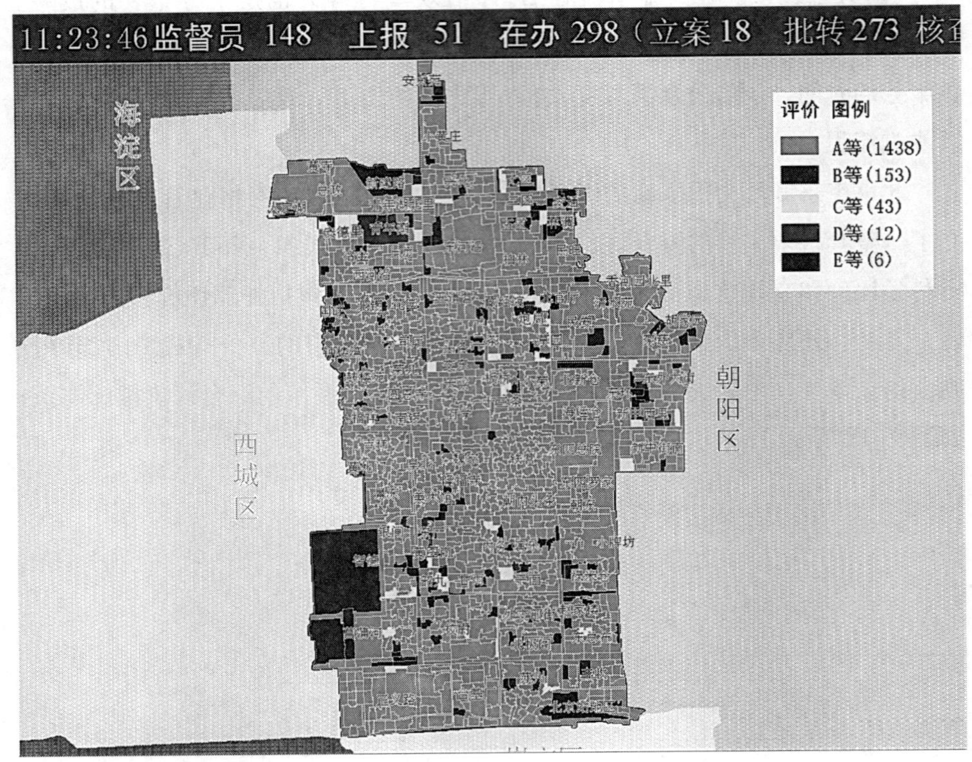

图 9-19 北京市东城区城市治理新模式评价指标分布图

资料来源:陈平:《数字化城市治理模式探析》,《北京大学学报(哲学社会科学版)》2006 年第 1 期。

四、大都市政府业务流程再造的特征

大都市政府业务流程再造具有如下显著特征:

(1)业务流程再造是一种系统的、综合的提高大都市政府部门绩效的方法,它不是单纯的网络信息技术解决方案,而是网络信息技术的使用与政府改革的有机结合。通过网络信息技术固化的新的管理模式、组织结构模式、业务模式和公共服务的传递方式是以顾客为中心,能够回答用户需要什么、能实现什么、什么将受到影响、变化将在何时发生等问题。

（2）业务流程再造就是要通过再造政府组织结构、打破条块分割体制和部门界限，来构建虚拟政府，实现政府部门资源共享、跨部门的网络化管理和协同办公；强调运用网络信息技术打破传统层级传递信息和书面审核的工作方式，使政府行政组织的金字塔结构改变成扁平式、无中心式的网络结构。①

（3）业务流程再造强调对现代网络信息技术的应用。运用网络信息技术实现政府与公众之间交互式的信息传输和一站式不受时空限制的在线服务、政府快速回应，实现政府通过网络提供“一站到底式”和 7×24 式的无缝式服务，扭转传统政府管理模式下企业和公众对政府提供的服务常常处于一种被动状态的局面；把曾经只能在物理空间里行使的政府职能，通过数字化的方式延伸出去，将原来需要大量人力来处理的行政事务都通过网络，在虚拟空间中轻松地、甚至自动地进行。②

（4）业务流程再造十分重视顾客的需求，重视公众和利益相关者。传统的分工理论将完整的流程分解为若干任务，并把每个任务交给专门的人员去完成，在这种思想的影响下，工作的重点往往会落在任务上，从而忽视了最终的目标——满足顾客的需要。业务流程再造带来的一个结果就是使每一个环节、每一个节点上的人员都充分意识到流程的出口就是向顾客提供高效率、便捷的服务。

（5）业务流程再造的效果实现了大都市政府组织结构的创新重组、流程优化、资源共享和业务协同。具体来说，第一，实现了部门之间的无缝化和各部门业务流程的一体化。大都市所有公共部门只有一个统一的窗口对外，让公众感觉到各部门是一个整体，公众可以通过对互联网等技术的利用搜索到自己所需要的信息和服务，不再需要去特别注意这些信息与服务是由哪个部门提供的，而只关心自己的需求就能方便地获取和无缝地接受各项服务；第二，实现了中央政府与大都市地方政府间的无缝化，中央政府部门和大都市地方政府部门之间的

① ［美］简·芳汀：《构建虚拟政府：信息技术与制度创新》，邵国松译，中国人民大学出版社 2004 年版，第 40—50 页。

② 蔡立辉：《电子政务：信息化时代的政府再造》，中国社会科学出版社 2006 年版，第 50 页。

手续办理和业务处理,都在网上进行,公众在利用行政服务时可以完全不必注意中央和地方政府部门之间的界限;第三,实现大都市政府与民间机构之间的无缝化,在市场经济体制下,政府部门不是公共服务的唯一提供者,除此而外,非政府公共机构、民间机构等也都参与了公共服务的提供。① 因此,为了提高公众获取公共服务的便捷性、提高公共服务质量,实行政府部门、非政府公共机构和民间机构之间的信息与服务对接,进一步实现一体化。

综上所述,通过大都市政府流程再造工程,实现所有业务流程的梳理、优化和再造,建立以业务办理事项或服务事项为中心的公共资源数据库和流程库;集成、整合所有公共部门的业务应用系统,构建统一的公共部门的管理和服务平台,形成跨部门、跨大都市政府的网络化协同办公环境,实现了为社会提供无缝式的电子化政府服务。

第三节　大都市政府业务流程再造的基础平台建设

应用现代信息技术整合各种资源,构建大都市政府内部跨部门的统一协同工作平台和功能完善的数字化政府管理服务平台,构建大都市区域跨地方都市政府的信息化工作平台,实现数据交换、跨部门和跨地方业务协同和信息资源共享,为公众和企业提供无缝式的电子化服务,是促进大都市政府治理能力现代化、强化服务政府、法治政府、责任政府、廉洁政府和效能政府建设的迫切要求,是实现大都市业务流程再造的基础。

流程再造强调以流程为中心和打破部门界限,强调以整体流程全局最优为目标来设计和优化流程中的各项活动,强调跨部门的集成整合和网络化工作,强调将功能性的层级结构转化为跨功能的工作团队,强调运用网络信息技术打破

① 詹中原:《新公共管理——政府再造的理论与实务》,五南图书出版股份有限公司2002年版,第20—40页。

传统层级传递信息和书面审核的工作方式，使政府行政组织的金字塔结构改变成扁平式、无中心式的网络结构。因此，基于流程再造的基础平台建设是打破分割和零碎化、实现业务协同和大都市政府治理能力现代化的重要途径。

一、构建大都市政府统一的协同工作平台

与分散、分割相对立的是集中，只有通过集中才能消除分散与分割。在现代信息化环境条件下，实现集中的方法有两个：一是将所有部门集中在一个大楼，即物理集中；二是构建一个统一的协同工作平台，并实现所有部门与该平台的无缝隙链接，即虚拟集中。显然，在现实条件下，物理集中虽然解决了形式上分散的问题，但由于资源不共享导致仍然没有解决分割、各自为政地处理业务的问题，整体效能和办事的便捷性仍然没有体现。因此，根据信息化应用的水平，从物理集中逐步过渡到虚拟集中必然是趋势。

统一协同工作平台在资源交换共享的环境条件下，实现了再造、优化后的行政业务流程以平台为依托的运转。没有统一的协同工作平台，再造后的行政业务流程就没有地方运转；没有资源交换共享这个环境条件，再造后的行政业务流程也不可能形成工作流、信息流而在平台上运转。因此，再造行政业务流程、构建统一的协同工作平台、实现资源交换共享三者之间是互为条件、互为基础、相互作用的有机整体。

如何构建大都市政府统一的协同工作平台和发挥其作用？本成果研究认为，应当做好以下方面的工作：

第一，要以公众需求为导向再造、优化行政业务流程。大都市政府信息化的核心价值之一就是要提高大都市政府自身的管理能力、社会管理能力和公共服务质量。因此，大都市政府信息化的行政业务流程再造首先必须确定优先发展领域，从与公众服务密切相关的流程开始。主要包括三个方面：一是确定政务公开、信息发布和信息交换共享流程；二是建立网上办公、网上办事的流程；三是建立网上监管流程。

第二，要以强化资源整合和信息共享来提高大都市政府的整体效能和构建

无缝隙政府。大都市政府统一的协同工作平台建设通过集成技术的运用,实现跨部门业务、信息与服务的整合,形成网络化的跨部门协同办公环境;将大都市政府机构内部和外部的管理与服务职能通过精简、优化、整合后在网上实现,为社会公众以及自身提供一体化的高效、优质、廉洁的管理和服务。为此,平台建设过程必须注重以下几个方面:一是大都市政府各部门在行政管理制度上要确立新的业务管理模式,简化行政工作流程;二是要探索并建立规范的政府信息公开、政府信息资源管理等电子政务建设所不可缺少的制度;三是要加强政府部门内部及政府部门之间的协作和协同,即要注重以管理流程为主线和以公共服务信息为核心的跨组织整合,以保证行政单一窗口化的社会服务的实现。

推进政务信息资源目录体系与交换体系建设,满足跨部门、跨行政区域普遍信息交换共享的需求,支持市级——职能部门——乡镇(街道、社区)不同层级部门决策、管理与服务;满足部门间特定信息横向交换共享的需求,支持不同层级政务部门的业务协同。各部门凡是与跨部门协同办公相关的政务信息资源必须进行整合,避免重复建设,促进各业务应用系统之间的互联互通,实现数据共享。

第三,规范标准、统筹规划。政务流程再造必须在统一规划的指导下开展,主要包括总体标准、应用业务标准、应用支撑标准、网络基础设施标准、数据标准、信息安全标准和管理标准等,科学进行政务信息分类分级。所有政务、技术、标准、协议和接口都必须在统一规划指导下进行,以此保证标准性、开放性、实用性和安全性;要正确处理公开与安全的关系,综合平衡安全成本和效益的关系;建立和完善各类业务应用系统的安全保障体系、标准化体系和管理评估体系;正确处理政府部门与其他政府部门之间在业务协调、资源整合、数据共享和业务流程再造等方面的关系,充分发挥各方面的积极性。

第四,充分实现信息共享。按照“物理分散、逻辑集中”和“资源整合、集约建设”的要求,统筹建设大都市政府公共数据中心和政务信息资源共享交换平台,实现各部门与统一的协同工作平台之间、各业务应用系统之间、各部门之间、各部门与公共数据中心之间的高效链接与信息资源交换。政务信息资源按规划实行集中与分布式相结合的方式建设,基础性的数据集中建设,各部门共享;专业业务性的数据分布建设,各部门按需要有条件共享。

要充分利用已有的网络基础、业务应用系统、各类资源和信息技术为实现大都市政府行政业务流程再造提供支撑,加强信息资源整合与信息公开,促进信息共享、透明与互联互通,提高大都市政府部门之间、大都市政府与其他社会主体之间沟通协调的能力,形成跨部门的网络化协同办公环境,为市民、法人和其他组织提供无缝式的电子化服务。

第五,要以技术应用来促进行政管理理念创新。大都市政府统一的协同工作平台建设要以信息技术改变传统的行政管理模式和运行机制,坚持以政务为核心和龙头,以信息技术为支撑和手段;坚持以人为本,充分利用网络资源,加强政府窗口部门的协同办公,切实提高市民、法人和其他组织的办事效率,降低他们的办事成本,把便民服务作为统一协同工作平台的第一要务和衡量其运行绩效的重要指标;要从业务对象出发,结合政府机构改革,实现业务流程优化、政府组织结构合理调整及其运行协调,方便企业与市民,提高政府部门公共服务的能力。

大都市政府统一的协同工作平台作为行政业务流程运转的依托,在功能上就必须具备:业务处理功能、信息查询和服务功能、绩效评估功能、对政府部门自身和对社会公共事务的管理功能、电子化服务的提供功能、投诉和监督的功能等。只有这样,才能真正使统一的协同工作平台成为部门之间、政府部门与其他社会主体之间交互的载体。

二、构建大都市政府治理数据中心和交换共享平台

数据交换中心和数据交换共享平台是实现大都市政府跨部门业务协同、跨地方资源共享和一体化协作,实现大都市业务流程再造基础平台建设的重要组成部分,实现大都市政府治理能力现代化的重要物质基础。如果把流程设置、再造后的流程比作管道的话,那么由信息所形成的信息流、工作流则好比是管道里流动的水,如果没有水,即使这个管道再好也不能发挥作用。因此,建立公共数

据中心、数据交换平台，是最终实现流程再造的重要环节和物质基础。现在的问题是，公共资源部门化、地方化现象特别严重，完整的信息被分散在各部门、各地方政府。因此，必须通过建立大都市政府治理数据中心和数据交换共享平台来打破分割的治理体制和实现创新。因为，资源共享是在多种用户之间、多种主体之间的资源利用，这些用户、主体包括大都市政府及其部门、公民个人、企业和其他社会组织。由于资源具有价值，各种主体追求利益最大化的“经济人”属性，都只想从他处获取资源而不想提供，因此，就必须通过建立公共数据中心、数据交换共享平台以及健全的机制来确保资源交换共享的实现。

因此，要实现信息化条件下公共资源在各种用户、主体之间共享的状态，就必须克服、摆脱传统行政体制下政府各部门之间、各行政层级之间、政府部门与行政相对人之间、各地方之间只是领导与被领导、管理与被管理的行政关系，从而形成领导与被领导、管理与被管理、服务与被服务的互为用户的关系。这样，实现资源交换共享最关键的就是要形成资源应用的各类主体（包括各级政府、政府各部门、行政相对人等各类主体）之间的有机统一的关系，明确各类主体在资源交换共享体系建设和应用中的角色、权利义务。

为此，要加强落实《中共中央办公厅、国务院办公厅关于转发〈国家信息化领导小组关于我国电子政务建设指导意见〉的通知》（中办发［2002］17 号）和《中共中央办公厅、国务院办公厅关于加强信息资源开发利用工作的若干意见》（中办发［2004］34 号）文件精神的力度，加快推进政务信息资源共享。我国各级政府出台了一系列政策法规和标准规范来营造良好的政务信息资源交换共享和政府治理创新的制度环境，中央政府各部门、各地方政府为实现政府治理创新积极推进政务信息资源共享的建设，主要做法是依托现有的平台和系统，加强政务信息资源的整合，建设统一的电子政务网络平台和信息安全基础设施，建设政务信息资源目录体系和交换体系，支持政务信息资源交换共享和业务协同。其主要成果表现为：从地域上看，政务信息资源共享建设的试点城市“百花齐放”；从政务信息资源数据库建设看，“人口、法人、地理空间、宏观经济”等四大基础数据库有序推进；从政务信息资源业务系统建设看，跨部门和跨地区政务信息共享平台和系统建设效果明显。

（一）建立大都市政府治理数据中心

中办发［2002］17 号文指出："十五"期间，规划和开发重要政务信息资源是政府信息化建设与应用的主要任务之一，其主要内容包括"启动人口基础信息库、法人单位基础信息库、自然资源和空间地理基础信息库、宏观经济数据库的建设"。四大基础数据库的基本情况，如表 9-1 所示。

表 9-1　四大数据库建设的基本情况

数据库名称	启动时间	牵头单位	协办单位	建设任务
人口基础信息库	2004 年	公安部	国家计生委、国家统计局、民政部等	①建立国家级人口基础信息库； ②建立各省（自治区、直辖市）以及地市级人口基础信息库； ③整合政府有关部门相关人口信息资源； ④人口信息管理系统的建设、升级和改造； ⑤建立各级人口基础信息库的管理、更新、维护保障机制； ⑥建立相关标准体系，规范业务系统的数据接口，逐步实现互联互通。
法人单位基础信息库	2007 年	国家质检总局	工商总局、国税总局、民政部、中编办和统计局等部门	建设"一库一系统二网一平台"，即法人单位基础信息库及管理系统、内容传递和外部交换网络、面向国家电子政务和社会应用的统一应用平台。
自然资源和空间地理基础信息库	2007 年	国家发展改革委	国土资源部、水利部、中科院、测绘局、林业局、海洋局、气象局、航天科技集团等 10 个部门和单位	整合分散在各个部门和地区的地理空间和自然资源信息，建立逻辑上统一、物理上分布的地理空间和自然资源基础信息库，开发支持电子政务主要应用的综合信息库，建立统一的地理空间和自然资源信息共享目录体系和交换系统，支持多层次网络共享。

续表

数据库名称	启动时间	牵头单位	协办单位	建设任务
宏观经济数据库	2006 年	国家统计局	国家发改委、财政部、人民银行、商务部、国税总局、海关部署、工商总局、质检总局等单位组成的项目建设小组，2004 年又扩充了民政部、劳动和社会保障部、国土资源部、建设部、水利部、国家环境保护总局、国家旅游局、中国证券监督管理委员会、中国保险监督管理委员会和国家外汇局等十个单位	包括宏观经济数据库核心系统和支撑子系统两个重要组成部分。主要建设内容包括： ①建立宏观经济数据库指标体系； ②在国家统计局建立宏观经济数据库核心系统，在相关部委建立交换节点系统，在各省级统计局、重点城市统计局建立宏观经济数据库的分布式节点，以开放的体系结构支撑宏观经济数据库的运行和应用； ③利用各级政务网络资源连接同级决策领导机构和宏观经济管理部门，进行部门宏观经济数据交换，支持宏观经济运行管理和决策支持。

人口基础信息库、法人单位基础信息库、自然资源和空间地理基础信息库、宏观经济数据库等四大基础信息库是一个有机联系的整体，都涉及若干政府部门，其数据来源纷繁复杂，数据容量比较大；同时，在政府对相关部门的信息资源需求也十分复杂。因此，通过四大基础信息库的建设，可以探索在全国范围内跨部门信息资源采集、交换、加工、共享及管理的新思路，有助于建立公众信息查询、服务政府决策的信息仓库。①

(1)人口基础信息资源数据库。人口基础信息是人口信息的核心部分，是政务基础信息资源的重要组成部分。人口基础信息库的主体包括公民身份号码、姓名、性别、民族、出生地、出生日期等基本信息，还包括各部门业务系统在利用人口基本信息过程中产生的、其他部门存在共享需求的人口信息等。

我国各级政府基于国家基础政务信息资源建设的需求和服务型政府建设对

① 郭理桥：《人口基础信息库建设与应用初探》，《中国建设信息》2009 年第 17 期。

电子政务工作的实际需求,积极推进人口基础信息资源的建设、共享和应用。从2002年发布的《国家信息化领导小组关于我国电子政务建设指导意见》开始,国家提出"十五"建设的重要任务之一就是创建人口基础信息资源数据库。自此,各级、各地政府开始人口基础信息数据库的建设工作。国务院信息化办公室、公安部、劳动保障部、税务总局、国家标准委等五部委联合于2004年3月1日正式启动了《人口基础信息共享试点》的工作,首批试点在上海市、扬州市和湖南省展开,计划于2006年建成一个完整的全国人口基础信息数据库。① 随着我国电子政务建设的飞速发展,人口基础信息资源建设对政府针对辖区内人口的管理和服务工作的重要性日益凸显,经过近些年来的发展,我国基本形成了中央至区县的人口数据库的多级体系。②

在国家方面,从2004年下半年开始,由公安部负责组织建设的部级人口信息管理系统/全国人口基本信息资源库,截止到2008年已加载13.61亿人口的基础数据。全国各地的地方政府纷纷围绕人口基础数据库建设和共享展开工作。广东省建成开通了社保数据共享中心和企业基础信息共享中心,完成了省级平台与佛山、揭阳两个地市信息共享平台的互联互通,开展了信息共享电子监察工作。广州市采用多部门相互合作的形式,以市公安局、劳动保障局、民政局、卫生局、交委和人事局等部门为主体,构建包括公民身份证号码、姓名、性别、民族、出生地、出生日期等基本信息的自然人基础数据库。在自然人数据库的基础上,为市民提供社保、医保、医疗卫生、住房公积金、电话话费等服务,此外,广州市政府还加强流动人口信息、残疾人就业信息共享,大大提高了流动人口暂住证管理、残疾人就业保障服务等工作水平。北京市从2003年启动了人口基础数据库的建设和共享工作,到2009年底,一期工程建设完成并投入使用。

北京市人口基础信息资源数据库以市级政务信息资源共享交换平台为依托,基本实现相关部门的人口基础信息数据采集和交换,初步成为覆盖全市实有

① 国家信息化领导工作小组办公室:《关于开展人口基础信息共享试点工作的通知》(国信办[2003]62号)。

② 王进孝:《人口基础信息资源建设、共享与应用研究》,《电子政务》2010年第1期。

人口的基本信息、扩展信息和业务协助信息3个层次的人口基础信息库，相关的人口基础数据库支持民政、卫生、公安、劳保等8个部门的数据核对工作，并实现基于人口基础信息库的比对、查询等功能。福建省人口基础数据库一期工程到2009年上半年也建立了人口基础信息交换共享系统，对带动和促进政府之间的信息共享，加强人口信息管理，提高政府各职能部门之间的业务协作能力提供了重要的条件。这一系统一方面可为居民提供公积金、社保、医保、低保等基本的人口信息查询服务，另一方面，还可以满足个人信用监督、户籍管理、计划生育、社会治安等重大政府信息化业务应用系统对人口数据的需求。扬州市作为国家唯一地级市人口基础信息资源数据库建设的试点城市与上海市、湖南省共同率先开展人口基础信息共建共享工作。扬州市公安、劳动部门的人口信息数据共享，解决了长期以来的骗保问题；公安、税务部门的人口信息共享提高了破案效率；银行部门利用公安部门的身份核查系统，提高了办事效率。

（2）地理空间基础信息资源数据库。政务地理空间信息资源作为政务信息资源中的一类特殊的资源形式，承担着所有政务信息资源空间位置框架的重要职能，在政府信息化基础设施建设中具有重要的战略意义。根据《国家电子政务总体框架》的要求，政务地理空间信息资源共享交换服务体系由服务、业务与应用系统、信息资源、基础设施、体制机制、法律法规与标准化体系等方面的内容构成。从技术实现的角度来看，政务地理空间信息资源管理与共享服务体系技术框架可划分成基础设施、政务地理空间信息资源、政务地理空间信息资源目录体系、政务地理空间信息资源共享平台、业务应用系统以及门户6大内容层面和政策法规与标准规范体系、信息安全体系两大支撑手段。政务地理空间信息资源管理与共享服务应用体系是一个应用于各个政府部门的横向体系，这一体系通常由一个服务应用中心、多个信息分中心构成。在国家、省（市、自治区）、区（县）以及乡镇（街道办）的多级纵向行政体制中，这一体系同样适用于每个应用层面，因此，整个体系构成了“三级应用中心、服务四级应用”的多级架构。

北京市在政务地理空间信息资源数据库建设过程中，从共享分级和服务分类角度出发，统一规划了全市“三横、四纵”的政务地理空间信息资源数据库总体构成,如图 9-20 所示。

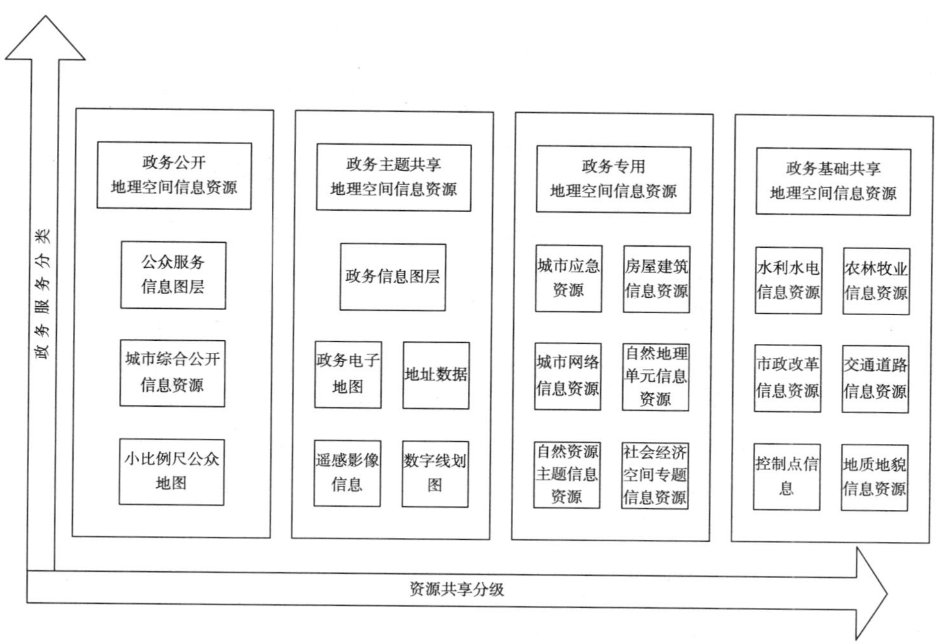

图 9-20　北京市政务基础空间信息资源数据库内容构成

资料来源:付哲、彭凯、李军、陈桂红:《政务地理空间信息资源管理与共享服务应用体系研究与实践》,《电子政务》2010 年第 1 期。

北京市政府从 2001 年开始组织全市统一的五大基础共享数据库建设,具体包括:遥感影像数据库、数字线划图数据库、政务电子地图数据库、地址数据库以及政务信息图层数据库。这 5 大数据库是开展政务地理空间信息资源共享、服务以及应用所必需的地理空间基础性设施,如图 9-21 所示。

2005 年 7 月北京市政府开始启动政务地理空间信息资源共享服务平台的建设项目,将北京市现有的政务地理空间信息资源进行集中管理和提高共享服务。2007 年 4 月,这一系统正式上线,为全市 40 多个政府部门和下辖行政区域提供共享服务。该系统在财政、教育、卫生、交通、公安、国土、绿化、农业、应急指挥以及城市治理等领域的 40 多个政府部门得到广泛运用。市应急办、安全生产

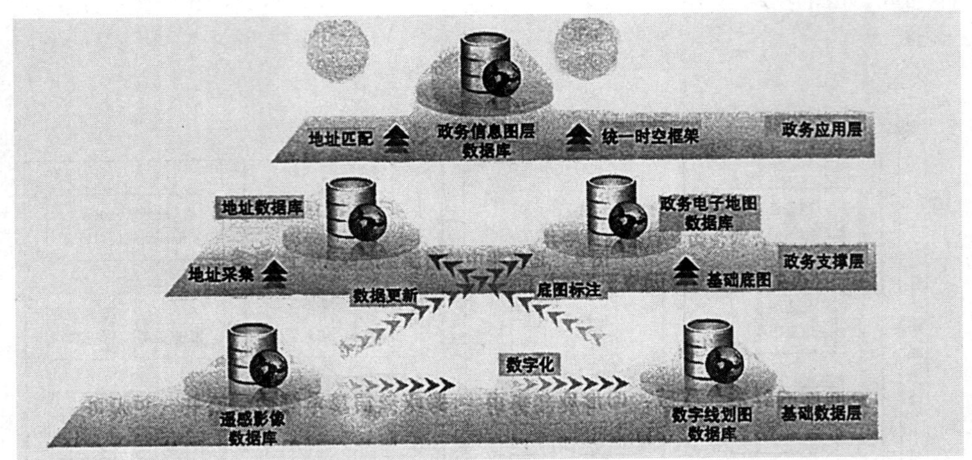

图 9-21　北京市政务基础共享地理空间信息资源数据库构成

资料来源:付哲、彭凯、李军、陈桂红:《政务地理空间信息资源管理与共享服务应用体系研究与实践》,《电子政务》2010 年第 1 期。

监督局、质量技术监督局、东城区、海淀区等一批政府部门基于政务地理空间信息资源共享平台所提供的二次开发接口共享模式也成功地搭建了各自的业务系统,取得了显著的应用成效。这是国内首个在超大型城市实现的网络环境下大范围、跨行业、跨领域的政务地理空间信息资源共享平台。

北京市政务地理空间信息资源管理与共享服务应用体系的组织和建设,使全市初步形成了比较完善的政务地理空间信息资源开发利用框架,推动了政府信息的共享、公开与应用。目前,这些政务地理空间信息资源增强了政府的管理能力、决策能力和应急处理能力,提高了政府的工作效率和公共服务水平,在政府日常管理、辅助决策支持、跨部门业务协同等方面发挥着不可或缺的重要作用。

(3)法人单位基础信息库。法人单位基础信息库建设由国家质检总局牵头,多部门参加,以法人单位组织机构代码为统一标识,以编办、民政、工商、质检等部门对法人管理的注册登记、变更、注销等法人信息为依据。该库的目的是实现全国法人基础信息共享与公开,促进政府部门间的协作,为相关部门履行监管职能和国家宏观决策提供信息支撑，并为社会提供广泛、准确、动态的法人信息服务。法人库建设的内涵有三个层次的内容，一是要建设以组织机构代码为唯一标识的基础数据库和查询服务系统；二是向社会提供服务；三是其他业务系统根据需求在此基础上建立其业务数据库。法人单位基础信息库主要包括标准规范体系建设、网络系统建设、数据处理与存储系统建设、法人单位基础信息数据库建设、应用支撑平台建设、数据交换平台建设、法人库应用系统建设及信息安全体系建设。

2007 年 10 月 11 日，国家发改委高新司召集法人库建设单位，通报了国新办正式向国家发改委传递对《法人单位基础信息库项目建议书》（报批稿）的意见。2007 年 11 月启动了法人单位及相互信息库标准体系的建设，并在此基础上筹备成立法人库标准化专业技术组织。2008 年 3 月起，法人库标准系统研究工作全面开展。目前，地方的一些省份如北京市、河北省、山东省、湖北省和福建省等省市法人单位信息库的建设已基本完成，福建省的法人单位信息库于 2008 年 8 月份已经顺利通过专家的验收。此外，陕西省、湖南省、云南省、宁波市等省市的法人单位信息库都在有条不紊的建设当中。①

（4）宏观经济数据库。宏观数据库是要满足国家宏观经济数据源管理、数据加工处理、数据存储管理等多方面的功能需求，而不仅仅是一个单独的数据库系统，是一个大型分布式宏观经济数据管理环境。② 宏观经济数据库是整合政府各部门信息资源、实现信息资源共享、规范政府信息发布、建立服务型政府、创造良好投资环境的重要举措。

宏观经济数据库建设项目工程包括宏观经济数据库核心系统和支撑子系统两个重要组成部分。主要建设内容包括：①建立具有科学性、真实性、可比性的宏观经济数据库指标体系，使宏观经济数据库的内容既边界清晰，又尽可能涵盖国民经济、社会发展、科技教育、环境资源等方面的宏观情况；②在国家统计局建

① 国家信息中心、中国信息协会：《中国信息年鉴 2009》，北京外文印刷厂 2009 年版，第 225 页。

② 姚景源：《宏观经济数据库为中国经济助跑》，《财经界》2003 年第 6 期。

立宏观经济数据库核心系统，在相关部委建立交换节点系统，在各省级统计局、重点城市统计局建立宏观经济数据库的分布式节点，以开放的体系结构支撑宏观经济数据库的运行和应用；③利用各级政务网络资源连接同级决策领导机构和宏观经济管理部门，进行部门宏观经济数据交换，支持宏观经济运行管理和决策。

自从 2006 年 4 月宏观经济管理信息系统（“金宏”工程）初步设计批复以来，工程进展顺利。宏观经济管理数据库要在各部门业务数据库和本部门建设业务系统的基础上，依据统一的信息资源指标体系和信息资源开发标准，重点建设 10 个共享数据库：国家财政预算收支共享数据库、金融共享数据库、外贸进出口共享数据库、外经共享数据库、国际收支共享数据库、国有重点企业共享数据库、重要商品价格共享数据库、经济统计共享数据库、国民经济发展规划计划共享数据库和经济文献共享数据库。目前除了国际收支共享数据库和国有重点企业共享数据库之外，其他 8 个共享数据库都已分别完成开发、部署、调试、测试和初步验收工作。

（二）数据交换共享平台建设

从政务信息资源业务系统建设看，跨部门和跨地区政务信息资源交换共享平台建设效果明显，主要表现为：(1) 从纵向上看，为落实中办发[2002]17 号文关于“建设和完善重点业务系统，加快 12 个重要业务系统建设”的精神，国家各部委力推的“十二金”工程建设项目有序推进，初步形成了中央到地方各层级政府之间互联互通的格局。(2) 从横向上看，为落实《行政许可法》、国信[2006]2 号文以及《国民经济和社会发展信息化“十一五”规划》关于“到 2010 年，50%以上行政许可项目将实现在线处理”的精神，地方政府积极探索和推行“一站式”网上行政审批系统和“一站式”网上联合审批系统的建设，基本实现了 50%以上的行政许可事项在线审核的要求。下面以我国“十二金”工程建设的基本情况为例进行说明。

1993 年 12 月，为适应全球建设信息高速公路的潮流，我国正式启动了国民经济信息化的起步工程——“三金工程”，即金桥工程、金关工程和金卡工程。

"三金工程"的启动,标志着我国"金"字工程全面铺开。

2002 年 8 月 5 日,中共中央办公厅、国务院办公厅转发了《国家信息化领导小组关于我国电子政务建设的指导意见》(中办发[2002]17 号),文件明确指出:"建设和完善重点业务系统,加快 12 个重要业务系统建设。要继续完善已取得初步成效的办公业务资源系统、金关、金税和金融监管(含金卡)4 个工程,促进业务协同、资源整合;启动和加快宏观经济管理、金财、金盾、金审、社会保障、金农、金水、金质等 8 个业务系统工程建设,相应构建标准化体系和安全保障体系,进一步推进电子政务的发展"。"十二金"工程建设的基本情况如下表 9-2 所示。

表 9-2 "十二金"工程建设的基本情况

工程名称	启动时间	牵头单位	建设内容
办公资源信息系统	2005 年		主要建设内容是:网络系统建设、应用系统建设、信息服务系统建设、安全体系建设和标准规范体系建设。其中核心内容的应用系统建设由代表工作管理系统、会议工作管理系统、立法工作管理系统、监督工作管理系统、机关工作管理系统和综合信息系统共计 6 大系统 32 个子系统,以及"中国人大网"组成。
金宏工程	2005 年	国家发展和改革委员会	①系统平台:以国家统一建设的电子政务网络平台为依托,以共建部门现有资源为基础,形成宏观经济管理部门互联互通、信息共享和业务协同的基本环境。②信息共享平台和应用集成环境:一是建立信息资源交换体系,制定信息交换规则,形成信息共享机制。二是建立信息资源共享平台,形成宏观经济领域的信息共享环境。三是建设应用支撑与集成环境。③共享信息数据库:共建部门在本部门业务数据库的基础上,依据统一的信息资源目录体系和信息资源开发标准,统一规划、建设和管理共享信息数据库。④宏观经济管理业务应用系统:根据宏观经济管理的需要,一是充实和完善共建部门现有相关业务应用系统;二是建设一批宏观经济管理急需的重点业务应用系统;三是构建宏观经济管理辅助决策支持系统。⑤跨部门业务协同机制和网络化流程:依据政府职能转变与政务信息化的需要,逐步构建符合宏观经济管理需要的电子政务协同基础架构。⑥统一的系统保障环境:一是建立统一的信息标准、软件开发标准、应用标准等;二是依据信息内容,划分不同的安全域,实施等级保护,构建信息安全保障体系;三是重视体制创新,规范管理制度,加强队伍建设,提高保障水平。

续表

工程名称	启动时间	牵头单位	建设内容
金税工程	1994 年	国家税务总局	目前运行的金税工程二期于 2001 年开始运作，主要监控对象是增值税专用发票。 “金税三期”旨在建立一个基于统一规范的应用系统平台，依托税务系统计算机广域网，以总局为主、省局为辅，高度集中处理信息，功能覆盖各级税务机关税收业务、行政管理、决策支持、外部信息应用等所有职能的功能齐全、协调高效、信息共享、监控严密、安全稳定、保障有力的中国电子税务管理信息系统。简而言之，就是“一个平台，两级处理，三个覆盖，四个系统”。
金财工程	2006 年	财政部	政府财政管理信息系统，简称 GFMIS。按两期完成，2006 年为一期工程，完成中央一级和省一级的中央级和省级政府财政管理信息系统建设，完成大部分地市级及半数左右县级政府财政管理信息系统建设。系统于 2008 年全面完成，计划在“十五”期间全面完成中央和省级政府财政管理信息系统建设，完成大部分市（地）级政府财政管理信息系统建设。
金关工程	2001 年	外经贸部	近期目标是建设好配额许可证管理、进出口统计、出口退税、出口收汇和进口付汇核销四个应用系统，实现外经贸相关领域的网络互连和信息共享；中长期目标是逐步推行各类对外经贸业务单证的计算机网络传输，提高对外经济贸易的现代化管理水平，实现国际电子商务，增强国家的宏观调控能力。 口岸电子执法系统（对外称中国电子口岸）——是我国“金关工程”建设当前重点应抓的工作之一。是海关总署等 12 个部委在电信公网上（Internet），联合共建公共数据中心，用于存放进出口业务信息流、资金流、货物流电子底账数据，实现政府部门间数据交换和数据共享，并作为口岸管理与服务的门户网站。
金卡工程	1993 年	中国银联	以电子货币应用为重点启动的各类卡基应用系统工程。
金审工程	2002 年	审计局	金审工程一期的任务是：应用系统建设、局域网建设、安全系统建设、标准规范建设和人员培训。金审工程二期建设的目标：为有效履行国家审计在信息化条件下对财政财务收支的真实、合法和效益的审计监督职责，初步建成国家审计信息系统，培养适应信息化的审计队伍，有效提升审计监督能力。
金水工程	2001 年	水利部	搭建一个先进、实用、高效、可靠并且具有国际先进水平的国家防汛抗旱指挥系统。金水系统将覆盖 7 大江河重点防洪地区和易旱地区，能为各级防汛抗旱部门及时、准确地提供各类防汛抗旱信息，并能较准确地作出降雨、洪水和旱情的预测报告，为防洪抗旱调度决策和指挥抢险救灾提供有力的技术支持和科学依据。

续表

工程名称	启动时间	牵头单位	建设内容
金质工程	2002 年	国家质量监督检验检疫总局	“金质工程”的建设内容包括“一网一库三系统”的建设，即建设质检业务监督管理系统、质检业务申报审批系统、质检信息服务系统，建设质检业务数据库群，建设软硬件及网络平台。
金盾工程	2002 年	公安部	第一期建设期间为 2002—2004 年，重点建设好一、二、三级信息通信网络以及大部分应用数据库和共享平台；第二期建设周期为 2005—2006 年，主要任务是完善三级网及延伸终端建设，以及各项公安业务应用系统建设，逐步实现多媒体通信。
金保工程	2003 年	劳动和社会保障部	利用先进的信息技术，以中央、省、市三级网络为依托，支持劳动和社会保障业务经办、公共服务、基金管理和宏观等核心应用，覆盖全国的统一的劳动和社会保障电子政务工程。
金农工程	2003 年	农业部	开发四个系统、整合三类资源、建设两支队伍、完善一个服务网络。其中，开发四个系统：农村市场服务系统、农产品批发市场价格信息服务系统、农业科技信息联合服务系统、农业管理服务系统。整合三类资源：整合部内信息资源，建立稳定的涉农信息收集、沟通渠道。建立起与海关总署、粮食局、供销总社、国家计委、外经贸部等涉农部门的信息支持协作机制，开发国际农产品生产贸易信息资源。建设两支队伍：高素质的农业信息管理服务队伍、农村信息员队伍。

三、数字化大都市城市治理工作平台建设

数字化城市治理信息平台（Digital City Management Information Platform，DC-MIP），①是应用计算机网络技术、空间信息技术、移动通信技术等现代信息技术，结合城市万米单元网格管理法、城市部件与事件管理法、“两个轴心”城市治理新模式等现代城市治理方法建立起来的城市治理信息化工程。通过创立城市治理监督中心和城市治理指挥中心的“两个轴心”城市治理新模式，实现了城市治理工作的体制创新和流程再造。应用移动通信技术，实现了城市治理问题的快速发现和及时传送；应用计算机网络技术，实现了各部门和单位的信息共享与

① 麻清源：《数字化城市治理信息平台》，中国人民大学出版社 2009 年版，第 15 页。

协同工作;应用空间信息技术,实现了图文一体化的新型办公模式。数字化城市治理技术有效地解决了目前城市治理工作中存在的“信息滞后、管理被动、职能交叉、管理粗放”等难题,实现了城市治理的精确、快捷、高效和全时段、全方位、全覆盖。①

大都市城市政府业务流程再造的新模式就是采用万米单元网格管理法和城市部件管理法相结合的方式,应用、整合多项数字城市技术,研发“城管通”,创新信息实时采集传输的手段,创建城市治理监督中心和指挥中心两个轴心的治理体制,再造城市治理流程,从而实现精确、敏捷、高效、全时段、全方位覆盖的城市治理模式,它进一步确定了城市治理空间、管理对象、治理方式和管理主体,是管理思想、管理理念、管理技术和治理体制的整合和创新。新模式收集、整理各类与城市治理相关的基础地图、影像图、城市治理对象、城市治理过程、城市部件地理空间位置等信息,建立了城市治理数据库群,实现了多行业的数据整合共享。通过集成应用3S、无线数据通讯、协同工作和地理编码等多种信息化技术手段,建设和运行了支撑新体制的、城市治理资源深度整合的“网格化城市治理信息平台”。

(一)创新大都市治理指导思想——创建网格管理法和大都市部件管理法

大都市部件管理法和万米单元网格管理法,实现了大都市治理空间细化和管理对象的定量、定性、定位,为新模式奠定了一个多层空间信息架构,为今后大都市治理多领域的拓展应用开辟了广阔的空间。北京市东城区,就是创建了万米单元网格管理法,如图9-22所示。

万米单元网格管理法就是在大都市治理中运用网格地图的技术思想,以一万平方米为基本单位,将东城区所辖区域划分成若干个网格状单元,由城市治理监督员对所分管的万米单元实施全时段监控,同时明确各级地域责任人为辖区

① 陈平:《数字化城市治理模式探析》,《北京大学学报(哲学社会科学版)》2006年第1期。

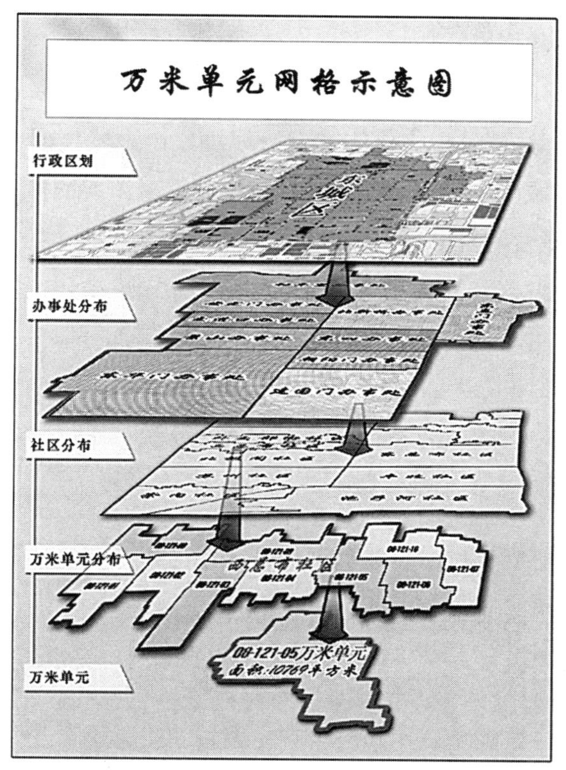

图 9-22　北京市东城区万米网格单元分布图①

城市治理责任人，从而对管理空间实现分层、分级、全区域管理的方法。② 北京市东城区的这种方法将原来的管理层面由三级责任人变为四级责任人，使管理责任进一步细化，为实施精细管理提供了可能，在管理空间的划分上，由每十几个人共同管理 2—5 平方公里，缩小为每人管理 18 万平方米，减少了流动性盲目性，改变了游击式、运动式管理，实现了由粗放管理到精确管理的转变，为城市治理、规划、建设和应急响应等多领域的拓展应用提供了可延伸的地理空间。万米

① 陈平:《依托数字城市技术》,《城乡建设》2005 年第 10 期。

② 徐晓林:《数字城市政府管理》,科学出版社 2006 年版,第 68 页。

单元网格划分的原则:①属地管理原则;②地理布局原则;③现状管理原则;④方便管理原则;⑤负载均衡原则。

新模式首次将物化的大都市治理对象——各类市政设施统一冠名为城市部件。城市部件管理法就是把物化的城市治理对象作为城市部件进行管理,运用地理编码技术,将城市部件按照地理坐标定位到万米单元网格地图上,通过网格化城市治理信息平台对其进行分类管理的方法。①

如,北京市东城区将所有城市部件,如道路、桥梁、水、电、气、热等市政公用设施,公园、绿地、古树等公共设施,门牌、广告牌匾等部分非公共设施,组织专业测绘人员进行了拉网式勘测普查,通过普查,按照城市功能,把城市部件分为六大类56种,168339个(棵、座、根)、35319延米(护栏、自行车停放架等),426317平方米(绿地),建立了多个部件数据库,如图9-23所示。

图9-23　北京市东城区城市部件分布图(公共设施类)

① 陈平:《依托数字城市技术》,《城乡建设》2005年第10期。

利用地理编码技术，将城市部件有序、精确定位到万米单元网格中，并给每个部件都赋予10位代码，相当于部件的“身份证”，只要输入任意一个代码，都可以通过城市治理信息平台或信息采集器上找到它的名称、现状、归属部门和准确位置等信息。① 城市部件管理法实现了对城市治理由盲目到精确，由人工管理到信息管理的转变。

城市部件管理法和万米单元网格管理法的结合，实现了城市治理对象的定量、定性、定位，为新模式奠定了一个多层空间信息架构，为今后大都市政府治理多方面的拓展应用开辟了广阔的空间。

（二）创新城市治理手段——搭建城市治理资源深度整合的信息平台

新的城市治理模式收集、整理各类与城市治理相关的基础地图、影像图、城市治理对象、城市治理过程、城市部件地理空间位置等信息，建立城市治理数据库群，实现多行业的数据整合共享。通过集成应用3S、无线数据通讯、协同工作和地理编码等多种信息化技术手段，建设和运行支撑新体制的、城市治理资源深度整合的“网格化城市治理信息平台”。城市网格化管理的基本框架总体上可以分为发现层、市级监管层、区级监督指挥层和处置层4个层次②。如图9-24所示。

通过集成应用GIS（地理信息系统）、RS（航天航空遥感）、无线数据通讯、协同工作和地理编码等多种信息化技术手段，建设和运行了支撑新体制的、城市治理资源深度整合的“网格化城市治理信息平台”，实现了城市治理各级职能部门间的协同工作和对城市问题的全覆盖、全时段和跨部门的闭环监管与维护。

根据城市数字化管理信息平台建设总体需求，结合北京、上海等地的实践，城市数字化管理的系统架构如图9-25所示。从图中可以看出，城市网格化管理系统由应用管理系统、网格化管理数据库及相关的网络与网络设备等组成，应

---

① 陈平：《依托数字城市技术，创建城市治理新模式》，《工作研究》2005年第3期。

② 范况生：《现代城市网格化管理新模式探讨》，《商丘师范学院学报》2009年第12期。

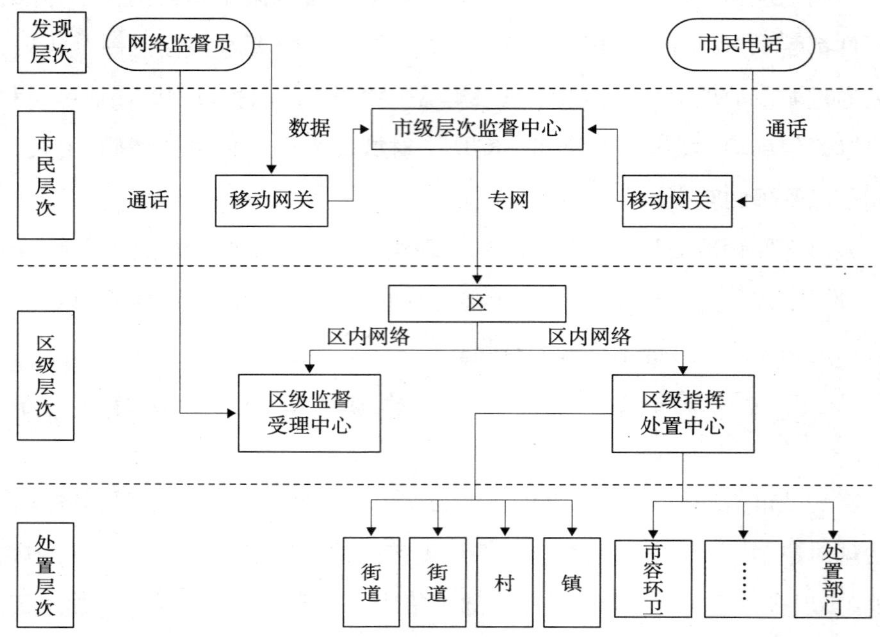

图 9-24　城市数字化管理信息平台基本框架

资料来源：范况生：《现代城市网格化管理新模式探讨》，《商丘师范学院学报》2009 年第 12 期。

用管理系统是城市数字化管理的核心，数字化管理数据库及网络是实现城市网格化管理的基础，各组成部分的具体内容如图 9-25 所示。

为了对基础信息进行完整及时的掌握，北京市东城区还自主研发了以手机为原型，基于无线网络，用于城市治理监督员现场快速采集信息与传送的专用移动信息采集器——“城管通”。这是为城市治理监督员对现场信息进行快速采集与传送而研发的专用工具，如图 9-26 所示。信息采集器主要有接打电话、短信群呼、信息提示、图片采集、表单填写、位置定位、录音上报、地图浏览、单键拨号、数据同步等 10 项功能。监督员使用“城管通”，在第一时间、第一现场对城市部件（事件）发生的问题进行现场拍照、定位、填表、录音，通过无线网络将信息发送到城市治理监督中心。同时，也可以随时通过“城管通”，接收监督中心的指令，对有关城市问题的处理情况进行核查，实现了对城市问题的快速反应和

图 9-25　城市数字化管理信息平台结构图

信息的实时传输,为新模式实施敏捷管理提供了信息采集和传递的保证。

信息采集器的研发,不仅可以使监督员在第一时间、第一现场将城市治理问题的各类信息,通过无线网络实时发送到监督中心,而且还可以利用移动网络定

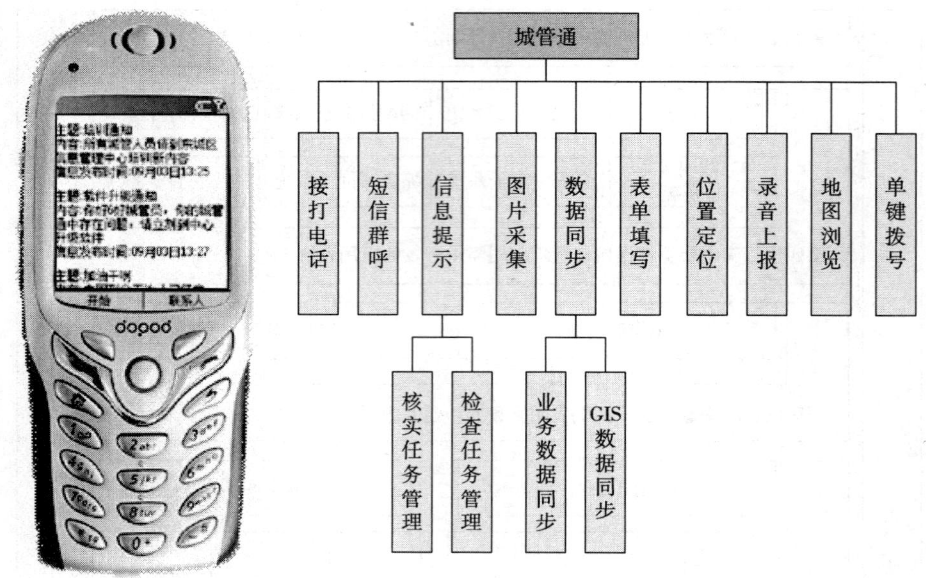

图 9-26　城市治理监督员专用工具“城管通”及其功能图示

资料来源:陈平:《解读万米单元格城市治理新模式》,《城市建设》2005 年第 10 期。

位技术,实现城市治理问题的定位,提高城市治理的水平、效率,同时可以对城市治理监督员在规定区域内的工作状况进行有效监督,实现对监督员的科学管理,图 9-27 为北京市东城区“城管通”出勤率分布图。

(三)创新城市治理体制——建立两个轴心的治理体制

先进技术和科学管理方法促进了城市治理流程的全面重塑和改造,而新的城市治理流程的有效实施则是需要构建与之相适应的城市治理体制结构。只有改革传统城市治理体制,建立新的适应信息化时代要求的城市治理体制,加强组织设计和制度标准化建设,从而使新的管理模式能发挥最大化功效,否则只不过是一种表面的技术化装饰,很难收到实际成效。因此,对于“数字化城市治理”能否做到有效实施或是能起到多大实效,关键还要看城市政府的治理体制的相适程度。

当然,先进技术本身也是促使行政体制改革的有力的推进器。信息技术和

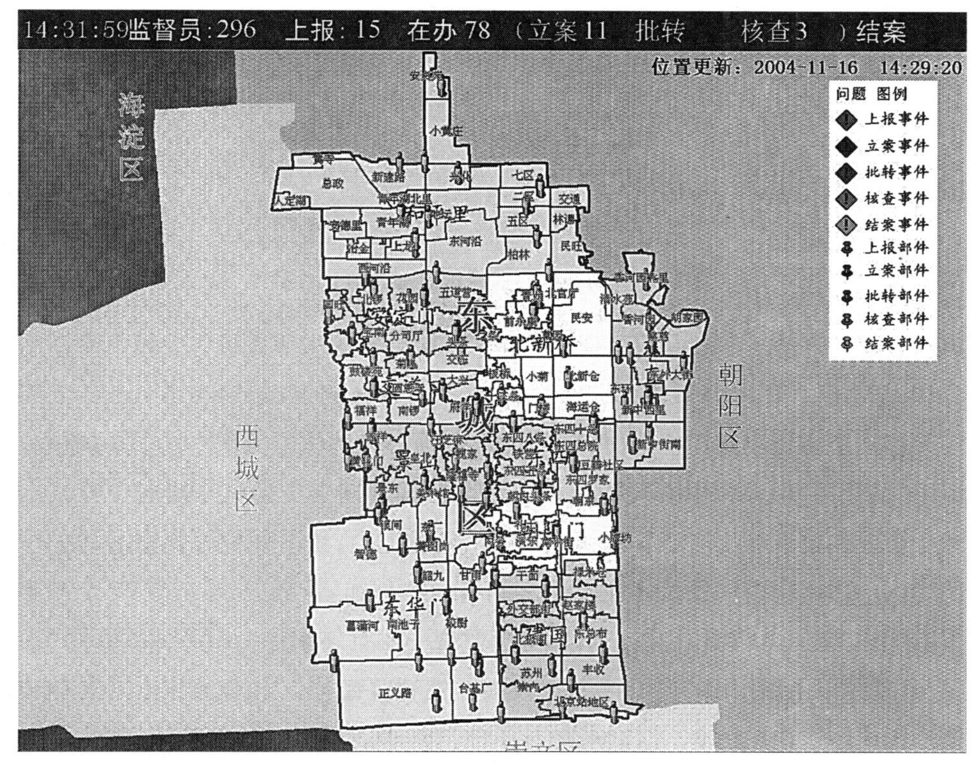

图 9-27　北京市东城区“城管通”出勤分布图

现代网络技术的发展和应用使得跨部门、跨层次的政府机构和岗位之间的交流更加便捷，组织机构的网络化和扁平化成为必然，因此必将导致城市政府机构的重组，管理职能的转变，从而使得城市治理在体制结构上发生根本性变革。① 创新城市治理体制，就是对原有体制进行革命性变革，通过整合政府的城市治理职能，建立城市治理监控中心、评价中心（城市治理监督中心）和指挥、调度、协调中心（城市综合管理委员会），形成城市治理体制中的两个“轴心”，将监督职能和管理职能分开，各司其职、各负其责，如图 9-28 所示。

以北京市东城区为例，北京市东城区城市治理监督中心是区政府负责城市

① 蔡立辉：《明晰职能：理顺权力纵横关系的关键》，《学术研究》2008 年第 2 期。

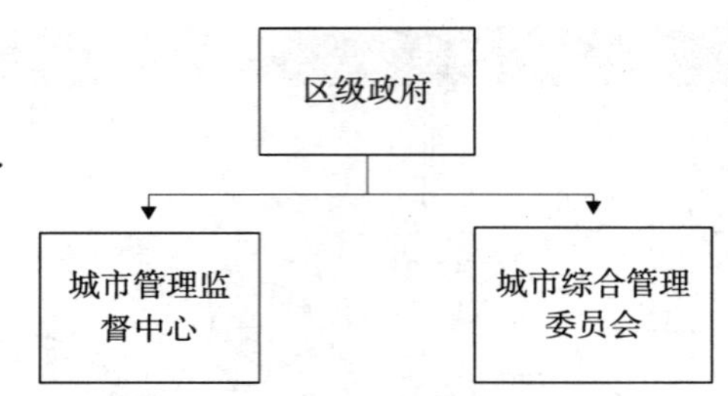

图 9-28　两个轴心的城市治理体制分布图

治理监督与评价工作的专门机构。招聘了 401 名下岗失业人员作为城市治理监督员，每个监督员平均管理 12 个网格、18 万平方米的区域，1400 多个“城市部件”巡查，平均每小时巡视一次，发现“部件”损坏和违法行为等“事件”问题后，即用“城管通”向监督中心发送信息。城市综合管理委员会是区政府主管城市综合管理和城市市政基础设施、公用事业、环境卫生、城市环境综合整治的工作部门，负责协调市政、公用、国土、房产、环保、园林、市容、环卫、建筑等 27 个专业和 10 个街道的主管部门，统一指挥处理监督中心批转来的“部件”和“事件”问题，处理结果由城市综合管理委员会及时反馈到监督中心，由监督中心对处理结果进行现场核查并结案。区政府和有关部门领导通过监管信息系统，实时掌握这一全过程和所有数据资料。①

“双轴化”模式通过新的信息技术和网络技术的使用，整合城市政府管理职能，创新了城市政府治理体制，使城市治理由过去的被动滞后到如今的主动快速，从过去的多头管理到如今的统一管理、从过去的单兵作战到如今的协同作战。并且，由于治理体制的理顺和管理流程的缩短，城市治理效率提高，人员可以缩减，经费开支可以减少，正符合城市政府的精简效能原则。城市治理体制的改革创新，打破了落后治理体制和方法的束缚，成功地转型为“发现问题专业化，指挥调度权威化，监督评价制度化”的全新城市治理体制。

① 陈平：《解读万米单元格城市治理新模式》，《城市建设》2005 年第 10 期。

四、大都市政府网上联合审批平台建设

在传统政务管理模式下，一个事项的处理可能跨越不同的政府部门或同一政府部门的不同处室。公众要在多个机构之间寻找服务、要多次重复地递交相同的信息，办理一件事情要跑很多路、经过很多政府部门、花费大量的时间和精力，即使如此还不一定能顺利办成，造成了传统服务方式的繁琐与不便。为此，各级政府、各地方、各部门也都推动了政府信息化建设与应用，网上联合审批平台的建设就是其中重要的体现。因此，网上联合审批平台的建设，不仅是实现大都市组织结构创新重组、业务流程再造的一个重要环节；而且是深化行政审批制度改革、推进大都市政府治理能力现代化的重要体现和途径。

但是，由于受分割治理体制的影响，我国在政府信息化建设、应用过程中，仍然存在着不少问题：一是部门分割、条块分割的治理体制障碍，导致各部门之间、各业务应用系统之间不能资源共享和互联互通，政府治理创新通过信息技术所固化的是原有办事方式和条块分割体制；二是各业务应用系统采取分散建设的模式，缺乏统筹规划和统一、科学的标准规范，导致资源整合不力、建设分散、重复建设，导致各业务应用系统之间普遍存在着相互独立、互不兼容问题，难以完成系统间的动态交互和信息共享，妨害了政府部门之间、各应用系统之间的相互操作或交流。这种“信息孤岛”、“自动化孤岛”现象成为推进政府信息化建设和应用中的极大障碍，政府信息化的作用不能有效发挥。

（一）联合行政审批推行的目标和任务

大都市网上联合行政审批工作直接指向大都市分割治理体制，是推动和实现大都市政府治理能力现代化的重要途径和内容。联合审批的总体目标是：按照《中华人民共和国行政许可法》等相关法律、法规的规定和要求，采用先进的网络信息技术和行政管理理念，建设“安全可靠、标准规范、接口统一、功能完善、信息共享、高效快捷”的“一站式”网上联合行政审批服务平台，推动实现“外网集中受理”、“内网协同办理”；整合政务信息资源，优化行政许可服务的程序和再造行政业务流程，提高大都市政府治理的整体效能；采用网上在线受理和政

务服务中心大厅窗口受理两种方式，保证受理信息统一处理、统一登记，保证外网受理和窗口受理的一致，实现大都市政府行政审批的网络化创新；健全和完善“一站式”网上联合行政审批服务系统的功能模块建设，实现网上信息交换与流转功能、业务集成整合功能、网上申请功能、联合审批功能、网上查询功能、网上答疑功能、网上投诉功能、网上绩效管理与效能监察功能、电子化认证功能和行政服务中心对行政审批部门及其审批过程的管理等功能。建设的具体任务包括：

(1)在统筹规划的基础上进行政府信息化业务应用系统基础设施建设。强化统筹规划，避免各部门重复建设，提高资源利用率；按照“物理分散、逻辑集中”和“资源整合、集约建设”的原则，统筹建设公共数据中心和政务信息资源交换共享平台，实行各部门与公共数据中心的高效链接和信息资源交换；加快网络等基础设施的建设，建成覆盖广泛的计算机网络和数据库管理系统，有效解决因受空间物理阻隔而制约管理的“瓶颈”问题；注重技术标准规范的建设，解决有效对接的问题。

(2)再造行政业务流程，实现行政业务信息化和跨部门、跨应用系统、跨地方区域的整合与集成。在业务流程再造过程中，要加强网络信息技术与业务流程再造的有机结合，发挥网络信息技术对业务流程再造的作用，形成比较系统和完整的政府信息化应用领域框架。为此，必须重新设计行政业务流程及其操作规程。行政业务流程优化主要表现为政府部门内部行政审批流程的优化，改变各职能管理机构重叠、中间层次多的状况，使每项职能只有一个职能机构管理，做到机构不再重叠、业务不再重复；跨政府部门行政审批流程的优化，优化跨越多个职能部门边界的行政业务流程，把处理同一个行政业务所涉及的各个部门整合在一个流程上，使完成该项行政业务所涉及的各个职能部门、所需要的各个功能环节和机构的人员以及各种资源整合成为一个完整的业务处理流程，打破部门界限，形成跨部门的网络化协同办公环境和业务协同。

大都市政府各部门之间、各业务应用系统之间的整合、交互与集成是政府信息化实现行政联合审批的核心内容。运用网络信息技术逐个环节地实现行政业务流的信息化，优化政府业务流程，避免固化或强化传统行政业务流程；提供各种便捷的网上办事流程，特别是“一站式”网上行政审批流程，使大量公共事务治理与公共服务提供都通过网络来进行；大力开发具有战略性、宏观性、基础性和公益性的政务信息资源，提高政府决策、监管和服务的水平。大都市政府部门之间的交互与集成应用主要是通过跨部门、跨应用系统的办公自动化，分布式交互政务应用系统和决策支持系统三种形式来体现。

（3）完善政府网站建设，实现网上办事。政府网站是政府信息化应用的载体，是政府部门与公民、法人和其他组织沟通的桥梁，是大都市政府及其部门统一的对外窗口，是为公民、法人和其他组织提供服务与信息，让用户以最简单的操作方法快速找到自己所需要的信息与服务的途径；大都市政府信息化业务应用系统的功能和内容都是通过政府网站的形式表现出来的，外部对政府业务信息化的了解和获取电子化服务也都是从政府网站开始的。因此，深化政府网站建设、实现网上办事是政府信息化业务应用系统建设的首要工作，也是政府信息化深度应用的重要建设内容。

因此，政府网站的建设要整合各种网络资源，要具有政务公开、丰富的信息内容、更新及时和强大的网上办公办事等功能，提供最具权威的政府信息发布和最方便的公众信息服务；实现政府与公众之间交互式的信息传输和“一站式”不受时空限制的在线服务，它所提供的更加快捷、方便的政府服务包括网上申报、审批、注册、年检、采购、配额、招标、纳税、招商、投诉、举报和咨询等。同时还应成为接受舆论和社会公众监督的重要渠道。

（4）注重政务规范和技术标准规范建设。跨越各政府部门之间、各应用系统之间的限制，实现政府部门之间、各应用系统之间的互联互通和一体化协同办公是实现行政联合审批所必需的。要做到这一点，就必须建立电子政务建设的标准化体系，统一电子政务应用系统建设的政务规范和技术标准规范。

（5）加强政府信息化业务应用系统的安全体系建设。业务应用系统的安全关系到国家安全和国家的整体利益。安全的政府信息化体系就是要确保信息内容在存取、处理和传输各个环节中的机密性、完整性和可用性，确保政府信息化业务应用系统的合理应用和有序运行。政府信息化业务应用系统的安全要从内外网互联、操作系统、数据库、中间件和应用服务器以及应用程序等每个环节做出具体考虑和整体规划。

(6)加强政务信息资源的管理,实现资源共享。要从根本上健全和完善政务信息资源的治理体制,改变以前技术导向的治理方式,真正体现对信息资源的管理;要加强对政务信息资源以采集、公开、交换、共享和开发利用为主要内容的各个环节的管理,并形成相关的制度。

因此,从联合审批的目标、任务来分析,联合审批工作的推进、联合审批平台的建设都是直接指向大都市政府治理能力现代化,直接指向行政审批制度的改革与深化,是技术应用与深化政务改革有机结合的典范。

(二)联合行政审批对大都市政府治理体制的创新

联合行政审批包括了以前人们所说的并联审批和串联审批。行政按照时间、条件的先后总是有程序、步骤和环节的,一个行政事项的办理,都可能要经历若干个程序、步骤和环节。把这些程序、步骤和环节有机地串起来,使之成为完整的整体,这就是串联。优化程序、减少环节,以达到提高效率的目的。

在同一个程序、同一个步骤、同一个环节上,涉及若干个部门都对业务进行处理时(各个部门同时行为),这些部门通过信息交换和资源共享同步对业务进行处理,这就是并联。通过信息交换和资源共享,不同部门在同一个程序、同一个步骤、同一个环节上同步进行业务处理,从而提高了办事效率。

行政联合审批正是行政并联审批和行政串联审批的有机结合。行政联合审批既准确表达了行政行为过程的程序性特点,又表达了优化程序、减少环节和同步处理业务以提高办事效率的功能。

在联合行政审批系统建设过程中,包括两种主要形式:一种是以行政服务中心为中心的同步联合行政审批,其主要做法可归结为:同时受理,同步审批,中心协调,限时办结;二种是牵头联合行政审批,其主要做法归结为:牵头受理,抄告相关,同步审批,限时办结。这两种方式各有优劣,具体可以根据需要办理的不同联合审批事项的特点来加以具体选择,汲取优点,摒弃不足,选择一种最适宜行政业务处理特点的、可操作性强的联合行政审批道路。

根据行政审批项目的复杂程度、在信息网络上处理内容的多少以及行政审批项目所在地的实际情况，将行政审批流程再造的演进路径归纳为三种形式，根据政府信息化所处的发展阶段来选择相应的发展路径。再造后的行政业务审批流程应打破政府部门内部传统的职责分工与层级界限，摈弃以任务分工与计划控制为中心的工作流程设计理念，充分结合现代网络信息技术，实现由计划、串联、部门“碎片化”以及文件式审批方式向动态化、联合化、部门集成化的方式转变，建立以对审批事项的过程和结果进行系统安排为中心，以满足公众需求为根本导向，以法律和制度来规范行政行为的新的行政审批模式。

（1）全程代理下的行政审批。全程代理制的行政审批是指政府职能部门委托代理人办理申办人所申请的申办事项的一种行政审批模式。具体来说，就是指政府相关业务部门要对外公开行政业务事项的全部信息。“申请人只需要按照政府公开信息的要求将所有材料准备好交到政务办事大厅的‘全程代理’窗口，按照信息公开中规定的时间到办结窗口取回办理结果的一种行政审批模式。这种代理下的审批所要求的内容准确，条款清晰，很容易判断。”①因此，全程代理下的行政审批实现了一个窗口对外，公民办理行政审批事项只需要通过一个窗口递交材料，在政府的承诺时限内领取审批结果；而各政府部门则是在定制好的流程和系统完成其审批任务，如图 9-29 所示。

上述以“全程代理”为特征的传统的政府信息化途径，主要特点是以职能系统为中心加以组织，虽然硬件上建立了比较好的基础，但网站内容、更新的频率与提供服务的层次等方面都不尽如人意，在政府的信息共享方面更是与电子政府的理念要求相差甚远。

（2）单部门下的网上串联审批。单部门的网上串联审批是指一类政府职能部门的对外审批业务主要在该机构独自完成且按照行政许可的先后顺序进行的

① 张清浦：《政府地理信息系统》，科学出版社 2003 年版，第 23 页。

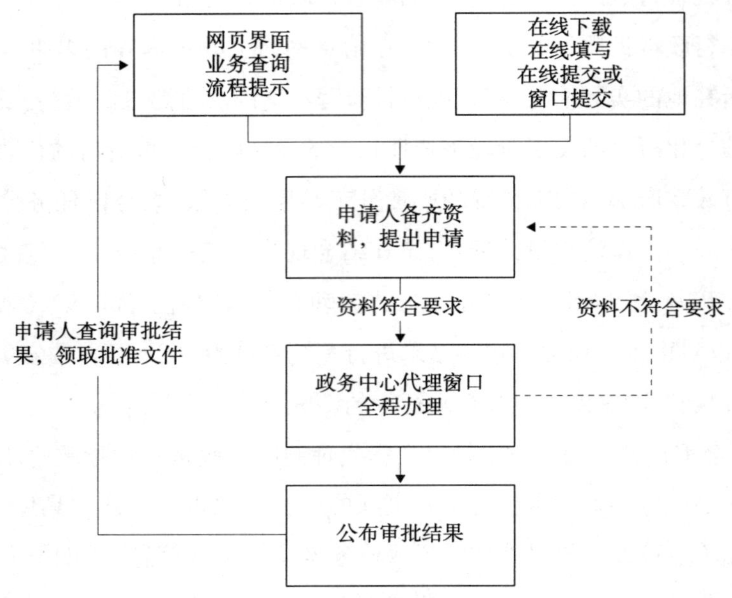

图 9-29　全程代理的行政审批流程图

审批模式。① 单部门的政府信息化的实现也就是指政府部门内部行政业务流程的优化,也是改变各职能管理机构重叠、中间层次过多的状况,使每一项职能只有一个职能机构管理,做到机构不再重叠、业务不再重复。

有的行政业务事项的审批需要现场勘查,有的需要业务主管部门的审批意见等。所以,这类审批事项就属于前置审批,完全在网上进行有很大的障碍,这就导致了申请人首先要通过网上或到行政服务大厅递交相关材料获得许可后,再在网下递交原始材料才能进行后续的行政审批(包括一次网下办理和两次网下办理)。而单部门下的网上串联审批就是采用信息化手段将基于某一行政审批业务的相关事项,包括前置审批定制成固化的审批业务流程。这个审批业务流程的运行是依据审批事项的前后关系进行驱动,只有前驱窗口的审批信息发送到后继窗口,定制好的串联审批业务流程才能正常运行。这样就有效杜绝过

① 马雁军、孙亚忠:《网络型政府与行政服务机构建设》,《中国行政管理》2006 年第 12 期。

往行政审批行为中的申请法人或公民在没有获得单位的审批前驱就私自向后继单位申报的现象，如图 9-30 所示。

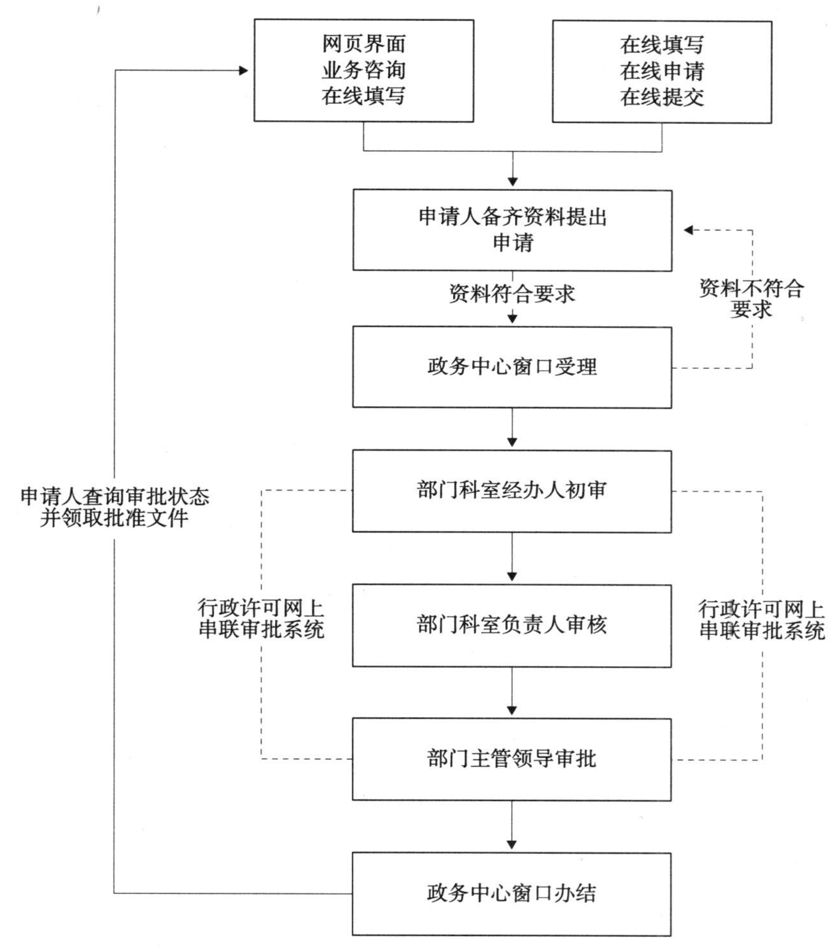

图 9-30　单部门的网上串联审批流程图

基于单个部门的政府信息化以及网上一站式服务，是长期以来政府信息化的传统思路，并且已经进行了大量的投入。办公自动化（OA）工程、“三金工程”、“政府上网工程”等，作为政府信息化的起点和进程，单部门信息化具有很强的“系统”特色，不同部门间差距较大。

就硬件和信息化基础设施而言，前期单部门信息化确实建立和积累了较好的网络和硬件基础，但在网站和信息系统整合方面，在部门间的信息共享方面进展不大。究其原因，实质性的公共服务变革和流程整合严重滞后，信息化推进难以突破原有服务思想和服务模式，陷入“IT”黑洞。

(3)跨部门网上联合审批。跨部门网上联合审批又称为一体化的公共服务信息化，其实质是跨部门行政业务流程的优化和再造。优化跨越多个政府部门边界的行政审批流程，把涉及同一个行政业务的各个部门整合在一个流程上，使完成该项行政业务所涉及的各个政府部门、所需要的各个功能环节和机构的人员以及各种资源整合成为一个完整的业务流程，打破部门界限，形成跨部门的网络化协同办公环境。

前两种行政审批主要是针对一个行政审批职能部门而言，在现实中，有很多业务事项需要政府职能部门之间互为并联审批的行政审批事项。在这种情况下，实现跨部门的网上联合审批是最佳的选择。具体来说：“政府部门在政府网站上只有一个统一的入口受理用户的申请，主受理单位在接收到用户的申请后，核查该申请是否需要前置审查，如果不需要前置审批，则可直接在本业务的审批流程内完成该用户的申请；如果需要前置审查，则主受理单位将该申请的前置审批子项目在网上直接发布到各个相关的前置审批单位进行并联审批，并限制这些前置审批单位在规定时间内完成审批；各前置审批单位在各自的审批流程内和额定工作日内完成这些前置子项目的审批工作。主受理单位汇集各前置审批的结果后，再在本业务的审批流程内完成该用户的申请审批工作，并通过各种类型的通信方式通知用户受理结果；同时用户也可通过网站随时在线查询到自己申请的处理情况。”①如图 9-31 所示。

《行政许可法》第二十六条规定：行政许可需要行政机关内设的多个机构办理的，该行政机关应当确定一个机构统一受理行政许可申请，统一送达行政许可决定。行政许可依法由地方人民政府两个以上部门分别实施的，本级人民政府

① 蒋录全等：《电子政务中的网上行政审批》，《情报杂志》2004 年第 6 期。

可以确定一个部门受理行政许可申请并转告有关部门分别提出意见后统一办理，或者组织有关部门联合办理、集中办理。①

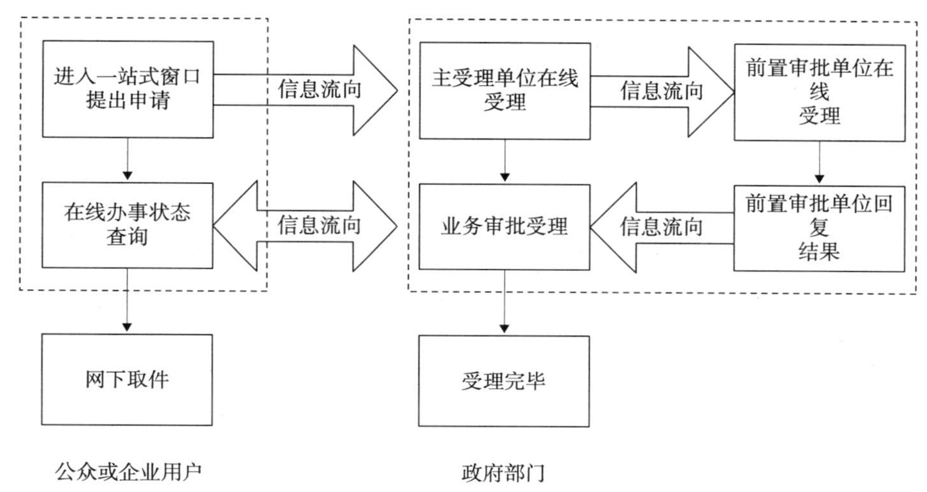

图 9-31　网上联合审批流程图

尽管行政审批制度改革在不断减少行政审批事项，清理自设的前置审批条件，但需要审批的行政事项仍然十分庞多，审批流程仍然非常复杂。一个审批事项，有的需要经过一个部门的多个业务科室才能办结，有的需要经过多个部门的多个来回合作才能办结，有的还需要经过不同的行政层级来回审批才能办结。这样，行政审批流程的再造就必须与政府组织结构的重组有机结合。

以社会投资类新建设项目联合审批为例，如图 9-32 所示。按照我国现行有关法律规定，社会投资类新建设项目的审批需要经过三个审批阶段（即三个环节或步骤）：

第一个阶段：立项阶段。发改部门为本阶段的牵头部门，涉及国土、城乡规划、环保等部门。能否立项由发改部门最后决定，但发改部门作出能否立项的决定时必须听取国土、城乡规划、环保部门的意见。

① 《中华人民共和国行政许可法》（2003 年 8 月 27 日第十届全国人民代表大会常务委员会第四次会议通过）。

第二个阶段:规划用地和建筑设计阶段。城乡规划部门为本阶段的牵头部门,签署本阶段决定性的审批意见;城乡规划部门在签署本阶段的审批意见时,必须听取所涉及的人防办、地震局、城市综合管理部门、环卫部门、消防部门等部门的审批意见。

第三个阶段:施工报建阶段。住房和城乡建设部门为本阶段的牵头部门,签署本阶段决定性的审批意见;住房和城乡建设部门在签署本阶段的审批意见时,必须听取所涉及的气象部门、环保部门等部门的意见。

由此我们可以分析到:社会投资类新建设项目联合审批事项,从开始提出申请到办结,需要经过三个大的阶段或步骤,把这三个阶段完整地连接起来叫"串联";在每个阶段上对涉及的多个部门能够同时进行审批叫"并联";而实现"并联"即跨部门业务协同的前提就是资源共享和流程再造。

通过社会投资类新建设项目联合审批流程分析,结合"行政许可法"的规定,采用 Visio 业务流程建模工具①提出如图 9-33 的业务流程模型。整个模型分为"申请及受理"、"审查"和"决定"三个阶段。每个阶段根据申请人和行政机关两类对象的各种动作定义相应的工作环节名称。

(三)联合行政审批推行的现状分析

在信息化、全球化的社会背景条件下,西方国家政府再造的理论、模式及其实践对我国产生了深远的影响,开阔了我国大都市政府治理能力现代化的视野。在实践上,改革开放以来,特别 20 世纪 80 年代以来,在机构改革、人员精简、工作机制的优化等方面都取得了显著成效。利用现代信息技术对传统政府服务方式和内容进行改造和创新,不仅极大提升了顾客服务的响应速度,而且提高了服务的效率和准确性。这表明,在我国由传统计划经济体制向社会主义市场经济体制过渡、转轨的历史时期,经济体制的转轨、现代科学技术的发展变化与政府治理体制变革之间的内在关联性,必然推动我国大都市政府治理能力现代化深入开展。

---

① 徐玮、尹宝林等:《企业信息系统业务构件设计研究》,《软件学报》2003 年第 6 期。

沟通、协调的不畅带来的服务效率不高的问题。

目前，我国政府信息化建设与应用正处于交叉型集成模式的阶段上，如图 9-36 所示。

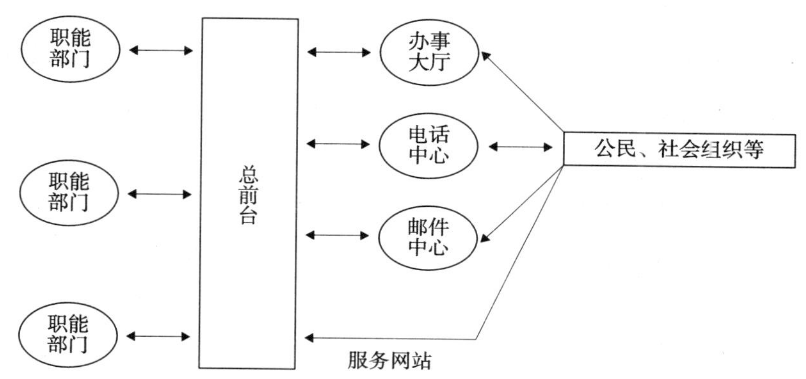

图 9-36　电子化服务与传统服务的交叉运行模式

资料来源：李靖华：《电子政府一站式服务：浙江实证》，光明日报出版社 2006 年版，第 12 页。

信息化水平的不断提高，也必将促进我国大都市政府治理能力现代化的不断深化，促使政府部门之间、政府与企业之间、政府与公民之间、政府与其所领导的公务员之间的交流和沟通日益频繁，这就对政府信息化的应用和建设提出了更高的要求，探索如何通过流程再造和组织结构的重组来满足政府需要改革以往"碎片化"的、各自为政的行政审批模式，满足公民对政府服务效率提高的需要，必将成为今后一段时间大都市政府信息化推动治理能力现代化的主要任务。

总之，政府信息化建设中电子政务的三种建设模式，即垂直型的集成模式、水平型的集成模式和交叉型的集成模式以及他们各自的运行方式，都是根据我国当时的政府管理的内在规律来设计的，每种模式是和他们所代表的当时的政府职能部门的角色和当时社会对政府服务的要求相适应的。

电子化政府服务的三种基本模式，实际上存在一种演进变迁的发展规律。作为"一站式"电子服务演进的缘起，首先是过程集合机制。而"一站式"服务的提出主要是为了获得一种跨部门的过程集成和协调的效果。

作为政府信息化建设和应用的一种高境界，基于流程再造的联合审批系统的服务和应用，是最复杂、也是最现实、最方便的电子化政府服务模式。可以说，联合审批系统的实现并不意味着传统服务方式的消亡，而是各种服务途径、各种服务工具的混合有序运行。

根据“过程集成——信息共享——混合运行”的流程再造模式，以及我国目前政府信息化建设和应用的情况看，一方面，经过四轮行政审批制度改革和《行政许可法》的实施，实体性质的政府行政服务中心已经在大都市普遍建立，甚至一些发达地区的镇街也建立了相应的政府服务中心。① 由于原有的行政审批部门仍然是行政审批服务的主体，并具有相应的法律法规体系支撑，因此行政服务中心在建立的初始被界定为“集中办理的场所”，表现为一种弱前台的态势。另一方面，从20世纪80年代的“三金工程”、90年代的“政府上网工程”算起，我国政府信息化的步伐不断加速，如图9-37所示。

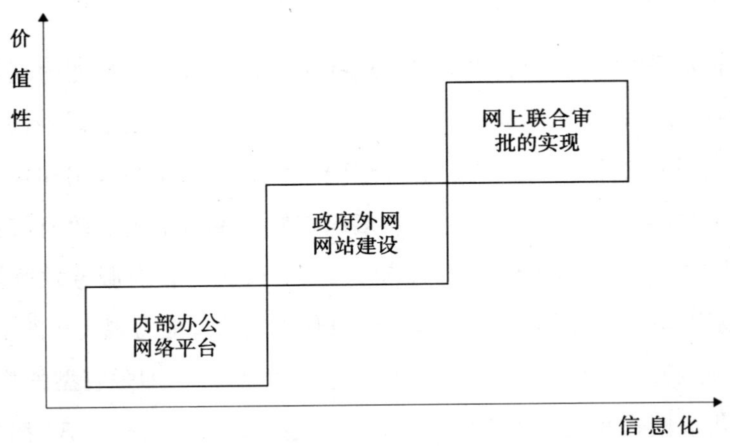

图9-37　政府信息化的一般进程

同时，政府信息化往往表现为“部门信息化”，不同部门间应用水平差异较大，而且互不兼容、信息难以互通。如何充分利用已有的信息系统和信息资源，

① 蔡立辉：《电子政务：信息化时代的政府再造》，中国社会科学出版社2006年版，第30页。

实现信息共享机制，进而实现跨部门间、跨系统和行业间、跨地区间通过数据交换共享的业务协同和一站式服务的演进，同样是一大问题。

因此，信息技术实现大都市行政审批制度深化改革的现实演进路径表现为：实体的行政服务中心的信息化（基于和/或连接于部门信息化）以及基于网络的虚体的部门信息化集成。如果以信息化和集成性为两个维度来描画政府信息化的演进模式，可以发现，传统的分散公共服务为演化的初始状态，先集成化再信息化为中心信息化路径，先信息化再集成化为部门信息整合路径，通过信息的集成整合来实现大都市组织结构的创新重组，如图 9-38 所示。

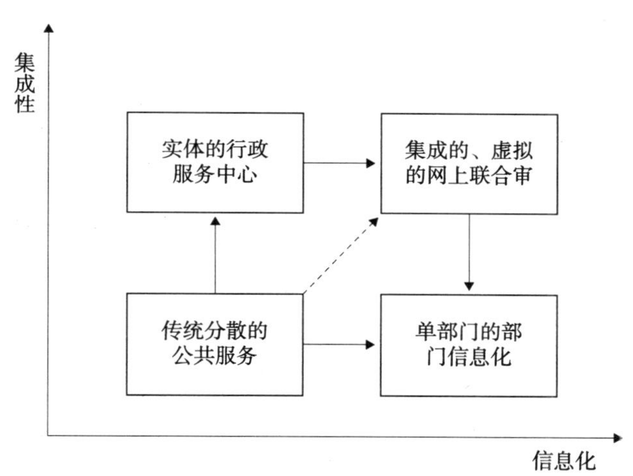

图 9-38　电子政府一站式服务演进示意图

资料来源：李靖华：《电子政府一站式服务：浙江实证》，光明日报出版社 2006 年版，第 12 页。

（四）联合审批与信息资源整合建设

联合行政审批与政务信息资源整合、共享之间相互作用、相互影响，是辩证的统一体。信息资源整合、共享，是联合审批得以进行的前提和基础；信息资源的整合、共享依赖于部门间分割关系的打破、组织结构的重组，没有跨部门的联合与协同就没有跨部门信息资源的整合、共享。但是，在运用信息化手段推进联合审批的时候，由于各个垂直部门都建立了自己的业务应用系统，各垂直部门之间的业务应用系统、各垂直部门与地方政府的业务应用系统之间，由于采用的技术以及技术标准不同，导致各垂直部门的业务应用系统之间、垂直部门与地方政府的业务应用系统之间都互相不能连通、资源不能共享，从而妨碍了联合审批工作的进行。因此，推进联合审批工作，强化信息资源整合、共享，要解决好以下问题：

（1）要解决垂直部门审批系统与地方政府审批系统不兼容问题。部门分割、条块分割的体制导致各部门自行设计、开发和建设自己的业务应用系统；应用信息技术所建设的各种业务应用系统，反过来又使这种分割更加严重，进一步加剧了这种条块分割、部门分割的体制。这些分散建设、分散应用的业务应用系统，严重妨害了资源共享、影响了行政审批的效率；同时，公众申请一个行政审批事项要面对多个部门、重复提交资料、重复申请，给公众带来极大不便，办事成本高。

例如，珠海市住建局反映："我们的一些审批也是这样，要在省建设厅系统平台上操作，然后在本市住建局系统上几乎重复同样的操作，我们许多人的办公桌上都是一台电脑装两套系统，但两系统不能通用。"①

例如，珠海市交通局反映：我们行业自己的系统平台与市政府的审批平台不能转换，我们很多时候的审批必须通过行业内平台（如省交通厅），但交通系统内平台与市里的平台无法转换（互融），有70%的审批涉及这个问题。我们尝试突破技术屏障，试图让不同系统可以对接，但未成功。

例如，珠海市公路局：省公路局要求我们2010年8月1日开始上省公路局自己开发的系统，珠海市政府要求我们使用珠海行政审批系统，省公路局的系统与珠海市政府的行政审批系统在功能、技术标准等方面都不相同。这样审批同一个事项必须在两套系统中重复进行，更加占用了我们的时间。

这些行业业务应用系统与地方政府业务应用系统不能互联互通、不能自由共享的事实证明，导致信息化助长部门壁垒、信息技术进一步加剧了条块分割和

① 资料来源：成果组对珠海市31个具有行政审批权的职能部门从2009年3月至2010年9月间进行了多次座谈调研、实地观察。资料来源于座谈和观察记录。

部门分割，解决这个问题，信息化建设、应用的治理体制必须提上议事日程，改变过去信息化分散建设、分散应用的做法，强调整合、共享和跨部门业务协同。

因此，针对“超市式”的、“一楼式”行政审批所存在的问题，应用现代信息技术深化行政审批制度改革、建立健全“一站式”网上行政审批系统、实现跨部门业务协同和信息资源共享、为公众和企业提供真正的“一网式”服务，就成为了深化行政审批制度改革、强化服务型政府建设的迫切问题。

集中政府和社会的信息资源，高效便捷地为政府管理服务和满足公众的信息需求是政府信息化建设的目标之一。因此，我国“一站式”联合行政审批服务系统的建设，需要尽快建立起一种能满足政务需要的信息资源模式，规范各种信息资源，避免各部门独立进行系统开发，分散建设、重复建设的现象。应在我国信息办的平衡、协调、审查后，实施有序的政务信息资源开发建设，根据办公自动化、领导决策、对外发布、内部交流、公众使用及企业经营等不同的需要，对信息资源进行分类、加工和整理，按照统一规范的文件格式，建立起行业或部门的专项业务数据库，更好地为政府机关和社会提供信息咨询服务。需要使用信息资源的各个政府部门，将信息资源进行后台集中和统一管理，通过统一的接口与标准，将数据统一集中和统一管理，达到共享，从而实现信息资源的有效利用。

开展联合行政审批，必须打破垂管部门与政府职能部门之间的分割状态，打破原有政府部门以及部门内部不同业务处室的界线。实现部门之间的信息互通，利用“一站式”联合行政审批服务平台，构建一个跨部门、跨部门的网络化协同办公环境，使传统的金字塔式政府组织机构改变成扁平的、无中心的网络结构，促进政府部门之间的相互沟通与交流，实现政府部门之间的协调作业，进而对相关事项进行并联审批，提高审批效率，为公众提供便捷的服务。加大信息资源整合力度、实现跨部门业务协同，是推行联合行政审批的必需措施。

（2）要解决审批程序不清晰问题。在目前的行政审批事项中，由于“三定方案”不够清晰，对于同一个行政审批事项多个部门同时审批。在这种情况下，各个部门之间是如何进行分工的，存在着分工不明确、职责不明确，这导致审批流程不清晰，审批程序混乱；特别是对一些互为前置条件的审批，更是程序混乱、程序复杂。这样,既严重妨害了行政审批效率的提高,又给公众带来不便,大大降低了公众对行政审批的满意度。

在我国一些行政审批程序中,某一审批程序往往以另一部门的相关审批为前提,各部门都按照本行业自己的上位法进行审批。这样,有时就形成了:甲的审批需乙的审批为前提,乙的审批需丙的审批为前提,丙的审批需甲的审批为前提——这样一个循环。在这个循环过程中由于流程不清晰,又人为制造了相互推诿和协调困难。

例如,珠海市住房规划建设局:与其他部门存在着互相循环、互为前置审批环节的困境,当审批仅需在一个部门内完成,这种情况较好解决,但审批涉及不同部门时,协调就非常困难,程序非常麻烦。

因此,我们认为:第一,在一个审批环节涉及多个部门同时审批时,应确定该类事项对应的牵头部门,在许多小的许可证中,各类"小事项"的审批都有牵头部门,所谓"优化"研究,就是要明确牵头部门是谁、牵头部门与其他部门之间的权责关系、牵头部门对其他部门的协调权力等;第二,要发挥编制部门在深化行政审批制度改革中的作用,尽快解决职能定位不清晰、职责不明确的问题。这就需要市政府组织编制部门重新对"三定方案"进行修订,理顺部门之间的职责权限,特别是对于涉及多个部门的审批事项、对职能交叉重复的情况,要抓紧进行梳理,尽快定岗定责。

例如,珠海市行政服务中心提出:在实际审批过程中,针对不同类别事务的审批设立了不同的牵头单位,但也带来一定问题:牵头单位认为这种牵头赋予的职责已经超出了"三定方案"规定的职责范围,那种多一事不如少一事的思想,导致许多牵头单位在实际中没有发挥好牵头单位的作用。

这就更进一步说明,深化行政审批制度改革,必须要发挥编制部门根据行政审批流程来明确各审批部门的职责、赋予牵头部门职责权限、重新修订"三定方案"等作用。

(3)职能交叉重复,部门协调困难。推进联合行政审批、深化行政体制改革,必须科学合理地界定行政职能,包括正确界定政府与社会、政府与市场、政府与公民个人之间的关系；明确不同层级政府之间职责功能的重点与关系，明确不同职能部门之间的权力范围与任务。这对于深化行政审批制度改革具有非常重要的意义。

我们成果组在现场调研中发现，有些政府部门在职能配置上存在职能交叉与扯皮、部门分割、资源分散、整体效能和公共服务质量低下的问题。职能交叉重复、部门分割、资源分散等情况在此次调研过程中还大量存在，需要政府大力进行改革，科学合理地进行职能和权力的配置，加强各部门之间的信息共享，减少资源的浪费，提高办事效率，真正做到为群众服务。

在行政审批过程中，由于职能交叉重复，由于条块分割、部门分割、资源不能共享，由于信息技术的运用使分割体制进一步固化，由于各种业务应用系统之间不能互联互通……一句话，由于技术应用不当的原因，由于分割体制的原因，由于"三定方案"职责不清的原因，导致一个统一的办事流程被分散到许多的部门、人员和环节之中，导致部门之间不能协同办公、公众与政府部门之间沟通困难。不仅增加了部门之间的沟通协调成本，而且增加了社会交易成本。

对于同一个审批事项，涉及多个部门时，每个部门依据本部门的办事要求，要求公众提交资料，导致公众办理同一个审批事项需要多次重复提交有关资料的情况。对公众而言，重复申请、重复提交；对政府部门而言，部门之间重复审批。因此，这既不利于提高效率，又不利于方便公众。

对于同一个现场勘察而言，同一个现场需要多个部门勘察时，今天来一个部门，明天再来一个部门，导致被勘察的对象——申请人天天应付不同政府部门的勘察。没有形成会同勘察的制度，不仅导致勘察结论的相互矛盾，而且给申请人带来极大不便。

分工过细，一方面形成职能交叉重复、多头管理、多头指挥；另一方面，也会形成无人管的真空地带，这就为互相推诿奠定了基础。

在行政审批过程中，职能交叉重复、多个部门在审批同一个事项时每个部门的政务要求不同，这些都进一步加深了公众与政府的矛盾。例如，市环保局、住建局、市政园林局、海洋局等都有权对水务工程建设进行审批，但属于不同的部门对水务工程进行审批时，审批的时间、提交的资料、审批的要求，都有非常大的差异。因此，遇到水务工程建设的审批事项时，究竟由谁来审批，还是让申请人来选择审批部门，这都需要在重新梳理“三定方案”时进行明确。

目前，我国大都市政府治理还基本没有形成跨部门的网络化协同办公环境，一些业务的行使和办理仍然处于分割状态，还是以各职能部门分散的、各自为政的方式行使政府行政管理职能和提供社会服务，缺乏互联互通和集成整合。大都市政府治理创新中的信息技术应用在相当程度上加固了原有部门之间的分割局面，固化了条块分割。项目组在现场调研中发现，有些部门提出有些行政审批事项需要政府采用立项的方式，明确该事项的牵头部门以及参加部门的职责，并通过“一表制”向公众公布完整的办事指南信息，部门之间加强协作，从而提高工作效率和社会服务质量。

联合行政审批是一个涉及多个部门、多个环节、多个法律法规的系统行为，职责分工不清晰、流程定义不清晰、资源不能共享、各自为政，一定会严重影响行政审批的效率和公众申请审批的方便性。因此，打破分散审批，开展集中审批、联合审批，必将是未来深化行政审批制度改革的重要发展方向。

（4）要解决政务信息资源不能共享问题。部门之间协同不足，一个主要原因就是资源不能共享，而部门条块分割的体制导致政务信息资源共享机制无法建立起来。垂直管理部门各自独立开发业务系统，同时由于垂直部门实行垂直管理，垂直部门与地方政府之间存在一定的权力冲突，导致垂直部门与地方政府之间信息共享受阻，这也是深化行政审批制度改革的主要问题之一。在我们对若干大都市行政审批的现场调研中，发现条块分割的格局使得垂管部门与政府职能部门之间资源共享程度非常低，导致很难在行政审批事项办理过程中形成跨部门的协同办公，也就是联合审批难以形成。

信息资源不能共享，是妨害电子政务系统发挥作用、提高信息化业务应用绩效的最大阻碍，是提高政府整体效能、提高行政审批效率的最大障碍，是消除重复申请、重复审批和提高审批质量的最大障碍，是加强行政审批监督的最大阻碍。如工商行政部门在政府行政审批服务中扮演中非常重要的角色，很多事项的办理都需要工商行政部门的前置审批，但工商行政部门的事项办理信息与数据却无法与相关部门共享。部门之间信息共享不足，导致相互之间无法为同一事项的办理协同作业。在调研过程中，工商行政部门强调工商系统内部有一个业务系统，强调工商行政部门是要在自己的业务系统内办事；而工商行政部门的这个系统与地方政府的业务系统又是不能对接的。这样，工商行政部门的信息无法与其他部门实现共享，导致很多事项分散处理和分散办理的现状无法得到根本性改变。

目前，政务信息资源不能共享主要表现为：同一个部门的各个业务处室之间、同一个系统的各个分支机构之间、同一级政府的各个部门之间、上下级政府之间、各地方政府之间、各业务应用系统之间，彼此隔离，不能互联互通。不管办什么事情，都需要公众提交信息资料，而不是通过信息资源共享来获取其他部门有关申请人的信息资料，这样进一步助长了申请人提交虚假材料。

从原因上分析，造成信息资源不能共享的主要原因有：一是条块分割、部门分割的治理体制，分目标、局部目标与整体目标的差异和冲突，局部效率与整体效率之间的差异和冲突；二是各部门采用的技术标准、技术规范和政务要求规范不一致；三是法律法规之间的冲突，适用不同的法律法规就会有不一样的要求；四是缺乏信息资源的管理，信息资源开发利用水平很低，还没有建立《信息资源目录体系》、《信息资源共享目录体系》；五是各部门的业务系统都由不同的 IT 公司在不同的时间里进行开发与建设，缺乏统一、科学的规范，信息分类缺乏科学的标准，存在着资源整合不力、建设分散、重复建设等体制性的问题，导致资源共享程度差、信息利用率低和业务系统应用绩效差。

随着政府信息化建设与应用的深入开展，特别是随着跨部门联合审批等业务的开展，信息公开、信息资源共享的需求进一步强化，信息不能交换共享的问题也越来越凸显，不能满足提高党政部门管理能力与服务能力的社会发展要求；不符合当代通过信息化来实现资源共享、形成跨部门的网络化协同办公、提供一体化无缝式服务的发展趋势；也不符合信息资源交换共享及其管理向整合、集成、公开、共享、保障体系更加配套与完整的发展趋势。

因此,突破分割治理体制障碍,整合政务信息资源,规范信息资源共享及其管理,已成为进一步提高政务信息资源开发利用水平、促进政府信息化发展、提高各类业务应用系统的绩效水平、实现跨部门业务协同和跨部门联合审批、实现大都市政府治理能力现代化的迫切任务和重要内容。联合审批是建立在跨部门间、跨行业和系统间、跨业务应用系统间、跨地区间自由共享的基础之上的,是以打破了分割治理体制和实现了资源共享、流程再造为现实基础;同时,联合审批的形成又是对分割治理体制打破、跨部门资源共享、再造和优化后流程的一种具体应用形式,反过来可以检验这种治理能力现代化的效果。正是从这个角度上说,网上联合审批的开展是推动大都市政府治理能力现代化的主要途径和具体表现。

第十章　大都市政府治理能力现代化的技术支撑

在当今信息化时代，以政府组织结构创新重组、业务流程再造、跨部门间和跨地方区域间的业务协同、政府公共部门与非政府组织在公共事务治理与公共服务提供方面的合作与互动为主要内容的大都市政府治理能力现代化，不仅是一项复杂的系统工程，而且是以网络信息技术为支撑来实现的。大都市政府治理能力现代化与信息技术应用的关联性表明，在信息技术普遍应用、深度应用的条件下，大都市政府治理体制每次所进行的创新，都是网络信息技术与政务有机结合的结果。因此，信息技术是大都市政府治理能力现代化的主要物质基础和技术支撑。本章围绕信息技术对大都市政府治理能力现代化的技术支撑进行分析研究。

第一节　网格及网格计算技术

相对于其他国家或地区、其他行业的信息化应用而言，成熟的技术带来了深度的应用。为此，我们说技术不是问题，但实际上业务处理的信息化应用每提升一步、行政改革理念的每次实现，都离不开信息技术的支撑。我们试着想象，分布在一个大都市各个区域的部门、分布在一个大都市化区域的各个城市、分布在各个工作岗位上的工作人员，能够共享资源、协同处理业务该多好。如何把这种分散在不同地方、不同位置的资源整合起来而实现各种资源的全面共享？网格

(Grid)技术为实现这种理想提供了技术支撑。

网格技术是20世纪90年代中期蓬勃兴起的一种重要信息技术,网格代表了一种先进的技术和基础设施。随着网格技术和计算机技术的发展,大规模高性能分布式环境成为网格的基本特征之一,计算网格在此基础上应运而生。网格技术的发展目标,是将分散在互联网上的各类资源整合成为一台巨大的超级虚拟计算机,实现计算资源、存储资源、数据资源、通信资源、软件资源、信息资源等的全面共享,消除信息孤岛和资源孤岛,为用户方便、透明地提供包括科学计算、数据存储、信息获取、远程控制等在内的各种高性能网络服务,以最大限度地提高互联网资源的利用率。网格和网格计算技术对信息处理一体化、信息资源共享与协同工作将起到重要作用①。

一、网格技术

关于网格技术概念,目前尚没有统一的界定。在多种界定中普遍认为,网格是构筑在互联网上的一组新兴技术,它将高速互联网、高性能计算机、大型数据库、传感器、远程设备等融为一体,为科技人员和普通老百姓提供更多的资源、功能和交互性。② 中国科学院计算机所所长李国杰认为,网格是继因特网、Web之后的第三次互联网浪潮。可称之为第三代因特网应用。传统因特网实现了计算机硬件的互通,可以为人们提供电子邮件、网页浏览等通信功能;Web实现了网页的连通;而网格试图实现互联网上所有资源的全面联通,其中包括计算资源、存储资源、通信资源、软件资源、信息资源、知识资源等,网格的功能更多更强,让人们能够透明地使用计算、存贮等其他资源。网格的主要任务是在动态变化的网络环境中共享资源和协同解决问题;网格对现有互联网进行友好管理,把分散

① 李琦、罗志清等:《基于不规则格网的城市治理格网体系和地理编码》,《武汉大学学报(信息科学版)》2005年第5期。

② Foster I.,Kesselman C.:*The Grid:Blueprint for a New Computing Infrastructure*.Morgan Kaufmann Publishers,1998.

在不同位置的资源虚拟成一个空前强大的信息系统，实现各种资源的全面共享。① 因此，网格代表了一种先进的技术和基础设施，网格改变了人们对计算机的传统认识，即从封闭、孤立、互不兼容的系统向互通、互连、互操作、具有聚合处理能力的网格系统发展。②

广义的网格可理解为全球网格 GGG（Great Global Grid），它不仅包括计算网格、信息网格、知识网格、商业网格，还包括一些已有的网格计算模式，例如对等计算 P2P（Peer to Peer）、寄生计算等。Foster（2001）提出限定网格必须同时满足三个条件：一是协调非集中控制资源；二是使用标准、开放、通用的协议和界面；三是得到非平凡的服务质量。

网格技术一般主要可以分为以下几类：计算网格（Computational Grid）是强调计算力获取、管理等的网格；数据网格（Date Grid）是强调数据存储、管理、传输、处理的网格；信息与知识网格（Information and Knowledge）是强调信息及知识存贮、管理、传输、处理的网格；服务网格与商业网格（Service Grid，Commercial Grid）是架构于计算网格和数据网格基本功能之上的各种应用网格，内涵丰富，应用前景广，服务网格以服务作为用户使用资源的主要形式；此外，还有其他广义类型网格。③ 如图 10-1 所示。

网格技术通过网格软件平台来实现其强大的功能。网格软件平台具有融合资源和支撑应用的作用；网格软件平台具有综合集成各种资源的作用，所有资源都以统一的标准描述其功能和访问接口，然后注册登记；网格软件平台还提供了一些支持各类应用的常用工具，包括协同工具、数据管理工具、分布式仿真工具等，这些工具使得应用开发变得更加容易。

因此，网格提供了一种全新的计算能力，其计算能力相对于传统的因特网大

① Foster I.，Kesselman C.，Tuecke S.：*The anatomy of the grid：enabling scalable virtual organizations.Int' l Journal of Supercomputer Applications*，2001，vol.15，No. 3，pp.200-222.

② 桂小林：《网格技术导论》，北京邮电出版社 2005 年版，第 10 页。

③ Foster I.，Kesselman C.，Tuecke S.：*The anatomy of the grid：enabling scalable virtual organizations.Int' l Journal of Supercomputer Applications*，2001，vol.15，No. 3，pp.200-222.

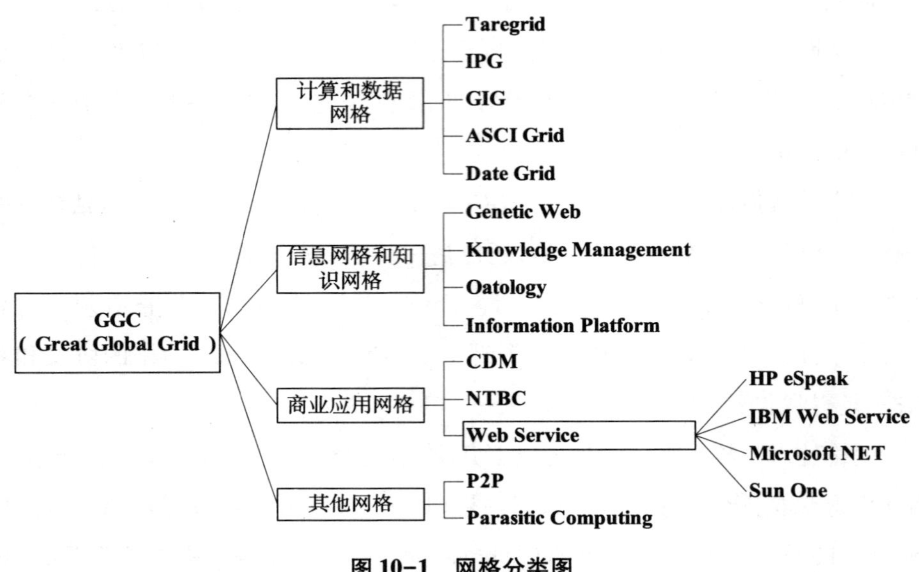

图 10-1　网格分类图

资料来源：池忠仁、王浣尘：《网格化管理和信息距离理论：城市电子政务流程管理》，上海交通大学出版社 2008 年版，第 45 页。

大增强；网格不再局限于地理位置，打破了传统的共享和协作方面的限制，因而网格不仅应用于科学计算领域，包括分布式计算、高吞吐率计算、数据密集型计算；而且还涉及社会生活等领域，如人与人之间的交互式信息共享、更广泛的资源贸易等。"网格的进一步发展将像 Internet 技术、web 技术一样，对人类社会产生巨大影响。""在网格中，各种服务器在高层系统软件控制下形成一个具有巨大计算和数据处理能力的服务环境，对各行各业和社会公众提供一体化的信息服务。"①

因此，网格技术的产生和在大都市政府治理中的应用，对大都市政府治理能力现代化所涉及的打破部门分割、条块分割、地方分割而造成的"碎片化"、"零碎化"管理，所涉及的促进跨部门、跨行业和系统、跨地方区域的资源共享和业务网络化协同等内容，具有重要的技术支撑作用。网格技术本身具有的虚拟功

① 桂小林：《网格技术导论》，北京邮电出版社 2005 年版，第 8—9 页。

能、资源全面共享功能和协同解决问题的功能，已经可以打破这种体制分割的障碍，或者说，网格技术的应用可以使资源的全面共享、跨部门和跨地方区域的业务协同不受分割体制的影响。在这种情况下，技术的应用自然就把原有体制中不符合现代信息技术要求的、需要变革的部分给梳理出来，让人们进一步认识到了害处；同时，通过技术的应用而将体制中不符合现代信息技术要求的、需要变革的部分进行了变革创新。如果没有这种技术的应用及其支撑，只是就治理体制改革而改革，一定会集聚权力关系、利益关系变革的障碍，加大变革的阻力。因此，我们认为，网格技术及其在大都市政府治理能力现代化中的应用，既具有方法论意义，又是大都市政府治理能力现代化的重要技术支撑。我们虽然不能陷入技术决定论的泥潭，但也要认识到新技术的推动和支撑作用。

二、网格计算技术

网格计算的初衷是使 Internet 成为高性能计算环境，能够处理大规模的计算密集型问题的求解，如复杂物理过程准确模拟计算、军事训练中的分布式交互模拟计算等。同时，大规模计算密集型问题可得益于计算网格，如操作的数据量远远小于其计算量，可以容易地划分成小的任务集合，发布到 Grid 的各个节点去计算，充分利用 Grid 超大规模分布式并行计算能力。

网格环境的最终目的，是从简单的资源集中发展到数据共享，最后发展到协作处理和有质量的服务（Quality of Service），包括：一是促使资源集中，使各类用户能够将组织的整个 IT 基础设施看作是一台计算机，能够根据他们的需要找到尚未被利用的资源；二是促进数据共享，使各组织接入远程数据，这对大都市政府、大都市化区域来说尤其有用，因为在大都市政府的管理中、在大都市化区域的一体化管理中，大都市政府的各部门、大都市化区域的各城市，都需要相互之间进行资源的共享才能实现业务协同；三是通过网格计算来促使广泛分散在各地的组织能够在一定的项目或业务处理上进行合作，整合业务流程，共享信息资源，协同处理业务问题；四是提供有质量的服务，能够针对不同用户或者不同数据流采用相应不同的优先级，或者是根据应用程序的要求，保证数据流的性能达到一定的水准,为同一网络中的各节点提供有质量有保障的服务。

(1)移动终端设备。移动 GIS 的客户端设备是一种便携式、低功能、适合地理应用,并且可以用来快速、精确定位和地理识别的设备。硬件主要包括掌上电脑(PDA)、便携式计算机、GPS 定位仪器等。软件主要是嵌入式的 GIS 应用软件。用户通过该终端向远程的地理信息服务器发送服务请求,然后接受服务器传送的计算结果并显示出来。

(2)无线通信网络。无线通信网络是连接用户终端和应用服务器的纽带,它将用户的需求无线传输给地理信息应用服务器,再将服务器的分析结果传输给用户终端。

(3)地理应用服务器。移动 GIS 中的地理应用服务器是整个系统的关键部分,也是系统的 GIS 引擎。它位于固定场所,为移动 GIS 用户提供大范围的地理服务以及潜在的空间分析和查询操作服务。

(4)空间数据库。空间数据库用于组织和存储与地理位置有关的空间数据及相应的属性描述信息,移动空间数据库是移动 GIS 的数据存储中心,并且能对数据进行管理,为移动应用提供各种空间位置数据,是地理应用服务器实现地理信息服务的数据来源。

从技术的角度来分析,网格计算作为一门计算机科学,具有通过任何一台计算机都可以提供无限的计算能力,可以接入浩如烟海的信息。这种环境能够使各种社会组织解决以前难以处理的问题,最有效地使用他们的系统,满足客户要求并降低他们计算机资源的拥有和管理总成本。因而网格计算能够提供以下功能:一是提高或拓展包括大都市政府在内的各种管理组织内所有计算资源的效率和利用率,满足最终用户的需求,同时能够解决以前由于计算、数据或存储资源的短缺而无法解决的问题;二是建立虚拟组织,通过让他们共享应用和数据而在公共问题上进行合作;三是整合计算能力、存储和其他资源,使得需要大量计算资源的巨大问题求解成为可能。

因此,网格计算技术的运用,通过对这些资源进行共享、有效优化和整体管理,能够降低计算的总成本。同时,在网格计算技术的支撑下,对大都市政府实现跨部门、跨业务系统、跨城市间的资源共享和业务协同,对大都市政府业务流程优化再造,对促进实现大都市化区域的一体化和网络化,都具有重要的支撑作用。

三、"3S"技术

3S 技术是地理信息系统(Geography Information Systems,GIS)、全球定位系统(Global Positioning Systems,GPS)和遥感技术(Remote sensing,RS)的统称,是空间技术、传感器技术、卫星定位与导航技术和计算机技术、通讯技术相结合,多学科高度集成的对空间信息进行采集、处理、管理、分析、表达、传播和应用的现代信息技术。

(一)GIS 技术

地理信息系统(Geographical Information System,GIS)是一种决策支持系统,它具有信息系统的各种特点,地理信息系统与其他信息系统的主要区别在于其存储和处理的信息是经过地理编码的,地理位置及与该位置有关的地物属性信息成为信息检索的重要部分。在地理信息系统中,现实世界被表达成一系列的地理要素和地理现象,这些地理特征至少由空间位置参考信息和非位置信息两个组成部分,如图 10-2 所示。

地理信息系统具有三个方面的特征:具有采集、管理、分析和输出多种地理信息的能力,具有空间性和动态性;由计算机系统支持进行空间地理数据管理,并由计算机程序模拟常规的或专门的地理分析方法,作用于空间数据,产生有用信息,完成人类难以完成的任务;计算机系统的支持是地理信息系统的重要特征,因而使得地理信息系统能以快速、精确、综合地对复杂的地理系统进行空间定位和过程动态分析。地理信息系统的外观,表现为计算机软硬件系统;其内涵却是由计算机程序和地理数据组织而成的地理空间信息模型。当具有一定地学知识的用户使用地理信息系统时,他所面对的数据不再是毫无意义的,而是把客观世界抽象为模型化的空间数据,用户可以按照应用的目的观测这个现实世界模型的各个方面的内容,取得自然过程的分析和预测的信息,用于管理和决策,这就是地理信息系统的意义。

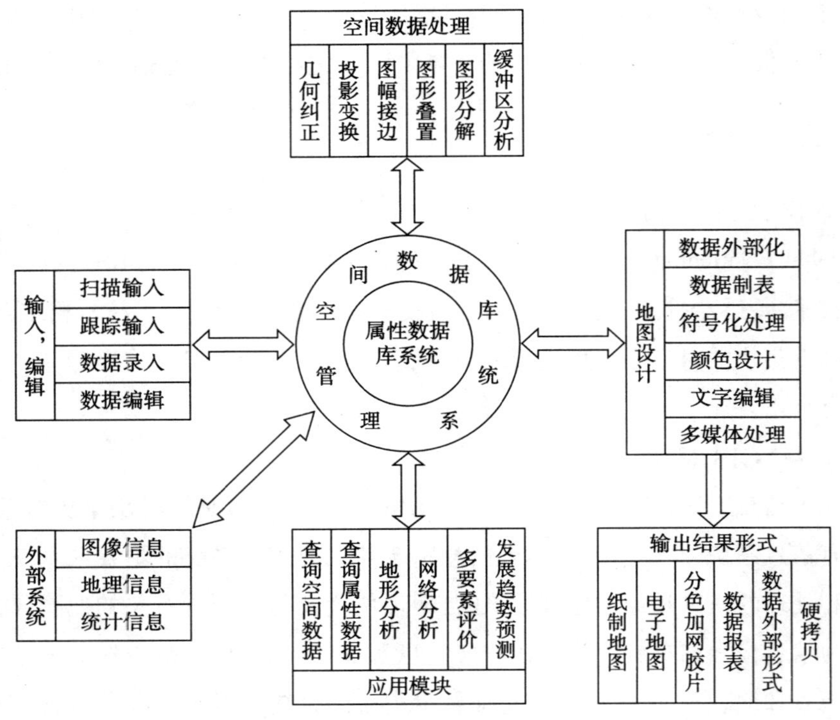

图 10-2　GIS 系统组成示意图

资料来源：李建松：《地理信息系统原理》，武汉大学出版社 2006 年版，第 44 页。

另一方面，在网格化管理中，移动 GIS 也是一项重要的基础技术。移动 GIS（Mobile GIS）是建立在移动计算环境、有限处理能力的移动终端条件下，提供移动中的、分布式的、随遇性的移动地理信息服务的 GIS，是一个集 GIS、GPS、移动通信（GSM/GPRS/CDMA）三大技术于一体的系统。它通过 GIS 完成空间数据管理和分析，GPS 进行定位和跟踪，利用 PDA 完成数据获取功能，借助移动通信技术完成图形、文字、声音等数据的传输。

（二）GPS 技术

GPS①（Global Positioning System，GPS）是全球定位系统的简称。简单地说，

① 姜爱林、任志儒：《网格化：现代城市治理新模式——网格化城市治理模式若干问题初探》，《城建监察》2007 年第 2 期。

这是一个由覆盖全球的 24 颗卫星组成的卫星系统。这个系统可以保证在任意时刻,地球上任意一点都可以同时观测到 4 颗卫星,以保证卫星可以采集到该观测点的经纬度和高度,以便实现各种功能。GPS 系统包括三大部分:空间部分——GPS 卫星星座;地面控制部分——地面监控系统;用户设备部分——GPS 信号接收机。GPS 的组成,如图 10-3 所示。

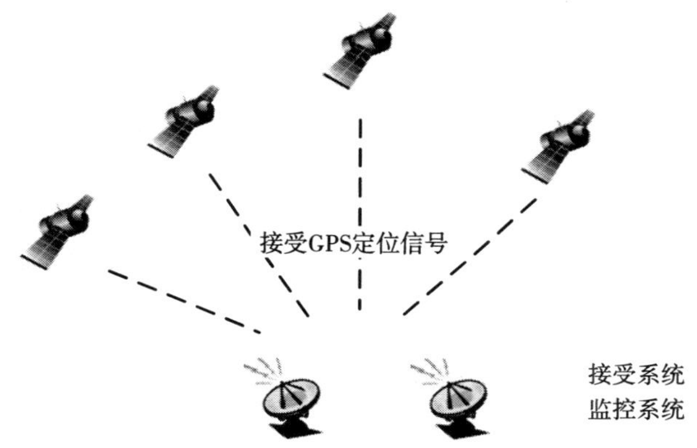

图 10-3 GPS 系统组成示意图

(三)RS 技术

遥感技术①(Remote Sensing,RS)是指从高空或外层空间接收来自地球表层各类地物的电磁波信息,并通过对这些信息进行扫描、摄影、传输和处理,从而对地表各类地物和现象进行远距离控测和识别的现代综合技术。当前遥感发展的特点主要表现以下几个方面:

(1)新一代传感器的研制,以获得分辨率更高,质量更好的遥感图像和数据;

(2)在遥感应用不断深化,对遥感应用提出更高要求的现实情况下,充分利用遥感及非遥感手段获得丰富地理信息的目标,促成和推动了地理信息系统(GIS)的发展以及推动了遥感与地理信息系统的结合。

(3)地理信息系统的发展与支持是遥感发展的进展和动向。地理信息系统

① 钟章对、蒋文怡、李红君等:《GPRS 通用分组无线业务》,人民邮电出版社 2001 年版。

是遥感的进一步发展和延伸，成为遥感从实验阶段向生产型商品化转化历程中的又一新进展，成为当前遥感发展的又一个新动向。

第二节 数据库技术

一、数据库管理系统

信息系统是以加工处理信息为主的系统，它是由人、硬件、软件和数据资源组成，目的是为了及时而准确地收集、处理、存储、传输和提供信息。广义上说，任何进行信息加工处理的系统都是信息系统，例如生命信息系统、企业信息系统、文献信息系统、地理信息系统等。狭义信息系统是指基于计算机、通信技术、网络技术等现代化信息技术手段且服务于管理领域的信息系统，即计算机信息管理系统，其功能是对信息进行采集、处理、存储、管理、检索和传输，并且能向有关人员提供有用的信息。

信息系统的发展与计算机技术、通信技术、网络技术和管理科学的发展紧密相关，经历了由单机到联网、由数据处理的电子化到管理信息系统、再到决策支持系统、由数据处理到智能处理的过程，且呈现相互交叉的关系。信息系统从20世纪50年代支持事务操作层的电子数据处理（EDP）到20世纪60年代初支持事务操作和监督控制层的集成数据处理或事务处理系统（TPS）时期；从20世纪60年代中期开始支持管理、控制、事务处理三个层次管理活动的管理信息系统（MIS）开始登场，直至今天仍然有很强的生命力。经过几十年的发展，进入20世纪90年代，计算机信息网络已经是无处不在，国际互联网（Internet）和政府部门内联网（Intranet）基本覆盖了上述各种系统概念所代表的功能，并进一步拓展了上述各系统的功能范围和技术水平，并趋向集成化。这个过程大致经历了以下三个阶段：

（1）电子数据处理系统（Electronic Data Processing System，EDPS）。在这个阶段，计算机主要用于支持运行层的日常具体业务，所处理的问题位于管理工作的最底层，其目的是迅速、及时、准确地处理大量数据，提高数据处理的效率，实现数据处理的自动化，将人们从繁重的手工数据处理工作中解放出来，从而提高工作效率。从发展阶段来看，它可分为单项数据处理和综合数据处理两个阶段。

（2）管理信息系统（Management Information System，MIS）。管理信息系统将管理学的理论和方法融入计算机处理过程中，提供信息，支持企业或组织的运行、管理和决策功能。管理信息系统有着非常广泛的内涵。它不仅是个计算机系统，还是包括设备、人、信息系统、管理手段和管理方法等多方面因素的一个复杂的信息系统。管理信息系统最大的特点是高度集中，能将组织中的数据和信息集中起来，进行快速处理、统一使用。有一个中心数据库和计算机网络系统是MIS 的重要标志。MIS 的处理方式是在数据库和网络基础上的分布式处理。计算机网络和通信技术的发展，不仅能把组织内部的各级管理部门联结起来，而且能够克服地理界线，把分散在不同地区的计算机网络互联，形成跨地区的各种业务系统和管理信息系统。

（3）决策支持系统（Decision Support System，DSS）。决策支持系统产生于20世纪70年代初，是把数据库处理与经济管理数学模型的优化计算结合起来，具有管理、辅助决策和预测功能的管理信息系统。决策支持系统面向组织中的高层管理人员，以解决半结构化问题为主；强调决策过程中人的作业，系统对人的决策只起辅助和支持作用；更重要的是决策过程的支持以应用模型为主，系统模型反映了决策制定的原则和机理。在结构上，决策支持系统由数据库、模型库、方法库和相关部分组成。

二、信息流动及信息处理技术

（1）大都市政府信息流动方式与处理

从构成层次来看，依据古典行政组织理论，大都市政府行政组织在纵向上是由四个层次所组成的“金字塔”型的组织，如图10-4所示。①

① 蔡立辉：《电子政务》，清华大学出版社2009年版，第313页。

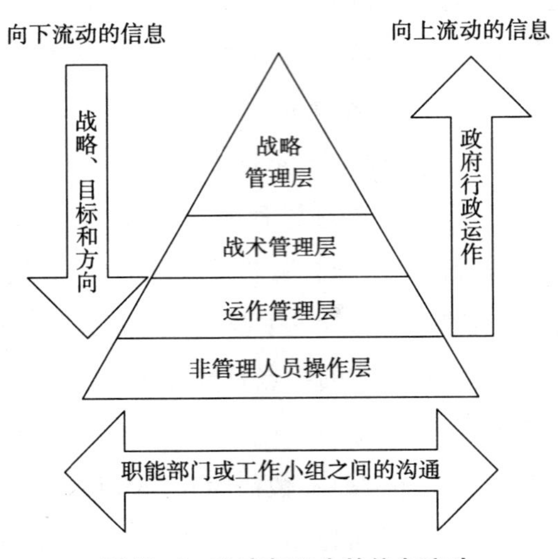

图 10-4　政府部门中的信息流动

图 10-4 表明,第一层(最顶层)是战略管理层,负责对部门整体的指挥和领导;第二层是战术管理层,按照战略管理层制定的目标和战略进行具体策略的制定;第三层是运作管理层,这一层的任务是对日常运作的管理和指导,以及对目标和战略的实施;第四层(最底层)是操作层,他们是一些实际从事日常活动的员工。

一般来说,大都市政府和其他政府行政组织一样,在纵向结构上也都是由这四个层次构成的。根据政府行政组织的纵向结构和行政权力的纵向运行,政府行政组织的信息朝三个方向流动,即向上、向下和水平方向流动。向上流动的信息源于组织的最基层,然后信息通过不同的管理层向上流动,描述的是基于日常事务的组织当前状态。信息越往上流动,就会变得越简明。向下流动的信息包括源于最高层的战略、目标和指令,这些信息向较低的政府层级流动,并进行目标和功能的分解,再传递到承担各自功能的操作层,最终在整个行政组织系统中实施。信息越向下流动,就会变得越细化和具体化。在信息技术的支撑下,大都市政府行政组织上下流动的信息,有助于加强大都市政府各行政层级之间的政务畅通,提高信息在各行政层级之间传递的效率和确保传递信息的真实性,从而实现大都市政府治理体制的创新。

水平流动的信息，一是在同一个部门内部的各个业务处室（科室）之间、同一级政府的各个部门之间、同一个区域的各个地方政府之间、政府公共部门与社会公众之间横向流动的信息。这个流动过程可能是政府部门业务流程间的不同阶段的体现，也可能是信息的不同视角的信息加工、过滤和处理过程，还可能是政府内部各业务处室（科室）间、部门间、地方政府间、政府公共部门与社会公众间进行沟通的手段。水平流动的信息既包括政府公共部门为社会服务的信息，也包括政府行政组织内部间交流的信息。因此，在信息技术的支撑下，水平流动信息机制的形成，一是有助于在大都市政府行政组织内部促进形成工作流、信息流，从而实现业务流程再造；二是有助于打破大都市政府各业务处室（科室）之间、各部门之间的分割，促进资源整合和形成跨业务处室（科室）之间、跨部门之间的业务协同；三是有助于信息资源在大都市政府行政组织内部各业务处室（科室）间、各部门间、地方政府间，以及政府公共部门与社会公众间进行沟通，提高信息沟通的效率，促进信息资源共享。一句话，在信息技术支撑下的信息水平流动，有助于实现大都市政府横向组织结构的重组、流程再造和资源共享，成为大都市政府治理能力现代化的重要支撑。

政府信息流动的方式形成了信息的传递机制、反馈机制，包括大都市政府部门内部自下而上的信息反馈和社会向大都市政府及部门的信息反馈，形成了信息的回应机制，包括大都市政府业务处室（科室）之间、部门之间、各城市政府之间互动做出的信息反映和大都市政府对社会需求的反映。在信息技术的支撑下，信息传递、反馈与回应都是通过网络来进行的，这有助于大都市政府根据信息流动的方式来对信息进行采集、加工处理、使用和交换共享。大都市政府将信息技术用于支持信息处理，不仅极大地提升了大都市政府收集信息、处理信息的能力、效率和水平；而且，在促进形成工作流、信息流，实现业务流程再造、促进资源共享、形成跨部门业务协同等方面，都起到重要支撑作用。因此，现代信息技术、网络计算机技术的运用对于大都市政府提高信息处理能力、促进实现治理能力现代化和管理方法创新，有着十分重要的意义。

(2)信息技术系统

大都市政府职能范围的广泛性、多样性与复杂性,在信息化条件下通过建立多个应用系统和应用目标来实现大都市政府各个处室(科室)、各部门、各行政层级的管理目标。从信息技术角度看,大都市政府现有的信息化应用系统中主要包括事务处理系统、客户服务系统、管理信息系统、工作支持系统、主管信息系统、决策支持系统和组织互联系统等七种信息技术系统,如图 10-5 所示。①

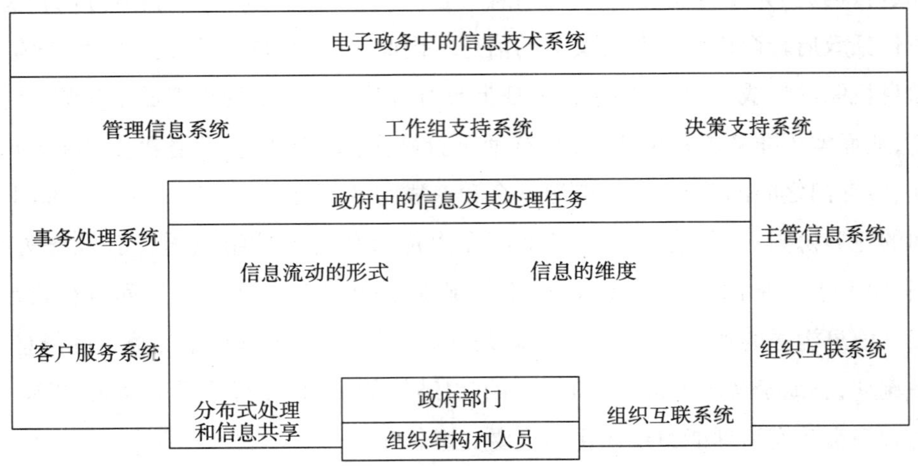

图 10-5　大都市政府的信息技术系统

因此,随着大都市政府信息化建设和应用的发展以及信息化程度的不断提高,在信息技术系统建设不断完善的今天,既要打破条块分割的体制,实行政务信息的公开和共享,也要不断吸纳新的信息处理技术,不断提高政府决策和执行的科学性和规范性,以达到提高政府办公效率、促进经济社会发展的目的。

第一,事务处理系统(Transaction Processing System,TPS)。事务处理系统是实现大都市政府治理目标的基本业务应用系统。在信息化时代,大都市政府及部门高效率、高质量处理公共事务和提供公共服务的基础就是对信息的处理,包括在信息发源地采集信息,在采集的事务性信息基础上创建新的信息,并将采集

① 蔡立辉:《电子政务》,清华大学出版社 2009 年版,第 315 页。

的信息和创建的信息保存在一个可操作的数据库中。信息采集、创建和保存的过程也就是公共事务处理和公共服务提供的过程。

在大都市政府公共管理过程中,采集、创建和保存信息是最重要的信息处理任务,这些至关重要的采集、创建和保存信息的系统就是事务处理系统。它包括:一类是面向政府部门内部管理及其业务运行的事务处理系统,网络化办公自动化系统就属于这类系统;另一类是直接客户服务业务的客户集成服务系统,为社会提供政府服务,为社会公众办理和处理各种公共事务,如纳税申报、办理证件等。同时,事务处理系统还要向管理信息系统、工作组支持系统、决策支持系统、主管信息系统和组织互联系统等其他信息系统提供各种政务信息,并最终将这些信息用于整个政府部门。因此,事务处理系统是大都市政府进行信息化建设与应用首先要建设的基础设施之一,有了这个设施就能为提升大都市政府治理与服务能力、实现大都市政府治理能力现代化提供重要的支撑。

第二,客户集成服务系统(Customer Integrated System,CIS)。客户集成服务系统是处理大都市政府及部门面向客户服务业务的例行和日常工作的应用系统。一般情况下,它是事务处理系统的一个扩展,这种扩展包括技术上的扩展和空间上的扩展,这种扩展是将技术送到面向用户的客户端,可以让用户自己处理其自身的事务,尤其是网络技术的发展,使得这种扩展可以打破时间和物理的限制。

客户关系管理(Customer Relationship Management,CRM)是客户集成服务系统的重要形式。客户关系管理是一种以客户为中心、以信息技术为手段,对业务流程进行重组,以赋予政府部门更完善的与公众进行交流的能力、提高管理效能和服务质量为目标,以使用数据挖掘、数据仓库和复杂的分析功能为基本特点。客户关系管理的功能和技术要求是客户互动渠道集成能力、网络应用支持能力、统一的客户信息仓库建设能力、信息分析能力、工作流集成能力和无缝链接GRP 的能力。一个 CRM 流程其实就是一个将客户信息转化为客户关系的循环流程,该循环流程包括知识发现、客户互动、组织计划和分析提炼 4 个关键过程。一个完整的客户关系管理应用系统包括业务操作管理子系统、客户合作管理子系统、数据分析管理子系统和信息技术管理子系统。

CRM 通过采用信息技术来提高行政业务处理流程的自动化程度，实现大都市政府内部的信息共享和跨部门、跨业务处室（科室）的网络化协同办公，使大都市政府的各部门成为围绕“满足客户需求”这个中心的工作团队，从而提高公众的满意程度。CRM 作为一种全新的战略思维和工作方法，以其独特的魅力和巨大的冲击力，正在逐渐变革已经形成的传统行政文化机制。公众可以自己选择喜欢的方式同政府部门进行交流，便捷地获取政府信息和得到更好的政府服务。因此，客户集成服务系统有效地实现了客户关系管理，为提供政府的公共服务质量、实现以公众的需求为导向的行政理念，提供了技术支撑。

第三，管理信息系统（MIS）。管理信息系统是一门正在发展的新兴的边缘学科，是一个不断发展的概念。从发展过程来看，管理信息系统是在传统的电子数据处理系统的基础上发展起来的，它避免了电子数据处理系统在管理领域应用时的弊端，在处理方法、手段、技术等方面都有较大的发展和广泛的应用领域。

管理信息系统既能进行一般的事务处理工作，代替信息管理人员的繁杂劳动，又能为决策者提供辅助决策功能，为管理决策科学化提供应用技术和基本工具。因此，管理信息系统也可以理解为一个以计算机为工具，具有数据处理、预测、控制和辅助决策功能的信息系统。管理信息系统作为一个信息系统，具备信息系统的基本功能，同时，又具备它特有的预测、计划、控制和辅助决策功能。可以说，管理信息系统体现了管理现代化的标志，即系统的观点、数学的方法和计算机应用这三要素。具体来说，管理信息系统的功能包括：第一，数据处理功能；第二，预测功能；第三，计划控制功能；第四，决策优化功能，采用各种数学模型和存储在计算机中的大量数据，辅助各级领导者进行决策。

管理信息系统具有面向管理决策、综合性、是一个人——机系统、现代管理方法和管理手段的结合、多学科交叉等特点。因此，管理信息系统既可以为大都市政府及部门处理各类业务提供支撑，又有助于提高大都市政府内部日常事务管理的效率。在今天来说，管理信息系统已经成为业务处理系统与办公自动化系统相结合的综合应用系统，对于实现大都市政府内部事务管理和大都市政府对社会公共事务治理创新都具有重要的支撑作用。

第四，信息资源管理系统(Information Resource Management System, IRMS)。信息资源管理系统是运用信息技术使各种信息文档、电子化和自动化，来实现信息采集、处理、存储、检索和传输的高效率，其最终目标是实现大都市政府各行政层级的决策支持。决策支持所需的数据和信息支持，要求能连接和集成各种数据和信息源，并按照决策问题的需求进行面向内容的综合。信息资源管理系统是在信息资源规范化组织和管理的前提下，在实现信息的有效提取、高度集成、充分共享的基础上提供各种服务。事务处理、管理信息系统及工作组支持系统是信息资源管理系统的基础或信息资源来源；而信息资源管理系统又是工作组支持系统、决策支持系统及主管信息系统等更高级应用的"桥梁"。因此，信息资源管理系统是整个大都市政府信息化业务系统的"中心"。

信息资源管理的功能就是要协调和控制信息的运动，将信息活动中的各要素包括信息、设备、机构、技术、人员、资金、体制等作为管理对象，以系统理论为主导，强调多维机制，运用多种方法进行经济、技术、人文诸方面的综合管理，贯穿法律与道德规范，结合多媒体技术、防病毒技术、加密或解密技术、编码技术与层次管理技术等，以保证信息资源的合理运行，使有效信息为大都市政府及部门、公务人员、社会公众最大限度地利用。信息资源的存储和管理是信息资源管理系统的核心。因此，信息资源管理系统作为信息资源交换共享的基础，必然为大都市政府消除部门分割、条块分割，实现资源共享和业务协同提供重要的技术支撑和条件。

第五，主管信息系统(Executive Information System, EIS)。管理信息系统和决策支持系统的任务包括指出潜在的问题和机会、帮助知识工作者理解引发问题的机会和原因、帮助确定解决问题或抓住机遇的战略。但决策支持系统强调实际决策以及决策风格，而管理信息系统则更强调信息的多视角分析。这就需要一种将两者结合、并具有更加灵活的生成报告和数据分析能力的系统，这个系统就是主管信息系统。主管信息系统也叫做执行信息系统(Executive Information System, EIS)，是一种将决策支持与人工智能相结合的高度交互式的管理信息系统,其目的是帮助各级主管能够识别并提出问题和机会。与管理信息系统一样,主管信息系统允许各级主管从不同的视角观察信息,并向主管领导提供灵活、方便地建立更多的观察视角,以便更好地了解问题和机遇的途径。同时,又与决策支持系统类似,主管信息系统提供了对未来进行分析和创建解决问题或利用机遇采取战略的工具。这些工具包括有助于提高领导者个人工作效率的软件(如电子表格软件),以及更复杂的决策支持和人工智能工具,例如专家系统和地理信息系统、群体决策支持系统等。主管信息系统是通过分析性处理来承担创建信息处理任务的。主管信息系统具有利用数据仓库、数据挖掘能力、灵活的数据提供能力、指出信息响应的来源、运用决策支持和人工智能工具等特征。

因此,主管信息系统的核心是在综合多种数据来源的基础上进行综合分析,并为用户提供灵活而有效的检索和浏览方式。在本质上这个系统是依赖于基于数据仓库的数据挖掘技术。数据挖掘或知识发现(Knowledge Discovery)技术是按照既定的业务目标,对大量的数据进行探索、揭示隐藏其中的规律性并进一步将之模型化的先进、有效的方法。因此,在信息技术的支撑下,通过运用主管信息系统有效地实现了大都市政府决策部门、主管部门和政府领导对公共事务的指挥、管理和监督。

第六,组织互联系统(IOS)。大都市政府治理能力现代化的一个重要目标就是要建立跨业务处室(科室)、跨部门、跨城市政府、跨应用系统、多层次的政府服务、管理和保障,从而为社会提供一体化的公共服务和形成网络化的业务协同。组织互联系统采用最先进的技术来支持大都市政府部门内的各业务处室(科室)间、各部门间、地方城市政府间、大都市政府与社会公众间的信息流动,是实现这个目标的重要技术支撑。技术支撑主要表现为从信息处理和交换规范与要求出发,对系统硬件(设备、地理条件、投资、安全等级等)和软件(用户治理方式、耦合程度、信息类型、处理方式、实施策略、软件产品、开发产品等)进行综合、联系、统筹、系统地分析和设计。

因此,组织互联系统通过信息技术的运用,有效地解决了大都市政府纵向各行政层级、横向各个业务处室(科室)间、各部门间、地方城市政府间、大都市政府与社会公众间信息流动、信息集成和共享问题。因此,组织互联系统使大都市政府各部门之间的信息得以自动流动,实现跨部门、跨平台、跨应用系统的互联互通、资源共享和网络化协同办公,用以支持政府管理公共事务的计划、实施、监督和服务;有助于实现跨部门的无缝链接,有助于行政业务流程再造、提高政府部门办事效率、实现政务资源共享,有助于提供最权威的政府信息发布和最方便的公众信息服务与网上申报、网上查询办事结果等便捷的服务。

第七,决策支持系统(Decision Support System,DSS)。决策支持系统是20世纪70年代以来在管理信息系统和运筹学的基础上发展起来的一门信息资源管理技术。决策支持系统主要是在支持决策能力上的突破,它的结构能使计算机加工信息的能力与决策者的思维和判断能力结合起来,从而解决更为复杂的决策问题。在结构上,决策支持系统是一个由多种功能协调配合而构成的、以支持整个决策过程为目标的集成系统,具有交互式计算机系统的所有特征,以帮助决策者利用数据和数学模型去解决半结构化和非结构化决策问题。在决策支持系统中,模型子系统使决策者能够提出和比较各种备选方案,从而对有关问题进行全面分析和作出决策,其软件系统由数据库管理软件,模型库管理软件及管理用户和系统接口软件组成。因此,决策支持系统是将人工智能技术引入决策,使决策智能化、知识化,实现对生产规律、决策规律以及模型、方法、数据等方面知识的存储和管理,在管理判断和推论方面为决策者提供依据,提高决策的效益。

决策支持系统的主要任务包括分析和识别问题;描述和表达决策问题以及决策知识;形成决策筛选方案,包括目标、规则、方法和途径;构造决策问题的求解模型,如数学模型、运筹学模型、程序模型和经验模型等;建立评价决策问题的各种准则,如价值准则、科学准则、效益准则等;多方案、多目标、多准则情况下的比较和优化;进行综合分析,包括对决策结果或方案分到特定的环境中所作的情景分析,决策结果或方案对实际问题可能产生的作用和影响的分析以及各种环境因素、变量对决策方案或结果影响程度的分析等。因此,决策支持系统不需要预先指定目标,自动完成全部决策过程,而是通过人—机对话方式帮助决策者解决所面对的复杂的半结构化和非结构化决策问题。

决策支持系统为大都市政府提供了一个实现决策科学化的辅助工具，它通过建立正确的决策体系和决策支持模型为政府部门的决策提供科学依据。决策支持系统所包含的对数据库和模型软件的存取，使处于大都市政府治理层级较低的执行人员能够做出更多的决定，因为他们所遵循的规则或标准不是来自决策者，而是内嵌在软件里。① 决策支持系统对于实现大都市政府决策科学化和民主化、规范决策行为、完善决策机制都具有重要的意义，有助于改善大都市政府决策者的有限理性，因为信息的不完备是影响理性判断和决策科学性的重要因素。决策支持系统的应用使大都市政府决策者能够充分运用信息技术收集信息、出信息的能力在广泛了解决策所需信息的前提下进行决策，避免了靠经验决策和决策信息不完备所导致的盲目决策现象，从而提高了大都市政府决策的科学性和合理性；有助于支持与强化大都市政府科学化决策的过程。

第三节 业务应用系统的开发技术

一、办公自动化系统

信息技术的发展为办公自动化系统（Office Automation System，OAS）提供了一个广阔的发展空间，并推动了办公自动化技术对大都市政府内部事务管理和业务处理的自动化水平。就发展进程而言，现代办公自动化已从单项办公业务（公文流转）处理向综合型办公系统和业务办理支撑系统发展；从局限于大都市政府所属的单个部门内部的办公系统向网络化、标准化和智能化发展，体现了基于国际互联网环境下超越办公室、超越地区和超越国界的动态办公和跨越空间服务的特点；从文字、数据处理向数据、文字、图像、视频和语音综合一体化处理

① ［美］简·芳汀：《构建虚拟政府：信息技术与制度创新》，邵国松译，中国人民大学出版社2004年版，第45页。

发展。因此，大都市政府办公自动化推动了大都市政府治理过程、大都市政府政务、大都市政府组织结构的数字化、自动化和网络化。

因此，办公自动化技术对大都市政府治理能力现代化的支撑，并不单纯是提高办公效率或减少办公人员，而首先是为了提高办公质量，在提高办公质量和办公效率的基础上，通过各种决策模型及时提供辅助决策的信息，以实现科学管理和科学决策；同时为形成跨部门业务协同的业务流程、资源共享提供技术支撑。此外，办公自动化系统是一个开放式的系统。在设计和建立系统时，应充分考虑和社会环境的连接。

适应大都市政府治理能力现代化发展需要的办公自动化技术，正在改变以往以提高本部门内部自动化技术水平为主的观念及陈旧的办公自动化概念，应用先进的科学技术将办公自动化技术所包含的办公人员和计算机技术、网络技术、创新理念有机结合起来，构造大都市政府业务应用系统高效的网络化办公运作系统和人机信息处理系统。大都市政府办公自动化系统是所有公务员都必须应用的系统，它结合强大的网络信息技术和工作流技术，它的信息多为文档式上下关联的信息，主要面向大都市政府的日常运作和管理；政府管理信息系统则多用于相对专业的数据集合。这两个系统所具有的提供电子邮件服务、强大的数据信息处理能力、多种信息共享方式和强大的共享能力、优化政府业务工作流程和完备的安全特性等功能优势使大都市政府的信息得以进行集成和有效地共享，让信息能被所有需要信息的公共管理者及时、有效地获取和应用，能充分发挥信息的作用，支持政府的运作管理，提高大都市政府的整体反应能力。

二、政府业务的应用集成

(1)政府应用集成的含义

政府应用集成(Government Application Integration，GAI)就是利用先进的、开放的计算机技术将行政业务流程、应用软件、硬件和各种标准联合起来，在两个或更多的政府业务应用系统之间实现无缝集成和动态交互，使它们像一个整体一样进行业务处理和信息共享。

GAI 能够实现异构应用系统之间的互联。所谓“异构”是指政府部门原有的各种业务应用系统，它们之间由于缺乏统一规划，由不同的建设者承建，使这些系统运行在不同的类型的服务器上，并使用着不同的操作系统、数据库、数据结构、通信协议，甚至有些数据或应用分布在不同的地点，具有不同的网络连接方式。① 政府应用集成就是要使这些异构的应用系统之间能够协同化、协作化和协调化，为各个政府部门的行政业务及相关的应用系统规划一个全新的架构，将已有的系统融入这一架构，在增加新的应用系统的同时，以更有效的方式利用原有的应用系统。

（2）政府应用集成的内容

政府应用集成的内容，可以从广度和深度两个方面来研究。从广度方面来说，政府应用集成的内容包括政府部门内部的系统集成、政府部门之间的系统集成、各级政府的系统集成、与有稳定关系的合作伙伴之间的系统集成、与随机遇到的合作伙伴之间的系统集成。

从深度方面来说，政府应用集成的内容包括：

①业务流程的集成。从复杂性上来看，业务流程的集成是最艰难的集成任务。当对业务流程进行集成的时候，必须在各种业务应用系统中的定义、授权和管理各种业务信息的交换，以便改进操作、减少成本、提高响应速度。流程集成的目的是统一和简化业务流程，把多个跨应用系统的业务流程与网络应用系统紧密结合，从而加速服务对象、合作伙伴和公务员的互动速度。

②应用系统的集成。应用系统的集成就是为两个应用系统中的数据和函数提供接近实时的集成。例如，在一些 G2B 集成中用来实现前段服务系统或 CRM 系统与后端应用系统和 Web 的集成，构建能够充分利用多个业务系统资源的电子政府网站。应用集成最明显的表现是“用户互动集成”。所谓“用户互动集成”是指建立跨应用和设备的单一用户界面，它屏蔽掉了不同应用和设备的复杂性，使用户可以通过单一的界面访问信息，并且能够在同一个界面下控制所有

① 金太军等：《电子政务导论》，北京大学出版社 2003 年版，第 250—270 页。

应用的运行。[①] 因此,用户互动集成可以有效加强系统间的协作,并使政府部门通过门户应用快速有效地扩展新的功能。

③数据的集成。数据集成的重点是要解决不同应用和系统之间接口的转换和数据的交换。如何把政府部门内外各种业务信息以直观和符合业务流程需求的方式显示出来时数据集成要重点解决的问题。为了完成两个系统之间的集成,必须对数据进行编码、标示并编成目录,确定元数据模型,解决数据和数据库的集成问题,使存储在不同数据库中的信息可以被应用系统共享。数据的集成将大大减少数据分析所需的时间,从而提升政府决策和政府服务的效率。

第四节　安全保障技术

信息技术支撑下的大都市政府各种业务应用系统,运行着大量需要保护的数据和信息。大都市政府公共部门之间、公共部门与公众之间所进行的公文往来、资料存储、服务提供都是以电子化的形式来实现和通过网络进行的。因此,相对于企业信息化和电子商务而言,信息技术支撑下的政府公共部门业务应用系统有其自身特殊性:一是信息内容的高保密性、高敏感度;二是行政业务应用系统发挥行政监督力度;三是利用网络环境为社会提供公共服务。如果系统的安全性被破坏,造成敏感信息暴露或丢失,或网络被攻击等安全事件,产生的后果必然波及地区和整个国家,业务应用信息系统也必然成为信息间谍、敌对势力、恐怖集团、国家之间信息战攻击的目标。

因此,构建大都市政府公共部门业务应用系统的信息安全保障体系,关系到公共利益、公共部门乃至整个国家和民族的利益,缺乏安全保障的公共部门业务应用信息系统,不可能实现真正意义上的管理创新。安全技术既是实现治理能力现代化的重要技术支撑,又是实现大都市政府治理能力现代化的保障。

① 蔡立辉:《电子政务》,清华大学出版社2009年版,第330页。

一、信息化环境下所面临的信息安全问题

在信息化环境下，大都市政府公共部门的政务内网、政务外网、公共服务网的网络环境，都是采用 TCP/IP 协议而建立的，该协议以开放和自由为基础，从协议规划、服务模式、网络管理等方面均缺乏安全性设计，所以在信息化环境下所建立的各种业务应用系统存在着先天的安全隐患。① 从业务应用系统面临的安全隐患来分析，从外部环境到内部数据、从底层网络到上层应用，业务应用系统各个层面都面临着公共安全的威胁。主要表现在：第一，信息的截获或窃取，攻击者可能通过互联网、公共电话网、搭线或在数据包通过网关和路由器上截获数据等方式，获取传输的机密信息；第二，信息被篡改，当攻击者熟悉了网络信息格式后，通过各种技术方法和手段篡改信息流的次序或更改信息的内容、删除某个消息或消息的某些部分、在消息中插入一些消息、让接收方接收错误的信息等，从而破坏信息的完整性；第三，信息假冒，当攻击者掌握了网络信息数据规律或解密了相关信息后，可以假冒合法用户或发送假冒信息来骗取其他用户；第四，交易欺诈，包括发信者事后否认曾经发过某条信息或内容、收信者事后否认曾经收到过某条消息或内容、购买者下了订单却不承认等。

另外，各种操作系统也存在来自 Web 的黑客攻击和内部用户随意利用办公终端与 Web 联结，再加上恶意病毒的无规律性的连续侵袭，同样构成了目前政府信息化应用系统安全的主要隐患。

因此，面对信息安全问题，一是要提高有关信息安全的认识，建立健全有关信息安全法律制度、规章制度，明确安全责任，加强安全管理和监督检查；二是要提高安全技术，强化安全措施，明确安全手段。据相关统计，截至 2008 年我国颁布的与信息安全有关的法律法规有 65 部，主要包括计算机信息系统的保密、保密密码的管理、国际互联网络的保密、保密设备的管理等具体方面的规定。

（一）计算机信息系统的保密管理

我国通过《涉密通信、办公自动化和计算机信息系统审批暂行办法》、《计算

① 林中：《浅谈电子政务信息安全保障体系建设》，《福建电脑》2004 年第 6 期。

机信息系统保密管理暂行规定》两个规范性文件，明确对计算机信息系统的保密进行了规定。《涉密通信、办公自动化和计算机信息系统审批暂行办法》明确界定了通信、办公自动化、计算机信息系统和保密设施，规定了涉密系统审批工作的管辖、审批工作的程序和审批内容。

《计算机信息系统保密管理暂行规定》规定了计算机信息系统保密治理体制，涉密系统的保密管理要求，涉密信息和媒体的管理要求，涉密场所和涉密设备的管理要求，系统管理的基本要求和奖惩措施；明确规定对公共网络保密要求是控制源头、加强检查、明确责任、落实制度；明确规定对涉密系统保密要求是同步建设、严格审批、加大投入、规定责任。

（二）保密密码的管理

《涉密计算机系统口令字使用管理指南》和《商用密码管理条例》对保密密码的管理进行了明确的规定。这两个规定，一是规定了我国密码的发展和管理方针，实行“统一领导、集中管理、定点研制、专控经营、满足使用”；二是规定了密码管理的基本政策要求，密码管理按照全国的商用密码由国家密码管理委员会统一领导、国家密码管理委员会办公室具体管理；密码的研制、生产和经营商用密码必须经国家主管部门批准，未经国家密码主管部门批准，任何单位和部门不得研制、生产和经销密码；需要使用密码技术手段加密保护信息安全的单位和部门，必须按照国家密码管理规定，使用国家密码管理委员会制定单位研制、生产的密码，不得使用自行研制的密码，也不得使用从国外引进的密码。

（三）政府上网信息保密管理的要求

政府上网信息保密管理的要求，包括以下几个方面：

（1）制度要求，建立政府上网信息保密审查制度。按照“谁上网谁负责”原则，信息上网必须经过信息提供单位的严格审查和批准，确保国家机密不上网。

（2）技术路径要求，涉密信息网络必须与公共信息网络实行物理隔离。在与公共信息网络相连的信息设备上，不得存储、处理和传递国家秘密信息。

（3）人员要求，加强上网人员的保密教育和管理。增强上网人员的保密观念，提高防范意识，自觉执行有关规定；强化监督与管理，明确责任，落实制度，确保在公共信息网上不发生泄露国家机密的事件。

(四)国际互联网络的保密管理

《计算机信息系统国际互联网保密管理规定》对计算机信息系统国际互联网保密管理的原则、保密制度和保密治理体制作出了明确的规定。1996 年我国颁布了《中华人民共和国计算机信息网络国际互联网管理暂行规定》,这标志着我国国际互联网管理法治化,本《规定》提出了对国际互联网实行"统筹规划、统一标准、分级管理、促进发展"的基本原则。

计算机信息系统国际互联网的保密管理实行"控制源头、归口管理、分级负责、突出重点、有利发展"的原则,上网信息的保密管理实行"谁上网谁负责"的原则。根据这些原则,凡向国际互联网的站点提供或发布信息,必须经过审查批准;保密审批实行部门管理,有关单位应该根据国家保密法规,建立健全上网信息保密审批领导责任制;提供信息的单位应当按照一定的工作程序,建立健全信息保密审批制度。

党政机关、国家重要企事业单位计算机信息系统进入国际互联网,必须经过本单位保密组织和所在地保密工作部门进行保密审查,确认所处理信息不涉及国家机密,并报当地保密工作部门登记后才能进入;各级党政机关、国家重要企事业单位计算机信息网络进入国际互联网,应采取统一传输出入口,以便进行安全保密监督管理。

凡以提供网上信息服务为目的而采集的信息,除在新闻媒体上公开发表之外,组织者在上网发布之前,应当征得提供信息单位的同意;凡对网上信息进行扩充或更新,应当认真执行信息保密审核制度。

(五)保密设备的管理

《信息设备电磁泄漏发射限值》、《信息设备电磁泄漏发射限值测试方法》、《使用现场的信息设备电磁泄漏发射测试方法和安全判据》、《处理涉密信息的电磁屏蔽室的技术要求和测试方法》、《关于有线电通信保密技术要求暂行规定》等规范性文件,对计算机设备引起的电磁泄漏信号进行测试与限值、对保密设备与技术指标进行了明确规定。

二、构建安全技术保障体系

信息安全的宗旨就是：通过在应用信息系统时充分考虑信息风险，建立起符合政府公共部门安全需求的完整的信息安全体系，从而确保大都市政府及部门能够有效地完成法律所赋予的行政职能；保护政务信息资源价值不受侵犯，保证信息资产的拥有者面临最小的风险和获取最大的安全利益；使政务的信息基础设施、信息应用服务和信息内容具有抵御上述威胁的可靠性、可用性、保密性、完整性、不可抵赖性和可控性的能力。

在信息化环境下，信息安全保障体系建设面临的是一场高科技、高水平的对抗，涉及法律、法规、标准、技术体系、产品服务和基础设施等诸多领域。根据大都市政府信息化应用的实际情况，结合目前网络的新特点，建议采用以下信息安全解决方案：

（一）物理层安全解决方案

从物理环境角度讲，地震、水灾、火灾、雷击等环境事故，电源故障，人为操作失误或错误，电磁干扰，线路截获等，都对信息化应用系统的安全构成威胁，确保计算机信息系统各种设备的物理安全是保障整个网络系统安全的前提。物理层的安全设计主要从三个方面考虑：环境安全、设备安全、线路安全。采取的措施包括：机房屏蔽，电源接地，布线隐蔽，传输加密。另外，根据中央保密委员会的有关文件规定，凡是计算机同时具有内网和外网的应用需求，必须采取网络安全隔离技术，在计算机终端安装隔离卡，使内网与外网之间从根本上实现物理隔离，防止涉密信息通过外网泄露。目前常用的有利谱网络隔离卡和易思克隔离卡，可以满足物理隔离要求。

（二）数据链路层安全解决方案

数据链路层安全解决方案主要是利用 VLAN 技术将内部网络分成若干个安全级别不同的子网，从而实现内部一个网段与另一个网段的隔离，有效防止某一网段的安全问题在整个网络传播。因此，对于一个网络，若某个网段比另一个网段更受信任，或某个网段的敏感度更高，将可信网段与不可信网段划分在不同的 VLAN 中，即可限制局部网络安全问题对全网造成影响。

（三）网络层安全解决方案

（1）防火墙技术建议。防火墙是实现网络信息安全的最基本设施，采用包过滤或代理技术使数据得以有选择地通过，有效监控内部网和外部网之间的任何活动，防止恶意或非法访问，保证内部网络的安全。常见的防火墙可分为包过滤防火墙、双宿网关防火墙和屏蔽子网防火墙。目前，经国家信息安全部门认定的“长城”等系列防火墙，具有很强的抗攻击能力，可以满足网络安全的需求。

（2）入侵检测技术（Intrusion Detection Systems，IDS）建议。IDS 是近年出现的新型网络安全技术，入侵检测是指通过对行为、安全日志或审计数据或其他网络上可以获得的信息进行操作，检测到对系统的闯入或闯入的企图。入侵检测是检测和响应计算机误用的学科，其作用包括威慑、检测、响应、损失情况评估、攻击预测和起诉支持。它能提供监视、分析用户及系统活动；系统构造和弱点的审计；识别反映已知进攻的活动模式并向相关人士报警；异常行为模式的统计分析；评估重要系统和数据文件的完整性；操作系统的审计跟踪管理，并识别用户违反安全策略的行为等，都是安全防御体系的一个重要组成部分。

（3）数据传输安全建议。为保证数据传输的机密性和完整性，同时对接入电子政务信息网的用户采用强制身份认证，建议在政府信息化专用网络中采用安全的 VPN（Virtual Private Network，VPN）系统。VPN 技术是基于加密技术，通过公共数据网络为政府部门、企事业单位和公众对政府信息化服务器进行远程联网访问提供的虚拟专用网络，VPN 可以通过公共网络在政府信息化职能中心和各远程分支机构以及其他相关机构之间建立快捷、安全、可靠的信息通信①。现在，大部分网络安全产品厂商已有成熟的 VPN 产品提供。

（四）应用层安全解决方案

根据政府信息化专用网络的业务和服务内容，采用身份认证技术、防病毒技术、加密传输技术以及对各种应用的安全性增强配置服务来保障网络系统在应用层的安全。

---

① 蔡立辉：《电子政务》，清华大学出版社 2009 年版，第 338—389 页。

（1）身份认证技术。身份认证是电子技术在政府信息化建设与应用中的一种运用，它特指由从事认证服务的第三方机构对电子签名及其签署者的真实性等数字信息进行的具有法律意义的鉴别验证活动。目前运用最广泛的是基于公共密钥基础设施（Public Key Infrastructure，PKI）的身份认证技术。美国国家审计总署在2001年和2003年的报告中都把PKI定义为由硬件、软件、策略和人构成的系统，当完善实施后，能够为敏感通信和交易提供一套信息安全保障，包括保密性、完整性、真实性和不可抵赖性，正是由于它的存在，才能在电子事务处理中建立信任和信心。PKI是一种遵循标准的密钥管理平台，它能够为所有网络应用透明地提供采用加密和数字签名等密码服务所必需的密钥和证书管理。完整的PKI系统必须具有权威认证机构（CA）、数字证书库、密钥备份及恢复系统、证书作废系统、应用接口（API）等基本构成部分，构建PKI也将围绕着这五大系统来着手构建。

（2）防病毒技术。病毒是目前各类操作系统、应用系统最常见、威胁最大的安全隐患，建立一个全方位的病毒防范系统是政府信息化业务系统安全体系建设的重要任务。防病毒客户端通常安装在系统的关键主机中。在防病毒服务器端和重要的客户端能够交互式地进行病毒扫描和清杀，设定病毒防范策略；能够多层次进行病毒防范，如第一层工作站、第二层服务器、第三层网关都能有相应的防毒软件提供完整的、全面的防病毒保护。据2005年统计，网络上流行的病毒有90%以上把邮件作为主要传播方式，所以有必要把邮件防毒问题列入日程。目前主要的网络防病毒系统有卡巴斯基、瑞星、360防病毒软件等，企业级邮件防毒主要有卡巴斯基、蓝点、朝华科技等。

（五）系统层安全解决方案

系统层安全主要包括两个部分：操作系统安全以及数据库安全。对于关键的服务器和工作站（如数据库服务器、WWW服务器、代理服务器、Email服务器、病毒服务器、主域服务器、备份域服务器和网管工作站）应该采用服务器版本的操作系统。[①] 目前，典型的系统有：SUN Solaris、HP Unix、Windows NT

① 车黎刚：《建设行业电子政务信息安全问题初探》，《建筑管理现代化》2005年第1期。

Server、Windows2000 Server。网络管理终端、办公系统终端以及用户终端可以采用通用的图形窗口操作系统，如 Windows、Windows NT、Vista 和 Windows 7 等。数据库管理系统应具备以下功能：数据定义功能，是提供相应数据语言来定义(DDL)数据库结构，并被保存在数据字典中；数据存取功能，主要提供数据操纵语言(DML)，实现对数据库数据的基本存取操作：检索、插入、修改和删除；数据库运行管理功能，主要任务是提供数据控制功能，即对数据的安全性、完整性和并发控制等进行有效的控制和管理，以确保数据正确有效；数据库的建立和维护功能，主要包括数据库初始数据的装入，数据库的转储、恢复、重组织，系统性能监视、分析等功能；数据库的传输，主要提供处理数据的传输，实现用户程序与数据库管理系统之间的通信；审计功能，监视各用户对数据库施加的动作。

需要强调的是，大都市政府信息化建设和应用中的信息安全建设工作是一个不断建设、不断加固和循序渐进的过程，也是随着大都市政府信息化应用的不断深入和信息化水平的不断提高、各类业务系统功能不断完善而逐渐提升信息安全监控水平的过程。在信息安全项目实施过程中，由于投资较大，必须根据实际测算好合理的预算，要从应用需求和本级财力的实际出发；所采用的安全保密技术和规范应当遵循国家标准，以安全性、可靠保证为尺度进行循序渐进的建设。

参 考 文 献

[1]简·芳汀:《构建虚拟政府:信息技术与制度创新》,邵国松译,中国人民大学出版社 2001 年版。

[2]拉塞尔·M.林登:《无缝隙政府:公共部门再造指南》,汪大海等译,中国人民大学出版社 2001 年版。

[3]理查德·L.达夫特:《组织理论与设计精要》,王凤彬等译,清华大学出版社 2008 年第 9 版。

[4]格罗伦德等:《电子政务:设计、应用和管理》,陈君、白大勇等译,清华大学出版社 2006 年版。

[5]洪世健:《大都市区治理:理论演进与运作模式》,东南大学出版社 2009 年版。

[6]杜平、曾澜、承继成等主编:《数字中国发展报告 2009》,电子工业出版社 2010 年版。

[7]周天勇主编:《城市发展战略:研究与制定》,高等教育出版社 2005 年版。

[8]李琪主编:《中国特大城市政府治理能力现代化与职能转变》,上海人民出版社 2010 年版。

[9]尤建新、陈强主编:《城市治理与科学发展》,上海交通大学出版社 2009 年版。

[10]杨上广:《中国大城市社会空间的演化》,华东理工大学出版社 2006

年版。

[11][美]布赖恩·贝利:《比较城市化——20世纪的不同道路》,顾朝林等译,商务印书馆2008年版。

[12][美]斯蒂芬·戈德史密斯、威廉·D.埃格斯:《网络化治理——公共部门的新形态》,孙迎春译,北京大学出版社2008年版。

[13][美]乔尔·科特金:《全球城市史》,王旭等译,社会科学文献出版社2010年版。

[14]曾万涛:《中国城市群联市制研究——以长株潭为例》,东南大学出版社2010年版。

[15]陈忠主编、宋言奇副主编:《中国特色城镇化研究报告2009》,黑龙江人民出版社2010年版。

[16]安树伟:《大都市区管治研究》,中国经济出版社2007年版。

[17]曾赛丰:《中国城市化理论专题研究》,湖南人民出版社2004年版。

[18]陈述彭主编:《城市化与城市地理信息系统》,科学出版社2001年版。

[19]纪俊臣编著:《都市及区域治理》,五南图书出版股份有限公司2007年版。

[20]李农:《中国城市信息化发展与评估》,上海交通大学出版社2009年版。

[21][美]安瓦·沙主编:《发展中国家的地方治理》,刘亚平等译,清华大学出版社2010年版。

[22]张志铭、谢鸿飞、柳志伟等:《世界城市的法治化治理——以纽约和东京为参照系》,上海人民出版社2005年版。

[23]金勇进主编:《数字中国》,人民出版社2008年版。

[24]戴晶斌编著:《现代城市公私伙伴关系概论》,上海交通大学出版社2008年版。

[25]陈平:《网格化:城市治理新模式》,北京大学出版社2006年版。

[26][西]安东尼·埃斯特瓦多道尔、[美]布莱恩·弗朗兹、谭·罗伯特·

杬:《区域性公共产品:从理论到实践》,张建新等译,上海人民出版社 2010 年版。

[27]吴伟平:《城市信息化战略理论与实证》,中国经济出版社 2008 年版。

[28]盛广耀:《城市化模式及其转变研究》,中国经济出版社 2008 年版。

[29]郭理桥:《现代城市精细化管理》,中国建筑工业出版社 2010 年版。

[30]牛文元主编、刘怡君副主编:《中国新型城市化报告 2009》,科学出版社 2009 年版。

[31]皮埃尔·卡蓝默:《破碎的民主:试论治理的革命》,高凌瀚译,三联书店 2005 年版。

[32]亚当·斯密:《国民财富的性质和原因的研究》,郭大力、王亚南译,商务印书馆 1981 年版。

[33]N.尼葛洛庞蒂:《数字化生存》,胡泳、范海燕译,海南出版社 1996 年版。

[34]约翰·奈斯比特:《大趋势——改变我们生活的十个新方向》,梅艳译,新华出版社 1984 年版。

[35]唐·泰普斯克特等:《数字经济的蓝图——电子商务的勃兴》,陈劲、何丹等译,东北财经大学出版社、McGraw-Hill 出版公司 1999 年版。

[36]博尔哈、卡斯泰尔等:《本土化与全球化:信息化时代的城市治理》,姜杰、胡艳蕾等译,北京大学出版社 2008 年版。

[37]亨利·法约尔:《工业管理与一般管理》,周安华、林宗锦等译,中国社会科学出版社 1998 年版。

[38]赫伯特·西蒙:《管理行为》,詹正茂译,机械工业出版社 2004 年版。

[39]文森特·奥斯特罗姆:《美国公共行政的思想危机》,毛寿龙译,上海三联书店 1999 年版。

[40]菲利普·库珀等:《二十一世纪的公共行政:挑战与改革》,王巧铃、李文钊译,中国人民大学出版社 2006 年版.

[41]斯蒂芬·P.罗宾斯、玛丽·库尔特:《管理学》,孙健敏译,中国人民大

学出版社 2008 年版。

[42][印]古普塔、库马、布哈特塔卡亚:《政府在线:机遇和挑战》,李红兰、张相林、林峰译,北京大学出版社 2007 年版。

[43][日]白井均、城野敬子、石井恭子:《电子政务》,陈云、蒋昌建译,上海人民出版社 2004 年版。

[44]欧文·休斯:《公共管理导论》,彭和平,周明德等译,中国人民大学出版社 2001 年版。

[45]达霖·格里姆赛、莫文·K.刘易斯:《公私合作伙伴关系:基础设施供给和项目融资的全球革命》,济邦咨询公司译,中国人民大学出版社 2007 年版。

[46]萨瓦斯:《民营化与公私部门的伙伴关系》,周志忍等译,中国人民大学出版社 2002 年版。

[47]夏书章主编,王乐夫、陈瑞莲副主编:《行政管理学》,中山大学出版社、高等教育出版社 2008 年版。

[48]蔡立辉:《电子政务:信息化时代的政府再造》,中国社会科学出版社 2006 年版。

[49]蔡立辉:《电子政务》,清华大学出版社 2009 年版。

[50]王乐夫、蔡立辉编著:《公共管理学》,中国人民大学出版社 2008 年版。

[51]徐晓林编著:《数字城市政府管理》,科学出版社 2006 年版。

[52]顾丽梅:《信息社会的政府治理》,天津人民出版社 2003 年版。

[53]王浣尘:《信息技术与电子政务》,清华大学出版社 2004 年版。

[54]池忠仁、王浣尘:《网格化管理和信息距离理论——城市电子政务流程管理》,上海交通大学出版社 2008 年版。

[55]杜治洲:《电子政务与政府管理模式的互动》,中国经济出版社 2006 年版。

[56]王浦劬、萨拉蒙等:《政府向社会组织购买公共服务研究:中国与全球经验分析》,北京大学出版社 2010 年版。

[57]余晖、秦虹:《中国城市公用事业绿皮书 NO.1——公私合作制的中国

试验》,上海人民出版社 2005 年版。

[58]余晖:《管制与自律》,浙江大学出版社 2008 年版。

[59]张万宽:《公私伙伴关系治理》,社会科学文献出版社 2011 年版。

[60]吴英明:《公私部门协力关系之研究:兼论都市发展与公私部门联合开发》,复文图书出版社 1996 年版。

[61]吕育诚:《地方政府与自治》,一品图书出版社 2008 年版。

[62]何寿奎:《公共项目公私伙伴关系合作机理与监管政策研究》,西南财经大学出版社 2010 年版。

[63]周春燕:《城市轨道交通运营外包相关方研究》,同济大学出版社 2010 年版。

[64]陈平:《网格化城市治理新模式》,北京大学出版社 2006 年版。

[65]徐争游等编:《中央政府的职能和组织结构(上册)》,华夏出版社 1994 年版。

[66][美]希斯:《危机管理》,王成等译,中信出版社 2003 年版。

[67]甘利人、朱宪辰主编:《电子政务信息资源开发与管理》,北京大学出版社 2003 年版。

[68]王勇:《政府间横向协调机制研究:跨省流域治理的公共管理视界》,中国社会科学出版社 2010 年版。

[69]苏宁、朱晓峰等:《政务信息资源管理与政府决策》,科学出版社 2008 年版。

[70]李绪蓉、徐焕良编:《政府信息资源开发与管理》,北京大学出版社 2006 年版。

[71]冯惠玲主编:《政府信息资源管理》,中国人民大学出版社 2006 年版。

[72]孙建军:《信息资源管理概论》,东南大学出版社 2003 年版。

[73][美]菲克:《危机管理》,韩宁生译,经济与生活出版事业公司 1987 年版。

[74][美]L.科塞:《社会冲突的功能》,孙立平译,华夏出版社 1989 年版。

[75]冯慧玲:《公共危机启示录——对 SARS 的多维审视》,中国人民大学出版社 2003 年版。

[76]肖鹏军:《公共危机管理导论》,中国人民大学出版社 2006 年版。

[77]韩大元、莫于川:《应急法制论——突发事件应对机制的法律问题研究》,法律出版社 2005 年版。

[78]薛澜、张强、钟凯斌:《危机管理——转型期中国面临的挑战》,清华大学出版社 2003 年版。

[79]蔡立辉:《电子政务:因特网在政府提供公共服务中的运用》,《政治学研究》2003 年第 1 期。

[80]蔡立辉:《应用信息技术促进政府治理创新》,《中国人民大学学报》2006 年第 4 期。

[81]蔡立辉:《明晰职能:理顺权力纵横关系的关键》,《学术研究》2008 年第 2 期。

[82]蔡立辉、龚鸣:《整体政府:分割模式的一场管理革命》,《学术研究》2010 年第 5 期。

[83]蔡立辉:《基于电子政务应用的行政流程再造:问题与对策》,《天津行政学院学报》2007 年第 3 期。

[84]蔡立辉:《行政流程再造:电子政务应用中的问题与对策》,《电子政务》2007 年第 8 期。

[85]蔡立辉:《当代中国电子政务:反思与走向》,《中山大学学报(社会科学版)》2005 年第 3 期。

[86]张万宽:《发展公私伙伴关系对中国政府管理的挑战及对策研究》,《中国行政管理》2008 年第 1 期。

[87]王俊元:《契约途径下社会服务公私协力运作策略之研究——台湾地区经验与启发》,《公共行政评论》2011 年第 5 期。

[88]贾康、孙洁:《公私伙伴关系(PPP)的概念、起源、特征与功能》,《财政研究》2009 年第 10 期。

[89]吴英明:《公私部门协力推动都市发展——高雄21美国考察报告》,《空间》1995年第56期。

[90]李宗勋:《公私协力与委外化的效应与价值:一项进行中的治理改造工程》,《公共行政学报》2004年第12期。

[91]陈恒钧:《协力网络治理之优点与罩门》,《研习论坛》2008年第92期。

[92]顾平安、王浣尘:《电子政务对政府治理创新的影响》,《理论探讨》2003年第6期。

[93]杜治洲:《电子政务、官僚制与政府管理模式创新》,《中国行政管理》2006年第4期。

[94]国务院发展研究中心成果组:《电子政务在我国的发展与制度建设》,《经济社会体制比较》2002年第3期。

[95]陈明亮:《中国电子政务建设模式和政府流程再造探讨》,《浙江大学学报(人文社会科学版)》2003年第4期。

[96]薄贵利:《论优化政府组织结构》,《中国行政管理》2007年第5期。

[97]吴江:《推行电子政务与政府治理创新》,《国家行政学院学报》2002年。

[98]杨冠琼:《科层化组织结构的危机与政府组织结构的重塑》,《改革》2003年第1期。

[99]中国行政管理学会政府信息化建设成果组:《中国电子政务发展研究报告》,《中国行政管理》2002年第3期。

[100]李洋、柴中达:《信息化与政府治理变革》,《管理世界》2005年第2期。

[101]保兴:《推行城市治理新模式》,《求是》2007年第9期。

[102]马雁军、孙亚忠、王舜:《信息技术革命条件下政府组织结构的优化与创新》,《自然辩证法研究》2006年第12期。

[103]钟耕深、李飞:《业务流程再造:对劳动分工理论的否定?》,《山东大学学报》(哲学社会科学版)2005年第3期。

[104]钱书法:《劳动分工深化、产业组织演进与报酬递增》,《马克思主义与现实》2003 年第 6 期。

[105]钱书法:《产业组织演进的理论依据与经验检验:分工与专业化经济》,《经济社会体制比较》2004 年第 6 期。

[106]钱书法、李辉、肖宁:《不同网络分工组织的效率比较》,《经济理论与经济管理》2006 年第 7 期。

[107]袁正:《分工的一般理论与古典增长框架》,《经济学家》2005 年第 6 期。

[108]罗建宾:《谈谈数字化城市治理模式》,《中国城市经济》2006 年第 2 期。

[109]乌家培:《网络革命和网络经济学》,《经济学动态》1996 年第 11 期。

[110]马丁·米诺格、查里斯·波里达诺、大卫·休莫:《超越新公共管理(上)》,闻道、吕恒立译,《北京行政学院学报》2002 年第 5 期。

[111]Tom Christensen、Per Legreid:《后新公共管理改革——作为一种新趋势的整体政府》,张丽娜、袁何俊译,《中国行政管理》2006 年第 9 期。

[112]陈平:《数字化城市治理模式探析》,《北京大学学报》(哲学社会科学版)2006 年第 1 期。

[113]陈平:《北京东城区城市治理新模式》,《地球信息科学》2006 年第 3 期。

[114]陈平:《解读万米单元网格城市治理新模式》,《城乡建设》2005 年第 10 期。

[115]古尔德纳:《韦伯和他的权威结构理论》,唐亮译,《国外社会科学文摘》1986 年第 7 期。

[116]宁越敏:《从劳动分工到城市形态(一)——评艾伦·斯科特的区位论》,《城市问题》1995 年第 2 期。

[117]王浦劬、杨凤春:《数字治理:电子政务发展的新趋向》,《中国行政管理》2005 年第 1 期。

[118]杨宏山:《数字化城市治理的制度分析》,《城市发展研究》2009 年第 1 期。

[119]于凤荣、孔繁娟:《网络时代政府组织结构与管理战略的变革》,《国家行政学院学报》2001 年第 5 期。

[120]竺乾威:《从新公共管理到整体性治理》,《中国行政管理》2008 年第 10 期。

[121]朱国云:《韦伯官僚组织结构理论的新演变(上)》,《国外社会科学》1995 年第 10 期。

[122]朱国云:《韦伯官僚组织结构理论的新演变(下)》,《国外社会科学》1995 年第 11 期。

[123]黄小勇:《韦伯理性官僚制范畴的再认识》,《清华大学学报》(哲学社会科学版)2002 年第 2 期。

[124]朱国云:《科层制与中国社会组织管理模式》,《管理世界》1999 年第 5 期。

[125]孔繁斌:《行政管理理性化的追求与困境——马克斯·韦伯的官僚制理论分析》,《南京大学学报》(哲学.人文科学.社会科学版)1998 年第 1 期。

[126]李传军:《信息技术对公共行政的影响》,《中国行政管理》2000 年第 8 期。

[127]顾平安:《面向公共服务的电子政务流程再造》,《中国行政管理》2008 年第 9 期。

[128]樊博、孟庆国:《面向主动服务模式的政务智能系统框架研究》,《情报杂志》2006 年第 1 期。

[129]樊博、孟庆国:《基于知识管理的电子政务流程优化研究》,《情报杂志》2006 年第 4 期。

[130]陈蓉、孟庆国:《电子政务流程再造的必然性和选择性》,《情报杂志》2006 年第 5 期。

[131]池忠仁、陈云、王浣尘:《电子政务流程影响因素及内部结构研究》,

《情报杂志》2007 年第 5 期。

[132]J.茹班诺夫:《〈劳动——命运和自由〉简评》,文兵译,《国外社会科学》1985 年第 3 期。

[133]鲁庆成:《公私合伙(PPP)模式与我国城市公用事业的发展研究》,《华中科技大学》2008 年。

[134]徐晓林、刘勇:《信息化与当代中国城市政府决策模型研究》,《管理世界》2006 年第 7 期。

[135]徐晓林、刘勇:《信息技术对城市政府决策品质的影响研究》,《中国行政管理》2006 年第 5 期。

[136]徐晓林、刘勇:《数字治理对城市政府善治的影响研究》,《公共管理学报》2006 年第 1 期。

[137]李卫东、徐晓林:《城市政府业务重组的原理与方法》,《中国行政管理》2010 年第 2 期。

[138]李卫东、徐晓林:《基于 RDA 的城市政府信息资源共享需求实证研究》,《情报杂志》2010 年第 3 期。

[139]徐晓林、刘勇:《信息技术对城市政府决策品质的影响研究》,《中国行政管理》2006 年第 5 期。

[140]徐晓林、周立新:《数字治理在城市政府善治中的体系构建》,《管理世界》2004 年第 11 期。

[141]徐晓林:《数字城市:城市政府管理的革命》,《中国行政管理》2001 年第 1 期。

[142]彭浩:《借鉴发达国家经验推进政府购买公共服务》,《财政研究》2010 年第 7 期。

[143]苏明、贾西津、孙洁:《中国政府购买公共服务研究》,《财政研究》2010 年第 1 期。

[144]杨拓、陆宁:《公私伙伴关系的定位与调适》,《经济与管理》2011 年第 12 期。

[145]郑苏晋:《政府购买公共服务:以公益性非营利组织为重要合作伙伴》,《中国行政管理》2009年第6期。

[146]胡建文:《浅析英国的国营企业私有化运动》,《世界经济研究》1987年第3期。

[147]Joel M.Podolny and Karen L.Paige: *Network From of Organization*, American Review of Sociology, 1998, Vol.24.

[148]Robert S.Kaplan and David P.Norton: *The Balanced Scorecard-Measures That Drive Performance*, Harvard Business Review, 1992.

[149]Robert S.Kaplan and David P.Norton: *Using the Balanced Scorecard as a Strategic Management System*, Harvard Business Review, 1996.

[150]Max Weber: *An Outline of Interpretive Sociology*: *Economy and Socity*, 2 *Vols.*, *ed. Guenther and Claus Wittich*, University of California Press, 1978.

[151]National Performance Review: *Reengineering Through Information Technology*, Accompanying Report of the National Performance Review, September 1993.

[152]Federal Enterprise Architecture Program Management Office: T*he Business Reference Model Version* 2. 0. *Washington*, USA: Office of Management and Budget, 2003.

[153] European Commission: *Architecture Guidelines for Trans - European Telemetics Networks for Administration*, Brussels, Belgium: European Commission, 2002.

[154]Stephen R. Barley: *Technology as an Occasion for Structuring*: *Evidence from Observations of CT Scanners and the Social Order of Radiology Departments*, Administrative Science Quarterly, Vol.121, 1986, (1).

[155]Bell D: *Internet and New Technology*, Letras Libres, 2000, (13).

[156]Hermann, Charles F. ed: *International Crises*; *Insights From Behavioral Research*, New York: Free Press, 1972.

[157]Rosenthal Uriel, Charles Michael T., ed: *Coping with Crises*: *The Manage-*

ment of Disasters, Riots and Terrorism, Springfield: Charles C.Thomas, 1989.

[158] Donald A.Fishman: *Crisis Communication Theory: Blended and Extended*, Communication Quarterly, 1999, 47(4).

[159] Ian I. Mitroff: *Managing Crisis Before Happened*, New York: American Management Association, 2001.

[160] Michael Bland: *Communicating out of a crisis*. London: Macmillan Press Ltd, 1985.

[161] Tom Ling: *Delivering Joined-up Government in the UK Dimensions, Issues and Problems*, Public Administration, 2002, (04).

[162] Farey, Land and Targett: *How to Assess your IT Investment: A study of Methods and Practice*, Butterworth Heinemann, Oxford, 1993.

[163] World Public sector Report: *E-Government at the Crossroads*, New York: United State, 2003.

[164] Christine Oliver: *Determinants of Interorganizational Relationships: Integration and Future Directions*, Academy of Management Review, Vol.15, No.2, 1990.

[165] Stephen R. Barley: *Technology as an Occasion for Structuring: Evidence from Observations of CT Scanners and the Social Order of Radiology Departments*, Administrative Science Quarterly, Vol.121, 1986, (1).

[166] May, D.R.& Schwoerer, C.E.: *Developing Effective Work Teams: Guidelines for Fostering Work Team Efficacy*, Organization Development Journal, Vol. 12, No. 3, 1994.

[167] Oliver E. Williamson: *Markets and Hierarchies: Analysis and Antitrust Implications*, The Free Press, 1975.

[168] Beniger: *The Control Revolution: Technological and Economic Origins of the Information Society*, Harvard University Press, 1986.

[169] Scott Morton: *Information Technology and Organizational Transformation*. Oxford University, 1991.

[170] Christoppher Pollit: *Joined-up Government: a Survey*, Political Studies Review, 2003, (01).

[171] Richard Heeks: *Reinventing Government in the Information Age: International Practice in IT-enabled Public Sector Reform*. New York: Routledge, 2001.

[172] Ostrom, Vincent: *The Intellectual Crisis in American Public Administration* (*Revised Edition*). Tuscaloosa: University of Alabama Press, 1974.

[173] Weber Max: *The Theory of Social and Economic Organization*, New York: Oxford University Press, 1947.

责任编辑:陈光耀
版式设计:胡欣欣

图书在版编目(CIP)数据

信息化时代的大都市政府及其治理能力现代化研究/蔡立辉 著.
-北京:人民出版社,2014.7
(地方政府与绩效管理创新研究丛书)
ISBN 978-7-01-013568-7

Ⅰ.①信… Ⅱ.①蔡… Ⅲ.①城市管理-现代化管理-研究-中国
Ⅳ.①F299.23

中国版本图书馆 CIP 数据核字(2014)第 106418 号

信息化时代的大都市政府及其治理能力现代化研究
XINXIHUA SHIDAI DE DA DUSHI ZHENGFU JIQI ZHILI NENGLI XIANDAIHUA YANJIU

蔡立辉 著

人民出版社 出版发行
(100706 北京市东城区隆福寺街 99 号)

北京龙之冉印务有限公司印刷 新华书店经销

2014 年 7 月第 1 版 2014 年 7 月北京第 1 次印刷
开本:710 毫米×1000 毫米 1/16 印张:33.75
字数:452 千字

ISBN 978-7-01-013568-7 定价:78.00 元

邮购地址 100706 北京市东城区隆福寺街 99 号
人民东方图书销售中心 电话 (010)65250042 65289539